Jan Ahrens, Anna Lindner, Ralph Nabel, Hildegard Ochsenfeld, Dr. Johanna Schorn
Schriftleitung: Angela Rötscher

Fachkunde für

Floristik

Botanik, Blumenpflege, Gestalten, Geschäftskunde, Betriebslehre

4. Auflage

Bestellnummer 2173

Bildungsverlag EINS – Kieser

www.bildungsverlag1.de

Gehlen, Kieser und Stam sind unter dem Dach der Bildungsverlages EINS
zusammengeführt.

Bildungsverlag EINS
Sieglarer Straße 2, 53842 Troisdorf

ISBN 3-8242-**2173**-X

Vorwort

Der neue Bundesrahmenlehrplan und die neuen Lehrpläne der Bundesländer haben eine Überarbeitung des Buches notwendig gemacht.

- Neu hinzugekommen sind die Kapitel „Pflanze und Umwelt" und die fachlichen Rechenaufgaben. Rechnerische Lerninhalte, die aufgrund des Lehrplans in die Fächer Pflanzenkunde und Wirtschaftslehre integriert wurden, werden in den fachlichen Rechenaufgaben und in der Kalkulation dargestellt.
- Das Kapitel „Pflanzenpflege" wurde erweitert um die Themen Pflanzenernährung und Düngung und Boden, Erde, Substrate.
- Blütenkalender für die Vegetationszeit von Frühjahr bis Herbst wurden den schon bestehenden Pflanzentabellen hinzugefügt.

Korrekturen mussten auch aufgrund neuer gesetzlicher Bestimmungen vorgenommen werden.

Als Schulbuch ist die Fachkunde für Floristik in erster Linie für die Ausbildung zum Floristen gedacht. Auszubildende erhalten mit diesem Buch eine fundierte Grundlage für ihr theoretisches und praktisches Wissen. Die für die Abschlussprüfung wichtigen Lerninhalte werden leicht verständlich in schülergerechter Form, kurz und bündig erklärt. Zahlreiche Abbildungen, insbesondere Farbfotos tragen zur Anschaulichkeit des Textes bei und ermöglichen ein visuelles Lernen. Mit dem umfangreichen Register und den zahlreichen Tabellen ist es somit ein praktisches Nachschlagewerk – auch über die Schulzeit hinaus.

Angehende Floristen müssen über Pflanzenkrankheiten, Schädlinge und Bekämpfungsmaßnahmen Grundkenntnisse besitzen, damit sie als Fachleute Kunden beraten können.

Pflanzenkenntnisse zeichnen den Fachmann aus. Deshalb enthält das Buch zahlreiche farbige Abbildungen von Topfpflanzen und Schnittblumen. Im Vergleich zu den früheren Auflagen sind jetzt fast alle Fotos – außer die historischen Bilder – in Farbe, um Lernen und Wiedererkennung für Schüler und Lehrer zu vereinfachen.

Die zahlreichen Tabellen mit Pflanzenbeispielen sind einerseits zum Nachschlagen gedacht, andererseits können sie Grundlage für selbstständige Schülerarbeit sein.

Für die Ratschläge und die Unterstützung, die wir von Kollegen und Schule erfahren haben, sagen wir herzlichen Dank.

Besonders danken wir Elke Büchner. Anregungen zur Verbesserung des Buches nehmen wir gern entgegen.

Das Autorenteam und die Verlagsredaktion

Inhaltsverzeichnis

1 Botanik und Blumenpflege

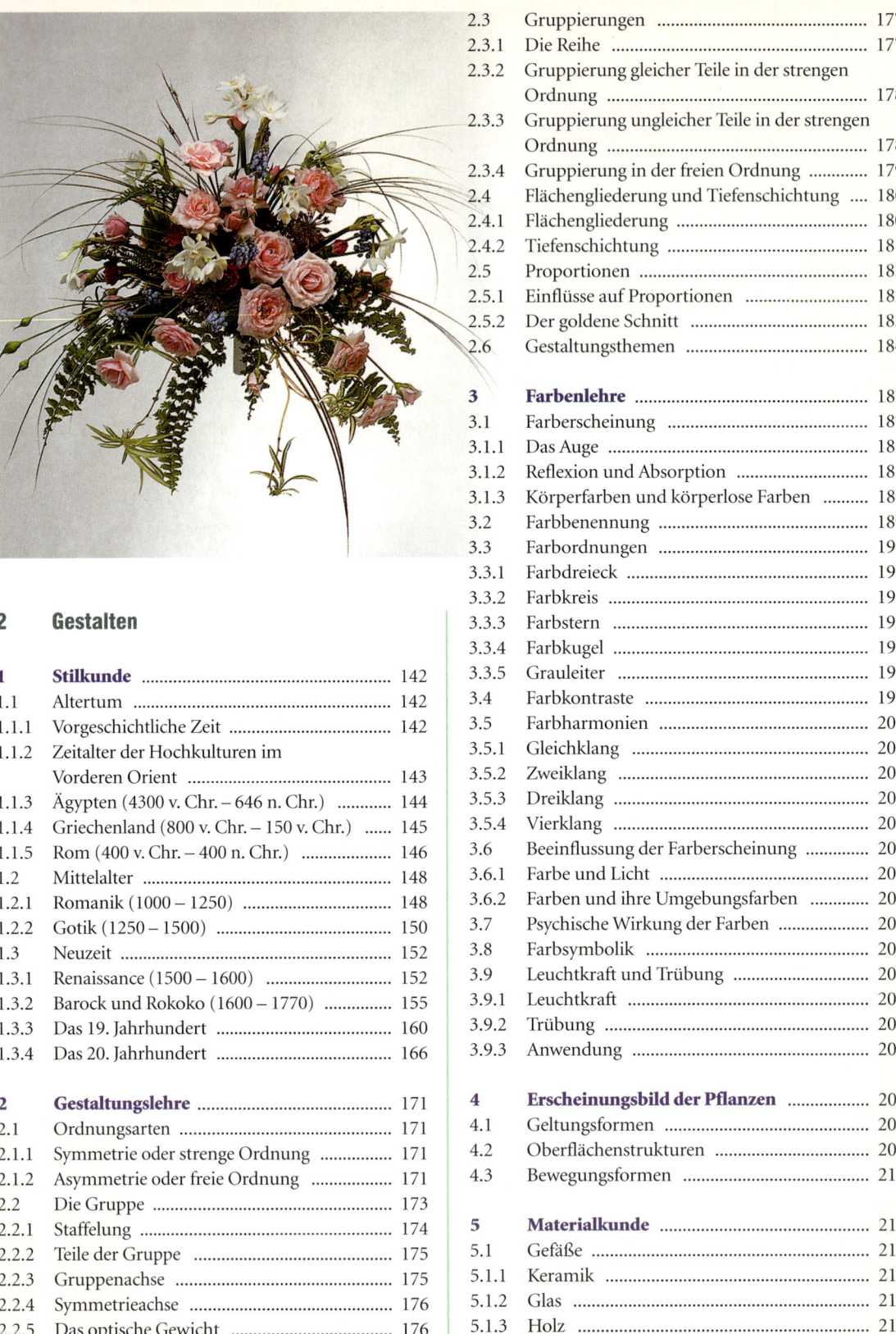

2 Gestalten

3　Geschäftskunde und Betriebslehre

Botanik und Blumenpflege

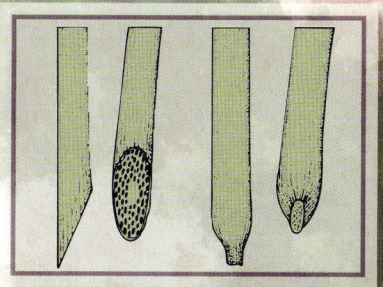

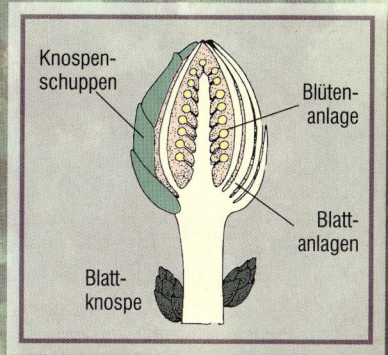

Knospenschuppen

Blütenanlage

Blattanlagen

Blattknospe

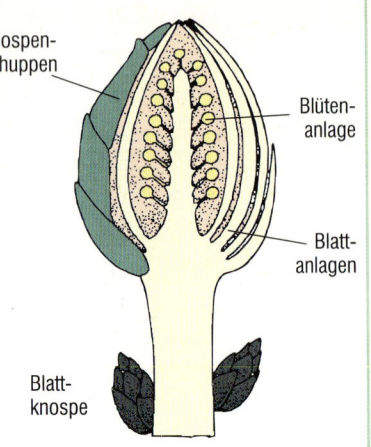

Knospen-
schuppen

Blüten-
anlage

Blatt-
anlagen

Blatt-
knospe

Abb. 9: Längsschnitt einer Blütenknospe

Abb. 11: Blattknospe: *Syringa vulgaris* (Flieder)

Abb. 12: Blütenknospe: *Syringa vulgaris.*

Abb. 13: Gestauchte Terminalknospe von Rotkraut.

1 Botanik

1.1 Gebiete der Botanik

Die Botanik beschäftigt sich mit dem Pflanzenreich. Neben der Zoologie (Lehre vom Tierreich) und der Anthropologie (Lehre vom Menschen) ist die Botanik ein Teilbereich der Biologie.

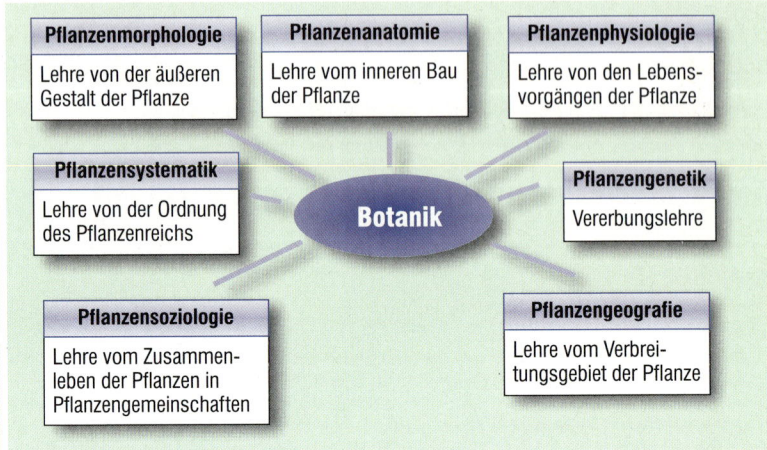

Pflanzenmorphologie
Lehre von der äußeren Gestalt der Pflanze

Pflanzenanatomie
Lehre vom inneren Bau der Pflanze

Pflanzenphysiologie
Lehre von den Lebens-vorgängen der Pflanze

Pflanzensystematik
Lehre von der Ordnung des Pflanzenreichs

Botanik

Pflanzengenetik
Vererbungslehre

Pflanzensoziologie
Lehre vom Zusammen-leben der Pflanzen in Pflanzengemeinschaften

Pflanzengeografie
Lehre vom Verbrei-tungsgebiet der Pflanze

Abb. 10: Die verschiedenen Gebiete der Botanik

1.2 Äußerer Bau der Pflanzenteile

1.2.1 Die Knospen

Knospen kann man als das Jugendstadium von Pflanzenteilen bezeichnen, aus denen sich, je nach Anlage, Pflanzenorgane (z. B. Blätter, Blüten, Sprosse) entwickeln können. Gleichzeitig stellen sie ein Ruhestadium dar, in welchem Hemmfaktoren ein Austreiben verhindern. Knospen können nach ihrer Lage sowie nach anderen Gesichtspunkten unterschieden werden.

Aufgrund ihrer Lage unterscheidet man End- oder Terminalknospen von Seiten- oder Achselknospen. Wie schon angedeutet, gibt es Blatt-, Blüten- und Sprossknospen. Bei Zwiebelgewächsen werden an der Mutterzwiebel, in den Blattachseln oder im Blütenstand Brutknospen oder Bulbillen ausgebildet, die sich später zu Brutzwiebeln entwickeln. Brutknospen, aus denen sich Brutpflanzen entwickeln, sind bei Bryophyllum-Arten (Brutblatt) zu finden.

Schlafende Augen sind Knospen, die sich so lange im Ruhestadium befinden, bis Teile der Pflanze verletzt werden. Dann treiben sie aus, deshalb kann man sie auch als Reserveknospen bezeichnen. Häufig entwickeln sie sich auch im Herbst zu Winterknospen, die dann in der kommenden Vegetationsperiode austreiben. Gehölze können anhand dieser Winterknospen auch im blattlosen Zustand bestimmt werden.

Knospenschuppen schützen die inneren Teile der Knospe. Dieser Schutz kann durch Harz oder Behaarung, z. B. bei $\overline{Aesculus}$ *hippocastanum* (Rosskastanie) oder *Magnolia*-Arten (Magnolie) noch verstärkt werden. Um Knospenbildungen handelt es sich auch bei vielen Kohlarten und beim Salat. Die Terminalknospe oder die Achselknospen können gestaucht sein.

 Aus Knospen können sich Pflanzenorgane wie Blätter, Blüten und Sprosse entwickeln.

Bezeichnung	Kennzeichen	Beispiele
Stängel	krautig, verzweigt, gleich-mäßig gegliedert in Nodien und Internodien, beblättert	*Begonia* *Sedum* *Dendranthema, Dianthus* (Nelke)
Schaft	krautig, unbeblättert, ein gestrecktes Internodium	*Cyclamen* (Alpenveilchen) *Gerbera* *Hippeastrum*-Hybriden (Amaryllis)
Halm	krautig, beblättert in Nodien und Internodien gegliedert	*Miscanthus* (Chinaschilf) *Typha* (Rohrkolben) *Sinarundinaria* (Chinarohrgras)
Stamm	verholzt, verzweigt in Äste und Zweige	*Betula* (Birke) *Quercus* (Eiche) *Fagus* (Buche)

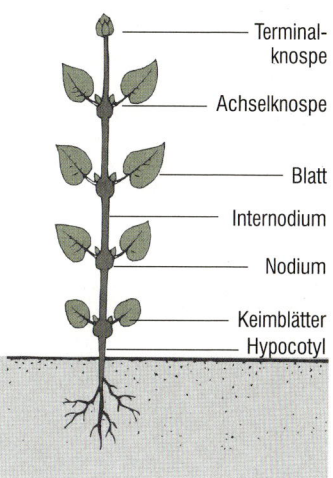

Abb. 14 Sprossarten (Beispiele).

1.2.2 Der Spross

Sprosspflanzen (Cormophyten) in typischer Ausbildung bestehen aus den beiden Grundorganen Wurzel und beblättertem Spross (z.B. Farne, Samenpflanzen). Im Gegensatz zu den hoch entwickelten Cormophyten ist der Aufbau der Lagerpflanzen (Thallophyten) wesentlich einfacher. Zu ihnen gehören Bakterien, Algen, Pilze, Flechten, Moose.

Aufgaben der Sprossachse – Die Sprossachse trägt Blätter und Blüten und bringt sie in eine günstige Stellung zum Licht. In den Leitbündeln der Sprossachse findet der Transport von Wasser und darin gelösten Nährstoffen und Nährsalzen statt.

Bau der Sprossachse – Sprossachsen können aufrecht, kletternd, hängend oder kriechend wachsen. Die Sprossachse wird in Nodien und Internodien gegliedert. Nodien sind verdickte Knoten der Sprossachse an denen sich Blätter befinden. Internodien sind die Teile der Sprossachse zwischen den Nodien. Das zuerst gebildete Internodium zwischen Keimblättern und Wurzel heißt Hypocotyl. Der unterste Teil des Hypocotyls wird als Wurzelhals bezeichnet. Bei Rosettenpflanzen, z.B. *Primula*-Arten (Primel), *Bellis* (Tausendschön), *Gerbera,* unterbleibt die Internodienstreckung. Die Sprossachse bleibt deshalb gestaucht und die Pflanze wächst dicht am Boden.

Sprossmetamorphosen – Bei der mehr oder weniger typisch ausgebildeten Sprosspflanze übernimmt die Sprossachse die zuvor genannten Aufgaben. Die Sprossachse kann aber auch umgewandelt sein, um andere oder weitere Aufgaben zu übernehmen. Solche Umwandlungen, die es auch bei anderen Pflanzenteilen gibt, bezeichnet man als Metamorphosen. Metamorphosen entstehen häufig, um der Pflanze die Anpassung an einen besonderen Standort zu ermöglichen.

Waagerecht wachsende Seitensprosse mit gestreckten, fadenförmigen Internodien werden Ausläufer oder Stolonen genannt. An den Nodien sitzen kleine, schuppige Niederblätter. Am Ende des Ausläufers wird eine Jungpflanze ausgebildet, die sich bewurzelt. Ausläufer dienen der vegetativen Vermehrung. Die bekanntesten Beispiele für oberirdische Ausläufer sind Erdbeeren, *Chlorophytum comosum* (Grünlilie) und *Saxifraga stolonifera* (Judenbart). Als Beispiele für unterirdische Ausläufer können die lästigen Gartenunkräuter Quecke und Giersch genannt werden.

Abb. 15 Bau der Sprossachse.

Terminal-knospe
Achselknospe
Blatt
Internodium
Nodium
Keimblätter
Hypocotyl

Abb. 16 Verholzte Sprossachse: gegliedert in Stamm, Äste, Zweige *(Fagus sylvatica)*

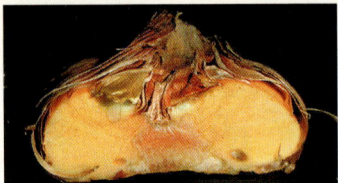

Abb. 17: Sprossknolle: *Gladiolus*-Hybriden.

Abb. 18: Stammsucculenz: *Pachypodium lamerei* (Madagaskarpalme).

Abb. 19: Haftscheiben: *Parthenocissus tricuspidata* 'Veitchii' (Selbstklimmer).

Abb. 20: Phyllocladium: *Opuntia ficus-indica*.

Wie der Ausläufer wächst auch das Rhizom waagerecht, aber seine Internodien sind gestaucht. Es ist ein Speicherorgan, mit dem die Pflanze ungünstige Jahreszeiten überdauert: Im grünen Luftspross werden Nährstoffe gebildet, die in das Rhizom transportiert und dort gespeichert werden. Der Luftspross stirbt dann ab und die Pflanze zehrt von den gespeicherten Nährstoffen. Rhizome haben z.B. *Iris germanica* (Schwertlilie), *Anemone nemorosa* (Buschwindröschen), *Convallaria majalis* (Maiglöckchen), *Achimenes* (Schiefteller). Sprossknollen speichern ebenfalls Nährstoffe. Auch bei diesem Speicherorgan ist das Wachstum der Internodien gehemmt. Bei auskeimenden Kartoffelknollen bilden sich aus den Augen die Seitensprosse, die sich dann im Boden zu unterirdischen Ausläufern entwickeln. Sprossknollen werden z. B. auch bei *Gladiolus* (Gladiole), *Freesia* (Freesie), *Crocus*-Arten (Krokus) ausgebildet. Häufig werden als Sprossknolle auch *Cyclamen* (Alpenveilchen), Radieschen und Rote Rübe bezeichnet. Genaugenommen handelt es sich aber bei diesen Pflanzen um ein gestauchtes Hypocotyl.

Bei der Zwiebel unterliegen nicht nur die Sprossachse, sondern zusätzlich auch die Blätter einer Metamorphose. Die gestauchte Sprossachse, den Zwiebelboden, kann man besonders gut beim Zwiebelschneiden sehen. Die Blätter sind succulent und dienen der Speicherung von Wasser und Nährstoffen. Sie werden Niederblätter genannt. Wie bei anderen Pflanzen mit Speicherorganen bildet auch die Zwiebel einen grünen Luftspross aus, in dem bei der Photosynthese Nährstoffe gebildet werden.

Succulente Pflanzenteile sind fleischig und saftig, da sie Wasserspeichergewebe enthalten. Die Pflanzen sind somit an trockene Standorte angepasst. Bei der Stammsucculenz ist die Sprossachse der Wasserspeicher. Häufig ist Stammsucculenz in Verbindung mit Blattdornen anzutreffen, z. B. bei den Familien Cactaceae (Kakteen), Euphorbiaceae (Wolfsmilchgewächse).

Sprossranken dienen der Pflanze zur Befestigung, indem sich Hauptspross oder Seitensprosse um eine Stütze winden, z. B. *Stephanotis floribunda* (Kranzschlinge), *Passiflora caerulea* (Passionsblume), *Parthenocissus quinquefolia* (Wilder Wein). Bei *Parthenocissus tricuspidata* 'Veitchii' (Selbstklimmer) bilden die verzweigten Ranken Haftscheiben, die sich an Mauern u. ä. befestigen können.

Bei den Sprossdornen sind die Seitentriebe zu Dornen umgewandelt, z. B. bei *Hippophaë rhamnoides* (Sanddorn), *Pyracantha coccinea* (Feuerdorn), *Prunus spinosa* (Schlehe). Je trockener der Standort einer Pflanze, desto stärker ist die Ausbildung von Dornen. Dadurch ist die Pflanze einerseits vor zu starker Verdunstung geschützt, andererseits sind die Dornen ein Schutz vor Tierfraß. Bei *Ruscus* (Mäusedorn) und *Asparagus* (Spargel) sind die Seitensprosse blattähnlich umgewandelt. Diese Gebilde werden als Phyllocladien bezeichnet. Die Blätter sind zu kleinen Schuppen oder Dornen reduziert. Die grünen Phyllocladien übernehmen die Photosynthese. Bei *Opuntia* (Feigenkaktus), *Schlumbergera* (Weihnachtskaktus) und *Rhipsalidopsis* (Osterkaktus) ist der Hauptspross blattartig abgeflacht. Er enthält Chlorophyll, assimiliert und heißt Platycladium.

 Der Spross besteht aus Sprossachse und Blättern. Die Sprossachse ist in Nodien und Internodien gegliedert. An den Nodien befinden sich ein oder mehrere Blätter.

1.2.3 Das Blatt

Aufgaben – Blätter sind meist grün. Ihre Aufgabe besteht in erster Linie in der Photosynthese (Bildung von Traubenzucker), der Wasserabgabe durch Transpiration (Wasserdampf) und Guttation (Wassertropfen). Wie in anderen Pflanzenteilen, findet auch im Blatt Atmung statt.

Bau des Laubblattes – Das typische Laubblatt besteht aus Blattspreite, Blattstiel und Blattgrund.

Bei einfachen Blättern bildet die Blattspreite eine Fläche, die unterschiedlich geformt sein kann. In den meisten Fällen ist diese Blattspreite symmetrisch. Asymmetrische Blattspreiten findet man z. B. bei *Begonia* (Schiefblatt) und *Ulmus* (Ulme). Bei zusammengesetzten Blättern hat die Blattspreite tiefe Einschnitte, die bis zur Mittelrippe reichen. Die Spreite ist somit in mehrere, voneinander getrennte Blättchen oder Fieder zerlegt.

Mit dem verbreiterten und abgeflachten Blattgrund wird das Blatt an der Sprossachse befestigt. Besonders stark ausgeprägt ist der Blattgrund bei *Acer* (Ahorn) und *Aesculus* (Rosskastanie).

Auswüchse, die sich am Blattgrund befinden können, sind Nebenblätter. Bei den *Rosaceae* (Rosengewächsen) und auch beim Rhabarber sind sie sehr auffällig. Bei Gräsern bildet das Nebenblatt die Blattscheide. Bei vielen Blättern bildet sich durch Streckung zwischen Spreite und Blattgrund ein Blattstiel.

Blattarten – In der Reihenfolge ihrer Bildung unterscheidet man Keimblätter, Niederblätter, Laubblätter und Hochblätter.

Die Keimblätter oder Cotyledonen sind die zuerst gebildeten Blätter der Pflanze. Sie können in der Erde im Samen bleiben, z. B. bei *Quercus* (Eiche) und Feuerbohne. Sie können aber auch mit dem Keimling aus der Erde dringen, z.B. bei *Fagus* (Buche) und *Acer* (Ahorn). Die Zahl der Keimblätter ist unterschiedlich. Die Monocotyledonen bilden ein Keimblatt, die Dicotyledonen bilden zwei Keimblätter und die Polycotyledonen, zu denen die Nadelgehölze gehören, bilden mehrere Keimblätter aus.

Abb. 21: Einfaches symmetrisches Blatt mit Blattadern: *Magnolia.*

Abb. 22: Zusammengesetztes Blatt: *Mahonia bealei.*

rund	nierenförmig	eiförmig	elliptisch	herzförmig
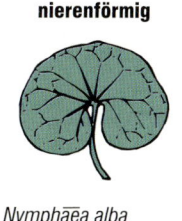				
Populus tremula (Zitterpappel)	*Nymphaea alba* (Seerose)	*Fagus sylvatica* (Rotbuche)	*Rhododendron simsii* (Azalee)	*Tilia cordata* (Winterlinde)
Saintpaulia ionantha (Usambaraveilchen)	*Cyclamen persicum* (Alpenveilchen)	*Prunus avium* (Vogelkirsche)	*Viscum album* (Mistel)	*Syringa vulgaris* (Flieder)

schildförmig	nadelförmig	schuppenförmig	linearisch	lanzettlich
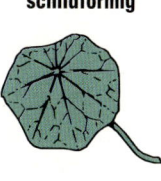				
Tropaeolum majus (Kapuzinerkresse)	*Pinus*-Arten (Kiefer)	*Chamaecyparis*-Arten (Scheinzypresse)	*Clivia miniata* (Clivie)	*Salix alba* (Silberweide)
	Picea-Arten (Fichte)	*Thuja*-Arten (Lebensbaum)	*Narcissus*-Arten (Narzisse)	*Dianthus caryophyllus* (Nelke)

Abb. 23: Blattformen (Beispiele).

ganzrandig	gesägt	gezähnt	gekerbt	gebuchtet	gelappt	handförmig geteilt

Stephanotis floribunda (Kranzschlinge) *Rhododendron simsii* (Azalee)	*Urtica dioica* (Brennnessel) *Rosa*-Arten (Rose)	*Mahonia aquifolium* (Mahonie) *Ilex aquifolium* (Stechpalme)	*Saxifraga stolonifera* (Judenbart) *Pelargonium zonale* („Geranie")	*Querus robur* (Stieleiche) *Querus petraea* (Traubeneiche)	*Hedera helix* (Efeu) *Acer campestre* (Feldahorn)	*Passiflora caerulea* (Passionsblume) *Acer palmatum* (Japanischer Ahorn)

Abb. 24: Blattränder (Beispiele).

fiedernervig	handnervig	bogennervig	parallelnervig

Prunus laurocerasus (Kirschlorbeer) *Ficus elastica* (Gummibaum)	*Acer*-Arten (Ahorn) *Hedera helix* (Efeu)	*Hosta*-Arten (Funkie) *Plantago major* (Breitwegerich)	*Tulipa*-Arten (Tulpe) *Clivia miniata* (Clivie)

Abb. 25: Blattadern (Beispiele).

unpaarig gefiedert	paarig gefiedert	fingerförmig gefiedert	dreizählig gefiedert	doppelt gefiedert

Rosa-Arten (Rose)	*Areca catechu* („Chicco")	*Aesculus hippocastanum* (Rosskastanie)	*Oxalis tetraphylla* („Glücksklee")	*Rumohra adiantiformis* (Lederfarn)

Abb. 26: Zusammengesetzte Blätter (Beispiele).

sitzende Blätter	gestielte Blätter	wechselständige Blätter	gegenständige Blätter	quirlständige Blätter

Lilium Arten (Lilie) *Dianthus caryophyllus* (Nelke)	*Acer* Arten (Ahorn) *Primula*-Arten	*Hedera helix* (Efeu) *Pelargonium*-Arten (Geranie)	*Dianthus caryophyllus* (Nelke)	*Galium odoratum* (Waldmeister)

Abb. 27: Blattstellungen (Beispiele).

Niederblätter sind schuppen- oder scheidenartig und bestehen nur aus dem Blattgrund. Sie entwickeln sich vor den Laubblättern. Niederblätter sind an Rhizomen und Ausläufern zu finden. Die Schalen von Zwiebeln sind als Niederblätter anzusehen und auch die Knospenschuppen der Winterknospen gehören dazu.

Bei den Laubblättern können vielfach Primär- oder Jugendblätter von anders geformten Folge- oder Altersblättern unterschieden werden. Bei *Hedera helix* (Efeu) werden zunächst gelappte Blätter ausgebildet. Später entwickeln sich ganzrandige Altersblätter.

Hochblätter befinden sich oberhalb der Laubblätter. Es gibt verschiedene Ausbildungen und dementsprechend auch unterschiedliche Aufgaben. Auffällig gefärbte Hochblätter dienen dem Anlocken von Insekten. Von Bracteen spricht man, wenn sich in den Blattachseln der Hochblätter Blüten befinden. Im Gegensatz dazu ist die Spatha ein farbiges Hochblatt, das bei den Araceae (Aronstabgewächse) zu finden ist, und ebenfalls dem Anlocken dient.

Das flügelförmige Tragblatt von *Tilia* (Linde) dient der Samenverbreitung. Bei den *Compositae* (Korbblütlern) werden die Einzelblüten des Blütenstandes durch den Hüllkelch zusammengehalten.

Jugendblatt

Altersblatt

Altersblatt

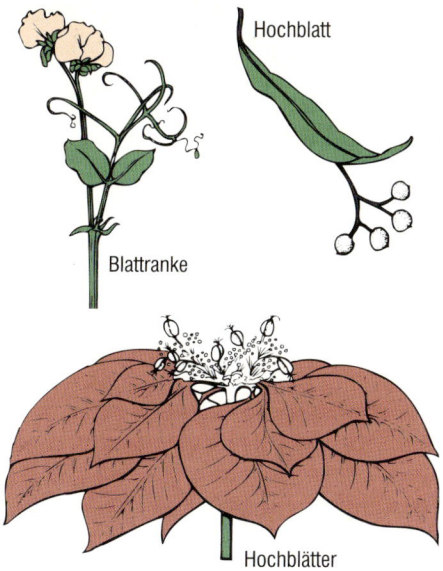

Blattranke

Hochblatt

Hochblätter

Mantel- oder Nischenblatt

Abb. 28: Blattumwandlungen.

Blattmetamorphosen – Um zusätzliche oder gänzlich neue Aufgaben zu übernehmen, sind mitunter Teile des Blattes oder das ganze Blatt umgewandelt worden.

Das ganze Blatt oder Teile des Blattes können zu fadenförmigen Blattranken umgewandelt sein, die der Befestigung dienen, z.B. *Lathyrus* (Wicke), Erbse.

Blattdornen sind spitze, oft verholzte, umgewandelte Blätter. Durch ihre Ausbildung wird einerseits die Verdunstung der Pflanze herabgesetzt, andererseits wird die Pflanze somit vor dem Gefressenwerden geschützt. Viele Gattungen der Familien Cactaceae (Kakteen) und Euphorbiaceae (Wolfsmilchgewächse) bilden Blattdornen aus.

Bei der Blattsucculenz sind die Blätter dick und saftig, da sie wasserspeicherndes Gewebe enthalten, z. B. *Agave* (Agave), *Aloë*, *Lithops* (Lebende Steine).

Mantel- oder Nischenblätter sind beim epiphytisch wachsenden *Platycerium bifurcatum* (Geweihfarn) zu finden. In ihnen werden Wasser und Humus gesammelt. Epiphyten sind Pflanzen, die wegen der besseren Lichtverhältnisse auf Bäumen wachsen (siehe S. 46).

Bei vielen ebenfalls epiphytisch wachsenden Bromelien werden Zisternen durch trichterförmig angeordnete Blätter gebildet. In diesen Zisternen oder Trichtern können Wasser und Humus gesammelt werden. Bei vielen Bromelien werden in Verbindung mit der Blüte Hochblätter ausgebildet, deren Aufgabe es ist, Tiere für die Bestäubung anzulocken. Die Hochblätter, wie auch die Niederblätter, sind ebenfalls als Blattmetamorphosen zu sehen. Ihre Bedeutung wurde bei den Blattarten schon erläutert.

Tier fangende Pflanzen, z. B. Sonnentau, Venusfliegenfalle, Kannenstrauch, bilden unterschiedliche Fangblätter aus, mit denen Insekten und andere kleine Tiere zur Stickstoffgewinnung gefangen werden.

Blätter sind in der Regel grün. Ihre Blattspreite kann unterschiedlich geformt sein. Die genaue Kenntnis vom äußeren Bau des Blattes erleichtert die Pflanzenbestimmung.

Abb. 29: Blattdornen: *Echinocactus*.

Abb. 30: Fangblätter: *Dionaea muscipula* (Venusfliegenfalle).

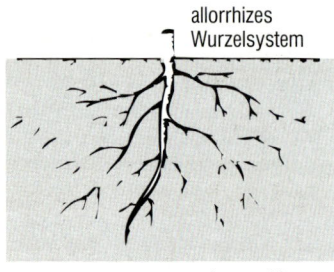

Abb. 31: Homorrhizes Wurzelsystem: *Allium* (Zwiebel).

allorrhizes
Wurzelsystem

homorrhizes
Wurzelsystem

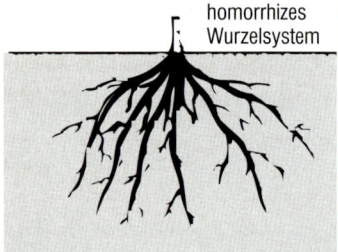

Abb. 32: Wurzelsysteme.

Flachwurzler

Tiefwurzler

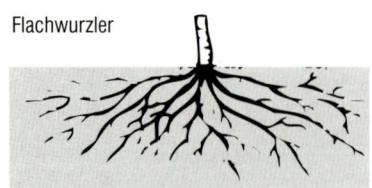

Abb. 33: Bewurzelungstiefe.

1.2.4 Die Wurzel

Von wenigen Ausnahmen abgesehen, z. B. *Tillandsia usneoides* (Louisiana-moos), bilden Sprosspflanzen Wurzeln aus, die meist unterirdisch wachsen. Wurzeln sind durch das Fehlen von Blättern gekennzeichnet.

Aufgaben – Wurzeln verankern die Pflanze im Boden. Die Wurzelhaare nehmen Wasser und darin gelöste Nährsalze auf, das in den Wurzeln weitergeleitet wird. Stärke wird hauptsächlich in den Wurzeln gespeichert.

Äußerer Bau der Wurzel (Wurzelsysteme) – Vergleicht man die Wurzeln von einkeimblättrigen und zweikeimblättrigen Pflanzen, so fällt auf, dass beide Pflanzengruppen unterschiedliche Wurzelsysteme haben. Bei zweikeimblättrigen Pflanzen, z. B. *Rosa* (Rose), vergrößert sich die Keimwurzel zur Hauptwurzel, aus der Seitenwurzeln hervorgehen. Dieses Wurzelsystem heißt allorrhizes Wurzelsystem.

Bei einkeimblättrigen Pflanzen, z.B. den Gräsern, stirbt die Hauptwurzel sehr bald ab und wird durch viele gleichstarke Wurzeln ersetzt, die sich am Spross entwickeln (sprossbürtige Wurzeln). Diese verzweigen sich ebenfalls und bilden besonders bei Gräsern ein dichtes Wurzelsystem. Besonders gut sieht man dieses homorrhize Wurzelsystem beim Lauch und bei Zwiebeln.

An Ausläufern und Stecklingen kann man feststellen, dass auch an Sprossen und Blättern Wurzeln gebildet werden können. Da sie sich, wie beim homorrhizen System, erst später entwickeln, werden sie auch Adventivwurzeln genannt. Je nachdem, an welchem Pflanzenteil sie sich entwickeln, sind es spross- oder blattbürtige Wurzeln. Abgesehen von der Unterscheidung in ein homorrhizes und ein allorrhizes Wurzelsystem kann man Wurzelsysteme aufgrund ihrer Bewurzelungstiefe unterscheiden. Diese ist abhängig von der Pflanzenart, kann aber auch durch die Bodenbeschaffenheit beeinflusst werden. Man unterscheidet Tiefwurzler von Flachwurzlern.

Die bekanntesten Beispiele für Tief- oder Pfahlwurzler sind *Pinus* (Kiefer) und Löwenzahn. Bei diesen Pflanzen ist die Hauptwurzel besonders stark ausgebildet und kann eine Länge haben, die bis zum Grundwasser reicht.

Bei den Flachwurzlern, zu denen *Picea* (Fichte) und die Gräser gehören, sind die Seiten- oder Nebenwurzeln stark ausgebildet. Im Gegensatz zu den Tief- oder Pfahlwurzlern wird ein kleineres Bodenvolumen durchwurzelt, dies aber intensiv.

Wurzelmetamorphosen – Wurzeln können zusätzliche Aufgaben übernehmen, wenn sie durch Metamorphose umgewandelt wurden. Diese Metamorphosen sind als Anpassung der Pflanze an besondere Standorte und Lebensbedingungen zu sehen.

Die Rübe oder Walze besteht aus einer stark verdickten Hauptwurzel und dient der Speicherung, z. B. Mohrrübe, Zuckerrübe. Da beim Rettich auch das Hypocotyl an der Metamorphose beteiligt ist, ist nur der untere Teil als Wurzelmetamorphose anzusehen. Bei den Wurzelknollen z.B. von *Dahlia* (Dahlie) oder *Ranunculus ficaria* (Scharbockskraut) sind die Seitenwurzeln zu Speicherorganen verdickt. Zugwurzeln können die Höhenlage von Pflanzen im Boden verändern. Sie sind z. B. bei *Lilium* (Lilie), *Crocus* (Krokus), *Gladiolus* (Gladiole) zu finden. Bei Rosettenpflanzen wird der jährliche Zuwachs durch Zugwurzeln in den Boden gezogen. Dadurch wird erreicht, dass die Pflanze stets dicht am Boden wächst und somit im Winter durch die Schneedecke geschützt ist.

Atemwurzeln nehmen durch ihre aus dem Boden ragenden Spitzen Sauerstoff auf. Pflanzen, die auf staunassen Böden mit schlechter Sauerstoffversorgung wachsen oder Mangrovepflanzen, deren Standort ständig überflutet wird, bilden Atemwurzeln aus, z.B. *Taxodium distichum* (Sumpfzypresse).

Haustorien (Saugorgane) ermöglichen Halbschmarotzern, z.B. *Viscum album* (Mistel), der Wirtspflanze Wasser und Nährsalze zu entnehmen. Vollschmarotzer, z.B. der Falsche Mehltaupilz oder der Rostpilz, entziehen damit der Wirtspflanze die von ihr gebildeten Assimilate.

Die oberirdischen, an der Sprossachse gebildeten Haftwurzeln ermöglichen Pflanzen, z.B. *Hedera helix* (Efeu) und *Ficus pumila* (Kletterfeige), sich an Mauern, Stämmen und dergleichen zu befestigen.

Abb. 34: Saugwurzeln: *Viscum album* (Mistel).

Monstera deliciosa (Fensterblatt), viele Orchideen- und Philodendron-Arten bilden Luftwurzeln aus, mit deren Velamen sie Wasserdampf aus der Luft aufnehmen können. Bei Kontakt mit dem Erdboden wachsen diese zu Stützwurzeln heran, die der besseren Verankerung und auch der Wasser- und Nährsalzaufnahme dienen. Stützwurzeln sind auch bei Palmen und beim Mais zu finden.

 Wurzeln verankern die Pflanze im Boden. Sie nehmen Wasser und darin gelöste Nährsalze auf und können auch Stoffe speichern.

1.2.5   Die Blüte

Aufgaben – Die Blüte ist ein Teil des Sprosses. Ihre Aufgabe ist die generative Vermehrung. Blüten werden von allen Samenpflanzen, also von den Bedecktsamern und den Nacktsamern, ausgebildet.

Bau der Blüte – Beim Thema »Blüte« denkt jeder sofort an die auffälligen Blüten, die z. B. von Rosen und Tulpen ausgebildet werden. Aber auch Nadelgehölze und Gräser bilden Blüten aus, die aber durch das Fehlen der äußeren Blütenblätter so unscheinbar sind, dass sie leicht übersehen werden.

Die grünen Kelchblätter, die zum äußeren Teil der Blüte gehören, schützen im knospigen Zustand die innen gelegenen Blütenteile. Die Kron- oder Blütenblätter sind farbig und bilden einen Schauapparat. Sie sind bei denjenigen Blüten besonders ausgebildet, die Tiere anlocken.

Staubblätter bestehen aus Staubfaden und Staubbeutel. Im Staubbeutel befinden sich die Pollenkörner. Dieser männliche Teil der Blüte wird auch als Androeceum bezeichnet. Die Fruchtblätter, der weibliche Teil der Blüte, werden auch Gynoeceum genannt. Sie enthalten die Samenanlagen. Bei den Nacktsamern liegen die Samenanlagen nackt (unbedeckt) auf den Fruchtblättern. Bei den Bedecktsamern sind die Fruchtblätter zu einem oder mehreren Fruchtknoten verwachsen, in denen sich die Samenanlagen befinden.

Fruchtknoten, Griffel und Narbe bilden den Stempel. Bei den Bedecktsamern gelangen die Pollenkörner nicht direkt zur Samenanlage, sondern durch Bestäubung zunächst auf die Narbe. Die Pollenkörner bilden Pollenschläuche aus, die durch den Griffel zur Samenanlage im Fruchtknoten wachsen.

Alle genannten Blütenteile befinden sich an der Blütenachse, die als Verlängerung der Sprossachse anzusehen ist. Der untere Teil der Blütenachse ist der Blütenboden.

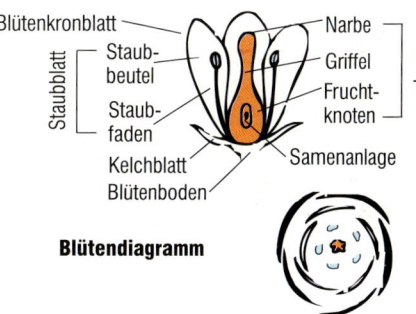

Abb. 35: Perianthblüte: Blütenlängsschnitt, Blütendiagramm.

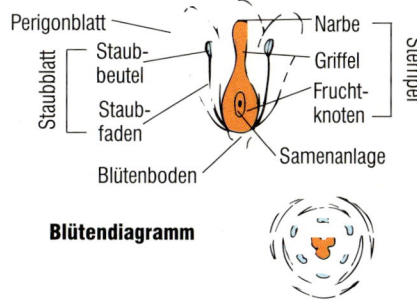

Abb. 36: Perigonblüte: Blütenlängsschnitt, Blütendiagramm.

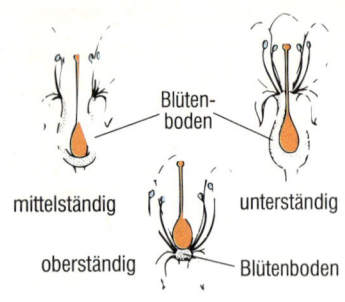

Abb. 37: Lage des Fruchtknotens.

Abb. 38: Perianthblüte: *Abutilon.*

Abb. 39: Perigonblüte: *Tulipa.*

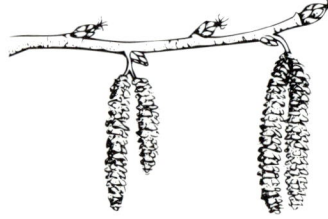

Abb. 40: Einhäusige Pflanze: *Corylus* (Hasel).

Abb. 41: Einhäusige Pflanze: *Larix* (Lärche).

Die Lage des Fruchtknotens in der Blüte kann unterschiedlich sein. Sitzt der Fruchtknoten frei auf dem Blütenboden auf, so ist er oberständig. Beim unterständigen Fruchtknoten ist dieser vollständig in die Blütenachse eingesenkt. Die übrigen Blütenteile befinden sich also über dem Fruchtknoten. Eine Zwischenstellung nimmt der mittelständige Fruchtknoten ein.

Insekten und andere Tiere werden zur Bestäubung auch durch Nektar angelockt. Der Nektar, eine Zuckerlösung, kann am Grund der Blütenblätter durch besondere Drüsen, die Nektarien, ausgeschieden werden oder er wird in speziellen Blättern, den Honigblättern, angeboten.

Berücksichtigt man die Symmetrieverhältnisse einer Blüte, so lassen sich drei Gruppen unterscheiden. Bei den radiär-symmetrischen Blüten sind die Kelch- und Blütenkronblätter bzw. Perigonblätter nach allen Seiten gleich ausgebildet. Die Blüte lässt sich somit durch mindestens drei Symmetrieebenen in je zwei spiegelbildlich gleiche Hälften teilen, z.B. *Rosa* (Rose), *Tulipa* (Tulpe).

Disymmetrische Blüten haben z.B. *Dicentra spectabilis* (Tränendes Herz) und Gattungen der Familie *Brassicaceae* (Kreuzblütler). Bei diesen Blüten sind nur zwei senkrecht aufeinander stehende Symmetrieebenen vorhanden.

Monosymmetrische oder dorsiventrale Blüten haben nur eine Symmetrieebene. Die Blüte lässt sich nur in zwei spiegelbildlich gleiche Hälften zerlegen; meistens in eine rechte und eine linke Hälfte. Betrachtet man dorsiventrale Blüten, z. B. von *Lathyrus* (Wicke) oder *Antirrhinum* (Löwenmaul), so erkennt man, dass der Rücken der Blüte anders ausgebildet ist als der Bauch.

Blütenarten – Eine genauere Betrachtung der zuvor genannten Beispiele Rose und Tulpe lässt schon erkennen, dass Blüten unterschiedlich aufgebaut sein können.

Perigon werden Blüten genannt, bei denen die Kelchblätter und die Kron- oder Blütenblätter gleich ausgebildet sind, z. B. bei *Tulipa* (Tulpe) oder *Lilium* (Lilie). Die Perigonblätter sind zunächst grün und haben die Aufgabe der Kelchblätter. Später färben sie sich aus und übernehmen die Anlockung.

Perianthblüten, wie sie z.B. von *Rosa* (Rose) oder *Dianthus* (Nelke) ausgebildet werden, haben sowohl Kelchblätter als auch Blüten- oder Kronblätter als äußere Blütenteile.

Zwitterblüten enthalten sowohl Fruchtblätter als auch Staubblätter. Da sie beide Geschlechter enthalten, also sowohl männlich als auch weiblich sind, werden sie auch zwittrig, zweigeschlechtlich oder vollständig genannt.

Eingeschlechtliche Blüten enthalten entweder nur Staubblätter oder nur Fruchtblätter. Es gibt also männliche und weibliche Blüten. Sehr häufig findet man eingeschlechtliche Blüten bei solchen Pflanzen, die durch den Wind bestäubt werden, z. B. *Corylus avellana* (Hasel) und *Hippophaë rhamnoides* (Sanddorn). Bei *Corylus* findet man sowohl männliche als auch weibliche Blüten, wohl auf getrennten Plätzen, aber auf einer Pflanze, also in einem Haus.

Diese Pflanzen nennt man einhäusige Pflanzen (monöcisch), z. B. *Corylus avellana* (Hasel), *Begonia*-Arten (Begonie), *Larix decidua* (Lärche). Sind die beiden Geschlechter in einer Weise getrennt, dass es Pflanzen gibt, die nur Staubblätter haben und solche, die ausschließlich Fruchtblätter ausbilden, sind die Pflanzen zweihäusig (diöcisch). Zweihäusige Pflanzen sind z.B. *Hippophaë rhamnoides* (Sanddorn), *Ilex aquifolium* (Stechpalme), *Taxus baccata* (Eibe).

Viele Pflanzengattungen, z.B. *Rosa* (Rose), *Dianthus* (Nelke), *Tulipa* (Tulpe) und Gattungen der Familie Asteraceae bilden einfache (ungefüllte) und gefüllte Blüten aus. Blütenfüllungen können auf verschiedene Weise entstehen. Bei den gefüllten Asteraceae haben sich die Röhrenblüten zu Zungenblüten umgewandelt. Bei *Tulipa* z. B. haben sich die Perigonblätter vervielfältigt. Bei *Dianthus* haben sich die Blütenkronblätter aufgespalten. Häufig sind auch bei Blütenfüllungen die Staubblätter zu Blütenkronblättern umgewandelt.

Abb. 42: Blütenfüllung: *Gerbera*.

Beispiele für ein- und zweihäusige Pflanzen

einhäusige Pflanzen		zweihäusige Pflanzen	
botanischer Name	**deutscher Name**	**botanischer Name**	**deutscher Name**
Alnus-Arten	Erle	*Ilex aquifolium*	Stechpalme
Corylus-Arten	Hase	*Hippophaë rhamnoides*	Sanddorn
Larix-Arten	Lärche		
Begonia-Arten	Begonie	*Salix*-Arten	Weide
Euphorbia-Arten	Euphorbie	*Ginkgo biloba*	Fächerblattbaum

Blütenstände – Bisher wurden hauptsächlich Pflanzen betrachtet, die eine einzelne Blüte ausgebildet haben. Eine große Zahl von Pflanzen bilden aber viele, meist kleinere Blüten aus, die nach bestimmten Gesetzmäßigkeiten angeordnet sind. Man nennt diese Anordnung von Blüten einen Blütenstand oder eine Inflorescenz.

Abb. 43: Einfache und zusammengesetzte Blütenstände.

einfache Blütenstände

Traube	Ähre	Kätzchen	Kolben
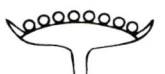		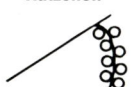	
gestielte Einzelblüten an der Hauptachse	sitzende Einzelblüten an der Hauptachse	sitzende Einzelblüten an hängender Hauptachse	sitzende Einzelblüten an stark verdickter Hauptachse
Hyacinthus (Hyazinthe) *Convallaria* (Maiglöckchen)	*Plantago* (Wegerich) *Hordeum* (Gerste)	*Corylus* ♂ (Hasel) *Alnus* ♂ (Erle)	Araceae (Aronstabgewächse) *Typha* (Rohrkolben)

Köpfchen	Zapfen	Dolde	Doldentraube
		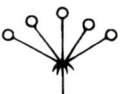	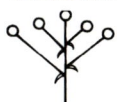
sitzende Einzelblüten auf einer gestauchten und seitlich verdickten Hauptachse	eine Ähre, deren Achse und Tragblätter bei Reife verholzen	langgestielte Einzelblüten, die etwa auf gleicher Höhe entspringen	Traube mit unterschiedlich lang gestielten Blüten; die Blüten stehen somit in einer Ebene
Scabiosa (Skabiose) Asteraceae (Korbblütler)	*Alnus* ♀ (Erle) Koniferen	*Hoya* (Wachsblume) *Primula*	*Iberis* (Schleifenblume) *Spirāēa* (Spierstrauch)

zusammengesetzte Blütenstände

Rispe	Zusammengesetzte Dolde	Doldenrispe
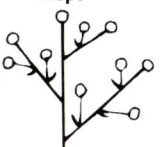	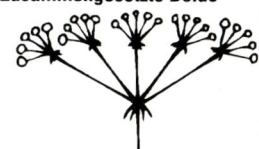	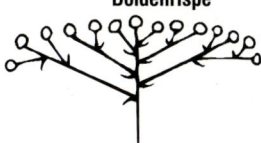
die Seitenachsen enden in kleinen Trauben	die Seitenachsen enden in kleinen Dolden	Sie ähnelt der Rispe; da die Seitenachsen unterschiedlich lang gestielt sind, liegen die Blüten in einer Ebene
Vitis (Rebe) *Syringa* (Flieder) *Avena* (Hafer)	*Anthriscus* (Kerbel) *Anethum* (Dill) *Heracleum* (Bärenklau)	*Sambucus* (Holunder) *Sorbus* (Eberesche)

Abb. 44: Blütenstand Kolben: *Monstera.*

Abb. 45: Blütenstand Dolde: *Hoya.*

Abb. 46: *Nigella damascena:* Bei fehlender Fremdbestäubung berühren die Staubblätter die Narbe und ermöglichen die Selbstbestäubung.

Abb. 47: Vormännliche Blüte: *Salvia.*

Blütenstände können sich am Ende von Haupt- oder auch Seitensprossen befinden. Bei einfachen Blütenständen befinden sich am Ende der Seitentriebe und der Hauptachse nur einzelne Blüten. Bei zusammengesetzten Blütenständen befinden sich an den Seitenachsen kleinere Teilblütenstände.

Die Blütenstände von Asteraceae (Korbblütler), z.B. *Gerbera, Chrysanthemum* und den Apiaceae (z.B. *Heracleum mantegazzianum,* Herkulesstaude) werden als Scheinblüten oder Pseudanthien bezeichnet. Die kleinen Einzelblüten des Blütenstandes sind dicht gedrängt, somit entsteht die Wirkung einer großen Einzelblüte.

Bei den Asteraceae können die Einzelblüten Röhrenblüten sein, z.B. bei *Tanacetum vulgare* (Rainfarn). Es können Zungenblüten ausgebildet sein, z.B. beim Löwenzahn, den gefüllten *Bellis perennis* (Tausendschön). Der Blütenstand kann aber auch aus Röhrenblüten und Zungenblüten gebildet sein, z.B. bei ungefüllten *Gerbera* und ungefüllten *Helianthus annuus* (Sonnenblume).

 Blüten werden von allen Samenpflanzen zur generativen Vermehrung ausgebildet. Ihre Aufgabe ist also die Erhaltung der Art. Die Blüten insektenbestäubter Pflanzen sind auffällig durch ihre Farben. Gräser, Nadelgehölze und auch viele Laubgehölze bilden Blüten aus, die durch das Fehlen der Blütenkronblätter unscheinbar sind.

1.2.6 Die Bestäubung

Bei der Bestäubung wird Pollen aus den Staubbeuteln auf die Narbe übertragen. Die Narbe scheidet klebrige Substanzen aus, die das Keimen des Pollens und die Bildung des Pollenschlauches bewirken. Die Bestäubung kann auf vielfältige Weise vor sich gehen.

Selbstbestäubung – Diese Möglichkeit ist bei Zwitterblüten gegeben. Die Staubblätter berühren die Narbe der gleichen Blüte und streuen dabei den Pollen aus. Bei sehr vielen Pflanzen wird die Selbstbestäubung verhindert, um Inzucht zu vermeiden. Bei einigen Pflanzen, die als Einzelpflanzen leben, ist sie aber notwendig, weil deren Chancen, fremdbestäubt zu werden, gering wären. Bei anderen Pflanzen, z.B. bei *Nigella damascena* (Jungfer im Grünen) lässt sich beobachten, dass sich bei fehlender Fremdbestäubung die Staubblätter krümmen und somit Selbstbestäubung ermöglicht wird.

Nachbarschaftsbestäubung – In diesem Fall stammt der Pollen zwar von einer anderen Blüte, aber immer noch von derselben Pflanze.

Fremdbestäubung – Die Bestäubung erfolgt mit Pollen derselben Pflanzenart, aber mit Pollen einer anderen Pflanze. Eine Reihe von Möglichkeiten verhindern und erschweren die Selbstbestäubung und dienen somit der Fremdbestäubung.

Am besten ist die Fremdbestäubung durch die räumliche Entfernung bei zweihäusigen Pflanzen gesichert. Zweihäusige Pflanzen sind z.B. *Hippophaë rhamnoides* (Sanddorn), *Salix caprea* (Weide). Aber auch in zwittrigen Blüten, wie Iris und Orchideen, können Staubblätter und Stempel räumlich getrennt sein.

Die unterschiedliche Reifezeit von Staubbeuteln und Narben einer Pflanze verhindert ebenfalls die Selbstbestäubung. Sehr häufig ist die Vormännlichkeit anzutreffen, bei der die Staubblätter früher reif sind als die Narben der Blüten der gleichen Pflanze, z.B. bei *Salvia* (Salbei).

Bei der weniger häufigen Vorweiblichkeit wird in den Blüten zuerst die Narbe reif, dann erst reifen die Staubblätter aller Blüten der gleichen Pflanze, z.B. bei *Plantago* (Wegerich).

Bei einigen Pflanzen kann wohl eigener Pollen auf die Narbe gelangen, es kommt aber nicht zur Keimung und Ausbildung des Pollenschlauches. Damit wird eine Befruchtung unmöglich. Selbststerile Blüten haben z.B. viele Apfel-, Birnen- und Süßkirschensorten.

»Transportmittel« bei der Bestäubung sind Tiere, Wind, Wasser oder, bei der künstlichen Bestäubung, der Mensch.

Bestäubung durch Tiere – Blüten, die durch Tiere bestäubt werden, machen einerseits durch Blütenblätter und Duft auf sich aufmerksam, andererseits locken sie mit Pollen und Nektar. Als Bestäuber unter den Tieren spielen die Insekten eine sehr große Rolle. In den Tropen sind aber auch Vögel (z.B. Kolibris) oder Fledermäuse und kleine Säugetiere für die Bestäubung von Bedeutung. In vielen Fällen herrscht eine sehr starke Bindung zwischen „Tierblume" und „Blumentier". Blüte und Bestäuber haben sich im Laufe der Entwicklung aneinander angepasst.

Bestäubung durch Wind – Im Gegensatz zur Bestäubung durch Tiere handelt es sich bei der Windbestäubung um keine zielgerichtete Pollenübertragung. Das erklärt auch die Produktion sehr großer Pollenmengen bei windbestäubten Blüten (»Schwefelregen« bei Nadelgehölzen). Um lange schwebfähig zu sein, sind die Pollen klein und leicht. Windbestäubte Blüten müssen niemandem auffallen und sind daher meist unscheinbar. Die Blütenhülle ist einerseits überflüssig, andererseits wäre sie hinderlich. Durch den Wind bestäubt werden z.B. Nacktsamer wie *Pinus* (Kiefer), Bedecktsamer wie *Fagus* (Buche) und die Gräser.

Bei den Nacktsamern war die Bestäubung durch den Wind schon immer vorhanden. Die windbestäubten Blüten der Bedecktsamer haben sich aus Blüten entwickelt, die vormals durch Insekten bestäubt wurden.

Bestäubung durch Wasser – Diese Bestäubungsart spielt nur eine geringe Rolle, da viele Wasserpflanzen über der Wasseroberfläche blühen und somit andere Bestäubungsarten in Frage kommen. Bei einigen Wasserpflanzen schwimmen der Pollen oder losgelöste männliche Blüten zu den Narben.

 Bestäubung ist die Übertragung von Pollen auf die Narbe.

1.2.7 Die Befruchtung

Bei den Bedecktsamern ist die Samenanlage, der Name weist darauf hin, in einem Fruchtknoten eingeschlossen. Der Pollen gelangt also nicht, wie bei den Nacktsamern, direkt zu den Samenanlagen, sondern trifft zunächst auf der Narbe auf. Hier quillt der Pollen, beginnt zu keimen und bildet den Pollenschlauch aus. Bevor die Befruchtung erfolgt, verändern sich sowohl Pollen als auch Samenanlage.

Entwicklung des Pollens – Noch vor der Bestäubung hat sich der Zellkern beim reifenden Pollenkorn geteilt, und zwar so, dass eine Zelle mit zwei Zellkernen (einem generativen und einem vegetativen) entsteht. Der vegetative Kern bewirkt auf der Narbe das Wachstum des Pollenschlauches. Dieser wächst durch den Griffel und dringt schließlich bis zur Samenanlage vor. Der generative Kern teilt sich abermals und es entstehen dabei zwei Spermazellen, die für die eigentliche Befruchtung von Bedeutung sind.

Abb. 48: Bestäubung durch Insekten.

Abb. 49: Die männlichen Blüten windbestäubter Pflanzen, z.B. *Pinus*, entwickeln große Pollenmengen.

Pollenkorn mit einem Zellkern

Reifes Pollenkorn mit zwei Zellkernen (generativ + vegetativ)

Auskeimendes Pollenkorn

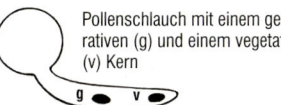
Pollenschlauch mit einem generativen (g) und einem vegetativen (v) Kern

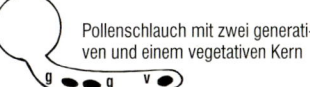
Pollenschlauch mit zwei generativen und einem vegetativen Kern

Abb. 50: Entwicklung des Pollenkorns (Schema).

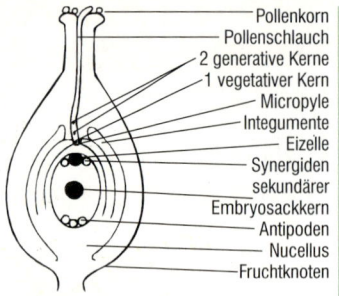

Abb. 51: Fruchtknoten mit einer Samenanlage (Schema).

Abb. 52: Fruchtstand der Banane.

Entwicklung der Samenanlage – Je nachdem, wie viele Samen die Frucht schließlich enthält, sind im Fruchtknoten eine oder mehrere Samenanlagen angelegt. Die Samenanlage besteht aus dem Nucellus und den Integumenten, die den Nucellus als Hülle umgeben. Zwischen den Integumenten befindet sich oben eine winzige Öffnung, die Mikropyle. Im Nucellus ist zunächst die Embryosackmutterzelle.

Durch mehrere Teilungen entwickeln sich aus dem Zellkern dieser Zelle acht neue Zellkerne. Einer entwickelt sich zur Eizelle, zwei Kerne zu den Synergiden, die sich neben der Eizelle befinden. Drei Kerne wandern an die entgegengesetzte Seite und bilden die Antipoden. Die beiden restlichen Kerne wandern zur Mitte, verschmelzen und bilden den sekundären Embryosackkern.

Vorgang der Befruchtung – Der Pollenschlauch mit den beiden generativen Kernen dringt durch die Mikropyle in die Samenanlage ein und entleert die beiden generativen Kerne. Plasma und der erste generative Zellkern verschmelzen mit der Eizelle. Der zweite generative Zellkern verschmilzt mit dem sekundären Embryosackkern.

Da somit zwei Befruchtungen stattgefunden haben, spricht man bei den Bedecktsamern von einer doppelten Befruchtung. Aus der befruchteten Eizelle, auch Zygote genannt, entwickelt sich der Embryo. Aus dem befruchteten Embryosack bildet sich das Nährgewebe. Antipoden und Synergiden sterben ab.

Im Gegensatz zu den Nacktsamern wird bei den Bedecktsamern ein Nährgewebe erst dann ausgebildet, wenn eine Befruchtung erfolgte und somit Gewähr gegeben ist, dass ein Nährgewebe auch benötigt wird. Die Integumente entwickeln sich zur Samenschale.

Nach der Befruchtung vergrößert sich der Fruchtknoten. Er entwickelt sich zur Frucht, die einen oder mehrere Samen einschließt. Für die Fruchtbildung sind Hormone verantwortlich, die sich im Pollen befinden.

Parthenokarpie (Jungfernfrüchtigkeit) – Einige Pflanzen bilden Früchte aus, ohne dass vorher eine Befruchtung stattgefunden hat. Solche Früchte können natürlich nur samenlos sein. Bei einigen Kulturpflanzen sind parthenokarpe Sorten gezüchtet worden. Durch Zugabe von Hormonen kann parthenokarpe Fruchtbildung herbeigeführt werden. Als die bekanntesten Beispiele wären zu nennen: Banane, Ananas, Feige, Trauben, Zitrusfrüchte, Gurken, Tomaten, Äpfel.

 Bei den Bedecktsamern findet eine doppelte Befruchtung statt. Dabei verschmilzt eine männliche Geschlechtszelle mit der Eizelle. Diese Zygote entwickelt sich zum Embryo. Die andere Spermazelle verschmilzt mit dem sekundären Embryosack, der sich später zum Nährgewebe entwickelt.

1.2.8 Der Samen

Bau des Samens – Aus der Samenanlage entwickelt sich nach der Befruchtung der Samen. Er besteht aus Samenschale, Embryo und Nährgewebe. Die Samenschale entwickelt sich aus den Integumenten. Die befruchtete Eizelle, die Zygote, wird zum Embryo, der die Anlagen für die drei Grundorgane der Sprosspflanze enthält, nämlich Keimwurzel (Radicula), Sprossachse (Hypocotyl und Plumula) und Keimblätter (Cotyledonen).

Der befruchtete Embryosack entwickelt sich bei den Bedecktsamern zum sekundären Nährgewebe. Dieses kann im Samen als solches erhalten bleiben, es kann aber auch schon bei der Entwicklung des Embryos aufgebraucht werden, so dass sich die Nährstoffe dann hauptsächlich in den Keimblättern be-

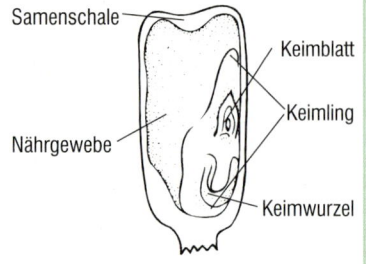

Abb. 53: Schnitt durch einen Samen (Schema).

finden. Nährstoffe wie Stärke, Eiweiß oder Fett sind somit dem Embryo leichter verfügbar.

Die bekanntesten Beispiele für Pflanzen mit nährstoffreichen Keimblättern sind Feuerbohne, *Quercus* (Eiche), *Aesculus* (Rosskastanie), Erdnuss. Bei den kleinen Samen der Orchideen unterbleibt die Nährstoffspeicherung im Samen. Der Embryo wird bei den Orchideen durch Mycorrhizapilze ernährt (siehe S. 48).

Keimung – Der erste sichtbare Vorgang bei der Keimung ist das Erscheinen der Keimwurzel. Bevor es aber dazu kommt, spielen sich andere Vorgänge im Samen ab.

Keimruhe – Es gibt Pflanzen, deren Samen sofort nach der Aussaat zu keimen beginnen, z.B. *Salix* (Weide). Bei anderen kann der Samen erst nach einer mehr oder weniger langen Ruheperiode keimen. Während dieser Keimruhe kann eine Nachreife des Samens erfolgen, z.B. durch Wasserentzug. Bei vielen Samen ist der Keimling von einer harten oder für Gase und Wasser undurchlässigen Schicht umgeben. Diese kann während der Keimruhe von Mikroorganismen (bei Vorhandensein von Wasser und Wärme) abgebaut werden. Bei den Samen der Mistel findet diese Nachreife des Samens im Vogelmagen statt.

In allen Teilen des Samens und auch in der Frucht können keimhemmende Stoffe enthalten sein, die das Keimen zunächst verhindern und während der Keimruhe abgebaut werden. Erst nach der Beendigung der Keimruhe ist der Samen keimfähig.

Bei langer Lagerung des Samens nimmt allerdings die Keimfähigkeit des Samens wiederum ab, da durch die Atmung des Samens einerseits Reservestoffe abgebaut werden, andererseits dabei Stoffwechselprodukte gebildet werden.

Zur Keimung kann es aber trotz gegebener Keimfähigkeit erst kommen, wenn auch bestimmte äußere Faktoren gegeben sind.

Keimbedingungen – Der Samen nimmt zunächst Wasser auf, er quillt und vergrößert dadurch sein Volumen. Durch Wassereinlagerung in die Zellen vergrößern sich zum einen die Zellen, zum anderen steigt der Turgordruck im Sameninnern. Dadurch kann die Samenschale oder die Fruchtschale gesprengt werden. Für die Atmung des Samens wird Sauerstoff benötigt.

Die optimale Temperatur zum Keimen ist bei den Pflanzen unterschiedlich. Im Sommer blühende Annuelle (einjährige Pflanzen) bevorzugen höhere Temperaturen von 26–30°C. Die sog. Frostkeimer benötigen zum Keimen keinen Frost, sondern der gequollene Same muss Temperaturen zwischen 0–10°C ausgesetzt sein, da in diesem Temperaturbereich das Wasser nicht gefroren ist. Zu den Frostkeimern gehören viele Alpenpflanzen, Gattungen der *Rosaceae* (Rosengewächse), *Ranunculaceae* (Hahnenfußgewächse), *Primulaceae* (Primelgewächse).

Unterschiede gibt es auch beim Faktor Licht. In der Praxis unterscheidet man Lichtkeimer und Dunkelkeimer. Besser ist es, von lichtgeförderten und lichtgehemmten Samen zu sprechen. Lichtgefördert sind z.B. *Digitalis purpurea* (Roter Fingerhut), Begonia-Arten. Lichtgehemmt sind z.B. *Nigella damascena* (Jungfer im Grünen).

Keimblätter – Sie können während der Keimung im Boden bleiben, z.B. bei der Feuerbohne, *Quercus* (Eiche) und *Aesculus* (Rosskastanie). Sie können sich aber auch nach Durchbrechen der Samenschale über der Erde zu assimilierenden grünen Blättern entwickeln, z.B. bei *Tilia* (Linde), *Fagus* (Buche), *Carpinus* (Hainbuche).

Abb. 54: Keimblätter: Polycotyledoneae (links), Dicotyledoneae (oben), Monocotyledoneae (rechts).

Abb. 55: Bei der Keimung entwickeln sich zunächst die Keimwurzeln,...

Abb. 56: ... dann entwickeln sich die Keimblätter.

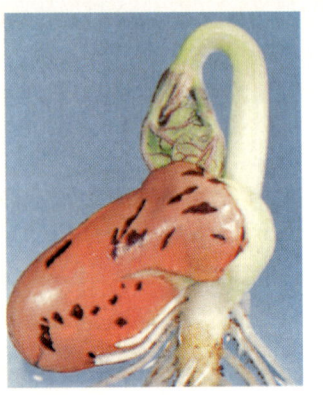

Abb. 57: Die Keimblätter der Feuerbohne bleiben während der Keimung im Boden.

 Aus der Samenanlage entwickeln sich nach der Befruchtung ein oder mehrere Samen. Ein Samen besteht in der Regel aus Samenschale, Embryo und Nährgewebe.

1.2.9 Früchte

Fruchtformen – Die Ausbildung von Früchten ist ein Merkmal der Bedecktsamer. Parallel zur Samenausbildung entwickelt sich aus den Fruchtblättern die Frucht. Diese umschließt den oder die Samen. Früchte können unter unterschiedlichen Gesichtspunkten zusammengestellt werden. Je nachdem, wie die Fruchtwand ausgebildet ist, kann man Trockenfrüchte (z.B. Nüsse) von Saftfrüchten (z.B. Beeren) unterscheiden. Öffnet sich die Fruchtwand bei der Reife und entlässt die Samen, spricht man von Öffnungs- oder Streufrüchten. Schließfrüchte dagegen sind Früchte, bei denen die Fruchtwand geschlossen bleibt.

Abb. 58: Früchte (Beispiele).

Öffnungs- oder Streufrüchte

Balgfrucht	Hülse	Schote	Kapsel
			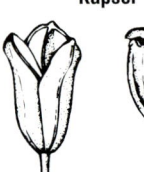
aus einem Fruchtblatt, das sich bei Reife an einer Seite öffnet	aus einem Fruchtblatt, das sich bei Reife an zwei Seiten öffnet	aus zwei Fruchtblättern, die durch eine pergamentartige Wand getrennt sind	aus zwei oder mehreren Fruchtblättern; bei Reife können sich Poren bilden
Paeonia (Pfingstrose) *Aquilegia* (Akelei)	*Lathyrus* (Wicke) *Pisum* (Erbse)	*Lunaria* (Silberling) *Erysimum cheiri* (Goldlack)	*Papaver* (Mohn) *Iris* (Iris)

Schließfrüchte

Nuß	Steinfrucht	Beere	Scheinfrucht
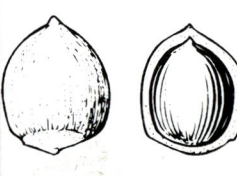			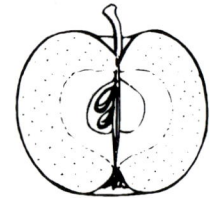
Enthält einen Samen, verholzte Fruchtwand	enthält einen Samen, Fruchtwand ist außen fleischig und innen verholzt	enthält viele Samen, Fruchtwand ist fleischig	Blütenachse und Blütenboden sind an der Fruchtbildung beteiligt
Corylus (Hasel) *Tilia* (Linde) *Quercus* (Eiche)	Steinobstarten, *Olea europaea* (Olive) *Juglans* (Walnuss)	*Vitis* (Rebe), *Ribes rubrum* (Johannisbeere) *Ribes uva-crispa* (Stachelbeere))	*Malus* (Apfel) *Pyrus* (Birne) *Cydonia* (Quitte)

Sammelfrüchte

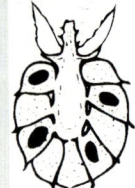 

mehrere Einzelfrüchte bilden zusammen die Frucht

Rosa (Hagebutte) (Nüsse)
Fragaria (Erdbeere) (Nüsse)
Rubus idaeus (Himbeere) (Steinfrüchte)
Rubus (Brombeere) (Steinfrüchte)

Fruchtstände

Früchte eines ganzen Blütenstandes sind miteinander verwachsen

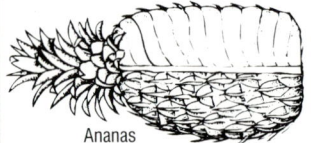

Ananas

Ficus carica (Feige)

Verbreitung von Samen und Früchten – „Der Apfel fällt nicht weit vom Stamm." Bei einer solchen Art der Verbreitung gäbe es zwar keine Transportprobleme, allerdings könnte u.U. das Ziel, nämlich die Erhaltung der Art, in Frage gestellt sein.

Sehr viele Einrichtungen zur Verbreitung von Samen und Früchten zeigen uns, dass sich die „nächste Generation" möglichst weit entfernt von der Mutterpflanze entwickeln soll. Die Möglichkeit der Arterhaltung wird somit vergrößert. Ein möglichst großes Verbreitungsgebiet garantiert zum einen das Überleben; andererseits wird somit die Konkurrenz durch die eigene „Sippe" ausgeschaltet.

Ein selbsttätiges Verbreiten von Samen ist bei den Pflanzen ermöglicht, deren Fruchtwände durch Ansteigen des Turgordruckes aufspringen. Die Samen z.B. vom Springkraut, dem Sauerklee und der Spritzgurke werden auf diese Weise herausgeschleudert. Durch Quellen und Entquellen (Wasseraufnahme und Austrocknen) können sich Fruchtwände, aber auch Zapfen öffnen und schließen.

Abb. 59: Balgfrucht: Nigella.

Früchte oder Samen, die durch den Wind verbreitet werden, sind mit Flugeinrichtungen versehen, die die Sinkgeschwindigkeit des Organs herabsetzen. An den Samen von *Salix* (Weide), *Populus* (Pappel), *Gossypium* (Baumwolle) und an den Früchten von *Clematis* (Waldrebe) und *Pulsatilla vulgaris* (Küchenschelle) befinden sich Haare. Die Früchte des Löwenzahns bilden Fallschirme aus. Die Früchte von *Acer* (Ahorn) und *Tilia* (Linde) sind mit Propellern ausgestattet.

Die Fruchtwände von Sumpf- und Wasserpflanzen und auch die der Kokosnuss enthalten luft- oder korkhaltiges Schwimmgewebe. Somit wird eine Verbreitung durch das Wasser ermöglicht.

Die Verbreitung durch Tiere kann auf unterschiedliche Art und Weise vor sich gehen. Häufig werden die Früchte von Tieren gefressen und die Samen anschließend unbeschadet irgendwo wieder ausgeschieden. Dabei können im Magen des Tieres keimhemmende Stoffe des Samens oder der Frucht abgebaut werden, z.B. bei *Viscum album* (Mistel), *Viburnum* (Schneeball), *Sambucus* (Holunder). Früchte oder Samen können aber auch mit Widerhaken versehen sein, so dass sie am Fell der Tiere haften und somit verbreitet werden, z.B. bei den Kletten.

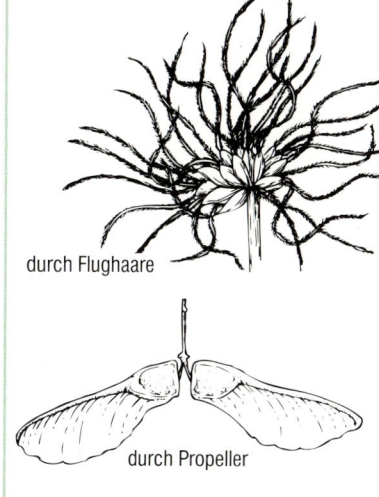

durch Flughaare

durch Propeller

Samen oder Früchte können aber auch von Tieren wie dem Eichhörnchen verschleppt und vergraben werden. Bei einigen Pflanzen, z.B. Primula, Viola, befindet sich am Samen ein fett- oder stärkereiches Anhängsel, das den Ameisen als Nahrung dient. Die Verbreitung der Samen ist auch auf diese Weise gewährleistet.

Kulturpflanzen und Unkräuter werden durch den Menschen weltweit verschleppt. Auch durch den Genuss der Früchte trägt der Mensch zur Samenverbreitung bei.

durch Fraß

 Früchte werden nur von den Bedecktsamern ausgebildet. Sie entwickeln sich aus den Fruchtblättern und enthalten den oder die Samen. Verschiedene Möglichkeiten, Samen und Früchte zu verbreiten, dienen der Vergrößerung des Verbreitungsgebietes und der Erhaltung der Art.

durch Widerhaken

 Aufgabe: Legen Sie ein Herbarium an, in dem Sie Pflanzen, Blätter, Blüten oder Blütenstände sammeln, pressen und trocknen, auf Zeichenpapier befestigen und schließlich beschriften.

Abb. 60: Verbreitung von Samen und Früchten.

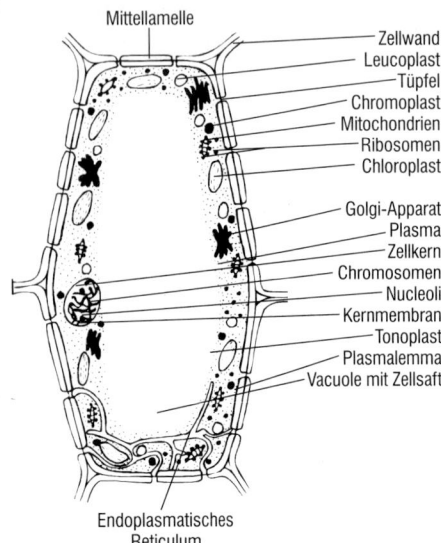

Abb. 61: Bau der Zelle (Schema).

junge Zelle

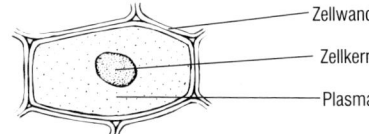

Zellstreckung durch Wasseraufnahme

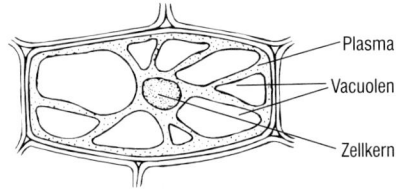

Bildung einer großen Vacuole

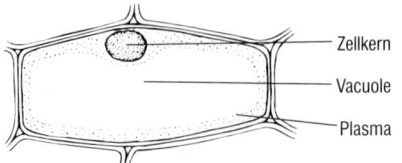

Abb. 62: Zellstreckung und Vacuolenbildung (Schema)

1.3 Innerer Bau der Pflanze

Schon mit der Lupe kann man feststellen, dass Pflanzenorgane nicht einheitlich aufgebaut sind. Der Engländer ROBERT HOOKE (1635–1703) entdeckte mit einem primitiven Mikroskop die »Bausteine« der Pflanzenorgane und nannte sie Zellen.

Jedes Pflanzenteil, ja alle Lebewesen setzen sich aus Zellen zusammen. Die Zelle ist aber nicht nur als Grundbaustein eines Organismus anzusehen; bei einzelligen Lebewesen erfüllt die Zelle alle Funktionen, kann also als Lebenseinheit angesehen werden. Da Zellen im Durchschnitt eine Größe von $1/10$ bis $1/100$ mm haben, sind zum Erkennen derselben optische Hilfsmittel, wie Lupe und Mikroskop, notwendig.

1.3.1 Bau und Aufgaben der Zelle

Zellwand – Im Unterschied zu tierischen Zellen sind Pflanzenzellen von einer mehr oder weniger dicken Zellwand umgeben. Diese entsteht durch Celluloseanlagerungen an der Mittellamelle. Bei verholzten Pflanzen wird Lignin angelagert. Es gibt Bereiche, die nur aus der Mittellamelle bestehen, in denen also keine Cellulose oder Lignin angelagert wurden. Diese werden als Tüpfel bezeichnet und ermöglichen die Verbindung benachbarter Zellen. Die Zellwand schützt den Zellinhalt vor äußeren Einflüssen wie Krankheitserregern, Sonneneinstrahlung.

Cytoplasma – In dem von der Zellwand umschlossenen Zellraum befindet sich das Cytoplasma oder Plasma. Es ist eine zähe Flüssigkeit, die hauptsächlich aus Wasser und Eiweiß besteht. Das Plasma wird durch zwei Häutchen, den Tonoplast, nach innen und das Plasmalemma nach außen begrenzt. Im Cytoplasma befinden sich „kleine Organe", die Zellorganellen.

Zellkern – Die größte Zellorganelle ist der kugelige oder linsenförmige Zellkern (Nucleolus). In jungen teilungsfähigen Zellen befindet er sich in der Mitte. In älteren Zellen ist er meist an die Zellwand gedrückt. Der Zellkern ist durch eine Kernmembran nach außen abgegrenzt. Er enthält die Chromosomen als Träger der Erbanlagen und ein oder mehrere Kernkörperchen (Nucleoli).

Plastiden – Auch die Plastiden sind relativ große Zellorganellen. In grünen Pflanzenteilen enthalten sie den Farbstoff Chlorophyll und werden Chloroplasten genannt. Roten und gelben Farbstoff enthalten die Chromoplasten. Als dritte Gruppe sind die farblosen Leucoplasten zu nennen, die sich hauptsächlich in Zellen der Speicherorgane befinden.

Mitochondrien – Dies sind kugelige oder stäbchenförmige Zellorganellen, die sich in allen Pflanzenzellen befinden. In ihnen wird durch Atmung Energie frei. Durch Faltenbildung ist ihre innere Oberfläche vergrößert.

Endoplasmatisches Reticulum (ER) – Es durchzieht als Netzwerk von Röhren und Bläschen das Cytoplasma und kann nach Bedarf auf- und abgebaut werden. In diesem Kanalsystem werden wahrscheinlich wasserlösliche Stoffe transportiert. Das Endoplasmatische Reticulum reicht bis zu den Tüpfeln der Zellwand. Durch dünne Plasmafäden, die Plasmodesmen, wird eine Verbindung zur Nachbarzelle geschaffen.

Ribosomen – Die kugeligen Ribosomen können sich im Plasma, in den Plastiden und auf der Oberfläche des Endoplasmatischen Reticulums befinden. Sie sind für die Synthese von Eiweißstoffen zuständig.

Golgiapparat – Zum Golgiapparat gehören Bündel von Röhren oder Lamellen. Man nimmt an, dass hier Zellwandsubstanzen und Sekrete gebildet werden.

1.3.2 Junge Zelle – ausgewachsene Zelle

Im Zusammenhang mit dem Cytoplasma und dem Zellkern wurde schon darauf hingewiesen, dass Unterschiede zwischen jungen, teilungsfähigen Zellen und älteren, nicht mehr teilungsfähigen Zelle bestehen. In jungen Zellen füllt das Cytoplasma den gesamten Zellraum aus, der Zellkern befindet sich in der Mitte und die Plastiden sind zunächst noch farblose Proplastiden.

Vacuole – Beim Streckungswachstum der Zelle wird Wasser aufgenommen, Cytoplasma und Wasser vermischen sich aber nicht. Das aufgenommene Wasser befindet sich zunächst in mehreren kleine Flüssigkeitsbläschen. Diese fließen schließlich zu einer großen Blase, der Vacuole, zusammen, ein für ältere Zellen wichtiges Erkennungsmerkmal. Da man zunächst angenommen hat, dass die Bläschen und später die große Blase leer sind, hat man sie als Vacuole bezeichnet.

Zellsaft – Die Vacuole ist nicht leer, sondern enthält eine Flüssigkeit den Zellsaft. Die Zusammensetzung des Zellsaftes ist bei den verschiedenen Pflanzen und auch in den verschiedenen Geweben einer Pflanze unterschiedlich.

Abgesehen vom schon erwähnten Wasser können folgende Bestandteile im Zellsaft enthalten sein:

- Wasserlösliche Farbstoffe, z.B. Anthocyane, Flavonole
- Glycoside, z.B. Cumarin im Waldmeister, Digitalis-Glycosid in *Digitalis purpurea* (Roter Fingerhut)
- Alkaloide, z.B. Coffein und Nikotin
- Gerbstoffe, z.B. in Eichenrinde und im Fruchtfleisch von Walnüssen
- Stoffwechselschlacken
- Ätherische Öle, z.B. in den Blättern der Pfefferminze
- Schleimstoffe, z.B. im Stiel der Narzisse

Der Zellsaft der Vacuole drückt im Verlauf des Wachstums das Cytoplasma und die darin enthaltenen Zellorganellen als dünnen Belag an die Zellwand. Abhängig vom Wassergehalt ist der Druck des Zellsaftes – Turgordruck genannt – unterschiedlich hoch. Einen geringen Turgordruck erkennt man am „Schlappen" der Pflanzenteile.

 Jedes Lebewesen besteht aus Zellen. Bei pflanzlichen Zellen sind eine **Zellwand** und meist zahlreiche **Vacuolen** ausgebildet.

1.3.3 Farbstoffe in der Zelle

Da Farben für den Floristen eine besondere Bedeutung haben, sollen die Farbstoffe als spezielles Thema angesprochen werden. Farbstoffe sind einerseits schon in Verbindung mit den Plastiden genannt worden, andererseits wurden sie als Bestandteile des Zellsaftes genannt.

Man kann wasserlösliche und wasserunlösliche Farbstoffe unterscheiden.

Wasserlösliche Farbstoffe – Hierzu gehören die im Zellsaft befindlichen Anthocyane und die Flavonole. Sie werden auch als Vacuolenfarbstoffe bezeichnet.

Abb. 63: Geringer Turgordruck: Die Primel „schlappt".

Abb. 64: *Coffea arabica* (Kaffeestrauch).

Abb. 65: *Nicotiana tabacum* (Tabak).

Abb. 66: *Pulmonaria* (Lungenkraut) hat rote und blaue Blüten.

Abb. 67: Panaschierung: *Ficus benjamina* 'Hawaii'.

Abb. 68: Blutblättrigkeit: *Acer palmatum* 'Atropurpureum'.

Anthocyane verursachen rote, violette oder blaue Färbung. Der Farbton hängt vom pH-Wert ab, dem Säurewert des Zellsaftes. Bei einigen Pflanzen. z.B. bei *Myosotis* (Vergissmeinnicht) und bei *Pulmonaria* (Lungenkraut) kann man sogar an ein und derselben Pflanze rote und blaue Blüten sehen. Bei jungen Blüten reagiert der Zellsaft sauer (rote und rosa Blüten), bei älteren hingegen alkalisch (blaue Blüten). Auch bei roten Rosen oder Malven, den Früchten von Johannisbeere und Pflaume kann man im Alter einen Farbumschlag zum Blauen erkennen. Die Blaufärbung von *Hydrangea macrophylla* (Hortensie) wird nicht direkt durch den Säuregehalt des Zellsaftes ausgelöst, sondern durch eine Behandlung mit Fe- und Al-Verbindungen. Allerdings lösen sich diese Verbindungen nur bei saurer Reaktion im Wasser und werden erst dann wirksam. Das bedeutet, dass eine Behandlung zur Farbumwandlung der Hortensien nur Erfolg hat, wenn der pH-Wert entsprechend niedrig ist.

Flavonole sind wasserlösliche Farbstoffe, die Gelbfärbung verursachen. Sie bewirken die gelbe Färbung der Blüten von *Primula* (Primel), *Digitalis* (Fingerhut) und *Aconitum* (Eisenhut). Dieser Farbstoff entsteht durch chemische Reaktion aus dem Anthocyan. Das erklärt auch bei den genannten Pflanzengattungen das Auftreten von Arten in den Farben Gelb, Rot und Blau.

Wasserunlösliche und fettlösliche Farbstoffe – Diese Farbstoffe befinden sich in den Plastiden und werden deshalb auch Plastidenfarbstoffe genannt.

Die Chromoplasten enthalten die gelben Xanthophylle und Carotine. Diese können gelb, orangerot oder rot sein. Zu Carotinen gehört das Carotin der Karotte, das Lycopin, das in reifen Tomaten und Hagebutten zu finden ist, das Capsanthin der Paprika und Violaxanthin in den Blüten von *Viola* und *Narcissus* (Narzisse).

Die Chloroplasten enthalten einerseits das grüne Chlorophyll, andererseits befinden sich hier auch in geringen Mengen Carotine und Xanthophylle.

Weiß – Bei den meisten weiß erscheinenden Pflanzenteilen sind in den Zellen keine Farbstoffe ausgebildet. Das Gewebe ist reich an luftgefüllten Intercellularen. An diesen wird das Licht reflektiert und so erscheint der Pflanzenteil weiß. In den Zellen der weißen Birkenborke ist hingegen Betulin eingelagert.

Panaschierung – Weiß-grün gefärbte oder panaschierte Blätter haben nicht überall Chlorophyll ausgebildet. An den Stellen, an denen es fehlt, wird das einfallende Licht reflektiert und die Fläche erscheint weiß, z.B. bei *Ficus benjamina* 'Hawaii'. Pflanzen mit panaschierten Blättern werden auch weißbunt genannt.

Aurea-Formen – In diesem Fall zeigen die Blätter stellenweise eine Gelbfärbung. Sie kommt dadurch zustande, dass teilweise in den Blättern mehr Carotine als Chlorophyll vorhanden sind.

Blutblättrigkeit – Blutblättrige Varietäten, wie z.B. *Corylus maxima* 'Atropurpurea' (Bluthasel) oder *Fagus sylvatica* 'Atropunicea' (Blutbuche) haben während der ganzen Vegetationsperiode rote Blätter. Da diese Pflanzen assimilieren, müssen sie aber auch Chlorophyll enthalten. Im Hautgewebe dieser Pflanzen befindet sich Anthocyan, welche das darunter liegende Chlorophyll überdeckt. Somit erscheint das Blatt rot, trotz des Vorhandenseins von Chlorophyll. Anthocyan wirkt in diesem Fall als Schutzfaktor vor Sonneneinstrahlung. Blutblättrige Varietäten, die im Schatten stehen, haben grüne Blätter, da sie keine Schutz vor der Sonne benötigen.

Herbstfärbung – Viele sommergrüne Gehölze weisen vor dem Laubfall eine gelbe oder rote Färbung der Blätter auf. Die ungünstigen Außenbedingungen (z.B. Temperatur) bewirken zunächst einen Abbau des Chlorophylls in den Blättern. Die Pflanze kann somit den im Chlorophyll enthaltenen Stickstoff als letzte Nährstoffreserve noch nutzen. Die Carotine, die während der Vegetationsperiode durch das Chlorophyll überdeckt waren, kommen zum Vorschein und die Blätter zeigen eine gelbe oder gelborange Färbung. Rotes Herbstlaub entsteht, wenn sich bei saurer Reaktion des Zellsaftes das Anthocyan rot färbt.

Einfluss der Oberfläche auf die Farberscheinung – Durch die Beschaffenheit der Oberfläche wird die Farberscheinung beeinflusst.

Liegt unter der Epidermis eine stärkereiche Schicht, wie z.B. bei *Ranunculus acris* (Scharfer Hahnenfuß, Butterblume) oder *Caltha palustris* (Sumpfdotterblume), erscheint die Oberfläche der Blütenblätter durch Reflexion metallisch. Eine ähnliche Wirkung geht von Blütenblättern oder Laubblättern aus, auf deren Epidermis eine Wachsschicht ausgebildet ist, wie z.B. bei *Anthurium andraeanum* (Flamingoblume).

Die Blüten vieler Sorten von *Sinningia* (Gloxinie), *Saintpaulia ionantha* (Usambaraveilchen) und *Viola × wittrockiana* (Stiefmütterchen) fallen durch ihre samtartige Oberfläche auf. Die Epidermiszellen bilden kegelförmige Ausstülpungen (Papillen) aus. An diesen wird das einfallende Licht zum größten Teil absorbiert. Somit entstehen dunkle, warme Farben, die samtartig erscheinen.

Eine seidige Oberfläche, wie sie bei *Lathyrus odoratus* (Wicke), *Papaver*-Arten (Mohn) zu finden ist, wird dadurch hervorgerufen, dass an den glatten, nebeneinander liegenden Zellen senkrecht einfallendes Licht reflektiert, schräg einfallendes Licht hingegen absorbiert wird.

Abb. 69: Herbstfärbung: *Acer rubrum* (Rotahorn).

Abb. 70: Samtige Oberfläche: *Calceolaria* (Pantoffelblume).

1.3.4 Zellteilung, Mitose

Der Ausgangspunkt für das Wachstum der Organismen ist eine befruchtete Eizelle. Wir wissen, dass diese Zelle einen Zellkern mit Chromosomen als Träger der Erbanlagen enthält. Die Zahl der Chromosomen ist für jede Art genetisch festgelegt. Das bedeutet, in jeder Zelle eines Lebewesens befindet sich die gleiche, für dieses Lebewesen kennzeichnende Chromosomenzahl. Da ja bei jeder Befruchtung jeweils Chromosomen der Mutter und des Vaters zusammenkommen, finden wir im Zellkern Chromosomenpaare aus zwei Chromosomen, die sich in Größe und Form gleichen. Sie werden homologe Chromosomen genannt.

Mitose – Wachstum kann nur stattfinden, wenn sich Zellen teilen. Aus einer Mutterzelle entstehen zwei Tochterzellen, die schließlich die ursprüngliche Größe der Mutterzelle bekommen. Aber nicht nur die Zelle, sondern auch der Zellkern mit den Chromosomen teilt sich. Dieser Vorgang geht der Zellteilung voraus und wird als Mitose bezeichnet. Zusammengefasst gesagt, werden bei der Mitose die Chromosomen in Chromosomenhälften oder Chromatiden gespalten. Dadurch wird die Chromosomenzahl verdoppelt. Die Chromatiden mit den Erbanlagen werden gleichmäßig auf die beiden Tochterkerne verteilt. (Ein Chromosomenpaar mit zwei Chromosomen spaltet sich in vier Chromatiden, die sich nach einer Mitose wieder zu vier Chromosomen entwickeln.) Die Chromatiden mit den Erbanlagen werden gleichmäßig auf die beiden Tochterkerne verteilt.

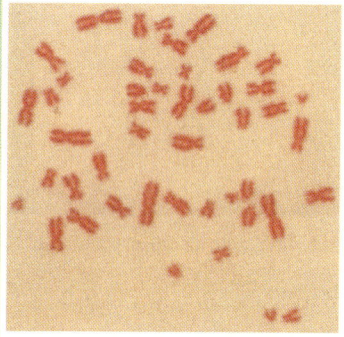

Abb. 71: Chromosomen (Beispiel Mensch).

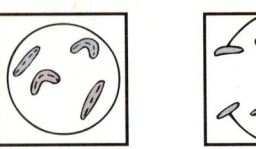

2 ♀ und 2 ♂
Chromosomen
1 Prophase

4 Anaphase

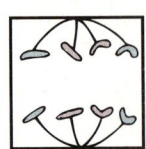

2 Metaphase

5 Telophase

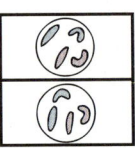

3 Metaphase

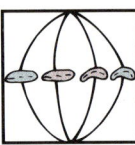

6 Interphase

Abb. 72: Schematische Darstellung der Mitose.

Der Ablauf der Mitose wird in mehrere Phasen unterteilt, in denen sich der Zellkern und die Chromosomen sehr stark verändern.

Prophase – Die Chromosomen verkürzen und verdicken sich durch Spiralisieren und werden dadurch sichtbar. Sie sind jetzt schon in die beiden miteinander verschlungenen Chromatiden gespalten. Außerdem sind Polkappen erkennbar, an denen Spindelfasern gebildet werden.

Metaphase – Jeweils zwei homologe Chromosomen ordnen sich in der Mitte der Zelle, der Äquatorialebene, an. Die Kernmembran und die Nucleoli lösen sich auf. An den Polkappen bilden sich Spindelfasern.

Anaphase – Die Chromatiden werden auseinandergezogen. Sie liegen jetzt als zwei vollständig getrennte Tochterchromosomen vor. Diese beiden Tochterchromosomen werden jede zu einem der beiden Pole gezogen, nachdem eine Verbindung mit den Spindelfasern stattgefunden hat.

Telophase – Aus den beiden Gruppen von Tochterchromosomen wird jeweils ein neuer Zellkern gebildet. Nucleoli und Kernmembran entstehen ebenfalls neu. Die Tochterchromosomen entspiralisieren sich wieder und bilden ein verknäultes Fadenwerk. Die Spindelfasern lösen sich auf. Zwischen den beiden Tochterkernen bildet sich eine neue Membran, die die zwei neugebildeten Zellen trennt.

Interphase – Sie bezeichnet den Zustand zwischen zwei Teilungen. Die Chromosomen sind vorübergehend unsichtbar, da sie lang und dünn sind. In dieser Phase werden die halbierten Bestandteile der Chromosomen ergänzt.

 Die Zellteilung ist Voraussetzung für das Wachstum. Der Zellteilung geht die Spaltung und Verdopplung der Chromosomen voraus. Eine Mutterzelle teilt sich in zwei Tochterzellen, auf die nach ihrer Verdoppelung die Chromosomen gleichmäßig verteilt werden

1.3.5 Gewebearten und ihre Aufgaben

Der Pflanzenkörper besteht aus einer Vielzahl von Zellen, die durch Zellteilung entstanden sind. Beim weiteren Wachstum der Zellen kann man feststellen, dass sich diese auf unterschiedliche Weise weiterentwickeln.

Diese unterschiedliche Weiterentwicklung der Zellen hängt mit den späteren Aufgaben zusammen, die die Zellen in der Pflanze übernehmen sollen. Benachbarte Zellen sind meist gleich gebaut, übernehmen später die gleichen Funktionen und werden als Gewebe bezeichnet.

Diese Spezialisierung auf bestimmte Aufgaben kann als Arbeitsteilung bezeichnet werden. Aus der befruchteten Eizelle entwickeln sich zunächst durch Zellteilung weitere teilungsfähige Zellen. Das Teilungswachstum des Embryos bleibt aber bei einer gewissen Größe schließlich nur noch auf die Sprossspitze und die Wurzelspitze beschränkt. Man kann jetzt schon die teilungsfähigen Bildungsgewebe von den Dauergeweben unterscheiden, die ihre Teilungsfähigkeit endgültig oder vorübergehend einstellen, um andere spezielle Aufgaben zu übernehmen.

Meristeme, Bildungsgewebe – Auf die Teilungsfähigkeit der Zellen in den Meristemen wurde schon hingewiesen. Ihre Aufgabe besteht also darin, neue Zellen zu bilden. Primäre Meristeme sind zeitlebens teilungsfähig. Man unterscheidet Ur- oder Promeristeme, die sich an den Spross oder Wurzelspitzen

Abb. 73: Bei der Meristemvermehrung werden aus Meristemen Pflanzen herangezogen.

und in den Blattachseln, also den Vegetationspunkten befinden, von Rest-
meristemen. Die Zellen der Restmeristeme sind ähnlich gebaut, sie befinden
sich aber innerhalb des Dauergewebes.

Sekundäre Meristeme oder Folgemeristeme entstehen neu aus Dauerzellen,
die ihre Teilungsfähigkeit zurückgewinnen.

Dauergewebe – Die Zellen der Dauergewebe sind normalerweise nicht mehr
teilungsfähig. Ihrer Funktion entsprechend unterscheidet man:

- Abschlussgewebe
- Ausscheidungsgewebe
- Grundgewebe
- Leitgewebe
- Festigungs- oder Stützgewebe
- Absorptionsgewebe

Abb. 74: Stacheln der Rose.

Abschlussgewebe – Ein wichtiger Teil des Abschlussgewebes ist die Epidermis,
die den Pflanzenkörper umgibt und ihn somit vor äußeren Einwirkungen
schützt. In der typischen Ausbildung besteht die Epidermis aus einer farblosen
Zellschicht, deren Zellen in der Aufsicht an ein verzahntes Puzzle erinnern. Als
ein zusätzlicher Verdunstungsschutz der oberen Epidermis dient die Cuticula,
die dadurch entsteht, dass Wachs in die Zellwand eingelagert wird. Die Blätter
vieler Succulenten und z.B. auch die Früchte der Pflaume und des Apfels bilden einen hellen, abwischbaren Belag, der eine äußerlich erkennbare Wachsschicht ist. Haare sind ein- oder mehrzellige Ausstülpungen der Epidermis.
Solche Haare, die Stoffe aufnehmen oder ausscheiden können, werden dem
Absorptions- und Ausscheidungsgewebe zugerechnet.

Abb. 75: Wachsschicht: *Echeveria*.

Folgende Erscheinungen können aber als besondere Ausbildungen der
Epidermis angesehen werden:

- Kegelförmige Ausstülpungen, Papillen auf den Blütenblättern von *Saintpaulia ionantha* (Usambaraveilchen), *Sinningia speciosa* (Gloxinie), *Streptocarpus × hybridus* (Drehfrucht) und *Viola × wittrockiana* (Stiefmütterchen) verursachen das Samtige. Die Papillen auf der Narbe bewirken eine
  bessere Haftung des Pollens.
- Weiße, wollige Haare aus toten Zellen sind z.B. bei *Verbascum* (Königskerze) und *Leontopodium* (Edelweiß) zu finden. Das Licht wird an den mit
  Luft gefüllten Zellen reflektiert und die Pflanze wird somit vor starker
  Strahlung und Transpiration geschützt.
- Eine seidige Behaarung aus lebenden Zellen, wie sie z.B. auf den Blättern
  von *Saintpaulia ionantha* (Usambaraveilchen) zu finden ist, fördert durch
  die Oberflächenvergrößerung die Verdunstung.
- Emergenzen haben ähnliche Funktionen wie Haare, aber an ihrer Ausbildung sind auch noch tiefer liegende Gewebeschichten beteiligt. Als Beispiele wären die Tentakel des Sonnentaus und die Stacheln der Rose zu
  nennen. Pflanzen, bei denen die Epidermis durch das Dickenwachstum
  aufplatzt, bilden ein sekundäres Abschlussgewebe. Unter der Epidermis
  bildet ein Folgemeristem, das Korkcambium, ein Gewebe, dessen Zelle
  verkorken und absterben. An der veränderten braunen oder grauen Farbe
  ist die Bildung der Korkschichten zu erkennen. Eine sehr starke Kork-
  bildung findet bei *Quercus suber* (Korkeiche) statt, deren Korkkrusten
  regelmäßig geschält werden. Erwähnt sei auch *Euonymus alatus* (Spindelstrauch) mit spindelförmigen Korkleisten. Bei älteren Stämmen von Gehölzen wird der abgestorbene, nach außen geschobene Kork als Borke bezeichnet.

Abb. 76: Behaarung: *Echeveria*.

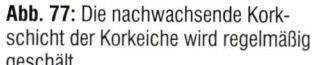

Abb. 77: Die nachwachsende Kork-
schicht der Korkeiche wird regelmäßig
geschält.

Abb. 78: Luftwurzeln mit Velamen bei Orchideen.

Abb. 79: Lentizellen bei *Prunus*.

Abb. 80: Brennnesselblatt mit Brennhaaren.

Absorptionsgewebe – Die Aufgabe dieses Gewebes besteht darin, Stoffe aufzunehmen.

Die Rhizodermis der Erdwurzeln, die keine Cuticula aufweist, bildet schlauchförmige, dünnwandige Ausstülpungen, die Wurzelhaare. Diese nehmen aus dem Boden Wasser und darin gelöste mineralische Nährsalze auf.

Die Luftwurzeln von epiphytisch lebenden Orchideen saugen durch das Velamen Niederschläge wie ein Schwamm auf.

Schuppenhaare, die z.B. bei *Tillandsia usneoides* ('Greisenbart') oder *Vriesea* ausgebildet werden, können Luftfeuchtigkeit aufnehmen.

Durch Absorptionshaare bei Insectivoren können Eiweißstoffe der gefangenen Insekten aufgenommen werden.

Ausscheidungsgewebe – In der unteren Epidermis der Blätter befinden sich zwischen den typisch ausgebildeten Epidermiszellen meist bohnenförmig gestaltete Zellen, die einen Spalt zwischen sich freilassen. Diese Schließzellen mit den dazwischen liegenden Spaltöffnungen oder Stomata ermöglichen den Gasaustausch von Sauerstoff, Kohlendioxid und die Transpiration.

Die Borke von Gehölzen wird durch Poren unterbrochen, die Lentizellen, die Gasaustausch und Ausscheidung ermöglichen. Besonders gut erkennt man sie bei *Sambucus nigra* (Holunder) und *Forsythia*-Arten (Goldglöckchen).

Flüssigkeiten, die ausgeschieden werden, können Sekrete oder Exkrete sein. Stoffe, die außerhalb der Zelle bestimmte Funktionen haben, sind Sekrete. Ballaststoffe, die von der Pflanze nicht mehr benötigt werden, sind Exkrete. Die Unterscheidung ist aber in vielen Fällen sehr schwierig. Sekrete und Exkrete können über bestimmte Drüsen oder Haare ausgeschieden werden.

An den Blattspitzen oder den Blatträndern kann durch Wasserdrüsen, Hydathoden, flüssiges Wasser in Tröpfchenform abgeschieden werden. Diesen Vorgang nennt man Guttation. Besonders gut kann man dies bei *Dieffenbachia* und *Alchemilla* (Frauenmantel) beobachten.

Nektardrüsen (Nectarien), die sich innerhalb oder außerhalb der Blüte befinden, scheiden zuckerhaltigen Nektar ab. Carnivorendrüsen scheiden bei Fleisch fressenden Pflanzen, z.B. Sonnentau, Verdauungssekret aus.

Drüsenhaare sind bei aromatisch riechenden Pflanzen, z.B. *Thymus* (Thymian), *Lavandula* (Lavendel) und *Pelargonium* (Geranie) zu finden. Die Blätter von *Primula* (Primel), *Heracleum* (Herkulesstaude) und *Zinnia* (Zinnie) sind mit Drüsenhaaren besetzt, deren Inhalt Allergien verursachen kann.

Bei den Brennhaaren der Brennnessel wird ein Köpfchen ausgebildet, das bei Berührung abbricht. Das Haarende dringt in die Haut ein und entlässt die reizende Flüssigkeit.

Milchsaft enthalten z.B. *Euphorbia*-Arten (Wolfsmilch), *Papaver*-Arten (Mohn) und auch der Löwenzahn. Der Milchsaft befindet sich in Milchröhren und tritt bei Verletzungen der Pflanze aus.

In zahlreichen Vacuolen können Schleime, Harze, Gummiharze und Gerbstoffe enthalten sein. Schleimstoffe werden von *Narcissus* (Narzisse) ausgeschieden. Für die Harzbildung sind die Nadelgehölze bekannt, Gummiharz wird bei Steinobst gebildet und die bekanntesten Beispiele für Pflanzen mit Gerbstoffen sind *Quercus* (Eiche) und *Juglans* (Walnuss).

Grundgewebe (Parenchym) – Der größte Teil der Pflanzenorgane wird aus Grundgewebe gebildet. Mit diesem Begriff werden all die Gewebe zusammengefasst, die in der Regel aus Zellen mit nicht verdickten Zellwänden bestehen.

Andere Gewebe, wie z.B. das Leitgewebe und das Stützgewebe, sind in das Grundgewebe eingebettet.

Folgende Parenchymarten mit unterschiedlichen Funktionen werden unterschieden:

- Das chloroplastenreiche Assimilationsparenchym, das in Blättern und grünen Pflanzenteilen zu finden ist;
- das Speicherparenchym, das sich hauptsächlich in den Speicherorganen befindet; auch das Wasserspeichergewebe succulenter Pflanzen kann hierzu gezählt werden;
- das Durchlüftungsgewebe enthält zahlreiche Zellzwischenräume, Intercellularen, die mit Luft gefüllt sind.

Festigungs- oder Stützgewebe – Dieses Gewebe verleiht der Landpflanze die nötige Festigkeit. Seine Zellen haben Zellwände, die entweder stellenweise oder vollständig verdickt sind; u.U. kann es sich auch um abgestorbene Zellen handeln, bei denen der ganze Zellraum verfestigt ist.

- Collenchym besteht aus lebenden Zellen, deren Zellwände nur teilweise verdickt sind. Es ist in noch wachsenden Pflanzenteilen zu finden.
- Sclerenchymzellen mit stark verdickten Zellwänden sind in ausgewachsenen Pflanzenteilen zu finden. Man unterscheidet die langgestreckten Sclerenchymfasern, deren Länge und Festigkeit geschätzt wird, z.B. Holzfasern, Flachs, Hanf, sowie rundliche Steinzellen, die z.B. in Nussschalen und im Fruchtfleisch von Birnen und Quitten vorkommen.

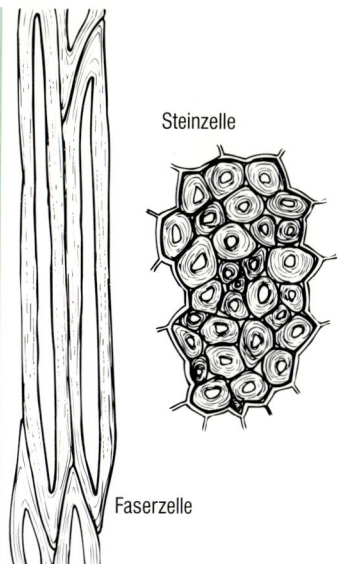

Abb. 81: Steinzellen, Faserzellen.

Leitgewebe – Im Leitgewebe werden Wasser und darin gelöste Stoffe transportiert. Alle Zellen des Leitgewebes sind langgestreckt und meist röhrenförmig. Man unterscheidet die lebenden Siebröhren von den toten Tracheen und Tracheïden. Die Siebröhren haben unverholzte Cellulosewände und schräg stehende Querwände, die siebartig durchlöchert sind. Von diesen leitet sich der Name ab. In den Siebröhren werden die organischen Stoffe in der Pflanze geleitet.

Tracheen und Tracheïden haben verholzte Zellwände. Die Tracheen bilden ein Röhrensystem aus relativ breiten Zellen, deren Querwände meist aufgelöst sind. Bei den Tracheïden sind die übereinander liegenden Zellen durch Tüpfel miteinander verbunden. Hier werden Wasser und die aus dem Boden aufgenommenen, gelösten Nährsalze transportiert.

Siebröhren, Tracheen und Tracheïden sind zu strangförmigen Verbänden, den Leitbündeln, zusammengefasst. Die Siebstränge bilden den Siebteil, das Phloëm. Die Gefäßstränge bilden den Gefäßteil, das Xylem.

 Ein Gewebe wird von einer Vielzahl von Zellen gebildet, die gleich gebaut sind und auf eine bestimmte Aufgabe spezialisiert sind. Da unterschiedliche Aufgaben zu erfüllen sind, unterscheiden sich die Gewebe voneinander in ihrem Bau und ihrer Funktion.

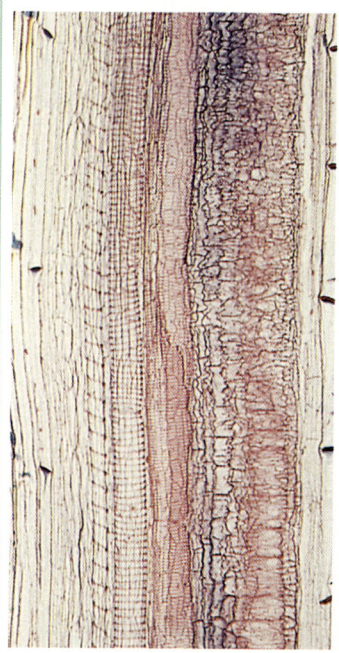

Abb. 82: Tracheen und Siebröhren.

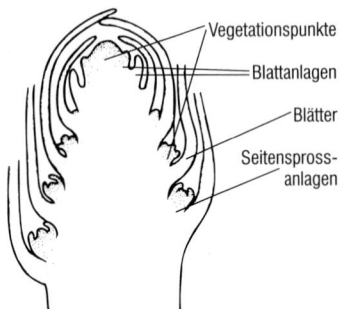

Vegetationspunkte
Blattanlagen
Blätter
Seitenspross-
anlagen

Abb. 83: Vegetationskegel (Schema).

**Verteilung der Leitbündel in
der Sprossachse**

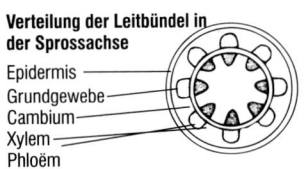

Epidermis
Xylem
Phloëm
Grundgewebe

Ein vergrößertes Leitbündel

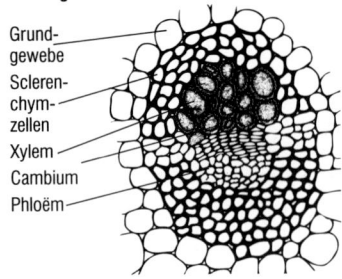

Grund-
gewebe

Scleren-
chym-
zellen

Xylem

Phloëm

Abb. 84: Sprossquerschnitt bei einkeimblättrigen Pflanzen.

**Verteilung der Leitbündel in
der Sprossachse**

Epidermis
Grundgewebe
Cambium
Xylem
Phloëm

Ein vergrößertes Leitbündel

Grund-
gewebe
Scleren-
chym-
zellen
Xylem
Cambium
Phloëm

Abb. 85: Sprossquerschnitt bei zweikeimblättrigen Pflanzen.

1.4 Bau und Aufgaben der Pflanzenteile

Da zwischen den Geweben der Pflanzenorgane und ihren Funktionen eine enge Beziehung besteht, sollen sie in einem Kapitel behandelt werden.

1.4.1 Der Spross

Anatomischer Bau der Sprossspitze – An der Spitze der Sprossachse befindet sich eine Knospe mit dem Vegetationskegel. Seine Spitze wird als Vegetationspunkt bezeichnet. Da er aus teilungsfähigen Zellen besteht, werden hier durch Mitose neue Zellen gebildet. In einiger Entfernung vom Vegetationspunkt findet das Längenwachstum der neu gebildeten Zellen statt. Der winzige Vegetationspunkt ist von älteren Blattanlagen umhüllt. In den Achseln dieser Blattanlagen befinden sich Achselknospen, die sich zu Seitentrieben entwickeln können.

Anatomischer Bau der Sprossachse – Sie besteht hauptsächlich aus Hautgewebe, Grundgewebe, Leitgewebe und Festigungsgewebe. Eine wichtige Aufgabe der Sprossachse ist der Transport von Stoffen. Er findet in den Leitbündeln statt, die in Längsrichtung verlaufen. Sie bestehen in der Regel aus Xylem (Gefäßteil) und Phloëm (Siebteil). Das Xylem enthält Tracheen und Tracheïden für den Transport von Wasser und darin gelösten mineralischen Stoffen. Das Phloëm besteht aus Siebröhren, in denen die Assimilate weitergeleitet werden. Bei den meisten Nacktsamern und Bedecktsamern liegen sich Xylem und Phloëm jeweils einander gegenüber. Das Xylem befindet sich innen, das Phloëm außen.

Der Bau der Leitbündel und ihre Anordnung unterscheiden sich bei den ein- und zweikeimblättrigen Pflanzen.

Sprossquerschnitt bei Monocotyledonen – Bei den einkeimblättrigen Pflanzen sind die Leitbündel unregelmäßig über den gesamten Sprossquerschnitt verstreut. Xylem und Phloëm bilden ein geschlossenes Bündel, in dem die beiden Teile unmittelbar aneinander stoßen. Die Leitbündel sind von Sclerenchymzellen umgeben, die der Festigung dienen.

Sprossquerschnitt bei Dicotyledonen – Bei den zweikeimblättrigen Pflanzen sind die Leitbündel ringförmig angeordnet. Zwischen Xylem und Phloëm befindet sich teilungsfähiges Meristem, das Cambium. Diese offenen Leitbündel sind in das Grundgewebe eingebettet. Die dazwischenliegenden Markstrahlen verbinden das innen liegende Mark mit den außen liegenden Rindenzellen. Die Markzellen sind farblos. Sie dienen, wie auch die Rindenzellen, der Speicherung. Bei *Sambucus nigra* (Holunder) kann man das Mark gut erkennen. Ist die Sprossachse einer zweikeimblättrigen Pflanze innen hohl, dann sind die Markzellen zerrissen und es ist eine Markhöhle entstanden.

Wachstum – Wachstum gehört zu den Kennzeichen, die Lebewesen auszeichnen. Auch bei den höher entwickelten, vielzelligen Lebewesen ist der Ausgangspunkt für das Wachstum die befruchtete Eizelle. Vereinfacht gesagt, bedeutet Wachstum eine Vermehrung und Vergrößerung der Zellen. Gleichzeitig mit den Wachstumsvorgängen finden aber auch Entwicklungsvorgänge statt, in denen sich die Zellen für ganz bestimmte Aufgaben differenzieren. Damit kommt es auch zu Veränderungen in der Gestalt.

Mehrere Phasen des Wachstums können unterschieden werden:

Durch Mitose werden beim Teilungswachstum in den Meristemen neue Zellen gebildet. Beim Streckungswachstum und beim primären Dickenwachstum nimmt die Zelle durch Osmose Wasser auf. (Osmose ist das Eindringen von Wassermolekülen durch eine halbdurchlässige Membran.) Sie streckt sich dadurch einerseits in die Länge, andererseits nimmt ihr Durchmesser zu. Durch die Dehnung der Zellwände wird deren Verstärkung, z.B. durch Anlagerung von Cellulose, notwendig. In dieser Phase des Wachstums entwickelt sich die Zelle zu einer differenzierten Dauerzelle, die für bestimmte Aufgaben besonders spezialisiert ist.

Bei zweikeimblättrigen Pflanzen ist das primäre Dickenwachstum relativ unbedeutend. Bei den einkeimblättrigen Pflanzen (Ausnahmen sind z.B. *Yucca, Cordyline, Dracaena* und *Aloë*) gibt es nur das primäre Dickenwachstum. Das erklärt auch den gleichmäßig schlanken Stamm, z.B. der Palmen- und Bambus-Arten, der sich nach oben nicht verjüngt. Sieht man von den wenigen Ausnahmen ab, gibt es das sekundäre Dickenwachstum nur bei den Nacktsamern und den zweikeimblättrigen Bedecktsamern. Während des sekundären Dickenwachstums werden zusätzlich Leitungs- und Festigungsgewebe gebildet, die besonders für größere Gehölze von Bedeutung sind.

Abb. 86: Palmen haben nur ein primäres Dickenwachstum.

Verantwortlich für das sekundäre Dickenwachstum ist das zwischen Xylem und Phloëm liegende Cambium. Die dazwischenliegenden Zellen der Markstrahlen erlangen ihre Teilungsfähigkeit zurück. Damit entsteht ein geschlossener Cambiumring. Durch Teilung der Cambiumzellen wird nach innen Xylem und nach außen Phloëm gebildet. Da die Produktion nach innen wesentlich größer ist, kann man sich auch erklären, weshalb man bei abgesägten Baumstämmen nur das Xylem erkennt. Das Phloëm befindet sich als schmaler Ring am Rand.

In der gemäßigten Klimazone gibt es Jahreszeiten. Das bedeutet, dass die Teilungstätigkeit des Cambiums durch eine Ruheperiode unterbrochen wird. Diesen jährlichen Rhythmus erkennt man an den Jahresringen. Da im Frühjahr der Wasserbedarf der Pflanzen erhöht ist, werden weite Gefäße gebildet. Zum Sommer hin werden die Gefäße allmählich enger und im Herbst werden nur noch Sclerenchymfasern (Holzfasern) zur Festigung angelegt. Im Winter schließlich werden gar keine Gefäße gebildet. Der Übergang vom Winter zum Frühjahr ist als scharfe Grenze, als Jahresring ausgeprägt.

Abb. 87: Borke: *Plantanus* (Plantane).

Eine Folge des sekundären Dickenwachstums ist auch das Dickerwerden der Sprossachse. Nicht mehr teilungsfähige Gewebe werden nach außen geschoben, können sich dem vergrößerten Umfang nicht anpassen und zerreißen. Eine zerrissene Epidermis kann aber keine Schutzfunktion mehr übernehmen. Ein unter der Epidermis liegendes Korkcambium bildet ständig neue Korkschichten, die als sekundäres Abschlussgewebe das Innere schützen.

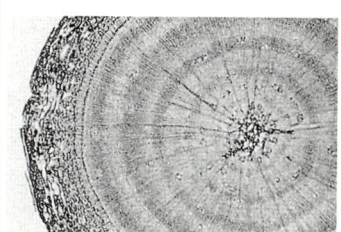

Abb. 88: Jahresringe bei der Kiefer.

Wachstumsfaktoren – Wachstumsfaktoren sind die Faktoren, die das Wachstum der Pflanze beeinflussen, Faktoren, die von außen auf die Pflanze wirken, sind Wasser, Temperatur, Licht, Luft und Nährstoffe. Zu den inneren Faktoren gehören z.B. Pflanzenhormone. Wasser: Obwohl immer wieder darauf hingewiesen werden muss, dass alle Wachstumsfaktoren wichtig sind und keiner durch einen anderen ersetzt werden kann, kommt doch dem Wasser eine besondere Stellung zu. Es wird zum Quellen des Samens benötigt. Wasser löst die Nährsalze im Boden und es ist auch Transportmittel für Nährsalze und Nährstoffe in der Pflanze. Wasser gehört zu den Ausgangsstoffen für die Photosynthese. Durch Wasseraufnahme in der Vacuole kommt es zur Zellstreckung und dadurch wird der Turgordruck bedingt, der die Pflanze aufrecht hält. Durch die Transpiration (Verdunstung) von Wasser wird die Kühlung der Pflanze ermöglicht.

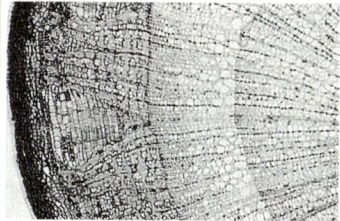

Abb. 89: Xylem, Phloëm. Borke bei der Kiefer.

Abb. 90: Wachstumsfaktor Licht: Bei Lichtmangel werden lange Triebe gebildet (*Fuchsia*).

Abb. 91: Wachstumsfaktor Licht: *Dahlia*, eine Kurztagpflanze.

Abb. 92: Wachstumsfaktor Licht: *Digitalis purpurea* (Roter Fingerhut), ein Lichtkeimer.

Temperatur: Auch sie ist ein Wachstumsfaktor, der in starkem Maß das Wachstum begrenzt. Wachstum kann überhaupt nur stattfinden zwischen dem Temperaturminimum und dem Temperaturmaximum. Am intensivsten ist das Wachstum beim Temperaturoptimum. Genauere generelle Angaben können zu den drei Temperaturbereichen nicht gemacht werden, da sie von Pflanze zu Pflanze verschieden sind.

Höhere Temperaturen wirken sich günstig auf die Photosynthese aus. Sie bewirken aber auch eine verstärkte Transpiration und eine intensivere Atmung, die bei Schnittblumen zum schnelleren Welken führt. Bei einigen Pflanzen kann auch Kälte notwendig sein, damit die Blühphase eingeleitet wird. Als Beispiele seien Wintergetreide, *Digitalis purpurea* (Roter Fingerhut), *Erysimum cheiri* (Goldlack) und Freilandprimel-Arten genannt. Für Frostkeimer, wie z.B. *Gentiana*-Arten (Enzian) und *Primula*-Arten sind niedrige Temperaturen (0 – 5°C) notwendig, um keimhemmende Stoffe des Samens abzubauen.

Licht: Mit zunehmender Einstrahlung nimmt die Photosynthese zu. Der energiereiche Traubenzucker ist Voraussetzung für das Wachstum aller Lebewesen. Bei Geranien, die im Keller überwintern oder auch bei Kartoffeln, die dort austreiben, werden, durch den Lichtmangel bedingt, Triebe mit langen Internodien gebildet. Pflanzen im Hochgebirge zeichnen sich hingegen, durch die starke UV-Strahlung bedingt, durch einen niedrigen, gedrungenen Wuchs aus. Das Licht beeinflusst also das Längenwachstum der Pflanze.

Sehr viele Pflanzen stellen, um zu blühen, unterschiedliche Ansprüche an die Tageslänge. Man unterscheidet Kurztagpflanzen, Tagneutrale und Langtagpflanzen. Bei Kurztagpflanzen wird die Blütenbildung bei einer Tageslänge von weniger als 10 – 14 Stunden ausgelöst. Langtagpflanzen benötigen hingegen eine Tageslänge von mehr als 10 – 14 Stunden, um zu blühen. Diese Erscheinung nennt man Photoperiodismus (siehe S. 88). Tagneutrale Pflanzen zeigen keine Abhängigkeit von der Tageslänge. Durch den Einfluss von Licht oder Dunkelheit werden in der Pflanze Blühhormone gebildet.

Licht und Dunkelheit fördern die Keimung. Man unterscheidet demnach Lichtkeimer und Dunkelkeimer. Die meisten Pflanzen sind Dunkelkeimer.

Beispiele für Licht- und Dunkelkeimer

Lichtkeimer		Dunkelkeimer	
botanischer Name	deutscher Name	botanischer Name	deutscher Name
Digitalis purpurea	Roter Fingerhut	*Amaranthus caudatus*	Fuchsschwanz
Begonia semperflorens	Begonien	*Nigella damascena*	Jungfer im Grünen

Luft: Luft ist ein Gasgemisch, das sich folgendermaßen zusammensetzt (gerundete Zahlen):

78,00 Vol.-% Stickstoff (N_2)

21,00 Vol.-% Sauerstoff (O_2)

0,03 Vol.-% Kohlendioxid (CO_2)

1,00 Vol.-% Edelgase, z.B. Neon, Helium, Krypton

Kohlendioxid wird für die Photosynthese, Sauerstoff für die Atmung gebraucht. Stickstoff ist das Nährelement, das die Pflanzen für das vegetative Wachstum in größerer Menge brauchen. Die Luft besteht zwar zum größten Teil aus elementarem Stickstoff, die meisten Pflanzen können aber diesen Luftstickstoff als Nährstoff nicht nutzen. Eine Ausnahme bildet in dieser Beziehung die Familie der Schmetterlingsblütler. Pflanzen wie *Lathyrus* (Wicke), *Lupinus* (Lupine), Erbse und Bohne, Kleearten leben mit Knöllchenbakterien in einer Lebensgemeinschaft (Symbiose). Diese Bakterien binden den Luftstickstoff und machen ihn somit pflanzenverfügbar (siehe S. 47).

Abb. 93: Cu-, B-, Zn-Mangel an *Erica gracillis* (rechts: Erika-Standard ohne Mangel).

Nährstoffe: Abgesehen von den schon genannten Nährstoffen Wasser, Kohlendioxid und Sauerstoff, nimmt die Pflanze Nährstoffe und Nährelemente in der Regel mit den Wurzeln aus dem Boden oder aus der Erde auf. Durch Düngung kann der Nährstoffgehalt beeinflusst werden.

Hauptnährelemente benötigt die Pflanze in größeren Mengen.

N (Stickstoff),	S (Schwefel),
P (Phosphor),	Ca (Calcium),
K (Kalium),	Mg (Magnesium),

N, P und K werden auch Kernnährelemente genannt.

Spurennährelemente sind in kleinen Mengen erforderlich.

Cu (Kupfer),	Zn (Zink),	Mo (Molybdän)
Mn (Mangan),	B (Bor),	Fe (Eisen).

Nützliche Elemente sind entbehrlich, können aber für das Wachstum bestimmter Pflanzen von Nutzen sein.

Si (Silicium),	Cl (Chlor),
Co (Kobalt).	Na (Natrium),
Al (Aluminium).	

Abb. 94: Eisenchlorose an Rhododendron.

Im Innern der Sprossachse befinden sich die Leitbündel. In ihnen werden in Wasser gelöste Stoffe transportiert. Die Anordnung der Leitbündel unterscheidet sich bei ein- und zweikeimblättrigen Pflanzen und dient als Unterscheidungsmerkmal.
Voraussetzung für das Wachstum ist die Vervielfältigung der Zellen durch Zellteilung. Anschließend vergrößern sich die Zellen durch Wassereinlagerung und die Zellwände werden verstärkt (Streckungswachstum und primäres Dickenwachstum). Sekundäres Dickenwachstum findet in der Regel nur bei zweikeimblättrigen Pflanzen statt, also Pflanzen, die einen Cambiumring aufweisen.
Die Wachstumsfaktoren Wasser, Temperatur, Licht, Luft, Nährstoffe sind alle für das Wachstum der Pflanze wichtig.

1.4.2 Das Blatt

Bau des Blattes – Blätter entwickeln sich aus den Blattanlagen in den Vegetationspunkten.
Das Grundgewebe wird beim Blatt als Mesophyll bezeichnet. Es wird oben und unten durch die meist farblose Epidermis begrenzt. Beim typischen Laubblatt befindet sich unter der oberen Epidermis das Assimilationsparenchym. Es besteht aus langen, senkrecht und eng aneinander geordneten Zellen, die sehr chloroplastenreich sind. Der Form der Zellen entsprechend hat man

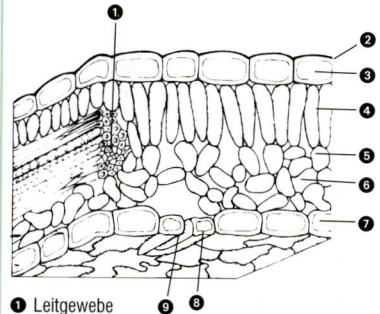

❶ Leitgewebe
❷ Cuticula
❸ obere Epidermis
❹ Assimilationsparenchym = Palisadenparenchym
❺ Schwammparenchym = Durchlüftungsgewebe
❻ Intercellulare
❼ untere Epidermis
❽ Schließzelle
❾ Stoma

Abb. 95: Bau des Laubblattes (Schema).

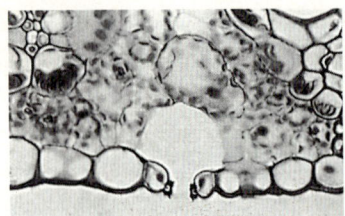

Abb. 96: Längsschnitt durch Stomata und Schließzellen bei Mais.

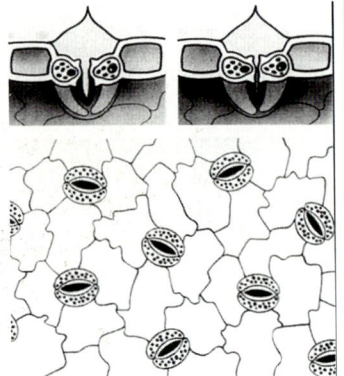

Abb. 97: Stomata und Schließzellen im Längsschnitt und in der Aufsicht (Schema).

Abb. 98: Guttation.

diesem Gewebe auch den Namen Palisadenparenchym gegeben. Photosynthese findet hauptsächlich hier statt. Nach unten schließt das Schwammparenchym an, das aus locker angeordneten Zellen besteht, die weniger Chloroplasten enthalten. Auffällig sind die zahlreichen Intercellularen, die mit den Spaltöffnungen an der Blattunterseite Verbindung haben. Die Intercellularen enthalten Luft, deshalb wird dieses Gewebe auch als Durchlüftungsgewebe bezeichnet. Im Mesophyll befinden sich auch die Leitbündel. Sie bestehen aus Xylem und Phloëm und sind von außen als Blattadern zu erkennen.

In der unteren Epidermis sind Schließzellen und die Stomata. Je nach Pflanzenart können auf 1 mm^2 100 – 1.000 Spaltöffnungen vorhanden sein. Die Zellwände auf Seiten des Spaltes sind verstärkt und nicht so stark gekrümmt wie die übrige Zellwand. Steigt der Turgordruck in den Schließzellen, führt dies zu einer Formveränderung der Zellen und der Spalt öffnet sich. Die Transpiration wird somit ermöglicht. Bei sinkendem Turgordruck erschlaffen die Schließzellen, der Spalt wird enger und es wird weniger Wasserdampf abgegeben.

Transpiration – Wie schon erwähnt, wird bei der Transpiration Wasserdampf über die Stomata an die Atmosphäre abgegeben. Bei hohen Temperaturen und ungenügender Wasserversorgung des Blattes schließen die Stomata durch Absenken des Turgordruckes. Bei der Verdunstung entsteht Verdunstungskälte. Somit wird die Pflanze vor Überhitzung geschützt. Zum anderen entsteht durch die Wasserabgabe ein Transpirationssog, der es der Pflanze ermöglicht, über die Wurzeln neues Wasser und darin gelöste Stoffe aufzunehmen.

Obwohl also die Transpiration für die Pflanze notwendig ist, finden wir bei vielen Pflanzen, besonders bei solchen trockener Standorte, Einrichtungen, die die Transpiration vermindern. Das können eine lederartige Epidermis, Wachsüberzüge, Haare, Rollblätter sein, oder aber zu Dornen reduzierte Blätter.

Guttation – Über die Hydathoden, Wasserdrüsen, die sich an den Blatträndern und an der Blattspitze befinden, kann flüssiges Wasser ausgeschieden werden. Unter Umständen ist damit auch eine Salzabscheidung verbunden, z.B. bei *Saxifraga paniculata* (Steinbrech), an dessen Blatträndern Kalkkrusten zu finden sind. Die Guttation findet besonders dann statt, wenn aufgrund hoher Luftfeuchtigkeit die Transpiration unmöglich wird.

Photosynthese – Wir alle wissen, dass grüne Pflanzen Sauerstoff abgeben und somit die Voraussetzung für das Leben der Organismen schaffen. Dieser Sauerstoff wird zwar für die Atmung der Menschen, der Tiere und auch der Pflanzen benötigt, genauso wichtig ist aber der von den Pflanzen gebildete Traubenzucker.

Grüne Pflanzen leben autotroph, d.h. sie können sich selbständig ernähren, indem sie körperfremde, anorganische Verbindungen in körpereigene, organische Verbindungen überführen. Der Name „Photosynthese" besagt schon, dass dies ein Vorgang ist, der nur mit Licht durchgeführt werden kann. Da anorganische Verbindungen in organische überführt werden, findet man auch die Bezeichnung „CO$_2$-Assimilation". Der exaktere Begriff Photosynthese hat sich allerdings heute durchgesetzt.

Bedingungen: Als Ausgangsstoffe für die Photosynthese werden Kohlendioxid (CO$_2$) und Wasser (H$_2$O) benötigt. Die Photosynthese kann nur in grünen Pflanzenteilen stattfinden und zwar hauptsächlich im Palisadengewebe, da sich hier die meisten Chloroplasten befinden. Außerdem sind eine ausreichende Belichtung und ausreichende Temperatur notwendig. Chlorophyll, Licht und Temperatur wären also als weitere Faktoren zu nennen.

$$\text{Kohlendioxid} + \text{Wasser} \longrightarrow \text{Traubenzucker} + \text{Wasser} + \text{Sauerstoff}$$
$$6\,CO_2 + 12\,H_2O \xrightarrow{\;\;2821{,}9\ kJ\;\;} C_6H_{12}O_6 + 6\,H_2O + 6\,O_2$$

Betrachtet man diese chemische Gleichung so scheint die Photosynthese ein relativ einfacher Vorgang zu sein. Aus Kohlendioxid und Wasser wird bei Vorhandensein von Licht- und Wärmeenergie und Chlorophyll Traubenzucker gebildet. Dabei werden Sauerstoff und auch Wasser abgeschieden.

Der Vorgang setzt sich jedoch aus vielen kompliziert verlaufenden Einzelreaktionen zusammen, die hier sehr vereinfacht erläutert werden sollen. Bei der Gleichung fällt zunächst einmal auf, dass 12 Moleküle Wasser benötigt werden. 6 Moleküle Wasser aber wieder ausgeschieden werden. Versuche haben ergeben, dass der abgegebene Sauerstoff aus dem Wasser und nicht aus dem Kohlendioxid stammt, deshalb müssen 12 Moleküle Wasser zur Verfügung stehen.

Abb. 99: Durch Guttation von kalkhaltigem Wasser bilden sich bei *Saxifraga paniculata* (Steinbrech) Kalkkrusten an den Blatträndern.

Ablauf der Photosynthese: Sie läuft in mehreren Stufen ab:
- Das einfallende Licht wird in den Chloroplasten absorbiert.
- Die in den Chloroplasten gespeicherte Lichtenergie spaltet die über die Wurzel aufgenommenen Wassermoleküle in ihre Ausgangselemente Wasserstoff (H_2) und Sauerstoff (O_2).
- Der Wasserstoff wird für die Photosynthese benötigt, der Sauerstoff wird über die Stomata ausgeschieden.
- Aus Wasserstoff und Kohlendioxid wird mit Hilfe von Fermenten eine neue Verbindung gebildet, der Traubenzucker.

Die vormals im Chlorophyll absorbierte Lichtenergie befindet sich danach im Traubenzucker. Der Energiegehalt wird in kJ (Kilojoule) angegeben (die frühere Einheit war die kcal, Kilokalorie) Der gebildete Traubenzucker dient einerseits zum Energiegewinn der Pflanze, andererseits ist Traubenzucker Ausgangsstoff für organische Verbindungen, z.B. Stärke, Eiweiß, Fett, die von der Pflanze gebildet werden.

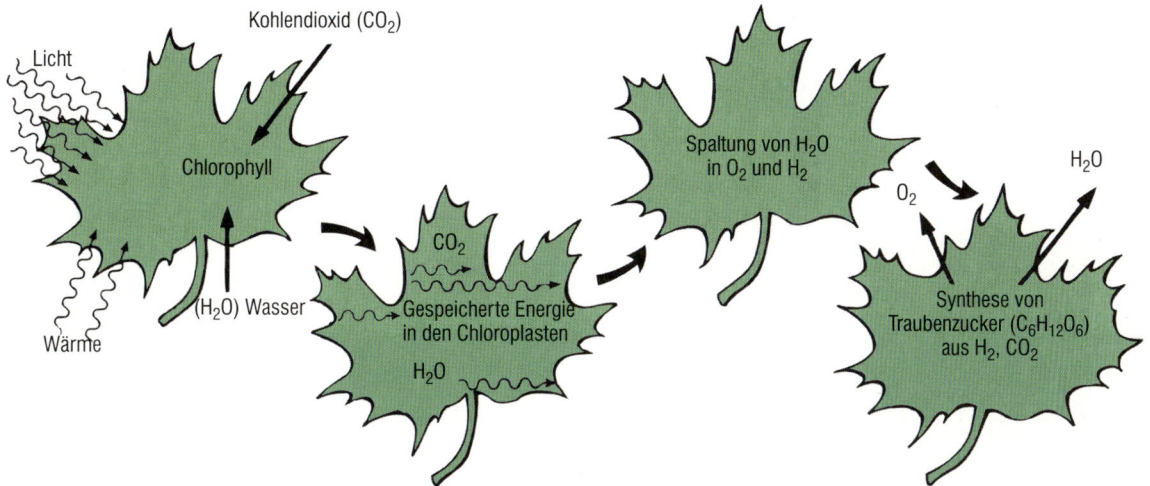

Abb. 100: Schematischer Ablauf der Photosynthese.

Abb. 101: Alkoholische Gärung.

Umwandlung des Traubenzuckers: Ein Teil des Zuckers, der nicht sofort abgebaut wird und auch nicht gleich zu den Speicherorganen transportiert werden kann, wird in den Chloroplasten zu Assimilationsstärke umgewandelt. Stärkemoleküle sind ziemlich groß und nicht wasserlöslich. Sie werden zu kleinen, löslichen Zuckermolekülen abgebaut und im Phloëm der Pflanze zu den Speicherorganen transportiert. In den Leucoplasten der Speicherorgane wird der Zucker zu Reservestärke umgewandelt.

Dissimilation – Für ihre Lebensprozesse, z.B. das Wachstum, braucht die Pflanze Energie. Bei der Photosynthese wurden organische Verbindungen wie Traubenzucker und Stärke, aber auch Eiweiß, Fette und Öle unter Energieeinwirkung gebildet. Die Energie, die diese organischen Verbindungen enthalten, muss für diese Lebensvorgänge wieder freigesetzt und für die Pflanze, und das Lebewesen, verfügbar gemacht werden. Es spielt hierbei keine Rolle, ob das Lebewesen diese Verbindungen selber hergestellt hat oder nicht. Dieser Abbauprozess, der in mehreren Etappen geschieht, wird als Dissimilation bezeichnet. Steht für den Abbau Sauerstoff zur Verfügung, so spricht man von Atmung. Bei der Gärung hingegen werden die organischen Verbindungen mit Hilfe von Mikroorganismen in den meisten Fällen ohne Sauerstoff abgebaut.

Atmung:

Traubenzucker + Sauerstoff ⟶ Kohlendioxid + Wasser + Energie

$$C_6H_{12}O_6 + 6\,O_2 \longrightarrow 6\,CO_2 + 6\,H_2O + 2821{,}9\ kJ$$

Betrachtet man die chemische Gleichung der Atmung, so erscheint sie als Umkehrgleichung der Photosynthese: Traubenzucker wird bei Vorhandensein von Sauerstoff zu Kohlendioxid und Wasser abgebaut. Bei diesem vollständigen Abbau wird Energie frei.

Ebenso wie der Mensch oder das Tier atmet die Pflanze sowohl am Tag als auch in der Nacht. Tagsüber ist die Atmung der Pflanzen aber nur schwer nachweisbar, da sie durch die Photosynthese überlagert wird.

Die Atmung wird hier im Anschluss an die Photosynthese und damit in Verbindung mit dem Blatt besprochen. Es muss aber darauf hingewiesen werden, dass die Atmung in allen Pflanzenteilen stattfindet, also auch in der Wurzel oder im Samen.

Die Atmung ist temperaturabhängig. Bei niedrigen Temperaturen wird weniger veratmet. Der Abbau ist dann geringer und somit natürlich auch die Energiefreisetzung. Eine praktische Anwendung erfährt diese Tatsache in der Kühlung von Schnittblumen, deren Haltbarkeit bei Wärme und intensiver Atmung geringer wäre.

Gärung:

Gärungen werden nach den entstehenden Endprodukten benannt, z.B. alkoholische Gärung, Milchsäuregärung. Die Gleichung der alkoholischen Gärung lautet folgendermaßen:

Traubenzucker ⟶ Kohlendioxid + Äthylalkohol + Energie

$$C_6H_{12}O_6 \longrightarrow 2\,CO_2 + 2\,C_2H_5OH + 745{,}02\ kJ$$

Abb. 102: Bei kühler Lagerung ist die Atmung der Pflanzen geringer, die Pflanzen welken weniger rasch.

Dieser Abbauprozess ist unvollständig, die Energiefreisetzung ist wesentlich geringer als bei der Atmung. Das Endprodukt, der Äthylalkohol, enthält also noch einen großen Teil der Energie. Lebewesen, die auf diese Art und Weise ihren Energiebedarf decken, müssen also größere Mengen organischer Verbindungen umsetzen als bei der Atmung.

Abbau durch Gärung ist bei vielen Mikroorganismen zu finden, z.B. Bakterien, Hefepilzen. Der Mensch nutzt ihre Tätigkeit aus, z.B. bei Sauerteig, Käse, Sauerkraut und Alkohol. Bei fehlender Sauerstoffzufuhr kann Gärung auch bei lebenden Pflanzenteilen höher entwickelter Pflanzen stattfinden, z.B. bei Erbsensamen, Maiswurzeln.

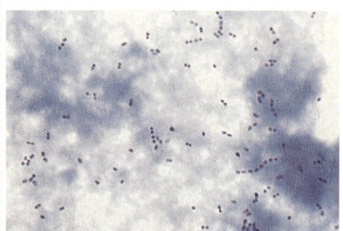

Abb. 103: Milchsäurebakterien.

 Wichtige Aufgaben des Blattes sind:
- Transpiration
- Guttation
- Photosynthese

Bei der Transpiration wird über die Stomata gasförmiges Wasser abgegeben. Die Guttation ist eine Wasserausscheidung in Tropfenform. Sie findet durch Hydathoden an den Blatträndern oder an der Blattspitze statt. Grüne Pflanzen bilden bei der Photosynthese energiereiche Verbindungen. Aus Wasser und Kohlendioxid wird bei Vorhandensein von Licht, Wärme und Chlorophyll Traubenzucker gebildet. Dabei wird Sauerstoff abgegeben.

Im Gegensatz zur Photosynthese ist die Atmung ein Abbauprozess, der in allen Pflanzenteilen stattfinden kann. Traubenzucker wird bei Vorhandensein von Sauerstoff zu Kohlendioxid und Wasser abgebaut. Die dabei freiwerdende Energie wird von der Pflanze für ihre Lebensprozesse benötigt.

1.4.3 Die Wurzel

Bau der Wurzel – Die Wurzel wird nach außen durch die Rhizodermis begrenzt. Ausstülpungen der Rhizodermis sind die Wurzelhaare. Da diese aus dem Boden Wasser und Nährsalze aufnehmen, sind ihre Zellwände nicht verdickt und auch nicht von einer Cuticula umgeben. Auch die Rhizodermiszellen haben keine Cuticula. Bei vielen Wasser- und Sumpfpflanzen fehlen diese Wurzelhaare, ebenso bei Pflanzen, die sich mit Hilfe von Mycorrhizapilzen ernähren.

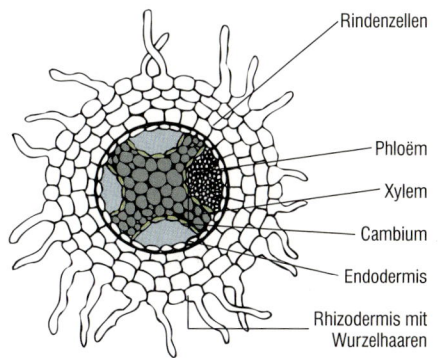

Abb. 104: Wurzel im Querschnitt (Schema).

Nach innen schließt das Grundgewebe an, in dessen Rindenzellen hauptsächlich Stärke gespeichert wird. Die innerste Schicht des Grundgewebes ist die Endodermis. Sie trennt das Leitgewebe vom umgebenden Grundgewebe. Dieser Ring von Zellen mit verstärken Zellwänden wird auch Caspary'scher Streifen genannt. Seine Zellen verhindern eine unkontrollierte Diffusion von gelösten Stoffen in den Zentralzylinder und sind wahrscheinlich am Auswahlvermögen der Wurzel für bestimmte Nährstoffe beteiligt.

Der innerste Teil der Wurzel ist der Zentralzylinder. Er enthält den Gefäßteil und den Siebteil, Xylem und Phloëm also das Leitgewebe. Im Gegensatz zur Sprossachse werden in der Wurzel keine Leitbündel aus Xylem und Phloëm gebildet. Xylem- und Phloëmstränge liegen hier abwechselnd nebeneinander, sodass sich eine strahlenförmige Anordnung ergibt. Die Gesamtheit aus Xylem- und Phloëmsträngen ergibt das Leitbündel.

Die Parenchymzellen, die zwischen Xylem und Phloëm liegen, entwickeln sich zu teilungsfähigen Cambiumzellen. Sie bilden schließlich einen geschlossenen Cambiumring, der, der Form des

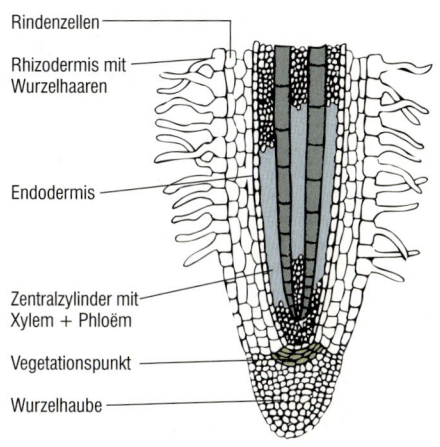

Abb. 105: Wurzel im Längsschnitt (Schema).

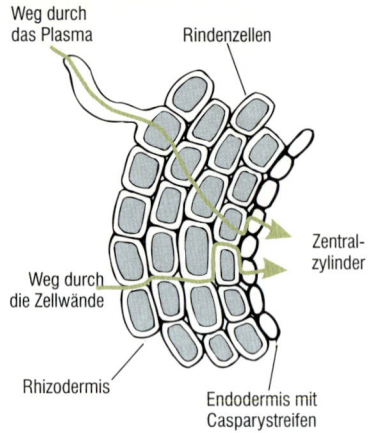

Abb. 106: Auf zwei möglichen Wegen gelangen die Nährsalze durch die Wurzel (Schema).

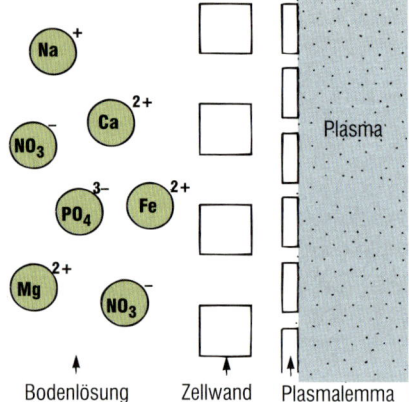

Abb. 107: Diffusion erfolgt durch die Zellwand, Osmose durch das Plasmalemma (Schema).

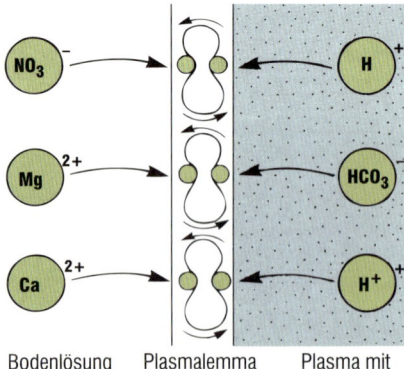

Bodenlösung | Plasmalemma | Plasma mit
mit Nährsalz- | mit Träger- | Stoffwechsel-
ionen | molekülen | produkten

Abb. 108: Ionenaufnahme durch aktiven Transport (Schema).

Leitbündels entsprechend, eine sternförmige bis kreisförmige Gestalt hat. Der Cambiumring ist für das sekundäre Dickenwachstum der Wurzel zuständig. Der äußerste Teil des Zentralzylinders, der Perizykel, enthält teilungsfähige Zellen. Hier entstehen die Seitenwurzeln, die schließlich durch das Rindengewebe nach außen wachsen.

Der Längsschnitt der Wurzel lässt uns noch einen wichtigen Bereich an der Wurzelspitze erkennen, den Wurzelvegetationskegel. Er enthält die teilungsfähigen Zellen des Vegetationspunktes.

Die Wurzelhaube, die Calyptra, umgibt den Vegetationskegel und schützt ihn vor Beschädigung. Die Wurzel verlängert sich, indem die embryonalen, neu gebildeten Zellen zu Dauerzellen umgewandelt werden. Dieses Streckungswachstum findet bei den Erdwurzeln nur in einem sehr kleinen Bereich statt, der sich direkt hinter dem Vegetationspunkt befindet.

Aufnahme von Wasser und Nährsalzen – Abgesehen von der Verankerung im Boden und der Speicherung von Nährstoffen sind die Aufnahme und Weiterleitung von Wasser und den darin gelösten Nährsalzen als wichtige Aufgaben der Wurzel zu nennen. Wasser und Nährsalze werden durch die Wurzelhaare aufgenommen, durch die Wurzelzellen bis zum Zentralzylinder geleitet und dann in Xylem des Leitgewebes zunächst in der Wurzel und dann in der Sprossachse nach oben transportiert.

Die im Boden vorhandenen Nährstoffe oder die durch Düngung zugeführten Nährsalze werden durch das Bodenwasser dissoziiert, d.h., sie werden in Ionen gespalten. Dabei entstehen positiv geladene Kationen, z.B. K^+, Ca^{2+}, Mg^{2+}, NH^{4+}, Fe^{2+} und Anionen, die eine negative Ladung aufweisen, z. B. NO_3^-, SO_4^{2-}, PO_4^{3-}. Diese Ionen können an festen Bodenteilchen mit großer Oberfläche adsorbiert werden, z.B. an Humuskolloiden und Tonkolloiden. Sie können sich aber auch frei in der Bodenlösung befinden.

Die Wurzelhaare können Nährstoffe nur in Ionenform aufnehmen, die sich in der Bodenlösung befinden. Beim Ionenaustausch werden Ionen aus der Bodenlösung (z.B. H^+) an den Kolloiden adsorbiert und dafür dort schon gespeicherte andere Ionen (z.B. Ca^{2+}) an die Bodenlösung abgegeben.

Verschiedene Mechanismen bewirken die Aufnahme von Wasser einerseits und von Nährsalzionen andererseits:

- Aufnahme von Wasser:
  - Die Wassermoleküle diffundieren (wandern) durch die permeable (durchlässige) Zellwand.
  - Die Aufnahme durch das Plasmalemma, der außen gelegenen Membran des Cytoplasmas, erfolgt durch Osmose, da das Plasmalemma semipermeabel (halbdurchlässig) ist. Da das Plasma eine höhere Konzentration als die Bodenlösung aufweist, dringen die Wassermoleküle durch das Plasmalemma ins Plasma ein, wobei sie die Konzentration der Zelle verdünnen.

- Aufnahme von Nährsalzionen:
  - Auch die Nährsalzionen diffundieren durch die permeable Zellwand.
  - Durch das semipermeable Plasmalemma können die Nährsalzionen aufgrund ihrer Größe nicht auf osmotischem Wege hindurch. Der Transport der Nährsalzionen durch das Plasmalemma ist noch nicht bewiesen, er wird aber mit verschiedenen Theorien erklärt.

Am verbreitetsten ist heute die Theorie der aktiven Ionenaufnahme. Demnach befinden sich in der Zellmembran Trägermoleküle, die auf ihrer Außenseite Salzionen aufnehmen und diese durch die Membran nach innen befördern („Drehtürprinzip"). Das Trägermolekül wird innen an der Membran im Austausch ebenfalls mit Ionen besetzt, die auf gleiche Art und Weise nach außen gelangen. Betrachtet man den Wurzelquerschnitt, so gibt es also zwei Wege auf denen die Nährsalzionen durch die Wurzel zum Zentralzylinder gelangen können: Ein Weg führt durch Diffusion durch die Zellwände, der andere durch Diffusion und aktiven Transport durch das Plasmalemma.

Transport von Wasser und Nährsalzen – Die von den Wurzelhaaren aufgenommene Nährsalzlösung wird zunächst in der Wurzel bis zum Zentralzylinder transportiert. Im Xylem des Leitgewebes findet der Transport nach oben zu den oberirdischen Teilen der Pflanze statt. Mehrere Kräfte spielen hierbei eine Rolle. Durch Wurzeldruck wird die Nährsalzlösung nach oben gepresst. Den Wurzeldruck kann man besonders gut im Frühjahr an den Schnittflächen von geschlagenen Baumstümpfen beobachten. Der Wurzeldruck ist auch für die tröpfchenförmige Wasserausscheidung, die Guttation verantwortlich (siehe S. 43). Da bei Schnittblumen der Wurzeldruck fehlt ist die Aufnahme von Wasser erschwert. Dies fördert, neben anderen Faktoren, den Welkeprozess der Blumen (siehe S. 77).

Als Transportkraft für längere Strecken ist der Wurzeldruck bei größeren Pflanzen nicht ausreichend und kann nur als unterstützende Kraft für weitere Transportmöglichkeiten angesehen werden. Der Hauptantrieb für den Transport der Nährsalzlösung ist der Transpirationssog. Durch die Transpiration (Verdunstung) der Blätter entsteht eine Sogwirkung nach oben, die mit steigender Temperatur zunimmt. Durch Osmose gelangt Wasser in die höher gelegenen, stärker konzentrierten Zellen. Das in den oberirdische Pflanzenteilen fehlende Wasser muss über den Boden nachgeliefert werden.

In den Kapillaren (Haarröhrchen) des Xylems entstehen lange, durchgehende Wasserfäden. Je enger die Kapillaren sind, desto höher steigt das Wasser in ihnen. Ein Reißen dieser dünnen Wasserfäden und damit ein Unterbrechen des Wassertransportes wird durch die Kohäsions- und Adhäsionskräfte des Wassers verhindert. Kohäsionskräfte sind die Bindungskräfte, die den Zusammenhalt der Wassermoleküle untereinander bewirken. Adhäsionskräfte sind die Bindungskräfte, die zwischen den Xylemwänden und den Wassermolekülen bestehen.

Die Aufnahme und Weiterleitung von Wasser und darin enthaltenen Nährsalzen ist eine wichtige Aufgabe der Wurzel.
Wasser gelangt durch Diffusion und Osmose über die Wurzelhaare ins Innere. Die Aufnahme wird mit der Theorie der aktiven Ionenaufnahme erklärt. Wurzeldruck, Transpirationssog und Kapillarkräfte ermöglichen den Transport nach oben.

1.4.4 Die Ernährung der Pflanze

Aufgrund ihrer Ernährung kann man bei den Lebewesen Autotrophe und Heterotrophe unterscheiden. Bei den Pflanzen sind aber auch solche zu finden, deren Zuordnung zu einer der beiden Gruppen nicht so eindeutig erfolgen kann.

Kapillaren mit verschiedenem Durchmesser

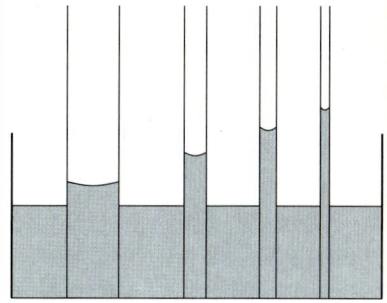

Abb. 109: Kapillarität in Kapillaren (Haargefäßen).

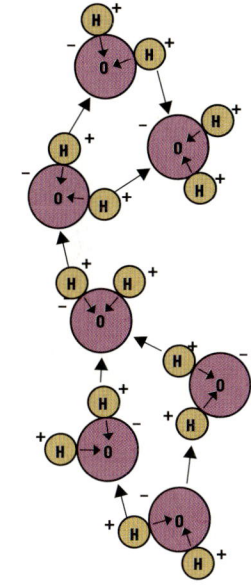

Abb. 110: Kohäsion (Schema).

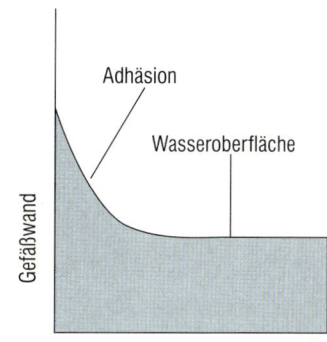
Adhäsion

Wasseroberfläche

Gefäßwand

Abb. 111: Adhäsion von Wasser an einer Gefäßwand.

Abb. 112: Pseudobulben: Orchidee.

Abb. 113: Schuppenhaare oder Saugschuppen nehmen Luftfeuchtigkeit auf (Beispiel: Aufsicht).

Abb. 114: Tillandsien nehmen Wasser durch Saugschuppen oder Schuppenhaare auf.

Zu den Autotrophen gehören Pflanzen, die Chlorophyll enthalten, deshalb assimilieren können und somit die benötigten Nährstoffe selber herstellen können. Heterotrophe Lebewesen, z.B. auch Pflanzen, die kein Chlorophyll enthalten, sind auf organische Verbindungen angewiesen, die die Autotrophen hergestellt haben. Die Autotrophen sind also die Voraussetzung für das Leben der Heterotrophen.

Autotrophe Pflanzen – Sieht man von typischen grünen Pflanzen einmal ab, deren Ernährung im Zusammenhang mit der Photosynthese schon besprochen wurde, wären als besondere Gruppe der Autotrophen die Epiphyten oder Aufsitzer zu nennen. Diese Pflanzen leben zwar autotroph, fallen aber trotzdem durch ihre besondere Ernährung auf. Viele Epiphyten leben im tropischen Regenwald auf Bäumen, da dort die Lichtverhältnisse am Boden ungünstig sind. Durch ihr Leben auf den Bäumen haben sie zwar größeren Lichtgenuss andererseits mussten sie aber spezielle Anpassungsformen von Blatt und Wurzel entwickeln, um Wasser und Nährstoffe zu erhalten.
Bei den meisten Bromelien und auch bei *Asplenium nidus* (Nestfarn) sind das trichterförmig angeordnete Blätter, mit denen sie Wasser auffangen und auch sammeln (siehe S. 17). Organische Stoffe werden in diesen Trichtern durch Mikroorganismen zu Humus umgewandelt und schließlich zu Nährstoffen mineralisiert.
Eine ähnliche Funktion haben die Mantel- oder Nischenblätter, die bei *Platycerium bifurcatum* (Geweihfarn) zu finden sind (siehe S. 17). Die Wurzeln der genannten Pflanzen haben also nur die Aufgabe, eine Befestigung auf dem stützenden Baum zu ermöglichen.
Bei *Tillandsia usneoides* (Greisenbart) fehlen Wurzeln völlig. Die Wasseraufnahme erfolgt bei dieser Pflanze, wie auch bei anderen Bromelien, ausschließlich über die Schuppenhaare oder Saugschuppen. Eine hohe Luftfeuchtigkeit ist deshalb Voraussetzung für das Gedeihen der Pflanzen. Luftfeuchtigkeit nehmen auch die Luftwurzeln der Orchideen auf.
Häufig findet man bei diesen Pflanzen auch Speicherorgane, Pseudobulben, für das aufgenommene Wasser. Succulente Pflanzen, z.B. *Rhipsalis*-Arten (Rutenkaktus), *Rhipsalidopsis* (Osterkaktus), *Schlumbergera* (Weihnachtskaktus) leben ebenfalls epiphytisch.

Halbschmarotzer – Sie nehmen eine Zwischenstellung zwischen den Autotrophen und den Heterotrophen ein. Das bekannteste Beispiel ist *Viscum album* (Mistel). Mit Haustorien (Saugorgane, siehe S. 96) werden dem Leitgewebe des Baumes Wasser und Nährsalze entnommen. Das Vorhandensein von Chlorophyll ermöglicht die eigene Photosynthese und die Bildung von Assimilaten.

Heterotrophe Pflanzen – Hierzu gehören die meisten Bakterien, Pilze, aber auch einige höhere Pflanzen, z.B. *Lathraēa squamaria* (Schuppenwurz). Diese nehmen alle organische Nährstoffe auf. Man unterscheidet Parasiten und Saprophyten.
Parasiten brauchen eine lebende Wirtspflanze, die ihnen die Assimilate liefert. Saprophyten beziehen ihre Nährstoffe aus abgestorbener organischer Substanz.

Parasiten – Pflanzliche Parasiten spielen in vielen Fällen als Krankheitserreger eine Rolle. Als Beispiele seien Mehltaupilze und Rostpilze genannt. Mit Haustorien entnehmen sie der lebenden Wirtpflanze Assimilate.

Saprophyten – Hierzu gehören die meisten Bakterien und Pilze. Sie verarbeiten mit Hilfe von Enzymen tote organische Substanz, also Kohlenhydrate,

Fette, Eiweiß, aber auch Zellulose und Lignin. Die Beseitigung toter organischer Substanz ist ein wichtiger Teil des Stickstoffkreislaufs. Durch diese Organismen werden organische Verbindungen in anorganische überführt. Bei Vorhandensein von Sauerstoff spricht man von Verwesung. Bakterien und Pilze wandeln hierbei die Ausgangssubstanzen in mineralische Verbindungen um, die den Pflanzen wiederum als Nährstoffe dienen. Von Fäulnis spricht man bei Sauerstoffmangel. Der Abbau ist in diesem Fall unvollständig und häufig werden unangenehm riechende, schleimige Zwischen- und Endprodukte gebildet. Bei allen Mikroorganismen geschieht der Abbau zum Energiegewinn.

Insectivoren – Eine besondere Stellung unter den Heterotrophen nehmen die Insectivoren (Insektenfresser) und Carnivoren (Fleischfresser) ein, die auch als Fleisch fressende oder Tier fangende Pflanzen bezeichnet werden. Sie enthalten Chlorophyll, assimilieren und können unter günstigen Bedingungen vollkommen autotroph leben. Da sie das Eiweiß der gefangenen Tiere als zusätzliche Stickstoffquelle nutzen, werden sie den Heterotrophen zugeordnet.

Die Fangeinrichtungen dieser Pflanzen sind verschieden. All diesen Pflanzen gemeinsam ist, dass sie auf nährstoffarmen, insbesondere stickstoffarmen, Standorten leben. Ihr Standort ist häufig feucht und moorig und die Nährstoffe können aufgrund des Sauerstoffmangels nicht ausreichend mineralisiert werden.

- Sonnentau (*Drosera*): Die Blätter dieser Pflanze, die bei uns in Hochmooren zu finden ist, haben Tentakel, Fangarme ausgebildet. Diese sondern ein klebriges Sekret ab, das in der Sonne glitzert und die Tiere anlockt. Durch das Sekret werden die Tiere aber auch festgehalten. Schließlich krümmen sich die Tentakel und die Tiere werden mit Ausnahme des Chitinpanzers aufgelöst.

- Fettkraut (*Pinguicula*): Bei dieser ebenfalls einheimischen Pflanze wird mit Hilfe des Leimrutenprinzips gefangen. Drüsenhaare an der Blattoberseite scheiden ein klebriges Sekret aus, das die Tiere festhält. Anschließend werden sie aufgelöst.

- Venusfliegenfalle (*Dionaēa*): Ihr Klappfallenmechanismus ist besonders auffällig. Die Blätter sind gezähnt und mit Tastborsten ausgestattet. Bei Kontakt des Tieres mit diesen Borsten klappen die beiden Fallenblätter zusammen und ein Verdauungssekret löst den Tierkörper auf.

- Kannenstrauch (*Nepenthes*): Als Tierfalle dient hier ein Schlauchblatt, das am Boden verdauendes Sekret enthält. Die bunte Färbung und Nektarausscheidungen locken das Insekt an. Am glatten Kannenrand rutscht es aus, fällt in die Flüssigkeit und wird verdaut.

Symbiose – Darunter versteht man das Zusammenleben von zwei Organismen, die beide einen Nutzen daraus ziehen. Zwischen den Partnern hat sich ein Gleichgewicht eingestellt. Wird dieses gestört und einer der beiden Partner wird vorherrschend, spricht man wiederum von Parasitismus.

- Flechten: Hierbei handelt es sich um eine Symbiose aus Blaualgen und Pilzen. Der Pilz erhält von der Alge Assimilate. Die Alge wiederum wird vom Pilz mit Wasser und Nährsalzen versorgt (siehe S. 51).

- Knöllchenbakterien: Die bekanntesten Pflanzen, die mit Knöllchenbakterien in Symbiose leben, gehören zur Familie der Schmetterlingsblütler. Vertreter dieser Familie sind z.B. *Cytisus* (Ginster), *Lathyrus* (Wicke), *Lupinus* (Lupine), Erbsen, Kleearten. Wurzelknöllchen sind auch bei *Alnus* (Erle) und *Hippophaë* (Sanddorn) zu finden.

Abb. 115: *Lathrāēa squamaria* (Schuppenwurz) ein Vollschmarotzer, der zu den Samenpflanzen gehört.

Abb. 116: *Nepenthes* (Kannenstrauch).

Abb. 117: Flechten.

Abb. 118: Photonastie: Bei Sonne öffnen sich die Blüten von *Crocus vernus* (Krokus).

Das Bakterium dringt aktiv in die Wurzel ein. Die Wurzel ihrerseits reagiert darauf mit einer vermehrten Zellteilung. Dadurch werden die Wurzelknöllchen gebildet, in denen die Bakterien leben können. Die Mikroorganismen erhalten Assimilate und liefern der höheren Pflanze Stickstoffverbindungen. Werden schließlich die Mikroorganismen durch die höhere Pflanze aufgelöst, profitiert nur noch diese vom Zusammenleben. Aus der Symbiose ist Parasitismus geworden.

Bei der Gründüngung wird die Nährstoffanreicherung durch die Knöllchenbakterien ausgenutzt. Eine Mischung aus Leguminosen und anderen Pflanzen wird ausgesät und, wenn die Pflanzen eine bestimmte Größe erreicht haben, komplett in den Boden eingearbeitet. Bei Rekultivierungen werden aus diesem Grund vielfach Lupinen verwendet.

• Mycorrhiza: In dieser Symbiose leben Pilze und Wurzeln höherer Pflanzen zusammen. Die Seitenwurzeln unserer Waldbäume sind von einem Geflecht aus Pilzhyphen umgeben, die die Funktion der Wurzelhaare übernommen haben. Es ist bekannt, dass bestimmte Pilzarten im Wurzelbereich gewisser Waldbäume zu finden sind.

Das ist der Grund, weshalb man die meisten Pilze nicht in Kultur anbauen kann, sieht man vom saprophytisch lebenden Champignon und ähnlichen Pilzen ab. Durch die Anwesenheit der Pilze wird die Nährsalz- und Wasserversorgung des Baumes verbessert. Die Pilze wiederum erhalten organische Verbindungen.

Man nimmt an, dass durch Schadstoffe die Mycorrhiza der Waldbäume geschädigt wird und demzufolge die Bäume weniger Wasser und Nährsalze aufnehmen können. Dies soll, neben vielen anderen Faktoren, mit zum Waldsterben beitragen. Mycorrhizen sind auch bei Orchideen zu finden. Da die winzigen Orchideensamen kein Nährgewebe enthalten, sind sie auf die Lieferung der benötigten Stoffe durch die Pilze angewiesen.

 Pflanzen können sich autotroph oder heterotroph ernähren. Autotrophe Pflanzen sind hauptsächlich solche, die Chlorophyll enthalten und die Assimilate selber herstellen können. Heterotrophe Pflanzen sind auf die organischen Verbindungen der autotrophen angewiesen. Man kann bei heterotrophen Pflanzen Parasiten und Saprophyten unterscheiden.

1.4.5 Bewegungen der Pflanze

Ein Kennzeichen der Lebewesen ist die Fähigkeit, Bewegungen durchzuführen. Die Unterschiede, die hier zwischen Pflanzen und Tieren bestehen, sind nicht zu übersehen. Da die meisten Pflanzen im Boden verankert sind, findet man bei ihnen nur Bewegungen oder Krümmungen einzelner Pflanzenorgane.

Ursache für Bewegungen können von außen wirkende Reize, z.B. Licht, Temperatur, Schwerkraft sein. Bewegungen können aber auch ohne äußeren Einfluss erfolgen. Zu nennen wären hier die durch Turgor bewirkten Schleuder- und Explosionsbewegungen, die der Samenverbreitung dienen. Ebenfalls der Samenverbreitung dienen hygroskopische Bewegungen, bei denen sich durch Quellen oder Entquellen die Fruchtwand öffnet und schließt.

Taxien – Freie Ortsbewegungen, bei denen die gesamte Pflanze einen Ortswechsel vornimmt, sind vor allem bei niederen Pflanzen, wie Bakterien und Algen, zu finden. Männliche Geschlechtszellen von Pilzen, Moosen und Farnen führen ebenfalls freie Ortsbewegungen durch. Voraussetzung für diese

Abb. 119: Thermonastie: Bei Wärme öffnen sich die Blüten von *Tulipa* (Tulpe).

Bewegungen sind die Ausstattung des Organismus mit einer Geißel und das Vorhandensein von Feuchtigkeit, in der die Bewegung dann stattfinden kann. Auslösende Reize können Licht oder chemische Stoffe sein. Bei der Phototaxis schwimmen Organismen, z.B. Algen, zur Reizquelle oder sie fliehen das Licht, je nachdem, ob sie den Reiz positiv oder negativ beantworten. Ursachen für Chemotaxien sind chemische Stoffe. Diese ermöglichen z.B., dass schmarotzende Pilze und Bakterien ihre Wirtspflanze finden. Auf dem Prothallium der Farnpflanze werden die männlichen Schwärmerzellen durch Lockstoffe der weiblichen Eizellen angezogen.

Tropismen / Nastien – Bei im Boden verankerten Pflanzen unterscheidet man zwei Arten der Reizbewegung, die Tropismen und die Nastien. Erfolgt die Bewegung in Richtung zur Reizquelle, spricht man von Tropismen. Zeigt die Bewegung keine Beziehung zur Reizrichtung, nennt man sie Nastie. Tropismen finden meist in Verbindung mit Wachstumsprozessen statt. Nastien können ebenfalls in Verbindung mit dem Wachstum auftreten, meist werden sie aber durch Veränderungen des Turgordruckes hervorgerufen. Eine Reizreaktion findet statt, wenn der einwirkende Reiz ausreichend groß ist, also einen bestimmten Schwellenwert erreicht. Mehrere unterschwellige Reize, die innerhalb eines bestimmten Zeitraumes einwirken, können sich aber summieren. Wird der Schwellenwert schließlich erreicht, findet die Reizbeantwortung statt.

Abb. 120: Seismonastie: Bei Berührung klappen die Fiederblätter von *Mimosa pudica* (Mimose) zusammen.

Unterschiede zwischen Tropismen und Nastien bei gleichen Reizen

Reize	Tropismen	Nastien
Licht	**Phototropismus** Wendung der Pflanze oder der Pflanzenteile zum Licht, z.B. Stellung der Blätter, Stellung der Sonnenblumenblüte	**Photonastie** Blüten öffnen sich bei ausreichender Lichtmenge und schließen sich bei geringer Belichtung, z.B. Mittagsblume, Löwenzahn
Schwerkraft	**Geotropismus** die Wurzeln der meisten Pflanzen wachsen positiv geotrop, also in Richtung zum Erdmittelpunkt, die Sprossachse wächst negativ geotrop, Seitensprosse und Seitenwurzeln wachsen plagiotrop, d. h. in einem bestimmten Winkel zur Reizrichtung	
Temperatur		**Thermonastie** durch unterschiedliche Wachstumsgeschwindigkeit der Blütenblätter an Außen- und Innenseite öffnen sich die Blüten bei Wärme, bei niedrigen Temperaturen schließen sie sich. z.B. *Tulipa* (Tulpe), *Crocus* (Krokus)
Berührung oder Erschütterung	**Thigmo-** oder **Haptotropismus** aufgrund eines Berührungsreizes findet bei Ranken ein unterschiedlich starkes Wachstum an der Innen- und der Außenseite der Ranke statt; aufgrund der Krümmung kann die Ranke Hindernisse umschlingen und sich somit festhalten, Bewegungen der Kletterpflanzen sind teilweise auch den Thigmonastien zuzurechnen, z.B. *Passiflora* (Passionsblume)	**Seismonastie** bei der *Mimosa pudica* (Mimose) klappen nach der Reizeinwirkung zunächst die Blattstiele herunter, dann legen sich die Fiederblättchen mit den Oberseiten paarweise zusammen das Schließen der Fangblätter der Venusfliegenfalle gehört ebenfalls zu dieser Bewegung
chemische Stoffe	**Chemotropismus** diese Bewegung lässt sich an Pilzhyphen, Pollenschläuchen und Wurzeln feststellen; chemotrope Reize, z.B. der Samenanlage, bewirken das Wachstum des Pollenschlauches	**Chemonastie** abgesehen vom Berührungsreiz lösen bei vielen Fleisch fressenden Pflanzen chemische Stoffe die Bewegung aus, z.B. Fettkraut

Abb. 121: Blasentang, eine Algenart.

Abb. 122: Baumpilz.

Abb. 123: Ständerpilz: Schopftintling.

1.5 Ordnungsprinzipien der Systematik

Es gibt einige hunderttausend Pflanzenarten. Diese Pflanzen zu benennen und aufgrund gemeinsamer Ähnlichkeiten in ein Pflanzensystem einzuordnen, ist Aufgabe der Pflanzensystematik.

Die oberste Ordnungseinheit in der Pflanzensystematik ist die Abteilung. Die systematische Obersicht im ZANDER, Handwörterbuch der Pflanzennamen, nennt nach ENGLER 17 Abteilungen. Hier soll die vereinfachte, systematische Obersicht nach EHRENDORFER verwendet werden, die 7 Abteilungen unterscheidet. Zu einer Abteilung gehören mehrere Klassen.

1. Abteilung: Schizophyta (Spaltpflanzen)
2. Abteilung: Phycophyta (Algen)
3. Abteilung: Mycophyta (Pilze)
4. Abteilung: Lichenes (Flechten)
5. Abteilung: Bryophyta (Moose)
6. Abteilung: Pteridophyta (Farnpflanzen)
7. Abteilung: Spermatophyta (Samenpflanzen)

1.5.1 Schizophyta (Spaltpflanzen)

Die erste Abteilung enthält die Klassen Bakterien und Blaualgen.

Bakterien – Bakterien sind einzellige, wenig differenzierte Lebewesen, die sich heterotroph oder autotroph ernähren. Bei Bakterien denkt man zunächst an Krankheitserreger, die bekämpft werden. Sie spielen aber bei vielen Umwandlungsprozessen im Naturkreislauf eine Rolle. So seien die Bodenbakterien bei der Nährstoffumwandlung im Boden genannt, die Bakterien der Darmflora und Bakterien, die an Gärungsprozessen beteiligt sind (siehe S. 95).

Blaualgen – Die kleinen einzelligen Blaualgen leben autotroph, können aber auch organische Verbindungen umsetzen. Einige Gattungen der Blaualgen bilden mit Pilzen zusammen die Symbiose der Flechten (siehe S. 47).

1.5.2 Phycophyta (Algen)

Algen sind als im Wasser lebende Pflanzen bekannt. Sie können als Einzeller leben, höher entwickelte Algen leben in Zellverbänden. Je nachdem, welche Farbstoffe sie enthalten, können sie unterschiedliche Farben aufweisen.

1.5.3 Mycophyta (Pilze)

Pilze enthalten kein Chlorophyll und ernähren sich deshalb heterotroph als Saprophyten oder Parasiten (siehe S. 46). Die Vermehrung erfolgt durch Sporen. In diese Abteilung gehören nicht nur die bekannten Hutpilze, wie Steinpilz oder Champignon, sondern noch viele andere. Die Schleimpilze sind, wie auch die Bakterien, an Zersetzungsprozessen im Boden beteiligt. Viele Pilze spielen als Krankheitserreger eine Rolle, z.B. Echte und Falsche Mehltaupilze, Rostpilze. Für den Floristen interessant sind die Baumschwämme, die vor allem in der Advents- und Weihnachtsbinderei Verwendung finden.

Alle Vertreter dieser Abteilung haben den gleichen Aufbau. Sie bestehen aus einem Mycel (Pilzgeflecht), das aus vielen Hyphen (Pilzfäden) gebildet wird. Das Mycel bildet Sporenträger aus, die der generativen Vermehrung des Pilzes dienen. Bei Hutpilzen werden diese Sporenträger als eigentliche „Pilze" vom Pilzsucher geschätzt. Die Sporenträger des Grauschimmels machen allerdings z.B. die Früchte ungenießbar (siehe S. 97).

1.5.4 Lichenes (Flechten)

Flechten werden durch eine Symbiose, eine Lebensgemeinschaft, von einem Pilz und einer Blau- oder Grünalge gebildet. Ein Schnitt durch den Körper der Flechte lässt farblose, fadenförmige Pilzzellen und farbstofftragende Algenzellen erkennen. Die Alge versorgt den Pilz mit Assimilaten. Es wird angenommen, dass die Pilzhyphen den Algen Wasser und Nährsalze liefern. Diese Symbiose ermöglicht beiden Partnern die Besiedelung von extremen Standorten. In Wäldern mit hoher Luftfeuchtigkeit findet man üppigen Flechtenbewuchs. In Großstädten leiden sie vor allem unter Schwefeldioxid und Lufttrockenheit und werden hier auch als Indikatoren für die Schadstoffbelastung eingesetzt. In der Binderei wird Cladonia rangiferina verwendet, die unter dem Namen „Islandmoos" angeboten wird.

Abb. 124: *Cladonia rangiferina*, eine Rentierflechte, als Islandmoos im Handel.

1.5.5 Bryophyta (Moose)

Wie die Flechten können auch die Moose bei der Besiedelung von nacktem Gestein eine Pionierrolle spielen. Ihr System zur Wasseraufnahme und Wasserleitung ist sehr unvollständig ausgebildet. Anstelle von Wurzeln sind Rhizoide, wurzelähnliche Gebilde, vorhanden. Das erklärt auch, weshalb das Auftreten von Moosen an feuchte Standorte gebunden ist. Moose vermehren sich durch Sporen.

Vom Floristen am häufigsten verwendet werden *Sphagnum*-Arten (Torfmoos) und *Leucobryum*-Arten (Polstermoos). *Sphagnum*-Arten können sich sehr rasch mit Wasser vollsaugen und werden deshalb zum Feuchthalten von Pflanzen verwendet. *Sphagnum*-Arten sind an der Torfbildung beteiligt.

Auch *Leucobryum* kann sehr gut Wasser aufnehmen. Bei guter Wasserversorgung ist es grün. Bei Trockenheit wird es weiß bis weißlichgrün, da die dann luftgefüllten Zellen das einfallende Licht reflektieren.

Abb. 125: Moos: *Sphangnum squarrosa* (Torfmoos).

1.5.6 Pteridophyta (Farnpflanzen)

Zur Abteilung der Farnpflanzen gehören nicht nur die bekannten Farne, sondern auch Schachtelhalme und Bärlappgewächse. Im Gegensatz zu den Moosen besitzen fast alle Farnpflanzen echte Wurzeln und Leitbündel und werden deshalb den Gefäßpflanzen zugerechnet. Sie bestehen aus einem Rhizom und den oberirdischen Wedeln. Wie Moose und Pilze vermehren sich die Farne durch Sporen, die sich in den Sporangien der fertilen Wedel befinden.

Vermehrung – Farne entwickeln sich in zwei Etappen zu einer geschlechtlichen und einer ungeschlechtlichen Generation. Diese beiden Generationen wechseln einander ab, deshalb spricht man auch von einem Generationswechsel.

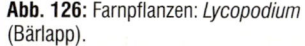

Abb. 126: Farnpflanzen: *Lycopodium* (Bärlapp).

Aus der Spore entwickelt sich das grüne Prothallium (Vorkeim), das in seinem Aussehen einem kleinen Lebermoos ähnelt. Mit Rhizoiden ist es im Boden befestigt. Auf dem Prothallium entwickeln sich Antheridien und Archegonien. Die Antheridien enthalten die männlichen Spermatozoiden (Schwärmerzellen), die Archegonien die weiblichen Eizellen. Diese scheiden organische Säuren aus, durch welche die Spermatozoiden angelockt werden.

Im Wasser schwimmen sie zu den Eizellen und befruchten diese. Die Bewegung aufgrund chemischer Reize zu den Eizellen hin wird Chemotaxis (siehe S. 49) genannt. Die befruchteten Eizellen entwickeln sich zu diploiden Zygoten, die die Chromosomen beider Geschlechtszellen enthalten.

Hieraus entwickelt sich die ungeschlechtliche Generation, der Sporophyt, der die eigentliche Farnpflanze darstellt. Diese besteht aus Wedeln. Fertile Wedel

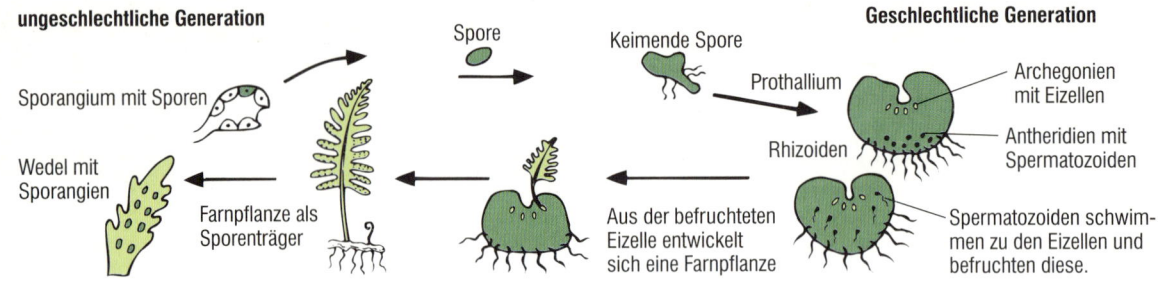

Spore

Keimende Spore

Sporangium mit Sporen

Prothallium

Archegonien mit Eizellen

Rhizoiden

Antheridien mit Spermatozoiden

Wedel mit Sporangien

Farnpflanze als Sporenträger

Aus der befruchteten Eizelle entwickelt sich eine Farnpflanze

Spermatozoiden schwimmen zu den Eizellen und befruchten diese.

Abb. 127: Generationswechsel beim Farn (Schema).

enthalten, meist an der Unterseite, Sporangien (Sporenkapseln), in denen sich die Sporen befinden. Bei deren Bildung wird durch Meiose der Chromosomensatz auf die Hälfte reduziert, so dass die Sporen haploid sind (siehe S. 81).

1.5.7 Spermatophyta (Samenpflanzen)

Die 7. Abteilung der Spermatophyta (Samenpflanzen) besteht aus den beiden Unterabteilungen Gymnospermae (Nacktsamer) und Angiospermae (Bedecktsamer). Die geschlechtliche Vermehrung erfolgt durch Samen. Sie bilden Gefäße und Sprosse aus, sodass sie auch als Gefäßpflanzen oder Sprosspflanzen bezeichnet werden können.

Gymnospermae (Nacktsamer) – *Ginkgo*-Gewächse, Coniferen und *Taxus*gewächse sind als wichtigste Vertreter dieser Unterabteilung zu nennen. Die Blüten der Gymnospermae sind eingeschlechtlich und werden durch den Wind bestäubt. Im Gegensatz zu den Angiospermae (Bedecktsamer) liegen die Samenanlagen frei auf den Fruchtblättern. Da kein Fruchtknoten gebildet wird, entwickeln sich auch keine Früchte.

Die Blätter der Nacktsamer können unterschiedlich ausgebildet sein. Bei *Pinus* (Kiefer), *Taxus* (Eibe) z.B. sind sie nadelförmig; bei *Thuja* (Lebensbaum) und *Chamaecyparis* (Scheinzypresse) sind sie schuppenförmig; bei *Ginkgo biloba* (Fächerblattbaum) sind sie fächerförmig.

Abb. 128: Nacktsamer: *Ginkgo biloba* (Fächerblattbaum).

Angiospermae (Bedecktsamer) – Entwicklungsgeschichtlich stellen die Bedecktsamer die jüngste Abstammungsgemeinschaft dar. Sie bilden die größte und am höchsten entwickelte Gruppe des Pflanzenreiches. Die Blüten können zwittrig oder eingeschlechtlich sein. Die Bestäubung kann durch Insekten und andere Tiere, aber auch durch den Wind erfolgen. Im Gegensatz zu den Nacktsamern sind die Samenanlagen umschlossen. Ein oder mehrere Fruchtblätter sind zu einem Fruchtknoten verwachsen. Nach der Befruchtung entwickelt sich der Fruchtknoten zur Frucht. Die Ausbildung von Früchten ist kennzeichnend für die Angiospermae. Bei den Angiospermae werden die beiden Klassen Monocotyledoneae (einkeimblättrige Pflanzen) und Dicotyledoneae (zweikeimblättrige Pflanzen) unterschieden. Abgesehen von der unterschiedlichen Keimblattzahl zeigen die Vertreter beider Klassen wesentliche Unterscheidungsmerkmale (siehe Tabelle S. 53).

1.5.8 Untergliederung von Abteilungen

Die folgende Untergliederung gilt für alle Abteilungen.

Ordnung – In einer Klasse werden mehrere Ordnungen zusammengefasst.

Familie – Eine Ordnung besteht aus mehreren Familien.

Gattung – Aufgrund gemeinsamer Ähnlichkeiten werden mehre Gattungen zu einer Familie zusammengefasst. Gemeinsamkeiten können die Form oder

Abb. 129: Dreizählige Blüten sind für monocotyle Pflanzen ein Erkennungsmerkmal (Tulpen).

Monocotyledoneae

– ein Keimblatt
– dreizählige Blüten
– meist parallel verlaufende Blattadern (Ausnahme: *Araceae*)

– längliche, bandartige Blätter, Blattstielbildung ist selten (Ausnahme: *Araceae*)
– Blätter sind ganzrandig
– homorrhizes Wurzelsystem aus vielen gleich starken Wurzeln
– zerstreute Anordnung der Leitbündel in der Sprossachse
– kein Cambium zwischen Xylem und Phloëm
– geschlossene Leitbündel
– nur primäres Dickenwachstum (Ausnahme: *Yucca, Dracaena*)
– gleichmäßig schlanke Sprossachse (Ausnahmen: *Yucca, Dracaena*)

Beispiele:

Amaryllidaceae	Iridaceae
Agavaceae	Liliaceae
Araceae	Musaceae
Bromeliaceae	Orchidaceae
Cyperaceae	Arecaceae
Poaceae	

Dicotyledoneae

– zwei Keimblätter
– vier- und fünfzählige Blüten
– Blätter mit Hauptader, die sich in Seitenadern verzweigt (fieder- oder handnervige Blätter) (Ausnahme: *Plantago* (Wegerich))
– viele Blattformen, gestielte und sitzende Blätter
– ganzrandige und andere Blattränder
– allorrhizes Wurzelsystem aus einer Hauptwurzel, die sich verzweigt
– Leitbündel sind in der Sprossachse ringförmig angeordnet
– Xylem und Phloëm sind durch Cambium getrennt
– offene Leitbündel
– primäres und sekundäres Dickenwachstum
– kegelförmige, sich nach oben verjüngende Sprossachse

Beispiele:

Araliaceae	Gesneriaceae
Begoniaceae	Fabaceae
Cactaceae	Primulaceae
Asteraceae	Ranunculaceae
Crassulaceae	Rosaceae
Euphorbiaceae	

Abb. 130: Fiedernervige Blätter sind ein Erkennungszeichen für dicotyle Pflanzen, z.B. *Fagus sylvatica* (Rotbuche).

Abb. 131: Handnervige Blätter sind ein Erkennungszeichen für dicotyle Pflanzen, z.B. *Acer platanoides* (Spitzahorn).

die Beschaffenheit der Blätter, der Bau der Blüte, des Blütenstandes, die Form der Frucht und vieles andere mehr sein.

Art – Zu einer Gattung gehören eine oder mehrere Arten.

Abteilung	Spermatophyta					
Unterabteilung	Angiospermae					
Klassen	Monocotyledoneae			Dicotyledoneae		
Ordnungen	Ordnung: Liliiflorae			Ordnung: Rosales		
Familien	Liliaceae	Iridaceae	Colchicaceae	Rosaceae	Fabaceae	Crassulaceae
Gattungen	*Lilium* *Tulipa* *Fritillaria*	*Freesia* *Iris* *Gladiolus*	*Colchicum* *Sandersonia* *Gloriosa*	*Rosa* *Prunus* *Alchemilla*	*Lupinus* *Lathyrus* *Acacia*	*Crassula* *Kalanchoë* *Sedum*
Arten	*T. kaufmanniana* *T. fosteriana*	*I. germanica* *I. sibirica*	*C. autumnale* *C. alpinum*	*P. triloba* *P. avium*	*L. latifolius* *L. odoratus*	*K. blossfeldiana* *K. manginii*

Abb. 132: *Leucojum vernum.*

1.6 Die Benennung der Pflanzen

Leucojum vernum wird im deutschsprachigen Raum Märzenbecher genannt. Als Märzenbecher bezeichnet man jedoch, zumindest in Oberbayern, die Narzisse oder Osterglocke. Die zuerst genannte Pflanze heißt auch Frühlingsknotenblume.

Dieses Beispiel zeigt uns eine Pflanze, die unter zwei verschiedenen Namen angeboten wird. Das kann leicht zu Verwechslungen führen.

Viola × wittrockiana haben in Deutschland den überregionalen Namen Stiefmütterchen. In Bayern heißt sie Tag- und Nachtschatten, in Baden-Württemberg Pensée und im Badischen wird sie auch Dreifaltigkeitsblümle genannt.

Beiden Beispielen entnehmen wir, dass schon in Deutschland oft verschiedene Namen für ein- und dieselbe Pflanze gegeben sind. Notwendig ist deshalb eine Benennung der Pflanze, die überall im deutschsprachigen Raum, aber auch im Ausland verstanden wird und maßgebend ist.

1.6.1 Der botanische Name

Pflanzen werden, um eine allgemeine Verständigung zu ermöglichen, mit einem wissenschaftlichen Namen benannt. Dieser setzt sich aus zwei Teilen zusammen. Deshalb spricht man auch von einer zweiteiligen oder binären Nomenklatur. Eingeführt wurde diese binäre Nomenklatur von dem schwedischen Botaniker LINNÉ 1753.

Der zweiteilige Name setzt sich aus dem Gattungsnamen und dem Artnamen zusammen. Der erste ist der Gattungsname (Genus), der mit großem Anfangsbuchstaben geschrieben wird. Der zweite ist der Artname (Species), der kleingeschrieben wird, z.B. *Primula vulgaris*.

Der Name dient in erster Linie der Benennung der Pflanze. Durch das Benennen der Art wird aber auch eine genauere Unterscheidung innerhalb der Gattung ermöglicht.

Dieser wissenschaftliche Name leitet sich hauptsächlich aus dem Griechischen oder Lateinischen ab. Das erschwert dem Anfänger das Namenlernen natürlich etwas.

Abb. 133: *Lavatera trimestris.*

 Der botanische Name (wissenschaftlicher Name) dient einer eindeutigen Bezeichnung der Pflanze.

1.6.2 Bedeutung des botanischen Namens

Der Name ist Bezeichnungsmittel. Bisweilen erscheint er willkürlich gebildet, aber er kann auch einige Hinweise enthalten.

- Forscher oder Botaniker können mit dem Namen geehrt werden, z.B. *Forsythia* (FORSYTHE), *Fuchsia* (FUCHS), *Lavatera* (LAVATER).
- Die Herkunft der Pflanze kann angegeben werden, z. B. *Hamamelis japonica* (aus Japan), *Agapanthus africanus* (aus Afrika), *Cedrus libani* (aus dem Libanon).
- Auf die Ähnlichkeit mit einer anderen Pflanze kann hingewiesen werden, z B. *Rumohra adiantiformis* (adiantumähnlich), *Aster ericoides* (ericaähnlich).
- Eine Aussage über den Verwendungszweck wird z.B. bei *Sorbus torminalis* (gegen Bauchschmerzen), *Salvia officinalis* (als Heilmittel verwendet) gemacht.

Abb. 134: *Hibiscus rosa-sinesis* (Rosen-eibisch).

- Der Name kann auf Eigenschaften, Besonderheiten oder das Aussehen der Pflanze hinweisen, z.B. *Carlina acaulis* (stängellos), *Codiaeum variegatum* (bunt), *Hydrangea macrophylla* (großblättrig), *Platycerium bifurcatum* (zweigegabelt), *Asplenium nidus* (Nest), *Jasminum nudiflorum* (nacktblütig).

Als Grundlage einer nationalen und internationalen Verständigung wird eine weitgehende „Stabilisierung" der wissenschaftlichen Namen angestrebt. Bei intensiver Beschäftigung mit der Nomenklatur wird man immer wieder feststellen, dass sich der botanische Name geändert haben kann. Das Prioritätsgesetz besagt, dass der älteste Name den Vorrang habe. Stellt sich nachträglich heraus, dass die Pflanze schon mit einem anderen, älteren Namen benannt wurde, so gilt dieser und die Pflanze muss umbenannt werden. Nach den Nomenklaturregeln darf jede Pflanze nur einen korrekten Namen haben.

Maßgebend für die Benennung, in Zweifels- und auch in Streitfällen, ist die letzte Ausgabe des ZANDER, „Handwörterbuch der Pflanzennamen". Dieses Buch enthält auch Hinweise zur Schreibweise, Betonung und Aussprache der botanischen Namen.

Abb. 135: *Hydrangea macrophylla* (Hortensie).

1.6.3 Schreibweise, Betonung und Aussprache des botanischen Namens

Schreibweise – Von einigen Ausnahmen abgesehen, z.B. *Kalanchoë, Kolkwitzia, Kniphofia*, wird ein gesprochenes „K" immer als „C" geschrieben.

Betonung – Die zu betonende Silbe wird mit einem Schrägstrich gekennzeichnet, z.B. *Prímula*.

Aussprache – Mehrere Vokale (Selbstlaute) werden getrennt ausgesprochen, z.B.
i-onantha, botry-o-ides, Sansevi-eria, canari-ensis.
Bei Endvokalen wird auf die Trennung der Vokale durch ein Trema (zwei Trennpunkte) auf dem letzten Buchstaben hingewiesen, z.B. *Kalanchoë, Aloë, Hippophaë.*
Sollen Vokale nicht getrennt, sondern als Umlaut ausgesprochen werden, wird folgende Schreibweise angewandt: *Aesculus, acaulis Phoenix.*
„Y" wird am Wortanfang wie „J" in der Wortmitte wie „Ü" gesprochen, z.B. Yucca, For-sythia.
„I" wird immer wie „I" gesprochen, niemals wie „J", z.B. *ionantha* und nicht „jonantha".

Abb. 136: *Kniphofia* (Fackellilie).

Die Aussprache von Konsonanten ist wie folgt geregelt:
- c vor a, o, u wird wie k gesprochen,
- c vor ae, e, i, y wird wie z gesprochen, z. B. *Castanea, Cupressus, Acer, Cissus, Cytisus.*
- cc vor a, o, u wird wie kk gesprochen, z. B. *Yucca, Phytolacca.*
- cc vor ae, e, i, y wird wie kz gesprochen, z. B. *Coccineus, Matteuccia, Moluccella.*
- qu, gu, su wird vor Konsonanten wie kw, gw, sw gesprochen, z.B. *Quercus, Guizotia, Suecicus.*
- v wird wie w ausgesprochen, z.B. *Viola, Verbascum, Verbena.*
- Doppelkonsonanten werden getrennt ausgesprochen, z.B. *Scilla.*

Abb. 137: *Hippophaë rhamnoides* (Sanddorn).

Abb. 138: × *Solidaster luteus*: Gattungshybride aus *Solidago* × *Aster*.

1.6.4 Schreibweise von Hybriden, Sortennamen

Bei Hybriden, Bastarden, Sorten handelt es sich um Pflanzen, die durch Kreuzung entstanden sind. Unterschiedliche Schreibweisen kennzeichnen solche Pflanzen.

Arthybriden – Sie entstehen, wenn zwei verschiedene Arten gekreuzt werden, die zu einer Gattung gehören, z.B. *Forsythia* × *intermedia*. Dieser Name kennzeichnet Hybriden, die durch Kreuzung der Eltern *Forsythia suspensa* und *Forsythia viridissima* entstanden sind. Es können unterschiedliche Hybriden sein, die mit verschiedenen Sortennamen benannt werden.

Der Sortenname, ein vom Züchter gewählter, wird mit großem Anfangsbuchstaben geschrieben und in einfache Anführungszeichen gesetzt, z.B. 'Lynwood Gold', 'Spectabilis', 'Spring Glory'.

Bei anderen Kreuzungen findet man auch folgende Schreibweisen: *Dahlia* × *hortensis*, *Delphinium cultivars* Belladonna-Grp. hort., *Asparagus densiflorus* Sprengeri-Grp. cult., *Asparagus setaceus* 'Plumosus' cult., *Calceolaria* × *Cultivars* Herbeohybrida-Grp.

Gattungshybriden – Sie entstehen, wenn zwei unterschiedliche Gattungen einer Familie gekreuzt werden. Gattungshybriden sind selten. Folgende Beispiele sollen genannt sein:
× *Solidaster luteus* (*Solidago* × *Aster*),
× *Fatshedera lizei* (*Fatsia* × *Hedera*),
× *Mahoberberis neubertii* (*Mahonia* × *Berberis*).
Der Gattungsname der Gattungshybride ist eine Kombination aus den Gattungsnamen der Eltern.

Abb. 139: × *Fatshedera lizei* (Efeuaralie): Gattungshybride aus *Fatsia* (Aralie) × *Hedera* (Efeu).

Abb. 140: Rechts: *Cytisus* × *racemosus* (Geißklee): Arthybride aus *Cytisus canariensis* × *Cytisus maderensis var. magnifoliosus*.

1.6.5 Familien

Zu einer Familie gehören Gattungen, die gemeinsame Merkmale haben. Das können der Blütenbau, die Blattform, die Form der Früchte und andere Merkmale sein. Nicht jeden Familiennamen muss man kennen, aber die ausgeprägten Merkmale einer Familie ermöglichen oft die Bestimmung einer unbekannten Pflanze und erleichtern das Lernen der jeweiligen Pflanze und des botanischen Pflanzennamens.

Merkmale einiger Familien:

Amaryllidaceae - Amaryllisgewächse
Sie haben dreizählige Perigonblüten mit unterständigem Fruchtknoten. Dieser unterständige Fruchtknoten ist der einzige Unterschied zu den *Liliaceae*.
Beispiele: *Amaryllis, Hippeastrum, Galanthus, Narcissus, Clivia*

Abb 141: *Amaryllis bella-donna.*

Apiaceae – Doldenblütler
Kleine Blüten in meist zusammengesetzten Dolden. Die Blätter sind meist mehrfach gefiedert und umfassen den Stängel mit einer auffälligen Scheide. Der Stängel ist deutlich in Nodien und hohle Internodien gegliedert.
Die Früchte und die vegetativen Teile enthalten ätherische Öle (siehe S. 29). Viele Doldenblütler haben deshalb als Gewürz- und Heilpflanzen Bedeutung.
Beispiele: *Heracleum*, Anis, Dill, Fenchel, Kümmel, Petersilie

Apocynaceae – Hundsgiftgewächse
Fünfzählige Blüten, deren Kronblätter in der Knospe gedreht sind.
Die Pflanzen sind milchsaftführend und giftig.
Die Samen sind mit Flughaaren versehen.
Beispiele: *Adenium, Allamanda, Mandevilla, Nerium, Vinca*

Araceae – Aronstabgewächse
Der Blütenstand ist ein Kolben. Eine Spatha dient zum Anlocken von Bestäubertieren.
Beispiele: *Arum, Anthurium, Monstera, Spathiphyllum, Dieffenbachia.*

Abb 142: *Hedera helix* (Efeu).

Araliaceae – Araliengewächse
Die fünfzähligen Blüten sind in Dolden angeordnet.
Beispiele: *Aralia,* × *Fatshedera, Fatsia, Hedera.*

Asclepiadaceae – Seidenpflanzengewächse
Sie haben fünfzählige Blüten, die oft in Dolden angeordnet sind.
Beispiele: *Asclepias, Ceropegia, Hoya, Stephanotis*

Asteraceae – Korbblütler
Viele Einzelblüten befinden sich in einem von Hüllblättern umgebenen Köpfchen oder Körbchen. Dieses kann winzig sein oder wie bei der Sonnenblume einen Durchmesser von bis zu 30 cm haben. Dieser Blütenstand täuscht eine Einzelblüte vor und wird auch Pseudanthium genannt (siehe S. 22).
Die Einzelblüten können wie bei *Echinops* oder *Carlina* Röhrenblüten sein. Im Blütenstand können sich sowohl Röhrenblüten als auch Zungenblüten befinden, wie z.B. bei *Aster* oder *Rudbeckia*. Bei gefülltblühenden Sorten der Korbblütler wie beispielsweise *Dahlia, Dendranthema* oder auch beim Löwenzahn werden nur Zungenblüten ausgebildet.
Beispiele: *Achillea, Aster, Bellis, Calendula, Helenium, Rudbeckia*

Abb 143: *Stephanotis floribunda* (Kranzschlinge).

Abb 144: Kakteen.

Abb 145: *Pericallis cruenta* (Cinerarie, Aschenblume).

Abb 145: *Cyperus gracilis* (Zypergras).

Boraginaceae – Raublattgewächse
Der Farbstoff Anthocyan in den fünfzähligen Blüten bewirkt, dass sich die Blüten vieler Gattungen mit zunehmenden Alter von Rot nach Blau verfärben.
Beispiele: *Borago, Heliotropium, Myosotis, Pulmonaria*

Brassicaceae – Kreuzblütler
Die vierzähligen Blüten haben kreuzweise angeordnete Kronblätter.
Die Kreuzblütler bilden Schoten als Früchte aus.
Beispiele: *Aubrieta, Erysimum, Iberis, Matthiola*

Bromeliaceae – Ananasgewächse, Bromelien
Die Blüten sind dreizählig und von farbigen Bracteen umgeben, die der Anlockung von Bestäubertieren dienen. Die meisten Bromelien leben epiphytisch und haben deshalb in Anpassung an ihren Standort zahlreiche Möglichkeiten für die Wasseraufnahme entwickelt (siehe auch S. 46 und S. 64).
Beispiele: *Aechmea, Ananas, Guzmania, Tillandsia, Vriesea*

Cactaceae – Kakteen
Kakteen haben immer Einzelblüten und keine Blütenstände.
Die Sprossachse kann in Form von Stammsucculenz oder in Form von Platycladien (z.B. *Schlumbergera*) Wasser speichern. Die Seitentriebe sind zu Areolen reduziert.
Zahlreiche Kakteen bilden Blattdornen aus (siehe S. 14, 17).
Beispiele: *Aporocactus, Astrophytum, Opuntia, Schlumbergera*

Campanulaceae – Glockenblumengewächse
Die fünfzähligen Blüten sind bei Campanula und Platycodon zu einer Glocke verwachsen, bei Trachelium zu einer Röhre.
Die Pflanzenteile enthalten Milchsaft.
Beispiele: *Campanula, Lobelia, Trachelium*

Caryophyllaceae – Nelkengewächse
Die Blüten sind meist fünfzählig.
Die einfachen Blätter sind ganzrandig und kreuzgegenständig angeordnet.
Beispiele: *Dianthus, Gypsophila, Lychnis*

Crassulaceae – Dickblattgewächse
Die Blüten sind meist fünfzählig. Die Pflanzenteile sind succulent.
Beispiele: *Crassula, Echeveria, Kalanchoe, Sedum, Sempervivum*

Cupressaceae – Zypressengewächse
Eingeschlechtliche Blüten. Die kleinen Zapfen sind bei *Juniperus* beerenartig. Andere Gattungen haben holzige Zapfen. *Thuja* hat längliche Zapfen, *Cupressus* und *Chamaecyparis* haben kugelige Zapfen.

Cyperaceae – Sauergräser
Sie haben dreizählige, eingeschlechtliche Blüten, die meist eine Ähre bilden.
Die Blüten werden durch den Wind bestäubt.
Der Halm ist markig und dreikantig und bildet kaum Nodien aus.
Beispiele: *Cyperus, Carex, Scirpus, Eriophorum*

Euphorbiaceae – Wolfsmilchgewächse
Meist einhäusige Pflanzen, die Milchsaft enthalten.
Succulente und nichtsucculente Gattungen werden unterschieden.
Beispiele: *Acalypha, Codiaeum, Euphorbia, Jatropha*

Fabaceae – Hülsenfrüchtler, Schmetterlingsblütler
Fünfzählige Blüten die meist in Trauben angeordnet sind. Das obere ver-
größerte Kronblatt ist die Fahne, die beiden seitlichen sind die Flügel und die
beiden unteren sind zum Schiffchen verwachsen. Die Früchte sind Hülsen.
Die Pflanzen leben in einer Symbiose mit Knöllchenbakterien (siehe S. 47).
Beispiele: *Laburnum, Lathyrus, Lupinus, Robinia, Wisteria*

Geraniaceae – Storchschnabelgewächse
Die fünfzähligen Blüten sind meist in Dolden angeordnet. Die schnabelartigen
Früchte erklären den deutschen Namen der Familie.
Beispiele: *Geranium, Pelargonium*

Iridaceae – Schwertliliengewächse
Die Perigonblüten sind dreizählig mit unterständigem Fruchtknoten. Im
Gegensatz zu den Gattungen der Amaryllidaceae werden aber nur drei Staub-
blätter ausgebildet.
Beispiele: *Iris, Freesia, Gladiolus, Crocus, Ixia*

Lamiaceae – Lippenblütler
Von den fünf verwachsenen Kronblättern bilden zwei die Oberlippe und drei
die Unterlippe.
An dem meist vierkantigen Stängel sind die Blätter kreuzgegenständig ange-
ordnet.
Viele Gattungen enthalten ätherische Öle und spielen deshalb als Gewürze ei-
ne große Rolle.
Beispiele: *Lavandula, Mentha, Moluccella, Rosmarinus, Salvia*

Liliaceae – Liliengewächse
Die unterirdischen Speicherorgane können als Zwiebel, Knolle oder Rhizom
ausgebildet sein.
Die dreizähligen Perigonblüten haben einen oberständigen Fruchtknoten.
Beispiele: *Fritillaria, Lilium, Tulipa*

Orchidaceae – Orchideen
Die Perigonblüten der Orchideen sind dreizählig und haben einen unterstän-
digen Fruchtknoten. Das sechste Perigonblatt ist das Labellum oder die Lippe.
Es ist bei allen Orchideen auffällig geformt.
Orchideen leben entweder terrestrisch am Boden oder epiphytisch als Auf-
sitzer.
Orchideensamen leben mit Mycorrhizapilzen in Symbiose, die für die Ernäh-
rung des Keimlings zuständig sind (siehe S. 48).
Beispiele: *Cattleya, Cypripedium, Laelia, Phalaenopsis, Oncidium*

Abb 147: *Codiaeum variegatum* (Kroton).

Abb 148: *Crocosmia × crocosmiifllora*
(Montbretie).

Abb 149: *Rosmarinus officinalis*
(Rosmarin).

Abb 150: *Primula sikkimensis.*

Abb 151: *Astilbe arendsii.*

Abb 152: *Brunfelsia pauciflora.*

Papaveraceae – Mohngewächse
Die vier Kronblätter sind in zwei Kreisen angeordnet. Die beiden Kelchblätter fallen bald ab. Auffällig sind die vielen Staubblätter.
Die Pflanzenteile enthalten Milchsaft.
Beispiele: *Meconopsis, Papaver*

Pinaceae – Kieferngewächse
Eingeschlechtliche Blüten mit Harzgängen. Die Samenanlagen befinden sich in den Achseln von spiralig angeordneten Deckschuppen, die einen Zapfen bilden. Die männlichen Blüten sitzen einzeln in den Achseln der oberen Nadeln.
Beispiele: *Pinus, Picea, Larix, Abies*

Poaceae – Süßgräser
Die eingeschlechtlichen Blüten sind dreizählig und in Ähren, Trauben oder Rispen angeordnet.
Der runde Halm wird durch Nodien gegliedert.
Die Blätter sind wechselständig und haben lange, stängelumfassende Blattscheiden.
Beispiele: *Briza, Cortaderia, Lagurus, Panicum, Sinarundinaria*

Primulaceae – Primelgewächse
Die fünfzähligen Blüten haben meist verwachsene Kron- und Kelchblätter. Die einfachen Blätter sind meist in Rosetten angeordnet.
Beispiele: *Cyclamen, Primula, Lysimachia*

Ranunculaceae – Hahnenfußgewächse
Die fünfzähligen Blüten haben viele Staubblätter. Als Früchte werden meist Balgfrüchte oder Nüsschen ausgebildet.
Die Blätter sind oft tiefgeteilt und erinnern bei einigen Gattungen, z.B. *Eranthis* an einen „Hahnenfuß".
Beispiele: *Aconitum, Aquilegia, Anemone, Clematis, Eranthis, Nigella*

Rosaceae – Rosengewächse
Die Blüten sind fünfzählig und enthalten viele Staubblätter. Viele Gattungen bilden Nebenblätter aus.
Beispiele: *Alchemilla, Amelanchier, Aruncus, Malus, Prunus, Rosa*

Saxifragaceae – Steinbrechgewächse
Die Blüten sind fünfzählig. Mit der Familie der Rosaceae gibt es viele Ähnlichkeiten.
Beispiele: *Astilbe, Bergenia, Saxifraga, Tolmiea*

Scrophulariaceae – Rachenblütler, Braunwurzgewächse
Die drei unteren Kronblätter der fünfzähligen Blüten bilden die Unterlippe, die beiden oberen die Oberlippe. Als Früchte werden Kapseln ausgebildet.
Beispiele: *Antirrhinum, Calceolaria, Digitalis, Verbascum, Pseudolysimachion*

Solanaceae – Nachtschattengewächse
Die Blüten sind fünfzählig. Beeren oder Kapseln sind die Früchte. Nachtschattengewächse, die jeder kennt, sind ganz sicher die Kartoffel und die Tomate.
Die Pflanzen enthalten Alkaloide oder Glykoside (siehe S. 29).
Beispiele: *Brunfelsia, Brugmansia, Nicotiana, Petunia, Solanum*

1.7 Einteilung der Pflanzen nach Lebensformen

Pflanzen können unter verschiedenen Gesichtspunkten eingeteilt werden. Bei der systematischen Einteilung sind gemeinsame morphologische Merkmale der Pflanzen entscheidend. Bei der Einteilung nach der Lebensform wird einerseits die Beschaffenheit der Sprossachse berücksichtigt, andererseits sind das Lebensalter der Pflanze und die Lage der Überdauerungsknospen von Bedeutung.

1.7.1 Krautige Pflanzen

Stauden, Perenne – Hierzu werden mehrjährige, ausdauernde Pflanzen gezählt, mit krautigen, nicht verholzten Trieben. Die Fähigkeit, ausdauernd zu sein, ist in Verbindung mit dem natürlichen Standort zu sehen. Pflanzen wir bei uns die Staude *Saintpoulia ionontha* (Usambaraveilchen) ins Freie, wird sie sicherlich im Winter sehr bald erfrieren und nicht wieder austreiben. Die Lage der Überdauerungsknospen kann unterschiedlich sein.

Bei den Hemikryptophyten oder Erdschürfepflanzen befinden sich die Überdauerungsknospen während der ungünstigen Jahreszeit (Winter oder Sommer) unmittelbar an der Erdoberfläche. Meist sind diese Knospen durch lebende oder abgestorbene Blätter geschützt. In unserer Klimazone wirkt außerdem die Schneedecke als Schutz.

Zu den Hemikryptophyten gehören horstbildende Gräser, wie z.B. *Miscanthus*-Arten (Chinaschilf), *Pennisetum*-Arten (Federborstengras), Rosettenpflanzen, wie *Bellis perennis* (Tausendschön), Polsterpflanzen, wie *Gentiana acaulis* (Enzian). Bei den Geophyten befinden sich die Überdauerungsorgane in Form von Zwiebeln, Knollen, Rhizomen im Boden und sind somit geschützt, z.B. *Galanthus nivalis* (Schneeglöckchen), *Cyclamen coum* (Alpenveilchen), *Iris germanica* (Schwertlilie).

Zweijährige Pflanzen, Bienne – Sie leben zwei Vegetationsperioden. Im ersten Jahr wachsen sie vegetativ und bilden eine Blattrosette oder unterirdische Speicherorgane. Im zweiten Jahr findet das generative Wachstum statt und die Pflanze blüht, bildet Samen und stirbt dann ab. Die Überdauerung erfolgt im ersten Jahr durch dicht am Boden liegende Knospen oder durch das Speicherorgan, im zweiten Jahr durch Samen.

Bienne Pflanzen sind z.B. *Digitalis purpurea* (Roter Fingerhut), *Erysimum cheiri* (Goldlack), *Viola × wittrockiana* (Stiefmütterchen).

Einjährige Pflanzen, Annuelle – Annuelle Pflanzen leben eine Vegetationsperiode, in der sie vegetativ wachsen, blühen, Samen bilden und absterben. Die ungünstige Jahreszeit wird in Form von Samen überdauert.

Annuelle Pflanzen sind z.B. *Helianthus annuus* (Sonnenblume), *Cosmos bipinnatus* (Schmuckkörbchen), *Verbena*-Arten (Eisenkraut).

1.7.2 Verholzte Pflanzen

Bäume – Sie haben verholzte Triebe und sind in Stamm und Krone gegliedert. Das Wachstum der Hauptachse mit der Terminalknospe ist gefördert und vorherrschend. Die Überdauerungsknospen befinden sich bei ausgewachsenen Pflanzen in der Regel mehr als 2 m über dem Erdboden.

Bekannte Bäume sind z.B. *Tilia cordata* (Winterlinde), *Abies alba* (Weißtanne), *Aesculus hippocastanum* (Rosskastanie).

Abb. 153: Stauden: *Miscanthus sinensis* 'Silberfeder'.

Abb. 154: Stauden: *Iris germanica* (Schwertlilie).

Abb. 155: Annuelle: *Helianthus annuus* (Sonnenblume).

Abb. 156: Baum: *Tilia cordata* (Winterlinde).

Abb. 157: Strauch: *Viburnum plicatum* (Schneeball).

Sträucher – Sie haben ebenfalls verholzte Triebe, sind aber nicht in Stamm und Krone gegliedert. Das Wachstum der basalen Seitenknospen ist gefördert, sodass die Verzweigung schon dicht über dem Boden beginnt. Ihre Überdauerungsknospen befinden sich in der Regel 25 – 200 cm über dem Erdboden. Bekannte Sträucher sind z.B. *Forsythia × intermedia* (Goldglöckchen), *Syringa vulgaris* (Flieder), *Hydrangea macrophylla* (Hortensie).

Halbsträucher – Sie nehmen eine Zwischenstellung zwischen Gehölzen und krautigen Pflanzen ein. Die oberen, noch jungen Triebe der Pflanze sind krautig, die alten, weiter unten liegenden sind verholzt. Die Überdauerungsknospen befinden sich an den Trieben dicht über dem Boden.
Beispiele sind *Lavandula angustifolia* (Lavendel), *Salvia officinalis* (Salbei), *Heliotropium arborescens*.

 Sprosspflanzen können krautig oder verholzt sein. Aufgrund ihrer Lebensdauer unterscheidet man ausdauernde, zweijährige und einjährige Pflanzen.

1.8 Botanische Symbole und Abkürzungen

Im Umgang mit Fachliteratur wird man immer wieder auf Symbole und Abkürzungen stoßen. Durch ihre Verwendung können Aussagen über eine Pflanze kurz und bündig und damit platzsparend gemacht werden. Die genaue Kenntnis der botanischen Symbole und Abkürzungen ist natürlich Voraussetzung dafür, dass man sie deuten und auch anwenden kann.

 Die Kenntnis der botanischen Symbole ist Voraussetzung, um wichtige Informationen über die Pflanzen deuten zu können.

Symbole und Abkürzungen

⊙ einjährige Pflanze, Annuelle	⌇ Ufer- und Sumpfpflanze	△ Steingartenpflanze
⊙⊙ zweijährige Pflanze, Bienne	≋ Wasserpflanze	∧ benötigt Winterschutz
♃ mehrjährige Pflanze, Perenne, Staude	○ Sonnenpflanze	▽ geschützte Pflanze
♄ Halbstrauch	◑ Halbschattenpflanze	♀ weiblich
♄ Strauch	● Schattenpflanze	♂ männlich
♄ Baum	⌂ Warmhauspflanze	♀♂ zwittrig
× Bastard = Kreuzung	⌂ Kalthauspflanze	i immergrüne Pflanze
⚡ Hängepflanze	⚘ Giftpflanze	D duftende Pflanze
⚡ Kletterpflanze	⚬ Pflanze mit Fruchtschmuck	Off. offizinelle Pflanze, Heilpflanze
⤳ Kriechpflanze	Ⓝ Nutzpflanze	I-XII Blütezeit (Monat in römischen Zahlen)
⛃ Topfpflanze	✄ Pflanze für den Schnitt	

Abb. 158: Symbole und Abkürzungen.

1.9 Klimazonen und Vegetationsgebiete

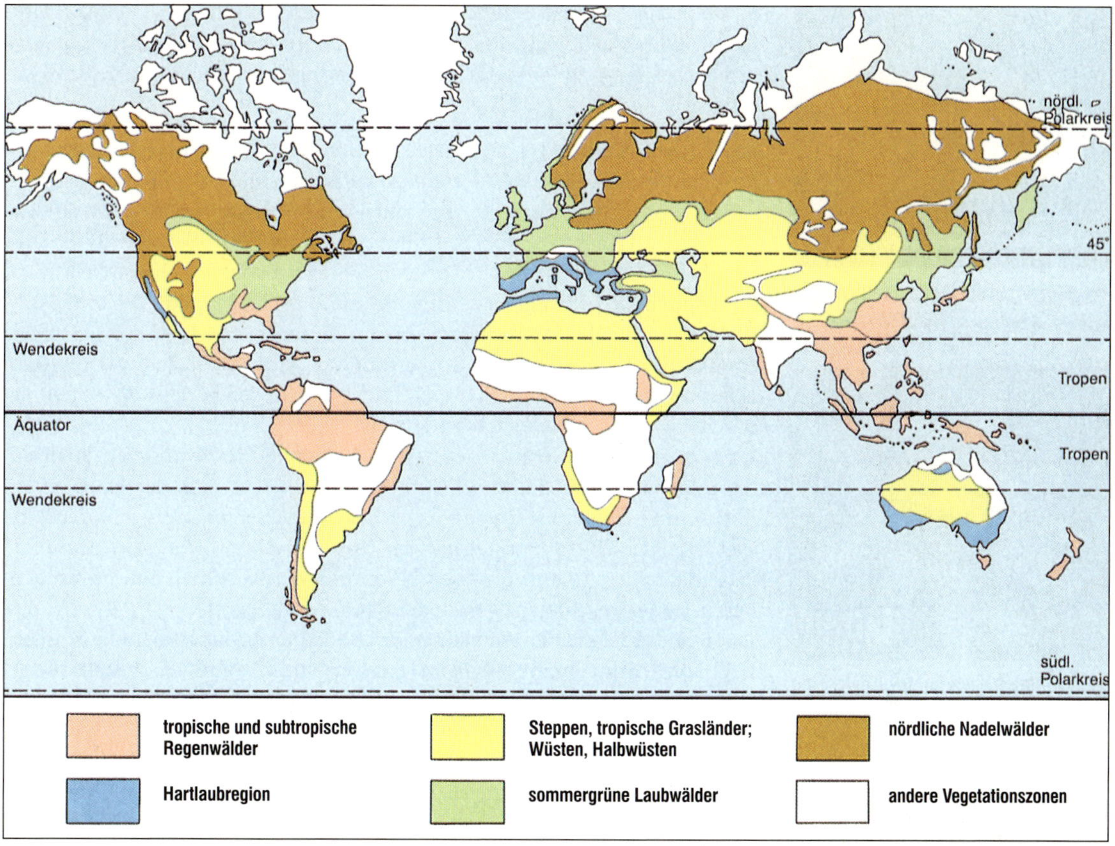

Karte mit Legende:

tropische und subtropische Regenwälder	Steppen, tropische Grasländer; Wüsten, Halbwüsten	nördliche Nadelwälder
Hartlaubregion	sommergrüne Laubwälder	andere Vegetationszonen

In der Karte beschriftet: nördl. Polarkreis, 45°, Wendekreis, Tropen, Äquator, Tropen, Wendekreis, südl. Polarkreis.

Abb. 159: Vereinfachte Übersicht der Klimazonen und Vegetationszonen.

Beim Zusammenstellen von Pflanzen muss der Florist, von gestalterischen Gesichtspunkten abgesehen, die Pflegeansprüche der verwendeten Pflanzen berücksichtigen. Aber auch die Einzelpflanzen müssen gemäß ihrer Herkunft und ihres natürlichen Standortes gepflegt werden.

Der wichtigste Faktor bei der Einteilung in Klimazonen ist die geographische Breite. Demnach kann die Erde in eine tropische, eine gemäßigte und eine polare Zone eingeteilt weden. Der unterschiedliche Einfallswinkel der Sonne ist die Ursache für die Ausbildung unterschiedlicher Klimazonen. Das herrschende Klima wiederum beeinflusst die natürliche Vegetation.

Selten gibt es scharfe Klimagrenzen. Meistens geht das Klima einer Zone allmählich in das Klima der anderen Zone über. Durch die Lage zu Gebirgen, Gewässern, die Höhenlage u.a. kann das Großklima mehr oder weniger stark beeinflusst werden. Aus diesem Grund gibt es keine gleichmäßig bandförmigen Klimazonen vom Äquator bis zu den Polen.

Die Pflege und Standortansprüche einer Pflanze sind durch ihre Herkunft und die dort herrschenden Standortfaktoren vorgegeben.

Abb. 160: Tropischer Regenwald: *Anthurium andraeanum* (Flamingoblume).

Abb. 161: Tropischer Regenwald: *Passiflora caerulea* (Passionsblume).

Abb. 162: Typisches Grasland.

1.9.1 Tropische Zone

Die tropische Zone erstreckt sich vom Äquator bis zum nördlichen und südlichen Wendekreis. Sie ist durch hohe Temperaturen gekennzeichnet. Je weiter man sich vom Äquator entfernt, desto geringer werden die Niederschlagsmengen.

Tropischer Regenwald – Die Temperaturen sind hoch und betragen im Durchschnitt 25 – 30°C. Niederschläge fallen mindestens 1500 mm/ Jahr; es können aber auch bis zu 10 000 mm sein. Da die Temperaturunterschiede zwischen Tag und Nacht (Temperaturdifferenz von 10 °C) größer sind als die jahreszeitlichen Unterschiede, wird es auch als Tageszeitenklima bezeichnet.
Der tropische Regenwald wird im Volksmund auch „Urwald" genannt. Aufgrund der optimalen Wachstumsbedingungen findet man hier üppiges Pflanzenwachstum. Auffallend sind immergrüne Baumarten, die in großer Artenvielfalt vertreten sind. In den Tropen findet man ungefähr 60 – 200 Arten/ha, im Vergleich dazu in Europa 6 – 10 Arten.
Durch das starke Wachstum der Bäume herrschen für die anderen Pflanzen am Boden ungünstige Lichtverhältnisse. Pflanzen, die am Boden leben, müssen sich mit geringer Lichtmenge begnügen. Zu diesen Pflanzen gehören z. B. *Begonia*-Arten (Begonien), *Aspidistra* (Schusterpalme), *Fittonia*, *Maranta*, *Calathea*. Andere Pflanzen weisen besondere Wuchsformen auf, um in den oberen, besser belichteten Bereich der Bäume zu gelangen.
Lianen oder Kletterpflanzen keimen am Boden und winden sich dann an einem Baumstamm empor. *Passiflora* (Passionsblume), *Monstera* (Fensterblatt), *Philodendron* (Baumfreund) sind als wichtige Beispiele solcher Lianen zu nennen.
Epiphyten oder Aufsitzer leben – im Gegensatz zu den Lianen, die im Boden wurzeln – in den oberen Bereichen eines Baumes. Der Baum dient ihnen nur als Unterlage. Sie ernähren sich selbständig und können deshalb nicht als Schmarotzer bezeichnet werden. Allerdings kann bei starkem Epiphytenbesatz ihr Gewicht für den Baum gefährlich werden. Epiphyten können, wie bei vielen Bromelien und bei *Asplenium nidus* (Nestfarn), trichterförmig angeordnete Blätter haben, in denen Wasser und Nährstoffe gesammelt werden. Bei *Platycerium bifurcatum* (Geweihfarn) gibt es hierfür die Mantel- oder Nischenblätter. Epiphytische Orchideen haben in ihren Luftwurzeln Wasserspeichergewebe. Sie können auch Pseudobulben zur Wasserspeicherung ausbilden (siehe S. 46). Mit der Entfernung vom Äquator nimmt einerseits die Niederschlagsmenge ab, andererseits kommt es zu einer jahreszeitlichen Verteilung der Niederschläge. Das heißt, es entwickelt sich allmählich eine feuchte Regenzeit und eine kühlere Trockenperiode.

Tropischer Trockenwald – Die Trockenperiode im Winter dauert 5 – 8 Monate, die Niederschläge betragen 700 – 800 mm/Jahr. Diese klimatische Veränderung zeigt sich auch in der Vegetation. Die Gehölze werfen in der Trockenzeit ihr Laub ab, die Blätter sind kleiner und ledriger.
Damit Trockenzeiten überdauert werden können, sind bei einigen Arten die Blätter zu Dornen umgewandelt oder Pflanzenteile sind succulent ausgebildet, wie bei Kakteen und Euphorbien. Schirmakazien, Flaschenbäume und Eucalyptus-Arten sind hier ebenfalls zu finden.

Tropische Grasländer – Bei noch geringen Niederschlagsmengen und längerer Trockenzeit (7 – 9 Monate) entstehen aus den Trockenwäldern Savannen.

Abb. 163: Typische Savanne.

Einzelne Gehölze wachsen in einem von Gräsern beherrschten Gebiet. Wird es schließlich für die Gehölze zu trocken, wachsen nur noch Gräser.

Wüsten und Halbwüsten – In den Wüsten ist die Bodenoberfläche längere Zeit fast ohne Pflanzenbewuchs. Nach Regenfällen entwickeln sich sehr rasch einjährige Pflanzen, die die Dürreperioden als Samen überdauern, z.B. *Helichrysum* (Strohblume), *Rhodanthe* (Sonnenflügel). Succulente Pflanzen wie *Lithops* (Lebende Steine), *Aloë*, und Gattungen aus den Familien *Euphorbiaceae* (Wolfsmilchgewächse), *Cactaceae* (Kakteen), *Agavaceae* (Agavengewächse) haben Speicherorgane ausgebildet und können somit trockene Zeiten überstehen.

In den etwas niederschlagsreicheren, Halbwüsten sind Zwiebel- und Knollengewächse zu finden, die bei ausreichender Niederschlagsmenge austreiben. Oasen mit den für sie typischen Dattelpalmen (*Phoenix dactylifera*) sind an Stellen mit hohem Grundwasserstand entstanden.

Subtropen – Die Subtropen befinden sich zwischen dem 25. und 35. Breitengrad. Sie bilden den Übergangsbereich zwischen den Tropen und der gemäßigten Zone. Das Klima ist durch Wärme und die Ausbildung von Trockenzeiten gekennzeichnet. Regen kann im Winter, im Sommer, oder (wie in den Wüsten) sehr unregelmäßig fallen.

Abb. 164: Wüste: Sinai.

Abb. 165: Oase in einer Wüste.

1.9.2 Gemäßigte Zone

Bedenkt man, dass sowohl Griechenland als auch Sibirien zur gemäßigten Zone gehören, wird man nicht überrascht sein, dass es in dieser Zone starke Klimaunterschiede gibt.

Hartlaubregion – Die Sommer können sehr heiß und trocken sein.
Die Niederschläge fallen vorwiegend in den milden, meist frostfreien Wintern. Dieses Klima ist in den Ländern am Mittelmeer zu finden.
Mediterranes Klima zeichnet aber auch Kalifornien, Mittelchile, Kapland und Südwestaustralien aus. Charakteristisch für die Vegetation sind besondere Ausbildungen der Pflanzenteile, die einen Verdunstungsschutz darstellen.
Hartlaubgehölze haben kleinere harte Blätter mit besonders ausgebildetem Hautgewebe, z.B. *Myrtus* (Myrte), *Laurus* (Lorbeer), *Nerium oleander* (Oleander). Proteen findet man in den Hartlaubregionen Südafrikas und Australiens. Bei anderen Pflanzen, z.B. *Genista* (Ginster) und *Ruscus* (Mäusedorn) sind die Blätter zu kleinen Schuppen reduziert worden. Charakteristisch ist auch die Ausbildung von aromatischen Stoffen, z.B. bei *Lavandula* (Lavendel), *Salvia* (Salbei), *Rosmarinus* (Rosmarin), *Eucalyptus*.

Wüsten, Halbwüsten, Trockensteppen – In den kontinentalen Gebieten der südlichen gemäßigten Zone Eurasiens und Amerikas sind Wüsten, Halbwüsten und Trockensteppen ausgebildet. Das kontinentale Klima (heiße Sommer, kalte Winter) und die geringen Niederschlagsmengen beeinflussen die Vegetation. Aus der nordamerikanischen Prärie stammen viele Stauden, die für uns als Schnittblumen von Bedeutung sind, z.B. *Liatris* (Prachtscharte), *Solidago* (Goldrute), *Hemerocallis* (Taglilie), Aster, *Achillea* (Schafgarbe), *Helianthus* (Sonnenblume).

Sommergrüne Laubwälder – Polwärts schließen sich die sommergrünen Laubwälder an. Die Gehölze werfen im Herbst die Blätter ab.
Durch die Lage zum Meer wird das Klima mehr oder weniger stark beeinflusst. Meeresnähe verhindert starke Temperaturunterschiede zwischen Sommer und Winter.

Abb. 166: *Protea cynaroides,* eine Pflanze der Hartlaubregion Südafrikas.

Abb. 167: *Aster novae-angliae,* eine Pflanze aus den Trockensteppen der gemäßigten Zone Nordamerikas.

Abb. 168: Sommergrüner Laubwald: Buchenwald in Europa.

Abb. 169: Sommergrüner Laubwald in Nordamerika: *Magnolia grandiflora*.

Abb. 170: Nördliche Nadelwälder.

Außerdem regnet es hier häufiger und zu allen Jahreszeiten. Die Sommer sind selten heiß, die Winter sind meistens mild.

Dieses ausgeglichene Klima wird als maritimes Klima bezeichnet. Die bekanntesten Vertreter der Vegetation der sommergrünen Laubwälder sind Laubgehölze, z.B. *Fagus sylvatica* (Rotbuche), *Quercus robur* (Stieleiche), *Tilia cordata* (Winterlinde). In den sommergrünen Laubwäldern Ostasiens und Nordamerikas wachsen z.B. *Magnolia* (Magnolie), *Syringa* (Flieder), *Hamamelis* (Zaubernuss).

Nördliche Nadelwälder – Im Innern der Kontinente beherrscht der kontinentale Einfluss das Klima. Das bedeutet, dass es starke Temperaturunterschiede zwischen Sommer und Winter gibt. Die Sommer sind heiß und die Winter sehr kalt (in Sibirien bis minus 70 °C). Die beiden größten nördlichen Nadelwaldgebiete sind die sibirische Taiga und das kanadische Nadelwaldgebiet.

Als wichtige Vertreter sind z.B. *Abies alba* (Weißtanne), *Picea abies* (Rotfichte), *Pinus sylvestris* (Kiefer), *Tsuga canadensis* (Hemlocktanne), *Sequoiadendron giganteum* (Mammutbaum), aber auch robuste Laubgehölze, wie *Betula pendula* (Birke), *Salix*-Arten (Weide), *Alnus*-Arten (Erle) zu nennen.

Betrachten wir die geographische Lage Deutschlands, so finden wir hier sowohl maritimen als auch kontinentalen Einfluss. Dies zeigt sich in der Vegetation, die Vertreter der sommergrünen Laubwälder und der nördlichen Nadelwälder aufweist.

1.9.3 Arktische Zone

An den Nadelwald der gemäßigten Zone schließt die arktische Zone an. Die Jahresniederschläge sind gering, die Sommertemperaturen sind niedrig. In der kurzen, nur drei Monate dauernden Vegetationszeit taut der Boden nie auf. Die Vegetation ist artenarm. Man findet z.B. Flechten wie *Cladonia rangiferina* (Islandmoos), Moose wie *Sphagnum* (Torfmoos), Zwergsträucher wie *Salix*-Arten (Weide) und *Betula*-Arten (Birke), *Vaccinium*-Arten (Blaubeere, Preiselbeere), polsterbildende Stauden wie *Gentiana* (Enzian), *Saxifraga* (Steinbrech).

Abb. 171: Arktische Zone: Vegetation in Island.

1.10 Pflanze und Umwelt

Ökologie ist die Lehre vom Naturhaushalt.
In der Ökologie werden die Wechselbeziehungen von Pflanzen und ihrer Umwelt, von Tieren und ihrer Umwelt oder die zwischen Pflanzen und Tieren untersucht. Das Leben von Pflanzen und Tieren ist in der Natur eng miteinander verknüpft. So sind Pflanzen für die Tiere als Nahrungsquelle oder als Lebensraum notwendig. Andererseits benötigen Pflanzen die Tiere für die Bestäubung oder die Verbreitung von Samen und Früchten.

1.10.1 Biotop – Biozönose – Ökosystem

Eine **Biozönose** ist eine Gemeinschaft von verschiedenen Organismen oder Lebewesen, die in einem bestimmten Lebensraum, einem **Biotop**, in gegenseitiger Abhängigkeit miteinander leben.
Das Beziehungsgefüge der Lebewesen untereinander und mit ihrem Lebensraum, der unbelebten Natur, wird **Ökosystem** genannt.
Bestandteile eines Ökosystems sind der Biotop, der Lebensraum und die Biozönose und die Lebensgemeinschaft.
Ein Biotop kann z.B. ein Teich oder ein Fließgewässer, ein Korallenriff, ein Hochmoor oder ein Flachmoor, ein Wald, eine Wiese oder eine Weide sein. Zwischen den Lebewesen untereinander, der Biozönose und dem Biotop ergibt sich ein Beziehungsgefüge. Deshalb lassen sich Biotop und Biozönose getrennt voneinander nicht betrachten. Da sie sich gegenseitig beeinflussen, muss auch das Ökosystem als ganzes betrachtet werden.
Pflanzen und Tiere einer Biozönose, die in einem Biotop die gleichen Bedürfnisse haben, konkurrieren miteinander. Diese gleichen Bedürfnisse können für Pflanzen Wachstumsfaktoren wie z.B. Licht, Wasser, Nährstoffe sein. Tiere konkurrieren z.B. aufgrund des Lebensraumes und der Nahrungsmöglichkeiten miteinander.

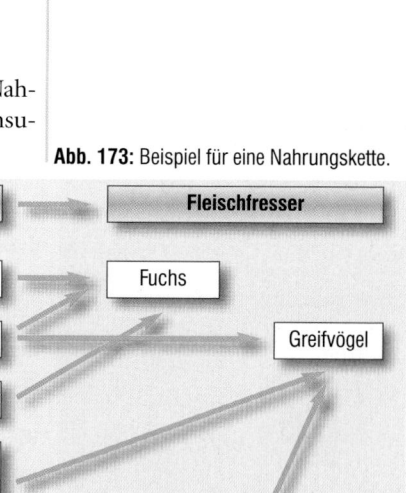

Abb. 172: Ökosystem und Biotop.

1.10.2 Nahrungsketten

Die Nahrungsbeziehungen der Lebewesen in einer Biozönose werden als Nahrungskette dargestellt. Sie zeigt die Verknüpfung von Produzenten, Konsumenten und Destruenten durch die Nahrungsaufnahme.

Produzenten: Grüne Pflanzen leben autotroph, d.h., sie können ihre Nahrung selber aufbauen. Aus Kohlendioxid und Wasser wird bei Vorhandensein von Chlorophyll und Licht Traubenzucker aufgebaut. Der für die Atmung aller Lebewesen wichtige Sauerstoff wird bei der Photosynthese an die Atmosphäre abgegeben (siehe S. 40).
Konsumenten sind heterotrophe Lebewesen, die sich von anderen Lebewesen ernähren. Da sie ihre Nahrung nicht selber herstellen können, sind sie von den Produzenten abhängig. Primärkonsumenten ernähren sich

Abb. 173: Beispiel für eine Nahrungskette.

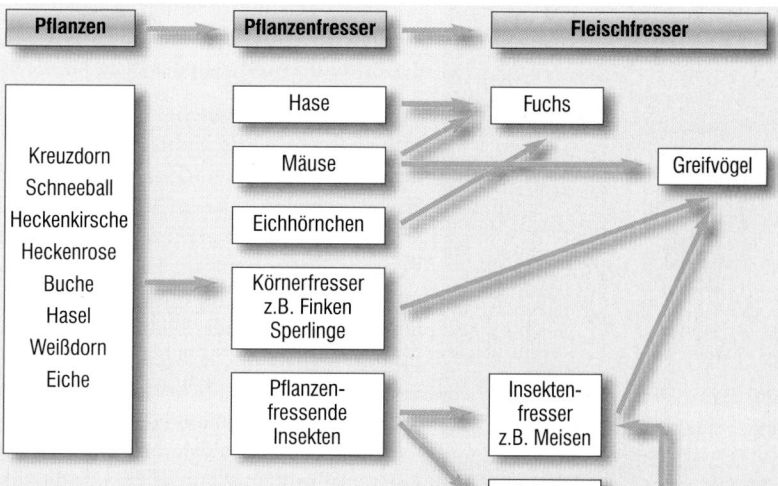

von Pflanzen, Sekundärproduzenten ernähren sich von anderen Tieren oder tierischem Gewebe. Sowohl die Tiere als auch der Mensch werden den Konsumenten zugeordnet.

Destruenten oder **Reduzenten** leben ebenfalls heterotroph und sind auf die Produktion der autotrophen, grünen Pflanzen angewiesen. Pilze und Bakterien bauen tote organische Substanz ab und reduzieren sie zu anorganischen Verbindungen. Durch diese Mineralisierung werden den Pflanzen Nährstoffe wieder zur Verfügung gestellt.

1.10.3 Ökosystem Wald

Das Klima Mitteleuropas ist durch frostfreie Sommer und mehr oder weniger kalte Winter gekennzeichnet. Dieses Klima begünstigt das Wachstum der sommergrünen Laubwälder. Ohne das Eingreifen des Menschen, der Wälder gerodet hat, um die Flächen als Acker, Weide oder Wiese zu nutzen, wäre Mitteleuropa vollständig von sommergrünen Laubwäldern bedeckt. Wälder wurden aber auch vom Menschen gerodet, um Holz für Bergwerke, Salinen und Glashütten zu haben.

Abgesehen von seiner Rolle als Rohstofflieferant erfüllt der Wald noch andere wichtige Funktionen, die unter dem Begriff „Wohlfahrtswirkungen" zusammengefasst werden.

Bei der Photosynthese wird in den Blättern Traubenzucker aufgebaut und Sauerstoff an die Atmosphäre abgegeben. Durch die Transpiration der Blätter wird die Luft im Wald mit Feuchtigkeit angereichert. Dies bewirkt eine Luftverbesserung, die besonders in dicht besiedelten Gebieten spürbar wird.

Niederschläge gelangen, bevor sie in den Boden eindringen, zunächst auf die Blätter der Bäume. Durch diese Interzeption dringen die Niederschläge langsamer in den Boden ein.

Der Wald schützt den Boden vor Bodenabtrag durch Wind- und Wassererosion und vor Lawinen und Steinschlag. In den Mittelmeerländern fanden in der Antike großflächige Waldrodungen ohne Wiederaufforstung statt. Die Niederschläge konnten vom Boden nicht mehr aufgenommen werden, so dass der Boden durch Erosion abgetragen wurde und nur der nackte Fels übrigblieb.

Im Waldboden wird Niederschlagswasser gespeichert und langsam an das Grundwasser und an Oberflächengewässer abgegeben. Der Wald wirkt somit ausgleichend auf den Wasserhaushalt. Außerdem wird das Niederschlagswasser gefiltert und gereinigt.

Zahlreichen Tierarten bietet der Wald einen Lebensraum. Und schließlich ist der Erholungswert, den der Wald für die Menschen hat, nicht zu vergessen.

„**Waldsterben**": Seit mehr als 20 Jahren lassen sich in allen Industrienationen Mitteleuropas Waldschäden feststellen. Das bedeutet für die Forstwirtschaft einen großen wirtschaftlichen Schaden. Noch gravierender sind aber die ökologischen Schäden. Mit dem Absterben der Wälder wäre der Lebensraum für viele Tier- und Pflanzenarten zerstört und diese wären vom Aussterben bedroht. Besonders betroffen sind Nadelgehölze, aber auch bei Laubgehölzen können inzwischen Schadsymptome festgestellt werden. Die befallenen Pflanzen verlieren ihre Nadeln oder Blätter, die Äste werden kahl und man kann durch sie hindurchschauen. Die Wipfel sind gelichtet und dürr und brechen leicht ab. Nadeln und Blätter geschädigter Bäume sind kleiner und verfärben sich. Diese Verfärbungen weisen auf Nährstoffmangel hin.

Obwohl für das „Waldsterben" viele Ursachen in Betracht kommen, wird die Luftverschmutzung durch Schwefeldioxid und Stickoxide als entscheidender Verursacher gesehen.

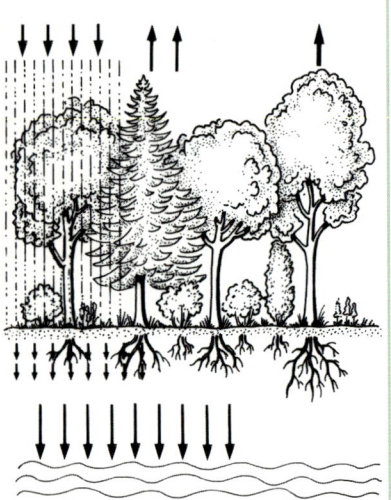

Abb. 174: Ökosystem Wald.

Rote Liste
bedrohter Farn-
und Blütenpflanzen
in Bayern

Bayerisches Staatsministerium für
Landesentwicklung und Umweltfragen

Abb. 175: Rote Liste.

Auch der „**saure Regen**" trägt zum Waldsterben bei. Er entsteht durch die Verbindung der Stickoxide und des Schwefeldioxids mit Wasser. Durch den „sauren Regen" werden nicht nur die Bäume geschädigt sondern langfristig auch der Boden. Kalk-und humusarme Böden reagieren besonders empfindlich, da sie die größeren Säuremengen nicht abpuffern können. Da die Aktivität der Bodenlebewesen auch vom pH-Wert (siehe S. 111) abhängig ist, wird deren Tätigkeit und die Mineralisierung der toten organischen Substanz beeinträchtigt oder gar eingestellt.

In Trockenperioden stellen Schädlinge, besonders der Borkenkäfer, eine Gefahr für den Wald dar. Besonders kranke und geschwächte Bäume werden von ihnen befallen.

1.10.4 Ökosystem Moor

Moore entstehen bei der Verlandung eines Gewässers. Moore haben eine Torfschicht von mindestens 20 cm, auf welcher feuchtigkeitsliebende Pflanzen wachsen.

Aufgrund des hohen Wassergehalts und des damit verbundenen Sauerstoffmangels kann die organische Substanz durch die Mikroorganismen nur unvollständig zersetzt werden.

Bei den Mooren werden zwei Haupttypen unterschieden; die ebenen **Flachmoore** (Niedermoore) und die gewölbten **Hochmoore**.

Flachmoore entstehen durch Verlandung eines nährstoffreichen Sees. Abgestorbene Wasserpflanzen und Algen bilden Schlammablagerungen, die in Ufernähe besonders mächtig sind. Dadurch erhöht sich der Seeboden und höhere Pflanzen, wie Schilf und Rohrkolben können sich dort ansiedeln. In diesen Röhrichtgürtel werden abgestorbene Pflanzenteile hineingetrieben, die zu einer weiteren Erhöhung des Bodens führen. Hinter dem Röhrichtgürtel bildet sich schließlich ein richtiger Wall, der sogenannte Strandwall.

Die Fläche hinter dem Strandwall liegt zeitweise völlig trocken und wird nur bei Hochwasser überflutet. Hier wachsen verschieden *Carex*-Arten (Großseggen). Bei noch weiterer Auflandung siedeln sich die ersten Gehölze an. Da der Standort aufgrund des hohen Grundwasserstandes aber immer noch relativ feucht ist, können sich hier nur Weiden, Pappeln, Erlen, Birken und Kiefern durchsetzen. Diese Gehölze bilden schließlich einen **Bruchwald**. Vor Jahrhunderten hat der Mensch schon begonnen, diese Bruchwälder zu roden. An Stelle des Bruchwaldes haben sich **Kleinseggenriede** entwickelt. Da sie vom Menschen gemäht wurden, um Streu für das Vieh zu bekommen, nennt man diese Kleinseggenriede auch **Streuwiesen**. Da heute diese Streu für die Ställe nicht mehr benötigt wird, entfällt das Mähen. Das hat zur Folge, dass lichtbedürftige Pflanzenarten ihren Lebensraum verlieren und sich zunehmend Gehölze ansiedeln. Da Streu-

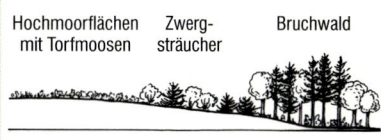

Abb. 176: Hochmoor.

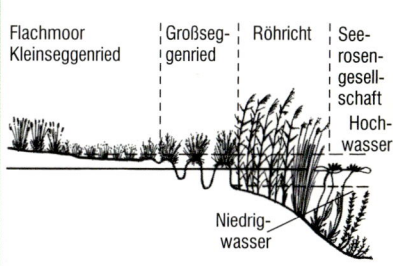

Abb. 177: Verlandung eines nährstoffreichen Sees (Flachmoor).

Pflanzen der Streuwiese

Carex davalliana	Davalls-Segge	Cyperaceae
Dactylorhiza maculata	Geflecktes Knabenkraut	Orchidaceae
Fritillaria meleagris	Schachbrettblume	Liliaceae
Gentiana pneumonanthe	Lungenenzian	Gentianaceae
Gladiolus palustris	Sumpfsiegwurz	Iridaceae
Iris sibirica	Wiesenschwertlilie	Iridaceae
Menyanthes trifoliata	Fieberklee	Menyanthaceae
Parnassia palustris	Sumpfherzblatt	Parnassiaceae
Primula farinosa	Mehlprimel	Primulaceae
Trollius europāēus	Trollblume	Ranunculaceae

Abb. 178: *Gentiana pneumonanthe* (Lungenenzian).

wiesen hinsichtlich ihrer Flora und Fauna besonders artenreich sind und als schützenswerte Lebensräume gelten, versucht man heute diese im Rahmen von Naturschutzmaßnahmen durch regelmäßige Mahd zu erhalten.

Der Torf eines Flachmoores hat einen relativ hohen Nährstoffgehalt. Er ist stärker zersetzt als der Hochmoortorf und wird aufgrund seiner Farbe als **Schwarztorf** bezeichnet.

Wenn die Stärke der Torfschicht zunimmt und somit die Verbindung mit dem nährstoffreichen Grundwasser verlorengeht, können sich aus Flachmooren **Hochmoore** entwickeln.

Hochmoore: – Nachdem kein Anschluss ans Grundwasser mehr besteht, steht als Wasserquelle nunmehr nur das nährstoffarme Regenwasser zur Verfügung. Die Zufuhr von Nährstoffen aus dem Untergrund findet nicht mehr statt. Hochmoore sind nährstoffarm und insbesondere stickstoffarm. Eine ausreichende Versorgung mit Niederschlägen und eine geringe Verdunstung sind Voraussetzung für die Bildung eines Hochmoors.

Die wichtigsten Pflanzen des Hochmoors sind die Torfmoose, die *Sphagnum*-Arten. Diese können wie ein Schwamm das Wasser speichern. Dadurch wird auch in Trockenperioden die Wasserversorgung der Moose und der anderen Pflanzen dieser Lebensgemeinschaft gewährleistet.

Während die Moospflanzen an ihrer Spitze ständig weiterwachsen, sterben die unteren Teile ab. Aufgrund des Wasserüberschusses und des dadurch bedingten Luftmangels ist die Zersetzung der organischen Substanz sehr unvollständig. Mikroorganismen, die organische Substanz abbauen und mineralisieren benötigen Sauerstoff und einen pH-Wert, der im neutralen bis alkalischen Bereich liegt.

Da das Wachstum im Zentrum des Hochmoors rascher stattfindet als am Rande, zeichnen sich Hochmoore durch eine uhrglasartige Wölbung aus.

Der Nährstoffmangel ist die Ursache für die Artenarmut der Hochmoorvegetation. Unter diesen Bedingungen können nur einige Spezialisten leben. Das gilt auch für die Fauna.

Pflanzen des Hochmoors

Drosera-Arten	Sonnentau	Droseraceae
Eriophorum-Arten	Wollgras	Cyperaceae
Lycopodiella inundata	Sumpfbärlapp	Lycopodiaceae
Sphagnum-Arten	Torfmoos	Sphagnaceae

Auf die *Drosera*-Arten, die zu den **Carnivoren** gehören, sei besonders hingewiesen. Sie fangen Tiere, um mit Hilfe des tierischen Eiweißes ihre Stickstoffversorgung zu sichern (siehe auch S. 47).

Im Randbereich des Hochmoors, dort wo das Wasser aufgrund der Neigung abfließen kann und wo der Standort trockener ist, siedeln sich Zwergsträucher wie *Andromeda polifolia* (Lavendelheide), *Calluna vulgaris* (Heidekraut), *Empetrum nigrum* (Krähenbeere), *Vaccinium myrtillus* (Heidelbeere), *Vaccinium oxycoccus* (Moosbeere), *Vaccinium uliginosum* (Rauschbeere) und *Pinus mugo* (Latsche) an.

Der Torf, der im Hochmoor entsteht, ist grobfaserig und wird wegen seiner hellen Farbe **Weißtorf** genannt.

Bis in unser Jahrhundert spielte Torf als Brennmaterial eine wichtige Rolle. Durch den Torfabbau wurden viele Moore völlig zerstört. Im Gartenbau wird Torf heute noch als Substrat oder zur Bodenverbesserung eingesetzt. Seit einigen Jahren versucht man Torf durch andere Rohstoffe, wie z.B. Rindensubstrate zu ersetzen.

Abb. 179: Flachmoor.

Abb. 180: Hochmoor in Estland.

1.10.5 Störungen des biologischen Gleichgewichts

Störungen der Nahrungskette und des biologischen Gleichgewichts ergeben sich durch Temperaturveränderungen oder Eingriffe des Menschen.

Zu einer Massenvermehrung einer Population in einer Biozönose kann es kommen, wenn lebenswichtige Umweltfaktoren kurzfristig ins Optimum geraten. Solche Massenvermehrungen sind z.B. von Heuschrecken, Hasen oder Wühlmäusen bekannt.

Störungen des biologischen Gleichgewichts, die vom Menschen verursacht werden, führen zu langfristigen Änderungen in einem Lebensraum, die nicht mehr rückgängig zu machen sind. Beispiele für Eingriffe des Menschen sind Bebauungen, Entwässerungen, Flussbegradigungen, Gewässerverschmutzung, Luftverschmutzung, Rodungen und Änderungen der landwirtschaftlichen und forstwirtschaftlichen Bebauungsweisen.

1.10.6 Gesetzliche Bestimmungen zum Natur- und Landschaftsschutz

Durch Eingriffe des Menschen sind Lebensräume für Pflanzen und Tiere verändert oder gar völlig vernichtet worden.

Die **Roten Listen** geben Auskunft darüber, welche Tier- und Pflanzenarten gefährdet oder bereits ausgestorben (ausgerottet) sind.

Um die Existenz von Tieren und Pflanzen zu sichern, müssen ihre Lebensräume unter Schutz gestellt werden. Nur in ihrem geschützten Ökosystem können Fauna und Flora vor dem Aussterben bewahrt werden.

Im **Bundesnaturschutzgesetz** von 1986 werden die Ziele des Naturschutzes und der Landschaftspflege formuliert.

Durch Gesetze der Bundesländer werden außerdem unterschiedliche Schutzgebiete ausgewiesen.

- Als **Naturschutzgebiete** können Gebiete festgesetzt werden, in denen ein besonderer Schutz von Natur und Landschaft in ihrer Ganzheit oder in einzelnen Teilen erforderlich ist.
- **Nationalparks** sind Landschaftsräume, die eine Mindestfläche von 1000 ha haben müssen und wegen ihres ausgeglichenen Naturhaushaltes, ihrer Bodengestalt, ihrer Vielfalt oder ihrer Schönheit überragende Bedeutung besitzen müssen. Für sie gelten strenge Schutzbestimmungen und sie stehen nur in Teilen für die Erholung der Menschen zur Verfügung. In der Bundesrepublik Deutschland gibt es z.B. die *Nationalparks Bayerischer Wald, Sächsische Schweiz.*
- Einzelschöpfungen der Natur können als **Naturdenkmäler** geschützt werden, deren Erhaltung u.a. wegen ihrer hervorragenden Schönheit oder Eigenart im öffentlichen Interesse liegt. Das können z.B. sein: Findlinge, seltene Bäume, Quellen, Wasserfälle, Schluchten, Quellen, Gletscherspuren.
- Als **Landschaftsschutzgebiete** können Gebiete festgesetzt werden, in denen ein besonderer Schutz von Natur und Landschaft oder besondere Pflegemaßnahmen erforderlich sind. Dieser soll der Sicherung eines leistungsfähigen Landschaftshaushaltes, der Erhaltung des Erholungswertes dienen und vor zerstörenden Eingriffen in das Landschaftsgefüge schützen.
- **Naturparks** sind großräumige Gebiete von mindestens 20000 ha Fläche. Sie müssen die Voraussetzungen der Landschaftsschutzgebiete erfüllen und sich wegen ihrer landschaftlichen Voraussetzung für die Erholung besonders eignen.

I. Abschnitt
Allgemeine Vorschriften

**Bundesnaturschutzgesetz §1
Ziele des Naturschutzes und der
Landschaftspflege**

(1) Natur und Landschaft sind im besiedelten und unbesiedelten Bereich so zu schützen, zu pflegen und zu entwickeln, daß

1. die Leistungsfähigkeit des Naturhaushalts,

2. die Nutzungsfähigkeit der Naturgüter,

3. die Pflanzen- und Tierwelt sowie

4. die Vielfalt, Eigenart und Schönheit von Natur und Landschaft als Lebensgrundlage des Menschen und als Voraussetzung für seine Erholung in Natur und Landschaft nachhaltig gesichert sind.

(2) Die sich aus Absatz 1 ergebenden Anforderungen sind untereinander und gegen die sonstigen Anforderungen der Allgemeinheit an Natur und Landschaft abzuwägen.

(3) Der ordnungsgemäßen Land- und Forstwirtschaft kommt für die Erhaltung der Kultur- und Erholungslandschaft eine zentrale Bedeutung zu; sie dient in der Regel den Zielen dieses Gesetzes.

Abb. 181: Ziele des Naturschutzes.

Abb. 182: Landschaftsschutzgebiet.

Abb. 183: Naturschutzgebiet.

Abb. 184: Oben: *Aruncus dioicus* (Geißbart).

Abb. 185: Links: *Carlina acaulis* (Silberdistel).

Abb. 186: Unten: *Gentiana verna* (Frühlingsenzian).

Die **Bundesartenschutzverordnung** nennt die unter besonderen Schutz gestellten wildlebenden Tier- und Pflanzenarten.

Geschützte Pflanzen – Häufig werden vom Floristen auch wild wachsende Pflanzen verarbeitet. Dabei wird vielfach übersehen, dass Pflanzen gepflückt wurden, die unter Schutz stehen. Wegen des bedrohlichen Rückgangs zahlreicher Pflanzen-, aber auch Tierarten ist der Artenschutz ein wichtiger Bereich des Naturschutzes geworden. Viele einheimische Pflanzen gelten als ausgerottet oder verschollen. Das Bundesnaturschutzgesetz (1976), die Landesgesetze und die Bundesartenschutzverordnung (1980) stellen alle bedrohten Arten unter Schutz.

Es wird unterschieden zwischen:

- Vollkommen geschützten Arten, die weder gepflückt noch von ihrem Standort entfernt werden dürfen,
- teilweise geschützten Arten, bei denen nur die oberirdischen Pflanzenanteile gesammelt werden dürfen, allerdings nur außerhalb von Naturschutzgebieten, Nationalparks und Naturdenkmälern und nur in unbedeutenden Mengen und zu privaten Zwecken.

Von den übrigen wild wachsenden Pflanzenarten darf nicht mehr als ein Handstrauß entnommen werden.

Unter dem Begriff „beschädigen" fällt nicht nur das Pflücken der Blüten, sondern auch das Abbrechen oder Abschneiden von Blättern, Zweigen oder Stämmen.

Von den Naturschutzbehörden der Länder und des Bundes und von der EU werden die Verordnungen regelmäßig überarbeitet. Die neueste Fassung ist jeweils zu beachten.

Teilweise geschützte Pflanzen (alle 24)

Botanischer Name	Deutscher Name	Familie	Blüte-zeit	Blüten-farbe	Lebensraum
Árnica montána	Arnika	Asteráceae	V-VI	gelb	Bergwiesen, Matten
Arúncus dioícus	Geißbart	Rosáceae	VI-VII	weiß	Wälder, Gebüsche
Carlina acāulis	Silberdistel	Asteráceae	VII-IX	grau	Heiden
Convallária majális	Maiglöckchen	Convallariáceae	V	weiß	Wälder, Gebüsche
Galánthus nivális	Schneeglöckchen	Amaryllidáceae	II-III	weiß	Wälder, Gebüsche
Hepática nóbilis	Leberblümchen	Ranunculáceae	III-IV	violett	Wälder, Gebüsche
Íris pseudácorus	Gelbe Schwertlilie	Iridáceae	VI	gelb	Gewässer, Ufer
Leucójum vérnum	Märzenbecher, Frühlingsknotenblume	Amaryllidáceae	III-IV	weiß	Wälder, Gebüsche
Prímula elátior	Hohe Schlüsselblume	Primuláceae	III-V	gelb	Wälder, Gebüsche
Prímula véris	Schlüsselblume	Primuláceae	IV-V	gelb	Heiden
Scílla bifólia	Blaustern	Hyacintháceae	III	blau	Wälder, Gebüsche
Siléne acāulis	Leimkraut	Caryophylláceae	V-VIII	rosa	Fels und Geröll der Alpen
Tróllius europāeus	Trollblume	Ranunculáceae	V-VI	gelb	Streuwiesen, Flachmoore
Túlipa sylvéstris	Weinbergtulpe	Liliáceae	IV	gelb	Wälder, Gebüsche

Vollkommen geschützte Pflanzen (Auswahl)

Botanischer Name	Deutscher Name	Familie	Blütezeit	Blütenfarbe	Lebensraum	Bemerkungen
Aconítum napéllus	Blauer Eisenhut	Ranunculáceae	VI-VIII	blau	Wälder, Gebüsche	♃
Aconítum lycoctonum	Gelber Eisenhut	Ranunculáceae	VI-VIII	gelb	Wälder, Gebüsche	♃
Adónis vernális	Adonisröschen	Ranunculáceae	IV-V	gelb	Heiden	♃
Aquilégia atráta	Akelei	Ranunculáceae	V-VI	violett	Wälder, Gebüsche	♃
Aquilégia vulgáris	Akelei	Ranunculáceae	V-VI	violett	Wälder, Gebüsche	♃
Asplenium scolopéndrium	Hirschzunge	Aspleniáceae			Wälder, Gebüsche	♃
Cýclamen pupuráscens	Sommeralpenveilchen	Primuláceae	VII-IX	rosa	Wälder, Gebüsche	♃
Cypripédium calcéolus	Gelber Frauenschuh	Orchidáceae	V-VI	gelb	Wälder, Gebüsche	♃
Dactylorhíza maculáta	Geflecktes Knabenkraut	Orchidáceae	VI-VII	violett	Streuwiesen, Flachmoore	♃
Dáphne cneórum	Rosmarinseidelbast	Thymelaeáceae	V-VI	rosa	Heiden	♄
Dáphne mezéreum	Seidelbast	Thymelaeáceae	III-IV	rosa	Wälder, Gebüsche	♄
Diánthus gratianopolitánus	Pfingstnelke	Caryophylláceae	V-VI	rosa	Wälder, Gebüsche	♃
Dictámnus álbus	Diptam, Brennender Busch	Rutáceae	V-VI	weiß	Wälder, Gebüsche	♃
Digitális grandiflóra	Gelber Fingerhut	Scrophulariáceae	V-VII	gelb	Wälder, Gebüsche	♃ ☉
Drósera rotundifólia	Rundblättriger Sonnentau	Droseráceae			Hochmoor	
Fritillária meleágris	Schachbrett	Liliáceae	IV-V	weiß/violett	Streuwiesen, Flachmoor	♃
Gentiána asclepiádea	Schwalbenwurz	Gentianáceae	VIII	blau	Wälder, Gebüsche	♄
Gentiána clúsii	Stängellos. Enzian	Gentianáceae	V-VI	blau	Bergwiesen, Matten	♃
Gentiána lútea	Gelber Enzian	Gentianáceae	VI-VIII	gelb	Bergwiesen, Matten	♃
Gentiána pneumonánthe	Lungenenzian	Gentianáceae	VII-IX	blau	Streuwiesen, Flachmoore	♃
Gentiána vérna	Frühlingsenzian	Gentianáceae	IV-V	blau	Heiden	♃
Helléborus níger	Christrose	Ranunculáceae	XII-III	weiß	Wälder, Gebüsche	♃
Helléborus víridis	Grüne Nieswurz	Ranunculáceae	II-III	gelblich	Wälder, Gebüsche	♃
Hippóphaë rhamnoídes	Sanddorn	Elaeagnáceae	III-IV		Gewässer, Ufer	♄
Iris sibírica	Wiesenschwertlilie	Iridáceae	VI	blau	Streuwiesen, Flachmoore	♃
Juníperus commúnis	Wacholder	Cupressáceae	VII-VIII		Heiden	♄
Leontopódium alpínum	Edelweiß	Asteráceae	VI-VIII	weiß	Fels und Geröll der Alpen	♃
Lílium bulbíferum	Feuerlilie	Liliáceae	V-VII	orange	Bergwiesen, Matten	♃
Lílium mártagon	Türkenbundlilie	Liliáceae	VI-VII	blassrosa	Wälder, Gebüsche	♃
Mattéuccia struthiópteris	Straußfarn	Woodsiáceae			Wälder, Gebüsche	♃
Muscári botryoídes	Traubenhyazinthe	Hyacintháceae	III-IV	blau	Wälder, Gebüsche	♃
Núphar lútea	Gelbe Teichrose	Nymphaeáceae	VI-VIII	gelb	Gewässer, Ufer	♃
Nympháea álba	Seerose	Nymphaeáceae	VI-VIII	weiß	Gewässer, Ufer	♃
Pínus múgo	Berg- oder Krummholzkiefer	Pinaceae			Bergwiesen, Matten	♄ ♄
Prímula aurícula	Alpenaurikel	Primuláceae	IV-VI	gelb	Fels und Geröll der Alpen	♃
Prímula farinósa	Mehlprimel	Primuláceae	IV-V	rosa	Streuwiesen, Flachmoore	♃
Prímula × pubescens		Primuláceae	VI-VII	rot	Fels und Geröll der Alpen	♃
Prímula vulgáris	Kissenprimel	Primuláceae	III-IV	gelb	Wälder, Gebüsche	♃
Pulsatílla vulgáris	Küchenschelle	Ranunculáceae	III-IV	violett	Heiden	♃
Rhododéndron ferrugíneum	Alpenrose	Ericáceae	V-VI	rosa	Bergwiesen, Matten	♄
Rhododéndron hirsútum	Almenrausch	Ericáceae	V-VI	rosa	Bergwiesen, Matten	♄
Sempervívum tectórum	Dachwurz, Hauswurz	Crassuláceae	VII-VIII	rosa	Fels und Geröll der Alpen	♃
Stípa pennáta	Federgras	Poáceae	V-VI		Heiden	♃
Táxus baccáta	Eibe	Taxáceae	III-IV		Wälder, Gebüsche	♄

Abb. 187: *Hepatica nobilis* (Leberblümchen).

Abb. 188: *Trollus europāeus* (Trollblume).

Abb. 189: *Iris pseudacorus*.

Abb. 190: *Aconitum napellus* (Eisenhut).

2 Blumenpflege

2.1 Schnittblumenpflege

Die Schnittblumenpflege nimmt bei den täglichen Arbeiten des Floristen sehr viel Zeit in Anspruch. Warum macht man sich damit so viel Arbeit? Der Grundgedanke aller Behandlungsmethoden ist, das Verwelken der Blumen möglichst lange hinauszuzögern.

Aber das ist es nicht allein. Viele Schnittblumen werden im knospigen Zustand verkauft oder aber ihre Triebe haben noch zahlreiche Knospen. Diese Knospen sollen natürlich aufgehen und dann im erblühten Zustand noch möglichst lange halten. Vom Erfolg der Schnittblumenpflege profitieren sowohl der Käufer als auch der Florist.

 Ziel aller Maßnahmen der Schnittblumenpflege ist einerseits das Aufgehen der Knospen und andererseits eine lange Haltbarkeit der geöffneten Blüten

Abb. 191: Noch nicht schnittreife *Tulipa:* Die Knospe zeigt noch keine Farbe.

2.1.1 Ernte der Schnittblumen

Schnittzeitpunkt – Damit spätere Behandlungsmethoden Erfolg haben, müssen die Schnittblumen zum richtigen Zeitpunkt geschnitten werden. Nun hat der Florist in den meisten Fällen auf den Schnittzeitzeitpunkt keinen Einfluss. Um aber die Ware beim Einkauf beurteilen zu können, ist es doch wichtig, darüber Bescheid zu wissen.

Für den Schnittzeitpunkt bieten sich zwei Möglichkeiten an. Die Pflanzen sollen einerseits wassergesättigt sein, andererseits einen hohen Gehalt an Assimilaten aufweisen, um lange haltbar zu sein. Wird morgens geschnitten, zeichnen sich die Pflanzen, besonders im Sommer, durch einen höheren Wassergehalt aus. Beim Schnitt am Abend enthalten die Pflanzen mehr Assimilate. Bei starker Sonneneinstrahlung sollen Schnittblumen nicht geerntet werden.

Das Sortieren und Packen soll dann in einem kühlen, dunklen und auch feuchten Raum erfolgen.

Abb. 192: Richtige Schnittreife bei *Tulipa:* Die Knospe zeigt die sortentypische Farbe.

Abb. 194: Richtige Schnittreife bei *Papaver:* Die Knospe muss gesprungen sein.

Abb. 193: Nicht schnittreife *Narcissus:* Zu früh geerntet.

Abb. 195: Richtige Schnittreife bei *Narcissus:* Das Hüllblatt ist gesprungen.

Abb. 196: Schnittreife bei *Lilium:*
Links zu früh geerntet,
rechts richtige Schnittreife.

Abb. 197: Empfindliche Schnittblumen müssen für den Transport besonders gut verpackt werden.

Schnittreife – Abgesehen vom Schnittzeitpunkt ist auch der Entwicklungszustand der Pflanze beim Schnitt zu berücksichtigen. Bei zu früh geschnittenen Blüten kommt es zum „Hockenbleiben" der Knospen. Durch Berücksichtigen der Schnittreife kann das verhindert werden, und die Knospen gehen auf. Bei voll erblühten Blumen, z.B. *Freesia* (Freesien) oder *Gladiolus* (Gladiolen), kommt es zu Schäden. Sie lassen sich nicht mehr verpacken und sind schlecht zu transportieren.

Merkmale für die richtige Schnittreife

Merkmal	Beispiele
Schnitt im knospigen Zustand, die Knospe soll bereits Farbe zeigen	*Anemone coronaria* (Anemone), *Hippeastrum vittatum* („Amaryllis"), *Iris*, *Paeonia* (Pfingstrosen), *Papaver* (Mohn) *Lilium* (Lilie), *Narcissus* (Narzisse), *Tulipa* (Tulpe), *Rosa* (Rose)
die erste Blüte ist geöffnet, zwei jüngere Knospen zeigen die sortentypische Farbe	*Freesia* (Freesie), *Gladiolus* (Gladiole), *Lathyrus* (Wicke), *Ixia* (Klebschwertel)
die Spitze des Blütenstandes muss erblüht sein	*Liatris* (Prachtscharte), *Eremurus* (Steppenkerze), *Verbascum* (Königskerze)
ein Drittel des Blütenstandes muss erblüht sein	*Aconitum* (Eisenhut), *Antirrhinum* (Löwenmaul). *Campanula glomerata* (Knäuelglockenblume), *Erysimum cheïri* (Goldlack), *Crocosmia × crocosmiiflora* (Montbretie), *Delphinium* (Rittersporn), *Digitalis* (Fingerhut)
zwei Drittel des Blütenstandes müssen erblüht sein	*Chamelaucium uncinatum* („Wachsblume", „Waxflower"), *Convallaria majalis* (Maiglöckchen), *Gypsophila* (Schleierkraut), *Matthiola incana* (Levkoje), *Acacia dealbata* („Mimose")
die Blüte oder der Blütenstand müssen voll erblüht sein	*Achillea* (Schafgarbe), *Cyclamen persicum* (Alpenveilchen), *Euphorbia fulgens* (Euphorbie), *Helleborus niger* (Christrose), *Gerbera jamesonii* (Gerbera; zwei Reihen Röhrenblüten müssen Staubgefäße ausgebildet haben), *Tagetes* (Studentenblume), *Zinnia* (Zinnie)

2.1.2 Verpackung und Transport der Schnittblumen

Verpackung – Entsprechende Maßnahmen ermöglichen es uns heute, Schnittblumen aus der ganzen Welt zu beziehen. Die Blumen müssen entsprechend verpackt sein, um vor Beschädigung und Wasserverlust geschützt zu sein. Die Art der Verpackung hängt von der Empfindlichkeit der Blüten oder der Pflanzenteile ab.

Die meisten Schnittblumen können dicht im Karton gepackt werden. Bei Farnen und *Areca catechu* (Chicco) verwendet man gewachste Kartons. Gerbera und Anthurien benötigen besondere Kartons, die das Reiben der Blüten während des Transportes nicht zulassen. Um einen erhöhten Wasserverlust zu vermeiden, werden Schnittblumen in gewachstes Papier oder in Kunststofffolie eingepackt. Empfindliche Blüten, z.B. *Gloriosa* (Ruhmeskrone), verpackt man in aufgeblasene Folienbeutel. Im Winter sind dünne Styropor- und Vliesmatten ein zusätzlicher Schutz.

Transport – Er soll bei möglichst niedrigen Temperaturen erfolgen. Allerdings muss dabei berücksichtigt werden, dass z.B. Orchideen, Euphorbien, Anthurien, Strelitzien und Heliconien bei zu niedrigen Temperaturen geschädigt werden.

Nach dem Eintreffen der Schnittblumen beim Floristen müssen diese Blumen sofort versorgt werden. Die Verpackung wird geöffnet, die Blumen werden angeschnitten und ins Wasser gestellt, um möglichst schnell wieder turgeszent zu werden (d.h., der Turgordruck in den Vacuolen steigt wieder durch Wasseraufnahme, siehe S. 29).

2.1.3 Welke der Schnittblumen

Mit dem Abschneiden der Blume ist ihre Wasserzufuhr unterbrochen. Allerdings transpiriert die Pflanze nach wie vor und aufgrund des Wundreizes findet sogar eine verstärkte Transpiration statt. Durch den fehlenden Wurzeldruck wird die Wasser- und Nährsalzaufnahme gehemmt. Die Transpiration verursacht eine Sogwirkung, durch welche Luft in das Leitgewebe gelangt. Vergeht viel Zeit zwischen Schnitt und dem Einstellen in Wasser, wird die spätere Wasseraufnahme behindert. Eine Schnittblume, die genügend Blätter hat und deren Stängel dick genug ist, kann bei ausreichender Belichtung noch eine gewisse Zeit assimilieren, physiologische Prozesse wie Blütenbildung und Wachstum finden weiterhin statt.

Somit ist der Stoffabbau durch die Atmung größer, als an Assimilaten nachgeliefert werden kann. Als Folge kommt es rasch zum Nährstoffmangel. Es ist dabei auch zu berücksichtigen, dass bei höheren Temperaturen eine verstärkte Atmung stattfindet. Auch die benötigten Hormone stehen der Pflanze nicht mehr zur Verfügung.

Darüber hinaus werden schädliche Stoffe gebildet, die die Abbauprozesse noch beschleunigen. Beispiele für solche Stoffe sind Ammoniak, das zum Verblauen führt, Polyphenole, die das Leitgewebe verstopfen und Ethylen, das ebenfalls die Leitgewebe verstopft und den Welkeprozess fördert.

Ethylen ist ein Gas, das von Pflanzen in Stresssituationen verstärkt gebildet wird. Es entsteht beim Abbau der organischen Substanz und bewirkt das Vergilben der Blätter und den Zerfall der Blüte. Die Ethylenbildung kann also einerseits durch die Pflanze selber erfolgen, an dererseits kann die Pflanze von außen dem Ethylen ausgesetzt sein. Es wird bei der Lagerung von Obst und Gemüse, durch welkende Blumen und durch Pflanzenreste im Binderaum abgeschieden. Auch Autoabgase enthalten Ethylen und Polyethylenfolien geben es bei hohen Temperaturen ab.

Durch unsauberes Leitungswasser werden die Leitbahnen verstopft, sodass der Wassertransport behindert wird.

2.1.4 Allgemeine Pflegemaßnahmen

Fast alle Maßnahmen tragen dazu bei, eine möglichst rasche und ungehinderte Wasseraufnahme zu ermöglichen.

Anschnitt – Die Blume und ihr Stängel, reagiert auf den Ernteschnitt, indem die Schnittfläche verschlossen wird. Durch einen erneuten Anschnitt wird die Wasseraufnahme ermöglicht. Der Anschnitt soll lang und schräg sein, damit eine große Aufnahmefläche entsteht.

Abb. 198: Transport im Karton.

Abb. 199: Welker Flieder.

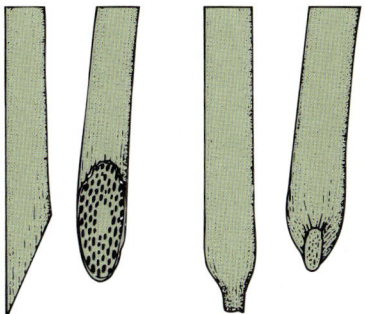

Abb. 200: Ein langer, schräger Schnitt mit einem scharfen Messer vergrößert die Aufnahmefläche für Wasser (links).

Abb. 201: Frischhaltemittel bei Tulpen und Narzissen (7 Tage nach Versuchsbeginn; rechte Pflanze nur Wasser).

Abb. 202: Frischhaltemittel bei *Euphorbia fulgens* (5 Tage nach Versuchsbeginn; rechte Pflanze nur Wasser).

Einsatz von Frischhaltemitteln (Mengenangaben/l Wasser)

Pflanze	15 g Aadural-P	20 ml Blumenborn Florfrisch	12 g Chrysal Universal	20 ml Etisso Taufrisch	1-2 Stück Flora- und Vita-Bric + 12 g Zucker	12 g Nelken-Chrysan-themen-Chrysal	30 ml Substral Blumenfrisch
Aconitum napellus (Eisenhut)	●		●			○	
Alchemilla mollis (Frauenmantel)	●		●			□	
Alstroemeria ligtu (Inkalilie)	●		●		●		
Anemone coronaria (Anemone)	○		○	○	○	□	
Antirrhinum majus (Löwenmaul)	●	●	●	●	●		●
Astilbe (Astilbe)		●	●		●		●
Calendula officinalis (Ringelblume)	○		○				
Callistephus chinensis (Sommeraster)	●	●	●	●	●		
Dahlia (Dahlie)						○	
Delphinium (Rittersporn)	●		●	●	●	□	●
Helleborus niger (Christrose)	●		●	○			
Iris hollandica (Iris)	○		○		●		
Lathyrus odoratus (Wicke)	○		○				
Liatris spicata (Prachtscharte)	●		●		●	□	●
Papaver nudicaule (Islandmohn)	●	●	●	●			
Phalaenopsis			○				
Rosa (Rose)	●		●			○	○
Syringa (Flieder)	●						
Tulipa (Tulpe)	●					○	
Zinnia (Zinnie)	□		□		□		

● deutliche Förderung
○ geringe Förderung
□ unverträglich
ohne Zeichen: Förderung unbekannt

Bei weichstieligen Blumen, z.B. *Dianthus* (Nelken), wird der erneute Anschnitt mit einem scharfen Messer, bei verholzten Stielen, z.B. *Syringa* (Flieder), kreuzweise mit einer Rosenschere durchgeführt.

Entfernen überflüssiger Pflanzenteile – Um die Verdunstungsfläche zu verringern, werden die Blätter im unteren Drittel des Stängels entfernt. Aus dem gleichen Grund beseitigt man Seitentriebe, die nicht voll entwickelt sind. Durch diese Maßnahme steht einerseits den Blüten mehr Wasser zur Verfügung, andererseits werden die Fäulnisprozesse im Vasenwasser verringert. Rosen werden von Hand, mit dem Messer oder aber mit der Maschine entdornt. Das Entfernen dieser überflüssigen Pflanzenteile verringert die Verletzungsgefahr beim Binden.

Abb. 203: Entfernen von Seitentrieben.

Wassertemperatur – Warmes Wasser wird aufgrund seiner geringeren Oberflächenspannung leichter aufgenommen. Für „schlappe" Pflanzen, deren Turgordruck gering ist, ist das günstig, aber auch für Stängel, die Luft aufgenommen haben. Beim Abkühlen können Luftblasen, die sich im Leitgewebe befinden, aufgelöst werden. Dies wiederum begünstigt die Wasseraufnahme.

pH-Wert des Wassers – Ein niedriger pH-Wert kann bei einigen Schnittblumen, z.B. bei Rosen, die Haltbarkeit verlängern. In jedem Fall wird aber das Bakterienwachstum im Vasenwasser gehemmt.

Einsatz von Frischhaltemitteln – Ihre Wirkung besteht in erster Linie darin, die Entwicklung der Mikroorganismen im Vasenwasser zu bremsen und die Schnittblumen zu ernähren. Die Haltbarkeit der Schnittblumen und die Entwicklung der Knospen wird verbessert.

Abb. 204: Schräger Anschnitt mit dem Messer.

Die Pflanzenarten, ja sogar die Sorten reagieren unterschiedlich auf die verschiedenen Mittel. Deshalb werden viele Mittel angeboten. Ihre genaue Zusammensetzung ist in der Regel nur dem Hersteller bekannt. Im Prinzip enthalten sie aber folgende Bestandteile:
– Zucker für die Ernährung,
– Stoffe mit Hormoncharakter,
– Stoffe, die Mikroorganismen töten,
– Stoffe, die den pH-Wert senken.
Damit die Wirkung der Frischhaltemittel zum Tragen kommt, müssen sie nach Gebrauchsanleitung dosiert werden, die Blumen eine gute Qualität aufweisen und richtig angeschnitten werden. Die Gefäße müssen sauber sein. Außerdem sollte das Mittel vom Erzeuger, vom Floristen und schließlich vom Kunden verwendet werden.

2.1.5 Spezielle Maßnahmen

Zusätzlich zu den schon beschriebenen Maßnahmen werden in der Praxis viele Pflanzen noch speziell behandelt. Diese Methoden sind unter Umständen recht aufwendig und ihre Wirksamkeit ist auch in einigen Fällen umstritten.

Einritzen – Weiche, fleischige Stiele, z.B. bei *Cyclamen persicum* (Alpenveilchen), *Helleborus niger* (Christrose), werden nicht nur angeschnitten, sondern an den Seiten zusätzlich eingeritzt, um die Fläche für die Wasseraufnahme zu vergrößern.

Anbrennen – Mit einer Kerze oder einem Feuerzeug können die Stielenden von milchsaftführenden Stielen, z.B. *Papaver* (Mohn) *Euphorbia* (Euphorbie), *Campanula* (Glockenblume) behandelt werden. Das Auslaufen des Milchsaftes, der die Leitbündel verstopfen würde, wird somit zum Stillstand gebracht. Diese Methode kann auch bei *Adiantum* (Frauenhaarfarn) angewandt werden.

Abb. 205: Anbrennen von Mohn.

Abb. 206: Durch Zerklopfen wird das Zweigende zerfasert und die Wasseraufnahme gehemmt.

Abb. 207: *Calendula officinalis* (Ringelblume) werden in Papier gewickelt, um sie gerade zu ziehen.

Abb. 208: Geradeziehen von *Gerbera*.

„Ausschleimenlassen" der Stiele – *Clivia* (Clivie), *Hyacinthus* (Hyazinthe) und *Narcissus* (Narzisse) sondern beim Schnitt einen klebrigen Schleim ab, der für andere Blumen, aber auch für sie selber schädlich ist, da die Schnittflächen verklebt werden. Narzissen müssen daher einige Stunden allein im Wasser stehen, damit sie „ausschleimen" können. Seit kurzem werden für solche Blumen auch spezielle Frischhaltemittel angeboten.

Heißwasserbehandlung – Die Stiele werden einige Sekunden in heißes oder kochendes Wasser getaucht. Die Wassertemperatur und auch die Zeit des Einstellens hängt von der Beschaffenheit der Stiele ab. Nach dem Ankochen werden die Stiele in der behandelten Zone schräg angeschnitten. Mit dieser Methode können milchsaft- und schleimführende Stiele behandelt werden, aber auch Pflanzen mit krautigen, harten Stielen, wie *Chrysanthemum*, *Adiantum*, und Gehölze wie *Syringa* und Rosen. Nach der Behandlung müssen die Blumen sofort in eine Vase mit kühlem bis temperiertem Wasser gestellt werden.

Alkoholbehandlung – Eine Firma empfiehlt, die Schnittblumen von *Euphorbia pulcherrima* (Weihnachtsstern) fünf Minuten in 40 %igen Alkohol zu stellen. Am billigsten ist 94-98 % iger Brennspiritus, der entsprechend verdünnt wird. Anschließend sollen die Blumen in Wasser mit einem Frischhaltemittel gestellt werden.
Euphorbia pulcherrima (Weihnachtsstern) kann somit für den Schnitt ohne Wurzelballen angeboten werden, wodurch sich die Verwendungsmöglichkeiten vergrößern.

Anklopfen – Um die Wasseraufnahme bei Gehölzen wie *Syringa* (Flieder), *Prunus*, *Forsythia* (Goldglöckchen) u.a. zu verbessern, werden die Zweige vielfach angeklopft. Mit einem festen Schlag soll das Ende des Zweiges gespalten werden.
Häufig wird allerdings aus dem Anklopfen ein Zerklopfen, das ungünstige Wirkung hat. Das Zweigende ist dann so zerfasert, dass gar kein Wasser aufgenommen werden kann und außerdem können sich die Mikroorganismen in dem abgestorbenen Gewebe besonders gut vermehren. Empfehlenswert ist ein kreuzweiser Einschnitt mit der Rosenschere.

Unterwasseranschnitt – Um das Einsaugen von Luft ins Leitgewebe zu verhindern, können Stiele unter Wasser angeschnitten werden. Die Wasserführung wird somit verbessert. Allerdings ist dieses Verfahren sehr aufwändig und wird meistens nur bei kostbaren Blüten, z.B. Orchideen, durchgeführt. Bei Ikebana wird es ebenfalls empfohlen.

Geradeziehen – Blumen mit großen Blüten auf relativ schwachen Stielen neigen dazu, sich zu krümmen oder zu biegen. Das ist z.B. bei *Gerbera*, *Ranunculus* (Ranunkel), *Calendula* (Ringelblume) der Fall. Mit verschiedenen Methoden versucht man, wieder gerade Stiele zu erhalten.
Die Gerberaköpfe werden zu diesem Zweck häufig über einem Wassergefäß in ein Drahtgitter gehängt. In anderen Fällen werden die Blumen, Kopf an Kopf, fest in Papier gewickelt und dann ins Wasser gestellt. Das Verwenden von Zeitungspapier ist umstritten, da dieses die Feuchtigkeit nach oben zieht und die Blüten in Mitleidenschaft geraten können. Besser ist die Verwendung von Pergamentpapier, das wasserabstoßend wirkt. In jedem Fall sollte man nur den Bereich der Blumen einwickeln, der nicht ins Wasser reicht. Diese Methode wird auch bei Rosen angewandt, deren Köpfe schon hängen.
Damit der Kunde lange Freude an den Blumen hat, soll ihn der Florist auf Sonderbehandlungen aufmerksam machen.

2.2 Generative und vegetative Vermehrung

2.2.1 Generative Vermehrung

Voraussetzung für die generative Vermehrung ist die Befruchtung, bei der die weibliche und die männliche Geschlechtszelle verschmelzen.

Meiose (Reifeteilung, Reduktionsteilung) – Zwar verschmelzen die Zellkerne miteinander, nicht aber die darin befindlichen männlichen und weiblichen Chromosomen der beiden Elternteile. Diese bleiben nebeneinander bestehen. In den Zellkernen eines Lebewesens befinden sich homologe Chromosomen, d.h. jedem weiblichen Chromosom entspricht ein gleich gebautes männliches Chromosom. Das Erbmaterial der homologen Chromosomen ist aber verschieden. Die Zellen enthalten also einen doppelten, diploiden Chromosomensatz. Damit verhindert wird, dass sich mit jeder durch Befruchtung neu entstehenden Generation der Chromosomensatz abermals verdoppelt, findet während der Entwicklung der Geschlechtszellen eines Lebewesens einmal eine Meiose statt.

Bei der Meiose finden zwei aufeinanderfolgende Teilungen statt. Einerseits werden die weiblichen und männlichen Chromosomen getrennt, wodurch die Anzahl der Chromosomen halbiert wird. Der halbierte, einfache Chromosomensatz wird als haploider Chromosomensatz bezeichnet. Andererseits findet eine Neukombination des männlichen und weiblichen Erbguts statt, da die männlichen und weiblichen Chromosomen durchmischt und nach Zufallsgesetzen getrennt werden.

Die einzelnen Abschnitte der ersten Meioseteilung haben zwar die gleichen Bezeichnungen wie die Phasen der Mitose, die ablaufenden Vorgänge sind aber unterschiedlich.

Prophase: Die Zellkerne sind vergrößert. In ihnen befinden sich langgestreckte und miteinander verknäuelte Chromosomen. Diese verkürzen sich durch schraubiges Aufrollen und werden sichtbar. Die homologen Chromosomen ordnen sich paarweise an. Eine Längsspaltung der Chromosomen ist zu erkennen. Jedes Chromosomenpaar besteht somit aus vier Chromatiden. Die gepaarten Chromosomen trennen sich schließlich wieder.

Metaphase: Die Äquatorialplatte und die Kernspindel bilden sich aus. Die Kernmembran wird aufgelöst.

Anaphase: Die zuvor gepaarten Chromosomen wandern nach ihrer Trennung zu den beiden entgegengesetzten Polen. Es bleibt dem Zufall überlassen, zu welchem der beiden Pole die einzelnen Chromosomen jeweils wandern. Dadurch findet eine Umordnung der Chromosomen statt.

Im Anschluss an diese erste Meiose findet eine zweite Reifeteilung statt, die wie die Mitose abläuft. Die bereits voneinander gelösten Chromatiden werden getrennt. Es entstehen vier Kerne mit haploidem Chromosomensatz.

Mendelsche Regeln – Der Mönch GREGOR MENDEL (1822-1884) führte Kreuzungsversuche mit *Mirabilis jalapa* (Wunderblume) und *Pisum sativum* (Erbse) durch. Dabei stellte er fest, dass sich die Nachkommenschaft im Aussehen von den Eltern unterscheidet. Er beobachtete, dass die Vererbung von Anlagen für bestimmte Eigenschaften von der P-Generation (Parentalgeneration = Elterngeneration) auf die F_1-Generation (1. Filialgeneration = 1. Tochtergeneration) und auf die F_2-Generation (2. Filialgeneration) nach bestimmten Gesetzmäßigkeiten erfolgte.

1. Meiose

Prophase

- langgestreckte, miteinander verknäulte Chromosomen

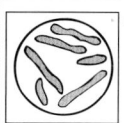

- durch schraubiges Aufrollen verkürzen sich die Chromosomen und werden sichtbar

- diploider Chromosomensatz
- die homologen Chromosomen paaren sich

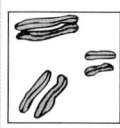

- die Längsspaltung der Chromosomen in Chromatiden ist zu erkennen

Metaphase

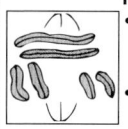

- Ausbildung der Äquatorialplatte und der Kernspindel
- die Kernmembran hat sich aufgelöst

Anaphase

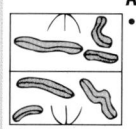

- die homologen Chromosomen haben sich getrennt und wandern zu den Polen

2. Meiose

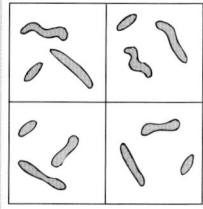

- Chromosomen trennen sich in Chromatiden
- es entstehen vier Zellen

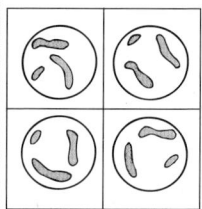

- Ausbildung der Kernmembran
- die Zellkerne enthalten jeweils einen haploiden Chromosomensatz

Abb. 209: Schematische Darstellung der Meiose.

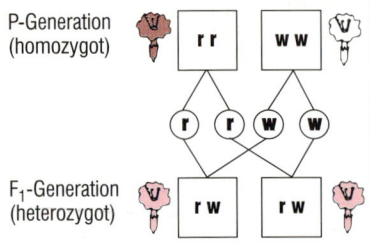

P-Generation
(homozygot)

r r   w w

r r w w

F$_1$-Generation
(heterozygot)

r w   r w

Abb. 210: Kreuzung von zwei Pflanzen, die sich in 1 Merkmalspaar unterscheiden (intermediärer Erbgang): r = rote Farbe, w = weiße Farbe.

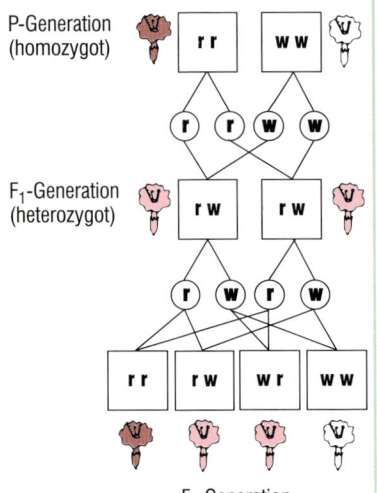

P-Generation
(homozygot)

r r   w w

r r w w

F$_1$-Generation
(heterozygot)

r w   r w

r w r w

r r r w w r w w

F$_2$-Generation
(homozygot und heterozygot)

Abb. 211: Intermediärer Erbgang (Schema).

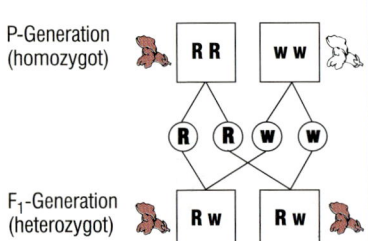

P-Generation
(homozygot)

R R   w w

R R w w

F$_1$-Generation
(heterozygot)

R w   R w

Abb. 212: Kreuzung von zwei Pflanzen, die sich in 1 Merkmalspaar unterscheiden (dominant-rezessiver Erbgang); R = dominante rote Farbe, w = rezessive weiße Farbe.

Diese von MENDEL festgestellten Gesetzmäßigkeiten werden Mendelsche Regeln genannt.

1. Mendelsche Regel: MENDEL kreuzte rot- und weißblühende Formen von *Mirabilis jalapa* (Wunderblume). Die beiden Elternpflanzen unterscheiden sich in einem Merkmal, der Farbe. Beide Elternpflanzen sind homozygot, d.h. sie haben reine, gleiche Erbanlagen. In den beiden homologen Chromosomen befinden sich die Gene als Träger der Erbanlagen. Sie sollen in der Abb. 210 mit den Buchstaben r (rot) und w (weiß) bezeichnet werden. Da jedes Gen zweimal vorkommt, enthält die eine Elternpflanze die Gene rr, die andere die Gene ww.

Abb. 210 zeigt, dass bei Kreuzung der beiden Pflanzen der P-Generation die Blüten der F$_1$-Generation eine andere Farbe aufweisen. Die Blütenfarbe Rosa liegt zwischen Rot und Weiß; die Erbanlagen wurden intermediär, d.h. in der Mitte liegend, vererbt. Die Pflanzen der F$_1$-Generation sind nicht mehr homozygot, sondern heterozygot (mischerbig), d.h., sie haben unterschiedliche Erbanlagen. Heterozygote Pflanzen heißen Hybriden oder Bastarde.

Außerdem fällt auf, dass alle Nachkommen in der F$_1$-Generation untereinander gleich sind.

Bei der Kreuzung von *Pisum sativum* (Erbse) verwendete MENDEL ebenfalls rot- und weißblühende Formen. Die Gene werden diesmal mit RR (rot) und ww (weiß) bezeichnet. Abb. 212 zeigt, dass die rote Blütenfarbe des einen Elternteiles in der F$_1$-Generation vererbt wurde. Diese Art der Vererbung nennt man dominant-rezessiv. Die dominante (beherrschende) Anlage (RR) setzt sich durch, die rezessive (zurücktretende) (ww) wird überdeckt. Das zeigt sich aber nur im Phänotyp (Erscheinungsbild). Im Genotyp (Erbbild) der F$_1$-Generation sind die Anlagen für beide Farben enthalten. Auch beim dominant-rezessiven Erbgang sind die Nachkommen der F$_1$-Generation untereinander gleich. Aus dieser Beobachtung formulierte MENDEL die folgende Regel:

 1. Mendelsche Regel (Uniformitätsregel):
Kreuzt man zwei homozygote Lebewesen miteinander, die sich in einem Merkmal unterscheiden, so sind die Nachkommen in der F$_1$-Generation untereinander gleich (uniform).

2. Mendelsche Regel: Nun werden die beiden Hybriden der F$_1$-Generation miteinander gekreuzt. Abb. 211 zeigt in der intermediären Vererbung in der F$_2$-Generation im Phänotyp eine rote, zwei rosafarbene und eine weiße Pflanze. Es hat eine Aufspaltung im Verhältnis von 1:2:1 stattgefunden. Der Genotyp zeigt ebenfalls eine Aufspaltung; es sind eine homozygote rot blühende, zwei heterozygote rosafarbene und eine homozygote weiße Pflanze entstanden.

Die dominant-rezessive Vererbung zeigt ebenfalls eine Aufspaltung. Allerdings entsprechen sich Phänotyp und Genotyp nicht. Im Phänotyp hat sich die dominante Anlage durchgesetzt. Das Spaltungsverhältnis beträgt 3:1. Der Genotyp zeigt die Aufspaltung 1:2:1 in Abb. 213.

 2. Mendelsche Regel (Spaltungsregel):
Kreuzt man die Hybriden der F$_1$-Generation, die sich in einem Merkmal unterscheiden, miteinander, so spalten sich die Nachkommen der F$_2$-Generation in festliegenden Verhältnissen auf.

3. Mendelsche Regel: Kreuzt man Pflanzen, die sich in mehr als einem Merkmal unterscheiden, sind wesentlich mehr Anlagekombinationen möglich.

MENDEL kreuzte nochmals *Pisum sativum* (Erbse). Die eine Form bildete gelbe, runde Samen aus, die andere grüne, runzlige. Die Anlage gelb und rund wurde dominant vererbt, die für grün und runzlig rezessiv.

Abb. 214 zeigt die 16 Kombinationsmöglichkeiten. Die vier Anlagen wurden unabhängig voneinander vererbt. Bei dieser Kreuzung haben sich zwei Neukombinationen ergeben, eine reinerbig gelbe, runzlige Erbse und eine reinerbig grüne, runde.

Aus dieser Beobachtung leitete MENDEL die dritte Regel ab.

3. Mendelsche Regel (Unabhängigkeitsregel:
Kreuzt man Hybriden, die sich in mehr als einem Merkmal unterscheidet, so werden die einzelnen Merkmale unabhängig voneinander vererbt.

Züchtung – Durch generative Vermehrung wird nicht nur die Zahl der Pflanzen vermehrt, sondern durch die Meiose kommt es auch zu einer Neukombination des Erbguts der Eltern in den Nachkommen. Auf dieser Tatsache baut die Züchtung auf, bei der man auf unterschiedliche Art und Weise versucht, neue Sorten, Hybriden, zu entwickeln. Diese sollen sich durch Krankheitsresistenz, Schönheit, bessere Standfestigkeit, höhere Erträge und andere günstige Eigenschaften auszeichnen. Die Grundlage jeder Züchtung bilden die Mendelschen Gesetze, die die tatsächliche Chromosomenverteilung (= Erbanlagen) mit der tatsächlichen Gestalt der Pflanze (= Durchsetzung der Erbanlagen) vergleichen. Folgende vier Züchtungsmethoden werden unterschieden:

- Auslesezüchtung
- Hybridzüchtung
- Kombinationszüchtung
- Mutationszüchtung

Auslesezüchtung: Die einfachste Form der Auslese besteht darin, nur diejenigen Pflanzen auszuwählen, die dem Zuchtziel entsprechen. Dieser Vorgang wird auch als positive Massenauslese bezeichnet.

Kombinationszüchtung: Kreuzt man zwei Pflanzen mit unterschiedlichen Eigenschaften, können diese bei den folgenden Generationen auf einer Pflanze vereint werden. Dazu werden zwei Pflanzen mit den gewünschten Eigenschaften ausgewählt und die Narbe der einen Pflanze wird mit dem Pollen der anderen Pflanze künstlich bestäubt.

Hybridzüchtung: Eng verwandte Pflanzen werden gezielt miteinander gekreuzt, wobei in der F_1-Generation (Tochtergeneration) die F_1-Hybriden, lauter gleiche Tochterpflanzen entstehen.

Neben der Gleichheit interessiert besonders der Heterosiseffekt. Dieser erscheint in der F_1-Generation und zeigt sich in gesteigerten Eigenschaften der Pflanzen. Es werden z. B. größere, farbintensivere Blüten ausgebildet und die Pflanzen zeichnen sich z.B. durch eine bessere Wüchsigkeit und Widerstandsfähigkeit aus. F_1-Hybriden werden z. B. von *Pelargonium* (Geranie), *Impatiens walleriana* (Fleißiges Lieschen), *Antirrhinum majus* (Löwenmaul) oder von *Begonia semperflorens* angeboten.

Bei der Auslesezüchtung und der Kombinationszüchtung werden einheitliche, beständige Sorten gezüchtet, deren wichtige Eigenschaften auf die Nachkommen übertragen werden. Zwar sind auch die Hybridsorten einheitlich, die Eigenschaften werden aber nicht in vollem Umfang auf die Nachkommen übertragen.

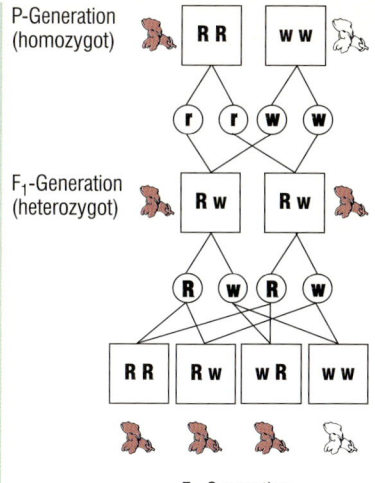

Abb. 213: Dominant-rezessiver Erbgang (Schema).

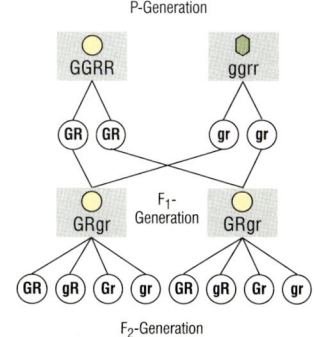

Abb. 214: Kreuzung von zwei Pflanzen, die sich in 2 Merkmalspaaren unterscheiden (dominat-rezessiver Erbgang): G = dominante runde Form, r = rezessive runzelige Form.

Abb. 215: Mutation: Trauerwuchs bei *Salix alba* 'Tristis' (Trauerweide).

Abb. 216: Mutation: Korkenzieherwuchs bei *Corylus avellana* 'Contorta' (Korkenzieherhasel).

Abb. 217: Gleichmäßige Breitsaat bei *Begonia*.

Abb. 218: Ungleichmäßige Breitsaat bei *Begonia* (1. Versuch).

In der F_2-Generation findet nach dem 2. Mendelschen Gesetz eine Aufspaltung statt. Die Pflanzen unterscheiden sich im Aussehen und die vormals gesteigerten Eigenschaften gehen dann wieder verloren. Der Züchter muss also ständig neues Hybridsaatgut durch Kreuzung der Eltern herstellen. Ein Nachbau von Hybridsorten ist somit nicht möglich und ein natürlicher Sortenschutz für den Züchter gegeben.

Mutationszüchtung: Plötzlich auftretende Veränderungen des Erbguts nennt man Mutationen. Im Verlaufe der Mitose oder der Meiose können von den Chromosomen Stücke abbrechen, die verloren gehen oder sich am falschen Platz wieder am Chromosom anheften. Die neue Anordnung der Gene im Chromosom kann dauerhaft sein und die Vererbung neuer Anlagen zur Folge haben

Spontan, das heißt, ohne erkennbaren Einfluss, entstehen Mutationen sehr selten. Die Häufigkeit der Mutationen kann jedoch durch entsprechende Behandlungen, z.B. durch Bestrahlung, vergrößert werden. Künstlich erzeugt werden kann auch eine Vervielfachung der Chromosomen (Polyploidie) durch Colchizin, dem Alkaloid von *Colchicum autumnale* (Herbstzeitlose). Viele großfrüchtige Obstarten, z.B. Äpfel, Erdbeeren, zeichnen sich durch Polyploidie aus.

Abgesehen von der Polyploidie können sich Mutationen in folgenden Erscheinungen zeigen:

- Schlitzblättrigkeit, z.B. *Fagus sylvatica* 'Laciniata' (Schlitzblättrige Buche), Sorten von *Hibiscus rosa-sinensis* (Roseneibisch).
- Blutblättrigkeit, z.B. *Berberis thunbergii* 'Atropurpurea' (Blutberberitze), *Corylus maxima* 'Atropurpurea' (Bluthasel), Sorten von *Bergenia*-Hybriden.
- Trauerwuchs, z.B. *Salix alba* 'Tristis' (Trauerweide), *Betula pendula* 'Tristis' (Trauerbirke).
- Säulenwuchs, z.B. *Populus nigra* 'Italica' (Pyramidenpappel), *Taxus baccata* 'Fastigiata' (Säuleneibe).
- Kugelwuchs, z.B. *Acer platanoides* 'Globosum' (Kugelahorn), *Robinia pseudoacacia* 'Umbraculifera' (Kugelrobinie).

Aussaat – Für die Aussaat wird Saatgut benötigt, das sich durch Keimfähigkeit und Reinheit auszeichnet. Die Keimfähigkeit kann noch nicht erreicht sein, wenn sich in der Fruchtschale, im Fruchtfleisch oder im Embryo noch keimhemmende Stoffe befinden. Die Keimung kann erst dann beginnen, wenn diese Stoffe abgebaut sind. Beim alten Saatgut kann aber auch die Keimfähigkeit verlorengegangen sein, weil Abbauprozesse im Samen stattgefunden haben. Das Saatgut sollte auch keine Verunreinigungen wie Spelzen, Unkrautsamen und Erde enthalten. Die Aussaat kann als Freilandsaat oder als Aussaat in Kulturgefäßen erfolgen. Je nachdem, wie ausgesät wird, unterscheidet man Breitsaat, Reihensaat und Einzelkornsaat. Topfpflanzen werden in Kulturgefäßen wie Handkisten oder Aussaatschalen herangezogen. Um die Sämlinge vor Krankheitsbefall zu schützen, werden die Aussaatgefäße vorher desinfiziert.

Das Substrat muss locker sein, da die Samen zum Keimen Sauerstoff benötigen. TKS 1 und Einheitserde P zeichnen sich, abgesehen vom geringen Nährstoffgehalt, durch eine gute Durchlüftung aus und sind deshalb geeignet.

Bei der Aussaat muss auch berücksichtigt werden, ob es sich um Dunkelkeimer oder Lichtkeimer und um lichtgehemmte oder lichtgeförderte Samen handelt. Die Dunkelkeimer werden ganz leicht mit Substrat bedeckt, das darübergesiebt wird, die Lichtkeimer benötigen keine Abdeckung (siehe S. 38).

Haben die Sämlinge eine bestimmte Größe erreicht, behindern sie sich gegenseitig und müssen deshalb pikiert werden. Beim Pikieren werden die Sämlinge vereinzelt, um sich besser entwickeln zu können.

Die generative oder geschlechtliche Vermehrung ist die Vermehrung durch Samen.
Kulturpflanzen sind durch Züchtung entstanden. Meiose und die Mendelschen Gesetze sind Grundlage der Züchtung.
Bei der Meiose finden Teilungen in den Geschlechtszellen statt. Durch Trennung der Chromosomen wird der Chromosomensatz halbiert. Somit wird verhindert, dass sich bei jeder Befruchtung der Chromosomensatz erneut verdoppelt. Außerdem findet eine Neukombination des männlichen und weiblichen Erbgutes statt.

Abb. 219: Pikieren von Begoniensämlingen.

2.2.2 Vegetative Vermehrung

Bei der vegetativen Vermehrung, auch ungeschlechtliche Vermehrung genannt, werden aus vegetativen Pflanzenteilen einer Mutterpflanze Jungpflanzen herangezogen. Da die Eigenschaften der Mutterpflanze ja direkt weitergegeben werden, ist darauf zu achten, dass die Mutterpflanzen gesund sind und typische Merkmale aufweisen.
Bei den Vermehrungsarten, die zuerst dargestellt werden, entwickeln die Jungpflanzen ihre Wurzeln, während sie noch mit der Mutterpflanze verbunden sind.

Teilung – Die Teilung ist sicherlich die einfachste und bei Freilandstauden auch die gebräuchlichste Vermehrungsart. Die Mutterpflanze wird vollständig aus dem Boden oder aus dem Topf genommen und in mehrere Jungpflanzen aufgeteilt. Je nach Beschaffenheit der Pflanze teilt man mit dem Spaten, dem Messer oder vorsichtig mit den Händen. Zimmerpflanzen, die durch Teilung vermehrt werden können, sind z.B. *Cyperus*-Arten (Zypergras), Farne, *Soleirolia soleirolii* (Bubikopf), *Asparagus*-Arten (Zierspargel), *Saintpaulia ionantha* (Usambaraveilchen), *Sansevieria trifasciata* (Bogenhanf).

Kindel – Jungpflanzen, die sich aus dem Wurzelstock oder anderen Teilen der Mutterpflanze entwickeln, werden Kindel geannt. Sie ernähren sich von den Nährstoffen der Mutterpflanze, sodass man sie nicht zu früh entfernen sollte. Bekannt für ihre Kindelbildung sind die Bromelien.

Ausläufer – Bei ausläuferbildenden Pflanzen, z.B. *Saxifraga stolonifera* (Judenbart), *Chlorophytum comosum* (Grünlilie) entwickeln sich am Ende der Stolonen Jungpflanzen, die oft schon bewurzelt sind.

Brutknollen – Sie bilden sich an der Mutterknolle von knollenbildenden Pflanzen, z.B. *Muscari* (Traubenhyazinthe), *Crocus* (Krokus), *Gladiolus* (Gladiole).

Brutzwiebeln – Bei den meisten Zwiebelpflanzen entwickeln sich die Brutzwiebeln an der Mutterzwiebel, z.B. bei *Narcissus* (Narzisse), *Tulipa* (Tulpe), *Hyacinthus* (Hyazinthe). Bei einigen Lilienarten können zusätzlich Brutzwiebeln in den Blattachseln ausgebildet werden und bei *Allium*-Arten sogar im Blütenstand.

Abmoosen – Große Exemplare von Gehölzen wie *Ficus*, *Dieffenbachia*, *Codiaeum variegatum* (Kroton), *Schefflera* können durch Abmoosen verjüngt werden. Unter einem Nodium schneidet man schräg nach oben laufend in den

Abb. 220: Teilen einer Pflanze.

Abb. 221: Kindelbildung bei Bromelien.

Abb. 222: Brutzwiebeln bei *Narcissus* (Narzisse).

Abb. 223: Bewurzelter Kopfsteckling von *Pittosporum* (Klebsame).

Abb. 224: Blattstecklinge von *Saintpaulia* (Usambaraveilchen).

Abb. 225: Das Vermehrungsbeet für Stecklinge wird durch Folie abgeschirmt.

Abb. 226: Bewurzelte Steckhölzer von *Salix matsudana* 'Tortuosa' (Korkenzieherweide).

Stamm. Der Schnitt sollte 2-3 cm lang sein und höchstens bis zur Mitte des Stammes reichen. Um zu verhindern, dass die beiden Teile wieder zusammenwachsen, wird ein Hölzchen dazwischen gelegt. Die behandelte Stelle wird mit feuchtem Torf oder *Sphagnum* umgeben und schließlich mit einer Kunststofffolie, die oben und unten abgebunden wird, umwickelt.

Nachdem sich die Wurzeln in dem feuchten Substrat entwickelt haben, wird der Trieb unterhalb der Wurzelbildung endgültig abgeschnitten. Nachdem die Terminalknospe der Mutterpflanze entfernt wurde, wird künftighin bei der Mutterpflanze das Wachstum der Seitenknospen gefördert und die Pflanze verzweigt sich.

Ableger und Absenker – Überhängende Zweige von Gehölzen, die den Boden berühren, bewurzeln sich an den Nodien. Nach erfolgter Bewurzelung kann der Trieb von der Mutterpflanze abgeschnitten werden. *Corylus* (Hasel), *Viburnum* (Schneeball), *Hamamelis* (Zaubernuss) können in Baumschulen auf diese Art vermehrt werden, wobei man die Triebe fest im Boden verankert.

Bei den folgenden Vermehrungsarten entwickeln sich die Jungpflanzen getrennt von der Mutterpflanze. An den vegetativen Pflanzenteilen bilden sich Adventivknospen, aus denen sich die fehlenden Pflanzenorgane entwickeln.

Stecklinge – Die wohl bekannteste Vermehrungsart ist die durch Stecklinge. Meistens verwendet man Sprossstücke, die krautig und belaubt sind. Einige Pflanzen können auch aus Blättern oder sogar aus Blattstücken werden.

Verwendet man die Sprossspitze, ist es ein Kopfsteckling. Die tiefer liegenden Sprossstücke ohne Spitze werden als Teilstecklinge bezeichnet.

Kopf- und Teilstecklinge werden unter dem Nodium geschnitten, da die hier gespeicherten Nährstoffe die Bewurzelung begünstigen. Vor der Wurzelbildung entwickelt sich an der Schnittfläche Kallus, ein Wundgewebe, das die Wunde verschließt.

Eine genaue Größe für die Stecklinge kann man nicht angeben, denn das hängt jeweils von den Pflanzen ab; ein Steckling sollte etwa 3 – 4 Blätter haben. Es ist aber viel wichtiger, auf die richtige Härte des Stecklings zu achten: Zu weiche Stecklinge verfaulen, zu harte, schon verholzte Stecklinge vertrocknen. Stecklinge werden meist mit dem Messer geschnitten. In der Regel werden die unteren Blätter entfernt, um die Verdunstungsfläche gering zu halten. Aus diesem Grund wird man auch bei Stecklingen mit großen Blättern diese einkürzen.

Für die Bewurzelung ist eine hohe Luftfeuchtigkeit notwendig. Man kann sie durch Abdecken mit Glas oder Folie erreichen. Pflanzen, die sich schlecht bewurzeln, wachsen leichter an, wenn sie vorher mit einem Bewurzelungshormon (siehe S. 92) behandelt werden.

Durch Sprossstecklinge werden z.B. *Chrysanthemum* (Chrysantheme), *Pelargonium* (Geranie), *Impatiens walleriana* (Fleißiges Lieschen), *Solenostemon scutellarioides* (Buntnessel). *Dianthus caryophyllus* (Nelke), *Fuchsia* (Fuchsie), *Hedera helix* (Efeu) vermehrt.

Blattstecklinge werden z.B. von *Saintpaulia ionantha* (Usambaraveilchen), *Streptocarpus* (Drehfrucht), *Begonia rex* (Königsbegonie) und *Sansevieria trifasciata* (Bogenhanf) gemacht. Es ist sogar möglich, Blatthälften oder Blattstücke zu verwenden. Da die mittleren und oberen Blattzonen einen höheren Hormongehalt aufweisen, bewurzeln sie sich besser.

Steckholz – Weidenkätzchen, die lange in der Vase stehen, bewurzeln sich. Ähnlich erfolgt die Vermehrung durch Steckholz. Allerdings werden die Steckhölzer nicht im Wasser herangezogen, sondern im Frühjahr in der Baumschule auf vorbereitete Beete gesteckt.

Ein Steckholz ist ein unbelaubter, verholzter, einjähriger Trieb eines Gehölzes. Er wird auf etwa 20 cm Länge unter dem Nodium geschnitten. Die geschnittenen Steckhölzer werden zunächst gebündelt und frostfrei aufbewahrt und dann im nächsten Frühjahr im Freiland gesteckt.

Auf diese Art werden sehr viele laubabwerfende Gehölze vermehrt, z.B. *Forsythia* (Goldglöckchen), *Salix* (Weide), *Ligustrum* (Liguster).

Veredlung – Diese Art der Vermehrung wird hauptsächlich in Baumschulen durchgeführt. Da die Veredlung eine sehr arbeitsaufwendige Methode ist, bei der auch viele Ausfälle entstehen, wird sie nur angewandt, wenn

- die Pflanzen bei anderen vegetativen Vermehrungsmethoden kaum Wurzeln oder gar keine Wurzeln bilden,
- die Pflanzen auf eigener Wurzel nicht stark genug wachsen,
- die Pflanzen auf eigener Wurzel an bestimmten Krankheiten leiden,
- die Pflanzen auf eigener Wurzel nicht die gewünschten Eigenschaften zeigen.

Veredlungen bestehen aus Edelreis und Unterlage. Die Unterlage ernährt und verankert die Pflanze, das Edelreis entwickelt den Spross mit den gewünschten Eigenschaften. Damit Edelreis und Unterlage zusammenwachsen, müssen beide zur gleichen Gattung gehören. Bei einigen Pflanzen genügt es, wenn beide aus einer Familie stammen.

Man unterscheidet die Augenveredlung (Okulation) von der Reiserveredlung. Bei der Okulation, die hauptsächlich bei Rosen durchgeführt wird, setzt man ein Auge (Knospe) in die Unterlage ein. Ein Zusammenwachsen kann erfolgen, wenn bei Auge und Unterlage Cambium auf Cambium liegt.

Die Reiserveredlung wird bei Obstgehölzen und auch bei vielen Ziergehölzen durchgeführt. Auf unterschiedliche Art und Weise wird das Edelreis auf der Unterlage angebracht. Auch hier müssen das Cambium von Edelreis und Unterlage miteinander verwachsen.

Gewebekultur – In Zeitungsannoncen wird häufig auf meristemvermehrte Pflanzen oder Pflanzen aus Gewebekultur hingewiesen. Diese Vermehrungsart hat in den letzten Jahren sehr stark an Bedeutung gewonnen, da einerseits virusfreie Pflanzen gewonnen werden können, andererseits sich in kurzer Zeit aus wenig Vermehrungsmaterial sehr viele Pflanzen entwickeln.

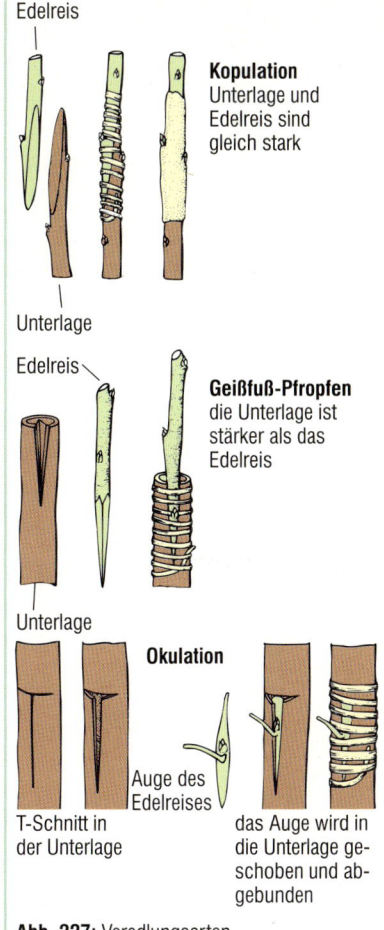

Kopulation
Unterlage und Edelreis sind gleich stark

Geißfuß-Pfropfen
die Unterlage ist stärker als das Edelreis

Okulation

Auge des Edelreises

T-Schnitt in der Unterlage

das Auge wird in die Unterlage geschoben und abgebunden

Abb. 227: Veredlungsarten.

Abb. 228: Schema der Gewebekultur-/Meristemvermehrung.

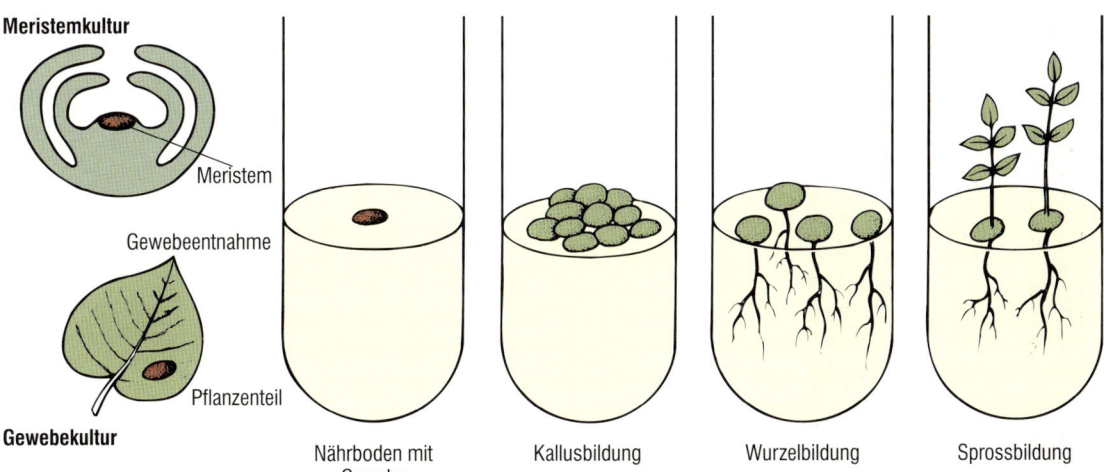

Meristemkultur

Meristem

Gewebeentnahme

Pflanzenteil

Gewebekultur

Nährboden mit Gewebe

Kallusbildung

Wurzelbildung

Sprossbildung

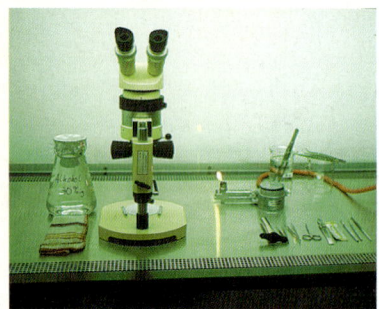

Abb. 229: Einrichtung, um unter dem Mikroskop Gewebe zu entfernen.

Abb. 230: Kallusbildung auf Nährboden.

Abb. 231: Wurzel- und Sprossentwicklung im Reagenzglas.

Diese Vermehrungsart wird unter keimfreien Bedingungen in Spezialbetrieben mit entsprechenden Laboreinrichtungen durchgeführt. Von Meristemkultur darf nur gesprochen werden, wenn Meristem aus den Vegetationspunkten verwendet wurde. Bei der Gewebekultur wird Gewebe aus Nodien, Blättern, Blütenblättern, Staubbeuteln und anderen Pflanzenteilen unter dem Mikroskop entnommen. Die Weiterentwicklung des winzigen Gewebehaufens findet in Kulturgefäßen, z.B. in Reagenzgläsern statt. Dafür wird außerdem ein Nährsubstrat benötigt, das eine Nährlösung oder ein mit Agar-Agar verfestigter Nährboden sein kann (Agar-Agar ist eine gelatineähnliche Substanz, die aus Rotalgen gewonnen wird.) Dieses Nährsubstrat wird mit Hormonen, Vitaminen, Kohlenhydraten und Nährsalzen angereichert.

Zunächst entwickelt sich ein Zellklumpen, der als Kallus bezeichnet wird. Dieser Kallus kann nach einiger Zeit in mehrere Teilstücke zerlegt werden, die dann wieder nachwachsen (regenerieren). Der Kallus ergrünt, es bilden sich Wurzeln und schließlich Sprosse. Sie werden pikiert und bei entsprechender Größe schließlich eingetopft.

 Bei der vegetativen Vermehrung entwickeln sich aus vegetativen Pflanzenteilen der Mutterpflanze Jungpflanzen. Die Wurzelbildung der Jungpflanzen kann noch in Verbindung mit der Mutterpflanze stattfinden oder auch getrennt von dieser.

2.3 Kulturmaßnahmen zur Steuerung der Blütezeit und des Pflanzenwachstums

Viele Pflanzen werden heute ganzjährig angeboten. Pflanzen, die früher den Herbst symbolisierten, z.B. Chrysanthemen, sind heute durchaus auch in Frühlingssträußen zu finden. Abgesehen vom ganzjährigen Angebot kann die Blütezeit vieler Pflanzen heute vom Gärtner so gesteuert werden, dass blühende Pflanzen termingerecht zu Weihnachten, Muttertag oder zu anderen Terminen auf den Markt gebracht werden können.

2.3.1 Belichten und Verdunkeln

Durch das Steuern des Wachstumsfaktors „Licht" kann sowohl das vegetative Wachstum der Pflanze als auch ihr generatives Wachstum, also die Blütenbildung, beeinflusst werden.

Belichten – Da der Rotlicht- und der Blaulichtanteil für die Pflanzen am wichtigsten ist, müssen für die Zusatzbelichtung entsprechende Lampen ausgewählt werden.

Durch eine starke Zusatzbelichtung kann die Photosyntheseleistung gesteigert werden. Damit es zur Wachstumssteigerung kommt, müssen allerdings gleichzeitig die Temperatur und der CO_2-Gehalt optimal sein. Eine starke Zusatzbelichtung verursacht hohe Kosten und wird deshalb in erster Linie in den Wintermonaten bei Jungpflanzen und bei Mutterpflanzen angewandt.

Eine schwache Zusatzbelichtung wird eingesetzt, um photoperiodische Wirkungen auszulösen. Das vegetative und generative Wachstum vieler Pflanzen hängt von einer bestimmten Tageslänge ab. Diese Erscheinung bezeichnet man als Photoperiodismus.

Man unterscheidet Kurztag- und Langtagpflanzen. Für diese Pflanzen gibt es eine kritische Tageslänge, die je nach Pflanzenart zwischen 10 und 14 Stunden liegt. Im Kurztag oder Langtag werden in den Blättern Blühhormone gebildet, die die Bildung von Blütenknospen auslösen. Langtagpflanzen benötigen eine Belichtungsdauer, die länger als 10-14 Stunden währt, damit das generative Wachstum ausgelöst wird. Langtagpflanzen können im Winter zusätzlich belichtet werden, um Blüten zu bilden. Allerdings ist das wegen der Kosten unwirtschaftlich und wird nur bei einigen Kulturen, z.B. *Dianthus* (Nelke), *Antirrhinum* (Löwenmaul), *Lathyrus* (Wicke) durchgeführt.

Kurztagpflanzen dürfen nur weniger als 10-14 Stunden Tageslicht erhalten, um zu blühen.

Bei tagneutralen Pflanzen spielt die Tageslänge keine Rolle bei der Ausbildung der Blütenknospen.

Abb. 232: Langtagpflanze *Leucanthemum superbum* (Margerite).

Kurztag- und Langtagpflanzen (Auswahl)

Kurztagpflanzen		Langtagpflanzen	
Botanischer Name	**deutscher Name**	**Botanischer Name**	**deutscher Name**
Begonia	Elatiorbegonie	Antirrhinum majus	Löwenmaul
Begonia	Lorrainebegonie	Callistephus chinensis	Sommeraster
Dahlia	Dahlie	Centaurea cyanus	Kornblume
Chrysanthemum × grandiflorum	Chrysantheme	Erysimum cheiri	Goldlack
Euphorbia fulgens	Euphorbie	Consolida ajacis	Rittersporn
Euphorbia milii	Christusdorn	Dianthus caryophyllus	Nelke
Euphorbia pulcherrima	Weihnachtsstern	Fuchsia	Fuchsie
Kalanchoë blossfeldiana	Flammendes Käthchen	Lathyrus odoratus	Wicke
Primula malacoides	Fliederprimel	Leucanthemum maximum	Margerite
Schlumbergera truncata	Weihnachtskaktus	Matthiola incana	Levkoje
		Nigella damascena	Jungfer im Grünen
		Petunia × atkinsiana	Petunie
		Scabiosa atropurpuea	Skabiose

Abb. 233: Langtagpflanze: *Fuchsia* (Fuchsie).

Kurztagpflanzen, die in der Dunkelperiode belichtet werden, entwickeln sich vegetativ und die Blütenbildung wird verzögert. Genau Blühtermine können somit gesteuert werden.

Um Strom zu sparen, wird meistens Störlicht eingesetzt, das die gleiche Wirkung hat, wie die ständige Belichtung. In bestimmten Abstände folgen Belichtungsphasen und Dunkelphasen. Ein Beispiel wären 15 Minuten Licht und 40 Minuten Dunkelheit. An Kurztagen kann schwach einwirkendes Licht z.B. durch den Mondschein oder die Straßenlampen die Wirkung von Störlicht haben und zu einer Blühhemmung oder Blühverzögerung führen.

Verdunkeln – Kurztagpflanzen werden im natürlichen Langtag zur Blüte gebracht, indem die Tageslichtdauer auf 9-10 Stunden verkürzt wird. Auch eine Blüte im Kurztag kann durch anfängliches Verdunkeln, solange noch Langtag herrscht, verfrüht werden. Mit schwarzer Folie oder schwarzem Tuch werden die Beete mit den Pflanzen verdunkelt. Wichtig dabei ist, dass täglich zu einer bestimmten Zeit die Verdunkelung und Entdunkelung erfolgt. Der Beginn der Kurztagbehandlung hängt von der gewünschten Blütezeit ab.

Abb. 234: Kurztagpflanze: *Schlumbergera truncata* (Weihnachtskaktus).

Abb. 235: Treibgehölz: *Forsythia* (Goldglöckchen).

Abb. 236: Treibgehölz: *Chaenomeles* (Zierquitte).

Abb. 237: Treibgehölz: *Syringa vulgaris* (Flieder).

2.3.2 Treiberei

Pflanzen, deren Wachstumsrhythmus durch eine ausgesprochene Ruhezeit gekennzeichnet ist, können noch vor dem natürlichen Zeitpunkt zum Blühen gebracht werden. Eine Steuerung der Kultur durch bestimmte Temperaturen zu bestimmten Zeitpunkten bezeichnet man als Treiberei.

Die Ruhezeit der Pflanzen setzt sich aus Vorruhe, Hauptruhe und Nachruhe zusammen. Nur die Nachruhe kann durch Einwirken bestimmter Temperaturen beeinflusst werden.

Man kann Gehölze, Stauden mit unterirdischen Speicherorganen wie Zwiebeln, Knollen und Rhizome, aber auch andere Stauden, z.B. *Primula vulgaris* (Kissenprimel) und *Helleborus* (Christrose) vortreiben. Entscheidend für das Auslösen der Blütenbildung ist das Einwirken von niedrigen Temperaturen über einen bestimmten Zeitraum. Fehlt diese „kühle Phase", werden von der Pflanze nur vegetative Pflanzenteile ausgebildet

Treibgehölze – Dass Gehölze vorzeitig zum Blühen gebracht werden können, ist durch die Barbarazweige bekannt. Diese Zweige werden am 4. Dezember geschnitten und ins warme Zimmer gestellt, wo sie dann zur Weihnachtszeit blühen.

Treibgehölze werden in der Gärtnerei einige Wochen im Kühlhaus niedrigen Temperaturen ausgesetzt. Damit werden die natürlichen Bedingungen nachgeahmt. Für die Gehölze im Freiland herrschen ja auch in der Ruhephase niedrige Temperaturen. Anschließend werden die Zweige durch höhere Temperaturen zum Aufblühen gebracht. Da sich die Gehölze schon in der Nachruhe befinden müssen, ist nicht jedes Gehölz dafür geeignet.

Bei Treibgehölzen beginnt die Nachruhe etwa im Dezember. Bei *Quercus* (Eiche), *Fagus* (Buche), *Tilia* (Linde) fängt die Nachruhe erst im Frühjahr an.

Treibgehölze

Botanischer Name	Deutscher Name
Aesculus hippocastanum	Rosskastanie
Chaenomeles japonica	Japanische Quitte
Cornus mas	Kornelkirsche
Corylus avellana	Hasel
Forsythia × *intemedia*	Goldglöckchen
Hamamelis-Arten	Zaubernuss
Malus-Arten	Zierapfel
Prunus-Arten	Zierkirsche
Ribes sanguineum	Blutjohannisbeere
Rosa-Arten	Rosen
Salix caprea	Salweide
Syringa vulgaris	Flieder
Viburnum opulus 'Sterile'	Schneeball

Treiberei von Zwiebeln, Knollen, Rhizomen – Die Überdauerungsorgane werden in Kisten oder Töpfe gesteckt, je nachdem, ob man Schnittware erhalten will oder ob die Pflanzen im Topf verkauft werden sollen. Genaue Kulturdaten über die Dauer der einzelnen Entwicklungsphasen und deren Temperaturbereich können hier nicht gemacht werden, da sie nicht nur von Pflanze zu Pflanze verschieden, sondern auch sortenabhängig sind. Die Gärtner arbeiten hierbei mit Erfahrungswerten, mit denen sie die Blütezeit termingerecht steuern können.

Allgemein kann aber folgendes gesagt werden: Entscheidend für die Blütenbildung ist eine ausreichend lange „Kälteperiode". In dieser Zeit befinden sich die Pflanzen in einem frostfreien Einschlag. Die Temperatur soll 9°C nicht überschreiten, da sonst die Blütenbildung verzögert wird. Bei Pflanzen, die schon sehr früh blühen sollen, z.B. im Dezember, geht der Zeit im Einschlag noch eine Kühlbehandlung im Kühllager voraus.

So werden z.B. 5°C-Tulpen einige Wochen bei 5°C im Kühllager gehalten. Nach der Kälteperiode werden die Pflanzen bei Temperaturen zwischen 18 und 20° C im Gewächshaus weiterkultiviert. Durch eine anfängliche Verdunkelung kann die Stängelbildung gefördert werden.

Abb. 238: Treibnarzissen: In der Verdunkelung werden bleiche Triebe gebildet.

Zwiebeln, Knollen, Rhizome zum Treiben

Botanischer Name	Deutscher Name
Anemone blanda	Anemone
Anemone coronaria	Anemone
Convallaria majalis	Maiglöckchen
Crocus vernus	Krokus
Freesia	Freesie
Galanthus nivalis	Schneeglöckchen
Gladiolus	Gladiole
Hippeastrum vittatum	Ritterstern
Hyacinthus orientalis	Hyazinthe
Iris hollandica	Iris
Iris reticulata	Iris
Ixia maculata	Klebschwertel
Leucojum vernum	Märzbecher
Lilium-Arten	Lilie
Muscari armeniacum	Traubenhyazinthe
Narcissus-Arten	Narzisse
Tulipa-Arten	Tulpe

Abb. 239: Treibnarzissen: Erst bei Lichteinfluss ergrünen die Triebe.

2.3.3 Steuerung bei Bromelien

Durch Zufall stellte man fest, dass Ethylen die Blütenbildung bei *Ananas comosus* (Ananas) fördert. Allerdings ist bis heute unbekannt, warum durch Ethylen bei allen Bromelien die Blütenbildung gefördert wird.

Aber nicht nur die Blütenbildung wird beeinflusst, sondern auch die Kulturzeit der Pflanzen kann somit verkürzt und die Pflanzen können billiger angeboten werden. Die Blütenbildung setzt etwa 3 Monate nach der mehrmaligen Behandlung ein.

Drei Möglichkeiten der Behandlung werden in der Praxis angewandt:
- In die mit Wasser gefüllte Zisterne lässt man 10-12 Sekunden lang Acetylengas einperlen. Dabei entwickelt sich Ethylen. Man muss allerdings darauf achten, dass die Pflanzen schon eine bestimmte Größe erreicht haben, da es sonst zu Verkrüppelungen der Blätter kommt.
- Eine ähnliche oder gleiche Wirkung hat das holländische Mittel „Bromblüte". Es wird verdünnt und in den Trichter gegossen.

Abb. 240: Treibnarzissen: Blühende Pflanzen.

Abb. 241: „Bromblüte" wird in den Trichter der Bromelien gegossen.

Abb. 242: Kompakte, gut verzweigte Pflanzen werden gewünscht.

- Das belgische Mittel „Ethrel", kann auf die Blätter gespritzt werden. Es ist auch für solche Bromelien geeignet, die nur kleine oder keine Zisternen bilden.

2.3.4 Phytohormone

Phytohormone beeinflussen das Wachstum der Pflanze. Zu den das Wachstum fördernden Phytohormonen werden gezählt:
- Auxine
- Gibberelline
- Cytokinine

Auxine: Von Auxinen gibt es natürlich vorkommende und synthetisch erzeugte. Natürlich vorkommende Auxine befinden sich u. a. in den Meristemen. Sie bewirken:
- Streckungswachstum
- Zellteilung im Kambium
- Parthenokarpie z.B. bei Gurken, Äpfeln (siehe S. 24). Synthetische Auxine werden für die Förderung der Stecklingsbewurzelung eingesetzt, da sie die Bildung von Adventiv- und Seitenwurzeln fördern.
Diese Mittel werden in erster Linie bei Stecklingen von Pflanzen verwendet, die sich schwer bewurzeln.

Gibberelline: In der Pflanze bewirken sie u. a. folgendes:
- Zellteilung und Zellstreckung
- Parthenokarpie
Sowohl Auxine als auch Gibberelline wirken sich bei der Geschlechtsausprägung von einhäusigen Pflanzen aus. Auxine fördern die Bildung von weiblichen Blüten, Gibberelline jedoch die Ausbildung männlicher Blüten. In der Praxis werden Gibberelline z.B. zur Entwicklung von Hochstämmen eingesetzt.

Cytokinine: Auch die Cytokinine fördern Zellteilung und Zellstreckung.
Zur Vermarktung werden kompakte, stark verzweigte Pflanzen gewünscht. Weil die meisten bisher verwendeten Stauchemittel nicht mehr zur Verfügung stehen, werden gedrungene Pflanzen nun mit Kulturmaßnahmen wie z.B. „cool morning" herangezogen. Bei diesem Verfahren werden die Pflanzen in den Morgenstunden niedrigen Temperaturen ausgesetzt. Dadurch findet beim Wachstum eine Internodienstauchung statt.

 Durch Kulturmaßnahmen wie Belichten, Verdunkeln, Treiberei und die Ethylenbehandlung bei Bromelien kann die Blütenbildung beeinflusst werden. Die Blütezeit vieler Pflanzen wird somit termingemäß gesteuert. Wuchshormone beeinflussen das Pflanzenwachstum. Bewurzelungsmittel fördern das Bewurzeln bei der vegetativen Vermehrung.

2.4 Pflanzenschutz

Der Pflanzenschutz beschäftigt sich mit den Maßnahmen, die der Gesunderhaltung der Pflanze dienen. Dazu gehören einerseits vorbeugende Maßnahmen, die das Auftreten von Pflanzenschäden verhindern, andererseits Maßnahmen, die bei Schädlings- oder Krankheitsbefall ergriffen werden können. Gezielte Maßnahmen gegen Krankheiten und Schädlinge sind nur bei genauer Kenntnis der Ursache möglich.

2.4.1 Nichtparasitäre Ursachen

Die Ursachen für kranke, nicht normal entwickelte Pflanzen sind häufig gar nicht Schädlingsbefall oder Krankheiten, sondern nichtparasitäre Faktoren. Im Unterschied zu den parasitären Ursachen sind die nichtparasitären Erkrankungen nicht übertragbar und können bei Erkennen der Ursache meist geheilt werden.

Gute Kultur- und Pflegemaßnahmen sind als vorbeugende Pflanzenschutzmaßnahmen anzusehen. Schon jetzt soll darauf hingewiesen werden, dass eine durch nicht parasitäre Ursachen geschwächte Pflanze sehr anfällig für Krankheiten und Schädlinge ist.

Temperatur – Sie bestimmt in starkem Maße das Wachstum der Pflanzen. Bei niedrigen Temperaturen kann keine Photosynthese stattfinden. Damit werden das Wachstum und andere physiologische Prozesse negativ beeinflusst. Kälteschäden können bei wärmebedürftigen Pflanzen schon bei Temperaturen über 0°C auftreten.

Folgende Symptome können bei Kälteschäden ausgebildet sein:
- Vergilben oder Verfärbungen der Blätter,
- Blattkräuselungen und Aufrollen der Blätter,
- Wachstumsstörungen.

Das Auftreten von Frostschäden hängt von der Frostresistenz der Pflanze ab. Frostresistente Pflanzen bilden Stoffe, z.B. Zucker, organische Säuren, Eiweißverbindungen, die ein Erfrieren des Zellsafts verhindern. Frostschäden, die durch Eisbildung in den Zellen entstehen, erkennt man an schlaffen, wässrigdurchscheinenden Pflanzenteilen die sich schließlich dunkel verfärben.

Sehr häufig entstehen Frostschäden aber durch Frosttrocknis. Bei Sonne und Wind transpirieren die Pflanzen, der Wassernachschub aus dem gefrorenen Boden unterbleibt jedoch. Das Abdecken frostempfindlicher Pflanzen verhindert oder mindert das Auftauen orberirdischer Triebe und damit die Frosttrocknis.

Hitzeschäden durch hohe Temperaturen treten meist in Verbindung mit starker Lichteinstrahlung und Wassermangel auf. Es kann zu Welkeerscheinungen, Verbrennungen der Blätter und vorzeitigem Laubfall kommen. Auch die Hitzeempfindlichkeit ist pflanzenspezifisch.

Licht – Ein Lichtmangel kann zu Chlorosen (Gelbfärbung der Blätter führen, da kein Chlorophyll gebildet wird. Außerdem werden Triebe mit langen Internodien gebildet (Bei überwinterten Pelargonien im Keller kann man das gut beobachten).

Bei zu starker Lichteinstrahlung werden die Plastiden zerstört, was eine Lichtchlorose zur Folge hat.

Wasser – Wassermangel führt zu Welkeerscheinungen. Blätter und Blüten können abgeworfen werden. Staunässe verursacht Sauerstoffmangel. Die Aufnahme von Nährsalzen wird gehemmt. Dies kann sich in einer Gelbfärbung der Blätter zeigen. Außerdem faulen die Wurzeln.

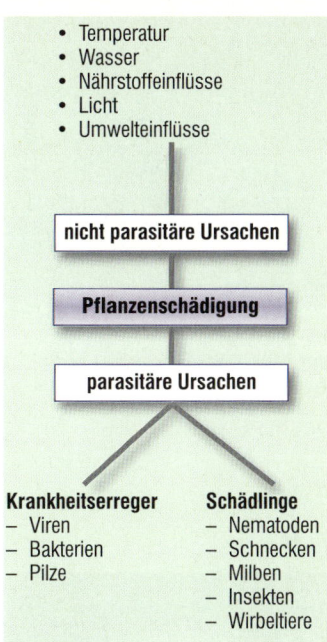

- Temperatur
- Wasser
- Nährstoffeinflüsse
- Licht
- Umwelteinflüsse

nicht parasitäre Ursachen

Pflanzenschädigung

parasitäre Ursachen

Krankheitserreger
- Viren
- Bakterien
- Pilze

Schädlinge
- Nematoden
- Schnecken
- Milben
- Insekten
- Wirbeltiere

Abb. 243: Mögliche Ursachen für Pflanzenschädigungen.

Abb. 244: Kälteschäden bei *Calathea*: Die Blätter rollen sich ein.

Abb. 245: Sonnenbrandschaden bei *Opuntia* (Feigenkaktus).

Abb. 246: Gießen mit zu kaltem Wasser führt zu Blattverfärbungen bei Usambaraveilchen.

Abb. 247: Zu hohe Luftfeuchtigkeit kann bei *Anthurium* Blattpocken hervorrufen.

Abb. 248: Tabaknekrosevirus an Tulpe.

Unregelmäßiges Gießen kann zum Aufplatzen von Pflanzenteilen führen. Auch in diesem Fall können Blätter und Blüten abgeworfen werden.

Zu geringe Luftfeuchtigkeit kann zu Welkeerscheinungen und Abfall der Knospen führen. Braune, vertrocknete Blattspitzen können ein Zeichen für zu geringe Luftfeuchtigkeit sein. Bei zu trockener Luft kann auch der Befall durch Rote Spinne begünstigt werden. Zu hohe Luftfeuchtigkeit kann das Verkorken von Pflanzenteilen verursachen. Auch der Pilzbefall wird durch hohe Luftfeuchtigkeit gefördert.

Nährstoffeinflüsse – Nährstoffmangel beeinflusst das Wachstum der Pflanze und zeigt sich in bestimmten Mangelsymptomen, die für das Fehlen des jeweiligen Nährelementes typisch sind.

Nährstoffüberschuss kommt vergleichsweise selten vor. Bei Stickstoffüberschuss wird das vegetative Wachstum der Pflanze gefördert. Das kann zu einem mastigen Wuchs führen mit unnatürlich dunkelgrünen Blättern. Die Zellwände werden nicht ausreichend verstärkt. Dadurch ist die Standfestigkeit der Pflanze geringer, das Gewebe weich und die Schädlingsanfälligkeit erhöht.

Umwelteinflüsse – Immissionen für die Pflanzenwelt entstehen durch Verbrennungsvorgänge in Industrie, Verkehr und Haushaltungen. Besonders in Industriegebieten und stark besiedelten Gebieten ist die Luft mit Schadstoffen belastet. Immissionen können aber durch den Wind verfrachtet werden und auch noch fern der Ballungsräume Schäden verursachen. Als auftretende Schäden seien Nekrosen, Chlorosen, Verätzungen und das „Waldsterben" genannt.

 Viele Pflanzenerkrankungen haben nicht parasitäre Ursachen. Vorbeugen, d.h. für optimale Wachstumsfaktoren zu sorgen, ist besser als heilen.

2.4.2 Krankheiten

Virosen – Viruserkrankungen oder Virosen werden durch Viren hervorgerufen.

Viren sind Eiweißmoleküle, die nur mit dem Elektronenmikroskop zu erkennen sind. Sie können kugelig oder stäbchenförmig sein. Da Viren keinen eigenen Stoffwechsel haben, können sie im Grunde genommen nicht zu den Lebewesen gerechnet werden, sondern sind vielmehr als chemische Verbindung anzusehen. Das Fehlen eines eigenen Stoffwechsels hat zur Folge, dass das Virus außerhalb eines Wirts, z.B. der Wirtspflanze, nicht lebensfähig ist. Die Wirtspflanze wird bei Befall vom Virus so umgepolt, dass sie unter anderen auch genau die Stoffe bildet, die das Virus zum Überleben braucht.

Das Bestimmen von Virosen ist schwierig, da einerseits sehr viele Schadsymptome auf akuten Virusbefall hinweisen können. Andererseits kann das Virus „maskiert" sein. Es verursacht dann eine latente Virose, die keine Symptome erkennen lässt und unter Umständen nur durch Virustestung festzustellen ist.

Folgende Symptome können auftreten:
- Verfärbungen wie Mosaikscheckung, Vergilbung, streifige Verfärbung der Blütenblätter oder Verlaubungserscheinungen der Blütenblätter;
- Kräuselungen und Einrollen der Blätter;
- Verkrüppelungen von Blättern und Stängeln;
- Wachstumshemmungen und Absterben der Pflanze;
- Wuchsanomalien.

Übertragung – Durch Verletzungen der Pflanze können Viren eindringen. Solche Verletzungen können durch vegetative Vermehrungsarten zugefügt werden, z.B. Stecklingsvermehrung, Veredelungen. Die Übertragung erfolgt z.B. mit den verwendeten Werkzeugen. Verschiedene Schädlinge, z.B. Blattläuse, Weiße Fliege, Älchen, Thripse, können direkt Viren übertragen. Sie werden Vektoren genannt.

Abb. 249: Viröse Kräuselkrankheit an Pelargonie.

Bekämpfung – In erster Linie sind vorbeugende Maßnahmen zu nennen. Dazu gehört auch die Bekämpfung der Vektoren. Eine vorbeugende Maßnahme ist auch das Verwenden von virusfreien Pflanzen und Saatgut. Bei einigen Pflanzen erhält man virusfreie Pflanzen durch eine Wärmebehandlung, bei der die Pflanzen relativ hohen Temperaturen ausgesetzt werden. Auf die Bedeutung meristemvermehrter Pflanzen ist im Kapitel 2.2.2 (Seite 87) schon hingewiesen worden.

Auch Hygiene gehört zu den vorbeugenden Maßnahmen. Messer, die bei der vegetativen Vermehrung verwendet werden, müssen desinfiziert sein, um ein eventuelles Übertragen auf gesunde Pflanzen zu verhindern. Befallene Pflanzen müssen verbrannt werden.

Eine chemische Behandlung von Virosen ist nicht möglich, da ein Wirkstoff über den Stoffwechsel wirken müsste und damit auch der Wirt, die befallene Pflanze, geschädigt würde.

Bakteriosen – Die durch Bakterien verursachten Krankheiten werden Bakteriosen genannt.

In diesem Kapitel ist nur von Bakterien die Rede, die Pflanzenkrankheiten hervorrufen und die es zu bekämpfen gilt. Bakterien sind aber für die Abbauprozesse von organischer Substanz im Boden absolut notwendig und auch bei vielen anderen Vorgängen von Bedeutung (siehe auch S. 50). Krankheitserregende Bakterien können im Gegensatz zu den anderen Bakterien in gesunde Pflanzen eindringen und diese infizieren. Bakterien sind einzellige, kugelige oder stäbchenförmige Lebewesen, die meist chlorophyllfrei sind. Wie die Viren können auch die Bakterien durch Vektoren übertragen werden. Sie dringen durch Verletzungen in die Pflanze ein, können aber auch durch Wurzelhaare, Stomata, Lentizellen, Hydathoden in die Pflanze gelangen. Sie leben entweder in den Intercellularen oder im Xylem der Wirtspflanze.

Abb. 250: Blattartige Gallen an Pelargonie.

Folgende Symptome können auf Bakterienbefall hinweisen:
- Welkeerscheinungen können eine unterbrochene Wasserzufuhr als Ursache haben. Schleimbildende Bakterien leben im Xylem. Dadurch werden die Gefäße verstopft.
- Verfärbungen der Blätter wie auch Chlorosen (Gelbfärbung) oder Nekrosen (Absterben) können durch Giftstoffe verursacht werden, die von den Bakterien ausgeschieden werden.
- Fäulen werden hervorgerufen, wenn durch Enzyme des Erregers die Mittellamelle der Zellwand aufgelöst wird. Somit zerfällt der Zellverband und fault.
- Gewebemissbildungen können sich in krebsartigen Wucherungen, in Gallenbildungen oder in Verbänderungen zeigen.

Bakteriosen an Zierpflanzen – Im Folgenden seien wichtige Beispiele genannt. Bakterielle Welke und Wurzelfäule der Nelke: Die Blätter sind zunächst graugrün und verfärben sich dann gelb. Die unteren Stängelteile reißen auf. Das Xylem verfärbt sich gelblich-braun und ein weißlicher Schleim tritt aus. Es kommt somit zu Welkeerscheinungen, da der Wassertransport stark behindert ist, der Stängelgrund und die Wurzeln faulen.

Abb. 251: Bakteriose an Chrysanthemenblättern.

Abb. 252: Blattfleckenkrankheit (Bakteriose) an Pelargonie.

Abb. 253: Bakterienkrebs an Oleander.

Falscher Mehltau

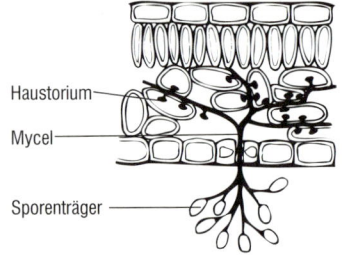

Haustorium

Mycel

Sporenträger

Abb. 254: Der Falsche Mehltau lebt in den Intercellularen.

Echter Mehltau

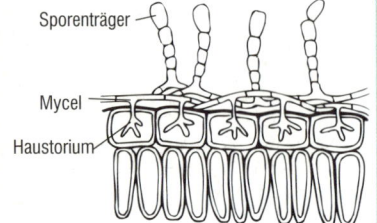

Sporenträger

Mycel

Haustorium

Abb. 255: Der Echte Mehltau lebt auf der Oberfläche von Pflanzenteilen.

Blatt- und Stängelbakteriose bei Begonien (Blattfleckenkrankheit, Ölfleckenkrankheit): An der Blattunterseite erscheinen kleine, glasige, fettartige Flecken. Die befallenen Blatteile werden welk, gelb, schließlich nekrotisch und sterben dann ab. Auch Blattstiele und Stängel können befallen werden. Sie verfärben sich schwarz, werden schlaff und knicken schließlich um. Schneidet man befallene Teile an, tritt ein gelblicher Schleim aus.

Bakterien-Basalfäule der Gladiole (Lackschorf): Im unteren Teil der Blätter sind punktförmige, rötlichbraune Flecken zu erkennen. Diese entwickeln sich zu Nekrosen oder schwärzlichen Faulstellen. Die inneren Blätter faulen zuerst durch Nassfäule weg. Auch die Knollen können befallen werden. Auf den Hüllblättern sind braun-schwarze Flecken, auf den Knollen selber runde, eingesunkene, hornartige, gelbbraune Flecken zu finden. Entfernt man diese, füllen sich die Ausbuchtungen mit einer gummiartigen Masse, die nach dem Trocknen lackartig wirkt.

Bakterienkrebs, Wurzelkropf: Am Wurzelhals und an der Hauptwurzel sind warzenförmige Geschwüre. Das Wachstum der Pflanze ist gestört, da einerseits der Wassertransport der Pflanze behindert ist, andererseits die Assimilate durch den Erreger verbraucht werden.

Bei Rosen, Begonien, Pelargonien, Chrysanthemen und *Euphorbia pulcherrima* (Weihnachtsstern) ist diese Bakteriose zu finden. Seltener ist die Ausbildung von Schadsymptomen an oberirdischen Pflanzenteilen. Beim *Nerium oleander* (Oleander) haben die Blätter braune nekrotische Flecken. Der Stängel bricht auf und ist von krebsartigen Wucherungen befallen. Bei *Asparagus setaceus* (Zierspargel) sind kropfähnliche, bleichgrüne Wucherungen am Stängelgrund zu finden.

Verbänderungen: Von Verbänderungen spricht man, wenn Sprossachse und Seitentriebe zu breiten, bandförmigen Trieben abgeflacht sind. Verbänderungen können bei *Asparagus* (Spargel), *Delphinium* (Rittersporn), *Forsythia* (Goldglöckchen), *Dendranthema* (Chrysantheme), *Lilium* (Lilie) und vielen anderen Zierpflanzen vorkommen. Bekannt ist auch die Verbänderung der Bänderweide, die in Baumschulen als spezielle Art angeboten wird.

Bekämpfungsmaßnahmen – Das Bekämpfen von Bakteriosen mit chemischen Mitteln ist im Grunde genommen nicht möglich. Von großer Bedeutung sind jedoch prophylaktische Maßnahmen.

Mykosen – Die häufigsten Pflanzenkrankheiten sind Mykosen, durch Pilze verursachte Pilzkrankheiten.

Pilze bestehen aus feinen Fäden, den Hyphen, die wiederum ein Pilzgeflecht, das Mycel bilden. Da Pilze kein Chlorophyll enthalten, leben sie saprophytisch oder parasitisch. Die parasitisch lebenden Pilze sind die Erreger der Mykosen. Pilze vermehren sich durch Sporen. Da Wärme und Feuchtigkeit deren Entwicklung begünstigen, wird durch diese beiden Standortfaktoren auch der Pilzbefall gefördert. Pilze und ihre Sporen können über Verletzungen oder die natürlichen Öffnungen der Pflanze eindringen. Einige können aber auch durch die Cuticula ins Innere gelangen. Hier können sie in den Intercellularen oder im Plasma der Wirtspflanze leben. Einige Pilze leben außen auf der Oberfläche der Wirtspflanze. Die benötigten Nährstoffe werden mit Haustorien der Wirtspflanze entnommen.

Mykosen an Zierpflanzen – Die folgenden Mykosen stellen eine Auswahl der wichtigsten, an Zierpflanzen auftretenden Krankheiten dar.

Vermehrungskrankheiten, Umfallkrankheiten: Mit diesem Sammelbegriff werden Pflanzenkrankheiten benannt, die in erster Linie die Wurzel, den Wurzelhals und die unteren Stängelteile befallen.

Hauptsächlich erkranken Sämlinge und Stecklinge. Aber auch ältere Pflanzen, z.B. *Aloë*, *Anthurium* (Flamingoblume), *Erica* oder Kakteen können befallen sein.

Die Sprossachse schnürt sich ein, die unteren Stängelteile sind braun-schwarz verfärbt. Schließlich fallen die Pflanzen um und sterben ab. Von den rot und braun verfärbten Wurzeln lässt sich die Oberhaut leicht entfernen. Die Bodenoberfläche kann von weißgrauen Pilzfäden überzogen sein.

Mehrere Bodenpilze, die in das Pflanzengewebe eindringen, sind für diese Krankheiten verantwortlich. Die Erreger befallen als Schwächeparasiten solche Pflanzen, die nicht ausreichend widerstandsfähig sind. Gefördert wird der Befall durch Bodennässe. Der Sauerstoffmangel verursacht ein Absterben der Wurzeln und damit eine Schwächung der Pflanze.

Echter Mehltau: Der Befall zeigt sich in weißen, mehlartigen Flecken auf Blättern, Stängeln und Blüten. Bei diesem Belag, der sich leicht abwischen lässt, handelt es sich um das Mycel des Pilzes, das auf der Oberfläche der Pflanzenteile wächst. Haustorien wachsen durch das Hautgewebe und entziehen der Wirtspflanze die benötigten Nährstoffe. Die befallenen Pflanzenteile verfärben sich schließlich braun und sterben ab.

Abb. 256: Echter Mehltau an Rosen.

Der Echte Mehltau wird durch unterschiedliche Pilzgattungen hervorgerufen, die meistens auf ganz bestimmte Wirtspflanzen spezialisiert sind. Temperaturschwankungen fördern den Befall. Im Gegensatz zu anderen Pilzen benötigen die Sporen zum Keimen keine Feuchtigkeit.

Folgende Gattungen werden häufig befallen: *Begonia* (Begonie), *Hydrangea* (Hortensie), *Erica*, *Kalanchoë blossfeldiana* (Flammendes Käthchen), *Lathyrus* (Wicke), *Rosa* (Rose).

Falscher Mehltau: Im Gegensatz zum Echten Mehltau lebt das Mycel des Erregers vom Falschen Mehltau in der Pflanze und zwar in den Intercellularen. Die Blattunterseite der befallenen Pflanze ist mit einem weißen schimmelartigen Belag überzogen. Dabei handelt es sich um die Sporenträger des Mycels, die aus den Stomata herausragen. Auf der Blattoberseite sind bleiche, gelbe Flecken, die sich später braun verfärben. Auch die Stängel können befallen werden. Bei starkem Befall vertrocknen die Pflanzenteile und sterben ab. Es kann auch zu Verformungen von Blättern und Stängeln kommen. Wie beim Echten Mehltau ist auch hier der Pilz jeweils auf eine ganz bestimmte Wirtspflanze spezialisiert. Hohe Luftfeuchtigkeit fördert den Befall.

Abb. 257: Echter Mehltau an Begonien.

Folgende Zierpflanzen können befallen werden: *Rosa* (Rose), *Primula* (Primel), *Viola wittrockiana* (Stiefmütterchen).

Grauschimmel: Der Befall zeigt sich zuerst auf beschädigten oder abgestorbenen Pflanzenteilen, die mit einem weißgrauen oder graubraunen Schimmelrasen überzogen sind. Der Erreger kann aber auch auf gesunde Pflanzenteile übergehen. Es handelt sich um einen Schwächeparasiten, der geschwächte Pflanzen befällt.

Im Gegensatz zu den Erregern des Echten und des Falschen Mehltaus ist er nicht spezialisiert und kann auf allen Pflanzen leben. Die befallenen Pflanzenteile verfärben sich schließlich braun. Durch Lichtmangel, feuchtwarme Luft, Nässe, Kälte und zu engen Stand wird die Krankheit gefördert.

Häufig befallen werden u.a. *Cyclamen* (Alpenveilchen), *Pelargonium* (Geranie), *Nertera granadensis* (Korallenbeere), *Begonia*, *Primula*, *Gladiolus* (Gladiole), *Narcissus* (Narzisse), *Tulipa* (Tulpe).

Abb. 258: Grauschimmel an Alpenveilchen.

Abb. 259: Rost bei *Liriodendron*.

Rußtau: Die Pflanzenteile sind mit einem grauen bis schwarzen Belag überzogen. Rußtaupilze treten als Folge eines Befalls z.B. durch Blattläuse, Schildläuse und der Weißen Fliege (Mottenschildlaus) auf. Diese Schädlinge scheiden Honigtau aus, auf dem sich die Rußtaupilze ansiedeln. Rußtaupilze sind keine direkten Pflanzenparasiten. Es kann aber zu Wachstumsschäden kommen, da durch den verminderten Lichteinfall die Photosynthese behindert wird.

Rostkrankheiten: Man kann sie an weißlichen, gelben, orangefarbenen, schwärzlichen oder rostfarbenen Pusteln erkennen, die sich an der Blattunterseite oder am Stängel befinden. Dabei handelt es sich um die Sporenlager der Rostpilze, deren Mycel in den Intercellularen der Wirtspflanze lebt. Auf der Blattoberseite sind häufig gelbliche Flecken zu finden. Befallene Pflanzenteile vertrocknen und sterben schließlich ab bzw. werfen die Blätter ab.

Man unterscheidet wirtstreue von wirtswechselnden Rostpilzen. Bei wirtstreuen Rostpilzen findet die gesamte Entwicklung des Pilzes auf einer Pflanzenart statt, z.B. Pelargonienrost. Bei wirtswechselnden Rostarten, z.B. Fuchsienrost, läuft die Entwicklung auf mehreren Pflanzenarten ab. Viele wirtswechselnde Rostpilze können durch Beseitigen des Zwischenwirtes vernichtet werden. Feuchtkühle Witterung fördert den Befall.

Folgende Pflanzen können häufig befallen werden: *Chrysanthemum, Dianthus* (Nelke), *Erica, Pelargonium* (Geranie), *Rosa* (Rose).

Roter Brenner: Die Blütenschäfte, die Blütenhüllblätter und auch die Zwiebelschuppen weisen rote, rissige Flecken auf. Häufig sind diese in Längslinien angeordnet. Am Grund der Blätter und des Schaftes entwickeln sich rote Faulstellen, die zum vorzeitigen Absterben der Blätter und zum Umknicken des Schaftes führen. Starker Befall kann auch zur Verkrüppelung der Pflanzenteile führen.

Häufig befallen werden *Hippeastrum vittatum* („Amaryllis").

 Parasitisch lebende Pilze sind Erreger der Mycosen. Pilze bestehen aus Hyphen, die das Mycel bilden. Ihre generative Vermehrung erfolgt durch Sporen. Ihre Entwicklung wird durch Wärme und Feuchtigkeit gefördert.

Abb. 260: Rost an Fuchsienblättern.

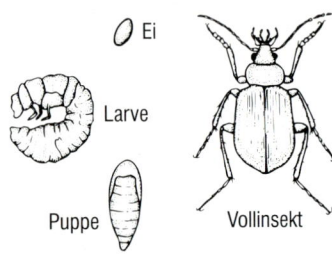

Ei
Larve
Puppe
Vollinsekt

Abb. 261: Vollkommene Entwicklung von Insekten (Beispiel).

2.4.3 Schädlinge

Schädlinge sind Tiere, die die Gesundheit der Pflanzen beeinträchtigen. Sehr viele Schädlinge gehören zu den Insekten. Aber auch Spinnentiere (Milben), Fadenwürmer und Schnecken müssen genannt werden. Selbst höher entwickelte Tiere, z. B. Vögel und Kleinsäuger, können als Schädlinge in Erscheinung treten. Da sie aber selten unseren Zierpflanzen gefährlich werden, können sie hier vernachlässigt werden.

Insekten – Ihr Körper ist deutlich in Kopf, Brust und Hinterleib gegliedert. Das ausgewachsene Insekt hat sechs Beine und häufig auch Flügel. Die vollkommene Entwicklung sieht folgendermaßen aus: Ei – Larve – Puppe – Vollinsekt. Bei einigen Insekten kann die Larve auch als Made (z.B. Fliege) oder als Raupe (z.B. Schmetterling) bezeichnet werden. Die Pflanzen können durch die Larve oder das Vollinsekt, oder aber durch beide Entwicklungsstadien geschädigt werden.

Blattläuse: Sie gehören sicherlich zu den Schädlingen, die am bekanntesten sind. Folgende Symptome weisen auf Blattlausbefall hin: gekräuselte und eingerollte Blätter, gekrümmte Triebe.

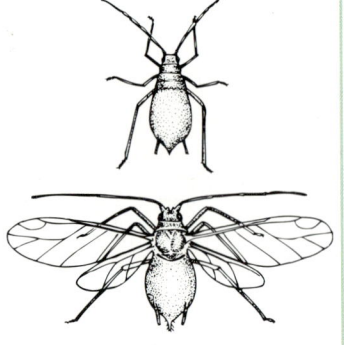

Abb. 262: Blattlaus (ungeflügelt und geflügelt).

An der Blattunterseite und an den Stängeln sitzen in großer Zahl die Blattläuse, die weißlich-gelb, grün oder schwarz sein können. Die Insekten scheiden den klebrigen, zuckerhaltigen Honigtau aus. Dadurch werden einerseits Ameisen angelockt, andererseits können sich Rußtaupilze ansiedeln.

Blattläuse schädigen durch Stechen und Saugen. Der giftige Speichel der Tiere verursacht Kräuselungen und andere Missbildungen. Nochmals erwähnt sei die Bedeutung der Blattläuse als Vektoren für Krankheiten. Wärme und Trockenheit begünstigen ihre Entwicklung.

Da sich Blattläuse auf unterschiedliche Art und Weise vermehren können, ist ihr Fortpflanzungsvermögen unglaublich groß. Bei einer Übervölkerung, also einem hohen Blattlausbesatz an der Wirtspflanze, entwickeln sich geflügelte Blattläuse. Dies wird durch die häufigen Berührungsreize ausgelöst. Die geflügelten Insekten können sich einen neuen Lebensraum suchen. Dadurch wird das Verbreitungsgebiet vergrößert und der Schädlingsbefall weitet sich aus.

Abb. 263: Blattlausbefall an *Malvaviscus arboreus* (Beerenmalve).

Napf- und Deckelschildläuse: Bei Befall von Deckelschildläusen sind die Blätter mit Honigtau überzogen und an der Blattoberseite bilden sich infolge der Saugtätigkeit gelbe Flecken. Auf den Pflanzenteilen, besonders an der Blattunterseite, sind hell- bis dunkelbraune, ovale bis runde Deckelchen, die sich leicht abheben lassen.

Die Männchen und die Larven sind beweglich. Die ungeflügelten, unbeweglichen Weibchen sitzen entweder unter dem Schild, oder ihr Körper verwandelt sich nach der Eiablage in einen gewölbten Schild, der Eier und Larven schützt. Weibchen verbleiben an der Stelle, an der sie sich als Larven festgesetzt haben. Bei Napfschildläusen kann der Schild nicht abgehoben werden, da er die verdickte Rückenhaut des Tieres bildet.

Bevorzugt befallen werden Hartlaubgewächse, wie *Laurus nobilis* (Lorbeer), *Nerium oleander* (Oleander), *Camellia japonica* (Kamelie), *Stephanotis floribunda* (Kranzschlinge) und *Ficus*-Arten.

Abb. 264: Schildläuse an *Asplenium nidus* (Nestfarn).

Woll- oder Schmierläuse: Auf der Blattunterseite oder in den Blattachseln befinden sich kleine, weiße, wattebauschähnliche Flöckchen. Die 3-6 mm langen Insekten tragen keinen Schild. Durch mehlige Wachsausscheidungen ist der Körper weiß bepudert. Zu hohe Wintertemperaturen und eine zu geringe Luftfeuchtigkeit fördern den Befall.

Bevorzugt treten sie auf an *Laurus nobilis* (Lorbeer), *Camellia japonica* (Kamelie), *Codiaeum variegatum* (Kroton), *Phoenix canariensis* (Phoenixpalme) und Succulenten wie Kakteen und *Crassula*-Arten.

Abb. 265: Wolllausbefall.

Mottenschildlaus (Weiße Fliege): Auch der Befall mit der Mottenschildlaus zeigt sich in gelben Blattflecken infolge der Saugtätigkeit. Wie bei allen Läusen und Schildläusen wird Honigtau ausgeschieden. Berührt man die Pflanzenteile, fliegen die weißen Insekten in Massen davon. Körper und Flügel der bis zu 2 mm großen Tiere sind mit weißem Wachsstaub bepudert. Das erklärt auch den Namen „Weiße Fliege". Begünstigt wird das Auftreten der Mottenschildlaus durch Wärme und geringe Luftfeuchtigkeit.

Besonders häufig befallen werden u. a: *Fuchsia* (Fuchsie), *Euphorbia pulcherrima* (Weihnachtsstern), *Calceolaria* (Pantoffelblume).

Thripse (Blasenfüße): Die Blätter der befallenen Pflanzen sind gelbgrün bis silbrigweiß gesprenkelt. Außerdem sind schwarze Kottröpfchen zu erkennen. Es kann auch zum Verkorken der Blätter kommen. Bei starkem Befall vergilben die Blätter, vertrocknen und fallen schließlich ab. Die Blüten können verkrüppelt sein oder verkümmern schon im knospigen Zustand.

Abb. 266: Thrips an Gladiolenblatt (erwachsenes Tier).

Abb. 267: Larven des Gefurchten Dickmaulrüsslers.

Abb. 268: Vollinsekt des Gefurchten Dickmaulrüsslers.

Abb. 269: Schadbild der Minierfliege an Chrysanthemenblatt.

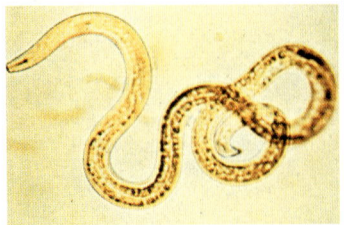

Abb. 270: Nematode (Älchen).

Thripse sind etwa 1 mm lange, weißliche oder dunkel gefärbte Insekten mit zwei Paaren gefranster Flügel und Haftblasen an den Beinen. Sowohl die ungeflügelten Larven wie auch das Vollinsekt schädigen durch Stechen und Saugen. Bei Trockenheit und Wärme entwickelt sich das Insekt besonders schnell. Häufig befallen werden u. a. Ficus-Arten, *Codiaeum* (Kroton), *Dracaena*, *Dianthus* (Nelke), *Gladiolus* (Gladiole), *Cyclamen* (Alpenveilchen), *Cordyline* (Keulenlilie).

Gefurchter Dickmaulrüssler: Käferlarven im Boden fressen die unterirdischen Pflanzenteile ab und verursachen ein Kümmern, Welken und schließliches Absterben der Pflanze. Außerdem können vom Käfer die Blätter buchtartig angefressen sein.

Der etwa 10 mm lange braunschwarze, flugunfähige Käfer frisst hauptsächlich nachts an oberirdischen Pflanzenteilen. Weitaus gefährlicher sind seine weißen, braunköpfigen Larven. Sie fressen die unterirdischen Pflanzenteile an. Durch diesen Fraß wird die Wasserversorgung der Pflanze beeinträchtigt. Dadurch kommt es zu den genannten Welkerscheinungen.

Geschädigt werden u.a. *Cyclamen*, *Sinningia* (Gloxinie), *Rhododendron*, *Fuchsia*.

Minierfliege: Die Blätter lassen dicht unter der Oberfläche gewundene Fraßgänge erkennen, die eine silbrig-weiße Färbung haben. In diesen Fraßgängen lebt die Larve (Made) der Minierfliege. Bei Befall ist das Wachstum der Pflanze gehemmt, außerdem ist ihr Aussehen beeinträchtigt.

Chrysanthemum, *Fuchsia* (Fuchsie), *Pelargonium* (Geranie), *Primula* können befallen werden.

Springschwänze: Beim Gießen von Topfpflanzen können diese Insekten, die in der Erde leben, u.U. in die Höhe springen. Springschwänze sind 1 – 4 mm lange, ungeflügelte Insekten, die weißgrünlich oder blauschwarz gefärbt sind. Eine Springgabel am Hinterleib ermöglicht das Springen. Sie ernähren sich in erster Linie saprophytisch und schädigen nur bei übermäßiger Vermehrung. Zu nasse Erde fördert ihr Vorkommen.

Nematoden (Älchen) – Die fadenförmigen, durchscheinenden Nematoden ernähren sich saprophytisch oder parasitisch. Pflanzenparasitische Nematoden haben einen Mundstachel, mit dem die Pflanzenzellen angestochen und ausgesaugt werden. Sie können in der Wirtspflanze oder auch außerhalb leben. Im Wasser bewegen sie sich schlängelnd fort. Die Pflanzen werden durch den Substanzentzug geschädigt aber auch durch Speichel, der Missbildungen verursachen kann. Nematoden sind auch als Vektoren für Pflanzenkrankheiten von Bedeutung.

Blattälchen: Die Blätter haben zunächst gelbe, später braunschwarze Flecken, die durch die Blattadern begrenzt sind. Bei starkem Befall fallen die Blätter ab. Blattälchen wandern vom Boden aus am feuchten Stängel der Pflanze hoch. Über die Stomata oder über Wunden dringen sie ein und leben in den Interzellularen der Blattspreite.

Begonia, *Chrysanthemum*, *Sinningia* (Gloxinie) und *Saintpaulia* (Usambaraveilchen) können u.a. befallen werden.

Stock- und Stängelälchen: Die Stängel der befallenen Pflanzen sind verkrüppelt oder verwachsen, die Blätter können gekräuselt, verdreht oder anders missbildet sein. Auch Blätter, Knollen und Zwiebeln werden befallen.

Wirtspflanzen können u.a. sein *Hydrangea* (Hortensie), *Hyacinthus* (Hyazinthe), *Phlox*, *Tulipa* (Tulpe), *Narcissus* (Narzisse).

Schnecken – In feuchten Jahren können Schnecken zu einer argen Plage werden. Zierpflanzen im Freien werden vor allem durch Nacktschnecken geschädigt. Die Pflanzen zeigen Fraßschäden, Jungpflanzen können vollständig abgefressen werden. An den Pflanzen und auch am Boden sind silbrig glänzende Schleimspuren festzustellen.

Milben – Im Gegensatz zu den sechsbeinigen Insekten haben Milben, die zu den Spinnentieren gehören, acht Beine. Auch haben sie, anders als die Insekten, einen ungegliederten, sackförmigen Körper. Die Fortpflanzung erfolgt durch die Ablage von Eiern, aus denen sich Larven und schließlich die Milben entwickeln.

Spinnmilben: Die Blattoberseite ist weißlichgelb gesprenkelt. An der Blattunterseite befindet sich ein Gespinst mit den winzigen 0,3 – 0,5 mm großen, meist kugeligen Milben. Sie können gelblich, grünlich, orangerot oder rot sein. Die rötlichen Spinnmilben werden auch als „Rote Spinne" bezeichnet.

Die Blätter sind von fahler, gelbgrauer Färbung, vergilben schließlich, vertrocknen und sterben ab. Spinnmilben schädigen durch Stechen und Saugen und durch ihre Speichelsekrete. Trockenheit und Wärme begünstigen den Milbenbefall.

Folgende Pflanzen werden u.a. häufig befallen: *Anthurium* (Flamingoblume), *Hedera helix* (Efeu), *Dieffenbachia*, *Ficus*-Arten.

Weichhautmilben: Auf den Blättern finden sich braune Flecken und Verkorkungen, die Blattränder sind häufig nach oben gerollt. Die Knospen verkümmern oder vertrocknen, die Blüten und auch die Blätter sind missgestaltet. Die winzigen, farblosen oder gelblichen Milben sind mit bloßem Auge nicht zu erkennen. Sie schädigen durch Stechen und Saugen. Hohe Luftfeuchtigkeit fördert den Befall.

Weichhautmilben sind häufig an *Hedera helix* (Efeu), *Cyclamen* (Alpenveilchen), *Begonia*, *Saintpaulia* (Usambaraveilchen), anzutreffen.

 Häufig werden Krankheiten und Schädlinge mit dem Kauf einzelner erkrankter Pflanzen eingeschleppt. Bei für die Parasiten günstigen Verhältnissen können sie sich verstärkt vermehren und auch auf andere Pflanzen übergreifen. Deshalb ist Vorsicht beim Pflanzenkauf eine wichtige vorbeugende Maßnahme.

2.4.4 Bekämpfungsmaßnahmen

Vorbeugende Maßnahmen – Die wichtigsten Maßnahmen sind vorbeugend (prophylaktisch), d.h. sie tragen dazu bei, dass es gar nicht erst zur Erkrankung kommen kann.

- Wachstumsfaktoren: Steht eine Pflanze am richtigen Standort und hat sie optimale Wachstumsfaktoren, so ist sie widerstandsfähig genug, um mit vielen Krankheitserregern und Schädlingen fertig zu werden.
- Züchtung und Verwendung resistenter Sorten: Durch Züchtung ist es gelungen, Sorten zu finden, die sich gegenüber bestimmten Krankheiten und Schädlingen als widerstandsfähig oder resistent erweisen.
- Verwenden meristemvermehrter Pflanzen: Virusfreie Mutterpflanzen kann man erhalten, wenn Gewebe aus den Vegetationspunkten für die Vermehrung verwendet wird (siehe S. 87f).
- Vernichten erkrankter Pflanzen: Kranke Pflanzen, die nicht geheilt werden können, müssen entfernt und vernichtet werden (aber nicht auf dem Komposthaufen!).

Abb. 271: Nacktschnecke mit Fraßschaden an Gladiolenblatt.

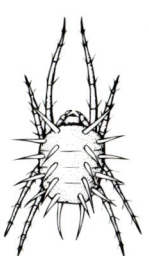
Abb. 272: Spinnmilbe.

Abb. 273: Spinnmilbenbefall bei *Fatsia japonica* (Zimmeraralie).

Abb. 274: eine mehltauresistente Sorte ist *Phlox paniculata* 'Sommerfreude'.

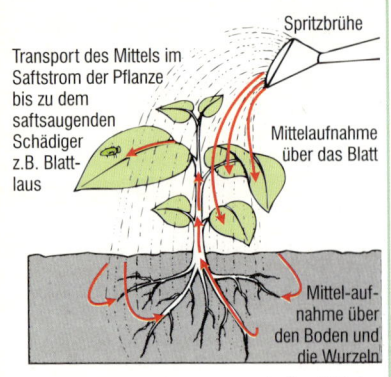

Transport des Mittels im Saftstrom der Pflanze bis zu dem saftsaugenden Schädiger z.B. Blattlaus

Spritzbrühe

Mittelaufnahme über das Blatt

Mittelaufnahme über den Boden und die Wurzeln

Abb. 275: Wirkung systemischer Mittel (Schema), z.B. gegen Blattläuse.

- Beseitigen der Zwischenwirte: Bei wirtswechselnden Rostpilzen entwickelt sich der Schaderreger eine gewisse Zeit lang auf einem Zwischenwirt. Entfernt man diesen, kann die Verbreitung des Pilzes eingedämmt werden.
- Beizen: Saatgut, aber auch Zwiebeln und Knollen können vorbeugend gegen Krankheiten behandelt werden.
- Bodenentseuchung: Durch Dämpfen oder chemische Bodendesinfektion werden Nematoden und andere Schädlinge, Pilze und Bakterien, die im Boden leben, abgetötet.

Einsatz chemischer Mittel – Trotz vorbeugender Maßnahmen kann es zur Schädigung der Pflanzen kommen. Mit chemischen Pflanzenschutzmitteln können viele Krankheiten und Schädlinge bekämpft werden.

Chemische Pflanzenschutzmittel bestehen aus einem Wirkstoff und einem Zusatz- oder Trägerstoff. Es gibt natürliche Wirkstoffe, die aus Pflanzen gewonnen werden und synthetisch hergestellte. Trägerstoffe können Stoffe sein, die eine bessere Haftung des Mittels ermöglichen oder durch ihren Geruch warnen.

Pflanzenschutzmittel werden nach unterschiedlichen Gesichtspunkten eingeteilt. Nach ihrer Wirkungsweise unterscheidet man:

- Prophylaktische Mittel, die vorbeugend verwendet werden.
- Curative, heilende Mittel, die eingesetzt werden, wenn es zur Erkrankung gekommen ist.
- Kombinationspräparate wirken gegen mehrere Arten der Schädigung und der Erkrankung, z.B. gegen schädigende Insekten und gegen Pilzkrankheiten.
- Mittel spezifischer Wirkung richten sich nur gegen einen Schaderreger oder Schädling, z.B. Aphizide, die nur gegen Blattläuse wirksam sind.
- Systemische Mittel werden von den Wurzeln oder den Blättern aufgenommen und durch das Leitgewebe im Innern der Pflanze verteilt.
- Fraßgifte wirken über den Magen der Schädlinge.
- Atemgifte verdampfen schnell und blockieren die Atmung des Schädlings.
- Berührungs- und Kontaktgifte dringen in den Körper des Schädlings ein und verursachen Nervenlähmungen.

Für die Anwendung gibt es unterschiedliche Möglichkeiten, Pflanzenschutzmittel auszubringen. Am einfachsten für den Kunden oder den Floristen sind Spraydosen zu handhaben. Unter Druck wird das Mittel in feinster Tröpfchenform ausgebracht. Ein Mindestabstand von der zu behandelnden Pflanze ist einzuhalten, da es sonst durch das Verdampfen des Treibgases zu Kälteschäden auf den Blättern kommt. Auch sollte man Spraydosen im Freien oder am offenen Fenster handhaben, da ja schließlich auch für den Menschen giftige Wirkstoffe eingesetzt werden. In fester Form werden Granulate, Stäubemittel und Spritzpulver angeboten. Granulate werden auf den Boden gestreut, aus Spritzpulver und Wasser wird eine Spritzbrühe hergestellt, die gespritzt, gesprüht oder genebelt wird. Flüssige Konzentrate lassen sich in Wasser verdünnen. Leicht zu handhaben sind auch Stäbchen, die mit dem Wirkstoff getränkt sind und in den Boden gesteckt werden.

Pflanzenschutzmittel können auch aufgrund der Zielorganismen, gegen die sie sich richten, eingruppiert werden:

- Insektizide: Mittel gegen Insekten,
- Akarizide: Mittel gegen Milben,
- Nematizide: Mittel gegen Nematoden,
- Fungizide: Mittel gegen Pilzkrankheiten,
- Herbizide: Mittel gegen Unkräuter,
- Molluskizide: Mittel gegen Schnecken.

T — Giftig

C — Ätzend

Xn — Gesundheitsschädlich oder reizend

Xi — Reizend

Abb. 276: Die Gefahrensymbole zur Kennzeichnung von Pflanzenschutzmitteln.

Vor- und Nachteile chemischer Pflanzenschutzmittel – Die Vorteile, diese Mittel einzusetzen, bestehen in der raschen und schlagkräftigen Wirkung. Ihr Einsatz ist relativ einfach.

Diesen Vorteilen stehen aber viele Nachteile gegenüber. Beim Einsatz von chemischen Pflanzenschutzmitteln muss man sich immer klar vor Augen halten, dass man hochwirksame Substanzen einsetzt. Bei unsachgemäßer Ausbringung kann die menschliche Gesundheit gefährdet werden. Die Gefährdung anderer Tiere und auch der Nützlinge ist gegeben, da viele Mittel nicht spezifisch wirken.

Ein Pflanzenschutzmittel tötet nur die schwachen Schädlinge, die starken Exemplare überleben und können resistente Schädlingsstämme bilden, die widerstandsfähig gegenüber den erprobten Mitteln sind. Das erklärt die ständige Entwicklung neuer Mittel und die Notwendigkeit, die eingesetzten Mittel zu wechseln.

Durch den Einsatz chemischer Mittel werden neben den Schädlingen oft auch deren natürliche Feinde, die Nützlinge, ausgerottet. Dadurch wird das Gleichgewicht in der Natur empfindlich gestört und es können Schwierigkeiten bei der natürlichen Schädlingsbekämpfung hervorgerufen werden.

Biologische Bekämpfungsmaßnahmen – Ihr Ziel ist nicht das vollständige Ausrotten der Schaderreger, sondern deren Zahl soll nur so stark verringert werden, dass sie keinen Schaden mehr anrichten. Bei der biologischen Schädlingsbekämpfung werden Nutzorganismen gefördert oder eingesetzt, die Räuber, Parasiten oder Krankheitserreger sein können.

Das kann z.B. schon dadurch geschehen, dass man für Vögel und Igel die geeigneten Lebensbedingungen schafft. Es können aber auch bestimmte Nutzorganismen gezielt eingesetzt werden, z.B. Marienkäfer, Schwebfliegen und Florfliegen gegen Blattläuse, Schlupfwespen gegen Weiße Fliege, Raubmilben gegen Spinnmilben. Solche Nutzorganismen werden in Spezialbetrieben vermehrt und können von dort bezogen werden. Bei einigen Schädlingen hat man mit dem Einsatz von krankheitserregenden Viren, Bakterien und Pilzen schon Erfolge erzielt. All diese Maßnahmen zeigen keine solch rasche Wirkung wie die chemischen Mittel, sie schonen aber die Umwelt.

Integrierter Pflanzenschutz – Auch hier besteht das Ziel darin, die Zahl der Schaderreger in einem Maße zu verringern, dass sie unter einer vertretbaren Schadensschwelle liegen. Ein „künstliches" Gleichgewicht wird damit angestrebt. Vorbeugende und biologische Maßnahmen stehen an erster Stelle. Es werden aber auch Pflanzenschutzmittel, die spezifisch wirken und Nützlinge schonen, eingesetzt.

Beim Einsatz chemischer Pflanzenschutzmittel sollte immer bedacht werden, dass man es mit Giften zu tun hat, die dem Menschen und anderen Lebewesen schaden können und die die Natur belasten.
Ein Einsatz darf nur wohl überlegt, vorsichtig und vorschriftsgemäß erfolgen. Auch die leicht zu handhabenden Spraydosen sollten nicht in geschlossenen Räumen angewandt werden.

Abb. 277: Zulassungszeichen der Biologischen Bundesanstalt (BBA) für anerkannte (unten) und zugelassene (oben) Pflanzenschutzmittel.

Abb. 278: Blautafeln gegen Thripse.

Abb. 279: Ein einziger Marienkäfer vertilgt bis zu 60 Blattläuse am Tag.

§ 22
Abgabe im Einzelhandel

(1) Pflanzenschutzmittel dürfen im Einzelhandel nicht durch Automaten oder durch andere Formen der Selbstbedienung in den Verkehr gebracht werden. Dies gilt nicht für Wachstumsregler, die für die Anwendung an abgeschnittenen Zierpflanzen außer Anbaumaterial bestimmt sind.

(2) Die Abgabe von Pflanzenschutzmittel im Einzelhandel ist von der zuständigen Behörde ganz oder teilweise zu untersagen, wenn Tatsachen die Annahme rechtfertigen, dass der Gewerbetreibende oder derjenige, der für ihn Pflanzenschutzmittel abgibt, nicht die für eine sachgerechte Unterrichtung des Erwerbers über die Anwendung der Pflanzenschutzmitteln und die damit verbundenen Gefahren erforderlichen fachlichen Kenntnisse hat.

(3) Die erforderlichen fachlichen Kenntnisse sind der zuständigen Behörde auf Verlangen nachzuweisen. § 10 Abs. 3 Satz 2 bis 4 gilt entsprechend.

Abb. 280: § 22 Abgabe im Einzelhandel.

2.4.5 Rechtsgrundlagen

Das Pflanzenschutzgesetz von 1986 ist die gesetzliche Grundlage für die Bereiche des Pflanzenschutzes. Es enthält u.a.folgende Bestimmungen:

- Kulturpflanzen und Pflanzenerzeugnisse vor Schadorganismen und nichtparasitären Beeinträchtigungen zu schützen (§ 1),
- Gefahren für Mensch, Tier und Naturhaushalt abzuwenden, die durch Maßnahmen des Pflanzenschutzes entstehen können (§ 1),
- Pflanzenschutzmittel dürfen nur nach guter fachlicher Praxis angewandt werden. Zur guten fachlichen Praxis gehört, dass die Grundsätze des integrierten Pflanzenschutzes berücksichtigt werden (§ 6),
- Pflanzenschutzmittel dürfen nur auf landwirtschaftlich, forstwirtschaftlich oder gärtnerisch genutzten Freilandflächen angewandt werden (§ 6),
- Pflanzenschutzmittel dürfen nur in den Verkehr gebracht werden, wenn sie von der Biologischen Bundesanstalt zugelassen sind (§ 11).

Wichtige Einzelbestimmungen des Gesetzes sind:

- Wer Pflanzenschutzmittel in einem Betrieb der Landwirtschaft, des Gartenbaus oder der Forstwirtschaft anwendet oder Auszubildende anleitet oder beaufsichtigt, muss die dafür erforderlichen fachlichen Kenntnisse und Fertigkeiten haben. (**Sachkundenachweis für die Anwendung von Pflanzenschutzmitteln**, § 10),
- Pflanzenschutzmittel dürfen im Einzelhandel nicht durch Automaten oder durch andere Formen der Selbstbedienung in den Verkehr gebracht werden.

Derjenige der Pflanzenschutzmittel abgibt, muss die erforderlichen fachlichen Kenntnisse haben, um den Käufer über die Anwendung der Pflanzenschutzmittel sachgerecht unterrichten zu können.
Die erforderlichen fachlichen Kenntnisse sind auf Verlangen nachzuweisen. (**Sachkundenachweis für die Abgabe von Pflanzenschutzmitteln**, § 22).

Mit dem Bestehen der Abschlussprüfung im Bereich Technologie erhalten Floristen den Sachkundenachweis für die Abgabe von Pflanzenschutzmitteln.

2.4.6 Behörden des Pflanzenschutzes

Die Biologische Bundesanstalt (BBA) ist eine Behörde des Bundes. Sie hat ihren Sitz in Braunschweig und ist für folgende Aufgaben zuständig:

- Unterrichtung und Beratung der Bundesregierung auf dem Gebiet des Pflanzenschutzes,
- Forschung im Bereich des Pflanzenschutzes,
- Prüfung und Erteilung der Zulassung von Pflanzenschutzmitteln sowie
- Prüfung der Pflanzenschutzgeräte.

2.5 Pflanzenernährung und Düngung

Neben den Wachstumsfaktoren Wasser, Luft, Licht und Temperatur sind die **Nährstoffe** für die Entwicklung und ein optimales Wachstum der Pflanze unentbehrlich.
Durch Verwitterung von Gesteinen und Verwesung von organischer Substanz werden dem Boden Nährstoffe geliefert, welche die Pflanzenwurzeln aufnehmen. Der Nährstoffgehalt der Böden ist je nach Bodenart unterschiedlich

(siehe S. 112) und kann durch Düngung ausgeglichen werden. Bei Substraten und Erden werden die Nährstoffe entsprechend dem Bedarf der Pflanzen hinzugefügt.

2.5.1 Pflanzennährstoffe

Folgende **Nährelemente** sind in den Nährstoffe enthalten und sind für das Pflanzenwachstum unentbehrlich. Da die Pflanzen diese Nährelemente in unterschiedlichen Mengen benötigen, werden sie folgendermaßen unterschieden:

Hauptnährelemente	C	Kohlenstoff
	O	Sauerstoff
	H	Wasserstoff
	N	Stickstoff
	P	Phosphor
	K	Kalium
	Mg	Magnesium
	Ca	Calzium
	S	Schwefel
Spurennährelemente	Fe	Eisen
	Mn	Mangan
	Zn	Zink
	Cu	Kupfer
	B	Bor
	Mo	Molybdän
nützliche Elemente	Cl	Chlor
	Na	Natrium
	Si	Silizium
	Co	Kobalt
	Al	Aluminium

Abb. 281: Stickstoffmangel.

Die **Hauptnährelemente** werden von den Pflanzen in größeren Mengen benötigt.
Stickstoff, Phosphor und Kalium werden auch **Kernnährelemente** genannt.
Spurennährelemente werden nur in geringen Mengen benötigt.
Nützliche Elemente fördern bei einigen Pflanzenarten deren Wachstum.

Verbindung	Elemente
CO_2 (Kohlendioxid)	C, O
O_2 (Sauerstoff)	O
H_2O (Wasserstoffoxid = Wasser)	H, O

Folgende Nährstoffe werden als positiv (+) oder negativ (−) geladene Ionen durch die Wurzelhaare aufgenommen.

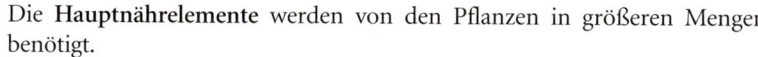

Ion		Ion	
NH_4^+	Ammonium	Fe^{2+}	Eisen
NO_3^-	Nitrat	Mn^{2+}	Mangan
PO_4^{3-}	Phosphat	Zn^{2+}	Zink
K^+	Kalium	BO_3^-	Borat
Mg^{2+}	Magnesium	Cu^{2+}	Kupfer
Ca^{2+}	Calzium	MoO_4^{2-}	Molybdat
SO_4^{2-}	Sulfat		

Abb. 282: Eisenmangel.

Abb. 283: Kalimangel bei Rhododendron.

Stickstoff (N) ist das Nährelement, das von den Pflanzen in größten Mengen benötigt wird. Zwar befinden sich in der Luft 78% Stickstoff, doch kann dieser Luftstickstoff von den meisten Pflanzen als Nährstoff nicht genutzt werden. Bevorzugt hinsichtlich einer Stickstoffversorgung aus der Luft sind die Leguminosen, die mit Knöllchenbakterien in Symbiose leben (siehe S. 47) Diese Bakterien binden den Luftstickstoff und machen ihn somit für die Pflanze verfügbar.

$$N_2 \ + \ 3H_2 \ + \ \longrightarrow \ 2\,NH_3$$

Im Boden wird Stickstoff hauptsächlich durch die Mineralisierung organischer Substanz geliefert.

Nitrationen werden von der Pflanze aufgenommen. Aufgrund seiner negativen Ladung können Nitrationen aus dem Boden ausgewaschen werden.

Abb. 284: Kalimangel bei Rosen.

2.5.2 Düngemittel

Düngemittel enthalten Pflanzennährstoffe. Diese verbessern in Böden und Substraten das Pflanzenwachstum.

Mehrnährstoffdünger werden in Blumenfachgeschäften meist in Form von Düngesalzen, Flüssigdüngern und Depotdüngern angeboten.

Durch den Einfluss der Temperatur erfolgt bei Depotdüngern die Nährstofffreigabe. Diese findet sehr langsam statt. Da die Nährstoffe über mehrere Monate freigesetzt werden, muss man nicht jede Woche ans Düngen denken. Sehr vorteilhaft ist die Depotdüngung bei Balkonpflanzen, die den Nährstoffvorrat für ihre ganze Vegetationsperiode mit dem Pflanzsubstrat bekommen.

Flüssigdünger (Angaben in %):

	N	P	K	Mg	Spurennähr- elemente
Hakaphos fluid	6	4	6	–	+
Wuxal super	8	8	6	–	+
Wuxal Suspension Typ 5	16	16	12	–	+
Kamasol rot	5	8	10	–	–
Mairol flüssig	6	4	5	–	–

Düngesalze (Angaben in %):

	N	P	K	Mg	Spurennähr-elemente
Poly Crescal	14	10	14	0,7	+
Poly Fertisal	8	14	18	0,7	+
Planta aktiv	20	5	10	+	+
Hakaphos spezial	18	12	16		+
Hakaphos perfekt	14	10	14		+
Mairol	14	12	14		
Alkrisal	18	6	12	0,7	+
Hortal	6	20	30	+	+
Floraktiv	8	15	20	+	+
Terraktiv	14	10	14	+	+

Depotdünger für die Vorratsdüngung (Angaben in %):

	N	P	K	Mg	Spurennähr-elemente
Plantosan 4D	20	10	15	6	+
Osmocote, 3-4 Mon.	15	12	15	–	––
Osmocote. 6-9 Mon.	16	10	13	–	–
Triabon	16	8	12	4	+
Nutricote, 100 Tage	13	13	11	–	–
Nitrophoska perm.	15	9	15	2	+

Bei Nährstoffmangelsymptomen, die auf das Fehlen von Spurennährelementen hinweisen, können gezielt **Spurennährelementedünger** gegeben werden.

Spurennährelementedünger (Angaben in %):

Eisensulfat	20% Fe
Fetrilon	5% Fe
Kupfersulfat	25% Cu
Mangansulfat	30% Mn
Hüttenkalk	3% Mn
Zinksulfat	23% Zn
Borax	11% B
Natriummolybdat	40% Mo
Ammoniummolybdat	54% Mo

Abb. 285: Nährstoffmangel durch Staunässe.

Nährelement	Symbol	Ion	Bedeutung	Mangel
Stickstoff	N	NO_3^-	für das vegetative Wachstum Bestandteil von Chlorophyll, Eiweiß, Vitaminen, Enzymen	Gelbfärbung der älteren Blätter, Notblüten
Phosphor	P	$H_2PO_4^-$	für das generative Wachstum Baustein von Zellbestandteilen und Enzymen	schmutziggrüne Verfärbung und Rotfärbung der älteren Blätter, mangelnde Blüten-und Fruchtbildung
Kalium	K	K^+	verbesserte Dürre- und Frostresistenz erhöhte Standfestigkeit	schlaffe und welke Blätter („Welketracht"), Blattrandnekrosen, die sich zur Blattmitte ausbreiten
Calcium	Ca	Ca^{2+}	Pflanzendünger: Wird in die Zellwände eingebaut und beeinflusst somit die Standfestigkeit der Pflanze, wesentliche Bedeutung für die Zellstreckung Bodendünger: erhöht den pH-Wert, die biologische Aktivität und und die N-Mineralisierung, verbessert die Bodenstruktur und die Aufnahme anderer Nährstoffe	Chlorose in den jüngeren Blättern, Verkrümmungen und Abknicken der Sprossspitze in jungen Geweben, Stippigkeit bei Äpfeln, Fruchtfäule bei Tomaten
Magnesium	Mg	Mg^{2+}	Bestandteil des Chlorophylls An der Photosynthese und am Eiweißaufbau beteiligt	Interkostalchlorose, älterer Blätter, später Nekrosen
Schwefel	S	SO_4^{2-}	Befindet sich im Zellsaft und in den Aminosäuren	Chlorose jüngerer Blätter, gestörte Eiweißbildung
Eisen	Fe	Fe^{2+}	Ist an der Chlorophyllbildung beteiligt und Bestandteil von Enzymen	Interkostalchlorose in den jungen Blättern. Bei starkem Mangel weiße Blätter und Nekrosen
Mangan	Mn	Mn^{2+}	Ist an der Chlorophyllbildung und der Photosynthese beteiligt und aktiviert Enzyme	Fleckigkeit älterer Blätter
Zink	Zn	Zn^{2+}	Ist an der Chlorophyllbildung beteiligt und aktiviert Enzyme	Sehr kleine rosettenförmig angeordnete Blätter, Interkostalchlorose jüngerer Blätter
Kupfer	Cu	Cu^{2+}	Ist an der Chlorophyllbildung und der Photosynthese beteiligt und aktiviert Enzyme	Chlorose und Weißfärbung der jüngsten Blätter und Blattspitzen, reduzierte Fruchtbildung
Molybdän	Mo	Mo_4^{2-}	Ist Bestandteil von Enzymen, die bei der Stickstoffumwandlung von Bedeutung sind	Blätter verfärben sich zunächst blaugrün, später hellgrün bis gelb, Ausbildung von nekrotischen Flecken
Bor	B	BO_3^-	Ist Bestandteil der Zellwände und ist bei der Bildung von Kohlenhydraten von Bedeutung	Chlorosen und Nekrosen an jüngeren Blättern

2.6 Boden, Erde, Substrate

2.6.1 Entstehung und Zusammensetzung des Bodens

Boden ist die oberste Schicht der Erdkruste, die durch Verwitterung von Gesteinen und Verwesung organischer Substanz entstanden ist. Boden dient den meisten höheren Pflanzen als Standort.

Anorganisches Ausgangsmaterial: Gesteine bestehen aus einem oder mehreren **Mineralien**. Mineralien sind z.B. Quarz, Feldspat, Glimmer, Carbonate. Aufgrund unterschiedlicher Entstehung unterscheidet man bei den Gesteinen Magmatite, Sedimente und Metamorphite.

Magmatite sind vulkanischen Ursprungs. Beispiele für Magmatite sind Granit, Basalt, Porphyr. Je nachdem wie schnell die Gesteinsmassen abgekühlt sind, sind die im Gestein enthaltenen Mineralien grobkörnig oder feinkörnig.

Sedimente: Bei der Verwitterung von Gesteinen werden die löslichen Minerale mit dem Wasser forttransportiert und in Meeren und Seen abgelagert. Hier können sie wie z.B. der Kalk auch in den Schalen und Skeletten von Organismen eingelagert werden. Die schwer löslichen Bestandteile werden durch Wasser, Wind oder Eis transportiert und an anderer Stelle abgelagert.

In einem Flussbett kann man gut erkennen, dass die Teilchen mit zunehmender Transportlänge immer kleiner werden. Je nach Teilchengröße entstehen Kiese, Sande oder Tone.

Diese zunächst lockeren Sedimente können im Laufe der Zeit verfestigt werden und es entstehen Konglomerate, Sandsteine, Schiefertone, Kalk- und Dolomitgesteine.

Metamorphite können durch Einwirken von hohem Druck und hoher Temperatur aus Magmatiten und Sedimenten entstehen. Gneise, Tonschiefer und Marmor sind bekannte Metamorphite.

Verwitterung: Physikalische, chemische und biologische Kräfte tragen zur Verwitterung der Gesteine bei. Dadurch wird das Ausgangsmaterial zerkleinert und diese Zerkleinerung des Gesteins ist die Voraussetzung für die Bodenbildung.

Bei der **physikalischen Verwitterung** findet eine mechanische Zerkleinerung des Gesteins statt. Durch Temperaturunterschiede kommt es zu einer unterschiedlich starken Ausdehnung der Mineralien im Gestein und zu Spannungen. Die Folge davon sind Risse und Spalten. Wasser, das in die Risse und Spalten eindringt, dehnt sich beim Gefrieren aus und sprengt das Gestein. Diese Art der physikalischen Verwitterung nennt man Spaltenfrost.

Beim Transport durch Eis, fließendes Wasser und Wind werden die Gesteine weiter zerrieben. Gesteine die weniger harte Mineralien enthalten werden schneller zerrieben.

Chemische Verwitterung: Durch die physikalische Verwitterung wurde das Gestein zerkleinert und die Oberfläche wurde vergrößert. Je größer die Oberflächen sind, umso besser können Lösungsprozesse stattfinden. Kochsalz und Gips sind wasserlöslich und können mit dem Wasser forttransportiert werden. Säuren wie beispielsweise die Kohlensäure verstärken die Lösungskraft des Wassers. Durch den Einfluss von Säuren werden kalkhaltige Verbindungen gelöst.

Biologische Verwitterung: Physikalische und chemische Kräfte, die auf den Einfluss der Pflanzen oder der Tiere zurückzuführen sind, werden der biologischen Verwitterung zugeordnet.

Physikalische Kräfte machen sich bemerkbar beim Dickenwachstum von Pflanzenwurzeln, die in Gesteinsspalten eindringen.

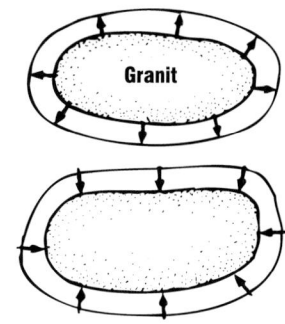

Abb. 286: Durch Temperaturunterschiede enstehen Spannungen im Gestein.

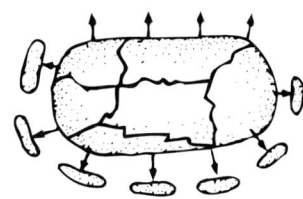

Abb. 287: Es entstehen Risse und Spalten. Der äußere Bereich platzt ab.

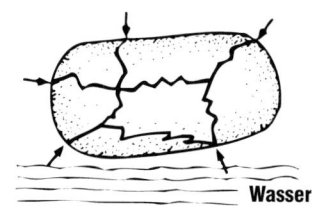

Abb. 288: Wasser dringt in die Risse und Spalten ein.

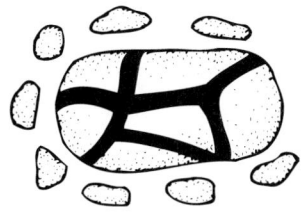

Abb. 289: Das Wasser gefriert und dehnt sich aus. Der Stein wird gesprengt.

Abb. 290: Ton, Schluff und Sand unterscheiden sich durch ihre Korngröße.

Abb. 291: Schwarztorf.

Abb. 292: Weißtorf.

Abb. 293: Sandstein.

Da Pflanzenwurzeln bestimmte Nährelemente aufnehmen und sie bei der Wurzelatmung Ionen abgeben, wirken sie ebenfalls bei der chemischen Verwitterung mit. Niedere Pflanzen wie Algen, Flechten, Pilze und Moose, welche die Oberflächen von Gesteinen besiedeln, tragen ebenfalls zur biologischen Verwitterung bei.

Bodenarten unterscheiden sich durch ihre unterschiedlichen Korngrößen.

Material	Korngröße
Ton	< 0,002 mm
Sand	< 2,0 mm
Steine und Kiese	> 2,0 mm

Eigenschaften von

Sand	Ton
* hohe Wasserdurchlässigkeit	* geringe Wasserdurchlässigkeit (oft Staunässe)
* geringe Wasserspeicherung	* gute Wasserspeicherung
* gute Durchlüftung	* schlechte Durchlüftung
* geringer Nährstoffgehalt	* hoher Nährstoffgehalt
* geringe Nährstoffspeicherung	* gute Nährstoffspeicherung

Reine Sand- oder Tonböden sind selten. Mineralböden enthalten meist eine Mischung verschiedener Korngrößen.

Lehmböden haben Eigenschaften, die zwischen den beiden Extremen Sand und Ton liegen.

Organische Substanz: Abgestorbene pflanzliche und tierische Stoffe und ihre organischen Umwandlungsprodukte, die sich im oder auf dem Boden befinden, gehören zur organischen Substanz des Bodens. Sie haben einen unterschiedlichen Grad der Zersetzung erreicht und werden auch als Humus bezeichnet.

Die im Humus enthaltenen Nährstoffe werden dank der Mineralisierung durch die Bodenlebewesen pflanzenverfügbar und stellen für die Pflanzen eine Nährstoffquelle dar.

Je mehr Humus der Boden enthält, umso mehr Bodenlebewesen siedeln sich an und umso besser ist die Nährstofflieferung. Durch den Humusgehalt wird außerdem die Speicherfähigkeit für Wasser und Nährsalzionen im Boden verbessert.

Durch die Zerkleinerung der organischen Substanz und auch durch die Lockerung und Durchlüftung des Bodens leisten die Vertreter der Bodenfauna die Vorarbeit für die Tätigkeit der Mikroorganismen. Diese führen chemische Umwandlungsprozesse durch, die schließlich zur Mineralisierung pflanzenverfügbarer Nährsalzionen führen.

Bodenlebewesen: Die Umwandlung und Mineralisierung der organischen Substanz geschieht durch die Bodenlebewesen. Zur **Flora** der Bodenlebewesen gehören Pflanzen wie Bakterien, Strahlenpilze und Pilze.

Aerobe, sauerstoffliebende, Bakterien werden bei guter Durchlüftung tätig und bewirken die **Verwesung**. Die organische Substanz wird bei diesem Prozess vollständig abgebaut und schließlich mineralisiert.

Bei mangelnder Durchlüftung finden **Fäulnisprozesse** statt. An dieser unvollständigen Zersetzung der organischen Substanz sind anaerobe, luftmeidende, Bakterien beteiligt.

Zur Fauna gehören beispielsweise Nematoden, Regenwürmer, Milben, Asseln, Tausendfüßler und Insekten, aber auch Maulwürfe und Wühlmäuse.

Ein Vertreter der Bodenfauna, der **Regenwurm** soll besonders genannt werden. Durch seine Gänge werden die Durchlüftung und das Wasseraufnahmevermögen des Bodens verbessert. Außerdem frisst er organische Substanz und Boden und scheidet dieses als nährstoffreichen Humus aus.

Der Begriff **Edaphon** bezieht sich nur auf die Bodenlebewesen, die im Boden leben.

Bei Vorhandensein von genügend organischer Substanz, optimaler Temperatur, Durchlüftung und Feuchtigkeit wird die Tätigkeit der Bodenlebewesen aktiviert. Auch der pH-Wert der Böden beeinflusst die Tätigkeit der Bodenebewesen. Die meisten bevorzugen eine neutrale bis schwach alkalische Reaktion.

2.6.2 Der pH-Wert

Der Säuregehalt eines Bodens oder einer Lösung wird durch den pH-Wert angegeben. pH ist die Abkürzung des lateinischen pondus hydrogenii und gibt das Gewicht des Wasserstoffes an.

In chemisch neutralem Wasser liegen gleich viele OH^--Ionen und H_3O^+-Ionen (Hydroniumionen) vor. Durch Zugabe einer Säure wird die Zahl der H_3O^+-Ionen vergrößert und die Lösung reagiert sauer. Durch Zugabe einer Lauge wird die Zahl der OH^--Ionen vergrößert und die Lösung reagiert alkalisch.

Die pH-Werte werden in einer Skala angegeben mit Zahlen von 0 bis 14.

Bei pH 7 sind im Wasser gleichviele H_3O^+- und OH^--Ionen vorhanden. Die Lösung reagiert neutral.

Wird die Zahl kleiner, erhöht sich die Zahl der H_3O^+-Ionen und die Lösung wird zunehmend saurer.

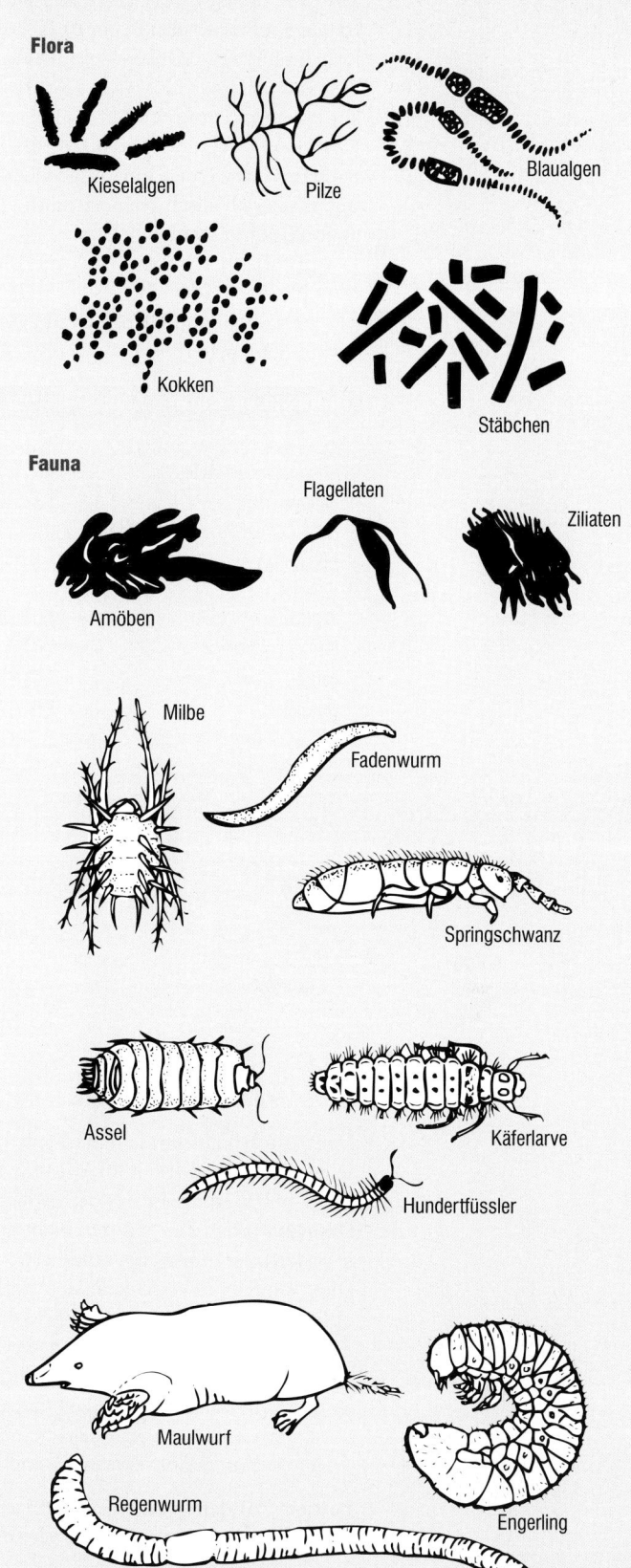

Abb. 294: Bodenlebewesen.

Je größer die Zahl des pH-Wertes ist, umso höher ist die OH^--Ionenkonzentration und umso alkalischer ist die Reaktion.

Kohlensäure (H_2CO_3) entsteht bei der Atmung der Pflanzenwurzeln und der Mikroorganismen aus CO_2 (Kohlendioxid) und H_2O (Wasser). Dadurch kommt es im Laufe der Zeit im Boden zu einer Absenkung des pH-Wertes.

Um den pH-Wert des Bodens anzuheben, wird man in der Praxis dem Boden natürlich keine Lauge hinzufügen. Durch Zugabe von Kalk, der in Verbindung mit Wasser alkalisch reagiert, kann eine neutrale bis schwach alkalische Reaktion bewirkt werden.

Der pH-Wert beeinflusst einerseits die Verfügbarkeit der Nährstoffe und die Aktivität der Bodenlebewesen. Andererseits ist das Pflanzenwachstum vom pH-Wert abhängig. Allerdings gibt es nicht einen optimalen pH-Wert für alle Pflanzen. Pflanzen bevorzugen unterschiedliche pH-Werte.

Optimale ph-Werte einiger Pflanzen

Rhododendron-Arten	3,2 – 4,3	*Pelargonium*	5,0 – 6,3
Calluna vulgaris	3,3 – 4,3	*Asparagus*	5,5 – 7,0
Erica gracilis	3,5 – 5,5	Blumenzwiebeln	6,0 – 7,0
Hydrangea macrophylla (blau)	4,0 – 4,5	Kakteen	7,0 – 7,5
Azaleen	4,0 – 4,5	Palmen	6,0 – 7,5
Camellia japonica	4,0 – 5,0	Rosen	6,0 – 7,0
Farne	4,5 – 5,5	*Crassula*	6,5 – 7,0
Bromelien	4,5 – 5,5	*Passiflora*	6,0 – 8,0

10^{-14}		10^{-11}			10^{-7}				10^{-3}					OH^--Ionen-Konzentration
0	1	2	3	4	5	6	7	8	9	10	11	12	13	14	pH-Wert
10^{-0}		10^{-3}			10^{-7}				10^{-11}					H^+-Ionen-Konzentration

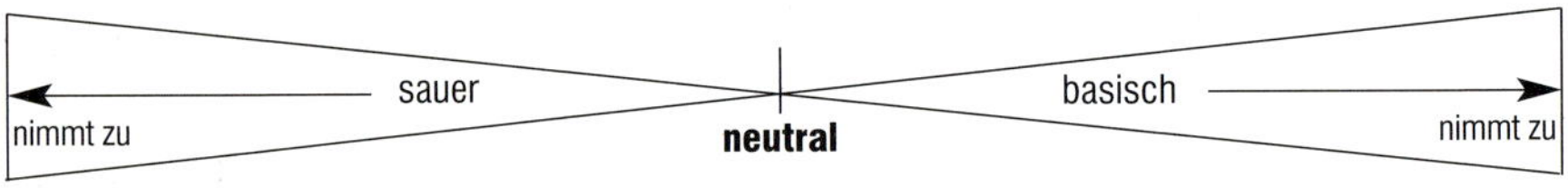

sauer ← nimmt zu   neutral   basisch → nimmt zu

Abb. 295: pH-Skala.

2.6.3 Erden und Substrate

Der natürlich entstandene Boden kann hinsichtlich seines Nährstoffgehaltes, seiner Speicherfähigkeit für Wasser und Nährstoffe, seiner Durchlüftung und seines pH-Wertes sehr unterschiedlich sein.

Deshalb werden Zierpflanzen nicht in natürlich entstandenen Böden sondern in Erden oder Substraten kultiviert.

Diese werden aus verschiedenen Ausgangsstoffen gemischt und bieten Planzen optimale Wachstumsbedingungen, da

– durch günstige Porenverhältnisse der Wasser- und Lufthaushalt optimal ist,
– ein günstiger pH-Wert eingestellt werden kann,
– der Nährstoffgehalt auf die Pflanzen speziell eingestellt werden kann,
– sie durch Dämpfung oder chemische Desinfektion frei von Krankheitserregern und Unkrautsamen sind.

Betriebe, zu denen eine Gärtnerei gehört, werden auch selbstgemischte Betriebserden, z.B. Komposterde verwenden. Die meisten Floristen pflanzen in die schon gemischt erhältlichen Industrieerden, wie Torfkultursubstrate und Einheitserden. Torfkultursubstrate bestehen aus Weißtorf. Einheitserden enthalten 40% Ton und 60% Torf.

Torfkultursubstrate

Typ	Eigenschaften	Verwendung
TKS 1	geringer Nährstoffgehalt	für Aussaaten, Stecklinge, Jungpflanzen, für Pflanzen mit geringem Nährstoffbedürfnis
TKS 2	hoher Nährstoffgehalt	zur Weiterkultur von Pflanzen mit hohem Nährstoffgehalt
TKS spezial	enthält nur Kalk und Spurennährelemente, keine Hauptnährelemente	für Sonderkulturen

Einheitserden

Typ	Eigenschaften	Verwendung
Pikiererde (Typ P)	geringer Nähstoffgehalt	für Aussaaten, Stecklinge, Jungpflanzen, für Pflanzen mit geringem Nährstoffbedürfnis
Topferde (Typ T)	hoher Nährstoffgehalt	zur Weiterkultur von Pflanzen mit hohem Nährstoffgehalt
Nullerde (Typ 0)	enthält nur Kalk und Spurennährelemente, keine Hauptnährelemente	für Sonderkulturen, muss aufgedüngt werden
ED 73	hoher Nährstoffgehalt; enthält den Vorratsdünger Plantosan	zur Weiterentwicklung von Pflanzen mit hohem Nährstoffbedarf

Abb. 296: Zierpflanzen werden in Erde oder Substrat gepflanzt.

Zuschlagstoffe: Durch Beimischung von Zuschlagstoffen können die Durchlüftung und die Wasser- und Nährstoffspeicherfähigkeit von Erden und Substraten beeinflusst, bzw. verbessert werden.

Styromull besteht aus nährstofffreien Kunststoffflocken mit geschlossenem Porenraum. Styromull kann kein Wasser und keine Nährstoffe speichern. Es dient der Lockerung von Boden und Erden, die zur Vernässung neigen. Es wird bis zu einem Anteil von 25% beigemischt.

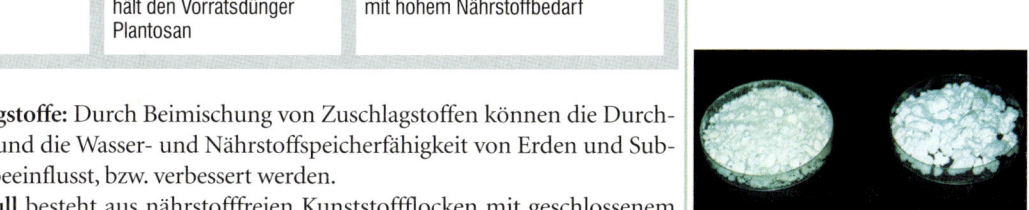

Abb. 297: Hygromull und Styromull.

Hygromull hat offene Poren und kann Wasser und Nährstoffe speichern.Es wird bis zu einem Anteil von 20% zugegeben und wird im Boden durch Mikroorganismen zersetzt.

Hygropor besteht aus 70% Hygromull und 30% Styromull und vereinigt beide Eigenschaften.

Rindensubstrate: Um den Torfbedarf zu reduzieren hat man lange nach einer Alternative gesucht. Rindensubstrate sind kompostierte Rindenabfälle.

Rindenhumus hat einen pH-Wert von größer als 5,5 und wird mit und ohne Nährstoffe angeboten. Es gibt davon unterschiedliche Typen, die sich in ihrer Teilchengröße unterscheiden. Zwar ist die Durchlüftung von Rindenhumus gut, das Wasserspeichervermügen ist jedoch geringer als das von Torf.

Abb. 298: Rindenhumus.

2.7 Pflanzenbeispiele

Abb. 299: *Lathyrus odoratus* (Wicke).

In diesem Kapitel sollen Pflanzen, die für den Floristen wichtig sind, vorgestellt werden. Aus Gründen der Übersichtlichkeit geschieht dies in Form von Pflanzenlisten. Im Rahmen dieses Buches kann es sich bei jeder Zusammenstellung nur um eine kleine Auswahl handeln. Grundlage für die Benennung der Pflanzen ist, wie bei allen in diesem Buch genannten Pflanzenbeispielen, ZANDER, „Handwörterbuch der Pflanzennamen", Ausgabe 1993. Nicht alle Pflanzen können mit einem deutschen Namen benannt werden.

Schnittblumen und Beiwerk – Sie haben im Verkauf den größten Anteil. Die Pflanzen können im Freiland oder im Gewächshaus gezogen oder als Importware bezogen werden. Durch gärtnerische Kulturmaßnahmen ist es heute möglich, viele Pflanzen ganzjährig anzubieten.

Schnittblumen (Auswahl)

Botanischer Name	Deutscher Name	Familie	Blütezeit	Blütenfarbe	Lebensalter
Achilléa filipendulína	Schafgarbe	Asteráceae	VII-IX	gelb	♃
Acónitum carmichaélii	Eisenhut	Ranunculáceae	VIII-IX	blau	♃
Acónitum napéllus	Eisenhut	Ranunculáceae	VI-VIII	blau	♃
Agapánthus africánus	Schmucklilie	Alliaceae	VII-VIII	blau	♃
Agératum houstonianum	Leberbalsam	Asteráceae	V-X	blau	♄
Állium aflatuénse	Zierlauch	Alliaceae	VII-VIII	violett	♃
Állium móly	Goldlauch	Alliaceae	V-VI	gelb	♃
Alstroeméria ligtu	Inkalilie, Alstroemerie	Alstroemeriáceae		Sorten	♃
Anemóne coronária	Anemone	Ranunculáceae	VII-V	Sorten	♃
Anthúrium andraeánum	Flamingoblume	Araceae		rot, weiß, rosa	♄
Antirrhínum május	Löwenmaul	Scrophulariáceae	VI-IX	Sorten	☉ – ♃
Áster dumósus	Kissenaster	Asteráceae	VIII-IX	Sorten	♃
Áster nóvae-ángliae	Raublattaster	Asteráceae	IX-X	Sorten	♃
Áster nóvi-bélgii	Glattblattaster	Asteráceae	IX-X	Sorten	♃
Béllis perénnis	Tausendschön, Maßliebchen	Asteráceae	IV-VI	rot, weiß, rosa	♃
Bouvárdia-Arten	Bouvardie	Rubiáceae	VII-IX	Sorten	♄
Caléndula officinális	Gartenringelblume	Asteráceae	VI-IX	gelb, orange	☉
Callístephus chinénsis	Sommeraster	Asteráceae	VII-X	Sorten	☉
Centauréa cýanus	Kornblume	Asteráceae	V-VII	blau, rosa, weiß	☉
Chrysánthemum grandiflorum	Chrysantheme	Asteráceae		Sorten	♃
Consólida ajácis	Rittersporn	Ranunculáceae	VI-VIII	blau, weiß, rosa	☉
Convállaria majális	Maiglöckchen	Convallariáceae	V-VI	weiß	♃
Cósmos bipinnátus	Schmuckkörbchen	Asteráceae	VII-X	weiß, violett, rosa	☉
Crocósmia x crocosmiiflóra	Montbretie	Iridáceae	VII-IX	orange	♃
Cýclamen pérsicum	Alpenveilchen	Primuláceae	VIII-IX	Sorten	♃
Dáhlia x horténsis	Dahlie	Asteráceae	VII-X	Sorten	♃
Delphínium	Rittersporn	Ranunculáceae	VI-IX	blau, weiß	♃
Diánthus barbatus	Bartnelke	Caryophylláceae	VI-VIII	Sorten	♃ – ☉☉
Diánthus caryophýllus	Edelnelke	Caryophylláceae		Sorten	♃
Echínops ritro	Kugeldistel	Asteráceae	VII-IX	blau	♃
Eremúrus robústus	Steppenkerze	Asphodeláceae	VI-VII	weiß, gelb, orange	♃
Erígeron-Arten	Berufkraut	Asteráceae	VI-VIII	Sorten	♃
Euphórbia fúlgens	Wolfsmilch	Euphorbiáceae	XII-I	weiß, gelb, orange	♄
Eustoma grandiflórum	„Lisianthus"	Gentianáceae	VII-VIII	Sorten	☉☉
Freésia refracta	Freesie	Iridáceae		Sorten	♃
Galánthus nivális	Schneeglöckchen	Amaryllidáceae	II-III	weiß	♃
Gérbera jamesónii	Gerbera	Asteráceae	I-XII	Sorten	♃
Gladíolus-Arten	Gladiole	Iridáceae	VI-IX	Sorten	♃
Gloriósa superba	Ruhmeskrone, Gloriosa	Colchicáceae	VI-VIII	rot mit gelb	♃

Botanischer Name	Deutscher Name	Familie	Blütezeit	Blütenfarbe	Bemerkungen
Helléborus níger	Christrose	Ranunculáceae	XII-III	weiß	♃
Heliánthus ánnuus	Sonnenblume	Asteráceae	VII-X	gelb	⊙
Hippeástrum vittatum	Ritterstern, „Amaryllis“	Amaryllidáceae	I-IV	weiß, rot, rosa	♃
Hyacínthus orientális	Hyazinthe	Hyacintháceae	IV-V	Sorten	♃
Íris × hollándica	Iris	Iridáceae		Sorten	♃
Láthyrus odorátus	Duftwicke	Fabáceae	VI-IX	Sorten	⊙
Lavátera triméstris	Lavatera, Bechermalve	Malváceae	VII-X	weiß, rosa	⊙
Leucánthemum superbum	Margerite	Asteráceae	VI-VII	weiß	♃
Líatris spicáta	Prachtscharte	Asteráceae	VII-IX	violett, weiß	♃
Lílium longiflórum	Osterlilie	Liliáceae		weiß	♃
Lílium speciósum	Lilie	Liliáceae	VIII-IX	Sorten	♃
Matthíola incána	Gartenlevkoje	Brassicáceae	V-VIII	Sorten	⊙–♄
Muscári armeníacum	Traubenhyazinthe	Hyacintháceae	IV	blau, weiß	♃
Myosótis alpestris	Vergissmeinnicht	Boragináceae	III-IV	blau	♃
Narcíssus poéticus	Dichternarzisse	Amaryllidáceae	IV-V	weiß	♃
Narcíssus pseudonarcíssus	Osterglocke	Amaryllidáceae	III-IV	gelb	♃
Narcíssus tazétta	Tazette	Amaryllidáceae	I-III	weiß	♃
Neríne bowdénii	Nerine	Amaryllidáceae	IX	rosa	♃
Ornithógalum thyrsoídes	Milchstern	Hyacintháceae	VI-VIII	weiß	♃
Paeónia lactiflora	Gartenpfingstrose	Paeoniáceae	VI	weiß, rot, rosa	♃
Paeónia officinális	Echte Pfingstrose	Paeoniáceae	V-VI	weiß, rot, rosa	♃
Papáver nudicáule	Islandmohn	Papaveráceae	VI-IX	Sorten	♃
Papáver orientále	Türkischer Mohn	Papaveráceae	V-VI	rot, rosa	♃
Phlox drummóndii	Einjähriger Phlox	Polemoniáceae	VII-IX	Sorten	⊙
Phlox paniculáta	Staudenphlox	Polemoniáceae	VI-VIII	Sorten	♃
Physostégia virginiána	Gelenkblume	Lamiáceae	VII-IX	violett, weiß	♃
Ranúnculus asiáticus	Ranunkel	Ranunculáceae	V-VI	Sorten	♃
Rósa-Sorten	Edelrosen	Rosáceae	VI-IX	Sorten	♄
Rósa multiflora	Polyantharosen	Rosáceae	VI-IX	Sorten	♄
Rudbéckia fúlgida	Sonnenhut	Asteráceae	VIII-X	gelb	♃
Scabiósa atropurpúrea	Samtskabiose	Dipsacáceae	VII-X	Sorten	⊙
Scabiósa caucásica	Skabiose	Dipsacáceae	VII-IX	weiß, blau	♃
Solidágo canadensis	Goldrute	Asteráceae	VII-IX	gelb	♃
× Solidáster lúteus	Goldrutenaster	Asteráceae	VII-IX	gelb	♃
Strelítzia regínae	Paradiesvogelblume	Strelitziáceae	II-VIII	orange mit blau	♃
Triteléia láxa	Brodiāea	Alliáceae	VI	blau	♃
Túlipa-Sorten	Tulpe	Liliáceae	IV-VI	Sorten	♃
Viola odoráta	Veilchen	Violáceae	III-IV	violett	♃
Zantedéschia aethiópica	Kalla	Aráceae	I-VI	weiß	♃
Zinnia élegans	Zinnie	Asteráceae	VII-IX	Sorten	⊙

Abb. 300: *Dianthus barbatus* (Bartnelke).

Abb. 301: *Phlox paniculata* und *Heliopsis helianthoides* (Sonnenauge).

Abb. 302: *Primula malacoides* (Fliederprimel).

Abb. 303: *Exacum affine* (Blaues Lieschen).

Abb. 304: *Campanula isophylla* (Glockenblume).

Abb. 305: *Gardenia augusta* (Jasminrose).

Abb. 306: *Selenicereus grandiflorus* (Königin der Nacht).

Abb. 307: *Mandevilla × amabilis*

Abb. 308: *Hoya bella* (Wachsblume).

Abb. 309: *Hoya carnosa* (Wachsblume).

Abb. 310: *Abutilon × hybridum.*

Abb. 311: *Lantana camara* (Wandelröschen).

Abb. 312: *Allamanda cathartica*.

Abb. 313: *Astrophytum myriostigma* (Bischofsmütze).

Abb. 314: *Sparmannia africana* (Zimmerlinde).

Abb. 315: *Primula obconica* (Becherprimel).

Abb. 316: *Pilea cardierei, Pilea involucrata* (Kanonierblume).

Abb. 317: *Lithops marmorata* (Lebende Steine).

Botanischer Name	Deutscher Name	Familie	verwendeter Pflanzenteil	Bemerkungen
Achilléa filipendulína	Schafgarbe	Asteráceae	Blütenstand	♃
Aconítum napéllus	Blauer Eisenhut	Ranunculáceae	Blütenstand	♃ ☠
Acroclínium róseum	Sonnenflügel	Asteráceae	Blütenstand	⊙
Alchemílla móllis	Weicher Frauenmantel	Rosáceae	Blütenstand	♃
Állium aflatunénse	Zierlauch	Alliáceae	Blütenstand	♃
Amaránthus caudátus	Gartenfuchsschwanz	Amarantháceae	Blütenstand	⊙
Anáphalis margaritácea	Großblütiges Perlpfötchen	Asteráceae	Blütenstand	♃
Aquilégia caerúlea	Akelei	Ranunculáceae	Fruchtstand	♃ ☠
Astílbe × aréndsii	Astilbe	Saxifragáceae	Blütenstand	♃
Bríza máxima	Zittergras	Poáceae	Blütenstand	⊙
Cárex grāyi	Morgensternsegge	Cyperáceae	Fruchtstand	♃
Carlína acáulis	Silberdistel	Asteráceae	Blütenstand	♃ ∨ Anbau
Carlína vulgáris	Golddistel	Asteráceae	Blütenstand	⊙ – ♃
Cimicífuga ramósa	Silberkerze	Ranunculáceae	Blütenstand	♃
Consólida ajácis	Sommerrittersporn	Ranunculáceae	Blütenstand	⊙
Dáhlia × horténsis	Dahlie (Pompon)	Asteráceae	Blütenstand	♃
Dípsacus fullónum	Karde	Dipsacáceae	Blütenstand	⊙⊙
Echínops rítro	Kugeldistel	Asteráceae	Blütenstand	♃
Erýngium alpínum	Alpendistel, Alpenmannstreu	Apiáceae	Blütenstand	♃
Heliánthus ánnuus	Gewöhnliche Sonnenblume	Asteráceae	Fruchtstand	⊙⊙
Helichrýsum bracteátum	Gartenstrohblume	Asteráceae	Blütenstand	⊙ ♃
Heracléum mantegazziánum	Herkulesstaude	Apiáceae	Fruchtstand, Sprossachse	⊙⊙ ☠
Hórdeum jubátum	Mähnengerste	Poáceae	Blütenstand	⊙ – ⊙⊙
Lagúrus ovátus	Hasenschwanzgras	Poáceae	Blütenstand	⊙ – ⊙⊙
Lavándula angustifólia	Lavendel	Lamiáceae	Blütenstand	♄
Liátris spicáta	Prachtscharte	Asteráceae	Blütenstand	♃
Limónium latifólium	Meerlavendel, Statice	Plumbagináceae	Blütenstand	♃
Limónium sinuátum	Meerlavendel, Statice	Plumbagináceae	Blütenstand	⊙⊙ – ♃
Limónium vulgáre	Gewöhnlicher Strandflieder	Plumbagináceae	Blütenstand	♃
Lunária ánnua	Silberblatt	Brassicáceae	Fruchtstand	♃
Nelúmbo nucífera	Lotusblume, Lotos	Nelumbonáceae	Fruchtstand	♃
Nigélla damascéna	Jungfer im Grünen	Ranunculáceae	Blüte, Frucht	⊙
Papáver somníferum	Schlafmohn	Papaveráceae	Frucht	⊙ Import
Phlómis sámia	Brandkraut	Lamiáceae	Fruchtstand	♃
Phýsalis alkekéngi	Lampionblume, Wilde Blasenkirsche	Solanáceae	Frucht	♃
Psylliostachys suworówii	Meerlavendel, Statice	Plumbagináceae	Blütenstand	⊙
Rhodanthe manglésii	Sonnenflügel	Asteráceae	Blütenstand	⊙
Rudbéckia fúlgida	Sonnenhut	Asteráceae	Fruchtstand	♃
Sálvia farinácea	Salbei	Lamiáceae	Blütenstand	♃ – ♄
Scabiósa stelláta	Sternskabiose	Dipsacáceae	Fruchtstand	⊙

Abb. 318: *Rhodanthe manglesi* (Sonnenflügel).

Abb. 319: *Heracleum mantegazzianum* (Herkulesstaude).

Abb. 320: *Tulipa* (Tulpe).

Abb. 321: *Muscari armeniacum* (Traubenhyazinthe).

Abb. 322: *Lilium martagon* (Türkenbund).

Zwiebel- und Knollengewächse (alle ♃, Auswahl)

Botanischer Name	Deutscher Name	Familie	Blüte-zeit	Blütenfarbe	Bemerkungen
Állium aflatuénse	Kugellauch	Alliáceae	VII-VIII	violett	Zwiebel
Állium sphaerocéphalon	Zierlauch	Alliáceae	VI-VII	violett	Zwiebel
Alstroeméria lígtu	Inkalilie, Alstroemerie	Alstromeriáceae	VI-VII	Sorten	Wurzelknolle
Anemóne blánda	Windröschen	Ranunculáceae	III-IV	Sorten	Knolle
Anemóne coronária	Anemone	Ranunculáceae	III-V	Sorten	Knolle
Árum itálicum	Aronstab	Aráceae	IV-V	gelblich	Knolle
Cólchicum autumnále	Herbstzeitlose	Colchicáceae	VIII-X	rosa	Knolle
Crocósmia × crocosmiiflóra	Montbretie	Iridáceae	VII-IX	orange	Knolle
Crócus chrysánthus	Kleiner Krokus	Iridáceae	II-IV	Sorten	Knolle
Crócus speciósus	Krokus	Iridáceae	IX-X	Sorten	Knolle
Crócus vérnus	Frühlingskrokus	Iridáceae	II-IV	Sorten	Knolle
Cýclamen cóum	Vorfrühlingsalpenveilchen	Primuláceae	III-IV	Sorten	Knolle
Dáhlia × horténsis	Dahlie	Asteráceae	VII-X	Sorten	Wurzelknolle
Eránthis hyemális	Winterling	Ranunculáceae	II-III	gelb	Knolle
Eremúrus-Arten	Steppenkerze	Asphodeláceae	VI	Sorten	Wurzelknolle
Euchális amazonica	„Eucharis"	Amaryllidáceae	XII-I, V-VII	weiß	Zwiebel
Freésia refracta	Freesie	Iridáceae		Sorten	Knolle
Galánthus nivális	Schneeglöckchen	Amaryllidáceae	II-III	weiß	Zwiebel
Gladiolus-Arten	Gladiole	Iridáceae	VI-IX	Sorten	Knolle
Hippeástrum vittatum	Ritterstern, Amaryllis	Amaryllidáceae	I-IV	Sorten	Zwiebel
Hyacínthus orientális	Hyazinthe	Hyacintháceae	IV-V	Sorten	Zwiebel
Íris×hollándica	Iris	Iridáceae		Sorten	Zwiebel
Íxia campanulata	Klebschwertel	Iridáceae	IV-VI	Sorten	Knolle
Leucójum vérnum	Märzenbecher, Frühlings-knotenblume	Amaryllidáceae	III-IV	weiß	Zwiebel
Lílium aurátum	Goldbandlilie	Liliáceae	VI-VIII	Sorten	Zwiebel
Lílium bulbiferum	Feuerlilie	Liliáceae	V-VII	orangerot	Zwiebel
Lílium cándidum	Madonnenlilie	Liliáceae	VI-VII	weiß	Zwiebel
Lílium longiflórum	Osterlilie	Liliáceae	VIII-IX	weiß	Zwiebel
Lílium mártagon	Türkenbund	Liliáceae	VI-VII	Sorten	Zwiebel
Lílium speciósum	Prachtlilie	Liliáceae	VIII-IX	Sorten	Zwiebel
Muscári armeniácum	Traubenhyazinthe	Hyacintháceae	IV	blau	Knolle
Muscári botryoídes	Straußhyazinthe	Hyacintháceae	III-IV	blau	Knolle
Narcíssus poéticus	Dichternarzisse	Amaryllidáceae	IV-V	weiß	Zwiebel
Narcíssus pseudonarcíssus	Osterglocke	Amaryllidáceae	III-IV	gelb	Zwiebel
Narcíssus tazétta	Tazette	Amaryllidáceae	I-III	weiß	Zwiebel
Neríne bowdénii	Nerine	Amaryllidáceae	IX	rosa	Zwiebel
Ornithógalum thyrsoídes	Milchstern	Hyacintháceae	VI-VIII	weiß	Zwiebel
Ranúnculus asiáticus	Ranunkel	Ranunculáceae	V-VI	Sorten	Wurzelknolle
Scílla bifólia	Zweiblättriger Blaustern	Hyacintháceae	III	blau	Zwiebel
Scílla sibérica	Sibirischer Blaustern	Hyacintháceae	III-IV	blau	Zwiebel
Triteléia láxa	Brodiaéa	Alliáceae	VI	blau	Zwiebel
Túlipa-Sorten	Tulpe	Liliáceae	IV-VI	Sorten	Zwiebel
Túlipa greígii	Tulpe	Liliáceae	IV-V	Sorten	Zwiebel
Túlipa kaufmanniána	Tulpe	Liliáceae	III-IV	Sorten	Zwiebel

Botanischer Name	Deutscher Name	Familie	verwendeter Pflanzenteil	Bemerkungen
Acácia dealbáta	„Mimose"	Mimosáceae	Spross, Blüten	♄
Adiántum ténerum	Frauenhaarfarn	Adiantáceae	Wedel	♃
Alchemílla móllis	Frauenmantel	Rosáceae	Blüten, Blätter	♃
Alocásia sanderiána	Alocasie, Pfeilblatt	Aráceae	Blätter	♃
Anthúrium crystallínum	Flamingoblume	Aráceae	Blätter	♃
Aréca cátechu	„Chicco"	Arecáceae	Blätter	♄
Aspáragus densiflórus	Spargel	Asparagáceae	Spross	♄
Aspáragus setáceus 'Plumosus'	Spargel, „Plumosus"	Asparagáceae	Spross	♄
Aspidístra elátior	Schusterpalme	Convallariáceae	Blätter	♃
Áster ericoídes	„Septemberkraut"	Asteráceae	Spross, Blüten	♃
Bergénia cordifólia	Bergenie	Saxifragáceae	Blätter	♃
Búxus sempérvirens	Buchsbaum	Buxáceae	Spross	♄
Caládium bícolor	Kaladie	Aráceae	Blätter	♃
Caláthea zebrína	Korbmarante	Marantáceae	Blätter	♃
Caméllia japónica	Japanische Kamelie	Theáceae	Spross	♄ ♄
Chamelaúcium uncinátum	Wachskraut	Myrtáceae	Spross, Blüten	♄
Eucalýptus gunnii	„Gunnii"	Myrtáceae	Spross	♄
Eucalýptus polyanthemos	„Popolus"	Myrtáceae	Spross	♄
Gaulthéria shállon	„Salal", Rebhuhnbeere	Ericáceae	Spross	♄
Grevíllea robústa	Australische Silbereiche	Proteáceae	Spross	♄
Gypsóphila élegans	Sommerschleierkraut	Caryophylláceae	Blüten	☉
Gypsóphila paniculáta	Rispiges Schleierkraut	Caryophylláceae	Spross, Blüten	♃
Hédera hélix	Efeu	Araliáceae	Blätter, Früchte	♄
Hósta-Arten	Funkie	Hostáceae	Blätter	♃
Magnólia grandiflóra	Immergrüne Magnolie	Magnoliáceae	Blätter	♄
Mahónia aquifólium	Mahonie	Mahoniáceae	Blätter	♄
Moluccélla laévis	Muschelblume	Lamiáceae	Fruchtstand	☉
Mýrtus commúnis	Myrte	Myrtáceae	Spross	♄
Paxístima myrsinítes	„Huckleberry"	Celastráceae	Spross	♄
Pistácia lentíscus	Mastix, „Lentisco"	Anacardiáceae	Spross	♄
Pittósporum tobíra	Klebsame	Pittosporáceae	Spross	♄
Prúnus laurocérasus	Kirschlorbeer	Rosáceae	Spross	♄
Quércus ílex	Steineiche	Fagáceae	Spross	♄
Rúmex acetosélla	Sauerampfer	Polygonáceae	Fruchtstand	♃
Rumóhra adiantifórmis	Lederfarn	Dryopteridáceae	Wedel	♄
Rúscus aculeátus	Mäusedorn	Ruscáceae	Spross	♄
Rúscus hypoglóssum	Hadernblatt	Ruscáceae	Spross	♄
Tanacétum parthénium	„Matricaria", Mutterkraut	Asteráceae	Spross, Blüten	♃
Trachélium caerúleum	Trachelium	Campanuláceae	Blüte	♃
Xerophýllum asphodeloídes	„Bärengras"	Melanthiáceae	Blätter	♃

Abb. 323: *Camellia japonica* (Kamelie).

Abb. 324: *Myrtus communis* (Myrte).

Abb. 325: *Miscanthus sinensis* (Chinaschilf).   **Abb. 326**: *Cortaderia selloana* (Pampasgras).

Gräser (Auswahl)

Botanischer Name	Deutscher Name	Familie	Blüte-zeit	Bemerkungen		
Arúndo dónax	Pfahlrohr, Riesenschilf	Poáceae		♃	~~~	
Bouteloúa gracilis	Moskitogras	Poáceae	VII-IX	♃		
Bríza máxima	Zittergras	Poáceae	V-VI	⊙		
Bríza média	Mittleres Zittergras	Poáceae	V-VII	♃		
Cárex gráyi	Morgensternsegge	Cyperáceae	VI	♃	~~~	
Cárex péndula	Hängesegge	Cyperáceae	VI	♃	~~~	
Chasmánthium latifólium	Plattährengras	Poáceae	VIII	♃		
Cortadéria selloána	Pampasgras	Poáceae	IX-X	♃	∧	
Cypérus involucrátus	Zypergras	Cyperáceae		♃	~~~	Topf
Cypérus papýrus	Papyrus	Cyperáceae		♃	~~~	Topf
Fargésia nitida	Gartenbambus	Poáceae		♃		
Glycéria máxima 'Variegata'	Großer Schwaden	Poáceae	VII-VIII	♃	~~~	
Hólcus lanátus	Wolliges Honiggras	Poáceae	VI-VIII	♃		
Hórdeum jubátum	Mähnengerste	Poáceae	VI-VIII	⊙ ⊙⊙		
Isolepis cérnua	Simse	Cyperáceae		♃	~~~	Topf
Lagúrus ovátus	Hasenschwanzgras	Poáceae	VI-VIII	⊙ ⊙⊙		
Miscánthus sinénsis 'Giganteus'	Chinaschilf	Poáceae	IX-X	♃		
Miscánthus sinénsis 'Gracillimus'	Chinaschilf	Poáceae	IX-X	♃		
Miscánthus sinénsis 'Zebrinus'		Poáceae	IX-X	♃		
Molínia caerúlea	Blaues Pfeifengras	Poáceae	VII-IX	♃	~~~	
Pennisétum alopecuroídes	Federborstengras	Poáceae	VIII-IX	♃		
Pennisétum villósum	Federborstengras	Poáceae	VIII-IX	⊙ ⊙⊙		
Stípa pennáta	Echtes Federgras	Poáceae	V-VI	♃		

Abb. 327: *Grevillea robusta* (Australische Silbereiche).

Blühende Topfpflanzen und Grünpflanzen – Topfpflanzen können unterschieden werden in Grünpflanzen und blühende Topfpflanzen. Bei den Grünpflanzen steht die Schönheit der Blätter im Vordergrund. Da sie zu den Samenpflanzen gehören, bilden auch die Grünpflanzen Blüten aus. Allerdings sind diese bei einigen Gattungen ziemlich unscheinbar. Viele Gattungen der Grünpflanzen blühen bei uns „im Topf" nur deswegen nicht, weil wir ihnen trotz aller Bemühungen nicht die optimalen Standortbedingungen bieten können.
Die Topfpflanzen, die der Florist anbietet, stammen aus zum Teil sehr unterschiedlichen Klimazonen. Deshalb können für ihre Pflege keine „allgemeingültigen Faustregeln" aufgestellt werden. Alle Topfpflanzen müssen regelmäßig gegossen werden. Ihr Wasserbedarf ist aber abhängig von der Pflanzenart, der Jahreszeit, dem Standort (Luftfeuchtigkeit, Licht) und dem Topfmaterial.
Pflanzen in Kunststofftöpfen benötigen weniger Wasser als Pflanzen in Tontöpfen. Bei Kunststofftöpfen ist eine Verdunstung des Wassers durch die Topfwand nicht möglich. Tontöpfe sind im Gegensatz dazu porös und geben ständig Wasser durch die Topfwand ab. Deshalb müssen die Pflanzen im Tontopf häufiger gegossen werden als Pflanzen in Kunststofftöpfen. Tontöpfe vor dem Pflanzen gut wässern!
Bei Pflanzen, die längere Zeit im Blumenfachgeschäft stehen, erkennt man, dass die natürlichen Lebensprozesse der Pflanze weiterhin ablaufen. Blüten können verwelken, Blätter können unschön oder gelb werden. Verwelkte Blüten oder unschöne Blätter müssen vom Floristen ständig entfernt werden.

Blühende Topfpflanzen (Auswahl)

Botanischer Name	Deutscher Name	Familie	Blütezeit	Bemerkungen	
Achímenes-Arten	Schiefteller	Gesneriáceae	VI-IX	♃	⌂W
Allamánda cathártica	Allamande	Apocynáceae	V-XI	♄	⌂W
Anthúrium scherzeriánum	Flamingoblume	Aráceae		♃	⌂W
Anthúrium andraeánum	Flamingoblume	Aráceae		♄	⌂W
Aphelándra squarrósa	Glanzkölbchen	Acantháceae	VI-X	h	⌂W
Begónia Cultivars *Elatior*-Grp.	Elatiorbegonie	Begoniáceae		♃	⌂W
Begónia Cultivars *Lorraine*-Grp.	Lorraine-Begonien	Begoniáceae		♃	⌂W
Calceolária ×Cultivars *herbeohybrida*-Grp.	Pantoffelblume	Scrophulariáceae	IV-V	⊙	⌂K
Caméllia japónica	Kamelie	Theáceae	I-IV	h – ♄	⌂K
Campánula isophýlla	Glockenblume	Campanuláceae	VII-IX	♃	⌂K
Clerodéndrum thomsóniae	Schicksalsbaum, Losbaum	Verbenáceae	III-VII	♄	⌂W
Clivia miniáta	Klivie, Riemenblatt	Amaryllidáceae	II-V	♃	⌂K
Colúmnea microphýlla	Columnea	Gesneriáceae	III-VIII	h	⌂W
Crossándra infundibulifórmis		Acantháceae	V-VIII	h	⌂W
Cýclamen pérsicum	Alpenveilchen	Primuláceae	VIII-IV	♃	⌂K
Éxacum affíne	Blaues Lieschen	Gentianáceae	VII-IX	⊙⊙	⌂K
Gardénia augusta	Gardenie	Rubiáceae	VII-X	♄	⌂W
Hippeástrum vittatum	Ritterstern, „Amaryllis"	Amaryllidáceae	I-IV	♃	⌂W
Hoýa bélla	Wachsblume	Asclepiadáceae	V-IX	♄	⌂W
Hoýa carnósa	Wachsblume	Asclepiadáceae	V-IX	♄	⌂K
Hydrangéa macrophýlla	Hortensie	Hydrangeáceae	VI-VII	♄	
Justicia brandegeana	Zimmerhopfen	Acantháceae	I-XII	♄	⌂W
Mandevilla amabilis	Dipladenie	Apocynáceae	V-X	♄	⌂W
Prímula malacoídes	Fliederprimel	Primuláceae	I-III	⊙	⌂K
Prímula obcónica	Becherprimel	Primuláceae	I-XII	♃	⌂K
Rhododéndron simsii	Azalee	Ericáceae	V	♄	⌂K
Saintpáulia ionántha	Usambaraveilchen	Gesneriáceae	I-XII	♃	⌂W
Sinningia speciosa	Gloxinie	Gesneriáceae	IV-VIII	♃	⌂W
Stephanótis floribúnda	Kranzschlinge	Asclepiadáceae	VI-IX	♄	⌂W
Streptocárpus × hybridus	Drehfrucht	Gesneriáceae	III-X	♃	⌂W

Abb. 328: *Ficus pumila* (Kletterfeige).

Abb. 329: *Fatsia japonica* (Zimmeraralie).

Grünpflanzen (Auswahl)

Botanischer Name	Deutscher Name	Familie	Bemerkungen			
Araucária heterophýlla	Zimmertanne	Araucariáceae	♄	⌂		
Aspáragus densiflórus	Zierspargel	Asparagáceae	♄	⌂	⚥	
Aspáragus setáceus 'Plumosus'	Zierspargel, Plumosus	Asparagáceae	♄	⌂	⚥	
Begónia rex	Königsbegonie	Begoniáceae	♃	⌂		
Caládium bicolor	Kaladie, Buntwurz	Aráceae	♃	⌂		
Caláthea makoyána	Korbmarante	Marantáceae	♃	⌂		
Ceropégia lineáris subsp. *woódii*	Leuchterblume	Asclepiadáceae	♃	⌂ – ⌂		⚥
Chloróphytum comósum 'Variegatum'	Grünlilie	Antericáceae	♃	⌂ – ⌂		
Cissus antárctica	Känguruwein	Vitáceae	♄	⌂		⚥
Cissus rhombifólia	Königsklimme	Vitáceae	♃	⌂ – ⌂		⚥
Codiaéum variegátum	Wunderstrauch, Kroton	Euphorbiáceae	♄	⌂		
Cyperus involucratus	Zypergras	Cyperáceae	♃	⌂ – ⌂		∿
Cyperus involucratus 'Gracilis'	Zypergras	Cyperáceae	♃	⌂ – ⌂		∿
Dieffenbáchia seguine	Dieffenbachie	Aráceae	♃	⌂		☣
Dracaéna frágrans	Dracaene	Dracaenáceae	♄	⌂		
Epiprémnum pinnátum	Efeutute	Aráceae	♄	⌂		⚥
x *Fatshédera lízei*	Efeuaralie	Araliáceae	♄	⌂		
Fátsia japónica	Zimmeraralie	Araliáceae	♄	⌂		
Fícus benjamína	Birkenfeige	Moráceae	♄	⌂		
Fícus deltoídea		Moráceae	♄	⌂		⚛
Fícus elástica	Gummibaum	Moráceae	♄	⌂		
Fícus lyráta	Leierfeige	Moráceae	♄	⌂		
Fícus púmila	Kletterfeige	Moráceae	♄	⌂ – ⌂		⚥
Grevíllea robústa	Australische Silbereiche	Proteáceae	♄	⌂		
Hédera hélix	Efeu	Araliáceae	♄	⌂	☣ ↝	⚥
Isolepis cérnua	Simse	Cyperáceae	♃	⌂		∿
Maránta leuconéura	Marante	Marantáceae	♃	⌂		
Mónstera deliciósa	Fensterblatt	Aráceae	♄	⌂ – ⌂		⚥
Nértera granadénsis	Korallenmoos	Rubiáceae	♃	⌂	⚛	↝
Peperómia caperáta	Zwergpfeffer	Piperáceae	♃	⌂		
Philodéndron scándens		Aráceae		⌂		⚥
Pílea cardiérei	Kanonierblume	Urticáceae	♃	⌂ – ⌂		
Sanseviéria trifasciáta	Bogenhanf	Dracaenáceae	♃	⌂		
Saxifraga stolonífera	Judenbart	Saxifragáceae	♃	⌂		
Schéfflera arborícola	Strahlenaralie	Araliáceae	♄	⌂		
Schéfflera elegantíssima	Fingeraralie	Araliáceae	♄	⌂		
Scindápsus píctus	Efeutute	Aráceae		⌂		⚥
Selaginélla marténsii	Mooskraut	Selaginelláceae	♃	⌂ – ⌂		
Soleirólia soleirólii	Bubiköpfchen	Urticáceae	♃	⌂ – ⌂		∿
Solenostemon scutellarioides	Buntnessel	Lamiáceae	♃	⌂		
Spathiphýllum wallísii	Blattfahne	Aráceae	♃	⌂		
Tradescántia zebrína	Tradescantie	Commelináceae	♃	⌂		∿
Yúcca aloifólia	Palmlilie	Agaváceae		⌂		

Abb. 330: *Nertera granadensis* (Korallenmoos).

Abb. 331: *Peperomia caperata* (Zwergpfeffer).

Abb. 332: *Crossandra infundibuliformis*.

Abb. 333: *Calceolaria* × *Cultivars herbeohybrida*-Grp. (Pantoffelblume).

Succulenten und Kakteen – Succulenten sind Pflanzen mit Speicherorganen für Wasser. Wasserspeicher können die Blätter, die Sprossachse und auch die Wurzeln sein. Die meisten dieser Pflanzen sind durch Metamorphose an einen niederschlagsarmen, trockenen Standort angepasst und werden auch Xerophyten genannt. Häufig werden zusätzlich zur Succulenz noch Dornen ausgebildet, die einen Schutz vor Verdunstung darstellen. Auch die Ausbildung einer Wachsschicht dient dem Verdunstungsschutz. Einige Pflanzen bilden weiße Haare aus, an denen einerseits die Strahlung reflektiert wird, mit denen andererseits Tau aufgenommen werden kann (siehe S. 33).

Was sind nun Kakteen? Kakteen gehören ebenfalls zu den Succulenten, alle Gattungen gehören aber zur Familie der Cactaceae. Zu dieser Familie gehören etwa 2 700 Gattungen und 13 000 Arten. Nicht jede Succulente mit Dornen ist ein Kaktus. Häufig kann es sich dabei um Vertreter der Euphorbiaceae (Wolfsmilchgewächse) handeln. Im Unterschied zu den Kakteen haben die Wolfsmilchgewächse Milchsaft und bilden keine Einzelblüten, sondern Blütenstände aus. Die meisten Succulenten wollen einen hellen, sonnigen Standort. Nach Möglichkeit stelle man sie im Sommer an den entsprechenden Platz ins Freie. Sie sollten kühl überwintert und in dieser Zeit nur wenig gegossen werden. Der Nährstoffbedarf ist gering. Eine Ausnahme, bezogen auf die Standort- und Pflegeansprüche, machen einige Gattungen der Cactaceae, z.B. *Rhipsalis, Rhipsalidopsis, Schlumbergera*. Diese stammen aus dem tropischen Regenwald, wo sie epiphytisch wachsen und daher andere Ansprüche haben.

Abb. 334: *Faucaria tigrina* (Tigermaul).

Succulenten und Kakteen (Auswahl)

Botanischer Name	Deutscher Name	Familie	Bemerkungen
Agáve americána		Agaváceae	⌂
Agáve victóriae-regínae		Agaváceae	⌂
Áloë arboréscens		Aloáceae	♄ ⌂
Áloë variegáta		Aloáceae	♄ ⌂
Aporocáctus flagellifórmis	Peitschenkaktus, Schlangenkaktus	Cactáceae	⌂
Astróphytum myriostígma	Bischofsmütze	Cactáceae	⌂
Beaucárnea recurváta	Elefantenfuß	Dracaenáceae	♄ ⌂
Bryophyllum manginii	Kalanchoë	Crassuláceae	♃ ⌂
Bryophyllum pinnatum	Brutpflanze	Crassuláceae	♃ ⌂
Bryophyllum tubiflorum	Kalanchoë	Crassuláceae	♃ ⌂
Cephalocéreus senílis	Greisenhaupt	Cactáceae	⌂
Céreus peruviánus	Säulenkaktus	Cactáceae	⌂
Ceropégia lineáris subsp. woōdii	Leuchterblume	Asclepiadáceae	♃ ⌂ – ⌂
Crássula ováta	Geldbaum	Crassuláceae	♄ ⌂
Echevéria derenbérgii		Crassuláceae	♃ ⌂
Faucária tigrína	Tigermaul	Aizoáceae	♃ ⌂
Játropha podágrica		Euphorbiáceae	♄ ⌂
Kalánchoë blossfeldiana	Flammendes Käthchen	Crassuláceae	ↄ ⌂
Líthops olivácea	Lebende Steine	Aizoáceae	♃ ⌂
Mammillária zeilmanniana	Warzenkaktus	Cactáceae	⌂
Opúntia micródasys	Feigenkaktus	Cactáceae	♄ ⌂
Pachypódium lamerei	Madagaskarpalme	Apocynáceae	♄ ⌂
Rhipsalidopsis gäertneri	Osterkaktus	Cactáceae	♄ ⌂
Rhípsalis cereúscula	Rutenkaktus	Cactáceae	♄ ⌂
Schlumbérgera truncáta	Weihnachtskaktus	Cactáceae	♄ ⌂
Sédum x rubrotínctum	Fette Henne	Crassuláceae	ↄ ⌂
Sédum siebóldii 'Mediovariegatum'	Fette Henne	Crassuláceae	♃ ⌂
Selenicéreus grandiflórus	Königin der Nacht	Cactáceae	♄ ⌂
Senécio herreiánus	„Erbsschnur", „Rosenkranz"	Asteráceae	♃ ⌂

Abb. 335: *Dendrobium densiflorum.*

Orchideen – Sie sind Gattungen der Familie Orchidaceae. Ihre Artenzahl wird auf über 20 000 geschätzt. Die meisten Arten stammen aus den Tropen. Aber auch in der gemäßigten Zone und in der Bundesrepublik Deutschland gibt es sehr viele einheimische Arten, die hier allerdings nicht aufgeführt werden sollen (siehe S. 73).

Besonders auffällig sind die Blüten der Orchideen. Wie bei anderen einkeimblättrigen Pflanzen ist die Blüte dreizählig. Die drei äußeren Blätter der Blütenhülle werden als Sepalen bezeichnet. Sie unterscheiden sich meist in Farbe und Form von den inneren Blütenblättern. Zu den drei inneren Blütenblättern gehören die beiden seitlichen Petalen, die sich einander gleichen. Das dritte unterscheidet sich meist durch Farbe, Gestalt und Größe. Es wird Labellum oder Lippe genannt. Das Labellum dient dazu, Insekten anzulocken. Deshalb zeigt es bei den meisten Orchideen nach unten und bildet somit auch einen bequemen Landeplatz.

Stempel und Teile der Staubblätter bilden bei den Orchideen eine säulenförmige Verwachsung.

Viele tropische Orchideen leben epiphytisch und haben für diesen Standort entsprechende Metamorphosen ausgebildet (siehe S. 19). Das können Luftwurzeln sein, mit denen Luftfeuchtigkeit aufgenommen wird und Pseudobulben, in denen Wasser und Nährstoffe gespeichert werden.

Die Samen der Orchideen besitzen im Gegensatz zu anderen Samen kein Nährgewebe. Orchideen leben in Symbiose mit Mycorrhizapilzen, deren Hyphen in den Samen wachsen und den Embryo ernähren (siehe S. 48).

Abb. 336: *Lycaste aromatica.*

Abb. 337: *Cattlēya skinneri.*

Orchideen (Familie Orchidáceae, alle ♃, Auswahl)

Botanischer Name	Blütezeit	Blütenfarbe
Cattlēya bowringiána	Herbst	pink
Cattlēya dowiána	Herbst	gelb/purpur
Cattlēya skínneri	III-IV	pink
Coelógyne cristáta	Winter-Frühjahr	weiß
Cymbídium-Arten	I-VI	Sorten
Cymbídium lowiánum	I-V	gelbgrün
Dendróbium nóbile	III-VI	weiß
Dendróbium bigibbum	VIII-XII	violett
Encýclia cochleáta	XI-II	grüngelb
Encýclia vitellína	X-XII	rot
Lāelia ánceps	XII-II	weiß mit rot
Lāelia purpuráta	V-VI	weiß mit violett
Lycáste aromática	Frühjahr	gelb
Lycáste skínneri	XI-III	rosa
Masdevállia veitchiána	V-VI	rot
Miltónia-Arten	V-VI	Sorten
Odontoglóssum bictoniénse	IX-X	gelbgrün/braun
Odontoglóssum críspum	II-IV	weiß
Oncídium bicallósum	VIII-X	gelb/braun
Oncídium krameriánum	I-XII	gelb mit braun
Paphiopedílum callósum	II-III	grün/rot/weiß
Paphiopedílum-Arten	I-XII	Sorten
Paphiopedílum insígne	XI-III	gelb/braun
Phalaenópsis amábilis	X-II	weiß mit rot
Phalaenópsis-Arten	I-XII	rosa, weiß
Vánda coerúlea	IX-XI	blau
× Vuylstekeara	XI-III	Sorten

Palmen – Etwa 210 Gattungen und 2 800 Arten gehören zur Familie der Palmen. Sie stammen aus den Tropen und den Subtropen. Die Blattspreite kann bei den einzelnen Palmen sehr unterschiedlich ausgebildet sein. Zwei Grundtypen können jedoch unterschieden werden: Fiederpalmen und Fächerpalmen. Palmen entwickeln in der Regel Blütenstände, meistens Rispen, deren Einzelblüten Dreizähligkeit aufweisen.

Palmen (Familie Arecáceae, Auswahl)

Botanischer Name	deutscher Name	Bemerkungen		
Aréca cátechu	Betelpalme	Fieder	♄	⌂
Calamus rótang	Rotangpalme	Fieder	♄	⌂
Caryóta mítis	Fischschwanzpalme	Fieder	♄	⌂
Chamaedórea élegans	Bergpalme	Fieder		⌂
Chamǽrops húmilis	Zwergpalme	Fächer	♄	⌂
Chrysalidocárpus lutéscens	Goldfruchtpalme	Fieder	♄	⌂
Cócos nucífera	Kokospalme	Fieder	♄	⌂
Howéa belmoreána	„Kentie"	Fieder	♄	⌂ – ⌂
Howéa forsteriána	„Kentie"	Fieder	♄	⌂ – ⌂
Licuála grándis	Strahlenpalme	Fächer		⌂
Livistónia austrális		Fächer	♄	⌂
Lytocáryum weddeliánum	Kokospälmchen	Fieder		⌂
Phoénix canariénsis	Phoenixpalme	Fieder	♄	⌂
Phoénix dactylífera	Dattelpalme	Fieder	♄	⌂
Phoénix roebelénii	Zwergdattelpalme	Fieder	♄	⌂
Rhápis excélsa	Ruten- oder Steckenpalme	Fächer	♄	⌂
Trachycárpus fortúnei	Hanfpalme	Fächer	♄	⌂
Washingtónia filífera		Fächer	♄	⌂

Abb. 338: *Phoénix dactylífera*.

Bromelien – Die meisten Gattungen der Familie Bromeliaceae, Bromelien genannt, leben epiphytisch. Das bedeutet, sie leben auf Bäumen, Mauern, Felsen, Dächern. Die Wurzeln dienen in erster Linie als Haftorgan, um die Pflanze auf der Unterlage zu befestigen. Bei *Tillandsia usneoides* („Louisianamoos") fehlen sie nach dem Jugendstadium.

Die Aufnahme von Wasser und darin gelösten Nährstoffen findet bei den Bromelien ohne Wurzeln statt. Statt dessen haben die Pflanzen andere Einrichtungen ausgebildet. Die grünblättrigen Bromelien sind meist Zisternen-Bromelien, d.h. ihre Blätter sind so angeordnet, dass sie einen Trichter oder eine Zisterne bilden, in dem Regenwasser gesammelt wird. Meist leben sie in Gebieten mit hohen Niederschlägen, z.B. im Tropischen Regenwald. Als Zimmerpflanzen brauchen sie Wärme, Feuchtigkeit und Schatten und keine direkte Sonne.

Abb. 339: *Cocos nucifera*.

Die grauen Bromelien haben Saugschuppen oder Schuppenhaare ausgebildet, die bei den Tillandsien die ganze Blattfläche bedecken. Sie leben in niederschlagsarmen Gebieten mit hoher Luftfeuchtigkeit. Nebel und Tau werden mit den Saugschuppen oder den Schuppenhaaren aufgenommen. Als Zimmerpflanzen brauchen sie Trockenheit und einen sonnigen Standort, müssen aber regelmäßig getaucht oder besprüht werden.

Für alle Bromelien ist die Ausbildung von Blütenständen in Verbindung mit Hochblättern kennzeichnend. Zwischen den Hochblättern erscheinen die dreizähligen Blüten, die recht kurzlebig sind. Bromelienpflanzen blühen nur einmal. Meist haben sich an der Mutterpflanze Erneuerungsorgane entwickelt, die sog. Kindel. Sie zehren von den Nährstoffen der Mutter, während diese allmählich abstirbt (siehe S. 85).

Abb. 340: *Ananas comosus*.

Bromelien (Familie Bromeliáceae, alle ♃, Auswahl)

Botanischer Name	Deutscher Name	Blätter	Blütenstand	Blütenfarbe
Aechméa fasciáta	Lanzenrosette	grüne Blätter mit grauen Schuppen oder graue Bänderung	Schaft mit rosa Hochblättern	blau, später rot
Ánanas bracteátus	Ananas	Rosette aus grünen Blättern	zapfenförmiger Blütenstand, rote Hochblätter	
Ánanas comósus	Ananas	Rosette aus grünen, gezahnten Blättern	rötlich-gelbe Hochblätter	
Billbérgia nutans	Zimmerhafer	Blätter bilden enge, trichterförmige Rosette	hängender Blütenschaft mit roten oder rosa Hochblättern	grün
Cryptánthus bivittátus	Erdstern	kleine, am Boden wachsende Rosetten, grüne gebänderte Blätter	verkürzter Blütenstand in der Mitte	weiß
Guzmánia linguláta		Rosette aus glänzend grünen Blättern	dachziegelförmig angeordnete, rote oder orangefarbene Hochblätter	gelb, weiß
Neoregélia carolínae		tellerförmige Rosette, Blätter abgerundet mit stacheliger Spitze	nistender, flacher Blütenstand von roten Hochblättern umgeben	violett
Nidulárium innocéntii	Nestrosette	tellerförmige Rosette mit schwertförmigen Blättern	nistender, flacher Blütenstand von roten Hochblättern umgeben	weiß
Tillándsia cyánea		lichte Rosette aus schmalen, grünen Blättern	schwertförmiger Blütenstand mit rosa oder roten Hochblättern	dunkelblau
Tillándsia gárdneri		silbergraue Rosette mit schmalen Blättern	zusammengesetzter Blütenstand aus mehreren Ähren mit grünen bis rosafarbenen Hochblättern	rosa
Tillándsia usneoídes	„Louisianamoos"	wurzellose Triebe mit dünnen, grauen, fadenförmigen Blättern		gelbgrün
Tillándsia xerográphica		silbergraue Rosette aus bandförmigen Blättern, deren zugespitzte Enden sich aufrollen	aufrechter, kahler Blütenstand mit dachziegelartig angeordneten grünen bis rötlichgelben Hochblättern	blaßviolett
Vrīesea spléndens	Flammendes Schwert	Rosette aus grünen, braun oder violett gebänderten Blättern	schwertförmiger Blütenstand mit roten Hochblättern	gelb

Abb. 341: *Billbergia nutans* (Zimmerhafer).

Abb. 342: *Neoregelia carolinae*.

Farne (alle ♃, Auswahl)

Botanischer Name	Deutscher Name	Familie	Bemerkungen
Adiántum raddiánum	Frauenhaarfarn	Adiantáceae	Topf, Schnitt
Adiántum ténerum	Frauenhaarfarn	Adiantáceae	Topf, Schnitt
Asplénium nidus	Nestfarn	Aspleniáceae	Topf
Asplenium scolopéndrium	Hirschzunge	Aspleniáceae	Freiland, auch Topf
Bléchnum gíbbum	Rippenfarn	Blechnáceae	Topf, Schnitt
Dryópteris fílix-mas	Wurmfarn	Dryopteridáceae	Freiland, Schnitt
Matteúccia struthiópteris	Straußfarn, Trichterfarn	Woodsiáceae	Freiland, Schnitt
Nephrólepis exaltáta	Nierenschuppenfarn	Nephrolepidáceae	Topf
Osmúnda regális	Königsfarn	Osmundáceae	Freiland, Schnitt
Pelláea rotundifólia	Pellefarn	Adiantáceae	Topf
Platycérium bifurcátum	Geweihfarn	Polypodiáceae	Topf
Polystíchum falcátum	Mondsichelfarn	Dryopteridáceae	Topf
Ptéris crética	Saumfarn	Pteridáceae	Topf
Rumohra adiantifórmis	Lederfarn	Dryopteridáceae	Schnitt

Abb. 343: *Blechnum gibbum* (Rippenfarn).

Abb. 344: *Nephrolepis exaltata* (Schwertfarn).

Kübelpflanzen (Auswahl)

Botanischer Name	Deutscher Name	Familie	Blüte-zeit	Blütenfarbe	Bemerkungen	
Agapánthus praēcox	Schmucklilie	Alliáceae	VII-VIII	blau	♃	⌂
Agáve americána	Agave	Agaváceae		gelblich		⌂
Anisodóntea capénsis	Fleißiges Lieschen, Malvenbäumchen	Malváceae	VI-IX	rosa	♄	⌂
Argyránthemum frutéscens	Strauchmargerite	Asteráceae	I-XII	weiß	♄	⌂
Brugmansia-Arten	Engelstrompete	Solanáceae	VIII-X	weiß	♄ ⚥	⌂
Cítrus límon	Zitrone	Rutáceae		weiß	♄	⌂
Erýthrina crista-gálli	Korallenstrauch	Fabáceae	VIII-IX	rot	♄	⌂
Eucalýptus glóbulus	Blaugummibaum	Myrtáceae			♄	⌂
Ficus cárica	Feigenbaum	Moráceae		grün	♄	⌂
Fúchsia-Arten	Fuchsie	Onagráceae	V-X	Sorten	♄	⌂
Fúchsia magellánica	„Scharlachfuchsie"	Onagráceae	V-IX	rot	♄	⌂
Hibíscus rósa-sinénsis	Roseneibisch	Malváceae	III-X	Sorten	♄	⌂
Lantána cámara	Wandelröschen	Verbenáceae	IV-IX	Sorten	♄	⌂
Láurus nóbilis	Lorbeerbaum	Lauráceae	IV-V	weiß	♄	⌂
Mýrtus commúnis	Brautmyrte	Myrtáceae	VI-X	weiß	♄	⌂
Nérium oleánder	Oleander	Apocynáceae	VI-IX	Sorten	♄	⌂
Ólea europaēa	Ölbaum	Oleáceae	VII-VIII	grün	♄	⌂
Plumbágo auriculáta	Bleiwurz	Plumbagináceae	VI-IX	blau	♄	⌂
Púnica granátum	Granatapfelbaum	Punicáceae	VII-VIII	rot	♄ – ♄	⌂

Balkonpflanzen (Auswahl)

Botanischer Name	Deutscher Name	Familie	Blütezeit	Blütenfarbe	Bemerkungen
Agératum houstoniánum	Leberbalsam	Asteráceae	V-X	blau	ɲ ○
Argyránthemum frutéscens	Strauchmargerite	Asteráceae	I-XII	weiß	ɲ ○
Brachýscome iberidifólia	Blaues Gänseblümchen	Asteráceae	VII-IX	blau	⊙ ○
Begónia × tuberhybrida	Knollenbegonien	Begoniáceae		Sorten	◑–●
Begónia semperflórens	Semperflorens-Begonie	Begoniáceae		Sorten	♃ ◑–●
Calceolária integrifólia	Pantoffelblume	Scrophulariáceae	V-IX	gelb	ɲ ○–◑
Cuphéa ígnea	„Zigarettenblümchen“	Lythráceae	V-IX	orange	♄ ○
Diánthus chinénsis	Nelke	Caryophylláceae	VII-IX	Sorten	⊙–⊙⊙ ○
Felícia amelloídes	Blaue Kapaster	Asteráceae	I-XII	blau	♃–ɲ ○
Fúchsia-Arten	Fuchsie	Onagráceae	V-X	Sorten	♄ ◑–●
Gazánia-Arten	Gazanie, Mittagsgold	Asteráceae	VII-IX	Sorten	○
Heliotrópium arboréscens	Heliotrop	Boragináceae	V-IX	violett	ɲ ○
Impátiens walleriána	Fleißiges Lieschen	Balsamináceae	I-XII	Sorten	♃ ◑–●
Lantána cámara	Wandelröschen	Verbenáceae	VI-IX	Sorten	♄ ○
Lobélia erínus	Männertreu	Campanuláceae	V-VIII	blau	⊙–⊙⊙ ○
Mímulus × hybridus	Gauklerblume	Scrophulariáceae		Sorten	⊙–♃ ○–◑
Nemésia-Arten	Elfenspiegel	Scrophulariáceae	VI-VIII	Sorten	⊙ ○
Pelargónium grandiflórum	Edelpelargonie	Geraniáceae	IV-VI	Sorten	♄ ○
Pelargónium peltátum	Efeupelargonie, Geranie	Geraniáceae	IV-X	Sorten	♄ ○
Pelargónium zonále	Zonalpelargonie	Geraniáceae	IV-X	Sorten	ɲ–♄ ○
Petúnia × atkinsiana	Petunie	Solanáceae	V-IX	Sorten	♃ ○
Phlox drummóndii	Flammenblume, Phlox	Polemoniáceae	VII-IX	Sorten	⊙ ○
Portuláca grandiflora	Portulak	Portulacáceae	VI-VIII	Sorten	⊙ ○
Salpiglóssis sinuáta	Trompetenzunge	Solanáceae	VI-VIII	Sorten	⊙ ○
Sálvia spléndens	Salvie	Lamiáceae	V-IX	rot	ɲ ○
Sanvitália procúmbens	Husarenknöpfchen	Asteráceae	VII-X	gelb	⊙ ○
Schizánthus × wisetonensis	Spaltblume	Solanáceae	VII-IX	Sorten	⊙ ○
Tagétes pátula	Studentenblume	Asteráceae	VII-X	Sorten	⊙ ○
Tagétes tenuifólia	Studentenblume	Asteráceae	VIII-X	Sorten	⊙ ○
Tropaéolum majus	Kapuzinerkresse	Tropaeoláceae	VII-X	Sorten	⊙ ○
Verbēna-Arten	Eisenkraut	Verbenáceae	VII-X	Sorten	⊙ ○

Abb. 345: *Calceolaria integrifolia* (Pantoffelblume).

Abb. 346: *Ageratum houstonianum* (Leberbalsam).

Abb. 347: *Syringa vulgaris* (Flieder).

Abb. 348: *Magnolia × soulangiana* (Magnolie).

Blühende Sträucher (Auswahl)

Botanischer Name	Deutscher Name	Familie	Blüte-zeit	Blüten-farbe	Höhe	Bemer-kungen
Amelánchier canadénsis	Felsenbirne	Rosàceae	IV	weiß	6-8 m	♄ – ♄
Callúna vulgáris	Besenheide	Ericàceae	VI-X	violett	40 cm	♄ – ♄
Chaenoméles japónica	Zierquitte	Rosàceae	III-IV	Sorten	1-3 m	♄
Córnus álba	Hartriegel	Cornàceae	V-VI	weiß	3-5 m	♄
Córnus más	Kornelkirsche	Cornàceae	II-IV	gelb	5-10 cm	♄
Córnus sanguínea	Hartriegel	Cornàceae	V-VI	weiß	3-5 m	♄
Córylus avellána	Haselnuss	Betulàceae	II-III		4-7 m	♄
Córylus avellána 'Contorta'	Korkenzieherhasel	Betulàceae	II-III		2-4 m	♄
Córylus máxima 'Purpurea'	Bluthasel	Betulàceae	II-III		3-4 m	♄
Cótinus coggýgria	Perückenstrauch	Anacardiàceae	VI-VII		3-5 m	♄
Cýtisus × práecox	Elfenbeinginster	Fabáceae	IV-V	gelb	2-3 m	♄
Cýtisus scopárius	Besenginster	Fabáceae	V-VI	gelb	2-3 m	♄
Eríca carnea	Schneeheide	Ericàceae	VII-IV	Sorten	bis 20 cm	♄
Forsýthia × intermédia	Goldglöckchen	Oleàceae	IV-V	gelb	3-4 m	♄
Hamamélis japónica	Zaubernuss	Hamamelidàceae	I-IV	Sorten	3-5 m	♄
Hamamélis móllis	Zaubernuss	Hamamelidàceae	I-III	Sorten	3-4 m	♄
Hydrangéa arboréscens 'Grandiflora'	Hortensie	Hydrangeáceae	VII-VIII	weiß	2-3 m	♄
Kérria japónica	Ranunkelstrauch	Rosàceae	IV-V	gelb	1-2 m	♄
Labúrnum × watéreri	Goldregen	Fabáceae	V-VI	gelb	3-5 m	♄ – ♄
Magnólia stelláta	Sternmagnolie	Magnoliàceae	III-IV	weiß	2-3 m	♄
Málus-Arten	Zierapfel	Rosàceae	IV-V	rosa	4-10 m	♄ – ♄
Philadélphus coronárius	Sommerjasmin, Pfeifenstrauch	Hydrangéaceae	V-VI	weiß	3-5 m	♄
Prúnus cerasífera 'Nigra'	Blutpflaume	Rosàceae	III-IV	rosa	5-7 m	♄ – ♄
Prúnus sargéntii	Zierkirsche	Rosàceae	V	rosa	7-12 m	♄
Prúnus subhirtélla	Zierkirsche	Rosàceae	IV-V	rosa	4-6 m	♄
Prúnus tríloba	Mandelbäumchen	Rosàceae	III-IV	rosa	bis2 m	♄
Rhododéndron catawbiénse	Rhododendron	Ericàceae	V-VI	Sorten	2-8 m	♄ – ♄
Rhododéndron pónticum	Azalee	Ericàceae	V-VI	Sorten	2-4 m	♄
Ribes sanguíneum	Blutjohannisbeere	Grossulariàceae	IV-V	rot	bis 2 m	♄
Sálix cáprea	Salweide	Salicàceae	III-IV		3-8 m	♄ – ♄
Sambúcus nígra	Schwarzer Holunder	Caprifoliàceae	VI-VII	weiß	5-7 m	♄ – ♄
Spiráea × argúta	Brautspierstrauch	Rosàceae	IV-V	weiß	bis 2 m	♄
Spiráea × vanhóuttei	Belgischer Spierstrauch	Rosàceae	V-VI	weiß	3-4 m	♄
Syrínga vulgáris	Flieder	Oleàceae	V-VI	Sorten	4-6 m	♄ – ♄
Vibúrnum ópulus 'Sterile'	Schneeball	Caprifoliàceae	V	weiß	3-4 m	♄
Vibúrnum rhytidophýllum	Runzelblättriger Schneeball	Caprifoliàceae	V-VI	weiß	3-4 m	♄

Botanischer Name	Deutscher Name	Familie	Blüte-zeit	Blüten-farbe	Frucht	Bemerkungen
Árbutus únedo	Erdbeerbaum	Ericáceae	XI-XII	weiß	rot	♄
Callicárpa bodiniéri	Liebesperlenstrauch, Schönfrucht	Verbenáceae	VI-VII		violett	♄
Celástrus orbiculatus	Rundblättriger Baumwürger	Celastráceae	VI		gelb orange	♄
Chaenoméles japónica	Zierquitte	Rosáceae	III-V	Sorten	gelb	♄
Córnus álba	Hartriegel	Cornáceae	V-VI	weiß	weiß	♄
Córnus más	Kornelkirsche	Cornáceae	II-IV	gelb	rot	♄
Córnus sanguínea	Hartriegel	Cornáceae	V-VI	weiß	schwarz	♄
Córylus colurna	Baumhasel	Betulaceae	I-III	weiß	rot	♄
Cótinus coggýgria	Perückenstrauch	Anacardiáceae	VI-VII			♄
Crataégus monogyna	Weißdorn	Rosáceae	V-VI	weiß	rot	♄ – ♄
Crataégus pedicelláta	Scharlachdorn	Rosáceae	V	weiß	rot	♄ – ♄
Eucalyptus globulus	Blaugummibaum	Myrtáceae			weißgrau	♄
Euónymus europaéus	Pfaffenhütchen	Celastráceae	V	grün	rot-orange	♄
Gaulthéria procúmbens	Scheinbeere	Ericáceae	VII-VIII	rosa	rot	♄
Hédera hélix	Efeu	Araliáceae	VIII-X	gelbgrün	schwarz	♄
Hippóphaë rhamnoídes	Sanddorn	Elaeagnáceae	III-IV	braun	orange	♄
Ílex aquifólium	Gewöhnliche Stechpalme	Aquifoliáceae	V-VI		rot	♄ – ♄
Ílex verticilláta	Amerikanische Winterbeere	Aquifoliáceae	VI-VII		rot	♄
Ligústrum vulgáre	Rainweide	Oleáceae	VI-VII	weiß	schwarz	♄
Mahónia aquifólium	Mahonie	Berberidáceae	IV-V	gelb	blau	♄
Prúnus spinósa	Schlehe	Rosáceae	IV	weiß	blau	♄
Pyracántha coccínea	Feuerdorn	Rosáceae	V	weiß	orange	♄
Rósa canína	Hundsrose	Rosáceae	VI-VIII	rosa	orange	♄
Rósa rugósa	Apfelrose	Rosáceae	VI-VIII	rosa	orange	♄
Rósa spinossisima	Bibernellrose	Rosáceae	V-VI	gelblich	schwarz	♄
Sórbus aucupária	Eberesche, Vogelbeerbaum	Rosáceae	V	weiß	orange	♄
Symphoricárpos álbus	Schneebeere	Caprifoliáceae	VII-VIII		weiß	♄
Vibúrnum ópulus	Gewöhnlicher Schneeball	Caprifoliáceae	V-VI	weiß	rot	♄

Abb. 349: *Viburnum opulus* (Schneeball).

Abb. 350: *Pyracantha coccinea* (Feuerdorn).

Abb. 351: *Quercus robur* (Stieleiche).

Abb. 352: *Acer pseudoplatanus* (Bergahorn).

Laubbäume (alle ♄ , Auswahl)

Botanischer Name	Deutscher Name	Familie	Blütezeit	Bemerkungen
Ácer campéstre	Feldahorn	Aceráceae	IV-V	10-15 m
Ácer platanoídes	Spitzahorn	Aceráceae	IV-V	20-30 m
Ácer pseudoplátanus	Bergahorn	Aceráceae	V	25-40 m
Aésculus hippocástanum	Rosskastanie	Hippocastanáceae	V	20-25 m
Álnus glutinósa	Schwarzerle	Betuláceae	II-III	20-25 m
Álnus incána	Grauerle, Weißerle	Betuláceae	II-III	bis 20 m
Cárpinus bétulus	Hainbuche, Weißbuche	Betuláceae	VI	20-35 m
Castánea satíva	Esskastanie	Fagáceae	VI-VII	bis 15 m
Catálpa bignonioídes	Trompetenbaum	Bignoniáceae	VI-VII	30-40 m
Fágus sylvática	Rotbuche	Fagáceae	IV-V	30-40 m
Fráxinus excélsior	Esche	Oleáceae	V	bis 40 m
Liriodéndron tulipífera	Tulpenbaum	Magnoliáceae	VI-VII	bis 25 m
Magnólia × soulangiána	Tulpenmagnolie	Magnoliáceae	IV-VI	bis 6 m
Pópulus álba 'Nivea'	Silberpappel	Salicáceae		bis 30 m
Pópulus nígra 'Italica'	Pyramidenpappel	Salicáceae		bis25 m
Pópulus trémula	Zitterpappel	Salicáceae		bis 30 m
Quércus róbur	Stieleiche	Fagáceae	V	bis 30 m
Quércus rúbra	Amerikanische Roteiche	Fagáceae		20-25 m
Robínia pseudoacácia	Robinie	Fabáceae	VI	25 m
Sálix álba	Silberweide	Salicáceae	IV-V	25 m
Sálix álba 'Tristis'	Trauerweide	Salicáceae	IV-V	15-20 m
Sálix matsudána 'Tortuosa'	Korkenzieherweide	Salicáceae	IV-V	6-8 m
Sophóra japónica	Schnurbaum	Fabáceae	VIII	15-20 m
Sórbus aucupária	Eberesche, Vogelbeerbaum	Rosàceae	V	15-20 m
Tília cordáta	Winterlinde	Tiliáceae	VII	bis 30 m
Tília platyphýllos	Sommerlinde	Tiliáceae	VI	bis 40 m
Úlmus glábra	Bergulme	Ulmáceae	III-IV	20-30 m
Úlmus mínor	Feldulme	Ulmáceae	III-IV	20-30 m

Abb. 356: *Abies procera.*

Abb. 355: *Pinus mugo* (Latsche).

Botanischer Name	Deutscher Name	Familie	Höhe
Ábies álba	Weißtanne	Pináceae	bis 20m
Abies cóncolor	Coloradotanne	Pináceae	25-40m
Abies nordmanniána	Nordmannstanne	Pináceae	25-30m
Abies procéra	Nobilistanne	Pináceae	20-30m
Cédrus atlántica 'Glauca'	Blaue Atlaszeder	Pináceae	30-40m
Chamaecýparis lawsoniána	Scheinzypresse	Cupressáceae	bis 20m
Chamaecýparis obtúsa 'Nana Gracilis'		Cupressáceae	bis 2m
Chamaecýparis pisífera 'Plumosa'		Cupressáceae	bis 10m
Chamaecýparis pisífera 'Squarrosa'		Cupressáceae	bis 10m
Chamaecýparis pisífera 'Boulevard'		Cupressáceae	bis 10m
Cryptoméria japónica	Sicheltanne	Taxodiáceae	bis 50m
Cupréssus sempervírens	Echte Zypresse	Cupressáceae	20-30m
Gínkgo bíloba	Fächerblattbaum	Ginkgoáceae	30-40m
Juníperus chinénsis 'Blaauw'		Cupressáceae	bis 1,5m
Juníperus chinénsis 'Plumosa Aurea'		Cupressáceae	1-2m
Juníperus commúnis	Gewöhnlicher Wacholder	Cupressáceae	3-4m
Juníperus squamáta 'Meyeri'	Blauzederwacholder	Cupressáceae	bis 3m
Lárix decidua	Europäische Lärche	Pináceae	bis 35m
Metasequoia glyptostroboídes	Urweltmammutbaum	Taxodiáceae	10-30m
Pícea ábies	Rotfichte	Pináceae	bis 50m
Pícea glauca 'Conica'	Zuckerhutfichte	Pináceae	bis 3m
Pícea omórika	Serbische Fichte	Pináceae	bis 35m
Pícea púngens 'Glauca'	Blaufichte	Pináceae	bis 20m
Pínus múgo	Latsche, Krummholzkiefer	Pináceae	2-4m
Pínus nígra	Schwarzkiefer	Pináceae	20-40m
Pínus pínea	Pinie	Pináceae	15-30m
Pínus stróbus	Weymouthskiefer	Pináceae	30-50m
Pínus sylvéstris	Waldkiefer, Föhre	Pináceae	20-40m
Pseudotsúga menziésii	Douglasie	Pináceae	bis 40m
Sequoiadéndron gigantéum	Mammutbaum	Taxodiáceae	bis 50m
Taxódium dístichum	Zweizeilige Sumpfzypresse	Taxodiáceae	bis 30m
Táxus baccáta	Europäische Eibe	Taxáceae	12-20m
Táxus baccáta 'Fastigiata Aurea'		Taxáceae	bis 3m
Thúja occidentális	Lebensbaum	Cupressáceae	20m
Thúja occidentális 'Smaragd'		Cupressáceae	
Thujópsis dolabráta	Hibalebensbaum	Cupressáceae	bis 15m
Tsúga canadénsis	Hemlocktanne	Pináceae	15-20m

Abb. 353: *Chamaecyparis obtusa* 'Nana Gracilis' *(Muschelzypresse).*

Abb. 354: *Pinus strobus.*

Blütenkalender

Die hier vorgestellten Blütenkalender nennen Pflanzen, die in den angegebenen Monaten bei uns im Freiland zu blühen beginnen. Die Blütezeit kann bei Dauerblühern auch noch länger sein.

Da die Witterung Einfluss auf den Zeitpunkt der Blütenbildung hat, kann es zu Verschiebungen von einigen Wochen kommen. Die angegebenen Monate können deshalb nur ein Anhaltspunkt sein.

Damit sollen die natürlichen Blütenzeiten im Freiland wachsender Pflanzen wieder bewusst werden. Denn viele Pflanzen können durch Importe oder gärtnerische Einflussnahme ganzjährig angeboten werden.

Die Blütenkalender beschränken sich auf die botanischen Namen, die Familie und die Blütenfarbe.

Für viele andere Aspekte können diese Pflanzenlisten wie auch die Pflanzenbeispiele (S. 114 ff) eine Orientierung oder Basis sein.

Unter vielen Gesichtspunkten können die Pflanzen der Blütenkalender und der Pflanzentabellen bearbeitet werden. Und die Möglichkeiten der EDV sollten hier ausgenutzt werden.

Als Beispiele seien genannt:
- Farbe, Geltungsform, Bewegungsform, Oberflächenstruktur
- Verwendung in floristischen Werkstücken
- Standort
- botanische Merkmale
- Handelszeiten

Abb. 357: *Eranthis hyemalis* (Winterling), *Crocus tommasinianus* (Krokus), *Galanthus nivalis* (Schneeglöckchen).

Blütenkalender Februar

Botanischer Name	Deutscher Name	Familie	Blüte
Córnus mas	Kornelkirsche	Cornáceae	gelb
Córylus avellána	Haselnuss	Betuláceae	Kätzchen
Crócus chrysánthus	Krokus	Iridáceae	Sorten
Crócus tommasiniánus		Iridáceae	lila
Crócus vérnus		Iridáceae	Sorten
Cýclamen cóum	Alpenveilchen	Primuláceae	rosa, weiß
Eránthis hyemális	Winterling	Ranunculáceae	gelb
Eríca cárnea	Schneeheide	Ericáceae	rosa, weiß
Galánthus nivális	Schneeglöckchen	Amaryllidáceae	weiß
Hamamélis móllis	Zaubernuss	Hamamelidáceae	gelb
Helléborus niger	Christrose	Ranunculáceae	weiß
Hepática nóbilis	Leberblümchen	Ranunculáceae	blau
Jasmínum nudiflórum	Winterjasmin	Oleáceae	gelb
Leucójum vérnum	Märzenbecher, Frühlingsknotenblume	Amaryllidáceae	weiß
Sálix cáprea	Salweide	Salicáceae	Kätzchen
Vibúrnum fárreri	Schneeball	Caprifoliáceae	rosa

Abb. 358: *Tussilago farfara* (Huflattich).

Abb. 359: *Cyclamen coum* (Alpenveilchen).

Blütenkalender März

Botanischer Name	Deutscher Name	Familie	Blüte
Anemóne nemorósa	Buschwindröschen	Ranunculáceae	weiß
Córylus avellána 'Contórta'	Korkenzieherhasel	Betuláceae	Kätzchen
Córylus máxima 'Atropurpurea'	Bluthasel, Lambertsnuss	Betulaceae	Kätzchen
Dáphne mezéreum	Seidelbast	Thymelaeáceae	rosa
Forsýthia × intermédia	Goldglöckchen	Oleáceae	gelb
Helléborus-Arten	Christrose	Ranunculáceae	rosa
Íris danfórdiae	Iris	Iridáceae	Sorten
Íris reticuláta	Iris	Iridáceae	Sorten
Magnólia stelláta	Sternmagnolie	Magnoliáceae	weiß
Prímula denticuláta	Kugelprimel	Primuláceae	violett, weiß
Prímula elátior	Hohe Schlüsselblume	Primuláceae	gelb
Prímula vulgáris	Kissenprimel	Primuláceae	Sorten
Pulmonária officinális	Lungenkraut	Boragináceae	rosa bis blau
Pulmonária saccharáta	Lungenkraut	Boragináceae	rosa bis blau
Scílla bífolia	Zweiblättriger Blaustern	Hyacintháceae	weiß mit blau
Scílla sibérica	Sibirischer Blaustern	Hyacintháceae	blau
Tussilágo fárfara	Huflattich	Asteráceae	gelb

Abb. 360: Viola cornuta (Hornveilchen).

Blütenkalender April

Botanischer Name	Deutscher Name	Familie	Blüte
Ácer platanoídes	Spitzahorn	Aceráceae	gelbgrün
Amelánchier canadénsis	Felsenbirne	Rosáceae	weiß
Aubriéta deltoidea	Blaukissen	Brassicáceae	Sorten
Bergénia crassifolia	Bergenie	Saxifragáceae	rosa
Bétula péndula	Birke	Betuláceae	Kätzchen
Chaenoméles japónica	Zierquitte	Rosáceae	Sorten
Corýdalis cáva	Lerchensporn	Fumariáceae	rosa, weiß
Dicéntra spectábilis	Tränendes Herz	Fumariáceae	rosa
Dorónicum orientále	Gämswurz	Asteráceae	gelb
Fritillária imperiális	Kaiserkrone	Liliáceae	orange, gelb
Fritillária meleágris	Schachbrettblume	Liliáceae	violett
Hyacinthus orientális	Hyazinthe	Hyacintháceae	Sorten
Kérria japónica 'Pleniflora'	Kerrie, Ranunkelstrauch	Rosáceae	gelb
Lunária ánnua	Silberling	Brassicáceae	violett
Magnólia × soulangiána	Tulpenmagnolie	Magnoliáceae	rosa
Mahónia aquifólium	Mahonie	Berberidáceae	gelb
Muscari botryoídes	Traubenhyazinthe	Hyacintháceae	blau
Muscári armeníacum	Traubenhyazinthe	Hyacintháceae	blau
Myosótis alpestris	Vergissmeinnicht	Boragináceae	blau
Narcíssus poéticus	Dichternarzisse	Amaryllidáceae	weiß
Narcíssus pseudonarcíssus	Narzisse, Osterglocke	Amaryllidáceae	gelb, weiß
Omphalódes vérna	Gedenkemein	Boragináceae	blau
Prúnus ávium	Süßkirsche	Rosáceae	weiß
Prúnus cerasifera 'Nigra'	Blutpflaume	Rosáceae	rosa
Prúnus pádus	Traubenkirsche	Rosáceae	weiß
Prúnus spinósa	Schlehe	Rosáceae	weiß
Prúnus triloba	Mandelbäumchen	Rosáceae	rosa
Pulsatilla vulgáris	Küchenschelle	Ranunculáceae	violett
Ribes sanguineum	Blutjohannisbeere	Grossulariáceae	rosa
Túlipa-Sorten	Gartentulpen	Liliáceae	Sorten
Túlipa fosteriána	Botanische Tulpe	Liliáceae	Sorten
Túlipa grēīgii	Botanische Tulpe	Liliáceae	Sorten
Túlipa kaufmanniána	Botanische Tulpe	Liliáceae	Sorten
Túlipa tárda	Botanische Tulpe	Liliáceae	weiß mit gelb
Vinca mínor	Kleines Immergrün	Apocynáceae	blau
Vióla cornúta	Hornveilchen	Violáceae	Sorten
Vióla odoráta	Duftveilchen	Violáceae	violett

Abb. 361: Omphalodes verna (Gedenkemein).

Blütenkalender Mai

Botanischer Name	Deutscher Name	Familie	Blüte
Aésculus hippocástanum	Rosskastanie	Hippocastanáceae	weiß
Aquilégia vulgáris	Akelei	Ranunculáceae	Sorten
Arméria maritíma	Grasnelke	Plumbagináceae	rosa
Árum itálicum	Italienischer Aronstab	Aráceae	Kolben
Cáltha palústris	Sumpfdotterblume	Ranunculáceae	gelb
Campánula carpática	Glockenblume	Campanuláceae	blau, weiß
Convallária majális	Maiglöckchen	Convallariáceae	weiß
Gálium odorátum	Waldmeister	Rubiáceae	weiß
Géum rivále	Bachnelkenwurz	Rosáceae	braun
Hyacinthoídes hispánica	Spanisches Hasenglöckchen	Hyacintháceae	rosa, blau, weiß
Ibéris sempérvirens	Schleifenblume	Brassicáceae	weiß
Íris germánica	Schwertlilie	Iridáceae	Sorten
Labúrnum × watéreri	Goldregen	Fabáceae	gelb
Leucánthemum vulgáre	Wiesenmargerite	Asteráceae	weiß
Málus floribúnda	Zierapfel	Rosáceae	weiß
Málus-Arten		Rosáceae	weiß, rosa, rot
Philadélphus coronárius	Sommerjasmin, Pfeifenstrauch	Hydrangeáceae	weiß
Prímula × pubéscens	Gartenaurikel	Primuláceae	Sorten
Prúnus serruláta 'Kanzan'	Zierkirsche	Rosáceae	rosa
Spiraea × argúta	Brautspierstrauch	Rosáceae	weiß
Syrínga vulgáris	Flieder	Oleáceae	violett, weiß
Tróllius európaeus	Trollblume	Ranunculáceae	gelb

Abb. 362: *Convallaria majalis* (Maiglöckchen).

Blütenkalender Juni

Botanischer Name	Deutscher Name	Familie	Blüte
Achilléa millefólium	Schafgarbe	Asteráceae	Sorten
Aconítum napéllus	Blauer Eisenhut	Ranunculáceae	blau
Alchemilla móllis	Weicher Frauenmantel	Rosáceae	gelbgrün
Antirrhínum május	Gartenlöwenmaul	Scrophuláriaceae	Sorten
Arúncus dioícus	Waldgeißbart	Rosáceae	weiß
Astílbe × aréndsii	Astilbe	Saxifragáceae	Sorten
Astrántia májor	Große Sterndolde	Apiáceae	grün
Caléndula officinális	Gartenringelblume	Asteráceae	orange, gelb
Campánula médium	Marienglockenblume	Campanuláceae	Sorten
Campánula persicifólium	Pfirsichblättrige Glockenblume	Campanuláceae	blau, weiß
Centránthus rúber	Spornblume	Valerianáceae	rosa
Coreópsis grandiflóra	Großblütiges Mädchenauge	Asteráceae	gelb
Coreópsis verticilláta	Mädchenauge, Netzblattstern	Asteráceae	gelb
Cósmos bipinnátus	Schmuckkörbchen, Kosmee	Asteráceae	rosa, weiß
Delphínium cultivars Belladonna-Grp.	Rittersporn	Ranunculáceae	blau
Diánthus barbátus	Bartnelke	Caryophylláceae	Sorten
Digitális grandiflóra	Gelber Fingerhut	Scrophulariáceae	gelb
Digitális purpúrea	Roter Fingerhut	Scrophulariáceae	rosa
Erémurus-Arten	Steppenkerze	Asphodeláceae	Sorten
Erígeron-Arten	Feinstrahlaster, Berufkraut	Asteráceae	Sorten
Gaillárdia aristáta	Kokardenblume	Asteráceae	rotgelb
Hemerocállis-Arten	Taglilie	Hemerocallidáceae	Sorten
Hósta-Arten	Funkie	Hostáceae	hellblau
Kniphófia-Arten	Fackellilie	Asphodeláceae	orange, gelb
Leucánthemum superbum	Margerite	Asteráceae	weiß
Lupínus polyphýllus	Lupine	Fabáceae	Sorten
Lysimáchia thyrsiflóra	Straußblütiger Gilbweiderich	Primuláceae	weiß
Matthióla incána	Levkoje	Brassicáceae	Sorten
Nigélla damascéna	Jungfer im Grünen	Ranunculáceae	blau, weiß
Paeónia officinális	Echte Pfingstrose	Paeoniáceae	rot,rosa,weiß
Papáver nudicaule	Islandmohn	Papaveráceae	Sorten
Papáver orientále	Türkischer Mohn	Papaveráceae	rot
Polemónium caeruleum	Blaue Himmelsleiter	Polemoniáceae	blau
Pseudolysimáchion spicátum	Ehrenpreis	Scrophuláriaceae	blau
Scabiósa caucásica	Skabiose	Dipsacáceae	blau, weiß
Silene chalcedónica	Brennende Liebe	Caryophylláceae	rot
Tanacétum parthénium	'Matricaria', Mutterkraut	Asteráceae	weiß
Thalictrum aquilegifólium	Akeleiblättrige Wiesenraute	Ranunculáceae	lila

Abb. 363: *Paeonia lactiflora* (Pfingstrose).

Abb. 364: *Scabiosa caucasia* (Skabiose).

139

Abb. 365: *Alcea rosea* (Malve).

Abb. 366: *Dahlia* × *hortensis.*

Abb. 367: *Cyclamen hederifolium* (Alpenveilchen).

Blütenkalender Juli/August

Botanischer Name	Deutscher Name	Familie	Blüte
Achilléa filipendulína	Schafgarbe, Goldgarbe	Asteráceae	gelb
Agapánthus africánus	Agapanthus	Alliáceae	blau
Álcea rósea	Gewöhnliche Stockrose	Malváceae	Sorten
Callístephus chinénsis	Sommeraster	Asteráceae	Sorten
Crocósmia × *crocosmiiflóra*	Montbretie	Iridáceae	rotorange
Dáhlia × *hortensis*	Dahlie	Asteráceae	Sorten
Echinácea purpúrea	Echinacea	Asteráceae	rosa
Echínops rítro	Kugeldistel	Asteráceae	blau
Gladiólus-Arten	Gladiole	Iridáceae	Sorten
Gypsóphila paniculáta	Rispiges Schleierkraut	Caryophylláceae	weiß
Helénium-Arten	Sonnenbraut	Asteráceae	gelb, rotbraun
Heliánthus ánnuus	Sonnenblume	Asteráceae	gelb
Helíopsis helianthoídes	Sonnenauge	Asteráceae	gelb
Láthyrus latifólius	Staudenwicke	Fabáceae	rosa
Lavándula angustifólia	Lavendel	Lamiáceae	blau
Liatris spicata	Prachtscharte	Asteráceae	violett
Lobélia × *speciosa*	Lobelie	Campanuláceae	rot
Monárda dídyma	Indianernessel	Lamiáceae	rosa, rot, violett
Phlox paniculáta	Staudenphlox	Polemoniáceae	Sorten
Rudbéckia hírta	Sonnenhut	Asteráceae	gelb, braun
Zínnia élegans	Zinnie	Asteráceae	Sorten

Blütenkalender September/Oktober

Botanischer Name	Deutscher Name	Familie	Blüte
Aconítum carmichaélii	Eisenhut	Ranunculáceae	blau
Anemóne hupehensis	Herbstanemone	Ranunculáceae	rosa, weiß
Áster dumósus	Kissenaster	Asteráceae	Sorten
Áster ericoídes	Erikaaster, Septemberkraut	Asteráceae	weiß, lila
Áster nóvae-ángliae	Raublattaster	Asteráceae	Sorten
Áster nóvi-bélgii	Glattblattaster	Asteráceae	Sorten
Chelóne oblíqua	Schlangenkopf	Scrophulariáceae	rosa
Chrysánthemum × *grandiflórum*	Chrysantheme	Asteráceae	Sorten
Cólchicum autumnále	Herbstzeitlose	Colchicáceae	rosa
Crócus speciósus	Krokus	Iridáceae	rosa
Cýclamen hederifólium	Herbstalpenveilchen	Primuláceae	rosa, weiß
Heliánthus decapétalus	Staudensonnenblume	Asteráceae	gelb
Heliánthus pauciflorus	Sonnenblume	Asteráceae	gelb
Miscánthus sinénsis 'Silberfeder'	Chinaschilf	Poáceae	
Panícum virgátum	Rutenhirse	Poáceae	
Physostégia virginiána	Gelenkblume	Lamiáceae	rosa
Rudbéckia fúlgida	Sonnenhut	Asteráceae	gelb
Rudbéckia tríloba	Sonnenhut	Asteráceae	gelb
Sédum teléphium	Purpur-Fetthenne	Crassuláceae	rosa
Solidágo canadensis	Goldrute	Asteráceae	gelb
Tricýrtis hírta	Japanische Krötenlilie	Convallariáceae	rosa

Gestalten

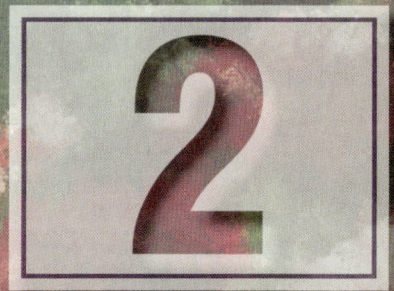

1 Stilkunde

Pflanzen begleiten die Menschen durch ihr Leben als Nutzpflanzen, als Schmuck, als Symbole. Angehende Floristen sollten etwas über die Bedeutung der Pflanzen in früheren Zeiten wissen. Ein grober Überblick über einige Epochen der Stilkunde kann helfen, heutige Entwicklungen zu verstehen, neue Ideen zu gewinnen und kreativ zu gestalten.

Kulturen entwickeln sich in langen Zeiträumen. Übergänge zwischen Stilepochen verlaufen allmählich, über Jahrzehnte und Jahrhunderte hinweg. Jahreszahlen können eine Epoche nicht eingrenzen. In verschiedenen Regionen, Ländern, Gebieten oder Kulturkreisen beobachtet man zeitliche Verschiebungen, fließende Übergänge oder sprunghafte Entwicklungen. Es kommt vor, dass Nachweise eines bestimmten Stiles, z.B. Bauwerke, in einer Region fehlen.

Das Kapitel „Stilkunde" soll den Leser anregen, sich umzuschauen, zu erkunden, mit offenen Augen zu reisen und die kulturelle Vielfalt der Welt zu erfahren. Dazu dienen u.a. die den einzelnen Abschnitten zugeordneten Tabellen. Sie sollen nicht auswendig gelernt werden, sie sollen dazu dienen, sich schnell zu informieren, wo Bauten, Gemälde, Skulpturen oder Beispiele des Kunsthandwerks aus der jeweiligen Epoche zu sehen sind. Häufig ist es das Museum „gleich nebenan"! Hinweise für Blumenschmuck der Gegenwart im Stil der vergangenen Zeiten werden den einzelnen Stilepochen am Ende des jeweiligen Abschnittes hinzugefügt.

1.1 Altertum

1.1.1 Vorgeschichtliche Zeit

Archäologen schätzen, dass in Europa seit mehr als 500 000 Jahren Menschen leben. Heute findet man bei dem Abbau von Gesteinen, dem Bau von Straßen, Siedlungen usw. immer wieder Spuren von Siedlungs- und Jagdplätzen aus der Steinzeit. Allgemein bekannt sind die Funde von Spuren des Heidelberger, des Steinheimer und des Neandertaler Menschen.

Felsenbilder fand man an mehreren Orten, z.B. in den Höhlen von Lascaux in Frankreich und Altamira in Spanien sowie auf freien Felsflächen in Skandinavien. Die Felszeichnungen bei Alta in Norwegen gehören zu den umfangreichsten Funden in Europa. In den Lösszonen Mittel- und Südosteuropas, am Bodensee und am Federsee gibt es weitere Fundstellen. Das Alter der an den Seen gelegenen Pfahlbauten kann heute mit wissenschaftlichen Methoden recht genau bestimmt werden. Im Braunkohletagebau in Mitteldeutschland und im Köln-Aachener Raum legte man Siedlungen und Gräberfelder aus der Zeit der Bandkeramik frei. Dabei wurden reich verzierte Gefäße gefunden.

Funde von Pollenkörnern und Samen deuten darauf hin, dass Mitteleuropa in der Steinzeit von Laubwäldern bedeckt war. Die Menschen damals lebten zunächst als Jäger, wie Überreste von Beutetieren wie Pferd, Rind, Nashorn und Waldelefant belegen. Nach dem Sesshaftwerden bauten die Menschen Emmer (eine Weizenart), Gerste, Erbsen, Linsen und Lein an und nutzten die Wildfrüchte; sie wurden zu Sammlern. Ihre Wohnhäuser bauten sie aus Lehm. Die Toten wurden mit Speisen, Getränken, Steinbeilen, Pfeil und Bogen bestattet.

Abb. 372: Steinzeitliche Höhlenmalerei mit Tierherden in Lascaux, Frankreich, mittlere Steinzeit.

Abb. 373: Felszeichnungen bei Alta, Norwegen.

Abb. 374: Modell eines Hauses aus der Zeit der Bandkeramik (Bodenfunde Aldenhovener Platte, Tagebau Inden bei Eschweiler).

Abb. 375: Gefäß der Bandkeramischen Kultur (Kothingeichendorf, Niederbayern).

Bezeichnung	Zeit v. Chr.	Region, Fundstätten	Funde	Bezeichnung der Menschen
Altsteinzeit	ab 500 000	Osten Zentralafrikas, China, Mitteleuropa	Pollen, Samen Knochen Werkzeuge	Heidelberger Steinheimer Neandertaler Homo sapiens
Mittelsteinzeit	10 000 – 6 000	Südrand des Kaspischen Meeres, Ufer des Nils, Höhlen Lascaux und Altamira	Felsenbilder	
Jungsteinzeit	6 000 – 1 500	Anatolien, Zentralasien, Küsten des Persischen Golfes, Lösszonen Mittel- und Südosteuropas, Bodensee, Federsee	Buntkeramik Bandkeramik Pfahlbauten	

1.1.2 Zeitalter der Hochkulturen im Vorderen Orient

Historischer Hintergrund – Die Länder zwischen Euphrat und Tigris galten lange Zeit als Wiege der Menschheit. In diesem Gebiet entwickelten sich früh einzelne Stadtstaaten, von denen einige zu Hochkulturen führten. Eines der Kennzeichen dafür ist das Entstehen einer Schrift. Als älteste, heute bekannte Schriftzeichen gelten die Rollsiegel, die die Sumerer um 3300 v.Chr. benutzten. Die älteste bekannte schriftliche Mitteilung mit Zeitangabe liegt aus Assur vor (2000-1000 v.Chr.). Die Stadtstaaten führten oftmals Kriege um den Verlauf ihrer Grenzen, die Nutzung der Wasserläufe und den Besitz von Weidegebieten.

Handwerk – Aus der Kupfersteinzeit kennt man aus diesem Gebiet gehämmerte Kupfergefäße. In Mesopotamien und im heutigen Iran fanden Forscher besonders schöne Gefäße der Buntkeramik. Die erste Kunde von der Glasherstellung kommt ebenfalls aus diesem Gebiet.

Blumenschmuck – Eines der „sieben Weltwunder der Antike" die „Hängenden Gärten" der SEMIRAMIS, wird in Babylon (Assyrien) vermutet. Es sollen Terrassengärten mit Bewässerungssystemen gewesen sein. Bäume und Sträucher wurden in große Gefäße gepflanzt.

Abb. 376: Abrollung eines Rollsiegels in Ton aus der Zeit um 2900 v. Chr.

Bezeichnung	Zeit v. Chr.	Funde, Merkmale
Jungsteinzeit	8000 – 3300	Siedlungen, Handel, Steingeräte
Kupfersteinzeit	ab 5500	Gefäße aus gehämmertem Kupfer, Buntkeramik, Bewässerungsanlagen
frühgeschichtliche Zeit	3300 – 2900	Schriftzeichen, Rollsiegel, Tempel
Akkad-Zeit	2300 – 2200	Schriftsprache
alt- und mittelassyrische Zeit	2000 – 1100	älteste schriftliche Mitteilung mit Datum, Glasherstellung
neuassyrische Zeit	900 – 690	„Hängende Gärten" der Semiramis

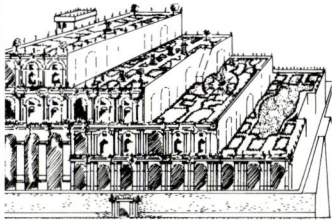

Abb. 377: Die hängenden Gärten der Semiramis (in einer Rekonstruktion) galten als ein Weltwunder.

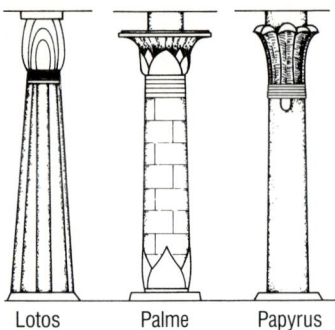

Lotos   Palme   Papyrus

Abb. 378: Lotos, Palme und Papyrus sind Modelle für Säulen.

Abb. 379: „Spaziergang im Garten" um 1350 v. Chr." (Ägyptisches Museum, Berlin).

1.1.3 Ägypten (4300 v. Chr. – 646 n. Chr.)

Historischer Hintergrund – Der Nil ermöglichte frühzeitig den Ackerbau und das Sesshaftwerden der Menschen, Städte entstanden. In der Architektur verwendete man seit 2500 v. Chr. steinerne Säulen, die Palmen und Papyrus-Stauden nachempfunden sind. In den Grabkammern der Pyramiden blieben Reliefs (erhabene, plastische Arbeiten) und Gemälde über Jahrtausende erhalten, die viel über die Lebensweise damaliger Zeit berichten. Die Ägypter verehrten die Bäume und pflanzten heilige Haine, die Schatten spendeten.

Aus Papyrus stellte man Papier her und beschrieb es mit Hieroglyphen (Schriftzeichen der altägyptischen Bilderschrift).

Blumenschmuck – Gäste hieß man mit Blumensträußen willkommen, band ihnen Girlanden und Kränze. Die Frauen trugen bei Festen Halsketten aus Granatblüten und Stirnbänder mit Lotosdiademen. Mit Lotosblüten fächelten sie sich Kühlung zu.

Stabgebinde fertigte man aus Palmwedeln und Lotosblüten. Dazu wurden an einen 1,50 m hohen Stab mehrere Sträuße dicht an dicht gebunden. Für große Feste brauchte man Tausende solcher Gebinde. Die Verstorbenen erhielten Blumenhalsketten mit auf den Weg ins Jenseits, den Mumien (durch Einbalsamieren vor dem Verwesen geschützter Leichnam) malte man sie auf. Vermutlich hat die Anzahl der halbkreisförmigen Reihen etwas mit der gesellschaftlichen Stellung der Toten zu tun.

Kränze für die Verstorbenen bestanden aus Blättern von *Mimusops schimperi*. Lotosblumen, Kornblumen, Mohn und Rittersporn verzierten die Kränze. Granatapfelbäume und Palmen spendeten in Totenhainen Schatten auf dem Wege ins Jenseits. Für die weite Reise gab man den Verstorbenen Lebensmittel in kostbaren Gefäßen mit.

Gefäße wurden zunächst aus Stein hergestellt, später aus Keramik. Amphoren, zweihenkelige Vorratsgefäße mit reicher Verzierung, und Wasserkrüge, sog. Hydria, aus dem 3. Jahrhundert v. Chr. fand man in Alexandria. Memphis war lange Zeit Hauptsitz der Fayenceherstellung, von Töpferware mit farbigen Mustern. Man fertigte Schalen, Becher und kleine Statuen (Statuetten) an. Bronzegefäße sind seit dem 1. Jahrhundert v.Chr. bekannt. Vasen mit üppigem Blumenschmuck sind in Grabkammern abgebildet.

 Einige Merkmale der Ägyptischen Epoche sind:

Ackerbau, Städteentwicklung, schattenspendende Haine, steinerne Säulen nach Art der Palmen und Papyrus, Papierherstellung, Entwicklung von Schriftzeichen (Hieroglyphen), Gefäße aus Stein, Keramik, Bronze.

Blumenschmuck: Sträuße, Stabgebinde, Halsketten, Lotosblumen.

Totenverehrung: Halsketten, Stabgebinde, Kränze, Blumenvasen. Grabkammern in Pyramiden mit Relief und Wandgemälde.

Abb. 380: Lotosblumen auf einem Keramik-Nilpferd.

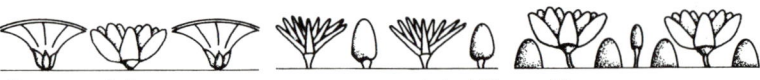

Papyrus   Lotos   Lotosblüten und Knospen

Abb. 381: Lotos und Papyrus als Ornament.

1.1.4 Griechenland (800 v. Chr. – 150 v. Chr.)

Historischer Hintergrund – Von den Griechen wurde die erste Lautschrift in der Geschichte bekannt, so dass viele Dinge überliefert werden konnten, z.B. aus Philosophie, Dichtung, Lebensweise. Ausgrabungen in Griechenland und das Haltbarmachen der Funde in Museen machen uns mit der griechischen Kunst bekannt.

Den Göttern baute man Tempel und umgab sie mit Hallen, deren Dach auf Säulen ruhte. Der Mittelpunkt des griechischen Wohnhauses war der Innenhof mit Säulenumgang. Fußböden schmückten Mosaikarbeiten. Viele Bauten des alten Griechenland wurden durch Erdbeben und Kriege zerstört.

Blumenschmuck – Er spielte eine große Rolle. Auf Vasen und Schalen ist häufig ein Weinstock abgebildet. Zum Feste des Gottes DIONYSOS (Gott der Fruchtbarkeit und des Weines) trugen Dienerinnen einen Thyrsos-Stab mit. Einen hohen Stab umwand man mit Weinranken und Efeu, die Spitze zierte ein Pinienzapfen, wehende Bänder umspielten den Stab. Dieser Stab erinnert an die Blumenstäbe der Ägypter (siehe S. 144). Auf Gemälden im 18. Jahrhundert erscheint er wieder.

Die Sieger bei Wettkämpfen im Sport oder in der Literatur erhielten Lorbeerkränze. Noch heute gilt Lorbeer als Sinnbild des Ruhmes. Mit Myrtenkränzen ehrte man Volksredner, mit Ölbaumzweigen heimkehrende Krieger. Palmwedel galten als Sinnbild für Sieg und Frieden. Den Göttern weihten die Griechen bestimmte Pflanzen.

Abb. 382: Die Gestaltung der Säulen kennzeichnet das Zeitalter.

dorisch   ionisch   korinthisch

Abb. 383: Parthenon, Athen.

Griechische Götter und ihnen geweihte Pflanzen (Beispiele)

Gottheit	Pflanze
APHRODITE, Göttin der Schönheit und Liebe	Rosen
APOLLO, Gott des Lichtes	Lorbeer
ATHENE, Göttin der Weisheit und Kunst	Olivenbaum
DIONYSOS, Gott der Fruchtbarkeit	Weinlaub
POSEIDON, Gott des Meeres	Palmen

Abb. 384: Plakettenhydria aus Alexandria, 3. Jahrhundert v. Chr.

Aus Griechenland kennt man von einem Grabrelief des 7. Jahrhunderts v. Chr. die erste Abbildung eines Kranzes, wie er heute noch als Trauerkranz verwendet wird. Dieses Sinnbild der Unsterblichkeit trägt ein junger Mann zum Tempel. Es handelt sich um eine Art „Römerkranz" mit schuppenartig aufgelegten Blättern.

Museen mit besonders umfangreichen Ausstellungen zu griechischen Statuen, Tempelfriesen, Gefäßen (Auswahl)

Ort	Museum
Berlin	Pergamon-Museum
Kassel	Staatliche Kunstsammlungen Schloss Wilhelmshöhe
München	Glyptothek
Würzburg	Antikensammlung

Abb. 385: Thyrsos-Stab.

Abb. 386: Palmettenfries (Sabal palmetto).

Der Dichter ANAKREON beschrieb zum ersten Mal eine Rose. HERODOT erwähnte eine Damaszener-Rose mit 60 Blütenblättern. Nach der Vorlage der Palmettopalme wurden die Palmettofriese gestaltet.

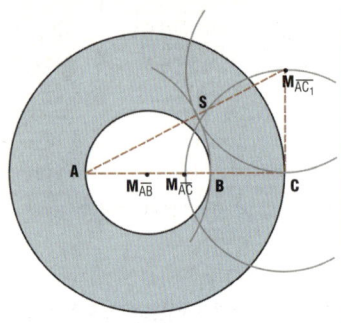

Abb. 387: Konstruktion des wohlproportionierten Kranzkörpers mit Hilfe der stetigen Teilung.

Abb. 388: Mosaikfußböden aus einem römischen Haus.

Abb. 389: Pont du Gard, Südfrankreich.

Griechische Philosophen und Bildhauer formulierten die Gesetzmäßigkeit der „stetigen Teilung". Seit ca. 100 Jahren bezeichnet man sie als „Goldenen Schnitt". Seine Anwendung in der Kunst lässt sich bis heute verfolgen (siehe S. 183).

 Einige Merkmale der Griechischen Epoche sind:
Säulen tragen waagerechte Dächer, die Wohnhäuser mit Innenhof haben Mosaikfußböden, man benutzt Gefäße aus Keramik, kennt Thyrsos-Stab, Trauerkranz und Damaszener-Rose und entwickelt den „Goldenen Schnitt".

1.1.5 Rom (400 v.Chr. – 400 n.Chr.)

Historischer Hintergrund – Das Herrschaftsgebiet der Römer erstreckte sich zeitweise bis nach England, so dass in West- und Mitteleuropa zahlreiche Spuren aus römischer Zeit zu finden sind.

Der von den Griechen übernommene Tempelbau wurde durch Hinzufügen neuer Elemente verändert. Der Raum wurde nun mit einem Rundbogen überspannt. Aus diesem Tonnengewölbe entwickelte sich später das Kreuzgewölbe (siehe S. 150). Die antike Basilika diente dem Markt- und Börsenverkehr, war ein Ort von Gerichtsverhandlungen oder Empfängen des Herrschers.

Das römische Wohnhaus mit symmetrisch angeordneten Räumen besaß einen Innenhof mit Pflanzen, Wasserspielen und Säulenhallen, ein sog. Atrium. Fußböden gestaltete man mit Mosaiken. Die Räume beheizte Warmluft. Man baute Paläste, Badehäuser (Thermen), Brunnenhäuser, Theater, Triumphbögen, Kanäle, Aquädukte (Wasserleitungen), Straßen und verwendete dabei gebrannte Ziegel, Marmor und andere Steine als Baustoffe.

Die Römer brachten die Glasmacherkunst nach Mitteleuropa. Köln entwickelte sich zu einem Zentrum. Gläser wurden auf besondere Art und Weise hergestellt. Man kannte z.B. die Reticella-Technik und die Millefiori-Technik. Durch besondere Arbeitsweisen entstanden Schlangenfadengläser, Buntgläser, Rippenschalen u.a.m. All diese Arbeitstechniken zeugen von einem hohen Stand der Glasmacherkunst.

Keramik fand man vom Ziegel bis zum Gefäß in Scherben und als ganze Stücke. Eine Besonderheit ist die „Terra Sigillata". Dabei handelt es sich um rote Tonware, die mit einem metallisch glänzenden Tonschlick überzogen wurde. Häufig tragen diese Gefäße Töpferstempel, ein „sigillum".

Abb. 390: Sklaven beim Girlandenbinden (Noah-Sarkophag).

Blumenschmuck – Ihn kannten die Römer zur Ehre der Götter, ihrer Gäste und der Toten. Vor allem Rosenkränze wanden Kranzbinderinnen als Haus- und Tafelschmuck und für heimkehrende Krieger. Im Winter führte man die Rosen aus Alexandria ein. Südlich von Rom entstanden Gewächshäuser, die mit warmem Wasser beheizt wurden. Die Kranzbinderei bestand darin, dass man Rosenblätter schuppenartig auf eine Wulst aus Lindenbast aufnähte. Wertvolle Kopfkränze wurden mit goldenen Blättern, Edelsteinen und Bändern gebunden. PLINIUS DER ÄLTERE berichtet von einer Kranzbinderin, die aus Griechenland stammte und besonders schöne Kränze binden konnte. Das Relief des Noah-Sarkophages im Rheinischen Landesmuseum Trier zeigt zwei Sklaven, die Girlanden binden.

Abb. 391: Akanthusblätter am Kapitell einer römischen Säule.

Pflanzenschmuck wurde auch in Stein gehauen. Akanthusblätter zieren die Kapitelle (Kopfstücke) der Säulen, Pinienzapfen die Jupitersäulen. Mit Eichenblättern schmückte man Schilde, die Räume mit Girlanden und Festons, keulenförmigen Gehängen aus Blumen oder Früchten.

Einige Merkmale der römischen Epoche sind:
Rundbogen überspannen die Räume, Wohnhäuser mit Atrium, Mosaikfußböden, Fußbodenheizung. Umfangreiche Wasserleitungen versorgen die Städte und Garnisonen, Straßen verbinden alle wichtigen Teile des Reiches. Die Glasmacherkunst blüht auf, Keramik (z.B. Terra Sigillata) wird entwickelt. Gewächshäuser liefern Werkstoff für Rosenkränze, Girlanden, Festons. Als Schmuck dienen Akanthusblätter, Pinienzapfen, Eichenblätter.

Abb. 392: Vielfach verwendeten die Bildhauer Vorlagen aus der Natur.
a Nachgebildeter Pinienzapfen am Dom zu Aachen,
b Zapfen von *Pinus pinea*,
c Korinthisches Kapitell mit nachgebildeten *Acanthus*-Blättern,
d Blatt des Stacheligen Bärenklau (*Acanthus spinosus*).

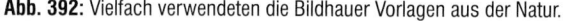

a   b   c   d

Abb. 393: St. Peter in Straubing.

Abb. 394: Burg Dankwarderode in Braunschweig.

1.2 Mittelalter

1.2.1 Romanik (1000 – 1250)

Historischer Hintergrund – Unter dem Schutz der Kaiser entwickelten sich auch nördlich der Alpen die ersten Städte. Ritter sicherten von ihren Burgen aus die Grenzen des Reiches. Die Kirche war Auftraggeber für Baumeister, Steinmetze, Maler und andere Künstler.

Stilmerkmale – Typisches Merkmal dieses Baustiles sind Rundbogen. Sie tragen die Gewölbe, überspannen Fenster und Tore. Verschiedenfarbige Steine lockern die schweren Bogen, Säulen und Mauern auf. Portale sind mit Skulpturen reich geschmückt. Säulen verzierte man durch Steinmetzarbeiten an den Kapitellen. Statuen der Heiligen und auch der Stifter des Baues wurden aufgestellt. Köpfe und Glieder sind länglich gestaltet, Gewänder fallen glatt. Auf farbigen Glasfenstern stellte man die Lebensgeschichte der Heiligen dar. Dazu wurden pulverisierte Metalle oder Metalloxide in der Glasschmelze verarbeitet.

Im Kirchenbau entwickelte sich aus der einschiffigen Basilika, einer Hallenkirche mit überhöhtem Mittelschiff, die dreischiffige Kirche. Typisch für sie ist das Kreuz als Grundriss. Es entsteht aus Längs- und Querschiff. Über dem Schnittpunkt wurde der Vierungsturm errichtet. An den Ecken des Hauptschiffes baute man Türme, zunächst zwei, später vier, die mächtig und gedrungen wirken. Unter dem Chor befindet sich eine Gruftkirche, die Krypta. Vor den Eingang baute man auch Hallen, sog. Paradiese.

Von den Profanbauten (weltliche, nichtkirchliche Bauten) dieser Zeit blieben nur wenige erhalten, z.B. Teile der Wartburg bei Eisenach, Teile der Burg Dankwarderode in Braunschweig und Teile der Pfalz in Goslar.

Bücher – In den Klöstern schrieben Mönche Bücher aus dem Altertum ab und erhielten sie so der Nachwelt. Eine einheitliche Schrift entwickelte sich, die sog. Karolingische Minuskel (Kleinbuchstaben). Die Initialen (Anfangsbuchstaben) der Texte sind reich mit Pflanzenornamenten geschmückt.

Gärten – In Klostergärten und in Burggärten baute man Heilkräuter an, für den Schmuck der Kirchen Lilien und Rosen.

Blumenschmuck – Bildhauer schmückten Portale und Säulen mit Pflanzen. Es blieben nur wenige Zeugnisse erhalten.

Romanische Kirchen (Auswahl)

Ort	Name	Bedeutung/Bildwerke
Aachen	Dom zu Aachen	Krönungskirche bis 1531 (Ferdinand I), Kaiserstuhl Karls des Großen, achteckiger Grundriss des Zentralbaus (Oktogon), Kronleuchter, Goldener Altar, römische Brunnenfiguren (Wölfin und Pinienzapfen)
Bamberg	Dom zu Bamberg	Statuen an der Adamspforte, Bamberger Reiter
Biburg	Kloster Biburg	Benediktinerkloster, Hirsauer Art
Maria Laach	Abteikirche	Paradies, Hochgrab des Stifters, Krypta
Naumburg	St. Peter und Paul	Stifterfiguren des Naumburger Meisters
Schongau (Altenstadt)	Michaelis-Basilika	Basilika, Kruzifix, Taufstein
Speyer	Dom zu Speyer St. Maria und St. Stephan	Gruft der Salier und Hohenstaufen, Kaiserdom
Worms	Dom zu Worms	Südportal mit thronendem Christus, romanisches Kruzifix, Westchor mit Rosettenfenstern

Dekoriert man heute einen Raum oder ein Gebäude aus der romanischen Stilepoche, dann wird Blumenschmuck nur sehr zurückhaltend angebracht. Girlanden und Kränze mit geschlossenem Umriss aus dunklem Werkstoff, z.B. *Buxus* (Buchsbaum), *Taxus* (Eibe), und in Form geschnittene Kübelpflanzen, z.B. *Laurus* (Lorbeer), sind die wichtigsten Schmuckelemente.

Der Schmuck darf die architektonische Linienführung nicht stören. Betonte Linien, z.B. Portal- und Fensterausschnitte, können hervorgehoben werden. Die Werkstücke müssen streng gearbeitet sein und festen Kontakt mit dem Baukörper haben. Blumenschmuck darf niemals überladen wirken. Geschlossene Ballformen in halbkugeligen oder kugeligen Gefäßen harmonieren mit der ernsten Gemessenheit des romanischen Stiles.

Abb. 395: Kreuzgang in Fontenay, Frankreich.

Abb. 396: Einfach und bäuerlich wirkt der Garten, der zur Burg Landscron, Elsass, gehörte.

Abb. 397: Kennzeichen der Romanik (1000 – 1250).

Wichtige Merkmale

Grundmaß ist das Quadrat,
Grundriss der dreischiffigen Kirchen ist das Kreuz,
Vierungsturm über dem Schnittpunkt des Kreuzes,
Krypta unter dem Chor,
Pfeiler und Säulen als Gewölbestützen,
Kreuzgewölbe,
Rundbogen über Fenstern und Portalen,
Säulen aus Säulenfuß, Säulenschaft, Würfelkapitell,
Kapitelle mit Allegorien verziert,
bunte Glasfenster

Plastik und Malerei: Köpfe und Glieder der Figuren länglich, glatt fallende Gewänder

Beispiele

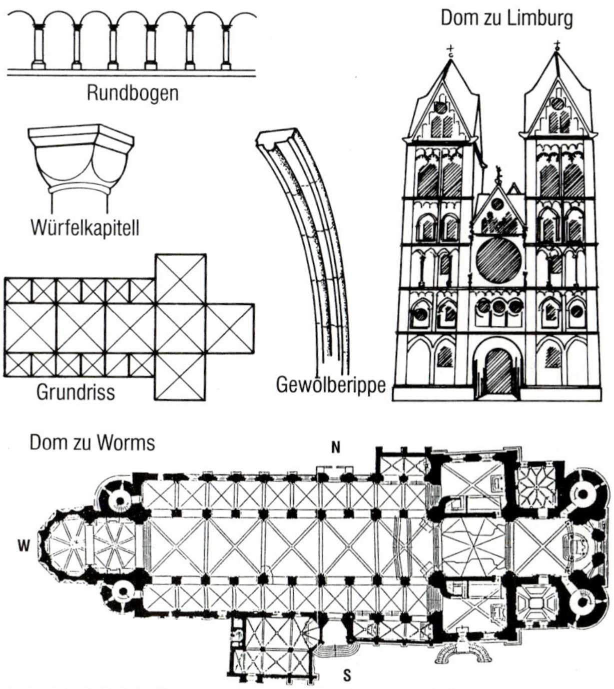

Rundbogen

Würfelkapitell

Grundriss

Gewölberippe

Dom zu Limburg

Dom zu Worms

N

W   O

S

1.2.2 Gotik (1250 – 1500)

Historischer Hintergrund – Nach 1250 lösten Landesfürsten und Bürger als Bauherren die Kirche ab. In der „kaiserlosen Zeit" (1254 – 1273) erstarkten Landesfürsten und Städte an Handel und Handwerk blühten auf. Seidenwebereien entstanden, der Trittwebstuhl wurde erfunden, Hammerwerke und Sägemühlen eingerichtet. Man konnte Papier herstellen und es bedrucken (GUTENBERG 1445). Kaiser KARL IV. gründete 1348 die erste deutsche Universität in Prag. Handelsstädte schlossen sich zum Bund der Hanse zusammen. Im Handwerk wurde erstmalig vor Erteilen des Meisterbriefes das Anfertigen eines „Meisterstückes" verlangt.

Mit der Entdeckung Amerikas im 15.Jahrhundert endete das Mittelalter.

Stilmerkmale – Der gotische Stil entwickelte sich von Frankreich her. Das Wort bedeutet „barbarisch" (und meint, dass es sich um eine Schöpfung der Völker nördlich der Alpen handelt).

Im Kirchenbau entsteht als wesentliches Merkmal das Kreuzrippengewölbe. Rippen und Strebebogen leiten den Druck des Gewölbes auf die Strebepfeiler. Diese werden durch Stützpfeiler außerhalb der Kirche gesichert. Stützbogen dienen der Überleitung des Druckes (siehe Abb. 399). Die Innenräume sind nun größer, höher, heller. Krabben (steinerne Blattgebilde), Kreuzblumen und Wasserspeier schmücken die Stützen. Die Fenster werden durch Stabwerk gegliedert und mit Maßwerk verziert. Die Fenster und die Portale enden in einem Spitzbogen. Häufig befindet sich über dem Eingang ein großes Rundfenster, eine Fensterrosette. Durch die großen Fenster mit farbigem Glas entstehen besondere Lichteffekte im meist dunklen Kirchenraum. Eine Krypta fehlt. Die Portale sind mit Reliefs und Statuen reich geschmückt. Grundmaß ist nicht mehr das Quadrat, sondern das Rechteck. Wohnhäuser baute man allgemein aus Stein. Nur wenige Profanbauten aus der Gotik sind erhalten geblieben.

Abb. 398: Detail-Ansicht von Sainte-Chapelle, Paris.

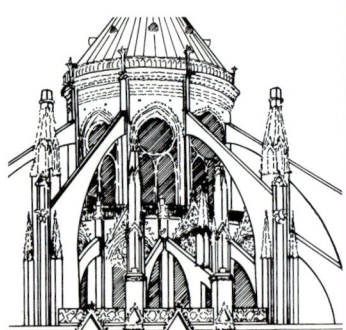
Abb. 399: Stützkonstruktion am Chor einer gotischen Kirche.

Profanbauten (Auswahl)

Ort	Bauten
Alsfeld	Rathaus, Fachwerkhäuser
Danzig	Patrizier- und Handelshäuser, Rathaus
Fritzlar	Wohnhäuser
Fulda	Rathaus
Görlitz	Patrizierhäuser mit Laubengängen
Landshut	Rathaus, Bürgerhäuser
Lübeck	Rathaus
Lüneburg	Wohnhäuser mit Treppengiebeln
Münster	Rathaus
Rostock	Patrizier- und Handelshäuser

Handwerk – Die Glasmacherkunst erreichte einen Höhepunkt. Das Kunsthandwerk blühte auf. Bildhauer, Steinmetze und Maler wanderten dorthin, wo sie einen Auftrag bekamen. So ist z.B. die Familie der „Parler" am Bau fast aller Kirchen Mitteleuropas im 14.Jahrhundert beteiligt. Andere bekannte Künstler sind z.B. TILMAN RIEMENSCHNEIDER, VEIT STOSS, STEFAN LOCHNER.

Malerei – Auf Gemälden sind die Pflanzen natürlich und stilisiert, sinnbildlich und schmückend den Bildern hinzugefügt, nicht aber um ihrer selbst willen dargestellt. So realistisch wie im 15.Jahrhundert werden sie erst im 19.Jahrhundert wieder gemalt.

Abb. 400: Skizze zu „Jungfrau mit Lilie" von M. SCHONGAUER.

Name des Künstlers	Darstellung
GIOTTO DI BONDONE	Engel huldigen mit Blumen in Vasen
CONRAD VON SOEST	Wiesenblumen
JAN VAN EYCK	Genter Altar, Wiesenblumen
STEFAN LOCHNER	Madonna im Rosenhag
MARTIN SCHONGAUER	Madonna im Rosenhag
LEONARDO DA VINCI	Maria mit dem Kinde

Abb. 401: Ungeheuer aus Stein zieren den gotischen Bau.

Gärten – In Klostergärten bauten Nonnen und Mönche Heilkräuter an. Sie stellten daraus Extrakte für Medizin her. Blumen kultivierten sie zum Schmuck der Altäre.

Blumenschmuck – Auch die Bürger verwendeten Blumen zum Schmuck, für Sträuße und Girlanden. Wände und Fußböden bedeckten sie des Wohlgeruches wegen mit Blumen. Bei Umzügen bestreute man die Straßen mit Blumen und schmückte die Häuser. Bei Blumenspielen warfen sich die Teilnehmer Blumen zu oder „schossen" mit ihnen.

Für heutige Dekorationen im Sinne der Gotik gilt: In gotischen Bauwerken darf nur sparsam Blumenschmuck angebracht werden, um die aufwärtsstrebende, klare Linienführung nicht zu stören. Schlanke Girlanden hängt man senkrecht auf. Alle aufstrebenden Formen in hellen Farben eignen sich für Dekorationen, z.B. *Lilium*-Arten (Lilie), *Gladiolus* (Gladiole), *Delphinium* (Rittersporn). Die Farben Weiß und Gelb vertragen sich besonders gut mit dem Licht, das durch die farbigen Fenster entsteht.

Gotische Kirchen (Auswahl)

Ort	Name	Bedeutung/Bildwerke
Aachen	Dom zu Aachen	Chor der Saint-Chapelle (Paris) nachempfunden, Matthiaskapelle, Annakapelle
Altenberg	Bergischer Dom	Zisterzienser Klosterkirche, Ornamente aus kriechendem Hahnenfuß und Ackerwinde, Glasfenster, Chorgestühl; nach Säkularisation zerstört; Aufbau unter BOISSERÉE (FRIEDRICH IV.)
Freiburg	Freiburger Münster	Turmhelm aus Stein, völlig durchbrochen; kluge und törichte Jungfrauen (1290 – 1300), Madonna um 1300, Heiliges Grab um 1340, Glasfenster 13. bis 15.Jahrhundert, Hochaltar von HANS BALDUNG, genannt GRIEN (1512 – 1516)
Kalkar	Stadtpfarrkirche St. Nikolai	Schnitzereien niederländischer Meister
Köln	Dom zu Köln	Hochaltar, Dreikönigsschrein, Chorgestühl, Chorschranken, Chorpfeilerfiguren; Vollendung des Domes (BOISSERÉE) 1880; schwere Schäden durch Kriegseinwirkung, Beginn der Reparaturen, deren Ende nicht abzusehen ist
Lübeck	Marienkirche	Backsteingotik, Sakramentshaus
Nürnberg	St-Lorenz-Kirche	Bürger- und Stadtkirche, Stifterfiguren in Chorfenstern, Engelsgruß VEIT STOSS 1517 – 1519, Sakramentshäuschen ADAM KRAFT 1493 – 1496
Regensburg	Dom zu Regensburg	Ziehbrunnen im südlichen Querhaus, Glasfenster, Ziboriumsaltar im nördlichen Nebenchor, Hauptportal mit reichem Figurenschmuck
Soest	St. Maria zur Wiese	Glasfenster, „Das Westfälische Abendmahl"
Straubing	St. Jakob	Glasfenster, Statue „Schmerzhafte Mutter" Hochaltarschrein
Ulm	Ulmer Münster	Stadtpfarrkirche, erste Pläne von PARLER, Turm 162m hoch, Sakramentshaus, Chorgestühl, Schmerzensmann am Hauptportal

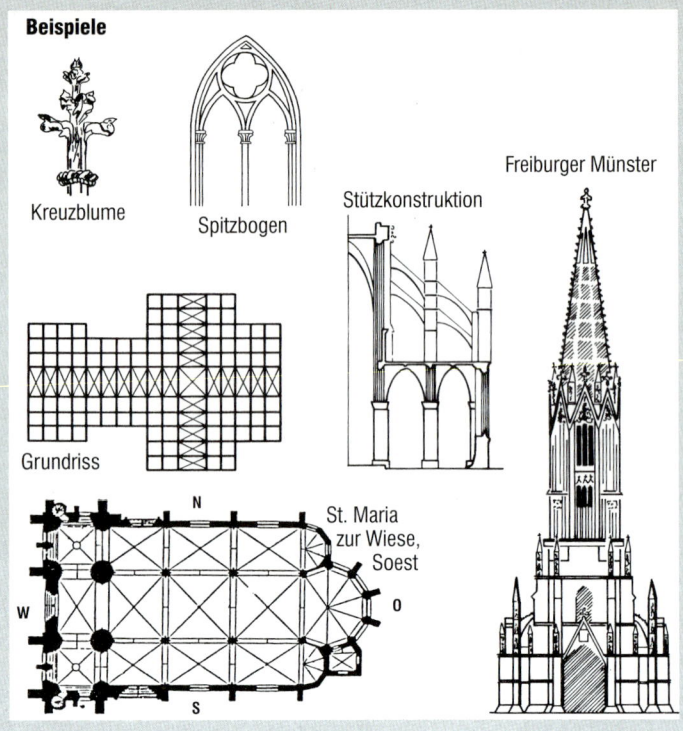

Wichtige Merkmale

Grundmaß ist das Rechteck,

Kirchen bestehen aus mehreren Schiffen,

Stützpfeiler, Strebebogen, Strebepfeiler, Spitzbogen,

Stützkonstruktion nach außen verlagert,

hohe, helle Räume,

große, bunte Glasfenster,

Krabben, Kreuzblumen, Wasserspeier,

keine Krypta,

reicher Portalschmuck,

Profanbauten mit Treppengiebeln,

Backsteingotik

Beispiele

Kreuzblume

Spitzbogen

Stützkonstruktion

Freiburger Münster

Grundriss

St. Maria zur Wiese, Soest

N

W

O

S

Abb. 402: Kennzeichen der Gotik (1250 – 1500).

1.3 Neuzeit

1.3.1 Renaissance (1500 – 1600)

Historischer Hintergrund – Das französische Wort „renaissance" bedeutet Wiedergeburt. Die Stilepoche der Renaissance bewirkt die Wende vom Mittelalter zur Neuzeit. Der Mensch erhält einen neuen Eigenwert. Die Bindungen an das Jenseits treten zurück, nun ist der Mensch auf das Diesseits bezogen. Das klassische Altertum kommt zu neuer Geltung. Diese Entwicklung geht von Italien aus. Die römische Vergangenheit war dort allgegenwärtig. Nach der Eroberung Konstantinopels durch die Türken (1453) erfolgte außerdem ein neuer, entscheidender Einfluss durch die griechische Kultur, kehrten doch Gelehrte und Künstler von Ostrom in die westlichen Länder zurück. Viele von ihnen ließen sich in Italien nieder und verhalfen der Antike, dem klassischen Altertum, zu einer Wiedergeburt, einer Renaissance.

Stilmerkmale – Während Deutschland noch stark der Gotik verbunden bleibt, entwickelt sich in Italien der neue Stil. Fassaden werden waagrecht gegliedert und mit Strebepfeilern versehen. Häufig erhalten gotische Bauten eine Renaissancefassade. Als Schmuck überdacht man die Fenster mit Dreiecken oder Segmenten. Die Fenster werden hell, nicht mehr bunt verglast. Typisch sind klare Grundrisse. An die Stelle des gotischen Spitzbogengewölbes tritt das runde Tonnengewölbe. Seine Oberfläche wird mit Kassettenschmuck aus Stuck oder Holz reich verziert. Die breiten Seitenwände schmücken Gemälde und Statuen

Es werden weniger Kirchen errichtet. Lang- und Querschiffe vereinigt man zu einem Hauptschiff mit ovalem bis rundem Grundriss.

Abb. 403: Gotisches Rathaus, Fulda.

Profanbauten (z.B. Schlösser, Rathäuser, Bürgerhäuser) entstehen nördlich der Alpen in einem eigenen Stil, der von der italienischen Renaissance, wie man sie vorwiegend in Florenz findet, abweicht. Adelige und Bürger setzen sich mit ihren prächtigen Bauten ein Denkmal zu Lebzeiten. Große Innenhöfe und breite Treppen sind Merkmale des neuen Stiles. Aus der Gotik bleibt der Treppengiebel erhalten. Das Wohnhaus dieser Zeit ist durch eine Pergola oder Loggia mit dem Garten verbunden.

Abb. 404: Schloss Eisenbach in Hessen.

Architektur der Renaissancezeit (Auswahl)

Ort	Gebäude
Alsfeld	Weinbaus, Hochzeitshaus
Antwerpen	Rathaus
Augsburg	Rathaus, Fuggerei
Florenz	Kuppel des Domes, Kapelle der MEDICI
Gent	Rathaus
Hameln	Rattenfängerhaus, Hochzeitshaus
Heidelberg	Ottheinrichsbau, Friedrichsbau
Köln	Laube am Rathaus
Kulmbach	Plassenburg
Leipzig	Rathaus
Paderborn	Rathaus
Rom	Peterskirche

Abb. 405: Das Alte Rathaus in Leipzig, erbaut 1556.

Handwerk – Aus Tischlern werden Kunsttischler. Sie fertigen architektonisch gegliederte Möbel mit Pilastern (flache Wandpfeiler) und Säulen, üppigem Schnitzwerk und Intarsien, Einlegearbeiten aus farbigem Holz oder Perlmutt. Nussbaum, Eiche und Ebenholz verarbeiten sie vorwiegend. Goldschmiede- und Silberarbeiten, wertvolle Messgewänder, einzigartige Teppiche (Tapisserien) entstehen.

Bildnerei – Der Name des Künstlers gehört von nun an zu seinem Werk, er ist fast immer bekannt. Wieder sind es ganze Familien, die dorthin ziehen, wo es Aufträge gibt für Stuck- und Bildhauerarbeiten, seien es geistliche oder weltliche Auftraggeber.

Malerei – In die Malerei findet die Perspektive Eingang. Eine Landschaft als Hintergrund eines Gemäldes wird allgemein üblich. Blumen sind dabei noch immer Sinnbilder, Attribute. Sie stehen jetzt in kostbaren Vasen, nicht mehr in Gebrauchsgegenständen. Zum ersten Mal bildet man Topfpflanzen ab, z.B. zeigt das Gemälde „Bathseba im Bade" von PARIS BORDONE (Köln, WALLRAF-RICHARTZ-Museum) ein Orangenbäumchen in einem Tontopf.

Gärten – Die Einheit von Haus und Garten ist typisch für die Renaissance. Der Reiz französischer Schlösser liegt darin, dass sich der Wassergraben von der Verteidigungseinrichtung zum Bindeglied zwischen Haus und Garten wandelt. Man kennt Frucht- und Gewürzgärten in rechteckiger Einteilung, von Mauern umgeben. Plastiken aus Buchsbaum zieren die Gärten.
Die ersten Botanischen Gärten sind aus Padua, Pisa, Florenz und Bologna bekannt. Berühmt wurde der „Garten von Eichstätt" der „Hortus Eystaettensis". Er ging in die Geschichte der Gartenkunst ein, gleichwertig mit den „Hängenden Gärten der SEMIRAMIS" (siehe S. 143). Pflanzen bezog man aus Antwerpen, Brüssel, Amsterdam, oder Kaufleute brachten sie aus aller Welt nach Eichstätt.

Abb. 406: Das Rathaus von Augsburg, erbaut 1615 – 1620.

Abb. 407: Skizze zu „Akelei" von ALBRECHT DÜRER.

Künstler	Werk	Ort der Aufbewahrung
ALBRECHT ALTDORFER	Alexanderschlacht	München
JAN BRUEGEL d. Ä.	Blumen in blauer Vase	Wien
P. BRUEGEL d. Ä.	Bauernhochzeit, Jäger im Schnee, Sturz des Ikarus	Brüssel
CORREGIO	Die Heilige Nacht	Dresden
LUCAS CRANACH d. Ä.	Martin Luther	Braunschweig
ALBRECHT DÜRER	Vier Apostel, Hase, Akelei, Betende Hände	München Wien
MATTHIAS GRÜNEWALD	Isenheimer Altar	Colmar
FRANS HALS	Melle Bobbe	Berlin
LEONARDO DA VINCI	Abendmahl Madonna mit der Vase	Mailand München
MICHELANGELO	David, Die Nacht, Madonna Medici, Pieta, Madonna	Florenz Rom Brügge
RAFFAELO SANZIO	Madonna Sixtina	Dresden
TILMAN RIEMENSCHNEIDER	Windsheimer Altar, Heilig-Blut-Altar, Altar mit Himmelfahrt Mariens	Heidelberg Rothenburg Creglingen
RUBENS	Der Künstler und seine erste Frau	München
VEIT STOSS	Englischer Gruß	Nürnberg
TIZIAN	Himmelfahrt Mariä	Venedig

Ein neuer Gartentyp entsteht: der der Kaufleute. Man bewunderte die Gärten der FUGGER in Augsburg mit den vielen südländischen Blumen. Buchsbaum, Eiben, Zypressen unterteilten den Raum in Einzelgärten. Die Mittelachse war auf das Haus ausgerichtet. Lorbeerbäume in Kübeln konnten zum Überwintern in Räume gebracht werden. 1583 soll eine Tochter Jakob Fuggers den ersten Myrtenkranz getragen haben.

Abb. 408: Renaissancegarten in Villandry, Frankreich.

Abb. 409: Renaissanceschloss Chambord, Frankreich.

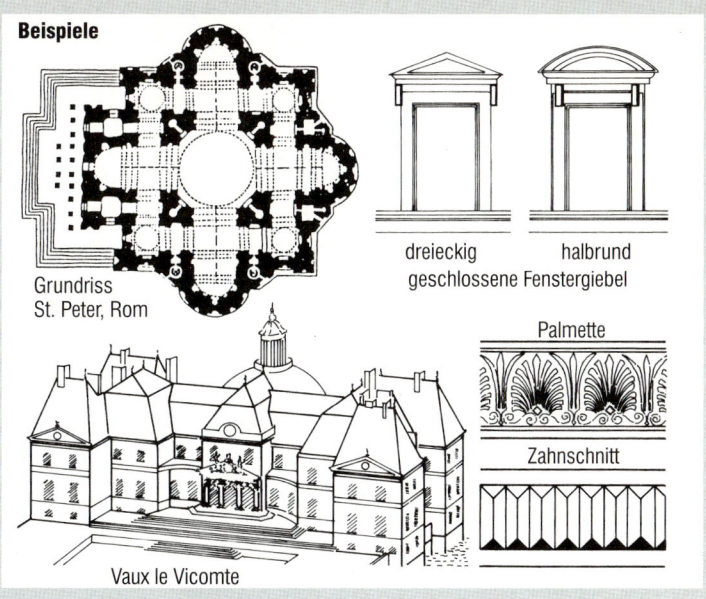

Abb. 410: Kennzeichen der Renaissance (1500 – 1600).

Blumenschmuck – Floristische Schmuckmittel am Renaissancebau sind Formgirlanden, Festons, Keulen. Die vollrund, sorgfältig gebundenen oder gesteckten Formen aus Blumen, Bindegrün und Früchten haben keinen festen Kontakt mit dem Baukörper wie beim Schmuck romanischer und gotischer Bauten, sie hängen als selbständige Schmuckmittel auf ihm. Die Funktion des Hängens soll sichtbar sein. Die für diesen Stil typische horizontale Gliederung wird durch Flachfestons und Keulen unterstrichen. In Innenräumen betonen Girlanden die Gliederung der Kassettendecken und Wände. Blumen dürfen nun kompakter, üppiger, reicher sein. Prunkformen, z.B. Pfingstrosen (*Paeonia*-Arten) und Flieder (*Syringa vulgaris)*, werden bevorzugt. Starke, leuchtende Farben symbolisieren den Reichtum. Kostbare Vasen charakterisieren daher auch heute solche Arrangements.

Flos Solis maior.

Abb. 411: Sonnenblume aus dem „Hortus Eystettensis".

1.3.2 Barock und Rokoko (1600 – 1770)

Historischer Hintergrund – Es ist die Zeit des Absolutismus. Kriege erschüttern Europa. Kirchenfürsten und weltliche Fürsten stellen ihre Macht dar. Dazu dient ihnen auch die Kunst.

Stilmerkmale des Barock – Das Wort „Barock" stammt aus dem Portugiesischen: „barocco" bezeichnet eine rohe, ungleiche Perle. So empfand man das Abweichen von der reinen, klar gegliederten Form der Renaissance. Neue Schmuckformen werden entwickelt, die durch geschwungene Linien gekennzeichnet sind.

Die klar gegliederten Wände im Kirchenbau werden mit Girlanden, Medaillons, Allegorien (sinnbildliche Gemälde) verziert. Vor allem in Süddeutschland dekoriert man üppig und humorvoll. Es ist die hohe Zeit des Stuckes, der Plastiken, der Malerei. In den Deckengemälden scheint sich der Himmel zu öffnen. Die perspektivische Darstellung lässt flache Decken hoch gewölbt erscheinen. Im Zusammenspiel von Malerei und Plastik entstehen Kunstwerke von besonderem Reiz. Säulen und Verzierungen sind häufig gemalt, nicht in Stein (Marmor) oder Stuck ausgeführt.

Abb. 412: Schloss Nymphenburg.

Kennzeichen der Profanbauten sind vor allem prächtige, weite Treppenhäuser. Blumen werden in Stuck modelliert. Die Decken der großen, hellen Räume scheinen sich wie in den Kirchen zum Himmel zu öffnen. Vorherrschende Farben sind Purpur, Gold, Weiß.

Bildnerei – Wieder sind es Künstlerfamilien, die durch Europa ziehen. Sie gehen dorthin, wo man sie braucht zum Stuckieren, zum Malen, als Architekten oder Bildhauer.

Abb. 413: Prospekt eines Gartens und eines Hauses aus der Wiener Josephstadt (kolorierter Kupferstich von S. Kleine).

Malerei im Barock mit Blumendarstellungen (Beispiele)

Name des Künstlers	Darstellung
Juan De Arellano	Weidenkorb mit Blumen, Blumenstrauß in einem Metallkrug, Blumen in einer glatten Vase, Blumen in einer gläsernen Vase
Ambrosius Bosschaert	Blumenbilder
Jan Bruegel („Blumenbruegel")	Blumenbilder

Abb. 414: Die Hauptachse im Garten von Versailles.

Bauten im Barock (Auswahl)

Ort	Gebäude
Banz, Kloster	Angelicum
Berlin	Stadtschloss
Brühl	Schloss
Charlottenburg	Schloss
Dresden	Zwinger, Schloss Pillnitz
Ettal	Kloster
Fulda	Dom
Hamburg	Hauptkirche St. Michaelis
Horn/Donau	Stift Altenburg
München	Theatinerkirche
Paris	Palais du Luxembourg
Pommersfelden	Schloss Weißenstein
Rastatt	Schloss
Salzburg	Dom
Versailles	Schloss
Wien	Hofbibliothek
Würzburg	Residenz

Abb. 415: Orangerie mit Palmen in Kübeln am Schloss von Versailles.

Malerei – In der Malerei stellen die Künstler Blumen in üppiger Schönheit dar in Körben, als Girlanden, als Kränze und Sträuße.

Gärten – In den Barockgärten bilden Haus und Garten eine Einheit. Die Hauptachse des Hauses wird im Garten weitergeführt. Seitenachsen und Diagonalen sind dieser zugeordnet. Mit der strengen Achsenführung und der geometrischen Anordnung der Gartenteile wird die Natur nach architektonischen Gesetzen geformt.
Ein wesentlicher Teil des Barockgartens ist das hinter dem Haus liegende Parterre. Es besteht aus kunstvoll gestalteten Beeten, die mit niedrigen Hecken eingefasst sind. Diese Flächen werden zunächst mit Kies, Glasperlen und farbigem Steinmehl gestaltet. Erst später bepflanzt man sie mit Sommerblumen. Die Teile des Parterres werden jeweils durch ein Mittelmotiv zusammengefasst. Das kann ein Brunnen, eine Statue oder ein Pavillon sein.
Wasserbecken, Wasserspiele, Kanäle u.a. sind weitere Gestaltungselemente des Barockgartens.

Abb. 416: Parterre in Versailles.

Blumenschmuck – In Barockräumen entspricht Blumenschmuck dem Lebensstil dieser Zeit. Er soll üppig, prächtig sein. Geschlossene lagernde Formen können mit leichten Formen (Rispen, Zweigen) überspielt werden. Reine, klare Farben der Zeit (Purpur, Goldgelb, Weiß) werden bei den Blumen und metallisch glänzende oder weiße Oberflächen bei Porzellangefäßen verwendet.

Stilmerkmale des Rokoko – Das Wort „Rokoko" kommt aus dem Französischen und bedeutet soviel wie Muschelwerk, Grottenwerk. Man besann sich wieder einmal zurück auf die Natur! Kennzeichen des Stiles ist neben seiner Leichtigkeit, Verspieltheit und Eleganz vor allem die Rocaille, ein aus der Muschelform entstandenes Ornament.
Tür- und Fensterüberdachungen sind nun wesentlich reicher verziert. Räume und Fassaden werden weiterhin mit Girlanden, Blumenkränzen und Sträußen aus Stuck in äußerst feiner Arbeit geschmückt.

Abb. 417: Schloss Benrath.

Bauten im Spätbarock bzw. Rokoko (Auswahl)

Ort	Gebäude
Amorbach	ehemalige Abtei
Diessen/Ammersee	Kloster-Pfarrkirche
Düsseldorf	Schloss Benrath
Dresden	kath. Hofkirche
Günzburg	Frauenkirche
Münster i. Westfalen	Schloss
München	Cuvilliés-Theater, Asam-Kirche, Amalienburg, Preysing-Palais
Nordkirchen	Schloss
Potsdam	Schloss Sanssouci, Teepavillon
Steingaden	Wieskirche
Steinhausen	Wallfahrtskirche

Abb. 418: Die „Wies" bei Steingaden.

Handwerk – Am Hofe AUGUST DES STARKEN (Dresden) fand JOHANN FRIEDRICH BÖTTGER 1709 bei der Suche nach künstlichem Gold das Porzellan (siehe S. 217). 1710 gilt als Gründungsjahr der ersten deutschen Porzellanmanufaktur in Meißen, andere folgten, z.B. 1718 die Manufaktur in Wien, 1751 die Manufaktur in Berlin und 1758 die Manufaktur in Nymphenburg. KÄNDLER entwickelte den europäischen Stil, HÖROLD die Aufglasur- und Unterglasurmalerei, und BUSTELLI schuf die Figuren aus der Commedia del Arte. Seidenstoffe bestickte man für Kleider und Tapeten ebenfalls mit Blumenmustern.

Name	Werke
Cosmas Damian Asam	Deckenfresko „Triumphierende Kirche" in Weltenburg
Egid Quirin Asam	„Drachenkampf" am Hochaltar in Weltenburg
R. Byss	Deckenfresko Treppenhaus Schloss Weißenstein „Die Erde im Lichte Apollos"
Johann Matthias Günther	Neustift bei Brixen
Ignaz Günther	„Maria als apokalyptisches Weib"
M. Knoller	Deckengemälde Kloster Ettal, Altarblatt „Mariä Himmelfahrt" in Ettal, Altarblatt „Die Heilige Familie" in Ettal
J. M. Rottmayr	Schloss Weißenstein, Deckenfresko „Sieg der Tugenden über die Laster"
Dynastie der Schwanthaler	Arbeiten in Österreich und in Bayern, vor allem im Innviertel
Johann Baptist Straub	Kanzel im Kloster Ettal
Paul Troger	Deckenfresko und Hochaltarbild Stift Altenburg
Wessobrunner Stuckateure, u. a. Feuchtmayr, Gratl, Schmozer, Übelhör, Zimmermann	mehrere Familien aus dem kleinen Ort, die z.B. in Bayern, Polen und Osterreich Stuckarbeiten ausführten
J. J. Zeiler	Kuppelfresko Ettal
D. Zimmermann	Deckenfresken, Kanzel in der Wieskirche

Abb. 419: Kloster Ettal.

Seit der Erfindung der Buchdruckerkunst gibt es Pflanzenbücher. Zunächst wurden sie von Ärzten und Apothekern mit Heilpflanzen als Inhalt herausgegeben, jetzt kennt man auch rein botanische Werke.

Name	Titel
Basilius Besler	Hortus Eystaettensis
Maria Sybilla Merian	Metamorphis Insectorum Surinamensium
Pierre-Joseph Redouté	Les Liliaces; Les roses, pentés par Redouté
Carl von Linné	Jardin de la Malmaison
	Systema naturae

Malerei – Auf Gemälden dieser Zeit ist zu erkennen, dass man sich mit Schäferspielen und Allegorien die Zeit vertreibt. Kopfschmuck, Anstecker (Corsage), Girlanden, Kränze schmücken die Frauen auf den Bildern. Knaben tragen Thyrsos-Stäbe (siehe S.145) und Kopfkränze.

Abb. 420, 421: Wessobrunner Stuck (Rokoko).

Blumenschmuck – Im Rokoko werden die schweren, massiven Schmuckformen des Barock leicht, gelöst, elegant. Das berücksichtigt man auch beim Blumenschmuck. Blumen in Pastellfarben (mit Weiß aufgehellte Farben) und weiße Porzellangefäße werden bevorzugt.

Abb. 422: Schloss und Garten Schleißheim bei München (Freig. R. v. Obb. G 30/127).

Abb. 423: In Stein gehauener Früchtekorb im Residenzgarten Bamberg.

Abb. 424: Vase aus Stein in Veitshöchheim.

Abb. 425: Deckelvase Nymphenburg, Mitte 18. Jahrhundert. Bemalung JOSEPH ZÄCHENBERGER, Höhe 33 cm.

Malerei im Rokoko mit Blumendarstellungen (Beispiele)

Name des Künstlers	Darstellung
FRANCOIS HOBERT DRAUAIS	MADAME DE POMPADOUR
MICHEL-ANGE HOUASSE	Bacchusopfer
JAN VAN HUYSEM	Blumen in Terrakottavase

Gärten und Parks in Barock und Rokoko (Auswahl)

Ort/Schloss	Garten/Park
Brühl	Schlosspark/Zierparterre
Charlottenburg	Gartenparterre
Dresden	Großer Garten
Düsseldorf	Park Schloss Benrath
Hannover-Herrenhausen	Großer Garten
Kassel	Wilhelmshöhe
Moritzburg	Jagdschloss
Nymphenburg	Park
Paris	Jardin du Luxembourg
Pommersfelden	Park Schloss Weißenstein
Potsdam	Park von Sanssoucis
Salzburg	Mirabellgarten
Veitshöchheim	Park
Versailles	Park
Wien	Belvedere, Schönbrunn

Unterscheidungsmerkmale Barock und Rokoko

Merkmal	Barock (1600 – 1730)	Rokoko (1730 – 1780)
Lebensstil	Prachtentfaltung, Sinnesfreude, heroische Macht	elegant, kapriziös, galant
Stilformen	üppig	zierlich
Farben	Purpurrot, Gold, Weiß	Pastelltöne, lichte, zarte Farben
Blumen	Duftwasser, Porzellanblumen	Porzellanmalerei, Tapeten und Kleider
Gärten	Kies, Glasperlen, Porzellanblumen	Englischer Garten, Park

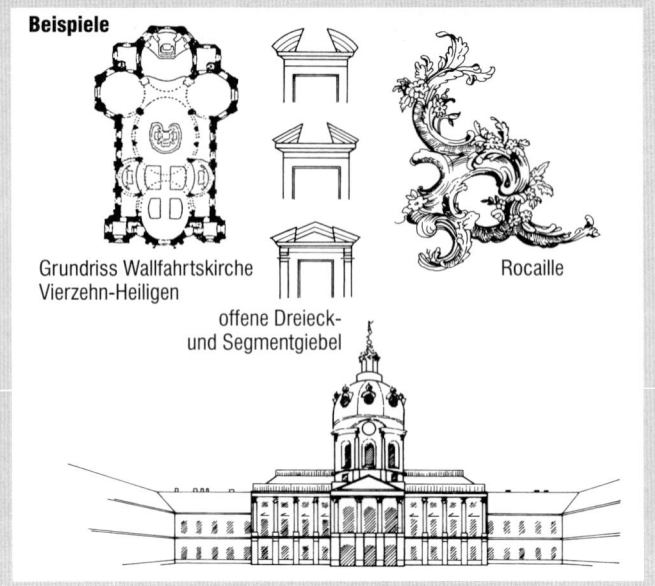

Wichtige Merkmale

Kirchengrundriss oval,

Säulen und Säulengruppen,

große, helle Räume mit Deckenfresken,

perspektivische Darstellungen,

reiche Stuckarbeiten,

Prunk in Formen und Farben (Purpur, Gold, Weiß),

Allegorien in Malerei und Plastik,

prächtige, große Treppenhäuser,

Dreieck- und Segmentgiebel sind offen, gesprengt,

Blumen und Pflanzen an Wänden und Decken in Stuck,

Haus und Garten bilden eine Einheit

---

im Rokoko wird der Stil leicht, verspielt: die Rocaille entwickelt sich aus dem Ohrmuschelornament, Pastellfarben, geschwungene Linien, Blumengebinde an Tapisserien und in Gips

Beispiele

Grundriss Wallfahrtskirche Vierzehn-Heiligen

offene Dreieck- und Segmentgiebel

Rocaille

Abb. 426: Kennzeichen des Barock (1640 – 1720) und Rokoko (1740 – 1770).

1.3.3 Das 19. Jahrhundert

Historischer Hintergrund – Die Gedanken der Aufklärung durchströmen das 19. Jahrhundert. Als Folge der Französischen Revolution (1789) erstarken demokratische Kräfte. Die Anwendung naturwissenschaftlicher Kenntnisse fördert Gewerbe, Technik und das Verkehrswesen.

Stilrichtungen – Künstler aus verschiedenen Nationen schließen sich zu Künstlerkolonien, zu Sezessionen zusammen. Entsprechend vielseitig sind die Stile im 19. Jahrhundert. Louis Seize bezeichnet eine Möbelmode, die etwa ab 1755 entsteht. Konstruktive Elemente werden betont. Die Möbel sind leicht und elegant.

Bereits um 1770 erwachte der Wunsch nach Einfachheit und Klarheit. Der Überschwang und die Überladenheit von Barock und Rokoko weichen klaren Formen und Linien. Man kleidet sich „à la Grec". Architekten übernehmen Stilelemente griechischer und römischer Bauwerke. Bildende Künstler gestalten Plastiken nach antiken Vorbildern. Kirchen, Theater, Museen, Schlösser werden in diesem Stil des Klassizismus errichtet. Für Kleider und Möbel entwickelt sich zur Zeit von NAPOLEON I. eine Mode im ägyptischen und griechischen Stil, das Empire. Sphinx, Pyramiden, Obelisk, Kranz- und Girlandenmotive sind als Dekorationen zwischen 1800 und 1830 modern. Bevorzugte Farben sind Weiß, Gold, Blau.

Der Schriftsteller LUDWIG EICHRODT karikierte in der Zeitschrift „Fliegende Blätter" das Bürgertum seiner Zeit mit den Herren „*Bieder*mann" und „Bummel*meier*". Aus beiden Namen ergibt sich die Bezeichnung Biedermeier für eine ganze Epoche. Man bezeichnet damit Lebensstil, Kleidung und Einrichtung der Wohnungen Anfang des 19. Jahrhunderts. Diese Zeit verstand man als eine Zeit der spießbürgerlichen Zufriedenheit, der stillen Häuslichkeit. An ihrem Anfang standen die Freiheitskriege, an ihrem Ende die Revolution von 1848.

Abb. 427: Das Reichstagsgebäude, Berlin (1900).

Das erklärt den Rückzug ins Haus, auf dessen Behaglichkeit die Bürger großen Wert legten. Das Kunsthandwerk, insbesondere die Kunsttischlerei, stand in voller Blüte.

Etwa ab 1850 entstanden Bahnhöfe, Kaufhäuser, Rathäuser, Fabriken, Wohnhäuser, die man mit antiken Stilelementen im Stile des Historismus verzierte. In diesem „Stilwirrwarr" ahmten Architekten alle Stile nach, die es schon einmal gab.

HENRI VAN DE VELDE verbreitete in der Zeitschrift „Jugend" zwischen 1896 und 1910 die neue Linie der Kunst. In England spricht man vom „modern style", in Frankreich von „art nouveau", bei uns vom Jugendstil.

Die Gläser und Keramiken von EMILE GALLÉ aus dieser Zeit sind heute noch sehr geschätzt. In den USA gestaltete TIFFANY Glasleuchten. Allen gilt die Natur als Vorbild. Geschwungene und verschlungene Linien sind typisch für Ornamente und Verzierungen beim Kunsthandwerk dieser Epoche.

In der Romantik schufen Maler eindrucksvolle, stimmungsreiche Werke. In der Dichtkunst sind es die Werke von SCHLEGEL, TIECK, E.T.A. HOFFMANN, EICHENDORFF und den Brüdern GRIMM. CARL MARIA VON WEBER und RICHARD WAGNER prägten die musikalische Welt jener Zeit.

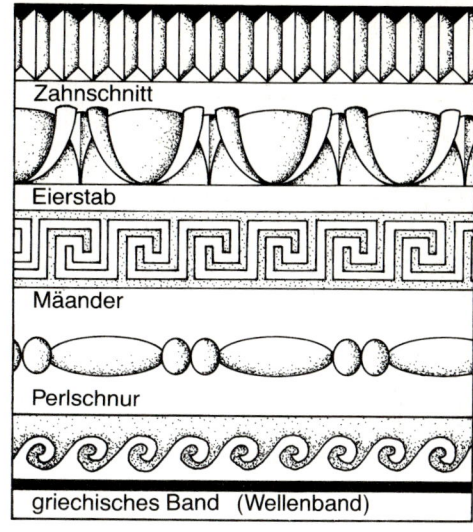

Abb. 428: Antike Ornamente schmücken häufig Bauten des 19. Jahrhunderts.

Abb. 429: Vase in Trompetenform mit Goldrand von K.F. SCHINKEL, K.P.M., um 1825.

Abb. 431: Skizze zu „Stille Nacht" von L. RICHTER.

Abb. 430: Kalla-Vase von EDMONDE GRODECEUR, Nymphenburg 1904, Bemalung in Unterglastechnik, Höhe 120 cm.

Abb. 432: Der Hauptbahnhof Leipzig war 1915 der größte Kopf- und bedeutendste Personenbahnhof Europas.

Abb. 433: Die Eisenkonstruktion der Müngstener Eisenbahnbrücke galt seinerzeit als sensationell.

Abb. 434: Eisenkonstruktion der Orangerie (Wilhelma, Stuttgart).

Bauten in Klassizismus und Historismus (Auswahl)

Ort	Gebäude	Architekt
Berlin	Brandenburger Tor	CARL GOTTHARD LANGHANS
	Hauptwache	KARL FRIEDRICH SCHINKEL
	Schauspielhaus	PAUL WALLOT
	Reichstagsgebäude,	
	Kaiser-Wilhelm-Gedächtnis-Kirche	FRANZ SCHWECHTEN
Darmstadt	Hochzeitsturm	JOSEF MARIA OLBRICH
Dresden	Hofoper	GOTTFRIED und MANFRED SEMPER
Düsseldorf	Schloss Mickeln	ALEXANDER JOSEF NIEHAUS
Füssen	Schloss Hohenschwangau	OHLMÜLLER
Hamburg	Rathaus	Gruppe um MARTIN HALLER
Kelheim	Befreiungshalle	LEO VON KLENZE
Köln	Vollendung des Domes	SULPIZ BOISSERÉE
Minden	Kaiser-Wilhelm-Denkmal	BRUNO SCHMITZ
München	Justiz-Palast	FRIEDRICH THIERSCH
	Bayerische Börse	ALBERT SCHMIDT
	Rathaus	GEORG VON HAUBERRIESER
Regensburg	Walhalla	LEO VON KLENZE

Neue Baustoffe – Am Ausgang des 19. Jahrhunderts bahnt sich mit den Baustoffen des kommenden Jahrhunderts ein neuer Stil an. Stahl und Glas ermöglichen neue Gebäudekonstruktionen. So entstehen der Eiffelturm in Paris, der Kristall-(Glas-)Palast in London und die ersten stählernen Brücken.

Architekturbeispiele aus Stahl und Glas im 19. Jahrhundert (Auswahl)

Ort	Bauwerk
Frankfurt	Hauptbahnhof
Kiel	Kaiser-Wilhelm-Kanal, Hochbrücke bei Grünenthal
Solingen	Eisenbahnbrücke bei Müngsten
Wiesbaden	Nerobergbahn
Wuppertal	Schwebebahn
Paris	Eiffelturm, Grand Palais

Bezeichnung	Maler	Beispiele
Realismus	EDOUARD MANET ADOLPH MENZEL ADRIAN LUDWIG RICHTER	Frühstück im Atelier Walzwerk Miniaturmalerei
Romantik	CARL SPITZWEG CASPAR DAVID FRIEDRICH	Der arme Poet Einsamer Baum
Impressionismus	LOVIS CORINTH CLAUDE MONET	verschiedene Blumenbilder Seerosen
Expressionismus	VINCENT VAN GOGH	Sonnenblumen
Düsseldorfer Malerschule	ANDREAS ACHENBACH	Landschaftsbilder

Abb. 435: Der „ewige Hochzeiter" gratuliert mit einem Buschen (CARL SPITZWEG).

Handwerk – Kunsthandwerker verzieren die Häuser reich mit Gittern aus Eisen. Sie stelle für Gärten und Parks Zäune und eindrucksvolle Tore her. Das „neue" Material Eisen wird auch zu Schmuck verarbeitet. Nicht nur Fürsten werden in Stein gehauen. Auch sich selbst lassen Bürger zum eigenen Ruhme der Nachwelt in Stein verewigen, indem Bildhauer z.B. Grabsteine gestalten. Auf vielen Friedhöfen stehen noch wahre Kunstwerke aus dem 19. Jahrhundert.

Malerei – Vor allem die Maler schlossen sich in Zentren zusammen, z.B. in Berlin, Dresden, Düsseldorf und München. Eine Vielfalt der Stilrichtungen liegt vor. Pflanzen stellt man vielfach dar.

Gärten – In den bürgerlichen Gärten legt man wie in den Parks der Schlösser Buchsbaumhecken an. Kieswege trennen die Beete, auf denen auch Blumen zum Schmuck angepflanzt werden.
Gartenbaubetriebe entstehen. Man kennt den Kunst- und Handelsgärtner, unter ihnen „Königliche Hoflieferanten". Tropische Pflanzen werden eingebürgert. Neue Botanische Gärten entstehen mit hohen Palmenhäusern in Berlin, Hannover, München (Nymphenburg), Stuttgart (Wilhelma).
Die im Rokoko begonnene Entwicklung zum „Englischen Garten" setzt sich in den Parks fort. Bedeutende Gartenkünstler werden tätig, z.B. PETER JOSEF LENNÉ, LUDWIG VON SCKELL.

Ort	Name des Parks/Gartens	Gestalter
Berlin	Tiergarten	PETER JOSEF LENNÉ
Düsseldorf	Hofgarten	NICOLAS DE PIGAGE und MAXIMILIAN FRIEDRICH WEYHE
	Schloss Mickeln	MAXIMILIAN FRIEDRICH und JOSEF CLEMENS WEYHE
München	Englischer Garten	FRIEDRICH LUDWIG VON SCKELL
Muskau	Park	FÜRST HERMANN PÜCKLER-MUSKAU, ERNST PETZOLD
Nymphenburg	Park	FRIEDRICH LUDWIG VON SCKELL
Potsdam	Park Babelsberg	PETER JOSEF LENNÉ und FÜRST HERMANN PÜCKLER-MUSKAU

Abb. 436: Monopteros im Englischen Garten (München).

Blumenschmuck – So vielfältig wie das ganze Jahrhundert gestaltete sich auch die Blumenkunst. Man kennt aus dieser Zeit sieben verschiedene Straußformen! Gegen die Jahrhundertwende war es den Gärtnern gelungen, Blumen mit starken Stielen zu züchten, so dass man auf den Draht zur Stärkung der Blumenstiele verzichten konnte.

Ab 1860 wurde der Brautkranz allgemein Sitte. Die „Gartenlaube" erwähnt 1876 eine Bouquet-Binderei in Dresden. Junge Mädchen banden dort Haarputz, Brautkränze und Ballbouquets.

Bei Feierlichkeiten schmückten die Bürger die Tafel. Gärtner ordneten dazu die Blumen niedrig in Vasen und Schalen und legten Ranken auf das Tafeltuch. Gestelle und Tafelaufsätze füllte man mit Obst und schmückte sie mit Blumen.

Schnittblumen arrangierte man in Porzellan- und Steingutvasen, Topfpflanzen in Übertöpfen. Schalen- und Korbfüllungen erfreuten sich großer Beliebtheit, insbesondere der „Jardinierenkorb" zu dem unbedingt eine *Phoenix canariensis* (Phoenix-Palme) gehörte. Dazu wurde ein phantasievoll gestalteter, mit Stanniol ausgelegter Korb mit Moos gefüllt und mit gedrahteten Schnittblumen garniert.

Um 1870 bildete man Gegenstände, auch Tiere, aus Blumen nach. Der Draht ermöglichte in der Kranzbinderei eine neue Technik mit angedrahteten Büscheln. Bis in die Gegenwart werden so zum Totengedenken Herzen und Kränze gearbeitet.

Die noch heute zu beobachtende Sitte, Künstler nach öffentlichen Auftritten mit Blumen auszuzeichnen, geht auf die Sängerin WILHELMINE SCHRÖDER-DEVRIENT zurück. Sie begeisterte 1829 ihr Publikum in Paris so sehr, dass ihr Blumen und Sträuße auf die Bühne geworfen wurden.

Blumenstraußmode im 19. Jahrhundert

Bezeichnung	Merkmale
Biedermeierstrauß	zentrale Blüte, Kreise gleicher Blumen, Manschette
Tellerbouquet	flach gebunden, Kreise oder Muster, mit Schleifen verziert
Italienischer Strauß	locker und rund gebunden
Buschen	Buchsbaumbündel, Treibhausblumen hineingesteckt
Pyramidenstrauß	pyramidenförmig mit einer hohen Blüte an einen Stab gebunden
Makartbouquet	gesteckt aus Fadem, getrockneten Blumen, Gräsern, Zweigen
Pompadour-Bouquet	länglich gebunden mit feuchtem Seidenpapier und Stanniol mit Papiermanschette

Abb. 437: Sträuße des 19. Jahrhunderts:
a Tellerbouquet
b Buschen
c Pyramidenstrauß.

Abb. 438: Pompadour-Bouquet.

Später überreichte man Künstlerinnen nach ihrem Auftritt Sträuße oder Blumenkörbe, Künstler erhielten Lorbeerkränze mit Schleife.

Führt man heute Dekorationen in einem der Stile des 19. Jahrhunderts aus, dann richtet man sich nach dem vorherrschenden Stilelement. Girlanden, Festons, Lorbeerbäume und üppiger Blumenschmuck mit den Blumen damaliger Zeit, z.B. *Hydrangea macrophylla* (Hortensie), *Dahlia* (Dahlie), *Gladiolus* (Gladiole), sind angebracht.

Brauchtum – Im 19. Jahrhundert entdeckte man die Brauchtumsbinderei wieder und gestaltete sie neu. Die Verarbeitung von und mit Draht eröffnete neue Möglichkeiten der Gestaltung. Nach wie vor waren es jedoch die Bürger, die diese Gebinde herstellten. Floristen befassen sich erst im 20. Jahrhundert damit.

Eine Prangstangenprozession wird im Juni eines jeden Jahres im Zederhaustal (Lungau) auf Grund eines Gelübdes begangen. Eine Heuschreckenplage hatte das Tal im 18. Jahrhundert heimgesucht. Nur die Margeriten blieben verschont. Sie sind es daher, die vor allem die 8m hohen Stangen schmücken. Frauen winden die Blumengirlanden aus *Centaurea cyanus* (Kornblume), *Paeonia officinalis* (Pfingstrose), *Dianthus sylvestris* (Steinnelke) und *Alchemilla mollis* (Frauenmantel). Männer, die „Wickler", schmücken die Stangen damit. Sie bestimmen, welche Blumen verwendet und welche Muster gearbeitet werden. Die Unterlage besteht immer aus Margeriten. Das Christusmonogramm „IHS" entsteht in leuchtendem Blau aus Enzianblüten. Die Träger der Stangen, ledige Burschen des Ortes, stellen die Stangen nach der Prozession in der Kirche auf.

Ostern gibt es besonders viele Bräuche. Man steckt bunte Eier (Symbol der Fruchtbarkeit) in Buchsbaumsträuße (Buschen). Besonders fein sind die Bemalungen in Ungarn, Rumänien, Ukraine. Osterstrauß und Osterbaum werden mit Eiern und Blumen geschmückt. In Franken schmückt man den Dorfbrunnen als Osterbrunnen mit Eiern, Grün und Blumen. Aus Griechenland kommt der Brauch, Osterkerzen, Blumen und Bänder an großen Reifen aufzuhängen.

Als „Palmen" weiht man im Rheinland Buchsbaumsträuße, in deren Mitte ein buntes Ei sitzt. Im Allgäu bringen Kinder Ostergebäck in Buchsbaumkränzen zur Weihe in die Kirche. In Schwaben und Franken bindet man „Palmen" aus Buchsbaum und verziert sie mit bunten Eiern. Geschälte Holunderstäbe gehören dazu. Salzburger Binderei sind haltbare Gebilde aus vergoldeten Blumen, Nüssen, Maronen, Eckern, Kastanien mit Manschette und Band.

Einen Maibaum (Maien) setzen die Bewohner in die Mitte des Dorf-, Stadt- oder Zünfteplatzes. Den Stamm schmücken hölzerne, oft kunstvoll geschnitzte und bemalte Figuren und Symbole. Kranz und Girlande aus haltbarem Grün, meist Buchsbaum, bringen den Wunsch für einen glücklichen (immergrünen) Verlauf des Jahres. Allgemein bekannt ist der Questenbaum aus Thüringen mit dem überlieferten Radkreuz.

Erntekranz und Erntekrone werden aus den Früchten des Feldes gebunden, vor allem aus Weizen-, Roggen- und Gerstenstroh. Margeriten, Mohn- und Kornblumen geben die farblichen Akzente.

Blumengeschmückte Füllhörner tragen die Schützen am linken Niederrhein in ihren Jägerzügen zum Festumzug mit. Seit der Gründung der Schützenvereine (um 1823) kennt man diesen Brauch. Er geht zurück auf die Füllhörner im 19. Jahrhundert. Diese haben wiederum ihren Ursprung in Griechenland. Der Göttin Fortuna geweiht, bedeuteten Füllhörner Glück, Segen, überreiche Gaben der Göttin.

Abb. 439: Prangstangen in Zederhaustal in Österreich.

Abb. 440: Bei den Schützenumzügen am linken Niederrhein tragen die Schützen Füllhörner.

Stil	Zeitabschnitt	wichtiger Merkmale
Louis Seize	ab 1755	Möbel leicht, elegant, konstruktive Elemente
Klassizismus	ab 1770	gerade Linien, klassische Strenge, wenig ornamentaler Schmuck, Bauten mit klar gegliederten Fassaden und antiken Säulen, Plastiken nach griechischem Vorbild, Kleidung „a la Grec"
Empire	1800-1850	Möbel wuchtig, monumental, klassische Ornamente
Biedermeier	bis 1850	Mahagonimöbel, Kleidung, Lebensstil
Historismus	ab 1850	Stilwirrwarr bei Profanbauten und Kirchen
Jugendstil	ab 1895	Kunst der Linie, Pflanzenmotive
Beginn der Moderne		Brücken aus Stahl, Gewächshäuser, Glaspaläste

Beispiele Jugendstil

Biedermeier

Abb. 441: Kennzeichen der Stile des 19. Jahrhunderts.

Abb. 442: Jugendstilkacheln.

Abb. 443: Kongresshalle in Berlin.

1.3.4 Das 20. Jahrhundert

Historischer Hintergrund – Revolutionen und Kriege kennzeichnen dieses Jahrhundert. Monarchien werden beseitigt, Republiken gegründet. Völker befinden sich auf der Flucht. Es ist das Zeitalter der Luftfahrt, das Zeitalter des Automobils, das Zeitalter des Atoms – die Industriegesellschaft entwickelt sich in atemberaubendem Tempo.

Stilrichtungen im 20. Jahrhundert – Zu Beginn herrscht noch der Jugendstil vor. Stahl, Beton und Glas setzen sich mit der „neuen Sachlichkeit" nach 1920 durch. Später kommen Kunststoffe und Aluminium als Baustoffe hinzu. Die Moderne wird von der Postmoderne abgelöst.

Architektur – Städte werden entworfen, Siedlungen gebaut. Die Zunahme des Verkehrs stellt neue Aufgaben: Bahnhöfe, Autobahnen, Flughäfen entstehen neu. Banken, Kaufhäuser, Bürgerhäuser, Kunstpaläste werden geschaffen, Sportstätten, Kongresszentren und auch Kirchen im neuen Stil errichtet. Die Industriegesellschaft braucht außerdem Verwaltungsgebäude, Industrieanlagen und Theater.
Erstmals nehmen die USA eine führende Rolle in der Architektur ein, wurde doch das erste Gebäude dieser Zeit, das keine klassischen Stilelemente aufweist, in Buffalo errichtet. Fenster und Simse gliedern die Fassade dieses „Guaranty Building"
Führende Architekten sind LE CORBUSIER (CHARLES-EDOUARD JAENNERET) und LUDWIG MIES VAN DER ROHE. Wie alle Architekten sind sie weltweit tätig. In der Bundesrepublik Deutschland errichtete man die im Bombenkrieg zerstörten Städte wieder. Es dauerte jedoch einige Jahre, bis man nicht nur notwendig, sondern auch schön baute. Der Baustil ist international: Transparente Bauten mit klar gegliederten Flächen. Das Aufkommen von Spann- und Stahlbeton ermöglicht geschwungene Linien, „Zeltdächer" und kühne Brückenkonstruktionen.

Bauhaus – 1919 gründete WALTER GROPIUS das „Bauhaus" in Weimar. Es sollte eine Schule sein, in der Künstler und Architekten gemeinsam eine neue Zukunft gestalten können. 1925 siedelte sie nach Dessau über und erhielt den

Namen „Hochschule für Gestaltung" Namhafte Künstler arbeiteten dort, u .a. Max Ernst Johannes Itten, Gerhard Marcks, Martel Breuer entwarf 1925 die ersten Chromstahlstühle. 1932 wurde das Bauhaus in Dessau geschlossen. In Berlin führte man es bis 1933 weiter.

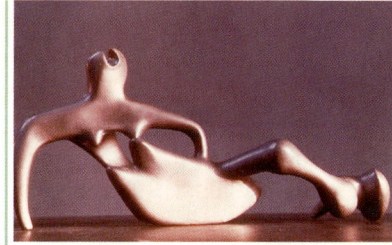

Abb. 444: „Reclining Figure" von Henry Moore.

Bauten des 20. Jahrhunderts (Auswahl)

Ort	Gebäude	Architekt
Berlin	Neue Nationalgalerie, Bauhaus-Archiv, Philharmonie	Mies van der Rohe Walter Gropius Hans Scharoun
Düsseldorf	Dreischeibenhaus	Helmut Hentrich. Hubert Petschnigg
Krefeld	Haus Lange, Haus Esthers	Mies van der Rohe
München	BMW-Verwaltungsgebäude und BMW-Museum, Olympia-Stadion mit Zeltdach	Karl Schwanzer Günter Behnisch und Partner
Ronchamp	Wallfahrtskirche „Unsere liebe Frau auf der Höhe"	Le Corbusier
Stuttgart	Weißenhofsiedlung,	Mies van der Rohe, Walten Gropius, Le Corbusier
	Neue Staatsgalerie	James Stirling. Michael Wilford

Bildhauer – In mehreren Städten arbeiteten freie Bildhauer, z.B. in Berlin, Düsseldorf, Dresden, Leipzig, München, Paris, Zürich.

Abb. 445: Die Wallfahrtskirche Ronchamps (Frankreich) steht „frei in der Landschaft".

Bildhauer im 20. Jahrhundert

Name	Merkmale
Gerd Kolbe	Leipzig, München, Berlin Aktfiguren Bronze, Beethoven-Denkmal Frankfurt
Richard Scheibe	Dresden, München, Rom, Berlin Akte, Porträtbüsten
Wilhelm Lehmrruck	Düsseldorf, Berlin, Zürich, Paris Frauentorsi und -büsten, „Sterbender Krieger" (1915/1916)
Ewald Mataré	Türen am Kölner Dom und an der Friedenskirche in Hiroshima
Gerhard Marcks	„Albertus Magnus" in Köln
Arno Breker	Düsseldorf, Plastiken, Monumentalstatuen
Henry Moore	USA, England, Skulpturen aus Bronze und Marmor

Malerei – Künstlergruppen bildeten sich u.a. in Worpswede, in Murnau, in Dresden. Neue Werkstoffe ermöglichen neue Darstellungen. Neue Kirchen sind oft aus Beton. Einige erhalten Glasfenster, z.B. von Thorn Prikrer und Marc Chagall. Neue Kunstrichtungen entstehen. Sie entwickeln sich vom Impressionismus und Expressionismus des ausgehenden 19. Jahrhunderts über Futurismus zum Realismus. Pop-Art und Plakatkunst sind Kunstrichtungen, die aus der neuen Gesellschaft entstehen.

Stilleben und Blumen stellen die Künstler nun um ihrer selbst willen dar. Salvador Dali verfremdet Blüten surrealistisch und gibt seinen Farblithographien lateinische Titel nach Art der botanischen Nomenklatur, z.B. „Telefonierende Narzissen" – „*Narcissus telephonans inondis*" – und „Iris mit schönen Augen" – „*Iris germanica cum ocellis italicis*".

Abb. 446: Bankgebäude in München.

Abb. 447: „Kubische Dynamik" Büro-
gebäude in Düsseldorf.

Gärten – Haus und Garten bildeten zu Beginn des Jahrhunderts noch eine Einheit. Villen sind von großzügigen Parks umgeben. In den neu geschaffenen Siedlungen gehört zum Eigenheim ein Garten, z.B. in „Onkel Toms Hütte" in Berlin. Die Kleingartenbewegung, die Anlage von Schrebergärten, findet neuen Auftrieb. Ab 1935 wohnen viele Menschen in ihren „Lauben". Nach dem 2. Weltkrieg breiten sich die Städte aus, die Grundstückspreise steigen, die Gärten werden kleiner. Dachgärten, Terrassen- und Balkongärten bilden einen Ersatz. Mobiles Grün soll die Innenstädte beleben.

Später entdeckt man die Hausgärten als mögliche Refugien für bedrohte Tier- und Pflanzenarten. Zum modernen Garten gehört ein „Feuchtbiotop". Gebäude der öffentlichen Verwaltung und der Industrie werden von naturnah gestalteten Anlagen umgeben.

Abb. 448: Japanischer Garten (Bundesgartenschau, Bonn).

Blumenschmuck – Die Blumenbinderei entwickelt sich zur Blumenkunst. Handwerkliche Techniken werden verfeinert und neu ersonnen, Gestaltungsarten bilden sich heraus. Jährlich wird ein neuer Trend vorgestellt. Weltweite Einflüsse, z.B. Ikebana, die japanische Kunst des Blumensteckens, beeinflussen europäische Floristen. Gärtner importieren aus aller Welt Pflanzen und kultivieren sie in gesteuerten Gewächshäusern. Der Blumenschmuck im täglichen Leben ist selbstverständlich geworden. Blumen werden „einfach so" gekauft, z.B. um sich und anderen eine Freude zu machen. In Wohnungen baut man Blumenfenster und Pflanzenvitrinen ein. Die Entwicklung der Hydrokultur ermöglicht problemlose Pflanzenpflege. Balkonkästen mit Bewässerungseinrichtungen schmücken die Häuser.

Werkstücke des Floristen werden nach Regeln der allgemeinen Gestaltungs- und Farbenlehre gestaltet. „Florist" wird zu einem anerkannten Ausbildungsberuf für naturverbundene, künstlerisch begabte Menschen.

Brauchtum – Der Lebensstil der Menschen wandelt sich. Auf die Landflucht folgt eine Stadtflucht. Brauchtum wird wieder entdeckt und gepflegt. Straßen- und Stadtteilfeste entstehen neu. Da weniger Blumen in den Gärten angebaut werden (dafür mehr pflegeleichtes Rasengrün) und weniger Blumen auf den Wiesen wachsen – eine Folge der intensivierten Landwirtschaft –, übernehmen Gärtner und Floristen den Anbau von Blumen und das Herstellen von z.B. Festwagen, Schützenhörnern, Ostergaben, Maikränzen, Erntekronen. Oster- und Adventsschmuck in den Wohnungen gehören zum neuen Lebensstil.

An persönlichen Gedenktagen, z.B. Geburts- und Namenstage, Hochzeiten, ist Blumenschmuck gefragt. Neue Bräuche entstehen. Türkränze schmücken die Häuser. Kirchen und Festsäle werden von Laien und Floristen zu religiösen und weltlichen Festen dekoriert.

Abb. 449: Glaspyramide vor dem Louvre, Paris.

Abb. 450: Garten eines Einfamilienhauses.

Abb. 451: Blumenschmuck an einem alten Bauernhaus.

Abb. 452: Schrebergartenidylle am Rande einer Großstadt.

Abb. 453: Feuchtbiotop in einem Garten.

wichtige Merkmale	**Beispiele**

Der Werkstoff bestimmt den Stil,

Stahlskelettbau,

sachlicher Stil, Bauhaus,

transparente Bauten mit klar gegliederten Flächen,

Kubismus, Brutalismus,

geschwungene Linien (Zeltdächer),

Verkehrswege (Eisenbahnen, Autobahnen, Kanäle),

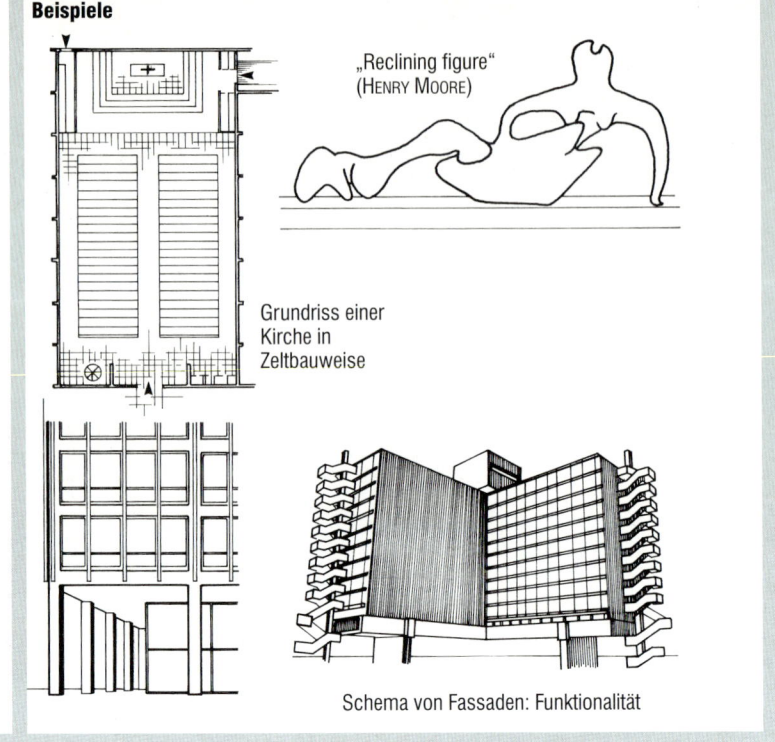

„Reclining figure"
(HENRY MOORE)

Grundriss einer
Kirche in
Zeltbauweise

Schema von Fassaden: Funktionalität

unterschiedliche Stilrichtungen in Malerei und Plastik, Impressionismus, Expressionismus, Kubismus, PopArt, Realismus, Postmoderne

Abb. 454: Kennzeichen der Stile des 20. Jahrhunderts.

Abb. 455: Beispiel eines Wintergartens.

2 Gestaltungslehre

Das Wort „Gestalten" bedeutet, dass etwas „Gestalt annehmen", ihm also eine Form gegeben werden soll. Diese Gestalt bildet sich, indem Einzelteile zu einem neuen Ganzen geordnet werden.

Der Mensch hat ein Grundbedürfnis nach Ordnung, weil alle Naturgesetze Ordnungen darstellen. Würde z.B. auf den Tag nicht die Nacht folgen, wäre etwas nicht „in Ordnung". Könnte man in einer Gestaltung nicht eine gewisse Ordnung entdecken, empfände man es als Chaos und damit als unangenehm. Werden nun Einzelteile in eine Ordnung gebracht, so sollen sie nachher ein sinnvolles Ganzes darstellen, so dass es für den Betrachter angenehm ist, also seinem inneren Ordnungsempfinden entspricht. Bei Arbeiten mit Blumen und Pflanzen werden wir ganz besonders an die Naturgesetze erinnert. Sie bilden die Grundlage. So kann man nicht eine Pflanze so einpflanzen, dass sie mit den Wurzeln nach oben steht. Jeder Betrachter spürt, dass das nicht der naturgegebenen Ordnung entspricht.

M. EVERS und W. WORTMANN haben im Zusammenhang mit floristischen Arbeiten vieles veröffentlicht, das u.a. auch als Grundlagen für die Gestaltungslehre in diesem Buch dient.

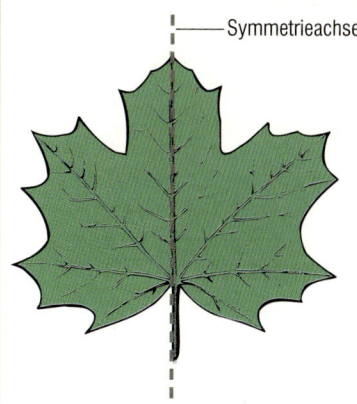

Abb. 456: Das symmetrische Blatt des Ahorns ist links und rechts der Symmetrieachse teilegleich.

2.1 Ordnungsarten

Betrachtet man unseren Lehrmeister Natur, so stellt man fest, dass es zwei Ordnungsarten gibt, die sich jeweils durch charakteristische Eigenschaften auszeichnen und dadurch voneinander deutlich unterscheiden: Die symmetrische und die asymmetrische Ordnung.

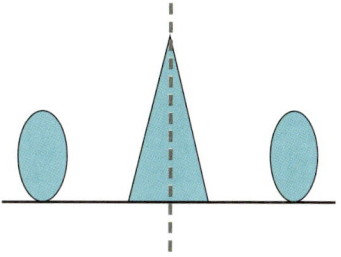

Abb. 457: Symmetrie bedeutet gleiche Verteilung zu beiden Seiten der Symmetrieachse oder geometrischen Mitte.

2.1.1 Symmetrie oder strenge Ordnung

Betrachten wir als Beispiel das Blatt eines *Ficus* (Feige), eine Tulpenblüte oder eine *Dracaena* (Dracaene) als ganze Pflanze, so erkennen wir, dass es eine Mittelachse gibt, zu deren beiden Seiten sich die gleichen Teile in gleichem Ausmaß erstrecken. Die Teile links und rechts der Mittelachse sind spiegelgleich oder symmetrisch. Die Mittelachse stellt die geometrische Mitte dar und wird als Symmetrieachse bezeichnet.

Die Symmetrie ist leicht überschaubar und vermittelt einen harmonischen Eindruck. Nicht nur Pflanzen zeigen diese Spiegelgleichheit, auch der äußere Bau des Menschen ist symmetrisch. Wird diese Ordnung durch eine Unregelmäßigkeit gestört, so empfinden wir Unordnung und damit keine Harmonie.

Abb. 458: Asymmetrie: Das Begonienblatt ist ungleich gebaut.

2.1.2 Asymmetrie oder freie Ordnung

Asymmetrisch bedeutet: nicht symmetrisch. Die klaren Regeln der Symmetrie sind hier nicht zu erkennen. Dennoch hat eine nichtsymmetrische Anordnung einen besonderen Reiz: Sie wirkt interessant, spannungsreich und sehr natürlich. Man denke an einen Landschaftsausschnitt, in dem es Gruppen von Pflanzen gibt. Da wachsen hohe Bäume, niedrige Bäume, Sträucher, untergeordnete Pflanzen, höhere und niedere, bis hin zu Bodendeckern, Moosen und Flechten. Und alle zusammen ergeben eine interessante Anordnung.

Abb. 459: Pflanzen in natürlicher Gruppierung.

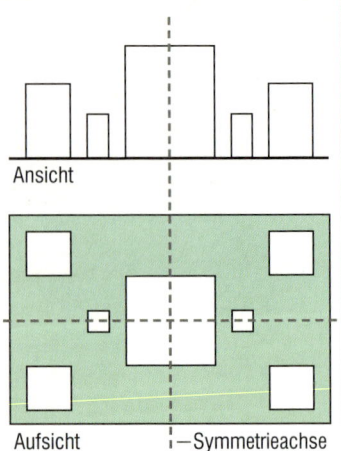

Ansicht

Aufsicht ⋮—Symmetrieachse

Abb. 460: Symmetrie in Ansicht und Aufsicht.

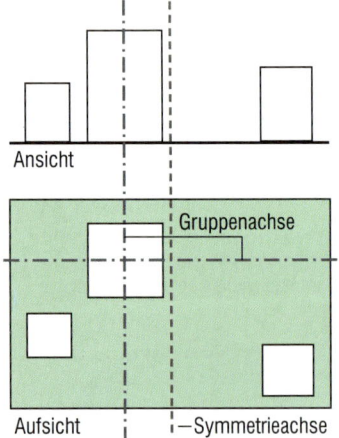

Ansicht

Gruppenachse

Aufsicht ⋮—Symmetrieachse

Abb. 461: Asymmetrie in Ansicht und Aufsicht.

Diese Ordnungsart ist nicht so leicht überschaubar und auch anfänglich nicht so leicht anzuwenden, weil sie vielfältige Möglichkeiten offen lässt. Die Asymmetrie stellt eine natürlichere, bewegtere, interessantere und spannungsreichere Anordnung als die Symmetrie dar. Manche Arbeiten, z.B. Pflanzschale oder Brautstrauß, erhalten ihren Reiz erst durch eine asymmetrische Anordnung. In der Gegenüberstellung zeigen sich die jeweiligen Eigenarten der beiden Ordnungsarten besonders klar.

Eine Mischung beider Ordnungsarten in einer Arbeit soll unbedingt vermieden werden, da sonst eine eindeutige Wirkung nicht erreicht wird.

Gegenüberstellung von Symmetrie und Asymmetrie

Symmetrie	Asymmetrie
Wesen: streng, feierlich, dominierend, gezwungen	lebhaft, frei, ungezwungen, locker
Einzelteile: ein Hauptmotiv oder eine Hauptgruppe, mehrere kleine Motive oder Gruppen, davon jeweils zwei gleich	ein Hauptmotiv oder eine Hauptgruppe, ein Gegenmotiv oder eine Gegengruppe, ein oder mehrere Nebenmotive oder eine oder mehrere Nebengruppen
Anordnung: absolute Symmetrie, Spiegelgleichheit Hauptmotiv genau in der Mitte, gleicher seitlicher Abstand, gleiche Höhe und gleiche Tiefenschichtung der kleineren Motive	keine geometrischen Beziehungen, geometrische Mitte von Teilen freihalten Hauptmotiv nicht in der Mitte, sondern seitlich verschoben optischer Gewichtsausgleich durch kleinere Motive
Benennung der Achsen: Symmetrieachse ist geometrische Mitte ist optische Mitte ist Waagepunkt	geometrische Mitte ist Symmetrieachse der Grundfläche optische Mitte ist Gruppenachse durch das Hauptmotiv Waagepunkt ist zwischen geometrischer und optischer Mitte
Anwendung: bei Arbeiten von starkem Symbolgehalt, z.B. Kranzkörper, Kreuz, bei Dekorationen in symmetrischen Räumen, wenn eine dem Wesen entsprechende Wirkung erreicht werden soll	wenn verschiedenen Naturformen ein Freiraum gegeben werden soll, bei entsprechenden Anlässen, bei natürlichen Anordnungen

Die Ordnungsarten stellen als Gestaltungsregel das „Grundvokabular" dar, das man als Florist beherrschen muss, um dann „eigene Sätze" zu bilden, also mit seinem Material etwas auszudrücken. Da wir durch unsere Gestaltung eine Atmosphäre schaffen, liegt es in unserer Hand, beim Betrachter durch die Wahl der Ordnungsart eine bestimmte Stimmung zu erzeugen.

2.2 Die Gruppe

Gruppierung – Eine Gruppe besteht aus mehreren Einzelteilen, ein Teil alleine kann deshalb keine Gruppe bilden. Die Einzelteile verbinden sich nicht ziellos zu einer Gruppe, sondern die Gruppierung zeigt eine Gemeinsamkeit.

Die Gruppierung ist nicht nur in der Gestaltungslehre typisch, sondern in der kulturellen Entwicklung der Gesellschaft ist der Zusammenschluss mehrerer Einzelindividuen als lebensnotwendig erkannt worden. Betrachtet man z.B. Schüler auf einem Pausenhof, so finden sich unterschiedlich große Gruppen, die jeweils bestimmte Interessen zusammengeführt haben. Alle Schüler zusammen bilden die nächst größere Gruppe, die Schule.

Ausgehend von dieser Betrachtung ist die Gruppe in der Gestaltungslehre ein sinnvolles Ordnen und Zusammenfügen von mehreren Einzelteilen, z.B. Blumen, zu einer Einheit. Die einzelnen Teile ordnen sich einem Gesamtbild unter und geben dabei einen Teil ihrer Individualität auf.

Mehrere Gruppen können sich miteinander wieder zu einer höheren Einheit zusammenfinden. M. EVERS beschreibt dies an dem Beispiel der Hortensie. Die einzelnen Blütenblätter bilden die erste Gruppe, die Blüte. Diese bilden zusammen die nächste Gruppe, den Blütenstand. Eine Pflanze setzt sich aus mehreren Blütenständen zusammen. Einige Pflanzen werden zusammen in eine Schale gepflanzt und die Schale wiederum ist ein Teil einer Raumdekoration.

Dieses Zusammenfügen einzelner Gruppen zu einem Ganzen muss sich in jeder floristischen Arbeit finden. Manchmal ist es deutlich, manchmal erst bei genauem Betrachten erkennbar.

Arten der Gruppierung – Die Einzelteile innerhalb einer Gruppe sind selten alle gleich. Einzelne Teile stellen sich heraus und übernehmen die Führung innerhalb dieser Gruppe. Für den Floristen bedeutet es, dass er seine Blumen nicht alle in einer Höhe anordnen soll (siehe „Staffelungen" S. 174).

Dieses Prinzip findet sich bei Tieren und in der menschlichen Gesellschaftsordnung immer wieder. Ein Leittier führt eine Herde oder vergleichbar führt der Dirigent einen Chor oder ein Orchester.

Werden jedoch alle Teile gleich angeordnet und steht niemand heraus, so ergibt sich eine Form der Aufreihung, die Reihe (siehe „Reihe" S. 177).

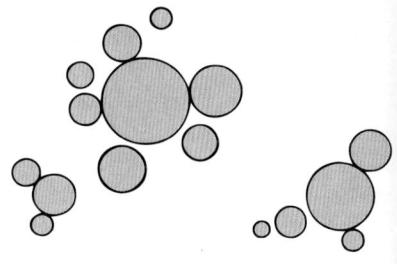

Abb. 462: Zusammenfinden verschiedener Einzelteile zu Gruppen.

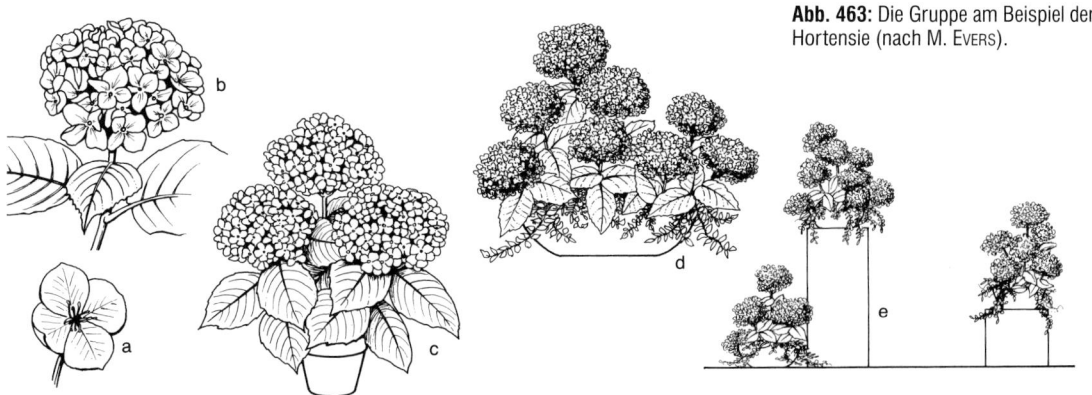

Abb. 463: Die Gruppe am Beispiel der Hortensie (nach M. EVERS).

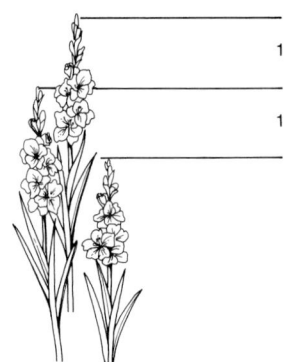

Abb. 464: Staffelung in gleichen Abständen, belebt durch seitliches Verschieben.

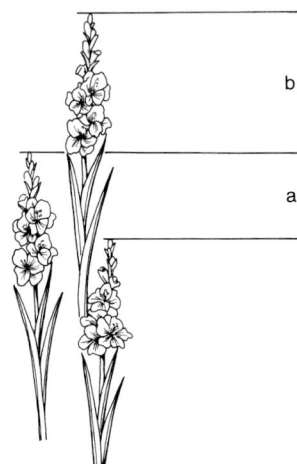

Abb. 465: Staffelung nach dem „Goldenen Schnitt".

Abb. 466: Individuelle Staffelung.

2.2.1 Staffelung

Wesen der Staffelung – Das Herausstellen einzelner Teile innerhalb einer Gruppe ergibt eine Wertung der Teile; sind alle gleich, sind sie auch gleichwertig. Wie der Sieger den höchsten Platz auf dem Podest beansprucht, so werden bei einer floristischen Arbeit einzelne Blumen höher gestellt und andere ordnen sich unter. Ein Kriterium bei der Anordnung ist die Geltung der einzelnen Blumen (siehe „Geltungsformen", S. 208). Aber auch gleiche Blumen sollen nicht alle gleich angeordnet werden, da sonst ein langweiliger und unnatürlicher Eindruck entsteht.

Betrachtet man im Sommer ein Getreidefeld, hat man den Eindruck, alle Halme seien gleich lang. Beim genaueren Anschauen wird man feststellen, dass die Ähren nicht alle genau in einer Höhe enden, sondern dass es deutlich erkennbare Unterschiede gibt.

Die einzelne Pflanze, die eine deutliche Form der Gruppe ist, zeigt diese Unterschiede noch klarer. Die Blüten erheben sich meistens über den Blättern und haben unterschiedlich lange Stiele. Diese natürliche Staffelung soll auch in den floristischen Arbeiten erkennbar sein.

Möglichkeiten – Auf die Frage nach den Abständen bei der Staffelung kann man keine allgemeine Aussage treffen. Im folgenden Teil sollen einige Möglichkeiten aufgezeigt werden.

Eine Staffelung mit gleichen Abständen, das heißt, der Abstand zwischen den einzelnen Teilen ist immer gleich, wirkt schnell langweilig. Eine Möglichkeit, eine harmonische Staffelung zu zeigen, bietet der Goldene Schnitt. Die Strecke zwischen der höchsten Blume und dem Ausgangspunkt, der Basis, wird nach dem Goldenen Schnitt geteilt (siehe „Goldener Schnitt", S. 183). An diesem Teilungspunkt wird die nächst Blume angeordnet. Die folgende Blume wird dann in der Länge der Reststrecke oberhalb der Basis arrangiert. Wird also die Länge der höchsten Blume mit acht Teilen angenommen, so beträgt die Länge der weiteren fünf und drei Teile.

Die dritte Möglichkeit orientiert sich an der Natur. Da die Pflanzen und Blumen nicht alle gleich sind, muss man die individuellen Eigenheiten beachten, die den Charakter ausmachen. Geltung, Form, Farbe und Oberfläche können die Staffelung beeinflußen. So wirken z.B. aufstrebende Formen wie *Delphinium* (Rittersporn), *Gladiolus* (Gladiole), *Liatris spicata* (Prachtscharte), *Lilium*-Arten (Lilie) aktiver als lagernde wie *Calendula officinalis* (Ringelblume), *Dendranthema*-Arten, *Aster*-Arten (Aster) oder *Anemone coronaria* (Anemone), die eine engere Staffelung erfordern.

Diese Form der Staffelung, die kein festes Maß vorgibt, ist schwieriger zu arbeiten, da sie intensives Beschäftigen mit der Natur und ihren Wuchsformen voraussetzt. Aber gerade das individuelle Wachstum der Blumen und Pflanzen macht den Beruf des Floristen interessant und abwechslungsreich.

Schulung – Um sich mit den Staffelungen vertraut zu machen und um ein Gefühl für die Abstände der Blumen zueinander zu bekommen, muss man immer wieder natürlich gewachsene Pflanzen betrachten. Das Sehen und Erkennen der natürlichen Staffelung ist die Grundvoraussetzung für das Umsetzen in einer floristischen Arbeit. Ausgehend von der Staffelung mit gleichen Abständen und nach dem Goldenen Schnitt kann das Auge geschult werden, die natürliche Harmonie zu erkennen. Diese Erkenntnisse müssen dann in die Gestaltung einer Arbeit einfließen.

Eine Hilfe ist auch das Anordnen von einfachen, geometrischen Formen, z.B. Kugel oder Würfel, auf einer Fläche oder auch dreidimensional im Raum, um so das Erkennen der Staffelung zu schulen.

Grundsätzlich können bei der Staffelung auch Bewegungsrichtungen verstärkt oder gemindert werden. Sind die Abstände in der Staffelung unten geringer, wird die Bewegung nach oben gerichtet. Staffelungen, die sich oben verdichten, wirken drückender und nach unten gerichtet. Je nach Wirkung lässt sich die Anordnung der Blumen variieren.

2.2.2 Teile der Gruppe

Werden mehrere Gruppen zusammengebracht, soll sich eine über die anderen erheben. Die herausgestellte Gruppe bezeichnet man als Hauptgruppe oder Hauptmotiv. Die anderen, als Gegengruppe und Nebengruppe bezeichnet, ordnen sich der Hauptgruppe unter.

Abb. 467: Deutliches Herausstellen der Hauptgruppe.

Arten von Gruppen – Ihre Dominanz erhält die Hauptgruppe durch eine verstärkte Ausprägung in Farbe, Form und Inhalt. Das Beherrschen der anderen Gruppe soll in der Gesamtanordnung klar erkennbar sein, da nur so ein Unterordnen der anderen Teile deutlich wird.
Ein Machtanspruch lässt sich am besten durch einen Gegensatz zeigen, deshalb soll die Gegengruppe sich unterordnen, aber trotzdem ein gewisses Maß an Eigenleben zeigen. Sie soll deshalb nicht zu klein und unscheinbar wirken. Die Nebengruppe soll die Hauptgruppe ergänzen und durch ihre klare Unterordnung diese noch stärker herausstellen.

Verbindung der Gruppen – Damit die einzelnen Gruppen nicht nur nebeneinander stehen, sondern zu einem Ganzen zusammenfinden, muss die Beziehung der einzelnen Gruppen zueinander erkennbar sein. Der optische Kontakt der Teile untereinander zeigt diesen Zusammenhalt. So kann durch gleiche Farben oder Oberflächenstrukturen eine Beziehung der einzelnen Gruppen zueinander gezeigt werden.
Ein stärkerer Zusammenhalt der einzelnen Gruppen untereinander kann durch die Form erreicht werden. Bewegungsformen, die in ihrer Anordnung zueinander führen oder eine Arbeit einschließen, schaffen einen deutlichen Zusammenhalt der einzelnen Gruppen. Dies geschieht z.B. durch Ranken, die eine Arbeit umspielen oder aus den Gruppen heraus zueinander führen. Dies findet sich bei verschiedenen Kranzgarnierungen, bei Gestecken und Pflanzschalen besonders häufig.

Abb. 468: Zu dichtes Anordnen lässt die Einzelpflanzen miteinander verschmelzen.

Die Abstände der einzelnen Gruppen zueinander prägen den Gesamteindruck. Stehen die Gruppen zu dicht beieinander oder verschmelzen sie sogar miteinander, sind sie nicht mehr als Einzelgruppen zu erkennen und verlieren dadurch ihre Aussage. Sind die Abstände zu groß, verliert sich der optische Zusammenhalt und die Gruppen scheinen nicht mehr zusammenzugehören. Dann muss der Abstand der Gruppen zueinander geändert werden oder es muss durch andere Bewegungen der optische Kontakt wiederhergestellt werden.

2.2.3 Gruppenachse

Die optische Mitte jeder Gruppierung bildet die Gruppenachse, um die sich die Einzelteile anordnen.
Häufig bildet die höchste Pflanze oder Blume in der Anordnung gleichzeitig die optische Mitte und damit die Gruppenachse. Deshalb sollte die höchste Blume auch nicht die am weitesten außen oder hinten stehende sein, da die Anordnung sonst einseitig wirkt.

Abb. 469: Starke Bewegungsformen schaffen einen optischen Zusammenhalt.

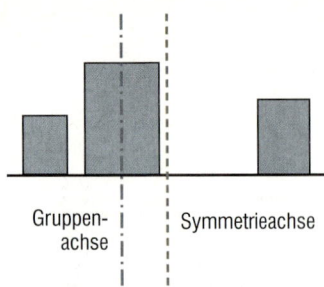

Gruppen-
achse — Symmetrieachse

Abb. 470: Die Symmetrieachse läuft durch die geometrischen Mitte. Die Gruppenachse verläuft durch die Hauptgruppe.

Abb. 471: Das optische Gewicht: Aufstrebende Formen wirken leichter als lagernde.

▲ Waagepunkt

Abb. 472: Je kleiner ein Teil ist , desto weiter muss er vom Waagepunkt entfernt sein.

Bei einer symmetrischen Anordnung sind die Gruppenachse und die Symmetrieachse deckungsgleich. Auf dieser Achse liegt dann auch der Waagepunkt, der als Hilfe für die gleichmäßige Verteilung des optischen Gewichtes anzusehen ist.

Ein typisches Merkmal für die Asymmetrie hingegen ist, dass Gruppenachse, Waagepunkt und Symmetrieachse nebeneinander liegen.

2.2.4 Symmetrieachse

Die Symmetrieachse ist die geometrische Mitte jeder Anordnung. Sie ist bei der symmetrischen Anordnung wichtig, da in ihr die Gruppenachse der Hauptgruppe und der Waagepunkt liegen.

2.2.5 Das optische Gewicht

Den Blumen, Pflanzen und anderen Materialien in einer Anordnung wird ein optisches Gewicht zugemessen.

Das optische Gewicht der einzelnen Blumen ist sehr unterschiedlich. Es wird durch Farbe, Form, Oberfläche, Größe und Ausdruck bestimmt. Ein dunkler Gegenstand wirkt schwerer als ein gleich großer mit heller Farbe. So wirken dunkle Blumen schwerer und zeigen deshalb ein größeres optisches Gewicht. Die Basis soll schwer wirken und der übrigen Anordnung einen optischen Halt geben. Deshalb eignen sich dunkle Blumen besonders für die Ausarbeitung der Basis.

Stärker noch als die Farbe wirkt die Form bei der Beurteilung des optischen Gewichtes. Aufstrebende Formen wirken leichter als runde, lagernde Formen. Ein typisches Beispiel dafür ist die Zusammenstellung von weißen *Paeonia* (Pfingstrosen) und dunkelblauen *Delphinium* (Rittersporn). Hier wird in jedem Fall der Rittersporn über den Pfingstrosen angeordnet.

Je feiner die Oberfläche einer Pflanze ausgebildet ist, desto leichter wirkt sie. So haben z.B. viele Gräser eine feine, zierliche Wirkung.

So können matte, flache und dunkle Schalen gut sehr lange Blumen aufnehmen und ihnen einen optischen Halt geben.

Große Gegenstände wirken schwerer als kleine. Wenn nicht andere Faktoren dazukommen, ist diese Aussage eindeutig.

Auch der Charakter einer Blume kann das optische Gewicht mitbestimmen. Hier treffen alle bisher beschriebenen Punkte zusammen. Deshalb zeigt jede Blume ein für sie typisches optisches Gewicht.

 Die Form überwiegt gegenüber der Farbe.
Matte und raue Oberflächen wirken schwerer als glatte, glänzende bei gleicher Farbe, Größe und Form.

2.2.6 Waagepunkt

Die ausgewogene Verteilung des optischen Gewichtes entspricht den physikalischen Hebelgesetzen. Sind beide Hebelarme gleich lang und ist das Gewicht auch gleich groß, liegt der Waagepunkt genau in der Mitte der gesamten Strecke. Dies entspricht der Symmetrie oder strengen Ordnung.

Verändern sich die Gewichte, so muss sich auch der Waagepunkt verschieben und die Strecken (Hebelarme) werden ungleich lang. Je weiter ein Teil vom Waagepunkt entfernt ist, desto geringer muss sein Gewicht sein, um den Ausgleich zu halten. Bei einer Anordnung mit Blumen und Pflanzen muss aber

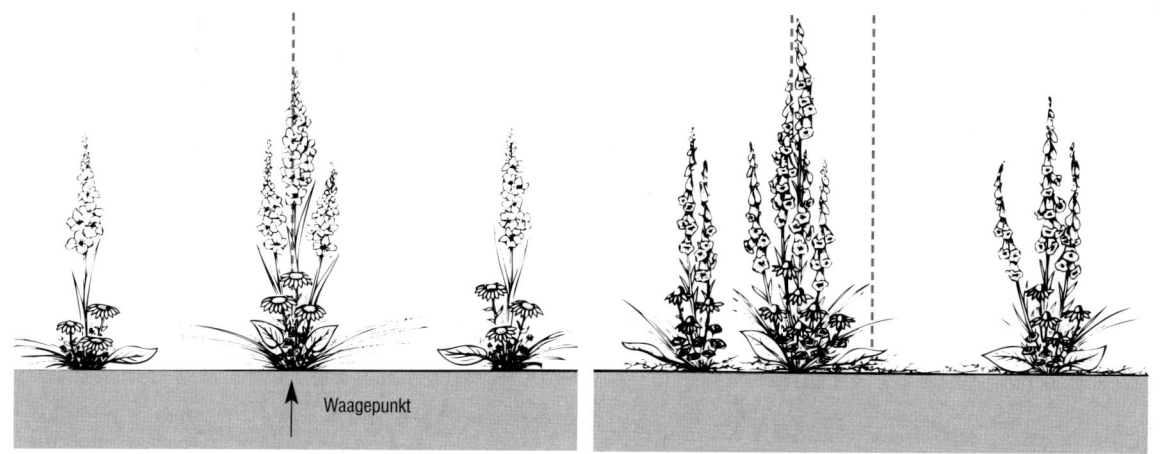

Waagepunkt

Abb. 473: Eine symmetrische Anordnung wirkt immer ausgewogen; der Waagepunkt liegt in der Symmetrieachse unter der Hauptgruppe.

Abb. 474: Bei einer asymmetrischen Anordnung liegt der Waagepunkt zwischen Gruppen- und Symmetrieachse.

auch beachtet werden, dass der optische Zusammenhalt erhalten bleibt und die Arbeit sich nicht in Einzelgruppen auflöst.

Bei einer symmetrischen Anordnung liegt der Waagepunkt genau in der Mitte, deckungsgleich mit der Symmetrieachse und der Gruppenachse. Damit eine asymmetrische Gestaltung ausgewogen erscheint, sollte der Waagepunkt neben der Symmetrieachse liegen. Hat man den Eindruck da der Waagepunkt zwischen Symmetrieachse und der Gruppenachse der Hauptgruppe liegt, erscheint die Anordnung ausgewogen.

 Die Gruppe bildet sich aus einer Zusammenfassung mehrerer Einzelmotive.

2.3 Gruppierungen

Um Einzelteile oder Gruppen zu einem Ganzen zusammenzubringen, gibt es verschiedene Möglichkeiten:

- Reihen,
- Gruppieren gleicher Teile,
- Gruppieren ungleicher Teile,
- Gruppieren in freier Ordnung.

Abb. 475: Einfache oder stetige (stete) Reihe.

2.3.1 Die Reihe

Werden mehrere gleiche Einzelteile oder gleiche Gruppen nebeneinander angeordnet, aufgereiht wie Perlen auf einer Kette, nennt man diese Anordnung Reihe.

Eine einfache oder stetige Reihe beinhaltet nur gleiche Teile. Dies können gleiche Pflanzen sein, die die Dekoration einer Bühnenkante bilden oder gleiche Blumen in einer Girlande gebunden. Auch gleiche Pflanzen in einem Balkonkasten ergeben eine Reihe. Eine Allee oder eine Hecke kann in Form einer Reihe angelegt sein. Sie ist leicht überschaubar und wirkt deshalb schnell langweilig.

Wird eine Reihe aus unterschiedlichen Teile gebildet, die sich in gleichen Abständen und in einer immer wiederkehrenden Reihenfolge zeigen, so spricht man von einer rhythmischen Reihe. Sie wirkt lebhafter und interessanter als die einfache Reihe, da sie einen Wechsel in der Anordnung zeigt.

Abb. 476: Rhythmische Reihe.

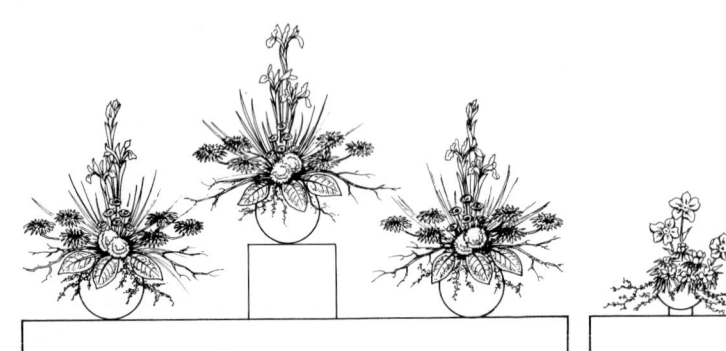

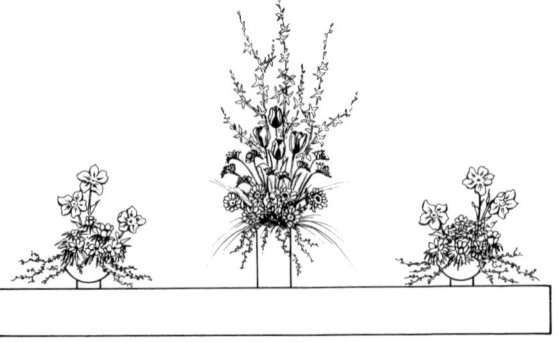

Abb. 477: Oben: Gruppierung gleicher Teile in der strengen Ordnung. Ein Teil wird als Hauptmotiv herausgestellt.

Abb. 478: Rechts: Strenge Ordnung: Ein Hauptmotiv beherrscht die anderen Teile, die paarweise flankierend angeordnet wurden.

Anwendung findet die rhythmische Reihe bei der Dekoration einer Bühnenkante mit verschiedenen Pflanzen, aber auch die Girlande oder der Balkonkasten können als Gestaltungselement einen Rhythmus zeigen. Ebenso kann das Aufstellen einer Tischdekoration auf einer langen Tafel in Form der rhythmischen Reihe erfolgen.

2.3.2 Gruppierung gleicher Teile in der strengen Ordnung

Bei der Reihe sind alle Teile gleich oder sie wiederholen sich gleichmäßig. Werden gleiche Teile zu Gruppen zusammengestellt, z.B. beim Dekorieren mehrerer gleicher Pflanzen im Verkaufsraum, dann muss immer ein Teil die Führung in der Gruppe übernehmen und als Hauptmotiv ausgebildet werden.

Werden drei Teile angeordnet, so ergibt sich von selbst eine Wertung, da dann ein Teil in der Mitte stehen muss. Dieser wirkt stärker und zieht die Aufmerksamkeit auf sich. Durch Höherstellen des Hauptmotives lässt sich das Herausstellen noch verstärken. Das Hauptmotiv wird dann von den anderen Teilen flankiert und dadurch ergänzt.

Bei der symmetrischen Anordnung haben diese Teile paarweise den gleichen Abstand zur Symmetrieachse und die gleiche Ausdehnung in die Tiefe.

Zwei gleiche Teile können nicht symmetrisch angeordnet werden, da sich kein Teil herausstellen lässt. Dadurch sind die optischen Beziehungen zueinander nur durch die Gleichheit gegeben, zu wenig, um sie als Gruppe erscheinen zu lassen.

Eine asymmetrische Anordnung zweier Teile ist aber möglich, da dann eines herausgestellt wird und sich das andere unterordnet.

2.3.3 Gruppierung ungleicher Teile in der strengen Ordnung

Sollen ungleiche Teile in der strengen Ordnung gruppiert werden, muss ein Teil optisch herausragen und das Hauptmotiv bilden. Die übrigen Teile müssen mindestens paarweise auftreten, um die Symmetrie zeigen zu können. Diese Teile werden dem Hauptmotiv untergeordnet.

Sind alle Teile unterschiedlich in ihrer Wirkung, lässt sich keine symmetrische Anordnung finden. Diese Teile müssen dann asymmetrisch gruppiert werden.

Abb. 479: Gruppierung ungleicher Teile in der strengen Ordnung.

2.3.4 Gruppierung in der freien Ordnung

Bereits zwei Teile lassen sich problemlos anordnen, wenn als Gestaltungsgrundlage die freie Ordnung gewählt wird.

Durch das Herausstellen eines Teiles wird die Wirkung der einzelnen Teile ungleich; eines erhebt sich und das andere ordnet sich unter. Wenn die Einzelteile in sich ungleich sind, erübrigt sich das Erhöhen der Teile da sich dann automatisch eine Wertung ergibt.

Dieses Erheben und Unterordnen ist ein Grundsatz in der freien Ordnung.

Auch mehrere gleiche Teile können asymmetrisch angeordnet werden. Dazu ist es immer notwendig, dass die Einzelteile unterschiedlich erhöht werden und so einen unterschiedlichen Wert erhalten. Die hierdurch erreichte Staffelung sorgt für einen natürlichen und wuchshaften Eindruck.

Bei der strengen Ordnung ist das Hauptmotiv immer in der Mitte angeordnet, in der freien Ordnung nimmt es nie die geometrische Mitte ein, es ist seitlich verschoben.

Dem seitlich verschobenen Hauptmotiv steht das Gegenmotiv gegenüber. Es sorgt für den optischen Ausgleich. Die Entfernung vom Hauptmotiv hängt von der Wirkung des Gegenmotives ab (siehe „optisches Gewicht" und „Waagepunkt", S. 176).

Wertmäßig kleinere Teile, z.B. die Nebengruppen, ergänzen die Anordnung und runden sie ab.

Abb. 480: Raumdekoration.

 Bei einer Gruppierung in der freien Ordnung sind die Einzelteile nie gleichwertig.

Abb. 481: Asymmetrische Anordnung aus drei Einzelarbeiten.

Abb. 482: Gruppierung in freier Ordnung.

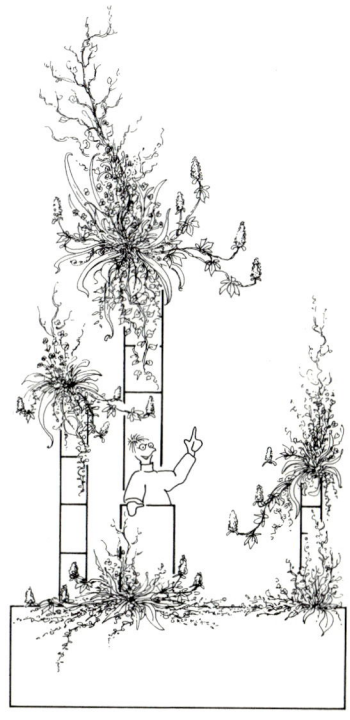

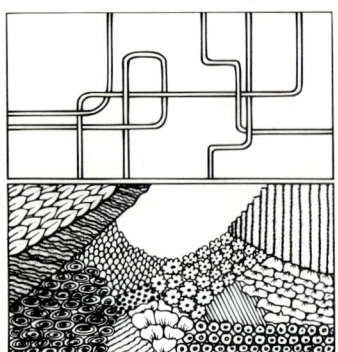

Abb. 483: Flächengliederung: Oben: Durch verschlungene Linien entstehen Teilflächen. Unten: Teilflächen mit unterschiedlicher Ausprägung grenzen sich gegenseitig ab.

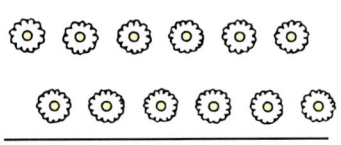

Abb. 484: Flächengliederung: Oben durch Reihung, unten durch Gruppierungen.

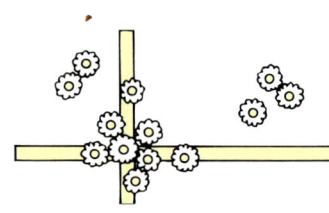

Abb. 487: Flächengliederung. oben Verbindung von Linien und Punkten, unten schaffen Überschneidungen räumliche Wirkung.

2.4 Flächengliederung und Tiefenschichtung

2.4.1 Flächengliederung

Bei einer Flächengliederung kommt man mit zwei Dimensionen in Berührung. Die Breite und die Tiefe geben das Maß der Fläche an. Die Ausdehnung einer Flächengliederung wird durch die Umrisse der Fläche begrenzt.

Eine Fläche kann auf unterschiedliche Art gegliedert werden. Einerseits kann eine Aufteilung durch Linien vorgenommen werden, andererseits können Punkte eine Fläche gliedern und so zu einer Gestaltung führen.

Aufteilung durch Linien – Sie trennt die Gesamtfläche auf und schafft Teilflächen. Die einfachste Form sind parallel verlaufende Linien, die die Fläche in mehrere Teilflächen unterteilen. Hier kann als Ordnungsart, wie bei der gesamten Flächengliederung, sowohl die Symmetrie als auch die Asymmetrie zur Anwendung kommen.

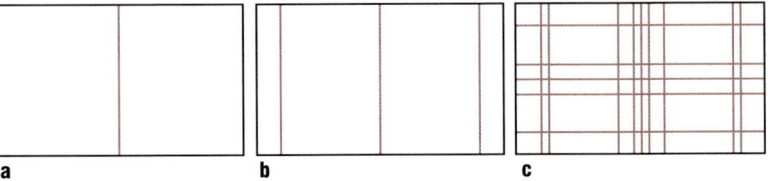

Abb. 485: Symmetrische Flächengliederung: **a** Teilung in zwei gleiche Flächen, **b** Unterteilung in kleinere Teilflächen, **c** Überschneidungen schaffen Schwerpunkte.

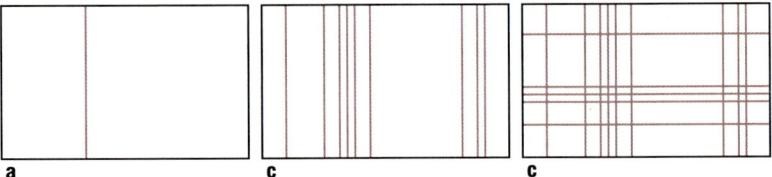

Abb. 486: Asymmetrische Flächengliederung: **a** durch Teilung entstehen zwei unterschiedliche Teilflächen, **b** Unterteilung in viele verschiedene Teilflächen, **c** Schwerpunktverstärkung durch Überschneidung.

Mehrere Linien in verschiedenen Richtungen schaffen eine interessantere Unterteilung. Durch das Überkreuzen der Linien werden Schwerpunkte gebildet und die Gestaltung wird deutlicher. Die Linien für diese Form der Flächengliederung können sehr unterschiedlich sein.

Je nach Ausdehnung der Fläche können die Linien durch Bänder, Latten oder Reihungen von Pflanzen ausgeführt werden. Die plastische Wirkung der Einzelteile einer Reihe tritt hier in den Hintergrund und kommt nicht zum Tragen.

Die Linien zur Aufteilung einer Fläche müssen nicht gerade verlaufen. Auch frei schwingende Linien unterteilen die Fläche. Sie wirken durch ungezwungene Bewegungen natürlicher und interessanter.

Werden die Teilflächen aus unterschiedlichen Farben oder Strukturen gearbeitet, so ergeben sich Abgrenzungen, die ebenfalls die Fläche untergliedern.

Aufteilung durch Punkte – Streut man kleine Blüten auf eine Fläche, so erscheinen die Einzelblüten als Punkt. Diesen Eindruck hat man auch beim Betrachten einer blühenden Wiese; die Blumen schaffen eine Aufgliederung der Wiesenfläche durch kleine Farbpunkte.

Bei gleichem Abstand der einzelnen Punkte untereinander erscheint wieder die Aufteilung in Reihen. Um eine interessantere und natürlichere Gestaltung zu erreichen, werden die Einzelpunkte mit unterschiedlichen Abständen und zu Gruppen zusammengefasst angeordnet. Durch Verdichten einzelner Teile zu Gruppen werden Haupt- und Nebenmotive ausgebildet. Die asymmetrische Anordnung der einzelnen Motive lässt die Flächenaufteilung natürlicher und wuchshafter erscheinen.

Werden statt gleicher Punkte unterschiedlich wirkende Einzelteile für die Flächengliederung genutzt, so verstärkt dies noch die natürliche Wirkung.

Eine Kombination beider Formen der Flächengliederung, der Linien und der Punkte, kann die Gesamtwirkung erhöhen. Überschneidungen und Staffelungen schaffen dann schon eine Form der dreidimensionalen Gliederung.

Anwendung findet diese Art z.B. bei der Tischdekoration aus Einzelgestecken und Bändern. Eine weitere floristische Arbeit, bei der die Flächengliederung zur Gestaltung genutzt wird, sind die floralen Bilder. Hierfür werden pflanzliche Werkstoffe und nichtpflanzliche Materialien zusammengestellt und als Bild auf einer Fläche angeordnet. So lassen sich Formen, Farben und Strukturen in der vielfältigsten Art zeigen. Solche zweidimensionalen Bilder können auch Übungen für weiteres gestalterisches Arbeiten sein.

Abb. 488: Flächengliederung durch Linien in einem floralen Bild.

2.4.2 Tiefenschichtung

Bezieht man zur Flächengliederung noch die dritte Dimension, die Höhe, mit ein, erhält man eine dreidimensionale oder räumliche Wirkung.

Der optische Eindruck der Raumtiefe wird durch die Größe der Einzelteile, die Überschneidungen, die Farbe und die Einteilung in Vorder-, Mittel- und Hintergrund beeinflusst. Dies ist wichtig bei Raumdekorationen und bei der Schaufenstergestaltung, da hierbei der gesamte Raum in die Gestaltung mit einbezogen werden muss.

Abb. 489: Tiefenschichtung in einem Blumengeschäft.

Abb. 491: Detail einer Schaufensterdekoration. Grün im Vordergrund, Rot im Mittelgrund, Blau im Hintergrund.

Abb. 490: Tiefenschichtung in einem Blumengeschäft.

Abb. 492: Gliederung in Vorder-, Mittel- und Hintergrund.

Größe der Einzelteile – Je kleiner ein Gegenstand ist, desto weiter entfernt erscheint er. Der Mensch vergleicht beim Sehen die Größe der Einzelteile miteinander. Ein Gegenstand erscheint dem Auge kleiner, wenn er weiter entfernt ist. In einer Allee wirken die weiter entfernt stehenden Bäume kleiner als die nahen.

Überschneidungen – Durch Überschneidungen der Umrisse der Einzelteile werden Tiefenschichtungen sichtbar. Das teilweise Verdecken der Teile erleichtert dem Betrachter das Erkennen der Raumtiefe. Es sollten keine zu großen Teile vor den anderen angeordnet werden, da sonst die dahinter stehenden Dinge verdeckt werden und keine Raumwirkung eintritt.

Farbe – Die Farben tragen ebenfalls zur Raumwirkung bei. Dunkle Farben wirken weiter entfernt als helle, genauso wirken trübe Farbtöne weiter entfernt als leuchtende (siehe „Farbkontraste", S. 193).

Vorder-, Mittel- und Hintergrund – Durch eine Gliederung in diese drei Bereiche wird der Raum bewusst aufgeteilt. Die wichtigsten Teile einer Anordnung sollten sich im Mittelgrund befinden, Im Vordergrund bilden klare und überschaubare Formen den Rahmen. Zu große Teile können dahinter liegende Anordnungen verdecken und keine Tiefenschichtung erkennen lassen. Der Hintergrund wirkt als Abschluss und schafft Tiefe durch kleinere Formen (siehe dazu auch oben „Größe der Einzelteile").

Das Beachten der einzelnen Faktoren der räumlichen Wirkung spielt bei allen floristischen Arbeiten, sei es Gesteck, Schaufensterdekoration oder Raumgestaltung, eine Rolle, wenn die Anordnung nicht flach wirken soll.

 Die Gliederung einer Fläche erfolgt durch ein Unterteilen in mehrere Einzelflächen oder durch Verdichten einzelner Flächen. Durch eine Tiefenschichtung und Überschneidungen lässt sich eine plastische Wirkung erzielen.

2.5 Proportionen

Als Proportion wird das harmonische Verhältnis einzelner Teile untereinander und zu einem Ganzen bezeichnet. Das Zusammenfügen von Einzelteilen, z.B. von Schnittblumen zu einem Strauß oder von Blumen mit einem Gefäß, soll eine Einheit ergeben, die für den Betrachter als angenehm empfunden wird.

2.5.1 Einflüsse auf Proportionen

Die Lehrsätze über gute Proportionen lassen sich aber nicht so einfach auf die Floristik übertragen. Beim Zusammenfügen von Blumen und anderen Materialien ist nicht der Meterstab, sondern sind das Auge und das Empfinden entscheidend

So gibt es verschiedene Einflussfaktoren auf die Proportionen. Diese unterschiedlichen Faktoren seien hier an dem Beispiel einer Gefäßfüllung dargestellt:

* Blütenformen: Feine und grazile Blütenformen wirken leichter und können weiter heraus angeordnet werden. Demgegenüber sollen schwere und lagernde Formen eher flacher und gedrungener verarbeitet werden.

Abb. 493: Gefäßfüllung unter Beachtung der Proportion.

- Blütenfarbe: Auch die Farbe nimmt einen starken Einfluss auf die Proportionen. So können helle Blüten bei gleicher Form und Größe höher verarbeitet werden als dunkle, da die dunklere Farbe etwas schwerer wirkt.
- Gefäßform: Breitere Gefäßformen wirken standfester und stabiler als schmale und können so mit einer höheren Blumenfüllung gearbeitet werden.
- Gefäßart: Das Material, aus dem das Gefäß hergestellt wurde, beeinflusst die Wirkung. Durchsichtige Glasgefäße wirken leichter als gleich große aus einer rauen Keramik.

Alle diese Faktoren beeinflussen den optischen Eindruck einer floristischen Arbeit. Deshalb ist es wichtig, das optische Empfinden zu schulen, und danach zu entscheiden und nicht nach reinen Zahlen.

Ein Beispiel für eine gute Proportion bildet der Goldene Schnitt.

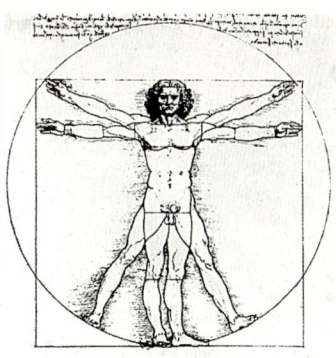

Abb. 494: Der goldene Schnitt: Der Körper des Menschen wird nach dem „goldenen Schnitt" in Ober- und Unterkörper unterteilt (LEONARDO DA VINCI).

2.5.2 Der goldene Schnitt

Der goldene Schnitt ist eine Gesetzmäßigkeit der Natur. Diese wurde bereits vor ca. 3 000 Jahren von griechischen Mathematikern und Bildhauern erkannt und genutzt. Der goldene Schnitt teilt eine Strecke in einem harmonischen Verhältnis in zwei unterschiedliche Teile.

 Die Definition des goldenen Schnittes einer Strecke lautet: Der kleinere Teil steht im gleichen Verhältnis zum großen wie der größere Teil zur ganzen Strecke.

Wird eine Strecke von 8 Längenteilen nach dem goldenen Schnitt geteilt, dann ist die kürzere Strecke 3 und die längere 5 Teile lang. Es ergibt sich also das Verhältnis

$$3:5 \approx 5:8$$

Die einzelnen Strecken stehen in einem Verhältnis von 1:1,6 zueinander. Der goldene Schnitt läßt sich natürlich nicht nur auf Strecken anwenden. Auch die harmonische Seitenaufteilung eines Rechteckes kann danach erfolgen.

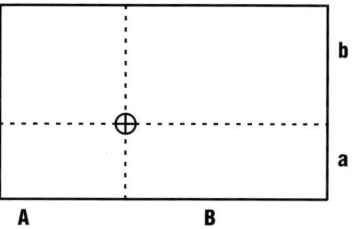

Abb. 495: Aufteilung einer Fläche nach dem „goldenen Schnitt" (A:B = a:b, a+b=B).

Ein **Beispiel** aus der Floristik bietet die Kranzproportion, also das Verhältnis des Kranzkörpers zur Kranzöffnung. Hier findet der goldene Schnitt seine augenfällige Anwendung. Auch bei der Staffelung von Blumen, bei Vasenfüllungen und bei Schaufensterdekorationen kann der goldene Schnitt angewendet werden.

Neben dem goldenen Schnitt haben auch andere Proportionslehren ihre Bedeutung. So findet man auch in der Deutschen Papierformatnorm (DIN-Norm) eine harmonische Teilung, die besonders bei Flächen Anwendung findet. Hier entspricht die Proportion eines Papierbogens dem Verhältnis 1:1,4 (1:$\sqrt{2}$).).

 Bei guten Proportionen haben die Einzelteile ein ausgewogenes Verhältnis zueinander.

Abb. 496: Goldener Schnitt bei der Teilung einer Strecke (links) und am Kranzkörper (unten).

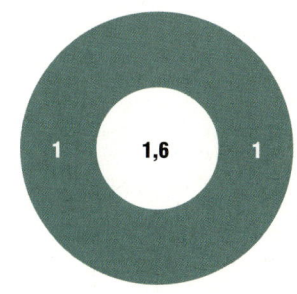

Abb. 497: Pflanzschale für den Innenbereich.

Abb. 498: Anordnung nach der Bewegungsform.

2.6 Gestaltungsthemen

Jede floristische Arbeit sollte vom Gestaltenden unter ein Thema gestellt werden.

Im Blumenfachgeschäft wird durch die Kundenberatung in erster Linie auf eine solche Themengestaltung hingewirkt. Egal, ob es sich um einen Schnittblumenstrauß, einen Kranz oder um eine Tischdekoration handelt: Nur durch das Beachten und Ausarbeiten eines Themas wird das Ziel der Gestaltung, der einheitliche Gesamteindruck, erreicht. Das gestellte Thema beherrscht die floristische Arbeit, alles muss sich diesem unterordnen.

Farbliche Anordnungen – So vielfältig wie die möglichen Farbkombinationen sind die möglichen Themen, bei denen die Farbe im Vordergrund steht. Da die Farben sehr unterschiedliche Wirkungen haben und ihnen bestimmte Stimmungen zugeordnet werden, kann der Florist hier sehr gezielt seine Farben auswählen und zusammenstellen.

Für eine Arbeit, die Wärme und Zuneigung ausdrücken soll, eignen sich Farben aus dem Orange-Rotbereich, während blau-grüne Farbtöne Kühle und eine starke Distanz ausdrücken. Wichtig ist, dass die Gesamtwirkung die gewünschte Stimmung ausdrückt und entsprechend auf den Betrachter wirkt.

Stoffliche Anordnungen – Wegen der starken Ausstrahlung, die die Oberflächenstruktur hat, bietet sich das Herausstellen der Stofflichkeit geradezu an. So zeigt *Lilium longiflorum* (Lilie) ihre stärkste Wirkung durch die porzellanartige Oberfläche der Blüte, während bei der *Saintpaulia ionantha* (Usambaraveilchen) das Weiche und Samtige die Ausstrahlung der Blüte ausmacht. Diese für die einzelne Art typische Ausstrahlung sollte noch besonders herausgestellt werden.

Abb. 499: Anordnung nach der Jahreszeit.

Durch stoffliche Gegensätze oder Gleichklang lässt sich die Wirkung der einzelnen Strukturen steigern oder mindern. Dieses darf jedoch nicht dazu führen, dass alle übrigen Faktoren, die den Charakter der Blume mitbestimmen, völlig verdrängt werden.

Formale Anordnungen – Je nach Bewegungsform kann die Kraft der Bewegung und die Gestalt der Blume herausgestellt werden. Durch starke Kontraste, z.B. aufstrebende Formen in Verbindung mit lagernden oder aufstrebend-entfaltende mit abfließenden – z.B. Rittersporn mit Cosmea-Blüten oder Lilien mit Efeuranken – werden die Eigenarten der Formen verstärkt herausgestellt.

Lineare Formen zeigen ihre Bewegung ausdrucksvoll. Sie sollen sparsam eingesetzt werden, da durch Massierung ihre Wirkung gemindert wird oder ganz verloren geht.

Plastische, füllige Formen wirken mehr durch ihre Masse und ihre raumfüllende Ausdehnung. Kränze und füllige Sträuße als Beispiel zeigen diese Wirkung. Ihre Fernwirkung ist größer als die der feinen Formen. Diese betrachtet man besser aus der Nähe und vor einem ruhigen Hintergrund.

Durch die Kraft in der Bewegungsrichtung einzelner Teile kann ein Zusammenhalt in einer Anordnung verstärkt werden. Wenn die Bewegungen aufeinander zulaufen, schaffen sie eine feste Bindung der einzelnen Gruppen zu einem Ganzen.

Abb. 500: Anordnung nach der Jahreszeit: Sommerstrauß.

Anordnungen zu einem bestimmten Anlass – Die Anlässe für die Gestaltung mit Blumen sind so vielfältig, wie die Abschnitte im Leben eines Menschen. So findet sich von der Geburt bis zum Tode immer ein Anlass, der mit Blumen begleitet werden kann. Geburtstag, Taufe, Verlobung, Hochzeit und Tod sind ebenso wie viele Kirchenfeste ein Anlass für einen Blumenschmuck. Und sei es nur ein kleiner Strauß, der diesem Anlass entspricht. Beruflicher Werdegang und Jubiläen finden hierbei ebenso Beachtung wie die Feste im Jahreslauf.

Für eine Geburt wird man Blumen wählen, die sich durch zarte Farben und feine Formen auszeichnen. Für ein Firmenjubiläum sollten dagegen eher prunkvolle und repräsentative Zusammenstellungen gewählt werden.

Anordnungen nach der Jahreszeit – Ein Frühlingsstrauß oder ein herbstliches Gesteck wird durch die Auswahl der Blumen bestimmt. Hierfür sollen in jedem Fall für die Jahreszeit typische Blumen gewählt werden.

Frühjahrsblühende Blumen und Pflanzen, wie z. B. Narzissen, Tulpen, Perlhyazinthen, Schneeglöckchen, vermitteln dem Betrachter die gewünschte Wirkung. Dazu kommen noch die Farben, die zart und hell sein können.

Chrysanthemen, Früchte und farbiges Laub sind die typischen Werkstoffe des Herbstes, verstärkt in der Wirkung durch dunkle und getrübte Farbtöne.

Da sehr viele Blumen heute ganzjährig im Handel angeboten werden, geht das Verständnis für typische Blumen der Jahreszeit manchmal verloren.

Wertmäßige Zuordnung – Den Blumen wird entsprechend ihrem Charakter ein Wert zugemessen. So erscheint eine elegante Orchidee wertvoller als eine Margerite. Ebenso ist es bei den Gefäßen und nichtfloralen Werkstoffen wie Bändern und Stoffen.

Ein Gleichklang oder geringer Kontrast steigert die Wirkung. Ein großer Gegensatz mindert die Wirkung einer wertvollen Blume. So passt die Orchidee nicht in einen Bauernkrug, der für die Margeriten eine gute Ergänzung darstellt.

Abb. 501: Anordnung nach der Jahreszeit: Frühlingspflanzschale.

Abb. 502: Vegetative Pflanzenschale.

Landschaftliches Anordnen – Das Vorbild für die Zusammenstellung und das Gestalten mit Pflanzen und Blumen ist die Natur.

Nicht nur Farben, Formen und Strukturen sind die Kriterien für eine passende Zusammenstellung, sondern auch eine Pflanzenauswahl aus einer Lebensgemeinschaft kann der Ausgangspunkt für eine gestalterische Arbeit sein. Hier treten die anderen Kriterien etwas in den Hintergrund und werden nicht so stark berücksichtigt.

Wählt man Pflanzen aus einem pflanzensoziologischen Bereich, gelingen sehr harmonische Gestaltungen, da der Eindruck entsteht, dass alle Teile zusammenpassen.

Nur von wenigen Pflanzen werden heute noch Wildformen angeboten. Meistens handelt es sich um Kulturformen, die sich durch die Züchtung von ihrem ursprünglichen Wesen entfernt haben. Wirklich natürliche Zusammenstellungen werden schwierig, da sich oft auch die Lebensbedingungen oder der Charakter der Pflanzen gewandelt haben.

Durch eine entsprechende Auswahl kann aber der Eindruck einer natürlichen Zusammengehörigkeit gegeben werden. So lässt die Iris beim Betrachter den Eindruck von Wasser und Sumpf aufkommen, für einige Irisarten ist dies der natürliche Lebensraum. Werden weitere Blumen zugeordnet, die ebenfalls in diesem Milieu wachsen könnten oder solchen Pflanzen ähnlich sehen, so kann ein einheitlicher Gesamteindruck entstehen. Den Iris können in diesem Beispiel noch Gräser, z.B. *Phragmites australis* (Schilf), *Juncus*-Arten (Binsen) und *Carex*-Arten (Seggen) zugeordnet werden. *Myosotis palustris* (Sumpfvergissmeinnicht), *Trollius europaēus* (Trollblume), *Ranunculus asiaticus* (Ranunkel) oder große Blätter von *Hosta*-Arten (Funkien) ergänzen harmonisch diese Zusammenstellung. Der Betrachter kann bei dieser Kombination den Eindruck eines Bach- oder Teichufers haben.

 Werden in einer floristischen Arbeit mehrere Themen gleichzeitig behandelt, so sollte ein Gestaltungsthema deutlich herausgestellt werden.

Abb. 503: Festliche Dekoration eines Tisches.

3 Farbenlehre

Ohne Licht ist auf der Erde kein Leben möglich. Ebenso wie Pflanzen und Tiere sind die Menschen vom Licht abhängig, da sie ca. 80 % aller Informationen über ihre Umgebung durch die Augen aufnehmen.

Um etwas sehen zu können, muss es beleuchtet sein. Das natürliche Licht der Sonne oder künstliches Licht ermöglichen erst die Wahrnehmung mit dem Auge. Durch das Licht wird eine Verbindung zwischen dem Menschen und seiner Umwelt hergestellt.

3.1 Farberscheinung

Physikalische Grundlage – Physiker treffen über das Licht folgende Aussage:

 Licht ist elektromagnetische Strahlung.

Es unterscheidet sich von anderen elektromagnetischen Wellen (z.B. der Röntgenstrahlung oder den Radiowellen) nur durch die Wellenlänge. Dies wurde am Ende des 19. Jahrhunderts von HEINRICH HERTZ durch Versuche nachgewiesen.

Das sichtbare Licht ist also nur ein kleiner Bereich aus der Vielzahl der elektromagnetischen Wellen, wie sie zum Beispiel die Sonne aussendet. Die Maßeinheit für die Wellenlänge ist 1 nm, ein Nanometer, der 10-millionste Teil eines Zentimeters. Das sichtbare Licht umfasst einen Bereich von 380-780 nm. Strahlung mit einer längeren Wellenlänge sind lnfrarotstrahlung, Radar, Fernseh- und Radiowellen. Kürzere Wellenlänge haben ultraviolette Strahlen, Röntgenstrahlen und Gammastrahlen.

ISAAC NEWTON entdeckte, dass das weiße Licht der Sonne oder einer anderen Lichtquelle verschiedene Farben enthält. Dies lässt sich leicht nachvollziehen, indem man einen dünnen Lichtstrahl auf ein Glasprisma richtet. Das Licht durchdringt das Prisma, wird gebrochen und durch die unterschiedlichen Wellenlängen verschieden abgelenkt, und das austretende Licht erscheint in den Farben des Regenbogens, dem Farbspektrum. Das weiße Licht ist also eine Kombination verschiedener Farben.

Die Reihenfolge der Farben im Farbspektrum ist immer gleich, da sie von der Wellenlänge der einzelnen Farben abhängig ist. Rot hat die längste Wellenlänge, Violett die kürzeste.

 Die Reihenfolge der Spektralfarben lautet:
Rot, Orange, Gelb, Grün, Blau und Violett.

Im nicht sichtbaren Bereich des Lichtes liegt neben dem Rot die langwelligere Wärmestrahlung, das Infrarot und neben dem Violett das Ultraviolett.

Farberscheinungen – Der Regenbogen entsteht in der Natur durch die Lichtbrechung an vielen kleinen Wassertropfen in der Luft. Auch beim Zusammentreffen verschiedener Flüssigkeiten mit unterschiedlicher Dichte wird das Licht in die Spektralfarben zerlegt; diesen Effekt erzeugen z.B. Öllachen auf Wasser.

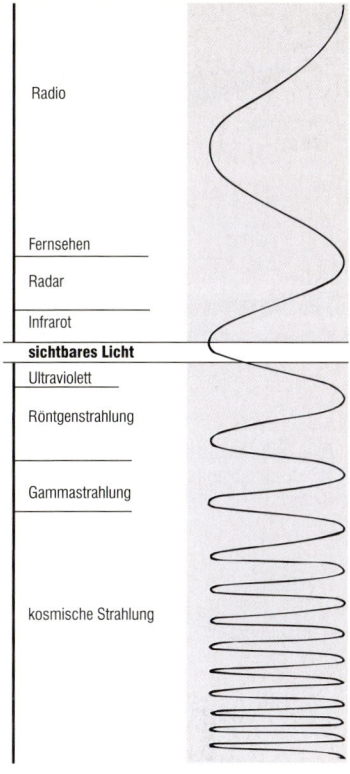

Abb. 504: sichtbares Licht ist ein Teil der elektromagnetischen Strahlung.

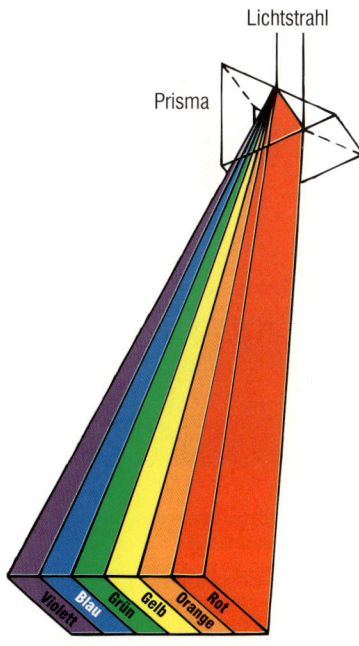

Abb. 505: Aufspaltung des weißen Lichts durch ein Prisma.

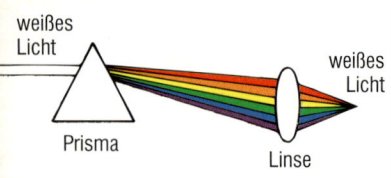

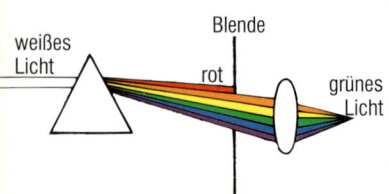

Abb. 506: Aufspaltung und Bündelung (oben), Ausblenden der roten Strahlen (unten).

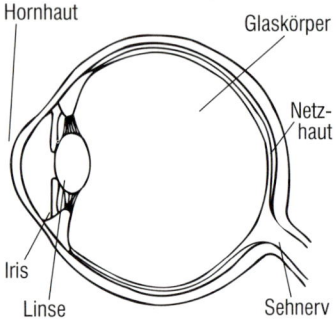

Abb. 507: Querschnitt durch das Auge (Schema).

Abb. 508: Simultan- und Sukzessivkontrast.

Wird das farbige Licht des Spektrums durch eine Linse gebündelt und zusammengeführt, erscheint wieder das weiße Licht. Diese Form der Lichtmischung wird als additive Farbmischung bezeichnet. Für den Floristen ist diese Form der Lichtmischung nicht so interessant, da es sich um körperlose Farben oder Lichtfarben handelt, er aber mit Körperfarben arbeitet. Der Unterschied zwischen Körperfarben und körperlosen Farben wird auf S. 189 beschrieben.

Wenn aber aus dem Farbspektrum eine Farbe, z.B. nur Rot, ausgeblendet wird, ergibt die Bündelung der restlichen Farben einen neuen Farbton, Grün. In dem Grün sind alle übrigen Lichtfarben vereint. Diese Farben bezeichnet man als Komplementärfarben. Rotes und grünes Licht ergibt als Mischung wieder das weiße Licht.

3.1.1 Das Auge

Das menschliche Auge ist nicht für alle Farben gleich gut empfänglich, es ist in dem Bereich des gelb-grünen Lichtes besonders empfindlich und kann deshalb diese Farben besser sehen als die blauen oder roten Farbtöne.

Der Aufbau des Auges läßt sich am einfachsten mit einer Kamera vergleichen. Es enthält wie der Fotoapparat eine Linse, eine Blende, die Iris und eine lichtempfindliche Schicht, die Netzhaut. Die Netzhaut besteht aus lichtempfindlichen Nervenzellen, die das Sehen ermöglichen. Etwa 7 Mio. Nervenzellen, die sog. Zäpfchen, sind für das Sehen bei Tage und für das Farbsehen zuständig. Dazu kommen noch 130 Mio. sog. Stäbchen, die das Sehen bei wenig Licht ermöglichen, mit ihnen ist aber kein Farbunterscheiden möglich ("Nachts sind alle Katzen grau").

Die für das Farbsehen gebrauchten Zäpfchen reagieren vor allem auf den Gelb-Grün-Bereich des Farbspektrums und die Gegenfarben dazu.

Wie sich die Zäpfchen gegenseitig beeinflussen, lässt sich mit dem sog. Simultankontrast und dem Sukzessivkontrast zeigen.

Beim Simultankontrast erscheinen zwei Farben gleichzeitig, obwohl nur eine zu sehen ist. Wenn man einige Zeit einen gelben Fleck betrachtet, erscheint am Rande dieses Flecken ein violetter Strahlenkranz. Dieser Eindruck wird durch die Überreizung der Zäpfchen in der Netzhaut hervorgerufen.

Der Sukzessivkontrast lässt ein Scheinbild nachfolgen. Wird ein grüner Fleck intensiv betrachtet und dann mit einem weißen Blatt abgedeckt, erscheint dem Betrachter ein gleich großer roter Fleck auf dem Papier. Die Ursache für das Sehen der Gegenfarbe ist auch hier eine Überreizung der Zäpfchen.

3.1.2 Reflexion und Absorption

Reflexion, Absorption – Warum sieht der Mensch eine rote Rose rot? Durch die Nervenzellen in der Netzhaut des Auges ist der Mensch in der Lage, Farben zu unterscheiden. Die Erregung dieser Nervenzellen erfolgt durch die Lichtwellen, die in das Auge einfallen.

Jeder Gegenstand, der beleuchtet wird, wirft einen Teil oder alle Lichtstrahlen zurück. Dieser Vorgang wird als Reflexion bezeichnet. Die nicht zurückgestrahlten Lichtwellen werden von der Oberfläche des Gegenstandes aufgenommen und in andere Energieformen, z.B. Wärme, umgewandelt. Dieses Aufnehmen oder Verschlucken nennt man Absorption.

Oberfläche und Farbe – Welche Teile des Lichtes absorbiert und welche reflektiert werden, hängt von der molekularen Oberflächenstruktur ab; jeder Farbton hat eine andere molekulare Zusammensetzung.

Die rote Rose erscheint also rot, weil von dem auftreffenden weißen Licht die roten Lichtwellen zurückgeworfen und alle anderen von den Blütenblättern aufgenommen werden. Wenn ein Gegenstand verschiedene Lichtwellen zurückwirft, so erscheinen sie dem Menschen als ein Farbton, der sich aus der Mischung dieser Lichtwellen (Farbtöne) ergibt. Werden alle Lichtstrahlen reflektiert, so erscheint der Gegenstand weiß, wenn aber alle Lichtstrahlen absorbiert werden, erscheint der Gegenstand schwarz. Mit der Absorption wird auch die in den Lichtwellen enthaltene Energie aufgenommen, deshalb erwärmt sich eine dunkle Oberfläche stärker als eine weiße.

Die die Erde umgebenden Luftschichten filtern das Sonnenlicht und lassen nur einen Teil des kurzwelligeren Lichtes zur Erdoberfläche durchdringen. Das langwelligere Licht aus dem Rotbereich erreicht die Erde ungehindert. Die meisten Pflanzen erscheinen uns grün, weil sie die roten, energiereicheren Lichtwellen aufnehmen und Gelb und Blau reflektieren.

3.1.3 Körperfarben und körperlose Farben

Das Auge kann nur körperlose Farben aufnehmen. Die körperlosen Farben oder Lichtfarben sind Lichtwellen einer bestimmten Wellenlänge.

Farbiges Licht, das durch die Lichtbrechung in einem Prisma entstanden ist, gehört dazu. Ebenso die Lichtwellen einer farbigen Leuchte, durch Filter begrenzte Lichtwellen und die von einem Gegenstand reflektierten Lichtwellen. Die Körperfarben sind dagegen Farben, die an einen Gegenstand gebunden sind. Er bestimmt durch seine molekulare Oberflächenbeschaffenheit den Farbton, der reflektiert wird.

In der Floristik beschäftigt man sich hauptsächlich mit den Körperfarben, aber auch die Lichtfarben können eine Rolle spielen. Dies wird noch in dem Kapitel „Beeinflussung der Farberscheinung" genauer ausgeführt (S. 202).

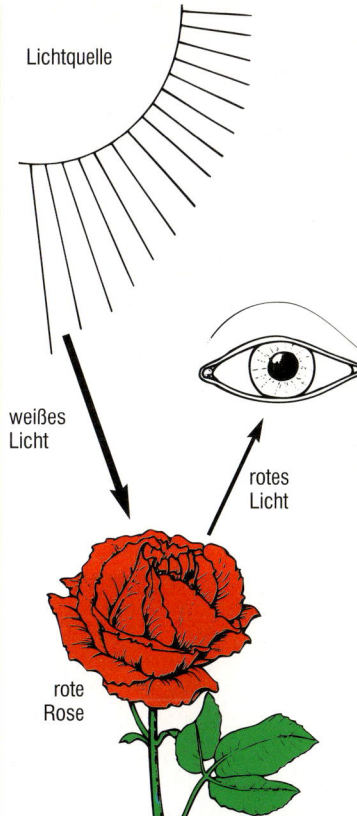

Abb. 509: Die rote Rose erscheint rot, weil sie die roten Lichtwellen reflektiert und alle anderen absorbiert.

3.2 Farbbenennung

Die Beschäftigung mit Farben gehört für den Floristen zu den Grundlagen der Gestaltung, da neben Geltung, Form und Oberfläche die Farbe den Charakter einer Blume bestimmt. Alle diese Bereiche wirken gemeinsam; einen Teil davon herauszunehmen, bedeutet, den Charakter zu verändern. Die harmonische Abstimmung der Farben und die Anordnung der Farben in einer floristischen Arbeit bestimmt einen großen Teil des Gesamteindruckes.

Das Wissen über die Farben und ihre Wirkung auf die Umwelt wurde von vielen Künstlern und Wissenschaftlern untersucht und dokumentiert. Auf den Erkenntnissen von NEWTON, GOETHE, RUNGE, FRAUNHOFER, OSTWALD und ITTEN beruht die heutige Farbenlehre. Die folgenden Ausführungen beschäftigen sich hauptsächlich mit den Körperfarben, da die Floristen mit farbigen Werkstoffen und Materialien arbeiten.

Um die Farben in eine Ordnung zu bringen, wurden verschiedene Systeme dargestellt. Eine Grundlage dafür liefert die Natur mit dem Farbspektrum des Regenbogens, eine immer wiederkehrende Farbskala von Rot bis Violett.

Abb. 510: Einfache, stark wirkende Farben.

Abb. 511: Intensive Farben zeichnen Sommerblumen aus.

Abb. 512: Farbe und unbunte Farbe (Hortensie).

Abb. 514: Farbdreieck: Ausgehend von den Grundfarben in den Spitzen liegen die Mischfarben 1. Ordnung dazwischen. Nach innen werden sie durch Mischfarben 2. Ordnung ergänzt.

Über die Einteilung der Farben in verschiedene Gruppen gibt es unterschiedliche Ansichten.

- **1. Gruppe: Grund- oder Primärfarben** – Aus der Vielzahl der Farben stellen sich drei heraus, die sich durch das Mischen der Farbtöne nicht herstellen lassen. Es sind die Grund- oder Primärfarben: Gelb – Rot – Blau.
- **2. Gruppe: Mischfarben 1. Ordnung** – Werden zwei Grundfarben zu gleichen Teilen miteinander gemischt, so ergeben sich neue Farben, die Misch- oder Sekundärfarben: Orange – Violett – Grün.
  Werden die Farben in einem ungleichen Mischungsverhältnis zusammengebracht, so ergeben sich die Farben Gelborange, Rotorange, Rotviolett, Blauviolett, Blaugrün und Gelbgrün.
- **3. Gruppe: Mischfarben 2. Ordnung** – Wenn alle drei Grundfarben gemischt werden, so entstehen getrübte Farben. Beispiele dafür sind Olivgrün, Grauviolett und alle Brauntöne.
- **4. Gruppe: Pastellfarben** – Die Pastellfarben entstehen durch das Mischen einer Farbe der ersten drei Gruppen mit Weiß.
  Die lichten Pastelltöne, z.B. Rosa, Hellviolett und Hellblau, wirken leicht und heiter und entfalten besonders in feinen, zarten Blüten ihre Wirkung.
- **5. Gruppe: Schattierungen oder Abdunkelungen** – Die Leuchtkraft eines Farbtones wird gebrochen durch die Mischung mit Schwarz. Dazu zählen Dunkelrot, Schwarzbraun und Dunkelblau. Sie wirken schwer und kommen durch eine samtige oder raue Oberfläche besonders gut zur Wirkung.
- **6. Gruppe: Unbunte Farben** – Im Gegensatz zu den bisher benannten Farben handelt es sich hier um den größten Helligkeitswert, Weiß, und um den geringsten, Schwarz. Die dazwischen liegenden Abstufungen ergeben die verschiedenen Grautöne.
  Die Abstufung der Helligkeitswerte zwischen Weiß und Schwarz wird als Grauleiter bezeichnet. Diese Farben werden auch achromatische (unbunte) Farben genannt.

Die sechs verschiedenen Gruppen in der Farbbenennung lassen sich in der Farbkugel von P. O. RUNGE zeigen (S. 192).

3.3 Farbordnungen

Die verschiedenen Farbgruppen lassen sich in unterschiedlichen Formen darstellen: In dem Farbdreieck, dem Farbkreis, dem Farbstern, der Farbkugel und der Grauleiter.

3.3.1 Farbdreieck

Ausgehend von den drei Grundfarben lassen sich diese leicht in Form eines Dreieckes darstellen. Bei dem Farbdreieck werden die Farben der 1. Gruppe, die Grundfarben in den Ecken angeordnet. Zwischen den Grundfarben befinden sich die Farben der 2. Gruppe, die Mischfarben erster Ordnung, also Orange, Violett und Grün. Und zwischen diese werden die Farben der 3. Gruppe eingesetzt. So entsteht ein einfaches Farbdreieck aus den Farben der 1.-3. Gruppe. Insgesamt werden neun Farben aufgezeigt.

3.3.2 Farbkreis

Um mehr Farben der 2. Gruppe aufzuzeigen, werden die Grundfarben in einer Kreisform angeordnet. Zwischen den Grundfarben liegen die Mischfarben mit gleichen Anteilen von jeweils zwei Grundfarben, also Orange, Violett und Grün. Werden jetzt diese Farben mit der daneben liegenden Grundfarbe gemischt, so erhält man weitere sechs Mischfarben. Es entstehen Gelborange, Rotorange, Rotviolett, Blauviolett, Blaugrün und Gelbgrün. Die Benennung erfolgt nach der jeweils überwiegenden Grundfarbe.

So ist ein zwölfteiliger Farbkreis entstanden, der schon von GOETHE und RUNGE in dieser Form gezeigt wurde. J. ITTEN setzte ihn so, dass Gelb den obersten Punkt des Kreises bildete.

Abb. 514: Aufbau des Farbkreises (nach ITTEN).

Die drei Grundfarben sind in Form eines Dreiecks angeordnet.

Ergänzung zu einem Sechseck mit den Mischfarben 1. Ordnung (Orange, Violett, Grün).

Farbkreis aus 12 Farben.

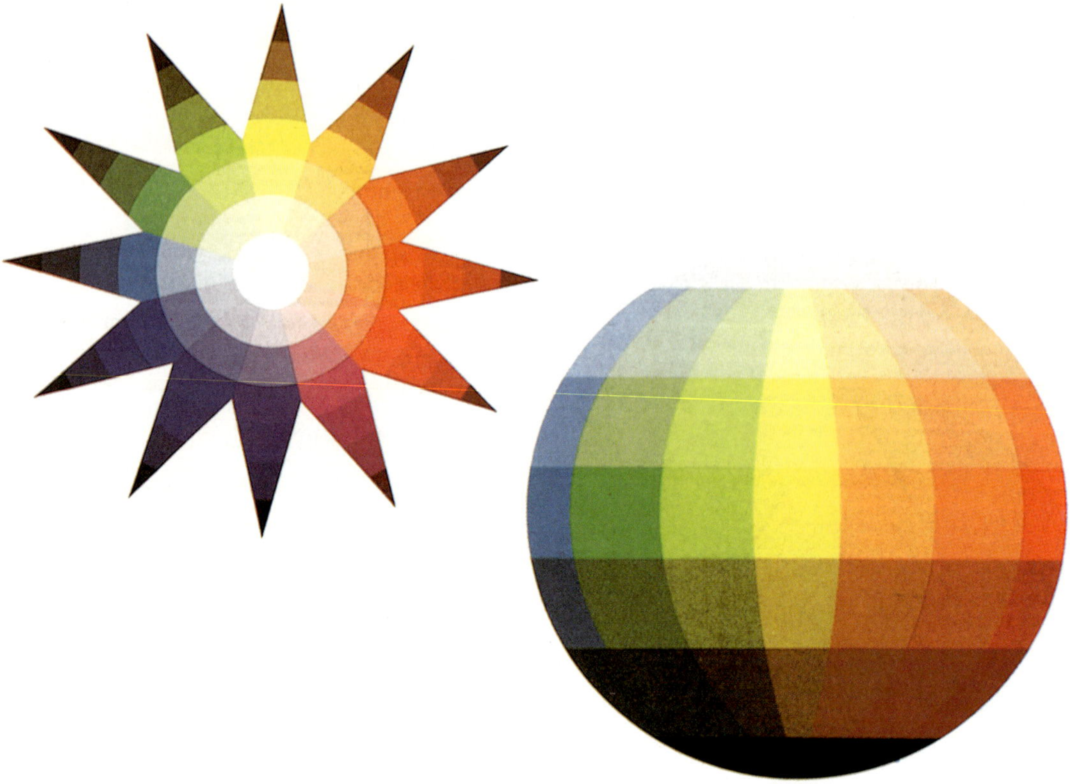

Abb. 515: Farbstern (oben links) und Farbkugel (nach P.O. RUNGE).

Abb. 516: Grauleiter.

3.3.3 Farbstern

Um auch Pastelltöne und Abdunkelungen in einer Farbordnung darzustellen, wurde der Farbstern entwickelt. Hier finden sich neben den klaren Farbtönen des Farbkreises auch noch Aufhellungen bis zum Weiß und Abdunkelungen bis hin zum Schwarz.

3.3.4 Farbkugel

Alle Farben lassen sich in der Farbkugel von P. O. RUNGE finden. Die Farben der 1. und 2. Gruppe bilden den Äquator der Kugel. Die 3. Farbgruppe wird im Innern angeordnet und die Pole bilden Schwarz und Weiß. Der Raum zwischen den Polen und dem Äquator wird durch die Schattierungen beziehungsweise Aufhellungen gefüllt.

3.3.5 Grauleiter

Auch die unbunten oder achromatischen Farben bieten eine Vielzahl an Abstufungen. Die Eckpunkte bilden Weiß und Schwarz. Ähnlich einer Leiter können die Helligkeitswerte vom Schwarz aufsteigen bis zum Weiß. Die dazwischen liegenden Helligkeitswerte werden als Grautöne bezeichnet.

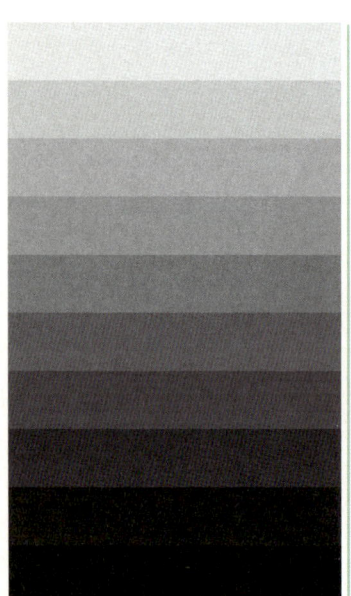

3.4 Farbkontraste

Bezeichnung, Einteilung – Wenn floristische Werkstücke entstehen, sind dabei mehrere Farben beteiligt. Die Blüten und die Blätter wirken zu einem großen Teil durch ihre Farbe.

Besteht ein Unterschied zwischen den einzelnen Farben, spricht man von einem Farbkontrast. Je deutlicher der Unterschied ist, desto stärker wirkt der Kontrast.

Vergleiche von Farben untereinander sind relativ, werden unterschiedlich stark empfunden. Daher zieht der Mensch zum Erkennen und Messen der Unterschiede Vergleiche heran.

In vielen Farbenlehren werden die Farbkontraste behandelt. Es werden dabei unterschiedliche Bezeichnungen und Einteilungen getroffen. Die Grundlagen für die hier genauer beschriebenen Kontraste finden sich unter anderem bei J. ITTEN und M. EVERS.

Nach der Wirkung der Farben und auch der damit zusammenhängenden Oberflächenstruktur lassen sich elf Kontraste finden:

Abb. 517: Starker Farbkontrast durch das Gegenüberstellen verschiedener Rot- und Grüntöne.

- Farbe-an-sich-Kontrast
- Farbe-Nichtfarbe-Kontrast
- Komplementärkontrast
- Hell-Dunkel-Kontrast
- Rein-Trüb-Kontrast
- Viel-Wenig-Kontrast
- Leicht-Schwer-Kontrast
- Aktiv-Passiv-Kontrast
- Nah-Fern-Kontrast
- Kalt-Warm-Kontrast
- Stofflichkeitskontrast

Diese elf Kontraste lassen sich in zwei Gruppen einteilen. Die ersten sechs Kontraste sind problemlos und objektiv festzustellen. Man nennt sie auch die primären Kontraste.

Die letzten fünf werden durch die Wirkung der Farbe auf die Psyche bestimmt. Hier spielt die subjektive Wirkung eine Rolle. Diese werden als sekundäre Kontraste bezeichnet.

Bei floristischen Arbeiten kommen in der Regel mehrere Kontraste gleichzeitig zur Anwendung. Manche werden bewusst eingesetzt, andere ergeben sich dabei zwangsläufig. Es soll mindestens ein Kontrast herausgestellt werden, um ein farblich spannungsreiches Werkstück zu gestalten. Zu viele Kontraste gleichzeitig eingesetzt, können leicht zu einer Unruhe führen.

Farbe-an-sich-Kontrast – Der einfachste Kontrast ist der Farbe-an-sich-Kontrast. Es handelt sich um eine Zusammenstellung von Farben der ersten fünf Farbgruppen.

Dieser Kontrast steht nie für sich alleine, da durch die Kombination der Farben ihre Helligkeit, ihre Reinheit und die quantitative Zusammenstellung zusätzlich wirken.

Den stärksten Kontrast dieser Art erreicht man durch das Zusammenfügen der Grundfarben. Eine Zusammenstellung von Gelb, Rot und Blau wirkt lebhaft und laut. Sie ist also für Blumenkombinationen, die diese Wirkung haben sollen, geeignet. Ein Kindergeburtstag, ein Sommerfest wären Anlässe für solch eine Farbzusammenstellung.

Je weiter sich die Farben von den Grundfarben entfernen, desto geringer wird die Wirkung des Farbe-an-sich-Kontrastes. Eine Zusammenstellung der verschiedenen Helligkeitsstufen eines Farbtones, Dunkelrot, Rot und Rosa, zeigt diesen Kontrast kaum noch.

Abb. 518: Farbe-an-sich-Kontrast.

Abb. 519: Farbe-Nichtfarbe-Kontrast (Beispiel: *Thunbergia alata*).

Farbe-Nichtfarbe-Kontrast – Dieser Kontrast ist ein Sonderfall des Farbe-an-sich-Kontrastes. Hier werden bunte mit unbunten Farben kombiniert (siehe „Farbbenennungen" S. 189). Die unbunten Farben, Weiß, Schwarz und Grau, haben eine neutrale Wirkung. Sie können die bunten Farben optisch trennen und einen ruhigen, ausgleichenden Zwischenraum schaffen.

Berühren sich zwei bunte Farben, so beeinflussen sich die Farben gegenseitig (siehe auch „Beeinflussung der Farberscheinung", S. 202). Dieses gegenseitige Beeinflussen wird durch das Hinzufügen von Grautönen, Schwarz oder Weiß gemildert oder ganz unterbunden (neutralisiert).

Man kann die Farbwirkung auch durch Helligkeitsunterschiede beeinflussen. Schwarz steigert insbesondere die Leuchtkraft der hellen, kräftigen Farben. Weiß schwächt die Leuchtkraft der hellen Farben und lässt die dunklen Farbtöne noch dunkler erscheinen.

Bei den floristischen Werkstoffen finden sich Blumen und Pflanzenteile, deren Farben zu den unbunten zählen. Weiß wirkende Blüten sind häufig; reinweiße Blüten gibt es nicht, es sind stets geringe Anteile anderer Farbtöne mit enthalten. *Convallaria majalis* (Maiglöckchen), *Gypsophila paniculata* (Schleierkraut), *Lilium longiflorum* (Lilie), *Nymphāēa alba* (Seerose), die weißen Sorten von *Dianthus caryophyllus* (Nelke), *Rhododendron simsii* (Azalee), *Freesia*-Hybriden (Freesie) und *Gerbera*-Hybriden (Gerbera) sind nur eine kleine Auswahl weißer Blumen.

Grautöne zeigen manche Blätter und einige Blüten. Dazu zählen *Senecio cineraria* (Silberblatt), *Stachys byzantina* (Wollziest), Flechtenzweige, blaugraue Koniferen und Pflanzen mit einer grausilbernen Oberfläche (siehe S. 33).

Fast schwarz sind einige Früchte. *Ligustrum vulgare* (Liguster), *Cornus sanguinea* (Hartriegel) und *Sambucus nigra* (Holunder) sind dafür Beispiele.

Es steht dem Floristen also eine breite Palette unbunter Farben zur Verfügung, die er auch gezielt einsetzen kann.

Abb. 520: Beispiel für einen Farbe-Nichtfarbe-Kontrast.

Abb. 521: Farbe-Nichtfarbe-Kontrast.

194

Komplementärkontrast – Eine Zusammenstellung der Gegenfarben, der Komplementärfarben, bildet auch eine Form des Farbe-an-sich-Kontrastes. Der 12-teilige Farbkreis nach J. ITTEN soll hier die Grundlage für die weiteren Betrachtungen bilden.

Der Mensch empfindet die Gegensätze von Farben, die sich im Farbkreis gegenüberliegen, als ausgeglichen und vollkommen. Die Komplementärfarben enthalten stets die drei Grundfarben. So besteht Grün als Gegenfarbe zum Rot aus gelben und blauen Farbanteilen oder dem Blau steht das Orange, eine Mischfarbe aus Gelb und Rot, gegenüber. Wird farbiges Licht in den Komplementärfarben gemischt, so erhält man weißes Licht (additive Farbmischung. In den Gegenfarben sind also alle Farben des Farbspektrums enthalten.

Werden hingegen die Körperfarben, die einen Komplementärkontrast bilden, gemischt, so ergibt es ein mittleres Grau (subtraktive Farbmischung).

Da die Farben eines Komplementärkontrastes im Farbkreis den größten Abstand voneinander haben, wirkt solch eine Zusammenstellung immer kraftvoll und dynamisch. Durch die im Auge hervorgerufene Wirkung des Simultankontrastes steigern sich die Farben in ihrer Leuchtkraft (siehe S. 188).

Blumen mit Blüten aus dem Rotbereich werden also durch das Blattgrün in ihrer Leuchtkraft noch gesteigert. Eine rote Rose wirkt durch ihr Blattgrün, ohne Grün hat sie eine geringere Wirkung. Auch in einer violetten *Saintpaulia ionantha* (Usambaraveilchen) zeigen die gelben Staubblätter die Gegenfarbe.

Hell-Dunkel-Kontrast – Die Helligkeit einer Farbe wird von ihrer Eigenschaft, Licht zu reflektieren, bestimmt. Unterschiede in der Helligkeit ergeben den Hell-Dunkel-Kontrast. Bei den reinen Farben des Farbkreises ist Gelb die hellste Farbe, Violett die dunkelste. Durch Aufhellen und Abdunkeln wird der Helligkeitswert einer Farbe verändert (siehe „Farbstern" S. 192). Weiß reflektiert alle Lichtwellen, es ist der hellste Farbton. Schwarz hingegen absorbiert alles Licht und stellt den dunkelsten Farbton dar.

Abb. 522: Beispiel für einen Komplementärkontrast.

Abb. 523: Komplementärkontrast.

Abb. 524: Hell-Dunkel-Kontrast.

Abb. 525: Rein-Trüb-Kontrast (Beispiel: *Viola-Wittrockiana*-Hybriden).

Da im Auge die meisten Nervenzellen auf Helligkeitsunterschiede reagieren (siehe S. 188), kommt dem Helligkeitskontrast eine große Bedeutung zu.

Er kann aus verschiedenen Abstufungen der unbunten Farben bestehen, also unterschiedlichen „Grautönen", Schwarz und Weiß. Hier werden die Unterschiede nur durch die Helligkeit erkennbar. Bei der Verwendung eines Farbtones in verschiedenen Helligkeitswerten entsteht der Unterschied durch Aufhellen oder Abdunkeln. Werden verschiedene Farbtöne miteinander kombiniert, so kommt der Kontrast durch die unterschiedliche Leuchtkraft zustande.

Von den reinen Farben haben Rot und Grün die gleiche Helligkeit, eine Kombination dieser beiden Farben ergibt also keinen Hell-Dunkel-Kontrast. Beim Komplementärkontrast verwendet man sie im gleichen Mengenverhältnis.

Starke Helligkeitsunterschiede verstärken die Wirkung der Farbtöne. Auch hierfür kann die violette Blüte eines Usambaraveilchens als Beispiel dienen.

Rein-Trüb-Kontrast – Als Qualitätskontrast bezeichnet man den Gegensatz von gesättigten, leuchtenden Farben zu stumpfen, getrübten Farbtönen (siehe „Farbenennungen", S 189).

Die Farben des Sonnenspektrums sind ebenso wie die reinen Farben im Farbkreis Farben größter Sättigung oder Leuchtkraft. In ihrer Wirkung dominieren reine Farben über trüben Farben und werden dadurch noch hervorgehoben. Wird aber eine leuchtende Farbe mit einer trüben Farbe gleicher Helligkeit zusammengestellt, so mindert sich die Leuchtkraft der reinen Farbe. Anwendung findet dieser Kontrast zum Beispiel bei Zusammenstellungen von Blumen und Gefäßen. Die Gefäße sollen dienen und sich unterordnen, deshalb bringen Gefäße in getrübten Farben die Blumen stärker zur Wirkung.

Viel-Wenig-Kontrast – Dieser Kontrast wird auch Quantitätskontrast genannt. Er bezieht sich auf das optische Mengenverhältnis von zwei oder mehreren Farben zueinander. Es ist also ein Gegensatz von viel zu wenig oder von groß zu klein. Nicht nur die direkte Menge einer Farbe ist hier entscheidend, auch das optische Gewicht der Farben kommt zum Tragen.

Abb. 526: Rein-Trüb-Kontrast.

Abb. 527: Viel-Wenig-Kontrast.

Werden eine helle und eine dunkle Farbe miteinander verarbeitet, so übertönt bei gleichem Mengenverhältnis die helle Farbe die dunkle sehr stark. Deshalb reicht schon ein kleiner Anteil einer hellen Farbe aus, um sich mit einem großen Teil einer dunklen Farbe harmonisch zu verbinden.

Als Beispiel sei die Kombination von Gelb und Violett genannt. Gelb ist eine lichtvolle, helle Farbe, Violett die dunkelste Farbe im Farbkreis. Sollen Gelb und Violett optisch gleichwertig vertreten sein, so sollte ein Teil Gelb mit einem sehr viel größeren Teil Violett kombiniert werden. J. ITTEN nennt eine Zusammenstellung im Verhältnis 1:3 ausgewogen, K. ESCHMANN gibt für die gleiche Intensität das Verhältnis 1:12 an.

Solch eine Zusammenstellung zeigt die Blüte der *Saintpaulia ionantha* (Usambaraveilchen). Es ist also wirkungsvoller, leuchtkräftige Farben in kleinere Flächen aufzuteilen und gedämpfte Farbtöne in größeren Flächen anzuordnen. Die optisch stärkere Farbe dominiert über die anderen Farbtöne und schafft so eine Rangordnung.

Der Viel-Wenig-Kontrast bildet auch eine Form des Akzentes, wenn zu einer großen Menge einer Farbe eine kleine Menge einer anderen Farbe im Gegensatz steht und so die Wirkung der Farben erheblich steigert.

Leicht-Schwer-Kontrast – Ein Gewichtskontrast setzt sich aus einer optisch leicht und einer optisch schwer wirkenden Farbe zusammen. Jeder Farbe wird vom Betrachter subjektiv ein bestimmtes optisches Gewicht zugemessen. Helle Farben wirken leichter, dunkle Farben wirken schwerer. So scheint bei gleicher Größe die hellere Blume leichter zu sein. Auch in Gebäuden zeigt sich dieser Eindruck. Eine helle Decke läßt einen Raum höher, helle Wände lassen den Raum weiter erscheinen. Dagegen drückt eine dunkle Decke und lässt den Raum niedriger wirken. Auch dunkle Blumen wirken schwerer und lagernder als helle.

Abb. 528: Viel-Wenig-Kontrast (Beispiel: *Dahlia*-Hybriden).

Abb. 530: Leicht-Schwer-Kontrast (Beispiel: *Rudbeckia fulgida*).

Abb. 529: Leicht-Schwer-Kontrast.

Abb. 531: Aktiv-Passiv-Kontrast
(Beispiel: *Viola-Wittrockiana-Hybriden*).

Deshalb sollten bei einer Blumendekoration die helleren Blumen über den dunkleren angeordnet werden. Vor der Farbe entscheidet aber in jedem Fall die Form der Blume über die Anordnung. Ein bekanntes Beispiel sind die weißen *Paeonia* (Pfingstrosen) und der dunkelblaue *Delphinium* (Rittersporn). Hier muss der Rittersporn in jedem Fall über den Pfingstrosen angeordnet werden, da sonst der Charakter der Blumen verändert wird. Hochgestellte, dunkle Blumen sollten lockerer angeordnet werden, um die lastende Wirkung zu mildern.

Aktiv-Passiv-Kontrast – Farben haben auch unterschiedliche Charaktere. So erscheinen leuchtende Farben aktiv, stärker aus sich herausgehend, trübe Farben passiv, in sich verharrend. Diese Wirkung gilt als Aktivitätskontrast. Zusammenstellungen aus leuchtenden und getrübten Farbtönen zeigen diesen Gegensatz ebenso wie Zusammenstellungen von bunten und unbunten Farben.
Die Wirkung von leuchtenden, aktiven Farben wird durch einen getrübten passiven Hintergrund verstärkt. Bei der Schaufenstergestaltung, bei größeren Dekorationen sollte man das beachten.

Nah-Fern-Kontrast – Dieser Kontrast beinhaltet viele Teile des Rein-Trüb- und des Aktiv-Passiv-Kontrastes.
Leuchtende Farben wirken näher als trübe, warme Farben näher als kalte. Manche Farben, wie Gelb oder Orange, scheinen auf den Betrachter zuzugehen, andere, wie Blau, Violett oder Braun, scheinen sich mehr zu entfernen. Werden solche Wirkungen gezielt eingesetzt, steigert sich die Wirkung einzelner Farben erheblich.
Anwendung findet dieser Kontrast in der Betonung des Vordergrundes und in der Schaffung von Raumtiefe bei der Schaufenstergestaltung und bei Dekorationen.
Auch bei der Farbgestaltung von Wänden und Decken kann die Farbwirkung eingesetzt werden. Durch entsprechende Farbwirkung wird die optische Raumgröße verändert.
Helle, gelbliche oder blaugrüne Pastelltöne machen enge und kleine Räume weiter und größer. Zu große Räume können durch rötliche oder dunkle Farben optisch verkleinert werden.

Abb. 532: Diese Farbzusammenstellung zeigt den Nah-Fern-Kontrast und den Kalt-Warm-Kontrast.

Abb. 533: Aktiv-Passiv-Kontrast.

Kalt-Warm-Kontrast – Farben können dem Menschen ein starkes Temperaturempfinden vermitteln. Diese Erkenntnis ist für den Floristen wichtig, wenn es darum geht, bestimmte Stimmungen zu erzielen. Blaue und blaugrüne Farbtöne wirken kühl und frisch, die Farbtöne von Gelb, Orange und Rot dagegen warm. Ausgleichende Farben sind die Farben Grün und Violett. Diese ausgleichenden Farben können durch zugeordnete Farben beeinflusst werden. Wird das Violett mit einer warmen Farbe kombiniert, erscheint es dem Betrachter auch warm. Bei einer Zusammenstellung mit einer kalten Farbe wirkt es dagegen auch kalt.

Durch die mengengleiche Kombination von warmen und kalten Farben kann die Gesamtwirkung ausgeglichen erscheinen. Um aber die Farbtemperatur besser zur Wirkung zu bringen, kann zu einer Kombination warmer Farben ein Akzent mit einer kalten Farbe zugeordnet werden. Durch den Unterschied wird die überwiegende Farbe noch gesteigert. So wird z.B. die warme Farbwirkung eines Straußes in Orange-Rot Tönen durch einen Akzent in Blau gesteigert.

Abb. 534: Kalt-Warm-Kontrast (Beispiel: *Eryngium alpinum*).

Stofflichkeitskontrast – Die Oberflächenstruktur beeinflusst die Farbwirkung ganz besonders. M. Evers ergänzte die Farbkontraste noch durch den Farbtoncharakterkontrast. Die Farbwirkung und die Oberflächenstruktur zusammen ergeben den Charakter einer Farberscheinung. Unterschiedliche Strukturen lassen denselben Farbton verschieden wirken. Eine rote Blüte der *Sinningia*-Hybriden (Gloxinie) kann denselben Farbton haben wie das Hochblatt von *Anthurium-Andraeanum*-Hybriden (Flamingoblume). Die Wirkung ist aber sehr unterschiedlich. Das Rot wirkt bei der Gloxinie tief und warm, bei der Anthurie aber glatt und kalt (siehe „Oberflächenstrukturen", S. 209).

Unterschiedliche Oberflächenstrukturen in einer floristischen Arbeit wirken spannungsreich und verstärken die Farbkontraste. Durch stoffliche Gleichheit können Blumen und andere Werkstoffe und Materialien optisch verbunden werden.

Besonders bei der Zusammenstellung von Blumen, Blättern und Gefäßen wirkt sich der Stofflichkeitskontrast aus.

Abb. 535: Starker Stofflichkeitskontrast zwischen Blüten und Blättern (*Gazania*-Hybriden).

Abb. 536: In Pflanzen können sich gleichzeitig mehrere Kontraste zeigen, z.B. Hell-Dunkel-Kontrast und Rein-Trüb-Kontrast (*Mahonia bealei*).

3.5 Farbharmonien

Von Wassily Kandinsky, dem ersten Maler abstrakter Bilder, stammt der Ausspruch: „Die Farbharmonie ist ein Prinzip innerer Notwendigkeit". In einem Musikstück kommt es auf den Zusammenklang der Töne, nicht nur auf die einzelne Tonhöhe, die Tonfolge und die Lautstärke an. Genauso verhält es sich bei den Farbzusammenstellungen. Nicht nur die einzelnen Farben alleine wirken, sondern ihr „Zusammenklang".

Die folgenden Regeln der Farbharmonie sollen Hilfe und Grundlage für das Zusammenstellen der Farben sein. Eine Farbzusammenstellung baut sich auf Unterschieden, den Farbkontrasten, auf. Ohne Kontraste erreicht man nur Eintönigkeit.

Das Auge versucht einen Gleichgewichtszustand der Farben herzustellen. Ein Beispiel dafür sind der Simultan- und der Sukzessivkontrast. So werden beim Anblick eines gelben Gegenstandes sowohl die Nervenzellen für Gelb als auch für Violett aktiviert. Diese beiden Farben zusammen ergeben als Lichtfarben gemischt weißes Licht (siehe „Farberscheinung" S. 187) und als Körperfarben zusammengemischt Grau, da alle drei Grundfarben enthalten sind (siehe „Komplementärkontrast", S. 195).

In der Farbenlehre von J. Itten wird eine Farbzusammenstellung, die als Mischfarbe Grau ergibt, als „harmonisch" bezeichnet. Manche Menschen empfinden diesen Komplementärkontrast bei gleichen Farbmengen als grell und disharmonisch. Hier kann durch Verändern einer Farbe in der Menge der Kontrast gemindert werden und die Zusammenstellung erscheint eher harmonisch (Viel-Wenig-Kontrast).

Ebenso kann das Verändern einer Farbe in der Helligkeit die Zusammenstellung harmonischer wirken lassen. Dies geschieht, wenn sich zum leuchtenden Gelb ein getrübtes Violett gesellt.

Je nach Anzahl der zusammengefügten Farben unterscheidet man verschiedene Farbklänge. Zur Verdeutlichung sollen diese Farbharmonien auf dem Farbstern und auf dem Farbkreis dargestellt werden. Die hier angesprochenen Beispiele der Farbharmonien sollen als Grundlage dienen. Bei allen Arbeiten mit Farben sollte der angeborene Farbensinn Anwendung finden.

Abb. 538: Gleichklang: Eine Farbe in verschiedenen Helligkeitswerten.

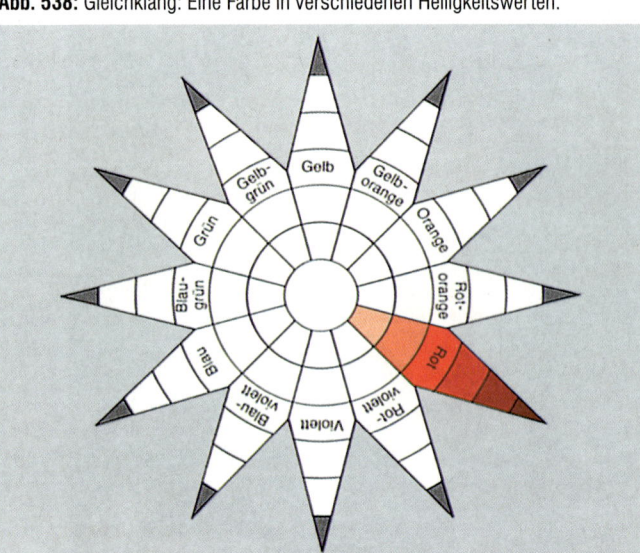

3.5.1 Gleichklang

Hier wird nur ein Farbton genutzt, die Unterschiede entstehen durch die verschiedenen Helligkeitswerte. Auf dem Farbstern dargestellt, bewegen sich die verschiedenen Farben auf der Linie zwischen der Spitze (Schwarz, tiefste Abdunkelung) und der Mitte (Weiß, stärkste Aufhellung).

Durch diese Abstufungen lassen sich sehr stimmungsvolle Farbzusammenstellungen finden, die die Wirkung der einzelnen Farbe herausstellen. Da hier die Farbunterschiede relativ gering sind, wird auch von der Harmonie der kleinen Kontraste gesprochen.

3.5.2 Zweiklang

Spannungsvoller ist eine Zusammenstellung aus zwei Farbtönen. Die stärkste Wirkung haben hierbei die Komplementär- oder Gegenfarben, z.B. orangefarbene *Ranunculus asiaticus* (Ranunkel) und blaue *Anemone coronaria* (Anemone). Werden diese beiden Farben als Vollton zusammengestellt, ergeben sich starke Kontraste. Die Wirkung kann gemindert werden, wenn einer der beiden Farbtöne aufgehellt oder abgedunkelt wird.

Farben, die im Farbkreis nahe beieinander liegen, werden als Nachbarfarben bezeichnet. Ein Zweiklang aus diesen Farben wirkt weniger durch den Kontrast, als vielmehr durch die gleiche oder ähnliche Farbwirkung (z.B. gelbe Narzissen und orange Tulpen).

Eine Kombination einer bunten Farbe mit einer unbunten Farbe bildet ebenfalls einen Zweiklang. Solch eine Zusammenstellung findet sich in der Natur häufig, z.B. weiße Blumen mit gelben Staub- und Fruchtblättern (Margerite) oder farbige Blumen mit dunkler Mitte (*Rudbeckia*).

Die Kombination einer hellen mit einer dunklen Farbe stellt ebenfalls einen Zweiklang dar (z.B. hellgelbe Freesien mit dunkelroten Rosen). Der Helligkeitsunterschied und der Rein-Trüb-Kontrast können hier zum Tragen kommen.

3.5.3 Dreiklang

Werden drei Farben miteinander kombiniert und soll dies am Farbkreis dargestellt werden, dann bildet ein Dreieck die Bezugsfigur.

Ausgehend von den Grundfarben und damit einem gleichseitigen Dreieck erreicht man größere Gegensätze. Die Abstände und damit die Unterschiede sind immer gleich groß. Beispiele sind: Gelbe Narzissen, rote Tulpen und blaue Anemonen oder *Alchemilla mollis* (Frauenmantel), rotorange Rosen und blauviolette Iris.

Ein Dreiklang, der eine Mischung aus Nachbarfarben und der Komplementärfarbe beinhaltet, hat ein gleichschenkliges Dreieck als Bezugsfigur. Eine Farbe des Komplementärkontrastes wird durch das Hinzufügen der Nachbarfarben aufgelöst. Oberwiegen die Nachbarfarben, so bildet die mengenmäßig geringe Gegenfarbe den Akzent. Zum Beispiel: verschiedene Orangetöne wie bei *Calendula officinalis* (Ringelblume), *Narcissus* (Narzisse), *Tulipa* (Tulpe) und *Anemone coronaria* (Anemone).

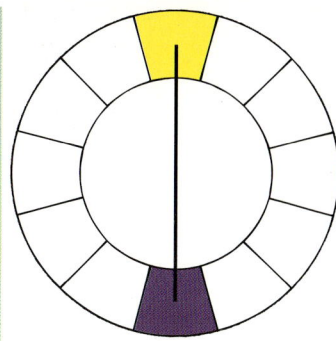

Abb. 539: Zweiklang: Eine Möglichkeit ist die Kombination der Komplementärfarben.

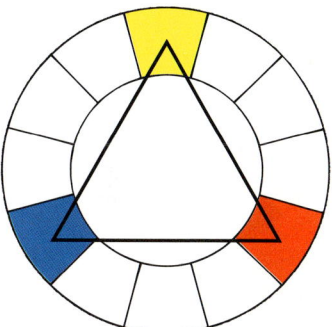

Abb. 540: Dreiklang: Bezugsfigur ist hier ein gleichseitiges Dreieck.

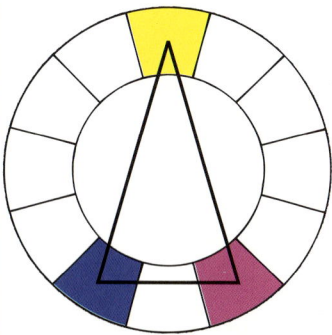

Abb. 541: Dreiklang: Bezugsfigur ist hier ein gleichschenkliges Dreieck.

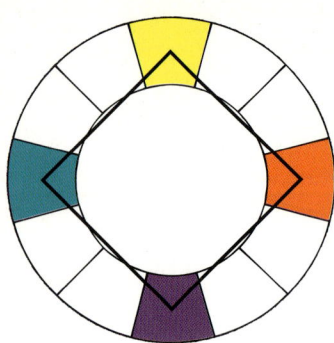

Abb. 542: Vierklang: Bezugsfigur ist hier ein Quadrat.

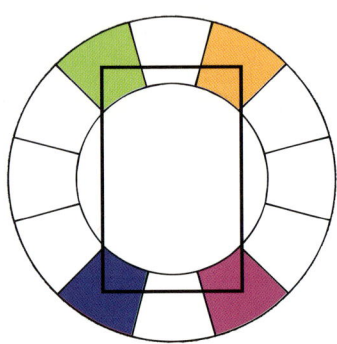

Abb. 543: Vierklang: Bezugsfigur ist hier ein Rechteck.

3.5.4 Vierklang

Zusammenstellungen mit vier Farben haben ein Viereck als Bezugsfigur. Werden zwei Komplementärkontraste, die im Farbkreis rechtwinklig zueinander liegen, miteinander kombiniert, so ergibt sich ein Quadrat als Figur (z.B. gelborange Narzissen, rote Tulpen, blauviolette Anemonen und grüne Blätter). Durch die vier unterschiedlichen Farben wirkt solch eine Zusammenstellung meist lebhaft und spannungsreich. Eine Farbharmonie mit vier Farben kann leicht bunt oder verwirrend wirken; deshalb sollten solch vielfarbige Farbzusammenstellungen nur mit Überlegung ausgewählt werden.

Wenn Nachbarfarben mit ihren Gegenfarben zusammengebracht werden, so erhält man ein Rechteck als Bezugsfigur (z.B. gelbe Freesien, orange Rosen, violette Iris und blaue Anemonen). Diese Kombination wird als aufgelöster Komplementärkontrast bezeichnet. Die verwandten Farben kommen so besser zur Wirkung, als wenn nur Einzelfarben benutzt würden.

Werden bei den Drei- und Vierklängen einzelne Farben durch unbunte Farben ersetzt oder werden die Farben aufgehellt oder abgedunkelt, so verringert sich der Unterschied und die Zusammenstellungen wirken ruhiger.

 Eine harmonische Farbzusammenstellung ist nicht von bestimmten Farbenlehren abhängig, sondern ist ein vom Menschen empfundenes und gewolltes Gleichgewicht der Farbwerte.

3.6 Beeinflussung der Farberscheinung

3.6.1 Farbe und Licht

Die Wirkung von Farben hängt immer von der Aufnahmefähigkeit des Auges ab. Lichtmenge und Farbe zusammen beeinflussen diese Aufnahmefähigkeit. Bei geringer Lichtstärke werden keine Farben mehr wahrgenommen, sondern nur noch Grauabstufungen, also Helligkeitswerte. Deshalb ist der Mensch auch nachts nicht in der Lage Farben zu sehen.

Auch die Lichtfarbe des auf einen Gegenstand einfallenden Lichtes spielt beim Farbsehen eine Rolle. Das weiße Licht, wie es von der Sonne kommt, enthält alle Lichtfarben. Die molekulare Struktur der Oberfläche eines Gegenstandes kann die entsprechenden Lichtwellen reflektieren oder absorbieren (siehe S. 189).

Wenn aber bestimmte Lichtwellen in dem einfallenden Licht fehlen, dann können diese Farben auch nicht reflektiert werden. Wenn nur einfarbiges Licht auf einen Gegenstand fällt, dann kann auch nur diese Farbe reflektiert werden, wenn der Gegenstand diese Farbe hat. Ansonsten erscheint der Gegenstand farblos und grau.

Beispiel: Eine violette *Liatris spicata* (Prachtscharte) zeigt im Sonnenlicht ihre volle Farbigkeit, die violetten Lichtwellen werden reflektiert. Bei einer Beleuchtung mit Glühlampenlicht erscheint das Violett schwächer und getrübt. Das Licht der Glühlampe enthält viele gelbe und orange Lichtwellen, aber wenig violettes Licht. Daher kann nur wenig violettes Licht von der Liatris reflektiert werden.

Diese Einflüsse wirken sich besonders aus, wenn Blumen und andere Gegenstände mit künstlichem Licht beleuchtet werden. Es gibt bisher noch keine Leuchte, die genau die Farben des Sonnenlichtes wiedergibt. Jede Leuchtenart hat in ihrem Farbspektrum Farben die überwiegen, während andere Farben kaum vertreten sind. Dies lässt sich an der graphischen Darstellung der verschiedenen Leuchten auf dieser Seite gut erkennen.

Durch eine gezielte Farbauswahl kann auf das von den Leuchten abgestrahlte Farbspektrum eingegangen werden. Für das Beispiel mit der Glühlampe wären gelbe und orange Blumen besser geeignet.

Die folgende Tabelle zeigt die wichtigsten Leuchten und ihren Einfluss auf die Farbwiedergabe.

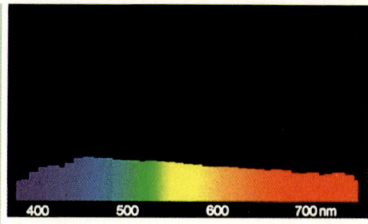

Abb. 544: Spektrum von normalem Tageslicht.

Leuchten und ihr Einfluss auf die Farbwiedergabe

Lichtquelle	Auswirkung auf die Farben	
	Steigerung	Minderung
Kerze	gelb, orange	blau, violett, grün
Glühlampe	gelb, orange	blau, violett
Leuchtstoffröhre „Tageslicht"	blau, violett	gelb, rot, grün
Leuchtstoffröhre „Warmton"	orange, rot	grün, violett, blau
Halogenleuchte	blau, grün	gelb, violett

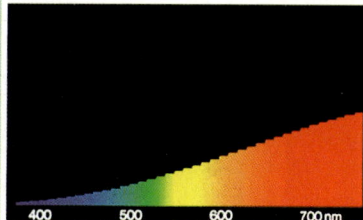

Abb. 545: Künstliches Licht zeigt im Spektrum charakteristische Abweichungen vom Tageslicht (hier: Glühlampenlicht, die Bildhöhe entspricht hier und bei den folgenden Abb. $\frac{200\,mW}{1000\,lm \times 10\,nm}$).

Aber nicht nur künstliches Licht kann die Farben in ihrer Wirkung verändern. Derselbe Effekt tritt auf, wenn aus dem Licht bestimmte Farben herausgefiltert werden und so farbiges Licht entsteht. Für den Floristen ist dies wichtig, wenn er seine Arbeiten in Räumen mit farbigen Glasfenstern, z.B. in Kirchen, zeigt. Hier können erhebliche Schwierigkeiten auftreten, die sich nur durch eine gezielte Farbauswahl verringern lassen.

So wirken als Beispiel gotische Kirchenfenster durch ihre Farbigkeit. Häufig zeigen diese Fenster viele blaue Glasscheiben. Das durch diese Fenster gefilterte Licht hat einen großen Anteil blauer Lichtwellen, also kommen blaue Blumen dort gut zur Geltung, während gelbe und orange Blumen flach und kraftlos wirken. Weiße Blumen erscheinen in diesem Licht blau.

Eine vergleichbare Wirkung tritt natürlich auch bei allen anderen farbigen Glasscheiben und Geweben, z.B. Zeltdächern und Markisen, auf. Auch die Farben des Sonnenlichtes können sich je nach Himmelsstand verändern. So hat das Abendlicht viel mehr Rotanteile als das Licht mittags, da das Licht der tiefstehenden Sonne durch die Luftschichten stärker gefiltert wird. Das kurzwelligere Licht wird zurückgehalten und das langweIlige rote Licht tritt verstärkt in Erscheinung. Deshalb kommen in der Abenddämmerung rote Blumen besonders gut zur Wirkung.

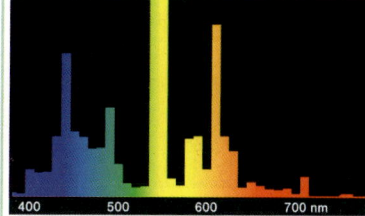

Abb. 546: Spektrum einer Leuchtstoffröhre mit erhöhtem Blau-Anteil (hier: Lichtfarbe 11 Lumilux Tageslicht).

3.6.2 Farben und ihre Umgebungsfarben

Nicht nur durch das Licht, sondern auch durch die Umgebung wird eine Farbe in ihrer Wirkung und Ausstrahlung beeinflusst. Da ein Florist seine Arbeiten meist aus mehreren Farben zusammenstellt, kommen die Umgebungsfarben immer zur Geltung. So beeinflussen sich die Farben in einem Strauß gegenseitig, die Wirkung einer Farbe in der Kranzgarnierung wird durch die Farbe der Kranzunterlage verändert. In gleicher Weise kann bei einer Dekoration oder einer Schaufenstergestaltung die Farbe der Blumen durch den Hintergrund gesteigert oder gemindert werden.

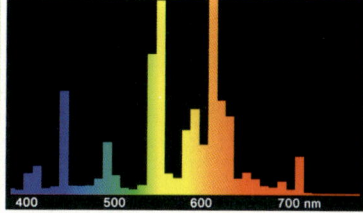

Abb. 547: Spektrum einer Leuchtstoffröhre mit erhöhtem Gelb-Anteil (hier: Lichtfarbe 41 Lumilux Interna).

Abb. 548: Veränderung einer Farbwirkung durch unterschiedliche Umgebungsfarben: Gelb auf Orange.

Abb. 549: Gelb auf Rot.

Abb. 550: Gelb auf Violett.

Abb. 551: Gelb auf Blau.

Abb. 552: Gelb auf Grün.

Abb. 552: Gelb auf Schwarz

Helligkeit der Umgebung – Der Einfluss der Umgebungs- oder Hintergrundfarben lässt sich am besten an den unterschiedlichen Helligkeitsstufen beschreiben.

Ein heller Hintergrund mindert die Wirkung heller Farben und hält sie zurück. Dunkle Farben hingegen werden gesteigert und in den Vordergrund gehoben. Dunkle Gegenstände wirken aber bei gleicher Größe kleiner als helle.

Ein dunkler Hintergrund drängt die hellen Farben in den Vordergrund, steigert ihre Wirkung und läßt sie größer und weiter erscheinen als dunkle. Dunkle Farben erscheinen vor einem dunklen Hintergrund tiefer und werden zurückgedrängt.

Farbe der Umgebung – Nicht nur der Helligkeitswert der Umgebungsfarbe beeinflusst die Farbwirkung, auch der Farbton spielt eine entscheidende Rolle.

Die Veränderung einer Farbe durch die Umgebungsfarbe sei hier am Beispiel der Farbe Gelb genauer erklärt.

- Gelb auf Orange: Das Gelb erscheint dunkler und wird vom Orange überlagert.
- Gelb auf Rot: Hier zeigt das Gelb eine etwas stillere Wirkung. Die rote Umgebung scheint das Gelb etwas zu trüben und gibt ihm einen bläulichen Stich.
- Gelb auf Violett: Violett ist die Gegenfarbe zu Orange, es gibt einen Komplementärkontrast. Gleichzeitig ist es auch die Zusammenstellung der hellsten und der dunkelsten Farbe im Farbkreis. Das Gelb leuchtet dadurch besonders stark.
- Gelb auf Blau: Auch hier wirkt ein starker Helligkeitskontrast, das Gelb leuchtet und erscheint klar und größer.
- Gelb auf Grün: Grün bildet einen neutralen Hintergrund und lässt das Gelb voll zur Wirkung kommen.
- Gelb auf Schwarz: Der starke Helligkeitskontrast steigert die Wirkung des Gelb und hebt es hervor. Es leuchtet und erscheint größer.

Durch die gezielte Auswahl der Farben kann der Florist die Wirkung der einzelnen Farben verändern, also steigern oder abschwächen.

 Die Wirkung eines Farbtones hängt vom Einfluss des Lichtes auf seine Oberfläche und von der Farbe seiner Umgebung ab.

3.7 Psychische Wirkung der Farben

Jeder Farbton wirkt auf den Menschen und beeinflusst ihn. Der Florist ist in der Lage, Farben nicht nur passiv zu erleben, sondern er kann sie in seinem Beruf auch aktiv und bewusst einsetzen. Dazu ist das Wissen um die Farbtemperamente und die psychologische Wirkung der Farben notwendig.
Farben werden in den verschiedenen Farbenlehren nach unterschiedlichen Gesichtspunkten eingeteilt. Eine Aufteilung, die den Charakter und das Temperament der Farben gut aufgliedert, ist die Unterscheidung nach der Temperatur, nach warm und kalt wirkenden Farben. Ein Temperaturempfinden beim Anblick bestimmter Farben hat jeder Mensch. Durch wiederholte Farbtests hat man bei den meisten Menschen eine weitgehende Übereinstimmung des Farbempfindens festgestellt.

Abb. 554: Warme Farben (Beispiele).

Farben und ihre Wirkung

Farben	Wirkung
warm	
Orangerot	vital, erregend, feurig, entgegenspringend
Rot	kraftvoll, alarmierend, energisch, gebietend
Dunkelrot	machtvolle Schwere, gesammelte Energie
Rosa	anmutig, naiv, kindlich
getrübtes Rosa (Altrosa)	elegant, selbstsicher
Rotbraun	selbstbewusst, erwärmend. verhaltene Vitalität
Rotviolett	feierlich, noch aktiv
Strahlend	
Gelb	sonnig, fröhlich, anregend
Gelborange	laut, alles überstrahlend
Hellbraun	erdverbunden, herzlich
Gelbgrün	triebhaft, jugendlich, natürlich, frech
kühl	
Blau	überlegen, zurückhaltend, beherrscht
Dunkelblau	schwermütig, besinnlich, streng
Hellblau	verträumt, unwirklich, luftig
Blaugrün	kalt, unnahbar, sauber
Pastellgrün	erfrischend, kühl, ruhig
Blauviolett	vergeistigt, magisch, entsagend
Graublau	begrenzt, zurückhaltend
Statisch	
Grün	ausgleichend, beruhigend, natürlich
Dunkelgrün	schwer, grüblerisch
Violett	zwiespältig, unentschieden, mondän
Pastellviolett	verträumt, spannungsarm
Braun	nüchtern, häuslich, erdverbunden
Dunkelbraun	zäh, mütterlich, erdschwer
Graugrün	bescheiden, bedächtig, vermittelnd
Neutral	
Weiß	sauber, klar, kühl
Schwarz	ernst, düster, streng, absolut
Hellgrau	neutral, anpassungsfähig, vermittelnd
Dunkelgrau	freudlos, schwer, verhüllend

Abb. 555: Strahlende Farben (Beispiele).

Abb. 556: Kühle Farben (Beispiele).

(nach K. Eschmann)

Abb. 557: Statische Farben (Beispiele).

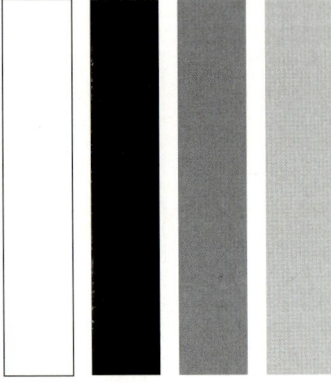

Abb. 558: Neutrale Farben (Beispiele).

Abb. 559: Nach der griechischen Mythologie entstand die Narzisse beim Tod des eitlen Jünglings Narziss.

Warme Farben wirken anregend und temperamentvoll. Alle Farbabstufungen zwischen Gelb und Rot zählen dazu, ebenso die Vielzahl der daraus abgeleiteten Brauntöne.

Zu den kalt wirkenden Farben zählen die Blautöne und die Mischfarben aus Blau und Gelb mit einem hohen Blauanteil.

Ausgeglichen in der Temperaturwirkung sind Gelbgrün und Violett, also Farben, die im Farbkreis zwischen den warmen und kalten Farben liegen.

Um auf die Wirkung der einzelnen Farben noch genauer einzugehen, soll hier eine noch weiter gehende Unterteilung gezeigt werden. K. ESCHMANN teilt die Farben ein in: warm, strahlend, kühl, statisch und neutral (Seite 205).

Mit diesem Wissen über die Wirkung der einzelnen Farben sollte sich der Florist ständig befassen, um die Blumen, Pflanzen und Materialien für seine Arbeiten dem Anlass und dem Thema entsprechend auswählen zu können.

3.8 Farbsymbolik

Farben haben eine symbolische Bedeutung. Diese Bedeutung beruht auf der Farbwirkung und auf der Anwendung in den verschiedenen Kulturepochen. Im Laufe der menschlichen Entwicklung hat sich die Symbolik der Farben nur in geringen Maßen gewandelt. Bereits in vorzeitlichen Höhlenmalereien finden sich verschiedene Farben, die auch jeweils bestimmten Symbolen zugeordnet waren. Diese Symbolik setzt sich fort bis in die heutige Zeit. Besonders in der Malerei finden sich die symbolischen Aussagen immer wieder.

In Sagen und Märchen zeigt sich die symbolische Deutung ebenso wie in vielen Sprichwörtern. Die unten stehende Tabelle bringt eine kleine Auswahl der Farben und ihre symbolische Bedeutung

Farben und ihre symbolische Bedeutung

Farbe	symbolische Bedeutung
Gelb	Licht, Offenheit, Neid, Eifersucht
Orange	Wärme, Sonne, Mitteilsamkeit
Rot	Liebe, Kraft, Wille, Entschlossenheit
Violett	Würde, Macht, Mystik, Geistigkeit
Blau	Freiheit, Ferne, Unendlichkeit
Blaugrün	Unabhängigkeit
Grün	Hoffnung, Friede, Ruhe, Natur
Gelbgrün	Jugend, Frische
Weiß	Unschuld, Reinheit, Geistigkeit
Grau	Angst, Armut
Schwarz	Trauer, Tod, Würde
Braun	Armut, Dienen, Beständigkeit

(Auswahl, nach H. FRIELING)

3.9 Leuchtkraft und Trübung

Die Wirkung einer Farbe wird durch die Leuchtkraft oder die Trübung bestimmt.

3.9.1 Leuchtkraft

Die höchste Leuchtkraft erreicht die Farbe in ihrem Vollton. Das bedeutet, dass die Farbe nur Farbteilchen oder Farbpigmente eines Farbtones ohne Aufhellung oder Abdunklung zeigt. Die Farben der 1. und 2. Gruppe sind reine Farben, sie zeigen ihren Vollton.
Leuchtkräftig wirken die reinen Farben Gelb, Rot und alle Orangetöne. Die Farben, die Blau enthalten, zeigen eine geringere Leuchtkraft.

Abb. 560: Leuchtkräftige Volltonfarben (Beispiele).

3.9.2 Trübung

Wird einer Farbe Weiß oder Schwarz zugegeben, so verändert sich die Wirkung des Farbtones. Die 3., 4. und 5. Gruppe beinhalten diese Farben. Je stärker eine Farbe getrübt oder aufgehellt wird, desto geringer wird ihre Leuchtkraft. Die Kraft der Farbe wird gebrochen. Deshalb nennt man die trüben Farben auch gebrochene Farben.
Die Veränderung der Eigenschaften eines Farbtones von der vollen Leuchtkraft bis zur Trübung soll hier am Beispiel der Farbe Orange beschrieben werden.

- Der Vollton Orange wirkt kraftvoll und aggressiv. Er scheint aus sich heraus zu strahlen und ist eine warm wirkende Farbe.
- Wird das Orange mit Weiß gemischt, beginnt es kraftlos und flach zu wirken.
- Orange mit viel Weiß gemischt ergibt eine Farbe, die ihre ursprüngliche Wirkung verloren hat. Es kann dann schwach und auch süßlich wirken.
- Eine Mischung aus Orange und Schwarz oder das Zumischen der Gegenfarbe Blau trübt und verändert die Farbe zum Braun hin. Die im Vollton vorhandene Leuchtkraft des Orange ist gebrochen, es wirkt stumpf und zeigt die typische Erdfarbe.

Abb. 561: Die stille Wirkung der getrübten Farben kommt bei diesem Kranz gut zur Wirkung.

3.9.3 Anwendung

Je nach der gewünschten Wirkung lassen sich die leuchtkräftigen und die trüben Farben gezielt einsetzen.
Leuchtkräftige Farben sind dort einzusetzen, wo es auf eine kraftvolle Wirkung ankommt (siehe „Farbkontraste", S. 193). Besonders in dunklen Räumen und bei großen Dekorationen sollen diese Farben verwendet werden.
Trübe Farben wirken ruhig und zurückhaltender, blasse Farben zeigen eine zarte und feine Wirkung, sie können deshalb in kleineren Arbeiten, z.B. Brautstrauß, Tischdekoration, verarbeitet werden.
Durch eine Kombination leuchtender und trüber Farben kann ein reizvolles Farbenspiel erreicht werden. Durch bewusstes Einsetzen dieser verschiedenen Farben können räumlich Tiefe und plastische Wirkung erreicht werden (siehe „Farbkontraste", S. 193).

 Der Vollton zeigt eine Farbe in ihrer höchsten Leuchtkraft. Durch Beimischen von Weiß oder Schwarz wird sie getrübt.

Abb. 562: Veränderung einer Farbe durch Aufhellen und Abdunkeln.

Abb. 563: Große Geltung: Herrschafts-form (*Strelitzia reginae*).

Abb. 564: Große Geltung: Edelform (*Phalaenopsis*).

4 Erscheinungsbild der Pflanzen

Jede Pflanze ist eine Erscheinungsform der Natur mit eigenen Persönlichkeits-werten. MORITZ EVERS hat in seinen Ausführungen, die die Grundlage für die folgenden Kapitel bilden, den Charakter der Pflanze als ein Zusammenspiel aus der Haltung, der Bewegung und der stofflichen Erscheinung beschrieben. Durch Erkennen und Beachten des Charakters ergeben sich für die Gestaltung mit Blumen und Pflanzen Forderungen, die unbedingt beachtet werden müs-sen.

Die Forderungen der Pflanzen ergeben sich aus

- der Geltung der Pflanzen gegenüber ihrer Umgebung,
- der Wachstumsbewegung mit dem Anspruch auf Raum,
- der stofflichen und farblichen Ausbildung der Oberfläche.

4.1 Geltungsformen

Geltungsformen – Der Persönlichkeitscharakter jeder Pflanze gibt das Maß ih-rer Geltung gegenüber anderen Blumen und Pflanzen und gegenüber ihrer Umgebung an. Sie lässt ebenfalls erkennen, ob die Blume lieber einzeln steht oder in einer Menge gleicher Blumen zur Wirkung kommt. Durch ihre Stel-lung in einer floristischen Arbeit wird ihre Geltungsform gewürdigt.

Die Geltung kann nicht unterdrückt oder missachtet werden, ohne den Gesamtcharakter der Blume zu verändern und zu verfälschen. Diese Grund-haltung der Pflanzen lässt sich in drei Bereiche unterteilen, in Pflanzen

- großer Geltung,
- gemäßigter Geltung,
- geringer Geltung.

Pflanzen großer Geltung – Am ausdrucksstärksten sind die Herrschafts-formen. Diese Pflanzen wirken beherrschend und zeigen ihre stolze und do-minante Form am besten über anderen Blumen. Die meisten Herrschafts-formen zeichnen sich durch ein aufstrebendes und aufstrebend-entfaltendes Wachstum aus. Sie ordnen sich nicht unter und zeigen ihre Wirkung beson-ders gut bei einer Einzelstellung oder einer Anordnung zu wenigen.

Edelformen mit einer großen Geltung wirken durch ihre kostbare Erscheinung und wollen einzeln herausgestellt werden. Eine zu große Menge verringert die Wirkung der Blumen großer Geltung und entspricht nicht ihrem Charakter. Typische Pflanzen und Blumen großer Geltung sind: *Strelitzia reginae* (Para-diesvogelblume), *Eremurus*-Arten (Steppenkerze), *Delphinium vittatum* (Rittersporn), *Hippeastrum vittatum* (Ritterstern), *Dracaena marginata* (Dra-caene), *Lilium longiflorum* (Lilie), *Anthurium andraeanum* (Flamingoblume), *Oncidium*-Arten, *Phalaenopsis*.

Pflanzen gemäßigter Geltung – Pflanzen dieser Geltung wollen ihre Gestalt zeigen, ordnen sich aber einer höheren Geltung unter. Trotzdem benötigen sie genügend Raum, um ihre Wirkung zu entfalten. Sie werden als Geltungsfor-men bezeichnet. Bei einer Einzelstellung kann ihre Erscheinung zu einer großen Geltung heraufgehoben werden, während eine Darstellung in großer Menge ihre Wirkung geringer werden lässt. Prunkformen entfalten bei einer üppigen Anordnung am besten ihre Wirkung. Dabei muss aber die Einzel-blume noch erkennbar sein. Ihre Bezeichnung beruht auf der prunkvollen Wirkung dieser Pflanzen und Blumen.

Zu den typischen Blumen und Pflanzen der gemäßigten Geltung zählen: *Tulipa* (Tulpe), *Narcissus pseudonarcissus* (Osterglocke), *Rhododendron simsii* (Azalee), *Euphorbia pulcherrima* (Weihnachsstern), *Hydrangea macrophylla* (Hortensie), *Begonia cultivars Elatior*-Grp., *Cyclamen persicum* (Alpenveilchen), *Dendranthema × grandiflorum* (Chrysantheme), *Papaver orientale* (Türkenmohn), *Syringa vulgaris* (Flieder), *Paeonia officinalis* (Pfingstrose).

Pflanzen geringer Geltung – Diese Pflanzen ordnen sich bereitwillig unter und erheben keinen Anspruch auf besondere Herausstellung der Einzelform. Sie wirken am besten in einer Gruppe und bilden so eine ideale Ergänzung zu den Pflanzen großer und gemäßigter Geltung.

Die Gemeinschaftsformen leben auch in der Natur in enger Gemeinschaft, die für sie teilweise lebensnotwendig ist. Bodendeckende Pflanzen sind hierfür ein Beispiel. Ihre Wirkung ist eher bescheiden und schlicht, trotzdem müssen sie noch erkennbar verarbeitet werden.

Neben Pflanzenbeispielen wie: *Pilea cardierei* (Kanonierblume), *Primula vulgaris* (Kissenprimel), *Primula malacoides* (Fliederprimel), *Bellis perennis* (Tausendschön), *Lobelia erinus* (Männertreu), *Selaginella martensii* (Mooskraut), *Soleirolia soleirolii* (Bubikopf), verschiedenen Fruchtformen und Moosarten haben auch nichtpflanzliche Materialien, z.B. Steine, diese Wirkung.

Abb. 565: Gemäßigte Geltung: Geltungsform (*Narcissus*).

4.2 Oberflächenstrukturen

Stoffliche Erscheinung – Den dritten Aspekt im Erscheinungsbild der Blumen und Pflanzen bildet die stoffliche Erscheinung. Damit ist die Ausprägung der Oberflächenstruktur von Blättern und Blüten gemeint, die aber nicht allein wirkt, sondern durch die Farbe mitbestimmt wird. Die Verschiedenartigkeit der Oberfläche wird durch die unterschiedliche Ausprägung der Epidermis hervorgerufen (siehe S. 33). Die Ausbildung der Oberfläche kann auch durch das Alter und eventuell vom Standort der Pflanzen beeinflusst werden.

Grundsätzlich lässt sich die Oberfläche in weiche, harte und raue Strukturen unterteilen. Um hier noch genauer unterscheiden zu können, werden den einzelnen Strukturen Begriffe aus dem nichtpflanzlichen Bereich zugeordnet. Natürlich trifft diese Einteilung in verschiedene Strukturen auch für die nichtfloralen Werkstoffe zu, z.B. Gefäße und Bänder. Die stoffliche Erscheinung wird folgendermaßen unterteilt:

Abb. 566: Gemäßigte Geltung: Prunkform (*Hydrangea macrophylla*).

- **Hart** wirkende Strukturen:
  - metallisch,
  - gläsern,
  - porzellanartig.
- **Weich** wirkende Strukturen:
  - samtig und wollig,
  - seidig,
  - brokaten.
- **Raue** Strukturen:
  - rustikal.

Bei Zusammenstellungen aus verschiedenen Oberflächenstrukturen lassen sich durch gezielte Auswahl bestimmte Wirkungen erreichen. Durch gleiche Strukturen kann ein harmonischer Gleichklang erreicht werden, während ein mengenmäßig geringer Gegensatz als Akzent die Wirkung noch steigern kann.

Abb. 567: Geringe Geltung: Gemeinschaftsform (*Hypoestes phyllostachya*).

Abb. 568: Metallische Oberflächenstruktur bei *Alocasia*.

Abb. 569: Gläserne Oberflächenstruktur bei *Begonia*.

Abb. 570: Porzellanartige Oberflächenstruktur bei *Nymphaea*.

Abb. 571: Samtige Oberflächenstruktur bei *Sinningia*

Im Folgenden werden die wichtigsten Oberflächenstrukturen beschrieben und dazu pflanzliche und nichtpflanzliche Beispiele gegeben.

Metallische Wirkung – Härte und Glanz wie bei einer Metalloberfläche zeichnet diese Struktur aus. Die Farbe spielt bei der Erscheinung ebenfalls eine Rolle. So wirken farbige Blüten eher metallisch als weiße, die mehr porzellanartig erscheinen. Die Wirkung wird durch einen bläulichen Schimmer, wie ihn viele Succulente aufweisen, noch verstärkt.

Diese Struktur tritt bei einigen Blüten, wie bei der *Strelitzia reginae* (Paradiesvogelblume) und vor allem bei den Blattpflanzen auf.

Beispiele hierfür sind: Blätter von *Camellia japonica* (Kamelie), *Hoya carnosa* (Wachsblume), *Stephanotis floribunda* (Kranzschlinge), *Ilex aquifolium* (Stechpalme), *Gardenia augusta* (Gardenie) sowie Laubblätter und Hochblätter von *Anthurium andraeanum* (Flamingoblume).

Diese Wirkung haben natürlich Metallgefäße in einer materialgerechten Verarbeitung, ebenso glatte, glänzende Keramiken.

Gläserne Wirkung – Wie bei der metallischen Struktur wirken hier die Glätte und der Glanz, jedoch mit Transparenz und Sprödigkeit gepaart. Zarte Farben und leichte Formen erhöhen die zerbrechliche Wirkung.

Beispiele wie *Begonia cultivars Lorraine*-Grp., *Freesia*-Arten, *Begonia semperflorens* sind eine Auswahl an Blumen und Pflanzen mit dieser Oberflächenstruktur.

Auch mit glatten Glasgefäßen erreicht man einen stofflichen Gleichklang.

Porzellanartige Wirkung – Besonders weiße Blumen mit einer glatten, festen Oberfläche erinnern an das Porzellan. Sie wirken im Gegensatz zu den gläsernen Strukturen kräftiger und plastischer.

Beispiele wie *Nymphaea*-Arten (Seerose), *Convallaria majalis* (Maiglöckchen), *Lilium longiflorum* (Lilie), *Cymbidium*-Arten, *Gardenia augusta* (Gardenie), *Stephanotis floribunda* (Kranzschlinge) und *Hoya carnosa* (Wachsblume) sind Blumen und Pflanzen, deren Blüten diese Struktur aufweisen.

Sie stehen am besten in Porzellangefäßen, Glas und in glatter, weißer Keramik.

Samtige und wollige Wirkung – Die weiche und warme Wirkung des Samtes kommt bei den Blüten der *Sinningia* (Gloxinie) besonders gut zur Geltung. Überhaupt zeigen viele Pflanzen der Familie der Gesneriaceae diese Oberflächenstruktur. Die Wirkung wird durch warme Farben aus dem Rotbereich noch verstärkt. Blätter und Blüten mit feiner Behaarung wirken ebenfalls durch ihre weiche Oberfläche. Beispiele dafür sind *Saintpaulia ionantha* (Usambaraveilchen), *Columnea hirta*, *Achimenes* (Schiefteller), *Salix*-Arten (Weide) und *Stachys byzantina* (Wollziest).

Bei *Salix* und *Stachys* findet sich auch schon der Übergang zu mehr wolligen Strukturen. Sie wirken weicher und flauschiger und haben nicht die tiefe Wirkung des Samtes.

Die wollige Wirkung findet sich als Beispiel auch bei den Blüten der *Acacia dealbata* (Mimose), *Acalypha hispida* (Katzenschwanz) und *Eriophorum*-Arten (Wollgras).

Seidige Wirkung – Eleganter, zarter und feiner erscheinen Pflanzen mit seidigen Strukturen. Die Wirkung kommt durch einen leichten Glanz und die weich wirkende Oberfläche zustande. Pastelltöne unterstützen diesen leichten Eindruck noch. Bei vielen Rhododendron-Arten bilden die seidigen Blüten einen reizvollen Kontrast zu den metallisch wirkenden Blättern. *Lathyrus odoratus* (Wicke), *Cosmos bipinnatus* (Kosmee), *Prunus triloba* (Mandelbäumchen),

Papaver nudicaule (Islandmohn), viele Malven-Arten, Blätter von *Caladium*-Arten (Kaladie) und *Tradescantia zebrina* „Tradescantie" sind typische Beispiele für die seidigen Strukturen.

Brokatene Wirkung – Brokat ist ein edler und kostbarer Stoff, der durch die leicht raue Oberfläche und eingewebte Metallfäden wirkt. Trübe Farben in Verbindung mit Gold und Silber bestimmen diesen Charakter.
Begonia rex und *Begonia masoniana* sind Pflanzen, deren Blätter als Beispiele genau diese Wirkung zeigen. Aber auch die *Pilea cardierei* (Kanonierblume), *Pilea spruceana* und *Peperomia caperata* (Zwergpfeffer) haben die Silberfärbung im Blatt. *Solenostemon scutellarioides* (Buntnessel), *Viburnum rhytidophyllum* (Schneeball), *Lilium tigrinum* (Tigerlilie) und *Lilium auratum* (Goldbandlilie) wirken ebenfalls durch eine raue, brokatene Oberfläche.

Abb. 572: Seidige Oberflächenstruktur bei *Papaver nudicaule*.

Rustikale Wirkung – Diese Struktur umfasst Oberflächen, die derb, rau und kraftvoll wirken.
Die Blumen entstammen zum Teil dem Bauerngarten, so zum Beispiel die *Achillea filipendulina* (Schafgarbe), *Zinnia elegans* (Zinnie) und *Helianthus annuus* (Sonnenblume), aber auch viele Trockenmaterialien, zum Beispiel *Protea*-Arten, *Lonas annua*, die Kapseln von *Papaver somniferum* (Schlafmohn), *Dipsacus sylvestris*, *Nigella damascena* (Jungfer im Grünen) und Koniferenzapfen zählen dazu. Koniferen, Baumrinde, Moose und Flechten zeigen ebenso wie raue Steine eine rustikale Wirkung.
Raue Keramiken, Körbe und Holzschalen bilden als Gefäße eine harmonische Einheit mit den Blumen, die eine rustikale Struktur aufweisen.

 Eine Farbe wird durch unterschiedliche Oberflächenstrukturen in ihrer Wirkung beeinflusst.

Abb. 573: Brokatene Oberflächenstruktur bei *Begonia*.

4.3 Bewegungsformen

Bewegungsformen – Der Persönlichkeitscharakter einer Pflanze oder eines Pflanzenteiles wird auch durch ihre Bewegung geprägt. Dabei unterscheidet man zwischen dem Wachstumsrhythmus und der Wuchsbewegung.
Der Wachstumsrhythmus ist für jede Pflanze arttypisch, das heißt, er ist bei allen Pflanzen einer Art gleich. *Dianthus caryophyllus* (Nelke) soll hier als Beispiel dienen. An dem Stiel entwickeln sich während des Wachstums an jedem Nodium zwei gegenständige Blätter und der Stiel endet mit der Blüte. Alle Edelnelken wachsen so, dieser Rhythmus ist für sie typisch. Dieser Rhythmus kann sich jedoch durch äußere Einflüsse wie Umwelt oder Krankheit bei einzelnen Pflanzen verändern.
Diese jeweilige Wuchsbewegung gibt der einzelnen Pflanze ihr individuelles Erscheinungsbild. Dieses muss bei der Anordnung in einem floristischen Werkstück unbedingt beachtet werden.
Verarbeitet man verschiedene Bewegungsformen zu einer gestalterischen Einheit, kann die Wirkung der einzelnen Formen noch gesteigert werden, ohne dass die einzelne Pflanze ihre Ausstrahlung verliert.

Nicht alle Pflanzen lassen sich eindeutig zuordnen, da die individuelle Wuchsbewegung die Abgrenzung verschieben kann. Mit einer Einteilung in acht Bewegungsformen lassen sich die charakteristischen Unterschiede deutlich

Abb. 574: Rustikal wirkende Oberfläche bei *Zinnia elegans*.

herausstellen. Nach MORITZ EVERS unterscheidet man folgende Bewegungsformen (Abb. 577):

- Aufstrebend,
- aufstrebend-entfaltend,
- ausschwingend,
- allseitig,
- spielend,
- brüchig,
- lagernd,
- abfließend.

Abb. 575: Aufstrebende Bewegung bei *Liatris spicata*.

Abb. 576: Aufstrebend-entfaltende Bewegung bei *Amaryllis bella-donna*.

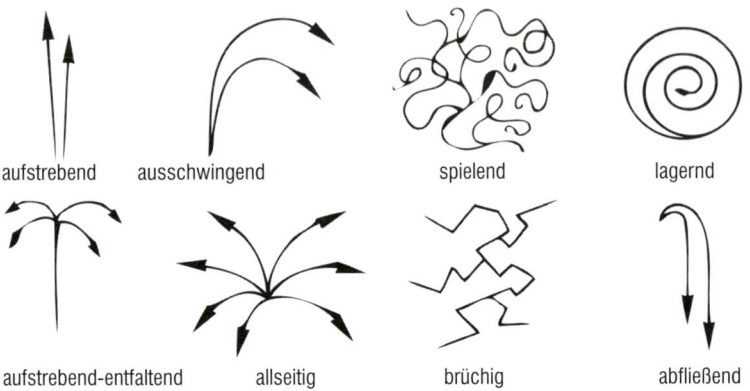

aufstrebend	ausschwingend	spielend	lagernd
aufstrebend-entfaltend	allseitig	brüchig	abfließend

Abb. 577: Bewegungsformen.

Aufstrebende Bewegung – Sie ist die aktivste und dynamischste aller Bewegungsformen. Sie dominiert und überragt andere Formen. Ihre Bewegung scheint sich noch über den Endpunkt der Pflanze hinaus fortzusetzen und verlangt deshalb freien Luftraum über sich.

Bei der Verarbeitung der aufstrebenden Bewegungsformen ist zu beachten, dass diese im oberen Bereich angeordnet sind und nicht von anderen Formen überragt und durchschnitten werden. Durch die starke Bewegung nach oben sind sie in der Lage, schwere Formen aufzulösen. Bei der vegetativen Gestaltung, einer Anordnung nach dem Vorbild der Natur, soll diese Bewegungsform entsprechend ihrem natürlichen Wachstum nur aufstrebend verarbeitet werden, jedoch nicht horizontal oder in der Basis.

Beispiele: *Delphinium*-Arten (Rittersporn), *Eremurus*-Arten (Steppenkerze), *Liatris spicata* (Prachtscharte), *Aconitum*-Arten (Eisenhut), *Cimicifuga*-Arten (Silberkerze), *Kniphofia*-Arten (Fackellilie), *Verbascum*-Arten (Königskerze), *Gladiolus*-Arten (Gladiole), *Digitalis purpurea* (Fingerhut), *Sansevieria trifasciata* (Bogenhanf).

Aufstrebend-entfaltende Bewegungsform – Sie hat ein klar dominierendes Wesen. Diese Form löst sich aktiv vom Boden und entfaltet sich am Stielende nach einer oder mehreren Seiten. Die Dynamik des aufstrebenden Wachstums wir damit zu den Seiten hin abgelenkt.

Diese Bewegungsform verlangt eine Überordnung über andere Formen und freien Raum in Richtung der entfaltenden Bewegung. Der aufstrebende Teil, also der Stiel, sollte sichtbar verarbeitet werden, da er entscheidend zum Gesamtausdruck beiträgt.

Die aufstrebende und die aufstrebend-entfaltende Form können durch Zuordnung anderer Bewegungsformen in ihrer Aussage gesteigert werden.

Beispiele: *Strelitzia reginae* (Paradiesvogelblume), *Hippeastrum vittatum* (Ritterstern), *Iris*-Arten (Iris), *Narcissus pseudonarcissus* (Osterglocke), *Lilium longiflorum* (Lilie), *Allium giganteum*, *Cyperus involucratus* (Zypergras), *Cyperus papyrus* (Papyrusstaude).

Ausschwingende Bewegung – Sie verlangen bei der Anordnung Luftraum in Fortsetzung ihrer bogenförmigen Wachstumsrichtung.

Nach anfänglicher Aufwärtsbewegung kann sich die Richtung zur Seite und auch nach unten fortsetzen. Diese leichte und elegante Bewegungsform schafft eine Verbindung zwischen aufstrebenden und lagernden Blumen. Um ihre Eleganz nicht zu beeinträchtigen, sollen diese Formen nach außen und nach oben angeordnet werden, dort, wo Freiraum ist.

Beispiele: *Euphorbia fulgens*, *Freesia*-Arten (Freesie), *Phalaenop*sis-Arten, *Oncidium*-Arten, Farnwedel, *Aspidistra*-Blätter (Schusterpalme).

Abb. 578: Ausschwingende Bewegung bei *Phalaenopsis*.

Allseitige Bewegungsformen – Diese Formen breiten sich von einem Punkt aus nach allen Seiten aus. Sie beanspruchen den Raum, über dem sie sich entfalten. Pflanzen dieser Bewegungsform wirken häufig dominant und dulden nur unscheinbare Pflanzen unter sich. Die Bewegungsrichtung soll von anderen Formen nicht durchschnitten oder gekreuzt, der Luftraum um die Pflanze frei gehalten werden.

Als Hauptpflanze in einer Schale müssen sich ihnen andere Pflanzen unterordnen oder ausweichen. Allseitige Bewegungsformen bei Solitärpflanzen (Einzelpflanzen) erfordern einen freien, unbedrängten Standort.

Beispiele: *Aechmea fasciata* (Lanzenrosette), *Vriesea*-Arten und viele andere Bromelien, *Nephrolepis exaltata* (Schwertfarn), *Agave americana*.

Abb. 579: Allseitige Bewegung bei *Guzmania lingulata*.

Spielende Bewegungsform – Sie wirkt bewegt, locker und zwanglos, manchmal auch ziellos. Ein Halt gebendes Gerüst wird umspielt und tritt nicht mehr in Erscheinung. Besonders interessant wird diese Bewegung, wenn die Blätter und Blüten nicht gleichmäßig verteilt sind, sondern sich verdichten und auflösen.

Ranken und andere spielende Bewegungen eignen sich gut, um eine Verbindung zwischen mehreren Teilen oder Gruppen zu schaffen.

Bei der Verarbeitung ist zu beachten, dass die Blätter in ihrer natürlichen Wuchsform nach oben gerichtet sind.

Beispiele: *Bougainvillea glabra*, *Hoya carnosa* (Wachsblume), *Stephanotis floribunda* (Kranzschlinge), *Jasminum*-Arten (Jasmin), Rankrosen, *Clematis*-Arten, *Parthenocissus quinquefolia* (Wilder Wein).

Brüchige Bewegungen – Das Wesen der brüchigen Bewegung wird durch die bizarre, starre Wirkung bestimmt. Bei diesen Pflanzen knickt oft die Wachstumsrichtung in einem bestimmten Winkel ab. Eine Bewegungsrichtung ist schon erkennbar, diese wird aber ständig unterbrochen und in ihrer Richtung geändert.

Ein ruhiger Hintergrund kann die Wirkung der brüchigen Bewegungsformen noch steigern. Als freistehende Begleitung zu den aufstrebenden Formen können brüchig wirkende Zweige ihre Form zeigen.

Beispiele: *Prunus spinosa* (Schlehe), *Corylus avellana* 'Contorta' (Korkenzieherhasel), *Malus*-Arten (Zierapfel), *Euonymus alatus* (Spindelstrauch), *Viscum album* (Mistel).

Lagernde Bewegungsformen – Diese passiv, ruhend und schwer erscheinende Bewegungsform wirkt in sich hinein und nicht in den umgebenden Raum. Durch die ruhige Erscheinung ist sie in der Lage, aktiven Bewegungsformen optischen Halt zu geben.

Abb. 580: Spielende Bewegung bei *Lathyrus latifolium*.

Abb. 581: Brüchige Bewegung bei *Prunus spinosa*.

Abb. 582: Lagernde Formen bei *Saintpaulia ionantha*.

Abb. 583: Abfließende Bewegung bei *Tillandsia usneoides*.

Auch bei großen Blumen mit einer rundenden Umrissform benötigen diese wenig Luftraum um sich und wirken gut in einer üppigen, fülligen Anordnung.

Für die Ausarbeitung der Basis eignen sich diese Formen am besten. Sie ergänzen die aktiven Bewegungsformen.

Beispiele: *Saintpaulia ionantha* (Usambaraveilchen), *Primula vulgaris* (Kissenprimel), *Soleirolia soleirolii* (Bubikopf), *Nertera granadensis* (Korallenmoos), *Selaginella*-Arten (Mooskraut), *Hydrangea macrophylla* (Hortensie), *Paeonia officinalis* (Pfingstrose), *Calendula officinalis* (Ringelblume), *Bellis perennis* (Tausendschön), *Bergenia*-Arten.

Abfließende Bewegungen – Bewegungen, die nach unten gerichtet sind, wirken häufig kraftlos. Sie drücken eine sehr passive Haltung aus und ordnen sich unter. Diese Formen können eine Verbindung zwischen Blumen und Gefäß schaffen. Abfließende Bewegungen bilden einen Gegenpol zu den aufsteigenden Formen und setzen deren Bewegung nach unten fort. Sie schaffen somit z.B. bei einem Strauß die Verbindung zur Vase und zur Tischfläche.

Beispiele: *Rhipsalis*-Arten (Rutenkaktus), *Senecio herreanus* („Erbsschnur"), *Saxifraga stolonifera* (Judenbart), *Begonia foliosa*, *Aporocactus flagelliformis* (Schlangenkaktus), *Ceropegia* (Leuchterblume).

Eine Kombination verschiedener Bewegungsformen steigert die Wirkung und Aussage der Formen. Durch eine gezielte Auswahl können einzelne Formen besonders herausgestellt werden. Je gegensätzlicher die Bewegungsformen sind, desto stärker werden die Eigenarten hervorgehoben.

Besonders die aktiven Formen wirken über die Umrissform der Pflanze hinaus und vertragen keine zu enge Eingrenzung über oder neben sich.

Die Bewegungsform wird durch die Wuchsrichtung und den äußeren Umriss der Blume oder Pflanze geprägt.

Abb. 584: Gefäßfüllung mit ausschwingenden und abfließenden Formen.

5 Materialkunde

5.1 Gefäße

Um mit Pflanzen zu arbeiten, muss der Florist die Lebensbedingungen und den Charakter seines Werkstoffes kennen und berücksichtigen. Das Gleiche gilt auch für alle übrigen Materialien, wenn er sie in seiner Gestaltung mitverwenden will. Da man die Blumen und Pflanzen meist mit einem Gefäß kombiniert, sollen hier einige Überlegungen ausgeführt werden, die in ihren Grundlagen auf MORITZ EVERS zurückgehen. Bevor man mit einer Arbeit beginnt, sollte man sich überlegen, ob

Abb. 585: Verschieden geformte Gefäße.

- das geplante Material der technischen Funktion gerecht wird,
- die Verarbeitung dem Material gerecht wird,
- die Wahrhaftigkeit des Materials gewahrt wurde,
- die Werkgerechtigkeit der Verarbeitung gewährleistet ist,
- die geplante Arbeit dem Stil der Umgebung entspricht.

Erst wenn alle diese Punkte in Einklang gebracht sind, kann die fertige Arbeit ein harmonisches Ganzes darstellen.

Entscheidungskriterien bei der Gefäßwahl

Kriterium	Beurteilungspunkt	Beispiel
Zweckmäßigkeit	Erreichen des Verwendungszweckes	wasserdichtes Steckgefäß, sicherer Stand
Materialgerechtigkeit	typische Eigenschaften des Materials darstellen; dem Charakter entsprechend	Glas ist meist transparent, zeigt sich spröde, glatt und glänzend
Wahrhaftigkeit	kein Vortäuschen eines Werkstoffes durch ein anderes Material	Korb aus Zweigen geflochten und nicht aus Kunststoff gepresst
Werkgerechtigkeit	Herstellungsprozess noch spürbar	geflochtener Korb, gedrehte Keramik
Stilgerechtigkeit	fertiges Werkstück soll dem Stil der Umgebung entsprechen	keine Jugendstilvase im Barockzimmer

Abb. 586: Blumen in einem Keramikgefäß.

5.1.1 Keramik

Seit mehr als 10 000 Jahren benutzen die Menschen Gebrauchsgegenstände aus Keramik. Das Wort stammt aus dem Griechischen und bedeutet Ton. Die ältesten Keramiken fand man bei Ausgrabungen im Mittelmeerraum und in Japan.

Gefäße aus gebrannter Tonerde wurden als Behälter für Nahrungsmittel und als Figuren für Kultzwecke gebraucht. Schon sehr früh wurden die Keramikgegenstände des täglichen Gebrauches geschmückt und verziert. Im alten Griechenland und bei den Römern erreichte die Keramikkunst einen Höhepunkt und entwickelte sich zu einem richtigen Industriezweig. Außer im Mittelmeerraum entstanden auch in Asien Zentren der Keramikherstellung.

Rohstoffe – Für die Keramikherstellung sind dies hauptsächlich formbare Erden. Das sind Ton und Kaolin, die durch Umwandlung von Mineralien, z.B. Feldspat, Quarz und Glimmer, entstanden sind.

Abb. 587: Antike Transportgefäße.

Abb. 588: Keramikerin beim Drehen einer Vase auf der Töpferscheibe.

Abb. 589: Keramikwerkstatt. Ungebrannte Keramik lagert zum Trocknen in Regalen.

Abb. 590: Keramiklager eines Großhändlers.

Die rote Farbe des gebrannten Tones wird durch Beimengungen von Eisenoxid verursacht.

Formgebung – Der aufbereiteten Tonmasse kann durch plastisches Formen, Schlickergießen oder Trockenpressen die gewünschte Form gegeben werden. Beim plastischen Formen wird die Eigenschaft des Tones genutzt, im feuchten Zustand formbar zu sein. Die Arbeit an der Töpferscheibe und das Aufbauen aus Tonplatten oder Wülsten ermöglicht es dem Keramiker, Gefäße oder Plastiken in vielfältiger Weise zu arbeiten.

Beim Schlickergießen wird aus der Tonmasse durch Zugabe von Wasser ein gießfähiger Brei, aus dem sich in Gipsformen vielerlei Gegenstände herstellen lassen.

Unter hohem Druck wird beim Trockenpressen die Keramikmasse verfestigt. So werden zum Beispiel Tontöpfe und einfache Schalen hergestellt.

Trocknen und Brennen – Nach der Formgebung muss die Keramik dann getrocknet und durch das Einwirken hoher Temperaturen verfestigt, werden. Bei dem ersten Brand, dem Schrüh- oder Rohbrand, werden Temperaturen zwischen 800 und 1 200°C erreicht. Dabei entweicht das im Ton gebundene Wasser, die Keramik verfestigt sich und wird wasserfest, d.h., sie wird durch Wasser nicht mehr weich. Nach dem Auftragen der Glasur erfolgt der Glasur- oder Glattbrand der der Keramik ihre endgültigen Eigenschaften verleiht. Je nach der Keramikart werden Temperaturen zwischen 900 und 1 500°C benötigt Hartkeramik wird beim Glattbrand so hoch erhitzt, dass die Tonteilchen miteinander verschmelzen und die Keramik wasserdicht wird. Diesen Vorgang nennt man Sintern.

Glasuren sind glasartige Überzüge auf keramischen Scherben. Sie dienen der Verschönerung der Keramik, erhöhen den Gebrauchswert durch eine glatte, leicht zu reinigende Oberfläche und machen bei der Weichkeramik den porösen Scherben wasserdicht.

Unter einer durchsichtigen Glasur liegende Dekore sind gegen äußere Einflüsse geschützt. Farbige Glasuren entstehen durch Zusätze von Metalloxiden und Farbpigmenten. Verwendet werden die gleichen Beimengungen wie bei Glas (siehe S. 219). Einige Keramiker glasieren ihre Arbeiten auch mit Aufschlämmungen von Pflanzenaschen. Dadurch lassen sich interessante Glasurfarben erreichen. Engoben sind dünnflüssige, farbige Tone, die durch Tauchen, Übergießen oder Malen aufgetragen werden. Sie bilden eine einfache Art der Farbgebung. Die Eigenschaften der Keramik werden dadurch nicht verändert.

Keramikarten – Für die Floristen interessante Keramikformen sind meist Gefäße, die als Weich- oder Hartkeramik gefertigt werden.

Weichkeramik: Sie wird bei Temperaturen zwischen 800 und 1200°C gebrannt, ist porös, also wasserdurchlässig, und wird erst durch Glasuren wasserdicht.

Irdenware war früher in Europa die gebräuchlichste Keramikart, sie findet sich heute meist im kunstgewerblichen Bereich. Irdenware besteht aus einem rot brennenden Ton und wird im Brennofen bei 800 – 1000°C gebrannt.

Terrakotta ist eine Form der Irdenware, die vor allem aus Italien stammt und als Pflanzkübel und Blumenkasten sehr beliebt ist. Diese Gefäße sind nicht glasiert und zum Teil mit plastischen Dekoren verziert.

Fayence stellt eine verfeinerte Irdenware dar und zeichnet sich durch eine weiße Zinnglasur und blaue oder mehrfarbige Bemalung aus Die Bemalung erfolgt auf der ungebrannten, weißen Glasur, so dass beim Brennen die Glasuren zu einer glatten Oberfläche verschmelzen. Die Brenntemperatur liegt für den Glattbrand bei etwa 1150°C.

Die **Fayence** stammt aus dem Orient und wurde durch den Islam und den Handel in Europa verbreitet. Der Name stammt von der norditalienischen Stadt Faenza, die noch heute ein Keramikzentrum bildet. Auch in anderen Gegenden Europas wurde diese feine Irdenware hergestellt. So siedelte sich in den Niederlanden in der Stadt Delft eine Keramikindustrie an, die das bekannte Delfter Blau fertigt.

Die **Majolika** ist eine ähnliche Keramikart, sie stammt von der Insel Mallorca. In Italien und Spanien wird an vielen Orten diese bunt glasierte Feinkeramik gefertigt.

Abb. 591: Gefäße aus Weichkeramik.

Die Lücke zwischen Irdenware und Porzellan wurde lange durch die Fayence gefüllt. In der Form- und Farbgebung wurde versucht, das seltene und teuer importierte Porzellan aus China nachzubilden. Daher finden sich auf der Fayence häufig Ornamente und Muster aus dem asiatischen Raum.

Das **Steingut** ist die jüngste Form der Feinkeramik. In England wurde im Verlauf der Industrialisierung auch die Keramikherstellung mechanisiert. Dadurch wurden Großserien möglich und die Gebrauchskeramik fand weitere Verbreitung. Die Rohmasse für das Steingut besteht zur Hälfte aus weißem Ton und zur anderen Hälfte aus Feldspat, Kalkspat und Quarz. Nach dem ersten Brennen wird das Steingut mit einer durchsichtigen Glasur wasserdicht gemacht.

Abb. 592: Pflanzgefäße aus Terrakotta.

Hartkeramik: Zur Hartkeramik zählen Steinzeug und Porzellan; diese Keramik ist auch ohne Glasur durch Sintern wasserdicht und hat einen hellen Klang. Unter Sintern versteht man ein Zusammenschmelzen der Tonteilchen bei hohen Temperaturen. Der Scherben wird dadurch wasserdicht und sehr hart. Die Brenntemperatur hierfür reicht je nach Rohmasse bis 1500°C.

Die Chinesen kannten bereits vor 2000 Jahren Keramik aus dem dichten **Steinzeug**, sog. Protoporzellan. In Europa stammt das erste Steinzeug aus dem Rheingebiet, da dort die speziellen Steinzeugtone zu finden sind.

Bekannt ist die meist blau bemalte Salzglasurkeramik, deren Glasur durch Einstreuen von Kochsalz in den Brennofen während des Brennvorganges hergestellt wird. Steinzeug ist gegen viele Chemikalien beständig und lebensmitteltelecht, deshalb lässt es sich ohne Einschränkungen im Haushalt nutzen. Vielfach wird Kunsthandwerk aus Steinzeugton getöpfert oder modelliert und bei Temperaturen bis 1350°C gebrannt.

Abb. 593: Steingutvasen mit Ascheglasuren.

Da dickwandige Gefäße und Plastiken aus Ton beim Trocknen und Brennen leicht reißen, werden dem Ton sog. Magerungsmittel zugesetzt, die das Schwinden herabsetzen. Ein häufig zugesetztes Magerungsmittel ist die Schamotte, ein vorgebrannter, feuerfester Ton, die für typische, rauhe Bearbeitungsspuren an der Oberfläche sorgt.

Porzellan ist eine Keramikart mit dicht gesintertem, weißen und transparenten Scherben. Es wird als Hartporzellan aus zwei Teilen Kaolin, einer sehr feinen, weißen Tonerde, und je einem Teil Feldspat und Quarz hergestellt.

Durch Gießen oder plastisches Formen lässt es sich zu Gebrauchskeramik oder Kunsthandwerk verarbeiten.

Die Brenntemperatur reicht bei Porzellan bis zu 1500°C. Dabei versintert die Porzellanmasse und erreicht ihre hohe Festigkeit. Der besondere Reiz des Porzellans liegt in der sehr geringen Materialstärke und der glatten, weißen Oberfläche.

Abb. 594: Verschiedene Keramikgefäße.

Abb. 595: Papageienvase Nymphenburg, Mitte bis Ende des 18. Jahrhunderts (ELIAS RIEDINGER, Höhe 43 cm, Staatliche Porzellan-Manufaktur Nymphenburg).

Abb. 596: Holzform zum Glasblasen und verschiedene Glasgefäße.

Abb. 597: Glasbläser in der Glashütte.

In Asien, und dort vor allem in China, war Porzellan schon lange bekannt. Um von den teuren Importen unabhängig zu werden, wurde an den europäischen Fürstenhöfen nach den Grundlagen der Porzellanherstellung geforscht. J. BÖTTGER entdeckte mehr oder weniger zufällig die Rohstoffe; die erste Porzellanmanufaktur entstand 1710 in Meißen/Sachsen. Die Porzellanherstellung wurde lange Zeit von den Fürstenhäusern betrieben: Nymphenburger Porzellan, Königlich Kopenhagen, KPM (Königliche Porzellanmanufaktur, Berlin) und Meißen sind einige Beispiele dafür.

Die europäische Porzellanentwicklung stand im 18. Jahrhundert in engem Zusammenhang mit der verfeinerten Kultur an den Fürstenhöfen (siehe S. 157).

Zu jeder Zeit benutzten Künstler keramische Massen als Ausgangsstoff für ihre Werke.

 Aus formbaren Erden wird Keramik hergestellt. Man unterscheidet Weich- und Hartkeramik. Die Unterschiede liegen sowohl in der Herstellungstechnik als auch im Gebrauchswert.

5.1.2 Glas

Der Reiz des Glases geht von seiner Transparenz aus. Wegen seiner Zerbrechlichkeit und der aufwendigen Herstellungstechnik war es früher ein teurer und begehrter Luxusartikel. Moderne Techniken haben die Glasherstellung vereinfacht und preiswerter gemacht, aber es werden auch noch heute hochwertige Gläser in demselben Verfahren hergestellt wie vor 2000 Jahren. Die ältesten Glasfunde stammen aus Ägypten und sind in Form und Farbe noch heute aktuell.

Als Rohstoffe zur Glasherstellung dienen Quarzsand, Soda und Kalk. Die nach bestimmten Gewichtsverhältnissen zusammengesetzte Mischung der Rohstoffe, der Glassatz, wird in großen Schmelzgefäßen aus Schamotte, den Glashäfen, bei einer Temperatur von etwa 1500°C geschmolzen. Es entsteht eine flüssige, glühende Substanz, die Glasschmelze. Glas ist also eine lichtdurchlässige, gestaltlose, durch Abkühlung erstarrte Schmelze.

Durch Zusätze von Altglas wird der Schmelzvorgang gefördert, man benötigt niedrigere Schmelztemperaturen und erzielt dadurch eine erhebliche Energieersparnis.

Herstellungstechniken – Die Verarbeitung erfolgt im zähflüssigen Zustand bei Temperaturen von 900 – 1100°C. Glasgegenstände können auf verschiedene Arten hergestellt werden.

Zum Blasen von Glas dient die Glasbläserpfeife, ein etwa 1 m langes Eisenrohr mit einem Mundstück. Der Glasbläser nimmt damit etwas zähflüssige Schmelze aus dem Ofen und gibt der honigartigen Masse durch Drehen und Blasen in einer Hohlform aus Holz oder Metall die gewünschte Gestalt. Henkel und Stiele werden danach aus weicher Glasmasse angesetzt und ausgeformt. Nach der Herstellung muss das heiße Glas langsam abkühlen, um Spannungsrisse zu vermeiden. Massenware, z.B. Flaschen, Einweckgläser oder Glühbirnen, werden auf vollautomatischen Maschinen geblasen.

Pressglas entsteht durch Einpressen der Glasschmelze in Metallformen. So können große Mengen einfachen Haushaltsglases hergestellt werden. Flachglas für Scheiben und Spiegel wird auf großen Eisentischen gegossen oder gezogen und entsprechend weiterverarbeitet.

Normales Glas ist klar, durchsichtig und farblos. Färbung und Trübung wird durch Zusätze zum Glassatz erreicht. Die Färbung entsteht durch Beimengen von Metallen oder Metalloxiden.

Farbige Glasuren bei der Keramik entstehen durch die gleichen Zusätze wie beim Glas. Getrübte oder undurchsichtige, opake Gläser sind Milchglas, Opal- oder Alabasterglas. Die Trübung wird durch die Einlagerung kleiner, fester Teilchen im Glas erreicht. Dem Milchglas wird zum Teil Knochenasche als Trübungsmittel zugesetzt. Eine Sonderform des getrübten Glases ist Email.

Abb. 598: Glasbläser beim Glasblasen vor der Lampe.

Beimengungen zur Glasfärbung

Metalle	Metalloxide
Gold ergibt Rosa und Rubin	Kupfer ergibt Blau, Grün und Türkis
Silber ergibt Gelb	Kobalt ergibt Blau
Platin ergibt Grau	Nickel ergibt Violett
	Eisen ergibt Grün, Blau und Gelb
	Mangan ergibt Violett, Braun und Purpur
	Chrom ergibt Gelb und Grün

Da sich die Glasindustrie früher dort ansiedelte, wo die Rohstoffe oder Holz zum Heizen leicht erreichbar waren, finden sich auch heute noch die handwerklich arbeitenden Glashütten in Bayern, auf Murano bei Venedig und in Südschweden.

Neben der künstlerischen Glasherstellung in Glashütten findet sich verstärkt eine andere Technik, das Blasen vor der Lampe. Hier werden aus Glasrohren vor einem Gasbrenner sehr dünnwandige Gläser geblasen. Durch Zufügen von farbigem Glas und Blattgold entstehen feinste Kelche und Kugeln, die an schillernde Seifenblasen erinnern.

Glasarten – Die verschiedenen Glasarten unterscheiden sich durch ihren Verwendungszweck und die Zusammensetzung der Rohstoffe.

Gewöhnliches Gebrauchsglas wie Fensterscheiben, Spiegel, Flaschen und einfache Trinkgläser werden aus Normal- oder Sodaglas hergestellt. Es ist farblos oder leicht grünlich und kann durch Metalloxide eingefärbt werden.

Wenn dem Glassatz statt Soda Pottasche zugegeben wird, erhält man Kristallglas, das stärker glänzt und sich durch intensivere Lichtreflexe auszeichnet. Aus diesem Glas werden wertvollere Trinkgläser, Karaffen und Schalen hergestellt. Durch Schleifen oder Ätzen ergeben sich interessante Oberflächengestaltungen.

Abb. 599: Künstlerisch gestaltetes Glas.

Wenn dem Glas Bleioxid zugesetzt wird, entsteht Bleikristallglas, das schwerer ist und das Licht besonders gut reflektiert. Bis zu 36% Bleioxid können der Glasmasse zugesetzt werden. Wegen des starken Lichtbrechungsvermögens ist Bleikristall für Kronleuchter und edle Gläser besonders geeignet.

Gegenstände aus Bleikristall werden mit einem Aufkleber gekennzeichnet, auf dem der Bleizusatz in Prozent angegeben wird.

5.1.3 Holz

Neben kunsthandwerklichen Formen, wie geschnitzten Figuren und Drechslerarbeiten, gibt es noch viele Gebrauchsgegenstände aus Holz.

Aus Vollholz gedrechselte Schalen, Becher, Teller und Dosen sind Werkstücke, bei denen Maserung und Charakter des Holzes besonders gut zur Wirkung

Abb. 600: Verschiedene Glasvasen.

Abb. 601: Holzkübel (Beispiele).

kommen. Deshalb ist hier bei der Ergänzung mit Blumen Zurückhaltung zu üben. Das gleiche gilt für Holzwannen und Holzschalen, die aus dem Vollholz herausgeschlagen werden. Wenn Frischblumen oder Pflanzen mit dem Holz kombiniert werden sollen, so muss das Holz in jedem Fall durch Einlegen von Folie vor der Feuchtigkeit geschützt werden.

Fässer oder Kübel aus Holz ergeben gute Pflanzgefäße für Solitärpflanzen. Für dauerhafte Gefäße sollten Holzarten wie Mahagoni, Eiche oder Teak gewählt werden, da sie ausreichend fäulnisfest sind. Auch Blumenkästen aus Holz sind in Gegenden, in denen viel Holz am Haus verarbeitet wird, beliebt. Hierbei ist immer darauf zu achten, dass das Holz nicht direkt auf dem Untergrund steht, sondern ein Luftspalt dazwischen für ausreichende Lüftung sorgt.

Holzschutzmittel dürfen nur mit Vorsicht eingesetzt werden, da sie vielfach Giftstoffe enthalten, die für Mensch und Pflanze schädlich sind. Bei richtiger Holzwahl und ausreichender Lüftung erübrigen sich diese Mittel auch meist. Farbiges Holz soll noch als solches zu erkennen sein, deshalb eignen sich transparente Beizen und Lasuren besser als deckende Anstriche.

5.1.4 Korbwaren

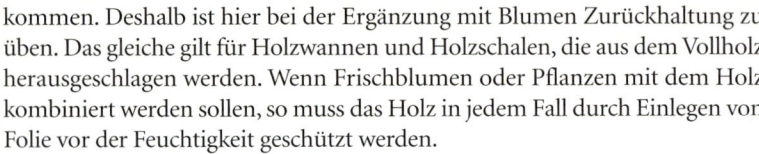

Materialien für Korbwaren

Abb. 602: Rohstoffe für die Korbherstellung: Hanf, Bast, Sisal, Peddigrohr und Palmblätter.

Abb. 603: Verschiedene Korbarten.

Pflanze	Material	Verarbeitung
Weide *Salix viminalis*	vollrunde oder gespaltene Zweige, geschält oder ungeschält	Flechten zu Körben, Schalen
Binsen *Juncus*-Arten	lange, knotenlose Halme, olivgrün	Matten, Taschen, Körbe, geflochten oder zu Wülsten gedreht
Stroh Roggen und Weizen	Getreidehalme	Matten, Schalen, Teller, zu Wülsten gedreht oder geflochten
Maisblatt *Zea mays*	Hüllblätter des Maiskolbens	bäuerliches Kunsthandwerk, Puppen
Holzspan Weichholz wie *Pinus* (Kiefer), *Picea* (Fichte), *Tilia* (Linde)	gehobelte Späne	Spankorb, Spanschachteln, viele Muster, bemalt oder farbig gebeizt
Bambus Bambus-Arten	aufgespaltene Halme hart und scharfkantig	Dosen, Schalen, Teller, traditionelle Muster
Palmblätter	verschiedene Palmen, ganze Blätter	Matten, Teller, Schalen, Taschen
Bast *Raphia farinifera*	Blattrippen der Raffiapalme, *Raphia farinifera*	Schalen, Teller, zu Wülsten gedreht und vernäht
Peddigrohr *Calamus rotang*	Stängel der Rotangpalme, *Calamus rotang,* dünn gehobelt	Körbe, Schalen
Banane *Musa*-Arten	trockene Blätter, schwarzbraune Färbung	Kränze, Matten, Körbe

Gefäße aus pflanzlichen Materialien, geflochtene Körbe und Schalen, passen in ihrem Charakter besonders gut zu Pflanzen und Blumen. Schon sehr lange dienten Körbe den Menschen als leichte und luftige Behälter zum Sammeln und Lagern. Die ursprüngliche Technik des Verflechtens von Zweigen und Fasern hat sich bis heute nicht wesentlich verändert.

Das Ausgangsmaterial für Korbwaren kann sehr unterschiedlich sein.

Bei der Aufbewahrung von Korbwaren ist zu beachten, dass pflanzliche Materialien Feuchtigkeit aufnehmen und sich Schimmel- und Stockflecken bilden können. Deshalb ist eine luftige und trockene Lagerung wichtig. Zu trockene Aufbewahrung kann dazu führen, dass einzelne Korbwaren spröde und brüchig werden. Ein staubfreier und dunkler Lagerplatz verhindert ein schnelles Ausbleichen der Naturfarben und der gefärbten Waren.

Abb. 604: Kranzformen aus Olivenzweigen, Ginster und Bananenblätter.

Für den Floristen bieten die Korbmacher und der Großhandel eine sehr umfangreiche Palette an verschiedenen Korbwaren an. Die Importe vor allem aus der Volksrepublik China übersteigen bei weitem die heimische Produktion. Ein Zentrum der Korbwarenherstellung in der Bundesrepublik Deutschland findet sich in Nordbayern.

5.1.5 Kunststoffe

Die preiswerte Herstellung, die Pflegeleichtigkeit des Materials und die Möglichkeit, sehr viele verschiedene Formen zu produzieren, machten die Kunststoffe zum Ersatz- und Konkurrenzmaterial für viele Naturprodukte.

Holz, Kohle und Erdöl bilden den Rohstoff für die verschiedenen Kunststoffe, die aus langen Molekülketten bestehen. Das Ausgangsmaterial wird meist zu einem Granulat oder Pulver aufbereitet und dann weiterverarbeitet.

In Spritzgussmaschinen wird das Granulat erwärmt. Es wird dabei plastisch sowie formbar und kann dann in Metallformen gespritzt werden. So entstehen die meisten Gefäße, die in der Floristik Anwendung finden.

Abb. 605: Unterschiedliche Korbwaren.

Besonders Pflanzgefäße, z.B. Töpfe, Blumenkästen, Wannen und Kübel, haben sich durchgesetzt, da sie leichter, unempfindlicher und stabiler als Naturprodukte sind. Es muss aber darauf geachtet werden, dass die Kunststoffgefäße keine Imitationen darstellen, sondern in ihrem Charakter dem Kunststoff entsprechen und als solcher erkennbar sind. Sonst sind sie nicht werkgerecht und wahrhaftig.

Manche Kunststoffe sind gegen Lösungsmittel wie Alkohol, Benzin und deren Verdünnung empfindlich und müssen deshalb vorsichtig gereinigt werden.

Da viele Kunststoffe sich nach der Herstellung nicht mehr verändern und Kunststoff nicht verrottet oder abgebaut wird, ergeben sich Probleme bei der umweltfreundlichen Beseitigung. Deshalb ist zum Beispiel auf vielen Friedhöfen das Verwenden von Kunststoffmaterialien nicht gestattet.

5.1.6 Metall

Neben Gefäßen aus Keramik und Glas werden in der Floristik auch Vasen, Schalen und vor allem Übertöpfe aus Metall verwendet. Den Ausgangsstoff dafür bilden Metalle oder Metalllegierungen, wie Kupfer, Zinn, Messing und verzinktes Eisenblech.

Abb. 606: Kunststoffgefäße (Beispiele).

Material	Verarbeitung	Anwendung
Kupfer Farbe: kupferrot, „warm"	aus Kupferblech geformt und poliert, Griffe und Füße aus Messing oder Eisen	Schalen, Übertöpfe, Krüge, Vasen
Messing Legierung aus Kupfer und Zink Farbe: golden	aus Blech getrieben, massiv gegossen	Übertöpfe, Vasen, Schalen, Leuchter
Zinn Farbe: silbriggrau	in Formen gegossen und maschinell durch Abdrehen und Polieren weiterverarbeitet	Vasen, Teller, Leuchter, Becher, Krüge
verzinktes **Eisenblech** Farbe: silbern, Zinkblüten	Eisenblech wird durch Zinküberzug vor Rost geschützt, vernietet und verlötet	Eimer. Wannen zum Einstellen für Blumen Gießkannen

Abb. 607: Metallgefäße (Beispiele).

 Bei der Wahl der Gefäße müssen Zweckmäßigkeit, Materialgerechtigkeit, Wahrhaftigkeit, Werkgerechtigkeit und Stilgerechtigkeit im Vordergrund stehen. Dadurch wird die jeweils typische Wirkung erreicht.

5.2 Technische Hilfsmittel

Der Florist benötigt für seine Arbeit mit Blumen und Pflanzen die verschiedensten technischen Hilfsmittel, um Werkstücke nach seinen Vorstellungen zu fertigen.

5.2.1 Bindehilfsmittel

Bast – Ein für die Straußbinderei unentbehrliches Hilfsmittel ist der Bast. Mit ihm werden die Blumensträuße an der Bindestelle zusammengebunden, um ihnen so den notwendigen Halt zu geben. Natur- oder Kunstbast werden dafür im Handel angeboten.

Den Natur- oder Raffiabast liefert die Raffiapalme, *Raphia farinifera*, eine Palmenart, die in Afrika wächst. Die einzelnen gefiederten Blätter der Palme werden mehr als 15 m lang. Aus den bis zu 150 cm langen Fiedern wird der Bindebast gewonnen. Gehandelt wird der Raffiabast in 1 kg schweren „Zöpfen", deren Fäden bis zu 150 cm lang sind. Vor dem Gebrauch sollte der Bast in Wasser eingeweicht werden, um ihn geschmeidiger und reißfester zu machen.

Neben dem Naturbast ist auch Kunstbast im Handel. Das Kunststoffprodukt, unter Bezeichnungen wie Neoraffia, Polybast, Platilonbast gehandelt, wird als ein mehrere hundert Meter langer, grüner oder brauner Folienstreifen auf Rollen oder im Beutel verpackt.

Bindestreifen – Das sind Kunststoff- oder Papierstreifen mit einer Drahteinlage. Sie werden zum einfachen und schnellen Zusammenbinden einfacher Sträuße benutzt.

Allen Bindeshilfsmitteln ist gemeinsam, dass sie einige Millimeter breit sind und so auch weiche Blumenstiele beim Zusammenbinden nicht einschneiden.

Abb. 608: Verschiedene Bastarten, die der Florist verwendet.

5.2.2 Draht

Der Draht ist ein wichtiges Hilfsmittel in der Blumenbinderei. Mit ihm werden Stiele verlängert, Blumen und Blätter gestützt, verschiedene Materialien zusammengebunden und er gibt Blumen ohne Stiel einen Stielersatz.

In Drahtziehereien wird der Draht industriell hergestellt und je nach Verwendungszweck aufbereitet. Der Rohstoff für die Drahtherstellung ist Eisen.

Steckdraht – Das ist ein blau geglühter Eisendraht und wird zum Andrahten oder Gabeln, also zum Stielverlängern gebraucht. Durch den Vorgang des Blauglühens, eine Wärmebehandlung, wird der Draht leicht federnd und trotzdem biegsam. Die Stärke des Steckdrahtes wird in mm angegeben und reicht von 0,5 –1,8 mm. Die Länge variiert zwischen 18 cm bis zu 50 cm und wird in Zentimetern angegeben.

Dünner Draht ist immer kürzer, z.B. 0,6/25, als stärkerer, z.B. 1,8/50. Der Steckdraht ist ab 1 mm Stärke meist einseitig angespitzt. Zum Angabeln ist auch beidseitig gespitzter Draht erhältlich. Im Drahtständer soll die angespitzte Seite nach unten zeigen, um Verletzungen zu vermeiden.

Gehandelt wird Steckdraht in Bündeln zu je 2,5 kg oder zu 4 Bündeln, also 10 kg.

Abb. 609: Draht: Stärke und Länge sind auf dem Etikett vermerkt.

Stützdraht – Wie der Name schon sagt, wird dieser Draht zum Stützen von Blumen und Blättern gebraucht. Damit dieses Hilfsmittel nicht so auffällt und um das Rosten zu verhindern, wird der Stützdraht grün lackiert geliefert. Die Drahtstärke liegt zwischen 0,8 und 1 mm Stärke bei 40–50 cm Länge.

Zum Stützdraht zählt auch der Silberdraht, ein dünner, verzinnter Draht für feine Binderei wie Brautschmuck. Er ist in den Abmessungen 0,37x17 cm erhältlich.

Wickeldraht – Bei Werkstücken, die mit Draht gebunden werden, benutzt man den Wickeldraht. Er hat eine Stärke von 0,65 oder 0,7 mm und wird auf Holzstäben gewickelt geliefert. Darf bei den gefertigten Arbeiten der Draht nicht rosten, z.B. wenn ein Kranz auf eine Steinplatte gelegt wird, kann grün lackierter oder verzinkter Draht benutzt werden.

Myrtendraht – Ein sehr feiner Wickeldraht, Stärke 0,3 mm, ist der Myrtendraht. Er wird zu 100 g auf Röllchen gewickelt und ist in den Farben Grün und Braun, als Messing- und Kupferdraht und silbrig verzinkt im Handel.

Abb. 610: Drahtköcher.

Haften – Die Patenthaften dienen zum Aufhaften der verschiedensten Materialien auf Römerunterlagen. Sie sind 17 mm breit und in der Länge von 35 – 50 mm zu haben. Der Bügel zwischen den angespitzten Seitendrähten ist häufig gewellt, um die Auflagefläche zu vergrößern. Bei den Römerhaften ist der Bügel glatt, bei den Efeunadeln gebogen.

Nelkenringe – Die aus 1 mm starkem grün lackiertem Draht gebogenen offenen Ringe haben einen Durchmesser von meist 18 mm. Sie werden bei Nelken verwendet, um eventuell aufgeplatzte Kelchblätter zusammenzuhalten. Häufig nimmt man diese Ringe auch zum „Aufbinden" kleinerer Pflanzen.

Lagerung – Da Draht aus Eisen besteht, also leicht rosten kann, ist darauf zu achten, dass der Lagerort trocken ist. Auch soll der Draht nur im Originalbündel aufbewahrt werden, um ein Vermischen der Drähte zu verhindern.

Abb. 611: Verschiedene Drahtarten.

5.2.3 Steckhilfsmittel

Zum Stecken von Blumen werden Hilfsmittel gebraucht. Je nach Verwendungszweck liefern die Natur oder die Zubehörindustrie die unterschiedlichsten Stoffe.

Moos – Eines der ältesten Steckhilfsmittel ist das Moos. Insbesondere *Sphagnum* (Torfmoos) wird dafür verwendet, weil es das Wasser sehr gut speichert. Neben einer hohen Festigkeit hat das Moos eine natürliche Oberfläche und Farbe und fällt deshalb weniger auf.

Die Bundesartenschutzverordnung von 1989 verbietet die Entnahme heimischer *Sphagnum*-Arten. Nur importierte Pflanzen dürfen noch verwendet werden.

Daher müssen Alternativen gefunden werden, z.B. ein Polster aus Rindenhumus und Ballentuch, mit Draht auf ein Holzbrettchen gewickelt und vor dem Gebrauch gewässert.

Kunststoffsteckmasse – Hierbei unterscheidet man zwei Formen, zum einen Wasser aufsaugende Formen für Frischblumen, zum anderen Wasser abstoßende für Trockenmaterial.

Die Wasser aufnehmende Steckmasse ist ein offenporiger, fester, grüner Kunststoffschaum und wird in verschiedenen Quaderformen und auch als vorgefertigte Unterlage für Kränze, Sargauflagen, Brautsträuße und vieles mehr geliefert. Je nach Verwendungszweck gibt es verschiedene Härten des Kunststoffschwammes. Die Steckmasse kann bis über 90 % ihres Volumens an Wasser aufnehmen und speichern.

Zum Wässern wird die Steckmasse auf das Wasser gelegt, wo sie sich in kurzer Zeit mit Wasser vollsaugt. Seit der Einführung in den sechziger Jahren hat dieses Hilfsmittel eine sehr weite Verwendung gefunden. Einige neue Steckmassen sind biologisch abbaubar.

Abb. 612: Rindenhumus: ein abbaubares umweltfreundliches Steckhilfsmittel.

Abb. 613: Kunststoffsteckmasse.

Abb. 614: Trockensteckmasse in verschiedenen Formen.

Verschiedene Steckhilfsmittel

Material	Vorteile	Nachteile
Moos	natürliche Oberfläche, hält Feuchtigkeit	nicht für weiche Stiele geeignet, eventuell vorbohren
Kunststoffsteckmasse – für Frischblumen	in vielen Formen erhältlich, verhindert Fäulnis, leicht in gewünschte Form zu schneiden, nimmt gut Wasser auf,	nur einmal zu verwenden, kann zerbrechen
– für Trockenmaterial	in verschiedenen Formen und Härten erhältlich, leicht zu schneiden	kann zerbrechen
Kenzan oder Igel	standfest, unbegrenzt wiederbenutzbar	teuer, dünne Stiele halten nur nach Vorbehandlung
Ton	wird nach dem Trocknen hart, preiswert, hält auch schwere Zweige	keine Möglichkeit späteren Nacharbeitens, nur einmal verwendbar
Flaschenbürsten	beliebig zu formen, geben gut Halt	schwierig zu reinigen
Gitter	dauerhaft und stabil, leicht zu reinigen	nicht für jedes Gefäß passend
Maschendraht ("Hasengitter")	beliebig zu formen, preiswert	Verletzungsgefahr an den Drahtenden

Die geschlossenporige Steckmasse wird für Arbeiten mit Trockenmaterial gebraucht. Neben Blöcken und Platten sind auch hier viele vorgefertigte Unterlagen im Handel. Die grüne oder braune Trockensteckmasse ist ebenfalls in unterschiedlichen Härten erhältlich, um auch schweren Materialien genügend Halt zu geben.

Kenzan – Der Blumenigel stammt ursprünglich aus Japan und wird dort beim Ikebana als Steckhilfsmittel benutzt. Der Igel besteht aus einer Bleiplatte, in die dünne Messingnägel eingegossen sind. Er ist in verschiedenen Formen und Größen erhältlich.

Ton – Er ist ein natürlicher Werkstoff und wird vor allen Dingen in der Advents- und Trockenblumenbinderei als Steckhilfe gebraucht, da er beim Trocknen hart und fest wird und so die verarbeiteten Materialien gut hält.

Weitere Steckhilfsmittel – Zum Aufstecken von Verkaufsvasen finden noch weitere Hilfsmittel Verwendung. So benutzt man Flaschenbürsten, Gitter, Maschendraht und auch Zweige und Reisig, um Schnittblumen für den Verkaufsraum aufzustecken.

Abb. 615: Solche Steckhilfsmittel mit Plastikteilen sind auf den meisten Friedhöfen nicht mehr zugelassen.

5.2.4 Sonstige Hilfsmittel

Neben Bast und Draht benötigt der Florist noch weitere Hilfsmittel für seine Arbeiten.

Abwickelband – Zum Abdecken von Drähten und Wattierstellen benutzt man ein Abwickelband, das in ½ oder 1 Zoll (1") Breite im Handel ist (1" 2,54 cm) und aus zwei verschiedenen Grundstoffen hergestellt wird.
Ein Produkt auf Kautschukbasis ist wasserdicht und in Grün, Braun und Weiß erhältlich. Dieses Band klebt nicht und muss deshalb bei Gebrauch am Ende durch die Wärme einer Flamme angeschmolzen und angedrückt werden.
Ein anderes Abwickelband besteht aus gewachstem Krepppapier, lässt sich leicht strecken und klebt aneinander. Es ist in zwölf verschiedenen Farben erhältlich. Dieses Papierband ist wasserdurchlässig und ermöglicht auch abgewickelten Blumen die Wasseraufnahme.

Abb. 616: Steckhilfsmittel: Maschendraht, Gitter, Bürste, Kenzan.

Kranzabwickelband – Um Kranzunterlagen aus Stroh sauber abzuwickeln, wird ein 10 cm breites, grünes Kunststoff-, Papier- oder Rupfenband verwendet. Auf vielen Friedhöfen sind nur noch Abwickelbänder aus verrottbaren Rohstoffen wie Papier oder Rupfen zugelassen.

Klebeband – Das Stützen von Blättern wird durch ein schmales, grünes Gewebeband erleichtert. Das Band hat eine klebende Unterseite und dient zum Ankleben des Stützdrahtes an der Blattunterseite. Auch lassen sich damit bei Topfpflanzen die Stiele gut an Stäben befestigen. Durchsichtiger Klebefilm ist ein Hilfsmittel, das nicht nur zum Schließen von Verpackungen gebraucht wird, sondern auch in vielen anderen Fällen nützlich ist.
Es dient, gitterförmig auf eine Vasenöffnung geklebt, als Steckhilfe, ein Draht oder Stab lässt sich damit schonend an einem Blumenstiel befestigen und bei *Hippeastrum*-Hybriden („Amaryllis") verhindert ein um das Stielende geklebter Streifen Klebefilm das Aufrollen des Stieles im Wasser.
Werden technische Hilfsmittel bei floristischen Arbeiten verwendet, so sollten sie optisch nicht in Erscheinung treten.

Abb. 617: Abwickelbänder.

Abb. 618: Baum- oder Rosenschere und Messer; diese Werkzeuge sind auch für Linkshänder im Handel.

Abb. 619: Häufige Werkzeuge für den Floristen.

Abb. 620: Blumenstielputzmaschine.

Abb. 621: Kranzbindemaschine.

5.2.5 Werkzeuge

Zu den wichtigsten Werkzeugen gehören für den Floristen das Messer und die Rosen- oder Baumschere.

Das Messer soll aus einem guten Stahl gefertigt sein, die Klinge sollte sich in das Heft einklappen lassen. Einseitig angeschliffene Messer erleichtern das Anschneiden der Blumen. Das einfache Küchenmesser ist ungeeignet, da die Klinge zu weich ist und wenig Halt zum Schneiden stärkerer Materialien bietet.

Die Rosen- oder Baumschere dient zum Schneiden festerer Materialien, wie Zweige oder Äste. Zum Zerteilen von Draht ist sie nicht gedacht, da sie dann schnell schartig und stumpf wird. Beide Werkzeuge verlangen als Pflege hin und wieder etwas Öl auf die Gelenkstellen. Durch regelmäßiges Schärfen bleiben beide Handwerkszeuge lange brauchbar.

Zum Abschneiden von Draht oder Nägeln eignet sich am besten ein Seitenschneider oder eine Beißzange.

Daneben finden sich im Floristbetrieb auch noch weitere Werkzeuge, z.B. Hammer, Sägen, Zangen, Scheren, Meterstab, Bohrmaschine, Tacker.

An sonstigen Hilfsmitteln werden Nägel, Schrauben, Dekorationsnadeln, Schraubhaken und ähnliches gebraucht.

Das Werkzeug und die Hilfsmittel sind am besten in einem Werkzeugkasten untergebracht, der immer erreichbar sein sollte.

5.2.6 Elektrische Geräte

Um die manuelle Arbeit zu erleichtern und den Arbeitsablauf zu beschleunigen, werden im Floristbetrieb verschiedene Maschinen eingesetzt.

Blumenstielputz- und Anschneidemaschine – Mit dieser Maschine werden die Blumenstiele entblättert und eventuell vorhandene Stacheln entfernt. Das geschieht durch zwei gegenläufig rotierende Stachelwalzen aus Gummi. Die Umdrehungsgeschwindigkeit der Walzen lässt sich meistens regeln und kann so den unterschiedlichen Stielen angepasst werden. An der Putzmaschine ist häufig eine Vorrichtung angebracht, mit der sich die Stiele anschneiden lassen.

Kranzbindemaschine – Trauer- und Adventskränze und auch Girlanden können auf dieser Maschine schneller und kraftsparender gebunden werden. Ein sich drehender Ring führt den Wickeldraht um das Bindegrün und die Unterlage. Moderne Kranzbindemaschinen lassen sich in der Geschwindigkeit regeln und jedem Material anpassen.

Schleifendruckapparat – Um Kranzschleifen mit einem Aufdruck zu versehen, werden von den verschiedenen Herstellerfirmen unterschiedliche Methoden angewendet.

Beim Prägedruck werden Metalllettern in einen beheizten Druckbalken geklemmt und mittels eines Hebels auf das Schleifenband gepresst. Eine zwischen Band und Lettern liegende Farbfolie schmilzt und gibt die Farbe an das Band ab. Die Farbfolien sind in Gold, Silber und Schwarz erhältlich.

Durch das seitliche Verschieben der Kranzschleife und den Druck mit zwei verschiedenen Farben ist ein sog. Schattendruck möglich.

Eine weitere Möglichkeit ist das Aufkleben von Metallbuchstaben auf das Schleifenband. Hier werden Buchstaben, die auf der Unterseite mit Schmelzkleber beschichtet sind, auf das Band gelegt und mit einer Magnetplatte gehalten. Durch die Wärme einer elektrisch beheizten Deckplatte schmilzt der Klebstoff und die Buchstaben haften auf dem Schleifenband.

Der alten Buchdruckkunst recht ähnlich ist das Drucken mit Gummistempeln. Die Gummistempel werden zu dem gewünschten Wort zusammengesetzt, mit einer Klammer gehalten, mit Druckerfarbe eingestrichen und auf das Band gepresst. Diese Methode ist zeitaufwendig, da die Farbe langsam trocknet und die Stempel immer wieder gereinigt werden müssen.

Weitere Hilfsgeräte – Der Arbeitsvereinfachung dient auch die Gerberastützmaschine, die das Stützen der Gerberastiele mit einem Kunststoffschlauch ermöglicht. Von einem Abroller wird ein ca. 15 cm langes Stück Folienschlauch abgetrennt und über den Blumenstiel bis unter die Blüte geschoben. Beim Erwärmen des Kunststoffes mit einem Heißluftgebläse schrumpft der Schlauch und legt sich fest an den Stiel an, der so einen zusätzlichen Halt bekommt. Auch für andere Anwendungsbereiche sind elektrische Geräte im Handel, so z.B. Andrahtmaschinen, die das Andrahten von Zapfen, Blumen, Blättern und Garniermaterial erleichtern.

Die Rentierflechte kann mit einer „Islandmoos"-Putzmaschine gesäubert werden. Hier wird die Rentierflechte in einer waagerechten Gittertrommel gedreht und dabei fallen die Verunreinigungen heraus.

Ein weiteres, häufig genutztes elektrisches Gerät ist die Klebepistole. In ihr wird ein transparenter Schmelzkleber auf etwa 200°C erhitzt. Durch eine feine Düse wird der flüssige Klebstoff herausgepresst und auf die Klebestelle aufgetragen. Bei Raumtemperatur erstarrt der Kunststoff wieder und ergibt eine feste Verklebung. Mit dem Klebstoff aus der Klebepistole lassen sich leichte und trockene Werkstoffe und Materialien schnell und einfach verbinden.

5.2.7 Sicherheitsbestimmungen und Unfallverhütung

Die Arbeit mit Maschinen und scharfen Werkzeugen erfordert von dem Benutzer Umsicht und das Einhalten von Sicherheitsvorschriften.

Bei elektrisch betriebenen Geräten ist die manchmal tödliche Gefahr häufig nicht offensichtlich. Grundsätzlich sollten elektrische Geräte nur mit trockenen Händen berührt werden. Nach Gebrauch sollte das Gerät durch das Ziehen des Netzsteckers vom Stromnetz getrennt werden.

Um nicht mit Strom führenden Teilen in Berührung zu kommen, sind elektrische Geräte mit einer Schutzisolierung umgeben oder das Gerät ist elektrisch geerdet. Elektrowärmegeräte müssen mit einem Prüfzeichen versehen sein, das die Berührungssicherheit garantiert. Bei Störungen an elektrischen Geräten sollten diese grundsätzlich nur von Fachleuten überprüft werden.

Neben der Elektrizität bilden auch chemische Stoffe wie Farben, Lösungsmittel und Klebstoffe eine Gefahrenquelle. Diese Stoffe sind meist durch sehr eingängige Symbole gekennzeichnet. Auch das Handwerkszeug und Leitern müssen in einem ordentlichen Zustand sein, um ihren Zweck zu erfüllen und niemanden zu gefährden. Plaketten mit dem Siegel „geprüfte Sicherheit" bescheinigen dem Benutzer, dass das Gerät die Sicherheitsbestimmungen erfüllt. Das Benutzen von Stühlen oder Hockern als Leiterersatz ist lebensgefährlich und höchst leichtsinnig. Nicht nur hierbei, auch in vielen anderen Situationen muss eine Unfallverhütung angestrebt werden, um nicht sich selbst und andere zu gefährden.

Abb. 622: Schleifendruckapparat.

Abb. 623: Andrahtmaschine.

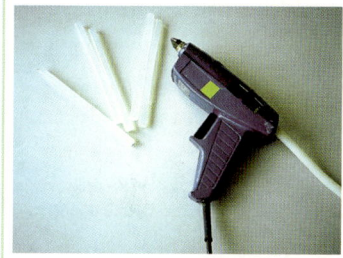

Abb. 624: Die Klebepistole ist ein universelles Gerät für viele Klebearbeiten.

Abb. 625: Gefahrensymbole auf der Verpackung von z.B. Klebstoffen, Lacken signalisieren: giftig, ätzend, gesundheitsschädlich bzw. reizend und leicht entzündlich.

Abb. 626: Der „Blaue Engel" der Jury Umweltschutz wird an Produkte verliehen, die umweltfreundlicher sind als bisherige.

Abb. 627: Bandlager bei einem Großhändler.

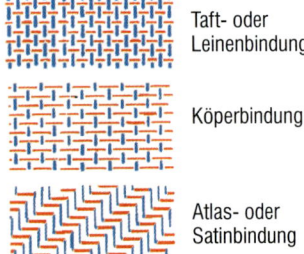

— Schuss — Kettfäden

Abb. 628: Bindungsarten beim Bandweben.

Abb. 629: Verschiedene Bandarten.

Das Einhalten der Sicherheitsvorschriften und die entsprechenden Unfallverhütungsmaßnahmen werden von der Berufsgenossenschaft und dem Gewerbeaufsichtsamt kontrolliert. In größeren Floristbetrieben sorgt auch ein Sicherheitsbeauftragter für das Einhalten der Vorschriften.

5.3 Gestalterische Hilfsmittel

5.3.1 Band

Textile Bänder sind ein Dekorationsmittel, das in vielen floristischen Werkstücken Verwendung findet. Das Weben ist eine seit Jahrtausenden bekannte Technik, die sich im Laufe der Zeit nur unwesentlich geändert hat.

In der Floristik werden hauptsächlich flache Bänder verarbeitet, deren industrielle Fertigung als Schmalweberei bezeichnet wird. Durch ein regelmäßiges Verkreuzen von Fäden entsteht ein Gewebe, bei dem die durch die Länge laufenden Fäden als Kette bezeichnet werden und die quer dazu laufenden Fäden als Schuss.

Als Rohstoffe dienen Naturprodukte, z.B. Baumwolle, Seide oder Schafwolle, und Chemiefasern wie Acetat, Polyester, Polyamid und Polyacryl. Die Rohstoffe werden aufgearbeitet und zu Fäden gesponnen. Durch die Verkreuzung der Kett- und Schussfäden entsteht eine gewebte Verbindung, bei der man verschiedene Bindungsarten unterscheidet. Floristische Bänder werden in der Atlas-, Rips- und Leinwandbindung hergestellt. Daneben sind auch Samtbänder und Tüll genauso im Handel, wie aus Folien geschnittene Bänder. Für jeden Bedarf und Anlass liefert die Industrie das passende Band.

Bei Kranzbändern findet sich meist eine Musterung, ähnlich einer Holzmaserung. Dies wird als Moiré bezeichnet und durch leichtes Verschieben der Schussfäden erreicht.

Eine Appretur macht das Band härter oder wasserabstoßend, deshalb findet diese Veredelung bei Kranzbändern Anwendung.

Neben dem Bedrucken ist das Einweben von Mustern eine Möglichkeit, die Wirkung des Bandes zu verändern. Die im Großhandel erhältlichen Bänder sind meist in einer Aufmachung zu 25, 50 oder 100 m auf Rollen oder Karten erhältlich

Eine Sonderform sind Fransen, die nicht gewebt, sondern auf Häkelmaschinen hergestellt werden. Hier werden auch Metallfäden verwendet, um Gold- oder Silberfransen zu häkeln.

Bei der Bevorratung von Bändern in einem Floristenbetrieb ist zu beachten, dass sie kühl und trocken gelagert werden müssen. Geschützt vor Lichteinstrahlung und Staub behalten die Bänder lange die Leuchtkraft ihrer Farben.

5.3.2 Kerzen

Kerzen sind ein beliebtes Gestaltungselement, sowohl in der Advents- und Weihnachtsfloristik, als auch bei festlichen Anlässen, z.B. Tischdekorationen und Kirchenschmuck.

Die Herstellung von Kerzen geht bis in das Mittelalter zurück, wo zuerst in den Klöstern Kerzen für den Gebrauch hergestellt wurden. Der erste Rohstoff war Bienenwachs. Später wurde auch Talg, ein tierisches Fett, zu Kerzen gegossen.

Einzelteile der Kerzen – Sie bestehen aus Docht, Kerzenkörper und Kerzenmantel.

Der Docht besteht meist aus Baumwolle und wird in verschiedenen Stärken geflochten. Je nach Kerzenstärke und Material für den Kerzenkörper stehen unterschiedliche Dochtstärken als Rund- oder Flachdocht zur Verfügung. Durch Beizen mit verschiedenen Salzlösungen wird der Docht den unterschiedlichen Rohstoffen der Kerzen angepasst und ein Nachglühen unterbunden.

Der Kerzenkörper kann aus verschiedenen Rohstoffen hergestellt werden. Das älteste Rohmaterial ist Bienenwachs, ein Ausscheidungsprodukt der Honigbienen. Bienenwachs hat eine typische gelblich braune Farbe und einen leichten Honigduft. Es ist im kalten Zustand spröde, wird jedoch beim Erwärmen plastisch und lässt sich dann gut verarbeiten. Das teure Bienenwachs wird rein oder gemischt mit anderen Wachsen verarbeitet. Eine typische Bienenwachskerze ist die gerollte Wabenkerze.

Stearin als Ausgangsmaterial für den Kerzenkörper gibt sehr harte, spröde Kerzen, die sich nicht verbiegen und gegenüber Wärme recht unempfindlich sind. Das Stearin wird aus tierischen oder pflanzlichen Fetten gewonnen und kann nur im Gießverfahren weiterverarbeitet werden. Häufig sind Stearinkerzen durchgefärbt.

Aus Erdöl oder Kohle wird das Paraffin gewonnen. Es ist weißlichtransparent, preisgünstig, leicht zu verarbeiten und wird deswegen für die Herstellung der meisten Kerzen benutzt.

Durch Zusätze und Mischungen der verschiedenen Rohstoffe werden Kompositionswachse hergestellt, die sich je nach Weiterverarbeitung und Anwendung in ihrer Zusammensetzung unterscheiden. So wird Bienenwachs häufig durch Zumischen von Stearin gestreckt und damit preiswerter.

Als Kerzenmantel wird der farbige Wachsüberzug bezeichnet, mit dem aus dem Kerzenrohling die farbige Kerze wird. Dafür wird der Rohling in das Farbbad getaucht und mit einer dünnen Schicht Farbwachs überzogen. Durchgefärbte Kerzen erhalten keinen Kerzenmantel, denn der gesamte Kerzenkörper besteht aus farbigem Wachs.

Herstellungsverfahren – Kerzen können sowohl industriell als auch handwerklich hergestellt werden.

Beim Ziehen wird der Docht wiederholt durch ein heißes Wachsbad gezogen. Das Wachs erkaltet an der Oberfläche der Kerze und bildet jeweils eine neue Wachsschicht. Im Querschnitt liegen die Wachsschichten um den Docht wie die Jahresringe eines Baumes. Je nach Häufigkeit des Wachsauftrages erzielt man entsprechende Durchmesser. Der lange Wachsstrang wird anschließend in Stücke geschnitten und weiterverarbeitet.

Beim Tauchen entsteht die Kerze durch wiederholtes Eintauchen des Dochtes in ein flüssiges Wachsbad. Bei jedem Eintauchen lagert sich eine dünne Wachsschicht an, bis die gewünschte Kerzenstärke erreicht ist. In dieser Technik lassen sich Stab-, Spitz- und Stumpenkerzen fertigen. Einige Firmen bieten Kerzen noch auf dem Tauchrahmen an, eine attraktive Verkaufshilfe.

Beim Gießen wird in eine Form, in deren Mitte ein Docht eingespannt ist, flüssiges Wachs gegossen. Diese Technik wird heute genutzt, um Formkerzen und Kerzen mit einer gedrehten oder gerillten Oberfläche herzustellen. Moderne Gießformen sind wassergekühlt und ermöglichen das Gießen von hundert und mehr Kerzen gleichzeitig. Ornamentkerzen werden auch in Einzelformen gegossen.

Abb. 630: Kerzenformen: Dicke, kurze Kerzen wirken schwer und behäbig, lange, dünne Kerzen dagegen elegant und leicht.

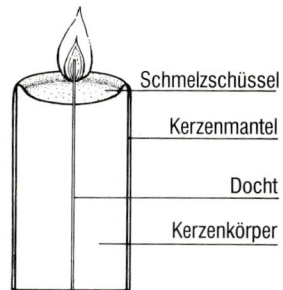

Schmelzschüssel
Kerzenmantel
Docht
Kerzenkörper

Abb. 631: Schnitt durch eine Kerze (Schema).

Abb. 632: Kerzenziehen in einer Wachswarenfabrik.

Abb. 633: Kerzenherstellung durch Tauchen.

Abb. 634: Das Rollen von Bienenwachs-kerzen.

Abb. 635: Kerzenpräsentation auf dem Tauchrahmen.

Abb. 636: Recyceltes Papier kann auch attraktiv sein.

Zum Pressen wird zu Pulver gemahlenes Wachs maschinell in Formen gepresst, es entstehen einzelne Kerzenrohlinge oder ein endloser Kerzenstrang, der dann auf die entsprechende Länge geschnitten wird. Gepresste Kerzen sind recht spröde und platzen bei unsachgemäßer Behandlung leichter.

Das Rollen von Kerzen ist eine handwerkliche Technik, die nur bei Kerzen aus Bienenwachsplatten genutzt wird. Die Platten mit dem Wabeneindruck werden um einen Docht gerollt.

Beim Kneten wird warmes, plastisches Wachs von Hand geknetet und um einen Docht geformt. Durch Mischungen verschiedenfarbiger Wachse können so interessante Effekte erreicht werden. Geknetete Kerzen sind Einzelstücke und werden nur in kleinen Mengen hergestellt.

Pflege der Kerzen – Um die Schönheit der Kerzen zu erhalten und um ein einwandfreies Brennen zu erreichen, sind folgende Pflegehinweise zu beachten:

- Zugluft in jeder Form vermeiden.
- Kerzen nicht zu nahe nebeneinander aufstellen, die Flammenwärme schmilzt sonst die Nachbarkerze an (Mindestabstand 10 cm).
- Kerzen nie übereinander anordnen.
- Brennschüssel frei von Dochtresten und anderen Dingen halten.
- Die Dochtlänge soll 15 mm nicht überschreiten, sonst muss der Docht mit einer Dochtschere eingekürzt werden.
- Kerzen mindestens so lange brennen lassen, bis die ganze Brennschüssel voller geschmolzenem Wachs ist.
- Bei dicken Kerzen den Docht nach dem Erlöschen kurz in das flüssige Wachs tauchen und wieder aufrichten.

Lagerung – Kerzen müssen trocken, kühl, dunkel und staubfrei gelagert werden. Bei einer glatten Unterlage besteht nicht die Gefahr, dass sich die Kerzen verbiegen. Spitzkerzen, die noch paarweise mit einem Docht verbunden sind, lassen sich gut hängend lagern. Starke Lichteinwirkung (Sonnen- und auch Kunstlicht) führt zu Farbveränderungen. Werden verschiedenfarbige Kerzen unverpackt zu dicht gelagert, so können sie abfärben. Besonders empfindlich sind dabei helle Farben.

Reinigung – Verschmutzte Kerzen werden mit Spiritus und einem weichen Lappen abgewischt. Auch Nylonstrümpfe eignen sich zur Reinigung. Verfärbungen lassen sich nicht wieder rückgängig machen.

 Gestalterische Hilfsmittel bilden eine Ergänzung zu den floralen Werkstoffen. Sie sollten diese jedoch nicht in den Hintergrund drängen.

5.4 Verpacken

5.4.1 Verpackungszweck

Floristische Werkstücke und Pflanzen müssen für den Transport verpackt werden. Die Hauptaufgaben der Verpackungsmittel sind der Schutz der Blumen, des Trägers und die Werbung für den Betrieb. Die Blumen sollen durch das Einpacken und auch während des Transportes ihre Frische behalten und den Empfänger möglichst im gleichen Zustand wie beim Einkauf erreichen. Auch bietet die Verpackung einen Schutz vor mechanischen Beschädigungen auf dem Transportweg. Darüber hinaus soll die Verpackung den Träger vor Blütenstaub und Pflanzensäften schützen.

Lebende Pflanzenteile verdunsten Wasser. In trockner Luft ist die Transpiration höher als in feuchter Umgebung. In einer allseitig geschlossenen Verpackung wird die Luft bald mit Wasser gesättigt sein und damit wird auch die Wasserverdunstung der Schnittblumen gemindert. Das heißt, dass die Verpackung auch die Stiele miteinschließen soll und den Strauß dicht zur umgebenden Luft abschirmt. So wird um die Blumen ein eigener Klimabereich geschaffen und die Verdunstung herabgesetzt. Verpackungen, die unten oder oben offen sind, erreichen das Gegenteil und führen zur schnelleren Welke.

In der Verpackung bietet sich ein nicht zu unterschätzender Werbeträger. Die Blumen werden oftmals zu Fuß durch die Stadt getragen und auch der Empfänger der Blumen findet auf der Verpackung Name und Anschrift des Geschäftes.

Farbiges Papier, aufgedruckte Motive und Schriftzüge führen zu einem leichten Erkennen des Blumengeschäftes.

5.4.2 Verpackungsmaterial

Abb. 637: Abroller für Seidenpapier.

Als Verpackungsmaterial stehen dem Floristen in Blumenfachgeschäften dünne Papiere und Folien in verschiedenen Formen zur Verfügung.

Seidenpapier – Allgemein gebräuchlich ist das Seidenpapier. Der Rohstoff ist Holz, das zu Zellstoff aufbereitet wird und das Ausgangsmaterial für die Papierherstellung bildet. Es wird fast ausschließlich hochwertiges Recyclingpapier hergestellt.

Seidenpapier wird in Rollen von 50 und 75 cm Breite und in Bögen geliefert. Es kann einfarbig eingefärbt oder bunt mit dem Firmennamen und Dekoren bedruckt sein. Durch einen weiteren Arbeitsgang kann das Papier auf der etwas raueren Innenseite mit Kunststoff beschichtet werden. Dadurch nimmt es keine Feuchtigkeit auf und wird im Wasser nicht weich.

Abb. 638: Bei dieser Möglichkeit des Einpackens wird das Papier über den Strauß gelegt.

Klarsichtfolie – Biologisch abbaubare Folien aus pflanzlichen Rohstoffen wie Stärke und Zellulose werden inzwischen angeboten.

Die Klarsichtfolie ist reißfest, Wasser abweisend und wasserdampfundurchlässig. Dadurch bietet sie auch einen guten Schutz bei jeder Witterung. Sie wird auf Rollen oder als Bögen gehandelt und kann durch einen Werbeaufdruck zum individuellen Werbemittel werden.

Verschließen – Bei Papier oder Folienverpackung erfolgt das Verschließen mit Klebeband oder Heftklammern. Stecknadeln sollten nicht zum Verschließen der Verpackung genutzt werden, da sie leicht zu Verletzungen beim Auspacken führen können. Auch selbstklebende Firmenetiketten bieten sich als Verschluss an und dienen gleichzeitig der Werbung.

Tragetüten – Es gibt speziell für Blumengeschäfte geeignete Tragetüten, die seitlich versetzte Grifflöcher haben, und so auch das Tragen längerer Blumen ermöglichen. Aufdrucke erhöhen die Werbewirksamkeit.

Klarsichtkarton – Kleinere, edle Blumen, z.B. Orchideen, finden in einem Klarsichtkarton eine passende und sichere Verpackung. Die Blumen werden mit Grün zu einem flachen Strauß gebunden, mit einem Steckröhrchen versehen und mit Klebefilm im Karton befestigt. Eine passende Verschnürung mit einem Schmuckband schafft ein dekoratives, wertvolles Geschenk und einen optimalen Schutz für die empfindliche Blume.

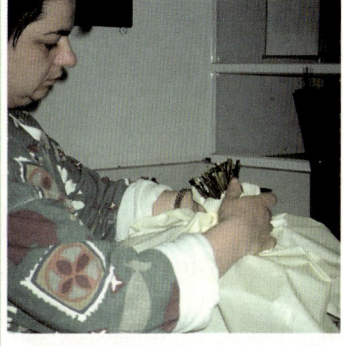

Abb. 639: Die Papierenden werden an der Bindestelle gerafft.

Abb. 640: Kübelpflanzen können mit einer Papiermanschette verpackt werden.

Karton – Für nichtpflanzliche Gegenstände wie Keramiken, Glas und Geschenkartikel, eignen sich festere Papiere besser als Einpackmaterial und lassen das Geschenk auch wertvoller erscheinen.

Kleine, farbige Kartons bieten sich als Verpackung für empfindliche Gläser und Keramiken an und können vom Floristen auch noch mit pflanzlichem Material dekoriert werden.

Kälteverpackung – Besonders in der kalten Jahreszeit ist der Schutz der Pflanzen vor Kälte wichtig. Folien und kunststoffbeschichtete Papiere bieten schon einen gewissen Schutz gegen die niedrigen Temperaturen, da sie einen eigenen Klimabereich schaffen. Der Wärmeverlust der Blumen und Pflanzen soll gering gehalten werden. Dazu dienen neben der dichten Verpackung, auch um die Stiele, isolierende Zwischenschichten. Mehrere Lagen Zeitungspapier leisten hierfür gute Dienste. Die äußerste Schicht bildet wieder das bedruckte Firmenpapier, um den Werbewert zu erhalten.

Speziell für Pflanzen und größere Sträuße finden Folienschläuche Verwendung. Diese werden über die Pflanzen gestülpt und oben und unten dicht verschlossen. So bildet der Transport im Freien auch bei extremen Temperaturen keine Probleme.

 Die Verpackung soll einerseits das Werkstück schützen, andererseits soll sie werbewirksam sein.

Abb. 641: Bestellte Sträuße.

6 Praktische Arbeiten

6.1 Strauß

6.1.1 Die Straußformen

Um dem Anspruch, den die Blume an den Floristen stellt, gerecht zu werden, ist ein unterschiedliches Gestalten der Sträuße notwendig. Hierdurch unterscheiden sich die verschiedenen Straußformen.

Die Straußformen lassen sich je nach der gewählten Ordnungsart in symmetrische oder asymmetrische Sträuße unterteilen.

Symmetrische Sträuße – Diese Sträuße haben von oben gesehen eine runde Grundform.

Der Biedermeierstrauß wurde zuerst im 19. Jahrhundert in der Zeit des Biedermeiers gebunden. Er hat eine klassische Form und gehört zu dem Bereich der Formbinderei. Typisch ist die enge Anordnung der Blumen. Von der Seite gesehen haben diese Sträuße eine Halbkugel- oder Dreieckform.

Meistens werden kleine, runde Blüten, z.B. *Bellis* (Tausendschön), *Dianthus* (Nelke), *Dendranthema, Primula, Rosa* und *Ranunculus* (Ranunkel) ringförmig um eine Mittelblüte angeordnet. Dafür werden die Stiele entblättert und parallel angelegt. Bei sehr dicken Einzelstielen schneidet man die Blumen auf einige Zentimeter Länge ab, drahtet sie an und wattiert sie. Diese Technik war auch in der Biedermeierzeit gebräuchlich, da die Blumen früher nur kurz zu haben waren.

Den Abschluss bildet eine Manschette aus Papier, Stoff oder Blättern. Der Stiel sollte abgewickelt werden, um ein angenehmes Tragen zu gewährleisten.

Die am häufigsten gebundene Straußform ist der rundgebundene Strauß, eine Form, bei der die Blumenstiele immer spiralig verlaufen und die mit einer schmalen Bindestelle gebunden werden.

Abb. 642: Straußform aus dem 17. Jahrhundert.

Abb. 644: Biedermeierstrauß: um eine Mittelblüte werden die Blumen kreisförmig angeordnet.

Abb. 643: Symmetrischer Strauß.

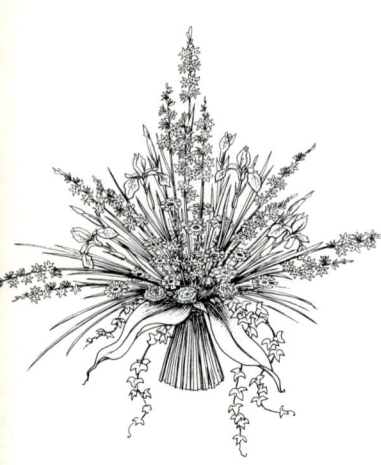

Abb. 645: Rundgebundener Strauß: Die Blumen werden in Gruppen angeordnet.

Abb. 646: Unten links: Asymmetrischer Strauß.

Abb. 647: Unten rechts: Asymmetrischer Strauß aus Sommerblumen.

Durch entsprechende Auswahl der Blumen lassen sich rundgebundene Sträuße in verschiedenen Formen binden.

Der kuppelförmige Strauß wirkt hauptsächlich durch die verarbeiteten Farben und Strukturen. Bei einer geringen Staffelung der Blumen erreicht man einen kompakten Strauß. Durch Verarbeiten flächiger, sammelnder Formen lässt sich diese Wirkung erhöhen.

Die aufgelockerte Form des rundgebundenen Straußes gibt den Blumen mehr Möglichkeiten, ihren Charakter zu zeigen. Für diesen Strauß werden verschiedene Bewegungsformen, Farben und Strukturen ausgewählt, gruppiert und gestuft zusammengefügt. Durch die Gruppierung und Staffelung entstehen zwischen den Blumen Freiräume, die die Wirkung der Blumen steigern.

Aufstrebende und ausschwingende Formen werden nach oben und zur Seite hin angeordnet, während mit den lagernden Formen die Basis ausgebildet wird, die dem Strauß optisch Halt gibt. Abfließende Formen können den Strauß noch ergänzen und schaffen einen Übergang zwischen Strauß, Vase und Stellfläche.

Einen großen Einfluss auf die Gesamtwirkung des Straußes hat das verwendete Beiwerk. Gärtnereien und der Blumengroßhandel bieten hierfür eine große Auswahl an Gräsern, Blättern, Zweigen und Ranken aus heimischer Produktion und aus Importen an.

Asymmetrische Sträuße – Sie setzen grundsätzlich eine erkennbare Gruppierung und asymmetrische Anordnung der Blumen voraus.

Der üppige, gruppierte Strauß wird gebunden, wenn eine dekorative Wirkung erreicht werden soll. Die Blumen werden zu Gruppen zusammengefasst und innerhalb der Gruppen gestaffelt. Je nach Geltung und Form der verwendeten Blumen ergeben sich so locker und leicht wirkende Sträuße oder feste und kompakte Formen.

Bei der lockeren Gruppierung ist der Charakter des Werkstoffes zu beachten. Hier ist eine Zusammenstellung verschiedener Bewegungsformen, Farben und Strukturen wichtig.

Abb. 648: Sommerblumenstrauß mit Blumen aus dem Gelb-Rot-Bereich.

Abb. 649: Rundgebundener Strauß in Rot-Blautönen.

Abb. 650: ein Farbton in verschiedenen Helligkeitswerten.

Abb. 651: Rundgebundener Strauß in Gelbgrün und Weiß.

Abb. 652: Üppiger gruppierter Strauß: Deutliches Ausarbeiten der Gruppen und asymmetrische Gestaltung.

Abb. 653: Graphisch-linearer Strauß.

Abb. 654: Herausstellen der Strukturen durch Verdichten beim „Strukturstrauß".

Beim Zusammenstellen der Blumen, Blätter und Zweige soll ein Gestaltungsthema die Grundlage für die Blumenauswahl sein (siehe „Gestaltungsthemen", S.184). Besonders Zusammenstellungen der Blumen nach den landschaftlichen Gesichtspunkten, wie Sträuße mit Gräsern und Wiesenblumen, zeigen die Blume in ihrer natürlichen Gesellschaft. Eine Ausarbeitung der Basis schafft den notwendigen optischen Halt und erleichtert auch das Binden durch mehr Festigkeit an der Bindestelle. Die Stielführung verläuft bei diesen Sträußen spiralig, da so die einzelnen Gruppen gut zur Seite hin ausgearbeitet werden können.

In dieser Art lassen sich natürliche und wuchshafte Sträuße gestalten. Sie sind als asymmetrische Form gut geeignet für Vasenfüllungen, von einer kleinen Vase bis zur Bodenvase, da sie durch das Ausarbeiten einer Hauptansicht die Blumen wirkungsvoll zur Geltung bringen und auch vor einer Wand stehen können.

Werden die Blumen nur gering gestaffelt und verdichtet verarbeitet oder alle Blumen einer Art zu jeweils einer Gruppe zusammengefasst, kann ein Teil des Charakters der Pflanze verlorengehen. Bei diesen Sträußen, die auch als „Struktursträuße" bezeichnet werden, stehen die Farbe und die Oberflächenstruktur im Vordergrund. Die Blumen und andere Materialien werden gestaffelt zu Flächen gleicher Struktur zu sammengefasst.

Aus den zum Teil stark verdichteten Sträußen heraus werden einzelne ausdruckstarke Bewegungsformen angeordnet, die die Grundform auflösen.

Durch das Einarbeiten von nichtpflanzlichen Materialien, z.B. Band, Wolle, Fasern, werden die Farb- und Struktureffekte stark herausgestellt, die Wirkung des pflanzlichen Werkstoffes lässt sich so steigern.

Je nach Werkstoff und Gestaltung können diese Sträuße mit spiralig oder parallel angelegten Stielen gearbeitet werden.

Bei dem graphisch-linearen Strauß stehen die gegensätzlichen Bewegungsformen bei der Blumenauswahl im Vordergrund. Blumen großer Geltung, allein oder zu wenigen, als Hauptblüten angeordnet, werden durch andere Bewegungsformen ergänzt. Interessantes Beiwerk, z.B. Blätter, Zweige oder Gräser, steigern die Wirkung der Einzelblüten. Eine gestaltete Basis aus lagernden Formen gibt ihnen den notwendigen optischen Halt und schafft eine Verbindung zwischen den einzelnen Gruppen. Bedingt durch die Bewegungsformen verlaufen die Stiele meist parallel und können durch eine breite Bindung zusammengehalten werden.

Praktische Hinweise: Strauß

- Die Blumen müssen vor dem Verarbeiten ausreichend gewässert sein.
- Die Auswahl soll auch nach dem Kriterium der gleichen Haltbarkeit erfolgen.
- Vor dem Binden werden die Blumen vorbereitet (Säubern und Zurechtlegen).
- Blätter, Stacheln und Dornen werden bis zur Bindestelle entfernt.
- Bei großen Sträußen kann eventuell zwischengebunden werden.
- Werden kurze Zweige, z. B. *Buxus sempervirens* (Buchsbaum) in der Bindestelle mit eingebunden, so erleichtern sie das Verarbeiten glatter Stiele.

6.1.2 Bindetechnik

Um einen Strauß zu arbeiten, genügt es nicht, nur die passenden Blumen auszuwählen. Es gehört eine gute handwerkliche Technik dazu, den Strauß so zu binden, dass er die gewünschte Form erhält.

Früher beschränkte sich das Binden auf das enge Aneinanderfügen der Blumen oder die Blumen wurden in vorgefertigten Drahtgestellen eingehängt. Es haben sich zwei Bindetechniken herausgebildet, die heute in den verschiedenen Straußformen Anwendung finden.

Parallele Stielführung – Bei dieser Technik liegen alle Stiele nebeneinander. Biedermeiersträuße, deren Blüten Kopf an Kopf angeordnet sind, bekommen so den nötigen Halt. Der Bindebast kann mehrmals nebeneinander um die Stiele gebunden werden und so eine breite Bindestelle ergeben. Der Griff des Straußes bleibt dadurch gleichmäßig breit und lässt sich sauber abwickeln. Auch der graphisch-lineare Strauß wird meist mit parallelen Stielen gebunden, weil sich dies aus der Anordnung der wenigen Blumenstiele ergibt.

Spiralige Stielführung – Sie ist offenbar eine Entwicklung der neueren Zeit, da auf älteren Abbildungen diese Technik nicht zu erkennen ist. Bei dieser Technik werden die ersten beiden Stiele über Kreuz angelegt und die weiteren folgen dann in der gleichen Richtung. So ergibt sich eine Anordnung der Stiele, die den Stäbchen beim Mikadospiel entspricht. An der Bindestelle dürfen zwischen den Stielen keine Hohlräume entstehen, da sonst der Halt nicht mehr gegeben ist. Spiralig angelegte Blumenstiele geben sich gegenseitig Halt und vermeiden ein Abquetschen weicher Stiele.

Der fertige Strauß wird mit Bast zusammengebunden. Die Bindestelle liegt an dem Haltepunkt der Finger und bildet die schmalste Stelle des Straußes. Die Bindestelle soll möglichst schmal gehalten sein, sie ist jedoch abhängig von der Größe des Straußes und der Art der Stiele. In und unterhalb der Bindestelle dürfen sich keine Blattreste mehr befinden, da sie sonst nach dem Einstellen in das Wasser Fäulnis hervorrufen können.

 Je nach Straußform müssen die Stiele parallel oder spiralig angelegt werden, eine Mischung beider Arten ist nicht möglich. Ohne das Beherrschen einer guten Technik ist eine entsprechende Gestaltung nicht möglich.

6.2 Gestecke

Eine der vielseitigsten Möglichkeiten, Blumen und Pflanzenteile anzuordnen, bieten die gesteckten Zusammenstellungen.

Es lassen sich Schnittblumen, Blätter, Zweige und andere Werkstoffe mit den unterschiedlichsten Gefäßformen in vielfältigster Weise kombinieren. Hier bietet sich dem Floristen ein sehr breites Feld für seine Kreativität.

Erste Formen von Gestecken waren kompakte Arbeiten mit festen Umrissformen. Dies ergab sich, weil im frühen Blumenhandel die Stiele der Blumen entweder kurz oder recht weich waren, man also auf den stützenden Draht angewiesen war. Die Gestecke waren in dieser Zeit meist symmetrisch aufgebaut und in strenge Umrissformen gefügt.

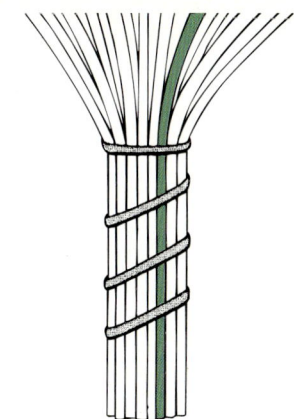

Abb. 655: Parallele Stielführung und breite Bindung, z.B. beim Biedermeierstrauß.

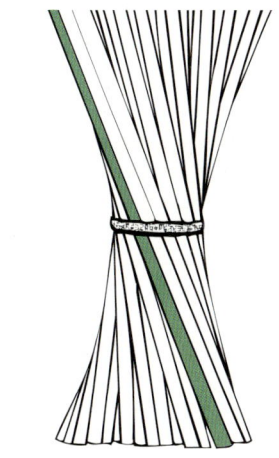

Abb. 656: Spiralige Stielführung.

Abb. 657: Symmetrisches Gesteck: dekorativ, füllig und üppig angeordnet.

Abb. 658: Asymmetrisches Gesteck in einer flachen Schale: vegetativ und formal-graphisch angeordnet.

Abb. 659: Asymmetrisches Gesteck aus Sommerblumen.

6.2.1 Gestaltungsarten

Wenn ein Gesteck gearbeitet werden soll, so müssen bereits vor Arbeitsbeginn einige gestalterische Entscheidungen getroffen werden.

Ordnungsart – Das Wichtigste ist das klare Einhalten der gewählten Ordnungsart, also der Symmetrie oder der Asymmetrie (siehe S. 171). Ein Vermischen beider Ordnungsarten ist nicht möglich, da sonst keine klare Aussage erreicht wird.

Die Gestaltungsart, hier unterscheidet man vegetativ und dekorativ führt dann zu einer intensiveren Auseinandersetzung mit dem zu fertigenden Gesteck.

Dekorative Gestaltungsart – Bei der dekorativen Gestaltungsart steht der Geltungsanspruch der Blumen nicht so stark im Vordergrund, sie ordnen sich vielmehr der Gesamtwirkung unter. Die Schmuckwirkung der Arbeit bildet das Hauptargument der Überlegungen, nicht das natürliche Wachstum. Die Blumen büßen z.T. ihren Charakter ein und werden nicht ihrem Wachstum entsprechend angeordnet; so können z.B. aufstrebende Formen nicht nur senkrecht verarbeitet werden.

Vegetative Gestaltungsart– In der vegetativen Anordnung kommen die natürliche Bewegung und das Wachstum der Blumen zum Tragen.

Es gilt der Grundsatz, dass nichts entgegen seiner natürlichen Wuchsform gearbeitet werden soll. Dies gilt nicht nur für die Blüte, sondern auch für die übrigen Pflanzenteile, z.B. Blatt und Stiel.

Die vegetative Anordnung lässt sich noch stärker herausstellen, wenn die Blumenauswahl unter dem Gesichtspunkt der Pflanzensoziologie erfolgt.

Ausarbeitung – Bei der Ausarbeitung ist zu überlegen, ob das Werkstück üppig und füllig gearbeitet werden soll oder ob eine graphische, formale Anordnung gewählt wird. Dies hängt natürlich von den verwendeten Blumen und Gefäßen ab. Auch der zu schmückende Raum und der Anlass wirken bei dieser Entscheidung mit.

Zusammenfassung der Entscheidungskriterien bei einem Gesteck

Ordnungsart	Gestaltungsart	Ausarbeitung
Symmetrie	dekorativ	üppig, füllig
Asymmetrie	vegetativ	formal, graphisch

Unter Berücksichtigung der verschiedenen Faktoren lässt sich eine große Zahl unterschiedlichster Gesteckformen finden.

6.2.2 Wachstumspunkt und Basis

Dem Zusammenstellen von Blumen zu einem Gesteck liegt die Natur zu Grunde. Es soll aber kein einfaches Herausnehmen und Einsetzen eines Naturteiles in eine Schale sein, sondern das Umsetzen eines Eindruckes, den der Betrachter gewonnen hat. Das natürliche Wachstum der Pflanzen steht im Vordergrund.
Je nach Gestaltungsart lassen sich die verschiedenen Formen finden. Die Wachstumsform der Pflanzen soll auch in Gestecken Anwendung finden.

Ein Wachstumspunkt – Bei vielen Pflanzen scheinen alle Blatt- und Blütenstiele aus einem Punkt herauszuwachsen. Dieses Erscheinungsbild lässt sich auch in einem Gesteck zeigen. Alle Stiele werden so gesteckt, dass sie auf einen Wachstumspunkt zuzulaufen scheinen.
Durch diese Anordnung erreicht man eine Klarheit in der Aussage und vermeidet ein ungeordnetes Durcheinander der Stiele.
Der Wachstumspunkt wird auch als Wuchsmittelpunkt oder Bewegungsmittelpunkt bezeichnet.

Mehrere Wachstumspunkte – Stehen einige Pflanzen nebeneinander und soll dieser Eindruck im Gesteck gezeigt werden, so ergibt sich eine Form mit mehreren Wachstumspunkten. Die Blumen, die auf jeweils einen Wachstumspunkt zugearbeitet werden, sollen als Gruppe zusammengefasst werden. So ergeben sich mehrere Gruppen, die immer von einem eigenen Wachstumspunkt ausgehen. Diese Form der Anordnung lässt sich gut in flachen Schalen arbeiten und bei Arbeiten mit mehreren zusammengehörigen Gestecken, z.B. Tisch- und Raumdekoration, anwenden.

Viele Wachstumspunkte – Wenn man eine Wiese oder ein Feld betrachtet, wirkt das Wachstum zur Sonne hin besonders stark. Die Pflanzen wachsen in ihrer Gesamtrichtung parallel nebeneinander und dies lässt sich in einer gesteckten Arbeit umsetzen. Die Blumen und Pflanzen werden so angeordnet, dass jede ihren eigenen Wachstumspunkt besitzt und in einem Gesteck sehr viele Wachstumspunkte vorhanden sein können.
Grundsätzlich ist bei einem Gesteck die Anordnung der Wachstumspunkte so zu gestalten, dass sie in oder unter dem Steckhilfsmittel liegen. Sonst ist eine optische Verbindung zwischen Blumen und Gefäß nicht immer gegeben.

Die Basis – Viele floristische Werkstücke haben einen optischen Ausgangspunkt; er wird als Basis bezeichnet. Damit ist der Teil eines Straußes oder

Abb. 660: Ein Wachstumspunkt unter der Hauptgruppe.

Abb. 661: Mehrere Wachstumspunkte: Jede Gruppe hat ihren eigenen Wachstumspunkt.

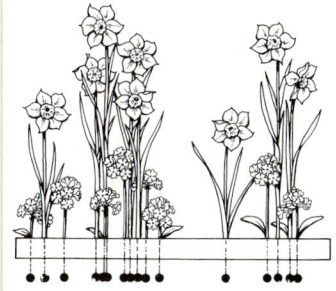

Abb. 662: Viele Wachstumspunkte: In einer parallelen Anordnung hat jede Blume ihren eigenen Wachstumspunkt.

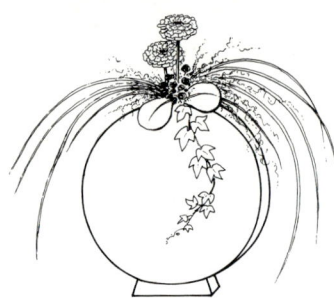

Abb. 663: Scheibenförmige Vase mit ausschwingenden Gräsern.

Abb. 664: Kugelige Gefäße mit Blumenfüllung.

Gesteckes bezeichnet, der mit dem Boden oder Untergrund in der Natur vergleichbar ist. Die interessante Ausgestaltung dieses Bereiches ist für den Gesamteindruck einer Arbeit genauso wichtig und notwendig wie die Anordnung der Hauptblumen und Zweige.

Die Werkstoffe in der Basis werden den einzelnen Gruppen zugeordnet und ihrer Wuchsform entsprechend gestuft. Geeignete Pflanzen für die Basisgestaltung sind Gemeinschaftsformen, z.B. *Bellis, Primula, Dendranthema*. Dazu zählen auch kleine Pflanzen, Blätter und Früchte ebenso wie Moose, Flechten, Rinden und Steine, die auch in der Natur den Boden bedecken.

Eine weitere Aufgabe der Basis ist das Abdecken der technischen Hilfsmittel wie Steckmasse, Draht und ähnlichem.

6.2.3 Blume und Gefäß

Schnittblumen benötigen ein Gefäß, aus dem sie das für ihr Leben nötige Wasser aufnehmen können. Doch nicht nur als Wasserreservoir dient das Gefäß, sondern es soll auch ein gestalterischer Zusammenhang zwischen beiden Teilen hergestellt werden. Die Einheit zwischen den Blumen und dem Gefäß wird erreicht, wenn sich die formalen Eigenheiten angleichen, eine farbliche Abstimmung erfolgt, eine stoffliche Übereinstimmung erreicht wird und beide eine charakterliche Einheit bilden.

Form – Um die formale Eigenheit anzugleichen, wählt man für Blumen mit einer rundenden Umrissform ein Gefäß, das die füllige, runde Form wieder aufgreift. Den hohen, aufstrebenden Formen entspricht ein hohes, schlankes Gefäß. Den ausschwingenden Blütenformen gibt ein Gefäß mit schwingender Umrissform eine passende Ergänzung. Flache Schalen können jede Blumenform aufnehmen, da sie eine dienende Form haben und dem Erdboden entsprechen.

Farbe – Neutrale Farbtöne der Gefäße geben der Blume die Möglichkeit, sich ohne Farbkonkurrenz zu zeigen. Gefäße in Erdfarben, Weiß, Grau und Schwarz sind in der Lage, jede Blumenfarbe aufzunehmen. Andere Farbtöne sollten entweder getrübt, dunkel oder licht erscheinen.

Abb. 665: Längliche Gefäße mit Blumenfüllung.

Oberfläche – Die Oberflächenstruktur oder Stofflichkeit des Gefäßes soll in ihrer Ausprägung die Wirkung der Blumen nicht übertreffen, da sonst das Gefäß im Vordergrund steht und seinen dienenden Charakter verliert.

Charakter – Die charakterliche Einheit zwischen Blumen und Gefäß wird durch die vorgenannten Faktoren bestimmt. Diese Einflüsse bewirken zusammen in wechselnder Gewichtung den Gesamteindruck. Der Charakter von Blumen und Pflanzen sollte im Vordergrund stehen, das Gefäß soll sich diesem anpassen und ihn ergänzen. So wird man einer edlen Orchidee keine bäuerliche Keramik zuordnen, da in diese besser Zinnien oder Astern passen.
Sollen die Blumen bei der Verbindung mit einem Gefäß im Vordergrund stehen, muss das Gefäß einen dienenden Charakter haben. Es kann aber auch ein ausdrucksstarkes Gefäß durch Blumen in seiner Wirkung ergänzt und verstärkt werden.
Wenn die genannten Punkte bei einer Zusammenstellung von Blumen und Gefäßen beachtet werden, wird es eine Einheit im Gesamtbild ergeben. Dies sollte der Florist bei seinen Arbeiten immer anstreben.

6.2.4 Technische Hilfsmittel

Die Wahl der Befestigungsart der Steckhilfsmittel ist abhängig
– von der Art und Form des Gefäßes,
– von der Größe der Steckhilfsmittel,
– vom Verwendungszweck.

Abb. 666: Bodenvase mit Blumenfüllung.

Gefäß – In flachen Gefäßen kann das Steckhilfsmittel mit „Pinholdern" befestigt werden. Die Pinholder werden mit einer Klebemasse auf dem trockenen Gefäßboden befestigt. Leichtes Anschmelzen der Klebemasse an einer Flamme erhöht die Klebewirkung (Haftfähigkeit).
In engen Gefäßen reicht es meist, die Steckmasse in das Gefäß zu klemmen, wobei man unbedingt darauf achten muss, dass ein Teil der Gefäßtiefe zum Nachfüllen des Wassers freibleibt.
In tieferen Gefäßen und Übertöpfen o.ä. klemmt man die Steckmasse mit Kieselsteinen fest, die sich dann auch wirkungsvoll in die Basisgestaltung einpassen können.
Sehr tiefe Gefäße, z.B. Bodenvasen, können im unteren Bereich, in dem keine Steckmasse benötigt wird, wahlweise mit Steinen (erhöhte Standfestigkeit), mit Maschendraht oder mit unbelaubten Zweigen gefüllt werden, so dass genügend Platz für das Wasserreservoir bleibt.
In Glasgefäßen sollte die Steckmasse verdeckt werden. Geeignet sind zum Beispiel farbige Glaskugeln, Muscheln, getrocknete Hülsenfrüchte.

Größe der Steckhilfsmittel – Sie richtet sich vorwiegend nach Menge, Größe und Gewicht des zu verwendenden Werkstoffes. Bei großen und schweren Blumen oder Werkstücken, die noch transportiert werden müssen, empfiehlt es sich, die Steckmasse mit Maschengitter oder Maschendraht und Moos zu umgeben, um das Auseinanderbrechen zu verhindern. Dadurch wird die Steckmasse gleichzeitig mit einem natürlichen Material abgedeckt und das Moos kann in die Gestaltung miteinbezogen werden.
Bei größeren Gestecken und Bodenvasen, auch bei Dekorationen, umhüllt man die Steckmasse mit Sphagnum (Torfmoos), um sowohl die Feuchtigkeit besser zu halten, als auch um die Aufnahmefähigkeit für Wasser beim Nachgießen zu erhöhen.

Abb. 667: Pinholder.

Abb. 668: Sommerliches Gesteck mit *Cosmos bipinnatus*.

Abb. 669: Gesteck mit ausgeprägten Bewegungsformen.

Abb. 670: Sommerliches Gesteck mit Blumen und Früchten.

Abb. 671: Sommerblumengesteck in Gelbtönen.

6.2.5 Tischdekoration

Historischer Hintergrund – Essen ist eine Lebensnotwendigkeit. Der Mensch hat die reine Nahrungsaufnahme über das Grundbedürfnis hinaus kultiviert; kaum ein Fest oder eine Feier vergeht ohne ein gemeinsames Festessen.

Zu der Esskultur gehört aber auch der Schmuck des Tisches. Neben Geschirr und Besteck haben seit dem 15. Jahrhundert verschiedene Formen des Tischschmuckes Einzug gehalten. Zuerst waren es schmuckvolle Ziergeräte und Nachbildungen von Tieren und Früchten. Mit dem 16. Jahrhundert beginnt auch die Tradition des Blumenschmuckes; Blüten werden über den Tisch gestreut.

Im 18. Jahrhundert gewinnt der Blumenschmuck an Bedeutung. Um Gartenfeste nachzuahmen, werden Blumen kunstvoll und üppig in Vasen aufgesteckt. Wesentliche Teile unserer heutigen Tischkultur gehen auf das späte 18. Jahrhundert zurück. Blumenschmuck ergänzt heute wie damals ebenso wie Tischtuch, Servietten und Kerzen das Geschirr und Besteck.

Planung und Ausführung – Für den Floristen kann jeder Anlass, jedes Essen ein Grund sein, eine passende Tischdekoration zu fertigen. Bei Planung und Durchführung müssen einige Punkte beachtet werden.

Die Ordnungsart, in der der Tischschmuck gearbeitet werden soll, ist abhängig vom Anlass und Raum. Je nach der gewünschten Wirkung muss man sich für eine symmetrische oder asymmetrische Gestaltung entscheiden.

Abb. 672: Asymmetrische Tischdekoration.

Abb. 673: Platzbedarf bei einem Tisch-gesteck für eine Person, 60-80 cm.

Der Platzbedarf auf dem Tisch wird durch die Größe und Form der Tafel vor-gegeben. Für ein Gedeck wird in der Gastronomie ein Platzbedarf von 60 bis 80 cm in der Breite und ca. 50 cm in der Tiefe gerechnet. Wenn noch weiteres Geschirr auf dem Tisch steht, wird manchmal der Platz für die Tischdeko-ration recht knapp. Darauf sollte sich der Florist bei seinen Arbeiten einstellen. Die Auswahl der Werkstoffe wird natürlich hauptsächlich durch den Anlass und die Farben des Tisch es bestimmt. Die Zusammenstellungen der Blumen und des Beiwerkes werden, je nach der Art der Feier, sehr unterschiedlich sein können. Die Farben des Tischtuches und des Geschirrs sind zu beachten, da-mit Gleichklang oder Gegensatz mit in die Gesamtgestaltung einbezogen wer-den.

Zwischen feinen, eleganten Blumen und rustikalen, rauen Materialien steht dem Floristen ein breiter Bereich zur Verfügung, es kommt hier auf die Beratung bei der Bestellung an. Nicht nur Arbeiten mit Schnittblumen kön-nen eine Tischdekoration bilden, auch gepflanzte Arrangements bieten sich an. Hier eignen sich flach wachsende und klein bleibende Arten, die je nach Jahreszeit eine interessante Ausgestaltung ermöglichen.

Bei der Ausarbeitung der Tischdekoration sollte immer beachtet werden, dass der Blumenschmuck eine Ergänzung der Festtafel bildet. Der Ablauf des Essens darf durch die Blumen nicht beeinträchtigt werden. Um die Unter-haltung zwischen den Gästen nicht zu behindern, sollte der Tischschmuck so gearbeitet werden, dass ein freier Blickkontakt erhalten bleibt. Also müssen die Gestecke niedriger als Augenhöhe sein oder erst ein Stück oberhalb beginnen. Für die zweite Möglichkeit eignen sich Steckgefäße auf dünnen, hohen Stielen. Auch eine Kombination beider Anordnungen kann gearbeitet werden.

Abb. 674: Sommerliche Tischdekoration.

Abb. 675: Tischdekoration.

Ob die Gestecke für eine Tischdekoration mit einem oder mehreren Wachstumspunkten oder parallel gearbeitet werden, ergibt sich aus der Auswahl des Werkstoffes und dem Platzanspruch. Auf langen Tischen sind längliche, schmale Gefäße gut geeignet. Für die Dekoration eines runden oder ovalen Tisches finden runde Schalen Verwendung. In jedem Fall sind möglichst flache Gefäße zu benutzen, um die Blumen dicht an die Fläche des Tisches heranzubringen.

Ranken und Ausläufer schaffen eine Verbindung zwischen einzelnen Arbeiten. Die Verarbeitung von Kerzen in einer Tischdekoration unterstreicht den festlichen Charakter und erspart das Aufstellen von Kerzenleuchtern zwischen den Gestecken.

Abb. 676: Die Tischdekoration sollte unter der Augenhöhe oder darüber angeordnet sein.

Praktische Hinweise: Gestecke

- Pinholder nur in trockne Schalen einkleben, die Klebmasse eventuell vorher an einer Flamme erwärmen.
- Steckmasse abrunden, um eine natürlichere Form zu erhalten.
- Bei schweren Blumen und zum Abdecken der Steckmasse diese mit Moos umhüllen und mit Draht abwickeln.
- Blumenstiele schräg anschneiden, nicht anspitzen, da sie dann besser in der Steckmasse halten.
- Nachfüllen von Wasser muss möglich sein, eventuell schmalen Rand freilassen.
- Beim Stecken auf einem Kenzan dünne Stiele durch Umwickeln mit einem schmalen Papierstreifen oder Klebefilm verstärken.

Abb. 677: Braut aus der Zeit vor der Jahrhundertwende.

Abb. 678: Brautkleider unterliegen dem ständigen Wandel der Mode.

6.3 Brautschmuck

In allen Kulturkreisen wird das Brautpaar für die Hochzeit geschmückt; dieser wichtige Tag im Leben soll hervorgehoben und entsprechend gefeiert werden. Als Schmuck der Braut und auch des Bräutigams dienen festliche Kleidung, edle Metalle und auch Blumen.

Für den Floristen bedeutet dies, dass sein Werkstück, der Brautstrauß, folgenden Anforderungen genügen muss:

- Die Braut schmücken,
- dem Anlass entsprechend gestaltet sein,
- die Dauer der Hochzeit frisch und ansehnlich überstehen soll,
- bequem und sicher zu tragen ist.

6.3.1 Beratung der Braut

Um den genannten Ansprüchen zu genügen, muss der Florist bereits bei der Verkaufsberatung einige Punkte beachten:

- Das wichtigste ist natürlich die Persönlichkeit der Braut und dabei besonders ihr Typ, die Figur und das Alter. Der Typ wird stark durch die Haarfarbe und den Teint beeinflusst
- Vom Brautkleid sollte Schnitt, Form, Farbe und Material bekannt sein, um den Strauß auch darauf abstimmen zu können. Hierzu genauere Vorgaben zu machen ist nicht möglich, da die Brautkleidmode ständigem Wandel unterliegt.
- Auch die Art der Hochzeit spielt eine Rolle, ob es also eventuell eine Trachtenhochzeit oder ein elegantes Fest werden soll.

- Natürlich müssen die Wünsche der Braut berücksichtigt werden. Hier kommen die Lieblingsblumen und -farben zum Tragen.
- Auch der Wandel der Jahreszeit kann bei der Auswahl der Blumen seinen Niederschlag finden. Zum einen sind nicht alle Blumen zu jeder Jahreszeit zu bekommen, zum anderen kann durch eine entsprechende Auswahl die Stimmung der Jahreszeit mit eingefangen werden.
- Auch die eventuellen Preisvorstellungen des Brautpaares müssen beachtet werden.

Fotoalben mit eigenen Brautsträußen und auch eigene Videoaufnahmen sind bei der Kundenberatung hilfreich. Durch das Zeigen eigener Werkstücke wird das Vertrauen des Kunden gefestigt.

Unter Berücksichtigung all dieser Punkte und mit seinem Fachwissen gestaltet der Florist dann einen individuellen und persönlichen Brautschmuck.

Abb. 679: Brautstrauß aus Rosen und Gloriosa.

6.3.2 Auswahl der Blumen

Für die Auswahl der Blumen für einen Brautstrauß gelten die gleichen Kriterien, die bei der Kundenberatung wichtig sind: Die Braut, das Brautkleid, die Art der Hochzeit, die Jahreszeit und die Wünsche der Braut zusammen bestimmen die Blumenauswahl.

Die Blumen müssen zum Typ der Braut passen. Durch die gezielte Auswahl kann die Wirkung der Braut noch gesteigert werden. Dabei wird von dem Floristen viel Einfühlungsvermögen verlangt, um die Braut richtig zu charakterisieren und dann die Blumen passend zu wählen.

Da die Brautkleidmode ständig im Wandel ist, sind feste Aussagen über das typische Brautkleid nicht zu treffen. Die Hauptfarbe ist weiterhin Weiß, aber auch andere Farben und andere Kleidformen, z.B. das Kostüm, werden als Brautkleid getragen. Besonders zur standesamtlichen Hochzeit wird gerne normale oder weniger festlich wirkende Kleidung gewählt.

Auch die Art der Hochzeit beeinflusst die Blumenauswahl. So können festlich und edel wirkende Blumen bei einer einfachen Hochzeit falsch am Platz sein, während eine zu einfache Blumenauswahl einer festlichen und eleganten Hochzeitsfeier nicht gerecht wird.

Blumen aus der jeweiligen Jahreszeit schaffen manchmal für die Braut unvergessliche Erinnerungen. Auch die Stimmung der Jahreszeit kann durch passende Blumen viel besser eingefangen werden.

Spezielle Wünsche der Braut sollten berücksichtigt werden, wenn sie mit den anderen genannten Punkten in Einklang stehen. Manchmal kann eine richtige Beratung auch von unpassenden oder nicht erfüllbaren Wünschen ableiten. Allgemein sollten keine Standardzusammenstellungen an Brautstraußblumen immer wieder gewählt werden. Der Brautstrauß soll ein ganz individueller und nur für eine Braut ausgesuchter Schmuck sein.

Deshalb können hier auch keine Vorschläge unterbreitet werden, da sich das Angebot an Blumen durch die Jahreszeit und durch neu in den Handel kommende Arten und Sorten ständig wandelt.

Grundsätzlich finden in den Brautsträußen feine und kleine Blüten besser Verwendung. Durch einen Gleichklang in der Struktur und der Farbe der Blumen kann eine einheitliche Wirkung erreicht werden. Kontraste können hier aber auch die Wirkung einzelner Blumen und Farben heben.

Abb. 680: Auch zum Hosenanzug kann ein passender Brautstrauß gearbeitet werden.

6.3.3 Arbeitstechniken

Je nach gewählter Form und dem zu verarbeitenden Material ist eine entsprechende Bindetechnik für die Herstellung des Brautstraußes zu wählen. Es stehen hier verschiedene Möglichkeiten zur Auswahl.

Durchgebundener Brautstrauß – Wie bei einem gebundenen Strauß laufen bei dem durchgebundenen Brautstrauß die Blumenstiele durch die Bindestelle und bilden den Griff. Je nach Straußform können die Stiele parallel oder spiralig angelegt werden. Die parallele Stielführung ist meistens bei dem graphisch-linear oder dem mit Achsen gestalteten Brautstrauß vorteilhaft, die spiralige Stielanordnung empfiehlt sich bei runden Brautsträußen.

Für seitliche oder abfließende Bewegungen ist es häufig notwendig, die Blumenstiele oberhalb der Bindestelle zu biegen. Um das Biegen zu erleichtern, und um den Stiel in der gewünschten Stellung zu halten, werden die Blumenstiele geschient. Dazu wird links und rechts von der zu biegenden Stelle ein dünner Steckdraht angelegt und Stiel und Draht mit Abwickelband umwickelt. Nun kann der Stiel vorsichtig in die gewünschte Form gebogen werden. Damit die Schiene möglichst unauffällig bleibt, ist ein zum Blumenstiel gleichfarbiges Abwickelband zu wählen.

Durch Zwischenbinden mit Bast wird die Festigkeit des Brautstraußes erhöht und die Blumen lassen sich besser in der gewünschten Form halten. Nach Fertigstellen des Straußes werden die Stiele noch auf Handbreite eingekürzt, der Griff wird mit Kunststoffband abgewickelt. Vor der Übergabe an die Braut sollte der Griff noch abgepolstert und mit einem Stoffband umwickelt werden, da er sich angenehmer anfassen lässt.

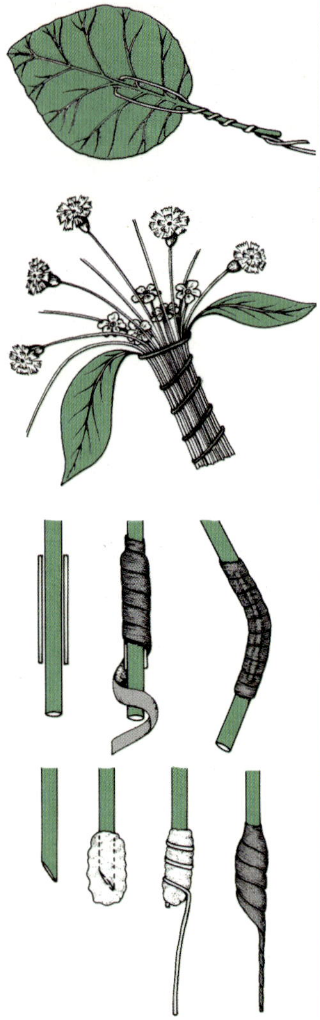

Wattierter Brautstrauß – Bei einem Brautstrauß aus anwattierten Blumen werden alle Blumenstiele an der Bindestelle abgeschnitten, mit entsprechend starkem Draht angedrahtet und an der Schnittfläche mit feuchter Watte versehen. Mit einem Abwickelband werden dann die Watte und der Drahtstiel umhüllt. Bevor mit dem Zusammenbinden begonnen wird, sollten alle Blumen und Beiwerk so vorbereitet sein. Für das Binden eines anwattierten Brautstraußes gibt es zwei Möglichkeiten:

- Alle Drähte laufen parallel und werden zum Schluss mit Bast zusammengebunden. Wichtig ist hierbei, dass der Bast direkt unter den Wattepolstern beginnt und über den ganzen Griff läuft, um so dem Strauß größte Festigkeit zu geben.
- Die Drähte werden korkenzieherähnlich miteinander verdreht und ergeben so einen sehr festen Brautstrauß. Die Drehung des Drahtes muss in einer Richtung verlaufen, um einen dünnen Griff zu erhalten. Sehr wichtig ist bei beiden Methoden, dass alle Wattepolster nebeneinander enden und sich gegenseitig Halt geben, da sonst der Brautstrauß formlos und instabil wird.

Diese Technik ist gut für Brautsträuße geeignet, deren Blumen kurze Stiele haben oder wenn Blumen in stark abfließender Bewegung verarbeitet werden sollen. Da der Draht direkt unter dem Wattepolster gebogen werden kann, lässt sich fast jede gewünschte Straußform erreichen.

Der Griff des fertigen Brautstraußes wird auf Handbreite eingekürzt, mit Watte oder Zellstoff umwickelt, um Unebenheiten auszugleichen und dann mit einem Stoffband abgewickelt.

Abb. 681: Von oben nach unten: Stützen eines Blattes. – Schnitt durch einen durchgebundenen Brautstrauß: Die Stiele verlaufen im Griff parallel. – Schienen der Stiele für einen durchgebundenen Brautstrauß. – Wattierter Brautstrauß: Der Blumenstiel wird abgeschnitten, mit feuchter Watte umhüllt, angedrahtet und abgewickelt.

Eine Mischung der beiden ersten Techniken ist möglich, wenn sehr kurze Blumen in einem Brautstrauß mit eingearbeitet werden sollen und diese dann anwattiert werden müssen.

Auf Moos gesteckter Brautstrauß – Ausgangsprodukt für das Herstellen eines Brautstraußes in der Moostechnik ist ein Bündel aus feuchtem *Sphagnum* (Torfmoos). Die einzelnen Moosfasern werden parallel zu einem lockeren Bündel von etwa 5 cm Durchmesser zusammengelegt und mit Bast leicht zusammengehalten. Dies Bündel wird dann in einen Brautstraußhalter (Laborhalter) eingespannt.

Die Blumen und das Beiwerk werden von oben in das Moosbündel gesteckt. Die Stiele sollten dabei etwa in der Mitte des Bündels enden, um eine gute Wasserversorgung zu gewährleisten. Blumen, die gebogen werden sollen, müssen vorher geschient werden. Um auch dünnstielige oder kurze Blumen sicher befestigen zu können, empfiehlt es sich, diese mit einem dünnen Draht anzudrahten und sie in das Moos hineinzuziehen.

Wenn alles Material eingearbeitet ist, wird der Brautstrauß aus dem Halter herausgenommen und die Form noch einmal überprüft. Danach wird das Moosbündel fest mit Bast zusammengebunden und der Brautstrauß erhält seine endgültige Festigkeit. Um das Moos zum Griff hin abzudecken, werden kleine gestützte Blätter von unten angelegt und festgebunden.

Nach dem Einkürzen des Griffes muss dieser wasserdicht mit Folie abgedeckt und mit einem Stoffband abgewickelt werden.

Diese Brautstraußtechnik empfiehlt sich bei Arbeiten mit wenigen Blumen und wenn eine gute Wasserversorgung gegeben sein soll.

Brautstrauß in Steckhilfe gesteckt – Von der Industrie werden Steckhilfen für die Brautstraußherstellung angeboten, die die Arbeit erleichtern und beschleunigen. Die Steckhilfe besteht aus einem kleinen Steckmassestück mit einem Griff und kann nach dem Vollsaugen sofort benutzt werden. Der Griff wird zum Straußbinden zweckmäßigerweise in einen Brautstraußhalter eingeklemmt, um beide Hände zum Arbeiten frei zu haben.

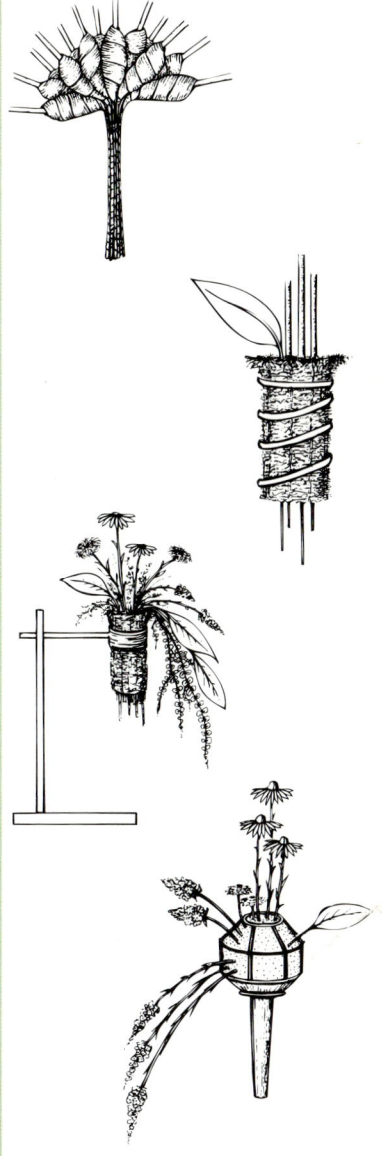

Abb. 682: Von oben nach unten: Bindetechnik bei einem wattierten Brautstrauß: Alle Wattepolster treffen sich in einem Punkt. – Auf Moos gesteckter Brautstrauß: Bündel aus parallel liegenden Moosfasern, in denen die Blumenstiele enden. – Auf Moos gesteckter Brautstrauß: Das Einklemmen des Moosbündels in einen Laborhalter erleichtert das Arbeiten. – Brautstrauß in Steckhilfe gesteckt.

Arbeitstechniken für Brautsträuße

Technik	Anwendung	Bemerkung
durchgebunden	fast alle Brautstrauß-formen	bei vielen Blumen dicker Stiel, gute Haltbarkeit, kann ins Wasser gestellt werden
wattiert	alle Brautstraußformen	arbeitsaufwendig, da alle Blumen wattiert und angedrahtet werden, jede Form erzielbar, Haltbarkeit abhängig von der Blumenauswahl und der Verarbeitung
auf Moos gesteckt	für graphisch-lineare Brautsträuße gut geeignet	nicht zu viele Blumen verarbeiten, für dünne Stiele gut geeignet, gute Haltbarkeit durch feuchtes Moos, feines Ausarbeiten der Basis leicht möglich
auf Steckhilfe gesteckt	füllige Formen mit dünnstieligen Blumen	schnelles Arbeiten, große Basis, nur begrenzte Blumenmenge möglich, abfließende Formen müssen mit Draht verankert werden

Die Blumen werden auf entsprechende Länge zugeschnitten und in die Steckmasse gesteckt. Längere Blumen und abfließende Bewegungsformen sollten vorher angedrahtet werden, um sie in dem Gitter, das die Steckmasse umgibt, verankern zu können. Durch die Größe der Steckmasse sind der Menge der Blumen Grenzen gesetzt. Auch ergibt sich manchmal eine zu große Basis, da die gesamte Steckhilfe abgedeckt sein sollte.

6.3.4 Brautstraußformen

Bestimmte Brautstraußformen haben sich im Laufe der floristischen Entwicklung herausgebildet und bewährt.
Die Unterschiede liegen sowohl in der Gestaltungsart als auch in der Form und der Anordnung der Blumen zueinander.

Biedermeierstrauß – Als typisches Beispiel der klassischen Formbinderei findet der Biedermeierstrauß bei Hochzeiten Verwendung.
Um eine Mittelblüte werden gleiche Blumen ringförmig angeordnet. Gut geeignet sind kleine, runde Blüten, z.B. *Bellis* (Tausendschön), *Dendranthema*, *Dianthus* (Nelke), *Rosa* (Rose), *Dahlia* (Dahlie) und *Zinnia* (Zinnie).
Die Stiele werden unter den Blüten auf wenige Zentimeter gekürzt und angedrahtet. Empfindliche oder leicht welkende Blumen sollten gegebenenfalls wattiert werden. Die Bindetechnik entspricht der bei dem wattierten Brautstrauß beschriebenen.
Den Abschluss bei dem Biedermeierbrautstrauß bilden eine Manschette aus Stoff (Spitze oder Tüll) oder Blätter, z.B. *Hedera* (Efeu), *Hosta* (Funktie) oder *Bergenia*.
Bei kleinen Biedermeiersträußen oder Blumen mit sehr dünnen Stielen können die natürlichen Stiele auch beibehalten werden und den Griff bilden (siehe „durchgebundener Brautstrauß", S. 248).
Wenn Bänder in dieser Straußform verarbeitet werden, so sollte man sie an den Rand anordnen, um den Eindruck des Bindens zu verstärken und die strenge, symmetrische Anordnung der Blumen nicht zu stören.

Glamelie – Dieser Name leitet sich aus der Zusammenfassung der Blumennamen Gladiole und Kamelie ab.
Die Ausgangsvorstellung für diese Brautstraußform ist die Blüte der Kamelie. Um die Kamelienblüte nachzubilden, werden Teile der Gladiolenblüte angedrahtet und abgewickelt. Aus diesen Blütenteilen setzt sich dann die Glamelie zusammen. Eine Möglichkeit, den Blütencharakter zu verstärken, besteht darin, Laubblätter wie Kelchblätter um die Blüte anzuordnen. Auch aus Teilen anderer Blüten wie *Dianthus* (Nelke) oder *Lilium longiflorum* (Lilie) lassen sich solche „Brautblüten" zusammensetzen.
Den Griff des Brautstraußes bilden die Drähte. Die Herstellungstechnik entspricht der eines wattierten Brautstraußes. Diese Brautstraußform ist sehr zeitaufwendig und teuer.

Englischer Brautstrauß – Diese zur Formbinderei zählenden Brautstraußarten werden in strenger Form gebunden. Beliebt sind die Tropfen- und Sichelformen.
Durch das dichte Aneinanderfügen der Blüten wirken diese Brautsträuße sehr geschlossen. Ihre Bewegungsachsen sind bei der Tropfenform gerade oder geschwungen und bei der Sichelform gebogen. Nach oben und zur Mitte hin verdichten sich die Blüten und die intensiveren Farben werden bei mehrfarbigen Sträußen dort konzentriert verarbeitet.

Abb. 683: Brautstrauß in Biedermeierform.

Abb. 684: Glamelie aus den Blütenblättern von Gladiolus-Hybriden gebunden.

Abb. 685: Englischer Brautstrauß: Tropfenform.

Für den englischen Brautstrauß werden kleine Blüten, z.B. *Stephanotis flori-bunda* (Kranzschlinge), *Argyranthemum frutescens* (Strauchmargerite), *Dendrobium* und *Freesia*-Hybriden (Freesie) angedrahtet und ohne Watte abgewickelt. Aus diesen Blüten und passenden kleinen Blättern bindet man dann mit dem Abwickelband unterschiedlich lange Ranken. Nach dem Zusammenfügen der einzelnen Ranken ergibt sich die endgültige Brautstraußform. Ein Abschluss zur Hand wird durch Band, Tüll oder Blätter erreicht.

Wasserfallbrautstrauß – Der seit der Jahrhundertwende aktuelle Wasserfallbrautstrauß findet in aktualisierter Form wieder Anklang als Brautschmuck. Lange, herabfließende Blüten und Ranken werden hier zu einer aufgelockerten Tropfenform zusammengebunden. Kürzere Blumen finden dabei Verwendung in zusammengesetzten Ranken. Passende Bänder begleiten die abfließenden Formen.
Dieser Brautstrauß wird nicht in der Hand, sondern auf dem Unterarm liegend getragen.

Graphisch-linearer Brautstrauß – Auffallende Linien und besondere Formen stehen im Vordergrund und machen eine Beschränkung auf ausgewählte und ausdrucksstarke Werkstoffe notwendig.
Um diesen Blüten und Pflanzenteilen einen ruhigen Gegensatz und optischen Halt zu geben, gehört bei dieser Brautstraußform eine gut und fein ausgearbeitete Basis unbedingt zur Gesamtgestaltung. Ranken, Ausläufer und andere abfließende Bewegungen ergänzen die nach oben gerichteten Formen und schaffen einen Übergang zu den Linien des Brautkleides.

Abb. 686: Wasserfallbrautstrauß.

Abb. 687: Graphisch-linearer Brautstrauß.

Abb. 688: Üppiger Brautstrauß mit lang abließenden Formen.

Abb. 689: Asymmetrischer Brautstrauß mit abfließenden Formen.

Üppiger, gruppierter Brautstrauß – Ein Brautstrauß, der mit vielen Blumen gebunden werden soll, ist in ausgeprägten Gruppen zu gestalten. Dabei werden die Blumen auch gegen ihre Wachstumsrichtung in gestaffelten Achsen zur Seite und nach unten geführt.

Je nach Schnitt des Brautkleides wird die Form des Brautstraußes unterschiedlich sein. Bei langen Kleidern befindet sich die Bindestelle, die auch den Bewegungsmittelpunkt bildet, etwa bei einem Viertel oder einem Drittel der gesamten Brautstraußlänge. Diese Proportion ist abhängig von den verwendeten Werkstoffen. Feine und leichte Pflanzenteile werden weiter heraus und länger angeordnet als schwerere und fülligere.

Ein Brautstrauß zu einem kürzeren Kleid oder einem Hosenanzug sollte so gestaltet werden, dass der Strauß etwa in der Mitte der Gesamtlänge gebunden wird. Leichte Formen und helle Farben werden nach außen angeordnet, schwerere und dunkle Blumen konzentrieren sich mehr zur Bindestelle.

Werden die Blumen und Pflanzenteile stark verdichtet und nur mit geringen Abständen gestaffelt, ergeben sich Formen, bei denen die Oberflächenstruktur der Werkstoffe besonders herausgestellt wird. Diese Brautsträuße werden auch als Strukturbrautsträuße bezeichnet. Bei asymmetrischer Anordnung der Blumen müssen auch die abfließenden Bewegungen unterschiedlich stark und lang ausgeführt werden.

Diese Brautstraußform lässt sich gut in der Technik des Durchbindens und des Wattierens ausführen. Auch eine Mischung beider Arbeitstechniken ist möglich.

Abb. 690: Asymmetrischer Brautstrauß aus Sommerblumen.

Abb. 691: Brautstrauß aus *Phalaenopsis*.

Abb. 692: Rundgebundener Brautstrauß.

Abb. 693: Brautstrauß in Biedermeier-form.

Rundgebundener Brautstrauß – Rundgebundene Sträuße sind in kleinerer Form auch als Brautstrauß geeignet.

Ausgehend von der runden Kuppelform können diese Brautsträuße aufgelockert oder kompakt gestaltet werden. Wichtig ist für die kleinen Sträuße eine feine Abstufung der Blüten und Blätter, um eine der Braut angepasste Wirkung zu erhalten.

Einen Abschluss können bei dem rundgebundenen Brautstrauß Blätter, Ranken und Band in entsprechender Anordnung bilden. Beachtung findet bei der Verwendung von Band, dass der Eindruck des Bindens geschaffen wird, also das Band in der Nähe der Bindestelle angebracht wird.

Praktische Hinweise: Brautstrauß

- Blumen und Arbeitstechnik so auswählen, dass der Brautstrauß den Tag der Hochzeit gut übersteht.
- Nur gut gewässerte Blumen verarbeiten.
- Blumen, die gebogen werden müssen, von innen stützen oder an der Biegestelle schienen.
- Interessantes Basismaterial auswählen, da hierdurch die Verarbeitung erleichtert wird.
- Beim Verarbeiten von Band dieses zu langen Schlaufen zusammenfassen, um so den Eindruck des Bindens zu verdeutlichen.
- Zwischenbinden kleiner Moospolster erleichtert das Verarbeiten glatter Stiele.
- Griff mit weichem Band abwickeln, da so ein sauberer Abschluss und angenehme Trageeigenschaften erreicht werden.

Abb. 694: Braut mit Strauß und Kopfkranz.

Abb. 695: Kopfschmuck einer Braut-jungfer.

6.3.5 Kopfschmuck und Anstecker

Der individuelle Brautschmuck beschränkt sich nicht nur auf den Brautstrauß, auch der Kopfschmuck und der Anstecker für das Kleid gehören dazu. Bei manchen Trachten bildet der Blumenschmuck der Trägerin einen wichtigen Teil des Gesamtbildes.

Kopfschmuck – Für die Auswahl eines Blumenkopfschmuckes gelten dieselben Kriterien wie bei der Brautstraußwahl. Daneben spielen hier auch noch eine eventuelle Kopfbedeckung und der Schleier eine entscheidende Rolle.

Die einfachste Form bilden Einzelblüten, die, mit einem passenden Abwickelband sauber abgewickelt, in das Haar eingearbeitet werden. Der Blütenkranz wird wie eine feine Girlande aus kleinen Blüten und Blättern auf einem Draht oder festen Faden gebunden. Wenn der Kranz nicht ganz geschlossen ist, lässt er sich leichter der genauen Kopfgröße anpassen.

Einen halben Kranz bildet der Blütenreif der von der Mitte aus zu den Enden hin gebunden wird.

Zu einem Tuff zusammengefasste Blüten werden in einer Technik verarbeitet, die dem wattierten Brautstrauß entspricht. Wenn der Tuff auf einem Haarkamm gearbeitet wird, lässt er sich einfach und bequem in der Frisur befestigen.

Bis in die sechziger Jahre waren der Myrtenkranz und das Diadem als Kopfschmuck sehr beliebt.

Der Kopfschmuck aus Blumen ist natürlich nicht nur auf die Hochzeit beschränkt. Ebenso wie der Anstecker kann er auch zu anderen festlichen Anlässen getragen werden.

Abb. 696: Myrtenkrone, Kopfkranz und Blütentuff.

254

Abb. 697: Corsage.

Anstecker – Der Anstecker oder die Corsage bilden sowohl eine weitere Form des Brautschmuckes als auch einen interessanten Blumenschmuck für die festlich gekleidete Frau.

Bei der Auswahl der Blumen und sonstigen Materialien sind kaum Grenzen gesetzt. Es können Frischblumen und Blätter ebenso Verwendung finden wie Trockenmaterialien, Früchte oder Bänder. Wichtig ist eine ausreichende Haltbarkeit, da diese Gebinde häufig einige Stunden in warmen Räumen und am Körper getragen werden.

Die verwendeten Materialien werden mit feinen Drähten angedrahtet und abgewickelt. Frischblumen müssen vorher an der Schnittfläche mit feuchter Watte versehen werden, um das schnelle Welken zu verhindern. Blätter und empfindliche, dünne Stiele erhalten vorher eine Stütze aus Silberdraht. Die weitere Verarbeitung erfolgt in der gleichen wie bei einem wattierten Brautstrauß. Der Drahtstiel wird zum Schluss eingekürzt, abgewickelt und flach unter den Anstecker gebogen.

Zur Befestigung an der Kleidung können unter den Blättern kleine Drahtösen miteingearbeitet werden oder es wird eine Broschennadel am Stiel befestigt. Der fertige Anstecker kann als Kopfschmuck, an der Schulter, am Gürtel, am Schuh oder auf einem Reifen am Arm getragen werden.

Bei dieser Arbeit sind den Floristen sowohl von der Materialauswahl als auch von der Form her ein großer Freiraum für die Fantasie gelassen.

Abb. 698: Verschiedene Anstecker.

 Der Brautstrauß ist ein Schmuck für die Braut an ihrem Hochzeitstag. Dies muss bei allen Überlegungen zur Auswahl der Blumen und der Form im Vordergrund stehen.

Abb. 699: Geschmücktes Hochzeitsauto.

Abb. 700: Girlanden auf der Motorhaube und an den Seiten.

6.3.6 Autoschmuck

Geschmückte Fahrzeuge sind ein beliebtes und traditionelles Transportmittel bei Festen und Umzügen. Deshalb sollte auch bei der Hochzeit ein geschmückter Wagen für das Brautpaar nicht fehlen.

Verkehrssicherheit – Für die Ausschmückung des Hochzeitsautos ergeben sich viele Möglichkeiten, die von der Fahrzeugform, der Farbe und auch von der Art der Hochzeit abhängig sind. Bei allen Überlegungen steht die Verkehrssicherheit des Fahrzeuges im Vordergrund. So darf weder die Sicht des Fahrers behindert werden, noch dürfen wichtige Signaleinrichtungen verdeckt werden.

Befestigung – Die Befestigung der Dekoration muss sicher und fest sein und der Schmuck darf sich während der Fahrt nicht auflösen. Zur Befestigung eignen sich Magnetplatten oder Saughalter, die aber in jedem Fall mit Schnüren gesichert werden müssen. Draht sollte nicht benutzt werden, um ein Zerkratzen des Lackes zu vermeiden. Als Befestigungspunkte für den Autoschmuck bieten sich Kühler- und Lüftungsgrill, Seitenspiegel und der Stoßfänger an.

Ausarbeitung – Bei der Ausarbeitung des Autoschmuckes sollte man diesen der Karosserieform anpassen. Glatte, großflächige Fahrzeugteile wie Motorhaube, Dach oder Heckklappe, können mit großen Gestecken dekoriert werden. Arbeiten, die z.B. am Kühlergrill befestigt werden, müssen hier in Höhe und Ausdehnung den vorgegebenen Formen entsprechen. Bewegungsformen, die sich der Fahrzeugform anpassen, wie Ranken, Zweige oder Bänder, führen zu einem guten Übergang zwischen Dekoration und Fahrzeug. Neben flachen Gestecken bilden Blumengirlanden eine schöne Schmuckform. Auch Kombinationen aus beiden Möglichkeiten bieten sich an.

Nicht nur die Außenfläche des Brautwagens kann geschmückt werden, auch im Innenraum kann man schmale Girlanden anbringen.

Abb. 701: Autoschmuck.

6.4 Grünschmuck im Raum

Die Pflanzen im Raum sind keine Einrichtungsgegenstände. sondern entsprechen dem Wunsch des Menschen nach Natur in seiner Umgebung. Sie wechseln in ihrer Beliebtheit mit dem Zeitgeschmack und dem Lebensgefühl. So kommen immer wieder Pflanzen in den Handel, die viele Jahre überhaupt kein Interesse fanden und plötzlich wieder gewünscht werden.

Durch Forscherdrang und intensive Beschäftigung mit Pflanzen wurden viele Gewächse aus anderen Vegetationszonen nach Europa gebracht. Ein Beispiel dafür sind die Zitronen-, Pomeranzen- und Orangenbäume an den Fürstenhöfen in der Zeit des Barock. Erfahrung und Studium der Lebensbedingungen der Gewächse ermöglichten auch damals schon Zusammenstellungen mit mehreren Pflanzen in Körben, Schalen und anderen Gefäßen.

Für alle Zusammenstellungen mit verschiedenen Pflanzen sind einige Punkte zu beachten.

Lebensbedingungen – Je nach Vegetationszone haben die Pflanzen bestimmte Ansprüche an Wärme, Feuchtigkeit, Boden, Nährstoffe und Licht. Beim Zusammenstellen von Pflanzungen sollen diese Lebensvoraussetzungen für alle gewählten Pflanzen gleich sein. Pflanzen einer Vegetationszone, z.B. des tropischen Regenwaldes oder der trocknen Steppe, leben unter den gleichen Bedingungen.

Pflanzensoziologie – Auch die Auswahl der Pflanzen nach dem Gesichtspunkt der Herkunft aus einer Lebensgemeinschaft ist mitentscheidend. Dies bedeutet, dass die Pflanzen möglichst aus einem Lebensbereich, z.B. Moor, Waldrand oder Flussufer, stammen sollten.

Form – Für eine gestalterische Zusammenstellung von verschiedenen Pflanzen in einem Gefäß spielen die Bewegungsform und die Größe der Pflanzen eine Rolle und bestimmen ihre Geltung (siehe S.211).

Abb. 702: Bepflanzung einer Eingangshalle.

Abb. 703: Unten links: Bepflanzung in einem Wintergarten.
Abb. 704: Unten rechts: Pflanzung in einem Treppenhaus.

257

Abb. 705: Bepflanzung im Lichthof einer Kantine.

Abb. 706: Bepflanzung in einem Wintergarten.

Farbe und Oberflächenstruktur – Farbe und Oberflächenstruktur sind auffällige Merkmale der Pflanzen und müssen mitbeachtet werden.

Berücksichtigt man all diese Einzelfaktoren, lassen sich die interessantesten Pflanzungen arbeiten, die auch ihren Verwendungszweck erfüllen.

6.4.1 Pflanzschale

Die häufigste Art der Zusammenstellung mehrerer Pflanzen in einem Gefäß ist die Pflanzschale.

Der Begriff „Schale" ist nicht so eng zu sehen, denn das Pflanzgefäß kann aus verschiedenen Materialien gefertigt sein und auch viele Formen besitzen. Schalen, Wannen und Kübel aus Keramik, Kunststoffgefäße, geflochtene Körbe, Holzkübel, Holz- und Steintröge sind nur eine Auswahl an Gefäßen, die für eine Pflanzung geeignet sein können. Gefäße aus Holz oder Korbwaren, die vom Wasser in Mitleidenschaft gezogen würden, sind vor Gebrauch mit einer Folie auszuschlagen.

Eine zurückhaltende Farbe und Form schafft den entsprechenden Untergrund für die Pflanzen.

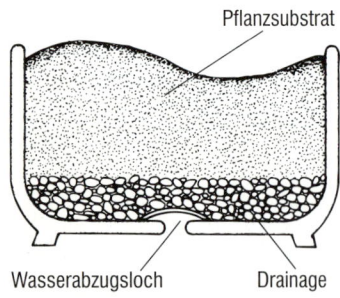

Pflanzsubstrat

Wasserabzugsloch   Drainage

Abb. 707: In tiefen Gefäßen sorgt eine Drainage für einen guten Wasserablauf.

Um in Pflanzschalen, die im Freiland aufgestellt werden, das Versauern der Erde durch zu viel Feuchtigkeit zu verhindern, sollen diese Gefäße ein Wasserabzugsloch besitzen. Eine Drainage aus Kies, Topfscherben oder Sand erleichtert den Wasserabzug und verhindert Staunässe im Gefäß. Für Pflanzungen im Zimmer ist dies nicht immer nötig, nur tiefe Gefäße brauchen ein Abzugsloch und dann natürlich einen Untersatz. Die Auswahl des Pflanzsubstrates richtet sich nach den Ansprüchen, die die Pflanzen haben. Neben Torfkultursubstrat und Einheitserde werden manchmal auch Spezialsubstrate benötigt, z.B. für Orchideen, Succulente und Moorbeetpflanzen.

Einzelpflanzen mit Unterpflanzung – Hier kommen Solitärpflanzen mit einem hohen Geltungsanspruch am besten zur Wirkung. Den Einzelpflanzen werden nur Gemeinschaftsformen zugeordnet, die die Verbindung zum Gefäß herstellen. Die Pflanzgefäße sollten ausreichend groß sein, damit die Pflanzen weiterwachsen können.

Bei tiefen Gefäßen empfiehlt sich ein Abzugsloch und eine Drainage aus Topfscherben oder Kies. Auch viele Kübelpflanzen, die vom Frühjahr bis zum Frost im Freien aufgestellt werden, lassen sich so mit einer Unterpflanzung versehen.

So können z.B. zu einem *Argyranthemum frutescens* (Strauchmargerite) in einem Terracottakübel, *Lobelia erinus* (Männertreu) und *Sanvitalia procumbens* (Husarenknöpfe) gepflanzt werden. Auch die Kombination eines großen Philodendron mit *Ficus pumila* (Kletterfeige) oder einem blühenden *Rhododendron simsii* (Azalee) mit *Primula vulgaris* (Kissenprimel) und *Hedera helix* (Efeu) bieten sich an.

Abb. 708: Pflanzschale mit *Calathea crocata*.

Üppige, prachtvolle Schmuckbepflanzung – Sie wirkt in erster Linie durch die Auswahl an Pflanzen der gemäßigten Geltung, deren Prunkformen auch zu mehreren wirken. Für eine große Anzahl der blühenden Zimmerpflanzen trifft dies zu, beispielsweise für *Begonia cultivars Elatior*-Grp., *Euphorbia pulcherrima* (Weihnachtsstern), *Sinningia* (Gloxinie).

Solche Zusammenstellungen werden daher gerne gewählt, wenn die Pflanzung wirkungsvoll aussehen soll.

Durch die Auflockerung der Pflanzung mit Kleinpflanzen (Farne, Efeu u.ä.) wird eine zu dichte und feste Anordnung vermieden. Überhaupt soll die Wirkung der einzelnen Pflanzen erhalten bleiben und nicht in einer zu kompakten Masse untergehen.

Als Pflanzgefäße eignen sich gut Keramikschalen und mit Folie ausgeschlagene Körbe. Pflanzungen dieser Art werden mit entsprechenden Pflanzen auch gern als Grabschmuck gewünscht.

Vegetative, gruppierte Gefäßbepflanzung – Hier geht man von der Überlegung aus, dass die Pflanzen neben ihrem Pflegeanspruch auch einen Formanspruch besitzen. Es ist also beim Zusammenstellen der Pflanzen sowohl auf die Pflanzensoziologie als auch auf den Gesamtcharakter zu achten.

Alle Pflanzen besitzen eine Gestalt und einen Ausdruck, der für sie typisch ist und diese Werte sollen bei der vegetativen Pflanzung besonders herausgestellt werden. Die ihrem natürlichen Wachstum entsprechende Anordnung in der Pflanzschale verstärkt dies noch.

Mehrere *Dracaena marginata* (Dracaene), die ihre aufstrebend-entfaltende Wuchsform zur Geltung bringen, werden mit *Hypoestes phyllostachia* und *Saxifraga*-Arten unterpflanzt.

Für den Terrassen- oder Balkonbereich können solche Zusammenstellungen aus verschiedenen Pflanzen des Gebirges, z.B. *Pinus mugo* (Latsche), Saxifraga-Arten, Gentiana-Arten (Enzian) und *Pulsatilla vulgaris* (Küchenschelle) bestehen. Auch Zusammenstellungen aus Moorbeetpflanzen zeigen ihr typisches Milieu.

Eine ausgeprägte Bodenmodellierung macht einen natürlichen Eindruck und verschafft auch den Wurzeln genügend Luft. Wenn die Modellierung bis zum Schalenboden reicht, ermöglicht sie eine einfache Kontrolle der Wasserversorgung. Zu viel Wasser, das den Boden versauern würde, wird schnell erkannt und kann entfernt werden.

Abb. 709: Grünpflanzen im Eingangsbereich einer Schule.

Abb. 710: Pflanzschale mit Guzmanien.

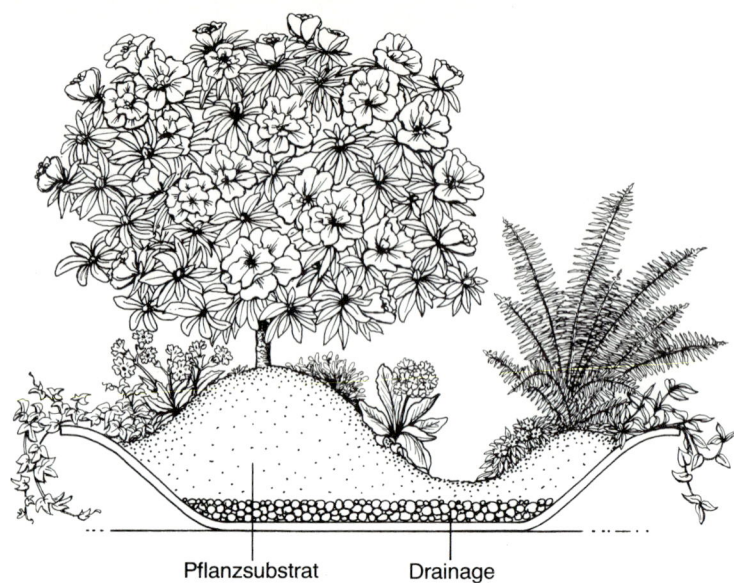

Pflanzsubstrat   Drainage

Abb. 711: Schnitt durch eine Pflanzschale mit Bodenmodulation und Drainage.

Abb. 712: Pflanztisch.

Zur Gestaltung des Bodens gehört auch das Einarbeiten von Wurzeln, Holzstücken und Steinen. Sie können den Pflanzen zusätzlichen Halt geben und sorgen mit Steinen, Kies und Moos für einen lebhaften Untergrund. Nur darf man damit nicht einfach den ganzen Boden abdecken, sondern muss auch diese pflanzlichen und nichtpflanzlichen Werkstoffe den Pflanzengruppierungen zuordnen und in natürlicher Weise gruppieren.

Auch sollen diese Werkstoffe zum Gesamtcharakter der Pflanzung passen. Der durch die Bodenmodulation geschaffene freie Raum in der Schale verstärkt die räumliche Wirkung und ist deshalb ein wichtiges gestaltendes Element. Auch Pflanzungen, die bestimmte Stimmungen oder Naturausschnitte ausdrücken sollen, gehören zu den vegetativen Pflanzschalen.

Technik des Pflanzens – Vor dem Einsetzen in das Pflanzsubstrat müssen die Pflanzen gesäubert und gewässert sein. Schalen aus porösem Ton müssen vorher in Wasser getaucht werden, da der Ton sonst den Pflanzen die Feuchtigkeit entzieht. Zum Pflanzen wird Substrat in die Schale gegeben und die Pflanzen werden bis zur Ballenoberkante eingepflanzt.

Um die Pflege zu erleichtern, ist für einen Gießrand zu sorgen, da sonst das Wasser leicht über den Gefäßrand laufen kann. Die Erde wird beim Pflanzen fest angedrückt, um den Blumen genügend Halt zu geben.

Zum Schluss wird die Pflanzschale mit einem Spritzball oder einer feinen Brause angegossen und von Erdresten gesäubert.

Substrate, Erden – Für Pflanzungen verwendet der Florist keine natürlichen Böden, die durch Verwitterung von Gestein und Verwesung von organischer Substanz entstanden sind, sondern Substrate oder Erden (siehe S. 112).

Abb. 713: Pflanzschale mit Schwerpunktsetzung durch unterschiedliche Größen.

Abb. 714: Strauchmargerite mit Unterpflanzung.

- Pflanzen vor dem Verarbeiten wässern und säubern.
- Auf festen, durchgewurzelten Ballen achten.
- Pflanzsubstrat muss feucht sein.
- Einsetzen der Pflanzen bis zum Wurzelhals.
- Festes Andrücken des Pflanzsubstrates führt zu gutem Kontakt zum Wurzelballen.
- Bodenmodulation erleichtert die Pflege und schafft eine Voraussetzung für gutes Wachstum.
- Das Angießen sorgt für eine weitere Wasserversorgung.

6.4.2 Hydrokultur

„Pflegeleichte Pflanzungen" und „Pflanzen ohne Erde", mit diesen Texten wirbt der Florist für die Hydrokultur. Um die Hydrokultur gut verkaufen zu können, gehört auch Kundenberatung dazu. Das Wort Hydro stammt aus dem Griechischen und bedeutet Wasser, das heißt, Hydrokultur ist eine Wasserkultur.

Kulturtöpfe – In vielen Bereichen ist die Hydrokultur mit der normalen Erd-kultur zu vergleichen, aber es gibt einige Unterschiede. Pflanzen für die Hydrokultur werden in Spezialgärtnereien in besonderen Kulturtöpfen aus Kunststoff gezogen. Die Töpfe sind auf wenige Höhen genormt und besitzen unten und an der Seite viele Öffnungen, damit Wasser eindringen kann.

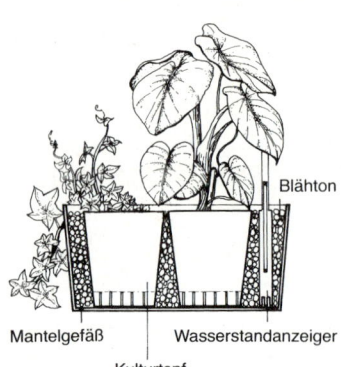

Abb. 715: Schnitt durch eine Hydrokulturpflanzung.

Abb. 716: Einzelteile der Hydrokultur.

Abb. 717: Einzelteile der Hydrokultur.

Da die Kulturgefäße in undurchsichtigen Mantelgefäßen stehen, dient ein Wasserstandsanzeiger zur Kontrolle des Wasserstands. Die Minimal- und Maximalmarken liegen beim Wasserstandsanzeiger mehrere Zentimeter auseinander. Der Wasserstand im Mantelgefäß sollte höchstens die Maximalmarke erreichen. Ein ständiges Halten des Wasserstandes auf dem Maximum kann bei vielen Pflanzen zu Schäden an den Wurzeln führen (Luftmangel). Der optimale Wasserstand liegt zwischen den Höchst- und Niedrigstwerten. Beim Erreichen der unteren Markierung muss nicht sofort wieder Wasser aufgefüllt werden, da das Substrat genügend Feuchtigkeit für einige Tage speichert.

Pflanzsubstrat – Es hat die Aufgabe, die Pflanzen im Topf festzuhalten und etwas Feuchtigkeit zu speichern. Diese Aufgabe übernimmt der Blähton, gebrannte Tonkugeln mit einem porösen Innern. Der Blähton verhält sich gegenüber Wasser und Dünger neutral und enthält auch keine pflanzenschädlichen Stoffe.

Dünger – Es wird entweder ein spezieller Flüssigdünger benutzt, oder ein Langzeitdünger, der als Ionenaustauscher wirkt. Der in kleinen Kunststoffkugeln gebundene Dünger nimmt aus dem Wasser Calciumionen auf und gibt dafür Nährsalzionen ab. Da für diesen Vorgang eine gewisse Wasserhärte notwendig ist, muss in Gegenden mit weichem Wasser ein anderer Dünger benutzt werden. Der Langzeitdünger braucht nur ungefähr alle sechs Monate ergänzt zu werden, während bei Flüssigdüngung jeden Monat nachgedüngt werden muss.

Auswahl der Pflanzen – Sie ist bei der Hydrokultur nicht so groß wie bei der Erdkultur, vor allem fehlen blühende Pflanzen fast ganz.

Vergleich zwischen Erdkultur und Hydrokultur

Kriterium	Erdkultur	Hydrokultur
Kulturgefäß	aus Ton oder Kunststoff mit Übertopf	spezielles Kulturgefäß (Kunststoff) mit undurchsichtigem Mantelgefäß
Substrat	Erdsubstrat	Blähton, Blähschiefer
Nährstoffe	Substrat enthält Nährstoffe	Dünger in Wasser gelöst
Wasserkontrolle	Bodenfeuchtigkeit am Substrat feststellbar	Wasserstandsanzeiger
Pflanzenauswahl	sehr viele Pflanzen im Handel	fast nur Grünpflanzen

Pflege – Auch das Pflanzen größerer Hydrokulturanlagen unterscheidet sich von der Erdkultur. Die Pflanzen werden mit den Kulturtöpfen in das leere Mantelgefäß gestellt, ebenso der Wasserstandsanzeiger und dann werden die Zwischenräume mit Blähton aufgefüllt. Die Oberfläche einer Hydrokultur lässt sich kaum modellieren, da ja alle Gefäße gleich hoch sind.

Da die Wurzeln der Pflanzen in das Wasser hineinragen, führen z.B. Erdverunreinigungen schnell zur Fäulnis. Deshalb ist es auch unmöglich, Hydrokultur mit Erdkulturpflanzen zusammenzubringen.

Man kann jedoch Pflanzen aus Erdkultur auf Hydrokultur umstellen. Dies ist besonders einfach bei jungen Pflanzen und solchen, die über feste Wurzeln verfügen. Dazu wird *alle* Erde sehr sorgfältig von den Wurzeln gewaschen, die

Pflanzen werden dann wie beschrieben mit Blähton in die Kulturtöpfe eingesetzt. Eine hohe Luftfeuchtigkeit begünstigt das Umstellen.

An lichtarmen Standorten muss durch eine Zusatzbeleuchtung dem Wachstumsfaktor Licht Rechnung getragen werden. Dafür eignen sich besonders Leuchten, die nur in geringem Maße Wärme abstrahlen, da es sonst durch den geringen Abstand zu den Pflanzen zu Verbrennungen kommen kann. Entladungsleuchten, wie Leuchtstoffröhren oder Hochdruckquecksilberleuchten (HQL), erfüllen diese Anforderungen. Der große Vorteil bei der Hydrokultur liegt in der einfachen Pflege und dem guten Wachstum der Pflanzen. Deshalb hat sie auch in Büros, Krankenhäusern und ähnlichen Gebäuden Verbreitung gefunden.

6.4.3 Blumenfenster

Die manchmal außergewöhnlichen Lebensvoraussetzungen für das Wachstum der Pflanzen lassen sich in den Wohn- und Arbeitsräumen nicht immer ohne weiteres verwirklichen. Hier helfen Blumenfenster, Pflanzvitrinen und Wintergärten, den Pflanzen diese Voraussetzungen zu schaffen.

Blumenfenster – Das offene Blumenfenster ist zum Raum hin nicht verschlossen und entspricht mehr einem verbreiterten Fensterbrett. Pflanzen, die auch sonst im Raum ihre Lebensbedingungen finden, könnten dort gedeihen. In dem geschlossenen Blumenfenster, das auch zum Wohnraum hin abgeschlossen ist, können die gewünschten Umweltbedingungen, z.B. hohe Luftfeuchtigkeit und Temperatur, leicht geschaffen werden. Den Abschluss zur Wohnung bildet eine Glaswand, die ein Beobachten der Pflanzen ermöglicht. Für die Klimatisierung und Beleuchtung sind die Voraussetzungen möglichst bereits beim Erstellen zu schaffen. Dazu gehören eine getrennt regelbare Hei-

Abb. 718: Beispiel für Hydrokultur-Bepflanzung.

Abb. 719: Schnitt durch ein geschlossenes Blumenfenster.

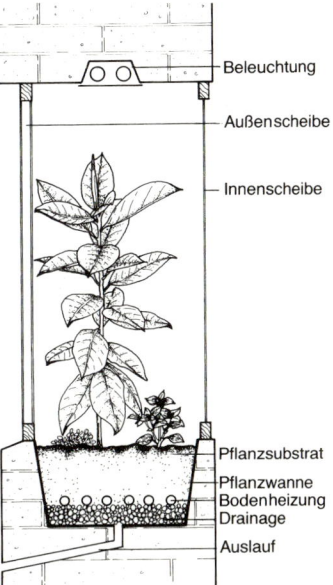

Beleuchtung
Außenscheibe
Innenscheibe
Pflanzsubstrat
Pflanzwanne
Bodenheizung
Drainage
Auslauf

Abb. 720: Offenes Blumenfenster.

Abb. 721: Wintergarten.

zung, Be- und Entlüftung und eventuell eine Schattierung für sonnige Lagen. Die Beleuchtung muss den Ansprüchen der gewünschten Pflanzen entsprechend installiert werden. Als günstig haben sich Leuchten erwiesen, die wenig Wärme abstrahlen und ein sonnenlichtähnliches Licht spenden.

Um ein natürliches Aussehen und genügend Platz für das Pflanzsubstrat zu erhalten, ist eine Pflanzwanne aus wasserdichtem Material günstig, die den ganzen Boden des Blumenfensters ausfüllt. Ein Ablauf oder Überlauf verhindert zu hohe Feuchtigkeit im Substrat. Neben der Erdkultur ist auch die Hydrokultur in einem Blumenfenster möglich, die Erdpflanzung wirkt jedoch meist natürlicher.

Pflanzenvitrine – Sie steht mitten im Raum. Hier müssen die gleichen technischen Voraussetzungen erfüllt werden, wie bei einem eingebauten Blumenfenster. Im Handel sind Konstruktionen aus Holz oder Metall, die von allen Seiten verglast sind und so ein problemloses Betrachten ermöglichen.

Wintergarten – In den letzten Jahren kommt der Wintergarten wieder in Mode. Ein vergrößerter Lebensraum und verbessertes Wohnklima sind hierfür ausschlaggebend. Natürlich bieten sich dort und auch in verglasten Innenhöfen vielfältige Möglichkeiten der Begrünung. Da in den Gärtnereien auch sehr große Pflanzen angeboten werden, lassen sich auch hohe Eingangshallen und Glasbauten bepflanzen, die sich über mehrere Stockwerke erstrecken.

Wenn die Pflanzwannen in den Boden eingelassen sind, wirken die Pflanzungen natürlicher und passen sich besser dem Raum an.

6.4.4 Epiphytenstamm

Wenn in einem Blumenfenster diese Pflanzen des tropischen Regenwaldes gepflegt werden sollen, so benötigen die auf den Bäumen wachsenden Aufsitzerpflanzen eine Unterlage. Der Epiphytenstamm ist eine Form des Baumersatzes für diese Pflanzen.

Vor allem bei Bromelien, Farnen, Orchideen und Succulenten finden sich viele Pflanzen, die in der Natur epiphytisch wachsen. Die Gattung *Tillandsia* beinhaltet besonders viele Pflanzen dieser speziellen Lebensweise.

Als Ausgangsmaterial für den Epiphytenstamm dient ein möglichst bizarr gewachsener Baum oder Ast. Ein hartes Holz eignet sich dafür besonders. Gute Erfahrung hat man mit den Asten von Eiche und Robinie gemacht. Auch alte Rebstöcke lassen sich gut dafür verwenden. Diese Hölzer bleiben lange Zeit stabil und faulen auch in der feuchten Umgebung kaum.

Der Ast wird gereinigt und mit einem Fuß versehen oder in einen großen Topf einzementiert.

Die Befestigung der Pflanzen auf dem Zweig erfolgt mit einem Rindenstück, das angenagelt wird und eine kleine Tasche bildet oder die Pflanze wird mit Moos einballiert und dann mit Draht bzw. Kunststofffaden angebunden oder mit kleinen Haken befestigt. Auch der Aufbau eines Epiphytenstammes aus einem Metallgerüst und einer Umhüllung mit der Rinde der Korkeiche ist möglich. Hierbei bilden sich schon beim Befestigen der Rindenstücke viele Nischen und Befestigungsmöglichkeiten für die Pflanzen.

Bei der Pflanzenanordnung ist zu beachten, dass diese auch weiterwachsen können und sich ihre Formen nicht gegenseitig behindern.

Abb. 722: Epiphytenstamm: a) in Moos einballiert, b) mit Korkrindenstück.

Zur Pflege brauchen die Pflanzen nur eingesprüht zu werden und es genügt, für eine hohe Luftfeuchtigkeit zu sorgen. Am einfachsten ist dies in einem geschlossenen Blumenfenster zu erreichen.

6.4.5 Bonsai

Unter einem Bonsai versteht man einen kleinen Baum, der in einem Gefäß kultiviert wird, aber in Erscheinung und Form einem großen in der Natur gleicht. Das japanische Wort „Bonsai" bedeutet in der Übersetzung „auf dem Tablett gepflanzt".

In alten japanischen Überlieferungen wird der Bonsai bereits vor mehr als tausend Jahren erwähnt und ist dort auch noch heute als Kunstform beliebt. Es gibt verschiedene Formen und auch Zusammenstellungen mehrerer Pflanzen, sowie Anordnungen auf Steinen und in Wasserbecken. Das Herausarbeiten der Form wird durch einen gezielten Schnitt und das Biegen der Zweige mit Draht erreicht. Durch bewusstes Reduzieren der Wurzeln, Beschneiden der Triebe und geringe Düngergaben wird das Wachstum der Pflanzen beschränkt und eine kleinbleibende Form erreicht.

Diesen Faktoren ist auch bei der Pflege Rechnung zutragen. Der Bonsai in der ursprünglichen Form als verkleinerte Pflanze des japanischen Lebensraumes ist keine Zimmerpflanze. Bei einer dauernden Pflege in der Wohnung verliert er seinen Charakter und stirbt meist bald ab. Ein Bonsai kann, wie viele Kalthauspflanzen, im Sommer im Freien gepflegt werden. Ein schattiger, luftiger Standort und regelmäßige Wassergaben sind die Voraussetzungen für eine gute Pflege. Den Winter verbringt der Bonsai am besten in einem hellen, frostfreien Raum. Dabei sollten die Wassergaben stark reduziert werden. Gedüngt wird die Pflanze mit organischen Düngern, die die Nährstoffe langsam abgeben. Regelmäßiger Rückschnitt der Triebe und der Wurzeln verhindert normales Wachstum.

Seit einigen Jahren werden aber für die Wohnung Zimmerbonsai angeboten. Dies sind Pflanzen, die auch sonst im Zimmer gehalten werden können, nur wurde ihnen durch entsprechende Pflege (wie bei den anderen Bonsai) die Größe genommen. Besonders langsam wachsende Pflanzen, die kleinblättrig sind und einen Baumcharakter mit einem starken Stamm ausbilden, geben ein natürliches Bild. Häufig sind *Schefflera*, verschiedene *Ficus*-Arten, Succulente und Euphorbien in dieser Form im Handel. Die Pflege beschränkt sich meist auf das Gießen und den Rückschnitt der neuen Triebe.

Eine andere Form des Zimmerbonsai ist unter dem Namen Lavasai im Angebot. Es handelt sich um kleine Zimmerpflanzen, die in einen durchbohrten Lavabrocken gepflanzt worden sind.

Im Gegensatz zum Freilandbonsai sind die Zimmerbonsai recht einfach und ohne großen Aufwand zu pflegen. Sie besitzen aber nicht die für den Bonsai typische Ausstrahlung.

Pflanzen in den Wohn- und Arbeitsräumen des Menschen schaffen angenehme Atmosphäre, können das Raumklima günstig beeinflussen und holen einen Teil Natur herein. Bei der Pflanzenauswahl müssen deren Lebensbedingungen vorrangig beachtet werden.

Abb. 723: Bonsai (Mädchenkiefer).

Abb. 724: Wachstum des Bonsai in 30 Jahren.

Abb. 725: Bonsai (Japanischer Ahorn).

Abb. 726: Festlich dekorierter Altar.

6.5 Raumdekoration

Zu den großen Arbeiten in der Floristik gehört die Raumdekoration. Angefangen vom Schmuck eines Zimmers oder einer Wohnung bis hin zur Dekoration einer Kirche oder eines Kongresszentrums ist hier ein breites Betätigungsfeld für den Floristen gegeben.

Konzept – Vor Beginn der Arbeit sollte ein Gesamtkonzept, eventuell mit Zeichnungen, erstellt werden, das sich mit dem Anlass und dem zu schmückenden Raum auseinandersetzt. Je nach Anlass soll die Auswahl der Farben und der Blumen variieren, der Raum mit seiner Ausstattung gibt häufig einen bestimmten Stil vor. Hier empfiehlt es sich, stilgerecht zu arbeiten, also den vorhandenen Baustil bei der Gestaltung zu berücksichtigen und sich diesem unterzuordnen. Auch die Entscheidung für eine Ordnungsart ist abhängig von Raum und Anlass.

Bei Kirchendekorationen bestimmt der Anlass die Form und den Umfang des Schmuckes. Für hohe Kirchenfeste wird man eine andere Dekoration wählen als bei einer Taufe, Hochzeit oder Trauerfeier. Hier ergeben sich neben dem Schmuck im Altarraum noch Möglichkeiten im Kirchenschiff, an den Bänken und am Portal.

Eine Saaldekoration kann – je nach Anlass – nur ein geschmücktes Rednerpult sein oder neben der Bühnenkante und der Bühne auch noch den Zuschauerraum und das Foyer miteinbeziehen.

Dekorationen vor dem Gebäude stimmen den Besucher schon auf die Veranstaltung ein.

Ausführung – Eine Dekoration kann in großen Schalen gearbeitet werden, die dann auf der Bühne und im Saal aufgestellt werden. Neben Schnittblumen kann man hier auch grüne und blühende Pflanzen mitverarbeiten. Durch unterschiedlich hohes Aufstellen der einzelnen Arbeiten auf Hocker oder Dekorationselemente wird die Wirkung noch gesteigert. Auch kann auf Dekorationsständern, die aus Holz oder Metall hergestellt sind, direkt gearbeitet werden. Flächige Dekorationselemente in Rechteck- oder Kreisform oder zum

Abb. 727: Dekoration in einer Barock-kirche.

Anlass passende Formen können einen passenden Hintergrund für die floristische Arbeit bilden und sollten dann mit eingeplant werden.

Die Betonung waagerechter Bauteile, z.B. Bühnenkante, Brüstung, kann durch lange, waagerecht angeordnete Gestecke oder Pflanzungen erreicht werden. Dabei sollten die Blumen möglichst parallel, d.h. mit vielen Wachstumspunkten angeordnet werden.

Freihängende Dekorationsteile sind besonders sicher zu befestigen. Steckmasse muss so verarbeitet werden, dass sie nicht tropfen kann.

Von der Dauer der Veranstaltung und der Zeit, während der die Dekoration frisch und ansehnlich sein muss, hängt die Auswahl der Werkstoffe ab. Kurzfristige Dekorationen, die nur wenige Stunden halten müssen, benötigen keine weitere Wasserversorgung. Bei einem Raumschmuck, der über einige Tage seine Wirkung behalten soll, ist auf die Möglichkeit des Wassernachfüllens zu achten und dies durch eine entsprechende Auswahl an Gefäßen zu ermöglichen.

Abb. 728: Raumdekoration.

Wirkung – Die Ausstrahlung einer Raumdekoration liegt in ihrer Fernwirkung auch ein weiter entfernt stehender Betrachter soll den Blumenschmuck erkennen. Deshalb ist das Einbeziehen von Dekorationselementen sehr wirkungsvoll, wenn dadurch die Blumen hervorgehoben werden (siehe „Farbenlehre", S. 187).

Grundsätzlich eignen sich großblütige Blumen besser für eine Raumdekoration, da sie die gewünschte Fernwirkung haben. An Blumenbeispielen seien *Delphinium*-Hybriden (Rittersporn), *Gladiolus*-Hybriden (Gladiole), *Lilium*-Arten (Lilie), *Gerbera*-Hybriden (Gerbera), *Dianthus caryophyllus* (Nelke) und *Dendranthema-Grandiflorum*-Hybriden (Chrysantheme) genannt, aber auch jahreszeitlich unterschiedliche Zusammenstellungen ergeben den besonderen Reiz einer Raumdekoration. Bei einer Dekoration, die aus der Nähe wirken soll, können ebenso feinere und zartere Blumen zur Anwendung gelangen.

Dies gilt auch, wenn ein kleiner Raum zu schmücken ist. Auch ein gezieltes Ausleuchten der Dekoration trägt zur Wirkung bei. Das Ausrichten der Scheinwerfer sollte eine der letzten Arbeiten des Floristen sein, da mit dem Licht viel Wärmestrahlung auf die Blumen gelangt. Schnelleres Erblühen oder vorzeitiges Welken kann die Folge sein.

Sicherheit – Die Feuerwehr hat auch bei einer Blumendekoration ein Mitspracherecht, denn in Räumen, in denen Versammlungen stattfinden, dürfen nur schwerentflammbare Materialien verarbeitet werden.

Eventuell müssen Dekorationsteile mit Flammschutzmitteln behandelt werden.

Abb. 729: Bühnendekoration.

Praktische Hinweise: Dekoration

- Steckmasse mit Maschendraht und Folie umwickeln, da so Verdunstungsschutz und gute Festigkeit erreicht wird.
- Auf ausreichend sicheres Befestigen der einzelnen Dekorationselemente und -teile ist zu achten.
- Die Dekoration soll sich immer dem vorhandenen Raum anpassen.

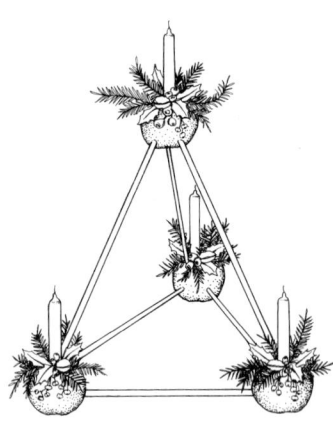

Abb. 730: Tür- und Wandkränze als vor-weihnachtlicher Schmuck des Hauses.

Abb. 731: Apfelpyramide.

6.6 Advents- und Weihnachtsschmuck

6.6.1 Symbolik und Brauchtum

Durch die Adventszeit und über das Weihnachtsfest hinaus bis ins neue Jahr bilden wintergrüne Gehölze, Früchte und Kerzen die Symbole dieser Zeit der Besinnung und der Freude. Hierbei wird viel zu wenig beachtet, dass in diesen Bräuchen ein Weiterleben des Glaubens aus heidnischer Zeit beinhaltet ist. Obwohl die Zeit entsprechende Veränderungen bewirkt hat, ist dieser tiefe Symbolwert auch heute in den meisten floristischen Arbeiten zu Advent zu finden.

Das überdauernde Grün erschien nicht nur als ein Symbol für den Sieg über den Winter, sondern es wurde ihm auch eine magische Abwehrkraft gegen Geister und Dämonen zugesprochen. Noch heute werden aus diesem Grund in einigen Gegenden Deutschlands Tannenzweige über den Stalltüren befestigt. Neben den Koniferen haben besonders die Misteln eine starke Bedeutung.

Bei den nordischen Völkern wurde zur Wintersonnenwende das Julfest, ein Lichterfest, gefeiert. Das Licht, dargestellt durch die Kerzen, war sehr wichtig, denn das Feuer brachte Helligkeit und Wärme; lebensnotwendige Dinge im Winter.

Früher waren Früchte eine Opfergabe, die die Menschen vor dem Einfluss böser Mächte schützen sollten. Auch ist in den Früchten und Samen der Keim des neuen Lebens nach dem Winter enthalten.

Sie sind intensiv mit Farben verbunden. Den Koniferen und dem Blattwerk wird die Farbe Grün zugeordnet, dem Kerzenlicht Gelb und den Früchten die rote Farbe. In der Farbensymbolik finden sich diese Farben mit folgender Bedeutung:

- Grün ist die Farbe der Hoffnung,
- Gelb steht gleichbedeutend für Licht, Wärme,
- Rot als Farbe der Liebe, der Kraft und des Lebens.

Die drei Farben erscheinen sowohl in den traditionellen Formen als auch in den Werkstücken zeitgemäßer Adventsbinderei, obwohl hier dem Zeitgeschmack folgend auch viele andere Farben Verwendung finden.

Die traditionelle Adventsbinderei mit ihren alten Formen sollte gerade in der heutigen Adventsbinderei, die einen so weit reichenden Ursprung hat, nicht in Vergessenheit geraten. Die norddeutsche Adventspyramide, Putzapfel und Apfelpyramide gehören ebenso zur Brauchtumsbinderei wie der gebundene Adventsleuchter und der Adventskranz.

6.6.2 Der Adventskranz

In der traditionellen Adventsbinderei ist der Adventskranz die jüngste Form. Erst in der Mitte des 19. Jahrhunderts entstand dieser Brauch in Norddeutschland und verbreitete sich von dort aus schnell. Heute gehört der Adventskranz zu den gefragtesten Adventsarbeiten in Mitteleuropa.

Der aufgehängte Kranz war die ursprüngliche Form, jetzt findet der Tischkranz mehr Verwendung.

Tischkranz – Der traditionelle Tischadventskranz wird mit Koniferengrün auf einem Reifen oder einer dünnen Wulst gebunden. Um einen guten Übergang zur Tischfläche zu erreichen, soll der Kranz im Deich- oder halbrunden Römerprofil gearbeitet werden (siehe S. 274).

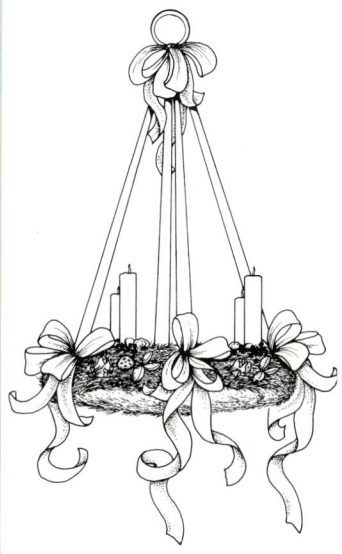

Abb. 732: Adventskranz.

Entsprechend den vier Adventssonntagen wird der Adventskranz mit vier Kerzen garniert. Die Anordnung der Kerzen und der weiteren Werkstoffe erfolgt symmetrisch. Für die Garnierung kommen farblich passende Bänder, Zapfen, Früchte und anderes mehr zur Anwendung. Die Bänder sollen nicht auf dem Adventskranz angeordnet werden, sondern an der Außenseite, um einen Übergang zur Tischfläche zu schaffen.

Alle Werkstoffe werden angedrahtet, durch den Kranz gesteckt und an der Unterseite verankert. Um die Brandgefahr durch die Kerzen zu verringern und um einen Übergang zwischen Kerzen und Kranzkörper zu schaffen, können Kerzenhalter oder mit Metallfolie bespannte Scheibchen Anwendung finden. Neben dieser sehr traditionellen Form des Adventskranzes gibt es viele Möglichkeiten, dieses Werkstück zeitgemäß zu gestalten. Unterlagen, die die Kranzform bilden, können aus Stroh, Kork, Zweigen, Kunststoffsteckmasse, u.ä. sein. Sie sind im Bedarfsartikelhandel zu erhalten und geben dem Floristen viele Möglichkeiten der Gestaltung.

Asymmetrische Anordnung der Kerzen und Garniermaterial sind ebenso möglich wie die Verwendung von mehr als vier Kerzen. Auch unterschiedliche Kerzengrößen und Formen lassen sich kombinieren. Die Einrichtungsmode ändert sich laufend oder es werden bekannte Formen wiederholt. Der Florist muss sich über diese Änderungen in den Wohnungen informieren, um sich ihnen anzupassen. Deshalb unterliegt die Ausführung des zeitgemäßen Adventsschmuckes den Modeströmungen. Farben und Formen der verarbeiteten Werkstoffe wechseln, aber der Grundgedanke des Advent sollte immer erkennbar sein.

Hängender Adventskranz – Er kann traditionell aus Koniferengrün gebunden werden oder aus den unterschiedlichen Werkstoffen in einer zeitgemäßen Form gestaltet sein.

Abb. 733: Aufgehängter Adventskranz.

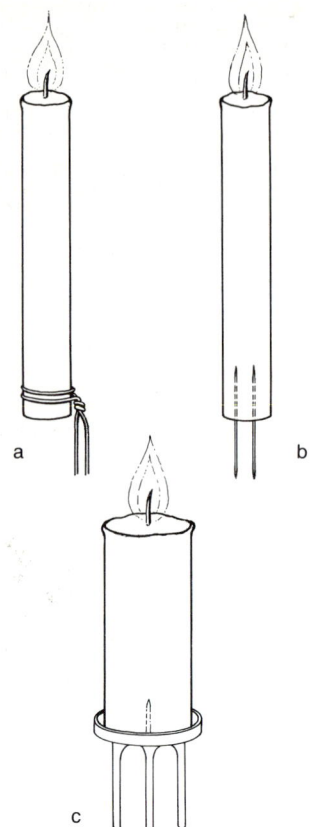

a   b

c

Abb. 734: Befestigen von Kerzen:
a) Durch Andrahten, b) durch
Einschmelzen des Drahtes, c) in einem
handelsüblichen Halter.

Abb. 735: Adventsgesteck mit mehreren
Kerzen.

Zum Aufhängen kleiner Kränze genügen Bänder. Schwere Kränze müssen an Ketten oder festen Drähten befestigt werden. Die Drähte können mit Band verdeckt werden. Ebenso müssen die Kerzen und die übrigen Werkstoffe, wie Zapfen, Früchte und Kugeln, sicher in dem Kranz verankert werden.

Wenn bei zeitgemäßen Adventskränzen Zweige, Wurzeln und Ähnliches die Grundform bilden, sollte die Kreisform noch erkennbar sein.

6.6.3 Adventsgesteck

Eine beliebte Form des vorweihnachtlichen Schmuckes ist das gesteckte Arrangement. Auch hier finden die Symbolträger Koniferengrün, Früchte und Kerzen Verwendung und werden durch Band, Dekorationselemente und der Mode unterworfene Zutaten ergänzt.

Genau wie bei einem Blumengesteck lassen sich für das Adventsgesteck verschiedene Formen finden. Die Gestecke können mit einem oder mehreren Wachstumspunkten gearbeitet werden oder die Werkstoffe werden in einer parallelen Steckweise angeordnet.

Gestaltung – Bei allen Formen dient die Kerze als wichtiges Gestaltungselement und bedarf einer entsprechenden Verarbeitung. Eine symmetrische Anordnung findet sich bei den Adventsgestecken selten. So kann die Einzelkerze in der asymmetrischen Anordnung entweder in der Hauptgruppe verarbeitet werden oder sie bildet die Gegengruppe.

Dabei ist immer zu beachten, dass eine Kerze beim Abbrennen ihre Größe und Aussage verändert. Werden mehrere Kerzen in einem Werkstück angeordnet, so kann dieser Eindruck gemildert werden.

Ganz wichtig ist das Beachten der Brandgefahr, die von der Kerzenflamme ausgehen kann. Deshalb ist jegliche Anordnung von brennbaren Stoffen dicht neben und über der Kerze zu vermeiden. Harzhaltige Koniferen und Zapfen brennen im trockenen Zustand explosionsartig ab und führen zur Weihnachtszeit immer wieder zu Zimmerbränden. Auch beeinflussen sich Kerzen, die zu dicht nebeneinander stehen, leicht gegenseitig und schmelzen sich an.

Um die Kerzen im Gesteck befestigen zu können, werden in die Kerzen kurze Drähte eingeschmolzen oder die Kerzen werden in passende Halter gesteckt, in jedem Fall muss die Befestigung sicher sein und auch den Transport ermöglichen. Auf glatten Flächen, z.B. Glas oder Keramik, lassen sich die Kerzen mit Klebemasse gut ankleben.

Unterlage, Steckhilfsmittel – Für Adventsgestecke steht eine abwechslungsreiche Palette an Unterlagen zur Verfügung, z.B. Korkplatten, bespannte Holzplatten, Wurzeln, Glas- und Spiegelplatten, die im Fachhandel angeboten werden.

Als Steckhilfsmittel benutzt man meist Moospolster, Ton oder Kunststoffsteckmasse. Bei der Kunststoffsteckmasse stehen verschiedene Härten zur Auswahl und so kann, je nach Bedarf, das Passende verarbeitet werden.

Neben der Trockensteckmasse kann besonders in tieferen Gefäßen und bei dem Verarbeiten von Frischblumen die wasserhaltende Masse benutzt werden, um so den Werkstoff länger frisch zu halten. Wird die Steckmasse mit dünnem Moos abgedeckt, bildet sie eine natürliche Basis.

 Die Symbolik der Adventszeit sollte in den floristischen Arbeiten deutlich werden.

Abb. 736: Türkränze.

Abb. 737: Adventskranz.

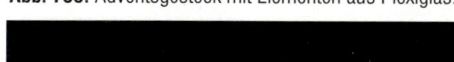

Abb. 738: Adventsgesteck mit Elementen aus Plexiglas.

Abb. 739: Adventsgesteck mit naturhaften Bewegungsformen.

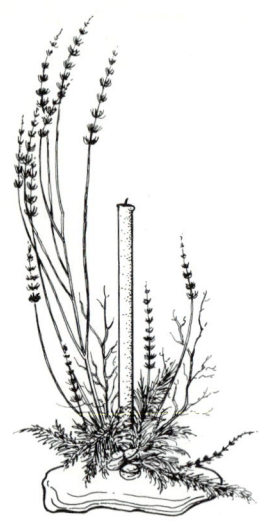 

Abb. 740: Adventsgestecke: Links Kerze in der Hauptgruppe, rechts Kerze in der Gegengruppe.

Abb. 741: Adventsgesteck aus Frischblumen.

Abb. 742: Traditionelle Adventsarbeit in Kegelform.

Praktische Hinweise: Advents- und Weihnachtsschmuck

- Kerzen sicher befestigen – **Brandgefahr!**
- Auf glatten Flächen können die Kerzen mit Wachsklebeplättchen oder Klebmasse für den Pinholder befestigt werden. Dazu wird bei getauchten Kerzen die Farbschicht an der Unterseite entfernt.
- Zapfen und andere stiellose Werkstoffe bei Gestecken angabeln.
- Auf Brettern oder Wurzeln dienen Nägel mit abgezwickten Köpfen als Dorn für die Kerzen.
- Damit Kerzen beim Andrahten oder Aufstecken auf einen Dorn nicht platzen, stellt man sie mit dem unteren Ende einige Zeit in warmes Wasser.

6.7 Trauerbinderei

6.7.1 Symbolik der Trauergabe

Schon seit mehr als 3 000 Jahren ist der Kranz eine Gabe für den Verstorbenen. Bereits in ägyptischen Gräbern fand man kleine Blumenkränze. Auch die antiken Völker und die Germanen kannten den Kranz als eine Form der Trauergabe. Der Kranz sollte zu allen Zeiten die Unsterblichkeit, die Ringform ohne Anfang und ohne Ende, darstellen. Die Auswahl von lebenden Blumen und immergrünen Werkstoffen tragen diesem Symbol Rechnung. Der rundgearbeitete Blumenkranz und der schlichte Kranz aus immergrünen Blättern drücken am stärksten diese Symbolik aus.

6.7.2 Kranzproportion

Um der Symbolik gerecht zu werden, muss man eine klare Kranzform erreichen. Dies wird durch ein harmonisches Verhältnis zwischen Kranzkörper und Kranzöffnung erreicht. Im Kranz zeigt sich eine im Uhrzeigersinn laufende Bewegung. Diese Bewegung soll in sich geschlossen und ausgeglichen sein, also weder nach außen noch nach innen streben.

Kranzkörper – Wird der Kranzkörper zu dünn gearbeitet (große Öffnung), so scheint die Bewegung nach außen zu streben und der Kranz erscheint nur als Ring.
Bei einem Kranzkörper, der zu breit gearbeitet ist, scheint die Bewegung nach innen zu laufen und der Kranz verliert seine Form und wirkt als Fläche.

Kranzöffnung – Ein Kranz wirkt auf den Betrachter dann ausgewogen, wenn die Kranzöffnung 1,6 mal so breit erscheint wie der Kranzkörper.

Farbeindruck – Dieses ist jedoch kein fester Wert, da sich das menschliche Auge durch Form und Farbe beeinflussen lässt. So erscheint ein Kranz aus hellen Materialien, z.B. weißen Blumen, dichter; er muss also etwas schmaler gearbeitet werden. Im Gegensatz dazu wirkt ein dunkler Kranz (Magnolienblätter, dunkle Blumen) schmaler; er muss breiter hergestellt werden. Dieser Eindruck wird noch verstärkt, wenn die Helligkeit der Umgebung im Gegensatz zum Kranz steht.

Umrissform – Nicht nur der Helligkeitswert des Kranzes, auch die Ausarbeitung der Umrissform wirkt hier mit. So erscheint ein Kranz mit einer geschlossenen Umrissform dicker als ein gleich großer mit einem aufgelockerten Umriss. Bei einer aufgelösten Umrissform wird dieser Eindruck noch weiter hervorgehoben.

Einfluss des Werkstoffs auf die Kranzproportionen

Helligkeit	Umrissform	Verhältnis
dunkle Farbtöne	aufgelöst	1:1,1:1
	locker	1:1,2:1
	geschlossen	1:1,3:1
mittlere Helligkeit	aufgelöst	1:1,2:1
	locker	1:1,3:1
	geschlossen	1:1,5:1
helle Farbtöne	aufgelöst	1:1,3:1
	locker	1:1,5:1
	geschlossen	1:1,6:1

(nach M. Evers)

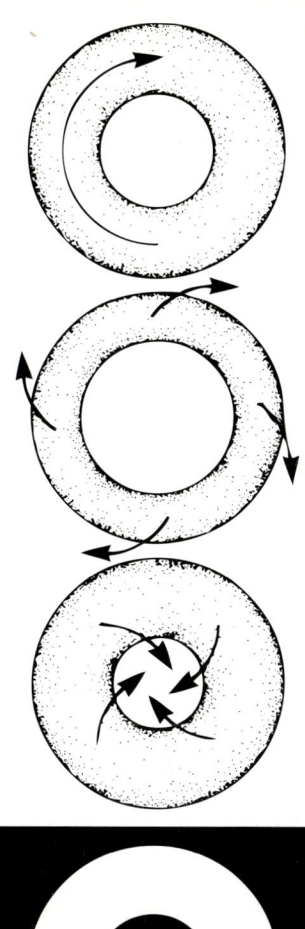
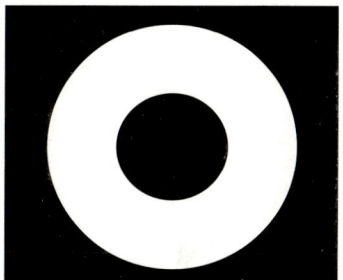
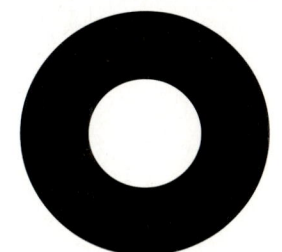

Abb. 743: Einfluss von Proportion und Helligkeit auf die Wirkung eines Kranzkörpers.

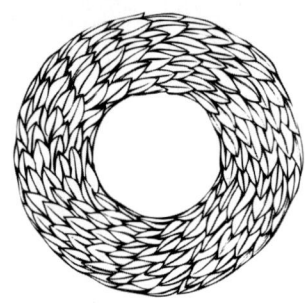

6.7.3 Kranzformen

Es lassen sich bei der Herstellung eines Kranzes zwei verschiedene Profile (Querschnitte) herausarbeiten:
- Die Römerform,
- die Deichform.

Römerkranz – Der Name „Römer" ist von dem Reliefschmuck an Bauten im Alten Rom hergeleitet.

Der Römerkranz hat einen kreisförmigen Querschnitt und ist in der Form des Trauerkranzes so gearbeitet, dass die Höhe 3/4 der Kranzkörperbreite beträgt. Ein vollrunder Kranzkörper würde in der Aufsicht zu hoch erscheinen. Nur bei Kränzen, die an einer Wand aufgehängt werden sollen, ist dieser nur halb so hoch wie breit auszuarbeiten.

Deichform – Wie der Name „Deichform" schon sagt, zeigt das Kranzprofil im Querschnitt die Form eines Deiches, von außen steigt es langsam an und fällt innen steiler ab. Der höchste Punkt liegt hier 1/3 von der Innenkante des Kranzkörpers entfernt. Bei der Herstellung muss deshalb bei diesem Kranzprofil der Werkstoff außen dichter und länger als innen angeordnet werden.

Oberfläche und Form – Bei beiden Kranzformen kann die Oberfläche sehr unterschiedlich gestaltet werden. Die Möglichkeiten reichen von einer glatten Oberfläche, bei der alle Materialien dicht nebeneinander enden, bis zu einer aufgelockerten Oberfläche, bei der die Werkstoffe in unterschiedlicher Länge gestaffelt werden.

Runde, lagernde Formen (z.B. Pompondahlien) können eine glatte Form ergeben, wenn sie Kopf an Kopf nebeneinander verarbeitet werden. Auch eine aufgelockerte Form ist möglich, wenn die einzelnen Blüten unterschiedlich lang angeordnet werden.

Aus langen und aufgelockerten Formen, z.B. *Juniperus squamata* (Wacholder) können schlecht Kranzkörper mit einer geschlossenen Umrissform hergestellt werden. Solche Formen verlangen nach einem aufgelockerten Umriss.

Durch Staffelung und Gruppierung können bei gezielter Auswahl des Kranzwertstoffes interessante Kranzkörper entstehen. Verschiedene Bewegungsformen erhöhen die Wirkung und schaffen vegetativ wirkende Kränze. Solch interessante Kranzkörper benötigen keinen weiteren Schmuck durch eine Garnierung.

Abb. 744: Eine geschlossene Umrissform wirkt breit, eine aufgelockerte Umrissform wirkt schmal.

Abb. 745: Kranzprofile: Oben Römerform ($^1/_2$, $^3/_4$ und $^1/_1$ Profil), unten Deichform.

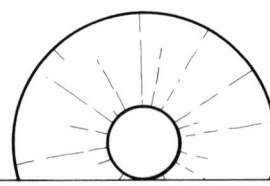

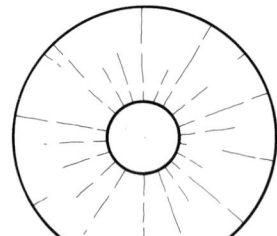

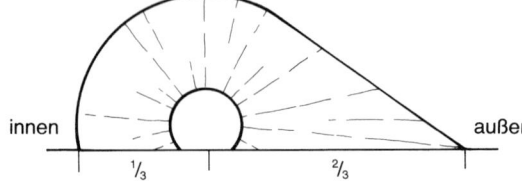

innen außen $^1/_3$ $^2/_3$

6.7.4 Herstellungstechniken

Je nach gewünschter Form und in Abhängigkeit vom Werkstoff lässt sich ein Kranz in drei verschiedenen Techniken herstellen. Er kann gebunden, gesteckt oder gehaftet werden.

Der gebundene Kranz – Zu den ursprünglichsten Techniken gehört das Binden auf einen Reifen. Der Reifen kann aus Weidenzweigen oder Metall gefertigt sein.

Einfacher wird das Binden, wenn der Reifen durch Aufbinden von Koniferengrün oder Moos auf 5 – 8 cm Stärke verdickt wird. Diese Unterlage wird als Wulst bezeichnet. Auch fertige Wülste aus Stroh sind im Handel. Auf eine Mooswulst lassen sich auch Frischblumen leicht und schnell aufbinden. Durch das feuchte Moos wird eine ausreichende Haltbarkeit gegeben.

Die dritte mögliche Unterlage ist eine dickere Stroh- oder Kunststoffwulst, die die endgültige Kranzform schon vorgibt. Diese wird auch als „Römerunterlage" bezeichnet.

Zum Binden wird der Werkstoff, z.B. Blumen, Blätter oder Koniferengrün, auf die passende Länge geschnitten. Je dünner die Unterlage ist, desto länger muss der Werkstoff geschnitten werden. Zu Büscheln zusammengefasst wird er von innen, oben und außen an die Unterlage angelegt und mit Wickeldraht festgebunden. Meist wird der Kranzkörper mit einem eisernen Wickeldraht gebunden, in Bindemaschinen wird ein reißfester Kunststofffaden benutzt.

Der gesteckte Kranz – Gesteckte Kranzkörper lassen sich auf zwei verschiedene Arten herstellen. Zum einen werden die Blumen oder das Grünmaterial in Büscheln angedrahtet oder angegabelt und auf eine Wulst gesteckt. Zum anderen kann man in eine vorgefertigte Unterlage aus Kunststoffsteckmasse die Blumen stecken.

Bei der ersten Herstellungsweise, dem Andrahten oder Angabeln, wird eine Wulst aus Koniferengrün, Stroh oder Moos auf einen Reifen gebunden. Dabei ist darauf zu achten, dass der Reifen im unteren Bereich der Wulst liegt, um das Stecken zu erleichtern. Dann wird die Wulst mit flachem Koniferengrün, z.B. *Abies* (Tanne), *Chamaecyparis* (Scheinzypresse) auf der Unterseite gegengebunden.

Dadurch wird die Unterseite sauber hergestellt und der Blick auf die angedrahteten Büschel verdeckt. Die Abdeckung darf natürlich nicht über die Grenzen des fertigen Kranzes hinausragen, um die Kranzproportionen nicht zu verändern.

Zum Angabeln wird der Steckdraht 2- bis 3-mal um die Stielenden des Werkstoffes gewunden. Die beiden Drahtenden sollen gleichlang nach unten herausstehen. Die Größe und Länge des Büschels ergibt sich aus der gewünschten Kranzgröße und der Stärke der Wulst.

Beim Stecken mit angegabeltem Werkstoff wird der Draht im Uhrzeigersinn schräg in die Wulst gesteckt, das Büschel entgegen der Steckrichtung umgebogen und in die gewünschte Position gebracht.

Durch das schräge Einstecken und Umbiegen des Drahtes wird das Büschel fest in der Wulst verankert. Durch diese Steckweise ist eine ausreichende Festigkeit für den Transport und auf dem Friedhof gegeben. Wegen der Verletzungsgefahr dürfen die Drahtenden nie aus der Wulst herausragen.

Da die Büschel beliebig gebogen werden können, lassen sich in dieser Technik unterschiedliche Kranzkörper herstellen. Auch kurzstieliges oder stielloses Material kann auf diese Weise sehr gut verarbeitet werden.

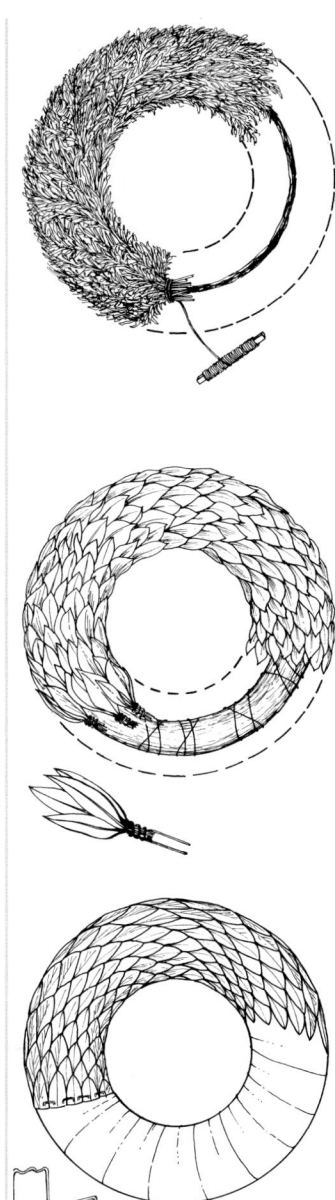

Abb. 746: Oben: Gebundener Kranz, Mitte: gesteckter Kranz, unten: gehafteter Kranz.

Abb. 747: Schnitt durch einen Kranz-körper: Der Werkstoff wird gestaffelt auf eine Wulst gesteckt.

Abb. 748: Gehafteter Kranz aus Magno-lienblättern.

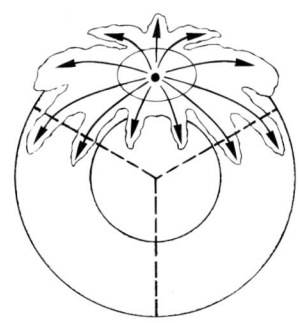

Abb. 749: 1/3 des Kranzkörpers kann von der Garnierung bedeckt werden.

Das Andrahten erfolgt wie das Angabeln. Der Draht wird aber so um die Stiele gewickelt, dass nur ein langes Drahtende unten heraussteht. Im Gegensatz zum angegabelten Werkstoff wird hier nun der Draht durch die Unterlage ge-steckt und unten oder an der Seite umgebogen und zurückgesteckt, um das Drahtende in der Unterlage zu fixieren.

Verarbeitet man frische Blumen, so müssen diese vor dem Angabeln oder Andrahten mit feuchter Watte oder Papier versorgt werden, um die Haltbar-keit zu gewährleisten. Bei einer feuchten Mooswulst erübrigt sich diese Form der Wasserversorgung.

Bei der anderen Herstellungstechnik, einer Wulst aus Steckmasse, brauchen die Blumen und das Grün nur im Bedarfsfall angegabelt zu werden, da viele Werkstoffe gut in der Steckmasse halten. Ein großer Vorteil ist die gute Wasser-versorgung in der feuchten Steckmasse. Dem stehen der recht hohe Preis und die wenigen Größen dieser Arbeitshilfe gegenüber.

Der gehaftete Kranz – Eine Technik, für die ein vorgefertigter Strohrömer als Unterlage dient, ist das Haften. Das Kranzmaterial wird mit Patenthaften, de-ren Querbügel zum besseren Halt gewellt ist, auf dem Kranzkörper befestigt. Diese Technik ist besonders für empfindliche Werkstoffe besser geeignet, z.B. Islandmoos, Magnolienblätter, die sich nicht aufbinden oder andrahten lassen. Die Länge der Drahthaften muss entsprechend dem Material und der Unter-lage ausgewählt werden. Die Haften werden leicht schräg gegen die Arbeits-richtung in die Unterlage gesteckt, da so der gewellte Drahtbügel flach aufliegt. Die dünnen Magnolienblätter tragen in dieser Verarbeitung kaum auf, deshalb ist das Beachten der Kranzproportionen hier besonders wichtig.

6.7.5 Die Kranzgarnierungen

Um die starke Symbolik des Kranzes nicht zu zerstören, ist bei jeder Ergän-zung des Kranzkörpers mit weiteren Werkstoffen auf die Schaffung einer Ein-heit zwischen Kranzkörper und der Garnierung zu achten. Die Garnierung besteht bei den Kränzen für eine Trauerfeier meist aus Frischblumen, bei Totengedenktagen werden dauerhafte Werkstoffe verarbeitet, z.B. getrocknete Blütenstände, Zapfen und Fruchtstände.

Garnierungsregeln – Da die Verbindung von Kranzkörper und Garnierung so wichtig ist, müssen folgende Regeln beachtet werden:
- Die Garnierung soll sich in die Kranzform einfügen und die Grenzen des Kranzes nicht zu sehr überschreiten. Die Kranzform sollte zwischen der Garnierung gut erkennbar sein.
- Um die Kranzform zu erhalten, darf die Garnierung mit ihren kräftigen Formen nicht mehr als $1/3$ des Kranzkörpers bedecken. Nur leichte Einzel-blüten, Ranken und Zweige können darüber hinausgehen.
- Damit sich die Garnierung optisch nicht vom Kranzkörper löst, sollte ihre Höhe nur das 1–2-fache der Höhe des Kranzkörpers betragen. Zu hohe Garnierungen wirken aufgesetzt.

Zu hohen Garnierungen fehlt die Verbindung zum Kranz. Große, schwere Blütenformen, z.B. Chrysanthemen, *Paeonia* (Pfingstrose), Dahlien, müssen dichter am Kranz angeordnet werden. Leichte Formen wie Rispen, Zweige, kleine Blüten können sich weiter lösen und halten trotzdem die Verbindung. Neben der Blütengröße und der Form ist auch die Farbe der Garnierung ein wichtiger Faktor. Um die Trauer und Verbundenheit mit dem Verstorbenen auszudrücken, sollten laute und kräftige Farbkombinationen vermieden werden. In ihrer Leuchtkraft geminderte Farbtöne passen besser.

Garnierformen – Folgende Garnierformen werden unterschieden:

- Symmetrische Kopfgarnierung,
- asymmetrische Kopfgarnierung,
- Straußgarnierung,
- Gruppengarnierung,
- Akzentgarnierung,
- Bandgarnierung,
- spielende Garnierung.

Symmetrische Kopfgarnierung – Diese Form stellt einen dekorativen Schmuck des Kranzes dar und wird bei den meisten Trauerkränzen gefertigt. Die Garnierung wird so gearbeitet, dass alle Blumen aus einem Wachstumspunkt heraus zu kommen scheinen. Der Wachstumspunkt liegt im Kranzkörper und in der Symmetrieachse. Die Garnierung wird symmetrisch gearbeitet. Das bedeutet, dass die Blumen zu beiden Seiten der Symmetrieachse gleich verteilt werden. Durch eine entsprechende Staffelung der Blumen wird die Mitte verdichtet.

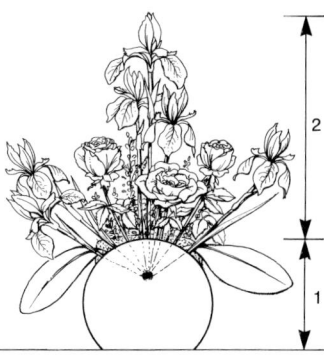

Abb. 750: Die Höhe der Garnierung sollte die doppelte Höhe des Kranzkörpers nicht überschreiten.

Abb. 751: Beispiele für Kranzgarnierungen: Oben links: Symmetrische Kopfgarnierung, oben rechts: Straußgarnierung, unten links: asymmetrische Kopfgarnierung, unten rechts: Gruppengarnierung.

Abb. 752: Blätterkranz mit asymmetrischer Garnierung.

Abb. 753: Ranken überspielen den Kranzkörper.

Abb. 754: Kranzkörper aus Koniferengrün mit Trockenwerkstoff.

Abb. 755: Kranzkörper aus Frischblumen.

Die häufig verwendeten Trauerbänder müssen ebenfalls zum Wachstumspunkt hin angeordnet werden. Ein farblich zu den Blumen und zum Kranzmaterial passendes Band schafft meist eine bessere Einheit als ein reinweißes.

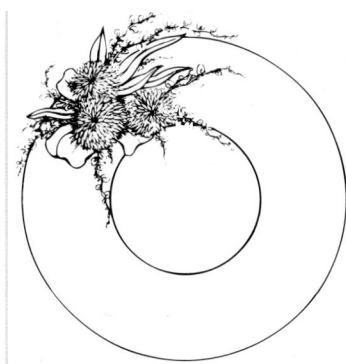

Asymmetrische Kopfgarnierung – Bei ihr liegt der Wachstumspunkt ebenfalls im oberen Bereich des Kranzkörpers, er ist jedoch aus der Symmetrieachse nach links verschoben. Die gesamte Garnierung ist konsequent ungleich gearbeitet. Um die Kranzbewegung im Uhrzeigersinn noch zu verstärken, wird die Garnierung besonders nach rechts ausgearbeitet. Eine klare Ausarbeitung in verschieden große Gruppen lässt die asymmetrische Anordnung noch stärker hervortreten.

Straußgarnierung – Sie wirkt wie ein auf den Kranzkörper gelegter Blumenstrauß. Der Wachstumspunkt liegt auf dem Kranzkörper und bildet die scheinbare Bindestelle des Straußes. Die Straußachse passt sich wuchshaft der Kranzform an. Die optische Bindestelle wird durch eine Verdichtung der Blumen und dunklere Farben betont.
Trauerband kann bei dieser Garnierungsart sehr gut eingearbeitet werden, da das Band eine zusätzliche Betonung der Bindestelle bewirkt.

Gruppengarnierung – Mindestens drei verschieden große Gruppen bilden eine asymmetrische Garnierung. Jede Gruppe hat ihren eigenen Wachstumspunkt und alle sind größenmäßig aufeinander abgestimmt. Die Anordnung der Gruppen erfolgt in Form eines ungleichseitigen Dreiecks, die Hauptgruppe liegt auf dem Kranzkörper, die Gegengruppe an der Außenseite und die Nebengruppe an der Innenseite des Kranzes. Ranken oder ähnliche Bewegungsformen schaffen eine Verbindung zwischen den einzelnen Gruppen.

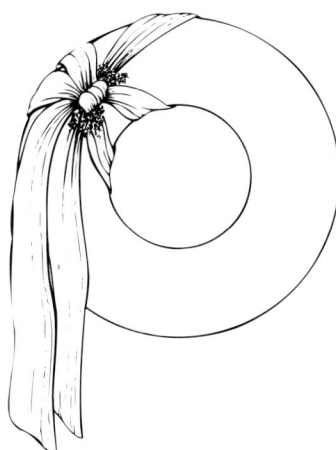

Akzentgarnierung – Sie bildet einen punktuellen Gegensatz zum Kranzkörper und soll dessen Wirkung hervorheben oder unterstreichen. Der Akzent kann stofflich, farblich oder formal ausgearbeitet werden und sowohl eine stille Wirkung des Kranzkörpers heben, als auch eine lebhafte dämpfen.
Diese Garnierungsform findet besonders bei interessant gearbeiteten Kranzkörpern Anwendung. Sparsame Verarbeitung von Blättern, Blüten und Ranken zeichnet die Akzentgarnierung aus.

Bandgarnierung – Eine reine Bandgarnierung lässt sich gut mit Kranzkörpern aus wertvollen Werkstoffen kombinieren. Das Band soll den Kranzkörper umwinden und kann durch Schleifen oder Knoten verstärkt werden. Durch eine entsprechende Auswahl des Bandes kann eine stoffliche und farbliche Einheit oder harmonischer Gegensatz erreicht werden. Die Bandenden sollen aus dem Bindepunkt herauslaufen.
Die Bandgarnierung lässt sich auch mit pflanzlichen Materialien kombinieren, das Band bindet dann die Blumen auf den Kranzkörper, z.B. eine Straußgarnierung, und ordnet sich unter. Bei jeder Garnierung muss das Band materialgerecht verarbeitet werden und die Funktion erkennbar sein.

Abb. 756: Beispiele für Kranzgarnierungen: Oben: asymmetrische Kopfgarnierung, Mitte: Bandgarnierung, unten: spielende Garnierung.

Spielende Garnierung – Sie scheint aus dem Kranzkörper heraus zu wachsen. Leichte Formen (Ranken, Zweige, kleine Blüten) überranken den Kranz. Durch Verdichten oder Auflockern der Garnierung werden Schwerpunkte gesetzt, dabei sind die Gruppengesetze zu beachten.
Wird bereits bei der Herstellung des Kranzkörpers auf eine spielende Garnierung hingearbeitet, verbinden sich Kranzkörper und Garnierung harmonisch.

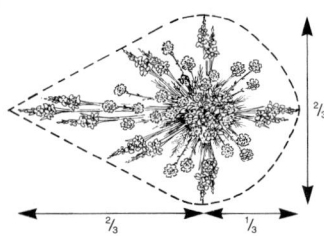

Abb. 757: Proportionen bei einem Grabstrauß in Tropfenform.

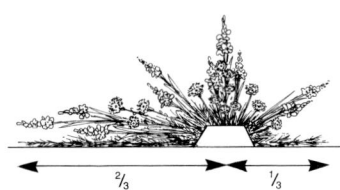

Abb. 758: Schnitt durch einen Grabstrauß.

Abb. 759: Grabgesteck: Die Steckmasse wird in einer Schale mit Zweigen eingeklemmt.

6.7.6 Grabstrauß und Grabgesteck

Neben den Kränzen finden auch Grabsträuße und Grabgestecke als Trauergaben Verwendung. Den ältesten Blumenstrauß als Gabe für den Verstorbenen fand man bei einer ägyptischen Mumie.

Grab- oder Trauerstrauß – Er wird bevorzugt, wenn ein Kranz zu aufwendig oder auch zu teuer ist oder wenn zu den Totengedenktagen im Herbst eine teilweise Abdeckung des Grabes gewünscht wird.

Der gebundene Grabstrauß ist ein aus Koniferen- und Laubzweigen einseitig gearbeiteter Strauß. Die Zweige werden in der Umrissform eines Tropfen oder Dreiecks angeordnet und mit Wickeldraht zusammengehalten. Durch Zufügen von kürzeren und buschigen Zweigen wird die plastische Form erreicht. Die Frischblumen oder trockenen Werkstoffe können gleich mit eingebunden oder angedraht dazugesteckt werden.

Leichter und besser wird ein Grabstrauß gefertigt, wenn man eine Steckmasse benutzt und in diese den Strauß steckt. Als Steckmasse kann ein Polster aus Moos oder ein Steckschwamm dienen. Auch lassen sich industriell gefertigte Steckbasen benutzen. Diese haben den Vorteil, dass gleich ein Griff vorhanden ist. Die Steckmasse wird entweder auf einen längeren Zweig gebunden, dessen überstehendes Ende den Griff bildet oder ein extra angebundenes Zweigstück dient als Haltegriff. In die Steckmasse kann jetzt die gewünschte Straußform gesteckt werden. Werkstoffe ohne ausreichende Stiele (Zapfen, Pilze, Lotosfruchtstände u.ä.) müssen angegabelt werden.

Da der Grabstrauß eine dekorative Form des Grabschmuckes ist, bietet sich die symmetrische Anordnung an. Die verwendeten Werkstoffe werden so angeordnet, da die Bindestelle (Wachstumspunkt) etwa bei $1/3$ der Gesamtlänge liegt. Die höchsten Blumen befinden sich über der Bindestelle und ihre Höhe beträgt etwa $1/3$ der Straußlänge. Die Breite des Straußes richtet sich nach der gewünschten Form, sie wird auf etwa $2/3$ der Straußlänge ausgearbeitet.

Das alles wird gestaffelt angeordnet und zu Gruppen zusammengefasst. Zur Basis hin werden lagernde Formen und größere Blüten angeordnet.

Grabgesteck – Bei den Grabgestecken können die Formen sehr unterschiedlich sein. Neben symmetrischen Anordnungen werden freie Formen angewendet; der Bereich ist weit gespannt zwischen den dekorativen und den vegetativen Gestecken.

Die Grundlage bildet bei den Grabgestecken ein Moospolster oder Steckschwamm, der auf einem Brett befestigt wird. Durch die glatte Unterlage des Brettes sind auch höher gearbeitete Gestecke standfest genug, um auf der Grabstelle sicher zu stehen. Weitere mögliche Unterlagen für das Grabgesteck sind eine Schale oder ein Kübel. Hierbei sollte das Steckpolster den Gefäßrand überragen, damit auch waagerecht angeordnete Zweige gut gesteckt werden können. Zur Befestigung des Steckpolsters in der Schale dienen über Kreuz eingeklemmte Zweige oder es wird mit Moos festgestopft.

Grabgesteckformen – Wie bei allen floristischen Arbeiten stellt sich auch bei der Gestaltung eines Grabgesteckes als Erstes die Frage nach der Ordnungsart. Entscheidend dafür ist die Grabstelle, die das Gesteck schmücken soll.

Eine symmetrisch angelegte Grabstelle findet in einem Gesteck mit strenger Ordnung eine passende Ergänzung. Flache Grabgestecke in Tropfen- oder Rhombenform passen dort ebenso wie ein Gesteck mit einem Dreieck als Grundform.

Besonders als winterlicher Grabschmuck können diese Formen einen Teil der Grabfläche abdecken.

Auf vielen Gräbern kommt eine höhere, symmetrisch gefertigte Arbeit gut zur Geltung. Ein solches Gesteck soll im Vordergrund der Grabfläche aufgestellt werden. Deshalb ist bei der Ausführung auch darauf zu achten, dass es nicht einseitig, sondern von allen Seiten anschaubar gearbeitet wird.

Ein Grab, das naturnah bepflanzt ist, wird häufig als Waldgrab bezeichnet. Da diese Gräber meist in der freien Ordnung angelegt sind, passt ein asymmetrisches Gesteck besser zum Gesamtcharakter. Das Gesteck sollte seitlich versetzt stehen, um den Blick auf den Grabstein frei zu lassen. So erhalten auch die ausgearbeiteten Gruppen im Gesteck genügend Freiraum, um zu wirken.

Die Höhe und die seitliche Ausarbeitung eines Grabschmuckes hängt sowohl von dem vorhandenen Platz als auch den verwendeten Zweigen und Pflanzenteilen ab. Neben Grabgestecken mit einem Wachstumspunkt finden auch parallele Anordnungen als Grabschmuck Verwendung.

Abb. 760: Asymmetrisches Grabgesteck.

Praktische Hinweise: Kranz

- Sicheres Befestigen der Steckmasse durch Festwickeln mit Wickeldraht, Durchstecken und Verankern mit Steckdraht oder dünnen Hölzern (Tonkinstäbe).
- Umhüllen der Steckmasse mit Maschendraht oder Moos verhindert das Auseinanderbrechen der Steckbasis.
- Angegabelte Stiele halten in der Steckbasis besser als glatte Stiele.
- Ordnen des Werkstoffes für den Kranzkörper nach der Größe erleichtert die Weiterverarbeitung.
- Durch die Anordnung des Wachstumspunktes im Kranzkörper ergibt sich eine Verbindung mit der Garnierung.

Abb. 761: Gesteckter Grabstrauß.

Abb. 762: Grabgesteck in einer parallelen Anordnung.

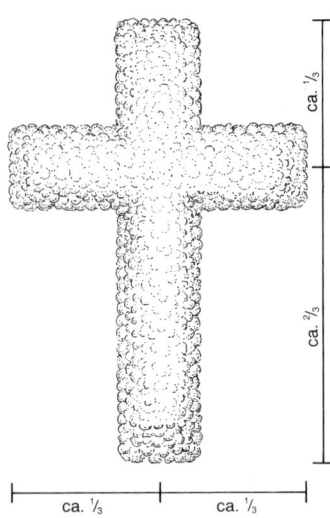

ca. ¹/₃

ca. ²/₃

ca. ¹/₃   ca. ¹/₃

Abb. 763: Proportion des Kreuzes.

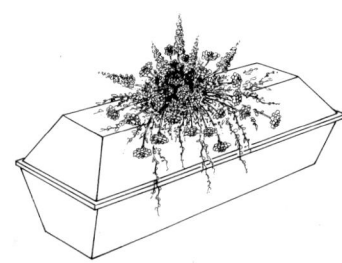

Abb. 764: Dekorativer Sargschmuck, Mittelstück.

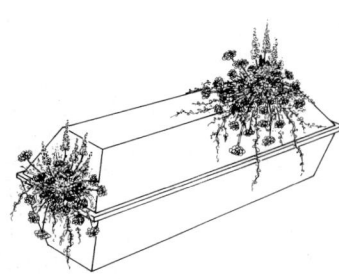

Abb. 765: Sargschmuck aus zwei Teilen.

6.7.7 Weitere Formen des Grabschmuckes

Neben den Kränzen, Grabsträußen und Grabgestecken werden besonders zu Allerheiligen und Totensonntag unterschiedliche Formteile auf der Grabstelle niedergelegt. Beliebte Formen sind Kreuz, Herz und Kissen; sie alle sind mit starken Symbolwerten behaftet.

In der Sinnbildlichkeit des Kreuzes liegt die Erinnerung an den Tod Christi. Es ist auch ein Zeichen des Glaubens und des Segens. Die Grundform ist meist ein lateinisches Kreuz. Hierbei sind die Proportionen zu beachten: Der Querbalken = $^2/_3$ des Längsbalkens; der Querbalken wird in $^2/_3$-Höhe rechtwinklig am Längsbalken befestigt.

Die Unterlage für das Kreuz ist entweder industriell aus Kunststoff vorgefertigt oder es wird ein stabiles Lattenkreuz mit Reisig, Moos oder Stroh fest umwickelt. Auf diese Unterlage kann dann Koniferengrün aufgewickelt werden oder es wird mit Islandmoos oder Polstermoos gehaftet.

Die Garnierung kann am Fußpunkt oder an der Kreuzungsstelle angeordnet werden. In jedem Fall muss die Form des Kreuzes noch gut erkennbar bleiben.

6.7.8 Sargschmuck

Zu den floristischen Arbeiten, die für eine Beisetzung oder Trauerfeier gearbeitet werden, gehört der Sargschmuck. Für die Trauerfeier wird der Sarg mit Blumen geschmückt. Hierfür haben sich zwei Möglichkeiten herausgebildet. Entweder wird der ganze Sarg durch den Blumenschmuck verdeckt oder der Sarg ist sichtbar und die Form und Ausprägung des Sarges werden durch die Blumen ergänzt.

Sargdecke – Sie ist in vielen Gegenden der übliche Sargschmuck. Eine lange Wulst aus Moos oder Reisig oder ein langer Streifen Steckmasse liegen auf dem Sargdeckel und werden mit Blumen und anderen pflanzlichen Werkstoffen ausgesteckt. Dabei ist auf abfließende Formen zu achten, die die Umrisse des Sarges überspielen.

Die Industrie bietet als Unterlagen unterschiedlich lange Steckmasseblöcke an. Diese sind schon mit einem Drahtgitter oder mit einem Netz überzogen und können nach dem Wässern sofort benutzt werden. Die Wulst aus Moos oder Reisig wird auf ein schmales Brett oder eine Latte gebunden, um ihr den notwendigen Halt zu geben. Die Unterlage kann durch Nägel, Klebstreifen oder Draht auf dem Sargdeckel befestigt werden. Die Blumen und Zweige werden angedrahtet oder auch direkt in die Unterlage gesteckt. Nach oben werden die Werkstoffe kurz verarbeitet, nach unten sollen lange, abfließende Formen den Übergang zum Boden schaffen. Hier kann kein genaues Maß angegeben werden, da es im Einzelnen von den gewählten Blumen abhängt.

Blumen- oder Blütendecke – Sie soll wie ein über den Sarg gebreitetes Tuch aussehen.

Als Arbeitsunterlage dient feiner Maschendraht oder grober Stoff, z.B. Rupfen. Die Blumen und Blätter werden darauf mit Wickeldraht oder fester Schnur angenäht.

Mittelstück – Zu den gebräuchlichsten Formen, die einen Teil des Sarges freilassen, gehört das Mittelstück. Es ist eine Form des dekorativen Gesteckes, das auf der Mitte des Sargdeckels befestigt wird. Als Unterlage dienen die gleichen Materialien wie bei der Sargdecke. Bei der Befestigung muss man sich an die örtlichen Gegebenheiten (Feuerbestattung, Abnehmen des Sargschmuckes vor dem Einsenken in die Erde) halten und eine entsprechende Methode wählen. Diese Form des Sargschmuckes wird auf einen Wachstumspunkt hin gearbeitet, der sich in der Unterlage befindet. Der Sargschmuck sollte nicht zu hoch gesteckt werden, um eine optische Verbindung zwischen dem Sarg und der Dekoration zu erhalten. Lagernde Formen werden zur Basis hin verdichtet und abfließende Formen schaffen den Übergang nach unten.

Auch ein Sargschmuck aus zwei oder drei Teilen ist gebräuchlich. Bei zwei Gestecken wird meistens eines am Kopfende und das andere am Fußende des Sarges auf dem Sargdeckel befestigt. Soll der Deckel frei bleiben, weil ein Kreuz oder anderer Schmuck aufgelegt wird, können die Gestecke an der Seite befestigt werden.

Girlanden – Sie gehören zu den klassischen Formen des Sargschmucks. Girlanden verlaufen entweder an der Kante des Sargendes oder werden in Bögen an den Verschraubungen befestigt. Hierfür finden schlichte Grüngirlanden oder üppig mit Blumen gebundene Formen Anwendung.

Abb. 766: Kreuz aus Blumen gesteckt.

Abb. 767: Üppiger Sargschmuck.

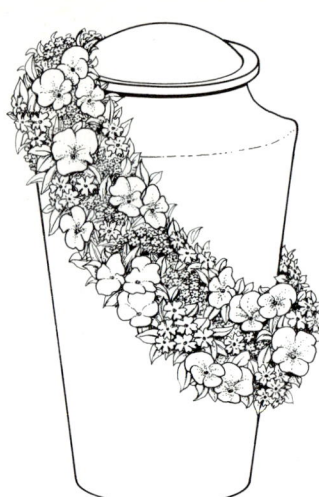

Abb. 768: Lockerer Blütenkranz als Urnenschmuck.

6.7.9 Urnenschmuck

Die Urne ist ein Aschegefäß, in der die sterblichen Überreste eines Menschen nach der Einäscherung bestattet werden. Urnen werden in Grabstellen oder Urnenhallen beigesetzt. Für die Beisetzung kann die Urne von einem Floristen geschmückt werden.

Dafür können unterschiedliche Schmuckformen gewählt werden. Es eignet sich eine schmale Girlande, die die Urne umwindet ebenso, wie ein Gesteck mit vielen abfließenden Formen auf dem Deckel oder ein Gesteck, das an der Seite befestigt wird. Auch ein kleiner Kranz um den Deckel wäre möglich.

Das Tragebrett, auf dem die Urne zur Grabstelle getragen wird, kann geschmückt werden. Hier bietet sich ein Gesteck neben der Urne an. Auch könnte die Urne in der Mitte eines flachen Kranzes stehen.

Die Urnen werden regional aus unterschiedlichen Materialien, meist Kunststoff oder Metall, gefertigt. Die üblichen Farben sind Schwarz, Gold und Silber. An Fest- oder Feiertagen kann auch die Überurne oder Schmuckurne, in der sich die normale Urne befindet, geschmückt werden. Die Überurnen sind kunstvoll gestaltete Deckelgefäße aus Metall oder Stein.

6.8 Arbeitstechniken

Bei fast allen floristischen Arbeiten müssen die Blumen vor der Herstellung eines Werkstückes entsprechend vorbereitet werden.

So werden sie durch

- das Abschneiden des Stieles auf die gewünschte Länge eingekürzt,
- das Stützen mit einem zusätzlichen Halt versehen,
- das Andrahten mit einem Drahtstiel verlängert,
- das Angabeln sicher mit der Unterlage verankert,
- das Wattieren mit Feuchtigkeit versorgt,
- das Abwickeln mit einem schützenden Überzug versehen.

6.8.1 Abschneiden

Das Einkürzen der Stiele sollte mit einem scharfen Messer geschehen, da Schnitte mit einer Schere zum Abquetschen der Leitungsbündel führen. Ein schräger, ziehender Schnitt öffnet die Leitbündel und ermöglicht eine bessere Wasseraufnahme. Für eine weitergehende spezielle Behandlung der Schnittblumen siehe S. 77.

Gerade der schräge Anschnitt erleichtert das Stecken in Steckmasse, da so die Steckmasse nicht zusammengestaucht wird und der Stiel einen guten Halt findet.

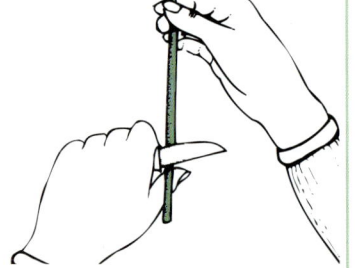

Abb. 769: Abschneiden des Stieles.

6.8.2 Stützen

Blumen und Blätter mit krautigen Stielen müssen für manche Arbeiten gestützt werden. Der grün lackierte Stützdraht, bei feinen Blumen auch der Silberdraht, gibt den Blumen zusätzlichen Halt und ermöglicht außerdem das Biegen der Stiele. Deshalb werden besonders in der Trauerbinderei und bei Brautsträußen die Blumen gestützt.

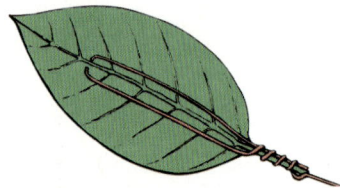

Abb. 770: Stützen eines Blattes.

Hohle Stiele wie bei *Gerbera*-Hybriden (Gerbera), *Narcissus pseudonarcissus* (Narzisse), *Anemone coronaria* (Anemone) können von innen gestützt werden. Dazu wird der Draht von unten in den Stiel eingeführt und bis zum Blütenboden durchgeschoben, ein Durchstechen des Stieles ist dabei zu vermeiden. In der Blüte soll der Draht, wie jedes technische Hilfsmittel, nicht sichtbar sein; dadurch wird auch eine Verletzungsgefahr ausgeschlossen. Da der Draht unsichtbar im Stiel verläuft, ist für ein natürliches Aussehen der Blume gesorgt. Besonders bei Arbeiten, die von nahem betrachtet werden, z.B. Brautsträuße oder Anstecker, ist möglichst diese Methode anzuwenden.

Bei Blumen, die nicht von innen gestützt werden können, da sie keine hohlen Stiele haben, z.B. *Dianthus caryophyllus* (Nelke), *Iris-Hollandica*-Hybriden (Iris), wird der Draht von außen in den Blütenboden eingestochen und am Stiel entlang nach unten geführt. Dabei ist darauf zu achten, dass keine Blätter abgequetscht oder eingeschnürt werden. Besonders bei weichen Stielen besteht die Gefahr, dass man den Blumenstiel um den feststehenden Draht wickeln kann. Das Drahtende wird durch einige Windungen um den Stiel gesichert. Es soll zum Schluss nicht vom Blumenstiel abstehen, deshalb wird das Ende an den Stiel gedrückt.

Blätter werden an der Blattunterseite gestützt. Dazu wird der Draht etwa $1/3$ von der Blattspitze entfernt zweimal durch die Blattfläche gestochen. Der Draht wird in der Mitte zusammengebogen und verläuft parallel zur Mittelrippe in Richtung Blattstiel. Dort wird das eine Drahtende um den Stiel und das zweite Drahtende gewickelt.

Eine weitere Möglichkeit, ein Blatt zu stützen, ohne es zu verletzen, ist das Aufkleben eines Drahtes mit einem grünen Klebeband auf der Blattunterseite. Speziell Gerbera lassen sich mit einem durchsichtigen Schrumpfschlauch einfach stützen. Der dünne Schlauch wird über den Stiel geschoben und dann durch die Wärme eines Heißluftgebläses dicht auf den Stiel geschrumpft.

Abb. 771: Stützen von Blumen.

6.8.3 Andrahten

Das Andrahten dient der Verlängerung des Stieles mit einem Draht. Dafür wird ein der Länge und dem Gewicht des Werkstoffes entsprechender Steckdraht mit einigen Windungen um das Stielende gewunden. Die beiden Drahtenden sollten nebeneinander auf dem Stiel zu liegen kommen, um eine optimale Festigkeit zu erhalten. Das kürzere Drahtende endet mit den Stielen des Werkstoffes, das andere bildet die Verlängerung. Bei einseitig angespitzten Drähten endet das lange Drahtende mit der Spitze, da so das Durchstechen von Wulsten und Moospolstern erleichtert wird.

Weiche Stiele können auch statt mit einem starken Draht mit zwei dünneren angedrahtet werden. Der Druck auf den Stiel wird dadurch geringer und das Andrahten erleichtert.

Bei stiellosen Werkstoffen, wie Zapfen oder Baumschwämmen, können die beiden Drahtenden auch untereinander verdreht werden, um so eine gute Festigkeit zu erhalten.

6.8.4 Angabeln

Der Arbeitsablauf beim Angabeln ist ähnlich dem des Andrahtens. Nur stehen nach unten zwei gleichlange Drahtenden heraus. Dies ist notwendig beim Vorbereiten des Werkstoffes zum Stecken eines Kranzes auf einer Wulst oder bei Arbeiten auf einem Moospolster.

Abb. 772: Angabeln (links), Andrahten (rechts).

Abb. 773: Wattieren und Abwickeln.

6.8.5 Wattieren

Um Blumen, die im fertigen Werkstück nicht im Wasser stehen können, z.B. beim Brautstrauß, Anstecker oder Frischblumenkranz, eine ausreichende Haltbarkeit zu geben, werden sie mit feuchter Watte versorgt. Dazu wird die Blume angedrahtet oder angegabelt und an der Anschnittstelle mit der feuchten Watte abgedeckt. Die Watte sollte einen lockeren Beutel bilden, um ausreichend Wasser speichern zu können. Statt der Watte wird beim Wattieren von Kranzblumen auch feuchtes *Sphagnum* (Torfmoos) verwendet.

6.8.6 Abwickeln

Da die Watte an der Oberfläche sehr schnell das Wasser verdunstet, muss dieses mit dem Wickelband (siehe S. 225) möglichst dicht verschlossen werden. Das Wickelband wird schmal überlappend und unter Spannung aufgewickelt. Wenn das Wickelband zu locker verarbeitet wird, erreicht man nicht die notwendige Festigkeit und das Wasser kann trotzdem verdunsten.

Doch nicht nur wattierte Blumen werden abgewickelt, diese Technik wird auch benutzt, um Draht griffiger zu machen. Anwendungsbeispiele dafür sind angedrahtete Schleifen, Blätter und ähnliches, die in Sträußen verarbeitet werden. Drähte, die so abgewickelt wurden, sehen im Werkstück sauberer aus.

7 Umweltschutz in der Floristik

Das natürliche System unserer Umwelt wird durch Eingriffe der Menschen ständig belastet und aus dem Gleichgewicht gebracht Zunehmend wächst das Bewusstsein, welchen Stellenwert eine intakte Natur für unseren Lebensraum hat. Floristen arbeiten mit natürlichen Werkstoffen. Sie sollten sich als kompetente Fachleute in Bezug auf die Natur verstehen.

7.1 Technische Hilfsmittel

Verwendet werden:
- unlackierter Draht
- Naturbast
- Abwickelbänder
- Papiermanschetten
- künstliche Steckhilfen

Bei der Verwendung von technischen Hilfsmitteln muss darauf geachtet werden, dass solche ausgewählt werden, die abbaubar bzw. verrottbar sind.

7.2 Hilfsmittel in der Trauerfloristik

Auf vielen Friedhöfen dürfen laut Friedhofsordnung nur vollkompostierbare floristische Werkstücke abgeliefert werden. Das können für Kränze, Gestecke, Pflanzschalen und auch für Wintergestecke sein:
- Kranzunterlagen aus Stroh, mit Baumwollschnur gebunden und mit Zellstoffband umwickelt.

Abb. 774: Pflanzschalen aus Altpapier sind biologisch abbaubar.

- Wellpapperömer
- Steckmasseringe mit Altpapier oder Holzunterlage
- Baumwollnetz oder schnell rostender Draht zur Umhüllung des Steckmasseblocks
- blaugeglühter, unlackierter Draht zum Befestigen und zum Stützen der Blumen
- Pflanzschalen aus Altpapier oder Ton
- Steckunterlagen aus Rindenhumus umhüllt mit Jute oder Baumwollballentuch
- Kranzschleifen aus Papier oder Acetat (Kunstseide), deren Rohstoff Zellulose ist

Beim Gebrauch von Moosen müssen die Artenschutzbestimmungen beachtet werden.

Trauerspenden sollen auf den Friedhöfen durch Kompostierung dem Kreislauf der Natur wieder zurückgeführt werden und vollständig abgebaut werden. Für die Trauerfloristik wurde das Zeichen „voll kompostierbar" eingeführt.

7.3 Wareneinkauf

Im Warenangebot eines Blumenfachgeschäftes zeigt sich dem Verbraucher nach außen, wie bewusst und umweltschonend das Fachgeschäft geführt wird. Saisonblumen sollten stärker als in früheren Jahren vorrangig im Blumenfachgeschäft angeboten werden. Bei importierten Werkstoffen müssen Floristen über deren Herkunft und Anbauweise Bescheid wissen. Der Artenschutz gilt weltweit. Bei getrockneten Werkstoffen sollte auf gefärbte und gebleichte Blumen und Pflanzenteile verzichtet werden Beim Einkauf der Accessoires und gestalterischen Hilfsmitteln muss deren Materialzusammensetzung beachtet werden. Nicht alles, was nach „Natur" aussieht ist auch natürlich. Allzuleicht werden schmückende Dinge Wegwerfartikel oder Sondermüll.

Abb. 776: Eingeklemmte Zweige in einem Gefäß können als Steckhilfe genutzt werden.

7.4 Verpackung

Die Verpackung der Blumen hat den Zweck, sie vor Hitze, Kälte und Transportschäden zu schützen. Das Papier muss diesen Anforderungen entsprechen. Inzwischen werden ungebleichte und ungefärbte Papiere angeboten. Hervorzuheben sind Recyclingpapier oder naturbelassene dünne Packpapiere mit satinierter Oberfläche.

Zum Verschließen dieser Verpackungen eignen sich gummierte Klebestreifen aus Papier, die mit Firmenaufdruck für das Geschäft werben können.

Papiertüten und Kartonagen müssen nach den gleichen Gesichtspunkten ausgesucht werden.

Der Vorteil solcher Verpackungen besteht darin, dass alles über das Altpapier entsorgt werden kann.

Abb. 777: Überschneidungen schaffen Schwerpunkte.

7.5 Natur- und Artenschutz

Ist die Entscheidung für eine natürliche Floristik gefallen, so darf man aber auch nicht ins andere Extrem fallen und sich ungehindert aus der Natur bedienen. Für jeden von uns gilt es Natur- und Artenschutzverordnungen zu be-

Abb. 778: Auch für empfindliche Blumenstiele sind alternative Steckhilfen gut geeignet.

achten. Floristen müssen darüber noch besser Bescheid wissen und auch Auskunft geben können.

Doch gibt es für den Floristen viele Pflanzenteile aus Garten und Natur, die im floristischen Alltag Verwendung finden. Gehölzrückstände im Herbst und im Frühjahr können z.B. als alternative Steckhilfen genutzt werden. Auch hinter den Kulissen eines Blumenfachgeschäftes darf der Umweltschutz nicht unberücksichtigt bleiben. In erster Linie ist auf Müllvermeidung bei Einkauf und Verpackung zu achten. Vorhandenes kann sinnvoll wieder verwendet werden. Mit dem Einsatz aller Energien muss überlegt umgegangen werden.

7.6 Alternative Steckhilfen

Um Blumen in Gefäßen arrangieren zu können, braucht man Steckhilfen, die den Blumen den nötigen Halt geben. Man bediente sich vieler Arten von Steckbasen, um die Blumen in Form zu bringen, z.B. durchlöcherte Einsätze aus Porzellan, Steckigel (Kenzan) oder Steckhilfen aus Lehm, Moos und gebündelten Zweigen.

Im traditionellen lkebana halten seit Jahrtausenden sinnvolle Konstruktionen aus Zweigen die Blumen in den Gefäßen. Nach der Erfindung der Steckmasse traten diese Hilfsmittel, die ausschließlich als Technik zu sehen waren, in den Hintergrund.

Die Entwicklung einer naturnahen Floristik förderte die Anwendung alternativer Steckhilfen, jedoch in anderer Weise als bisher.

Die Steckbasis, die den Pflanzen Halt gibt, ist zugleich ein Element in der gesamten Gestaltung und verbindet auf sinnvolle Weise Blumen und Gefäße.

Natürlich sind die Steckhilfen aus pflanzlichem Material und können wie Blumen und Pflanzen in den Kreislauf der Verrottung zurückgeführt werden. Das Material für die Steckhilfen ist überall vorhanden, z.B. Pflanzenrückschnitt im Frühjahr und Herbst. Am besten geeignet sind biegsame Zweige, z.B. Birke, Weide, Hasel usw. und Ranken, wie Wein, Knöterich, Clematis usw. Auch andere Pflanzenteile sind geeignet, wie feinverästelte Zweige von entnadelten Fichten, zurückgeschnittenen Rosen oder alten Hainbuchenhecken oder hohle Stiele wie von Heracleum, Knöterich, Schilf oder Bambus.

Die beste Zeit für diese Grundmaterialien sind das Frühjahr und der Herbst, wenn die Pflanzenteile noch unbelaubt sind. Denn einerseits verfaulen grüne Blätter schnell im Wasser und dadurch würde die Haltbarkeit der Blumen sehr beeinträchtigt werden. Andererseits wäre das Entfernen der Laubblätter zu zeitaufwendig.

Die Steckhilfen können in viele Formen gebracht werden, z.B. zu Kränzen und Ringen gewunden, in Gefäße linear eingeklemmt und verspannt oder zu senkrechten oder liegenden Bündeln zusammengefasst werden. In hohen Gefäßen können die Steckhilfen aufgeschichtet werden, um den Blumen Halt zu geben. Gestaltung und Auswahl der Blumen und Pflanzenteile werden schon beim Fertigen der Steckhilfe bedacht. Dadurch entwickelt sich mehr Kreativität und Zuwendung zu dieser Arbeitsweise. Die Werkstücke zeigen in der Regel mehr Originalität und kommen dem Wesen der Pflanze sehr nahe. Allerdings müssen auch bei dieser Steckweise die Blumen und die Pflanzenteile gut mit Wasser versorgt sein und die Transportfähigkeit muss garantiert sein.

Abb. 779: Steckhilfsmittel ist ein gewundener Kranz aus Birkenzweigen.

Geschäftskunde und Betriebslehre

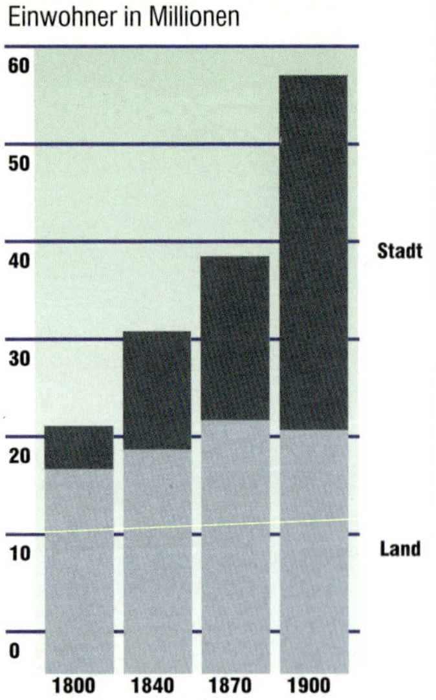

Einwohner in Millionen

Abb. 784: Fortschritte auf dem Gebiet der Medizin, die Verbesserung der hygienischen Verhältnisse in den Städten sorgten ab Mitte des 19. Jahrhunderts für ein Sinken der Sterblichkeitsrate und damit für rasches Bevölkerungswachstum. Eine Bevölkerungswanderung aus den ländlichen Gebieten in die Städte und neuen Industriegebiete setzte ein.

Abb. 785: Erste Fachbücher für Blumenbinder werden um die Jahrhundertwende herausgegeben.

Abb. 786: „Die Bindekunst" erscheint als erste deutsche Fachzeitschrift für Blumenbinder.

1 Der Beruf des Floristen

1.1 Entwicklung des Berufes

In einer Zeit zunehmender Industrialisierung mit einem sprunghaften Wachstum der Großstädte, erhält ab Mitte des 19. Jahrhunderts die Verarbeitung von Blumen und Pflanzen größere Bedeutung.

Sind es zunächst die Gärtner, die Blumen und Pflanzen arrangieren, so entwickelt sich zum Ende des 19. Jahrhunderts der Beruf des Blumenbinders. Die Herstellung der Tellerbouquets in arbeitsaufwendiger Drahttechnik, die aus Trockenblumen angefertigten dekorativen Markartbouquets, die aufwendigen Bühnenspenden aus Blumen haben eine Spezialisierung mit sich gebracht (siehe S. 165).

Der alte Brauch, Blumen als Schmuck zu verarbeiten, hat sich zu einem selbstständigen Beruf entwickelt.

Die ersten großen Kunst- und Handelsgärtnereien entstehen am Rande der Großstädte. Aus dem Beruf des Gärtners, der Pflanzen und Blumen züchtet, entwickelt sich der Beruf des Blumenbinders, der die Blumen und Pflanzen gestalterisch zusammenstellt.

Der Zuzug großer Teile der Bevölkerung in die Städte bringt den Verlust eines lebensbedingten Verhältnisses zur Natur mit sich. Die entstehenden Blumengeschäfte profitieren von dieser Entwicklung. Zusätzlich wird die Verarbeitung von Blumen und Pflanzen begünstigt durch vermehrten Anbau von Schnittblumen sowie durch preiswerte Importe von der Riviera und aus Holland.

Der Blumenschmuck gewinnt an Bedeutung nicht zuletzt durch eine breite wohlhabende Bürgerschicht, die es sich leisten kann, Häuser und Wohnungen mit frischen Blumen zu schmücken.

1878 gründen in Berlin 26 Blumengeschäftsinhaber den Verein der Kunst- und Handelsgärtner Berlin und Umgebung.

In Erfurt gibt ab **1898** J. OLBERTZ eine Fachzeitschrift „Die Bindekunst" heraus. Er schreibt später sein umfassendes Lehrbuch „Bindekunst und Blumenschmuck".

Ab **1902** ist eine einjährige Lehrzeit die Regel. Mussten Lehrlinge vorher für eine dreimonatige Lehrzeit 30 Reichsmark bezahlen, so ist jetzt die Ausbildung für sie frei.

1904 formiert sich der Reichsverband Deutscher Blumengeschäftsinhaber VDB in Düsseldorf mit 88 Mitgliedern.

1907 gibt es in Berlin über 25 000 Straßenblumenhändler als Konkurrenz zu den Blumengeschäften.

1908 entsteht in Berlin die "Blumenspendenvermittlungsvereinigung". Diese Organisation übernimmt die Übermittlung von Blumenspenden von Ort zu Ort. Sie ist der Vorläufer der heutigen Fleurop.

Ab **1910** finden in Deutschland Lehrabschlussprüfungen für Blumenbinder statt.

1914 wird in Hamburg eine Blumenmarkthalle eröffnet. Ca. 350 Erzeuger und Großhändler bieten ihre Waren für Blumengeschäftsinhaber an.

Nach dem Ersten Weltkrieg treten für den jungen Berufsstand wirtschaftliche Schwierigkeiten auf. Die Blumenimporte aus dem Ausland bleiben aus und die Nachfrage nach Blumen ist stark gesunken. Diese äußeren Umstände spiegeln sich in einem schlichteren Erscheinungsbild der Blumenarrangements wider.

Ab **1920** werden die ersten mehrmonatigen Schulungskurse für Blumenbinder durchgeführt.

1922 wird die aus den USA kommende Idee des Muttertages übernommen.

Ab 1926 leitet FRANZ KOLBRAND in Weihenstephan die Höheren Lehrgänge für Blumenkunst.

1935, zur Zeit des Nationalsozialismus erhält der Berufsverband die Bezeichnung „Fachgruppe Blumenbindereien in der Reichsgruppe Handel".

1936 werden die ersten Meisterprüfungen abgelegt.

Bis **1940** gibt es in Deutschland 300 Blumenbindemeister.

Abb. 787: „Kontraste steigern die Wirkung" aus einem Buch von FRANZ KOLBRAND.

Nach dem Zweiten Weltkrieg wird diese Fachgruppe „Arbeitsgemeinschaft der Fachverbände Blumenbindereien im Wirtschaftsgebiet" genannt. 1951 wird daraus der „Fachverband Blumenbindereien e.V." in Düsseldorf. Seit 1970 nennt er sich „Fachverband Deutscher Floristen e.V."

1950 wird die Ausbildung an der Staatlichen Fachschule Blumenkunst in Weihenstephan unter der Leitung von Moritz Evers wieder aufgenommen.

1953 erfolgt in Friesdorf unter der Leitung von ALBERT EURICH die Gründung einer Meisterschule.

Die 1. Internationale Gartenbauausstellung (IGA) findet in Hamburg statt.

1954 gibt MORITZ EVERS das Buch „Werkformen der Blumenbinderei" heraus.

Ab **1956** gibt es Verhandlungen über die Gründung eines europäischen Blumenbinderverbandes.

1966 wird der 1. Wettkampf der Goldenen Rose ausgetragen.

1967 erhält der Beruf des Blumenbinders die neue Bezeichnung „Florist".

Der 1. Europa-Cup findet in Stuttgart statt.

Abb. 788: „Meisterprüfungen" werden seit 1936 abgenommen.

Die Entwicklung nach dem Zweiten Weltkrieg wird bestimmt durch den wirtschaftlichen Aufschwung während des Wiederaufbaus im zerstörten Deutschland bis Mitte der 60er Jahre. Blumen werden nicht nur zum Verschenken, sondern auch zum Schmücken der eigenen Wohnung gekauft.

Die Erfindung neuer technischer Hilfsmittel, wie zum Beispiel der synthetischen Steckhilfen, bieten dem Floristen neue gestalterische Möglichkeiten:
- Die Werkstücke in einem Gefäß behalten während des Transportes ihre Form und sind mit Wasser versorgt
- Blumenstielputz- und Kranzbindemaschinen erleichtern vorbereitende Arbeiten

Die technische Entwicklung im Gartenbau hat eine größere Produktivität zur Folge:
- automatische Bewässerungssysteme
- elektronische Regelung des Klimas in Gewächshäusern durch KIimacomputer
- Mobilpalettensysteme und Rolltische zur Vereinfachung des innerbetrieblichen Transportes
- Topfmaschinen, Umtopfautomaten, Kunststoffkulturtöpfe
- Anbau gut zu programmierender Massenkulturen, wie z.B. Topfchrysanthemen und Kalanchoë

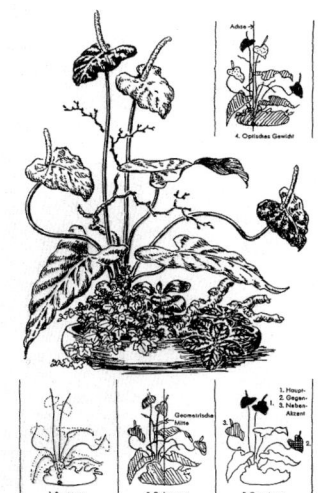

Abb. 789: MORITZ EVERS veröffentlicht 1954 das Buch „Werkformen der Buchbinderei".

Die Zahl der Blumeneinzelhandelsgeschäfte kann die größeren Mengen produzierter Pflanzen und Blumen nicht vermarkten. Zusätzlich zur Produktion im Inland drängen preiswerte Importe an Pflanzen und Schnittblumen aus dem Ausland auf den Markt. Durch diese Entwicklung bedingt, entsteht ein neuer Absatzmarkt für Blumen. Es sind z.B. Blumensupermärkte. welche die Blumen ungestaltet und in großen Mengen verkaufen.

Für den Floristen bedeutet die Billigkonkurrenz in der Zukunft eine große Herausforderung. Er kann diese nur bestehen, wenn er sich den veränderten

Abb. 790: Der Gartenbau erhöht durch technische Verbesserungen seine Produktion.

Gegebenheiten des Marktes anpasst. Unbedingte Grundlagen für eine erfolgreiche Berufsausübung sind sein Fachwissen und sein gestalterisches Können.

1.2 Berufsausbildung zum Floristen

1.2.1 Berufsbildungsgesetz

Das Berufsbildungsgesetz von 1969 (BBiG) regelt die Ausbildung der über 400 staatlich anerkannten Ausbildungsberufe.

In Deutschland wird in der Ausbildung das duale System angewandt. Die Ausbildung findet im Ausbildungsbetrieb und in der Berufsschule statt.

Das Berufsbildungsgesetz sorgt für eine einheitliche Ausbildung in allen Bundesländern. Es enthält die Ausbildungsverordnung mit:

- der Bezeichnung des Ausbildungsberufes
- der Ausbildungsdauer
- dem Berufsbild
- dem Ausbildungsrahmenplan
- den Prüfungsanforderungen

Die Lehrpläne der Berufsschulen werden von den einzelnen Bundesländern festgelegt.

Ausbildungsbetriebe haben eine angemessene Zeit einzuplanen, die für die Anleitung der Auszubildenden zur Verfügung steht. Um eine ausreichende Ausbildung zu gewährleisten, muss die Zahl der Auszubildenden in einem angemessenen Verhältnis zur Zahl der beschäftigten Fachkräfte stehen. Das Berufsbildungsgesetz schreibt hierfür in der Regel vor:

1 Auszubildender	= 1 Fachkraft
2 Auszubildende	= 3-5 Fachkräfte
3 Auszubildende	= 6-8 Fachkräfte
je weiterer Auszubildender	= 3 Fachkräfte

Der **Berufsausbildungsvertrag** ist ein privatrechtlicher Vertrag. Er wird zwischen dem Ausbildungsbetrieb und dem Auszubildenden geschlossen, bei Minderjährigen mit Zustimmung des gesetzlichen Vertreters. Die Industrie- und Handelskammern genehmigen und registrieren die Ausbildungsverträge.

Abb. 791: Berufsbildungsgesetz

Zweiter Abschnitt

Inhalt des Berufsausbildungsverhältnisses
Erster Unterabschnitt
Pflichten des Ausbildenden

§6
Berufsausbildung

(1) Der Ausbildende hat
1. dafür zu sorgen, dass dem Auszubildenden die Fertigkeiten und Kenntnisse vermittelt werden, die zum Erreichen des Ausbildungszieles erforderlich sind, und die Berufsausbildung in einer durch ihren Zweck gebotenen Form planmäßig, zeitlich und sachlich gegliedert so durchzuführen, dass das Ausbildungsziel in der vorgesehenen Ausbildungszeit erreicht werden kann,
2. selbst auszubilden oder einen Ausbilder ausdrücklich damit zu beauftragen,
3. dem Auszubildenden kostenlos die Ausbildungsmittel, insbesondere Werkzeuge und Werkstoffe zur Verfügung zu stellen, die zur Berufsausbildung und zum Ablegen von Zwischen- und Abschlussprüfungen,...

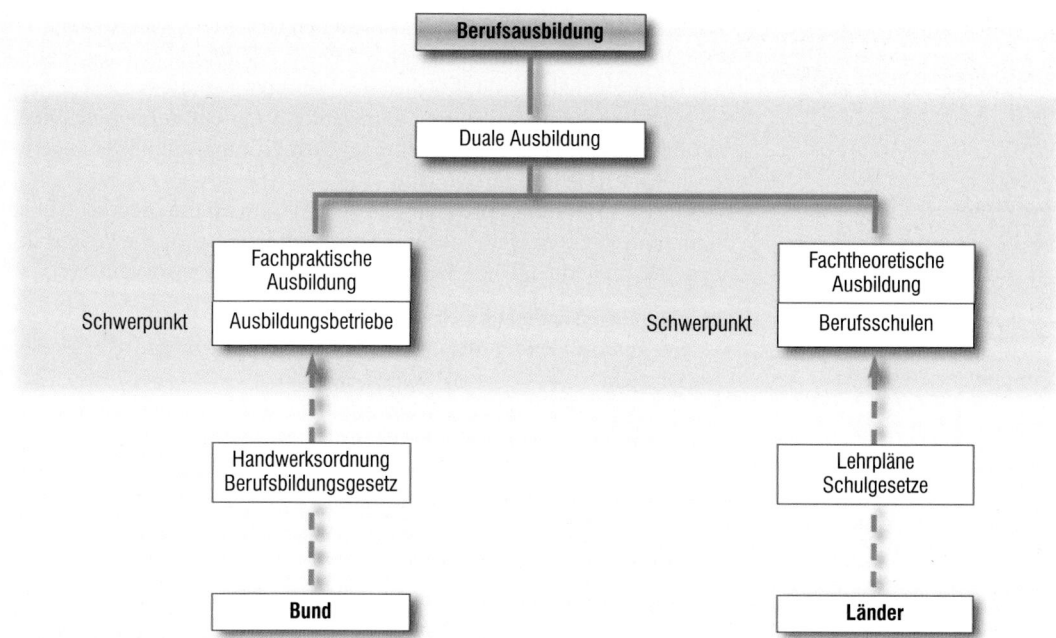

Abb. 792: In der dualen Ausbildung wird im Ausbildungsbetrieb und in der Berufsschule ausgebildet.

Sie führen eine Liste der Ausbildungsbetriebe und deren Ausbilder.

Der Ausbildungsvertrag enthält Angaben über:

- den Ausbildungsberuf
- Beginn und Dauer der Ausbildung
- sachliche und zeitliche Gliederung der Ausbildung
- ergänzende Ausbildungsmaßnahmen
- Ausbildungszeit
- Dauer der Probezeit
- Höhe der Ausbildungsvergütung
- Dauer des Urlaubs
- Kündigung

Der Auszubildende, der Ausbildungsbetrieb und die Industrie- und Handelskammer erhalten jeweils eine Ausfertigung.

Die **Ausbildungszeit** beträgt in der Regel 3 Jahre. Schüler mit einem mittleren Bildungsabschluss oder Abitur haben eine Ausbildungszeit von 2 $\frac{1}{2}$ Jahren. Sie kann in Ausnahmefällen bei herausragenden Leistungen verkürzt werden, wenn Ausbilder und Berufsschule dies für sinnvoll erachten.

Auch Personen, die mindestens 6 Jahre in ihrem Beruf gearbeitet haben, können danach eine Abschlussprüfung ablegen. Der Fachverband Deutscher Floristen e.V. hat hierfür Sonderlehrgänge eingerichtet.

Die Probezeit dauert mindestens einen Monat. Sie darf drei Monate nicht überschreiten. Während dieser Zeit kann das Ausbildungsverhältnis von beiden Seiten fristlos ohne Angabe von Gründen gekündigt werden. Nach Ablauf der Probezeit kann das Ausbildungsverhältnis von beiden Seiten nur aus wichtigen Gründen gekündigt werden. Dies muss schriftlich erfolgen mit einer Frist von vier Wochen.

Abb. 793: Berufsausbildungsvertrag.

Verordnung
über die Berufsausbildung zum Floristen/zur Floristin*)

Vom 28. Februar 1997

§ 3
Ausbildungsberufsbild

Gegenstand der Berufsausbildung sind mindestens die
folgenden Fertigkeiten und Kenntnisse:

1. Berufsbildung,
2. Aufbau und Organisation des Ausbildungsbetriebes,
3. Arbeits- und Tarifrecht, Personalwesen,
4. Arbeitsschutz, Arbeitssicherheit,
5. Umweltschutz, rationale Energieverwendung,
6. Planen von Arbeitsabläufen, Einsetzen und Pflegen
   von Werkzeugen, Geräten und Maschinen,
7. Bestimmen, Einordnen, Versorgen und Pflegen von
   Pflanzen und Pflanzenteilen,
8. Gestalten von Pflanzen- und Blumenschmuck,
9. Anwenden berufsbezogener rechtlicher Vorschriften; Abgabe von Pflanzenschutzmitteln im Fachhandel.

*) Diese Rechtsverordnung ist eine Ausbildungsordnung im Sinne des § 25
des Berufsbildungsgesetzes. Die Ausbildungsordnung und der damit
abgestimmte, von der Ständigen Konferenz der Kultusminister der Länder in der Bundesrepublik Deutschland beschlossene Rahmenlehrplan
für die Berufsschule werden demnächst als Beilage zum Bundesanzeiger veröffentlicht.

10. Beschaffen und Lagern von Waren:
10.1 Einkauf,
10.2 Warenannahme, Lagerung und Bestandsüberwa-
     chung,
11. Beratung und Verkauf:
11.1 Verkaufsförderung und -vorbereitung,
11.2 Beraten und Bedienen von Kunden,
12. kaufmännische Steuerung und Kontrolle.

Abb. 794: Berufsbild Florist.

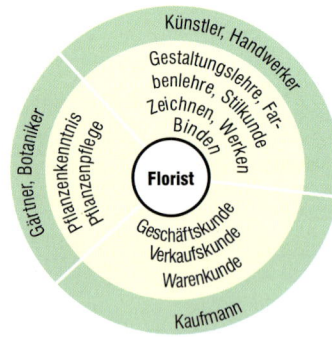

Abb. 795: Kenntnisse und Fähigkeiten,
die ein Florist braucht.

Das Ausbildungsverhältnis ist mit Ablauf der Ausbildungszeit beendet.
Wird die Abschlussprüfung zu einem früheren Zeitpunkt abgelegt, endet das
Ausbildungsverhältnis mit Bestehen der Prüfung.
Bei Nichtbestehen der Prüfung kann auf Antrag des Auszubildenden der
Ausbildungsvertrag bis zum nächstmöglichen Prüfungstermin verlängert wer-
den, höchstens jedoch um ein Jahr.
Nach dem Ausbildungsförderungsgesetz (AFG) wird die berufliche Erstaus-
bildung im Rahmen eines Ausbildungsverhältnisses sowie die Weiterbildung
finanziell unterstützt. Die Arbeitsämter geben hierüber Auskunft.

Der Ausbilder verpflichtet sich:

- dem Auszubildenden die erforderlichen Kenntnisse und Fertigkeiten zu
  vermitteln
- ihm eine Ausbildungsvergütung zu zahlen
- und ihn für den Berufsschulunterricht freizustellen

Während seiner Ausbildung muss der **Auszubildende** regelmäßig ein
Berichtsheft als Ausbildungsnachweis führen und sich bemühen, die notwen-
digen Kenntnisse und Fertigkeiten zu erwerben. Das Berichtsheft muss vom
Ausbildungsbetrieb gestellt werden.

Ausbildungsbegleitende Kurse – Als Ergänzung zur betrieblichen Ausbildung
bieten der Fachverband Deutscher Floristen e.V. sowie private Fachschulen
Kurse an. Ein aktuelles Angebot hierüber geben die monatlich erscheinenden
Fachzeitschriften.

1.2.2 Berufsbild

Der Beruf des Floristen ist vielseitig. Liebe zur Natur sollte eine Grundvoraussetzung sein. Der Umgang mit einer leicht verderblichen Ware macht trotz
vorbereitender Planungen einen großen Arbeitseinsatz zu Stoßzeiten unum-
gänglich. Dies ist besonders an den Totengedenktagen, im Advent, vor Weih-
nachten, am Valentinstag, zu Ostern und am Muttertag der Fall.
Ein großer Teil der Arbeit wird im Stehen verrichtet. Das Venensystem der
Beine ist dadurch hohen Belastungen ausgesetzt, die zur Ausbildung von
Krampfadern führen können. Schweres Tragen und Heben belasten die
Wirbelsäule. Im Umgang mit Blumen und Pflanzen ist der Florist in hohem
Maße allergiegefährdet.

Ausbildungsberufsbild – die Verordnung über die Berufsausbildung zum
Beruf des Floristen von 1997 beschreibt als Gegenstand der Berufsausbildung
mindestens die folgenden Fertigkeiten und Kenntnisse:

1. Berufsbildung (Bedeutung des Ausbildungsvertrages, Möglichkeiten der
   beruflichen Fortbildung, Bedeutung beruflicher Wettbewerbe und floristischer Veranstaltungen)
2. Aufbau und Organisation des Ausbildungsbetriebes
3. Arbeits- und Tarifrecht, Personalwesen
4. Arbeitsschutz, Arbeitssicherheit
5. Umweltschutz, rationelle Energieverwendung
6. Planen von Arbeitsabläufen, Einsetzen und Pflegen von Werkzeugen,
   Geräten und Maschinen
7. Bestimmen, Einordnen, Versorgen und Pflegen von Pflanzen und Pflanzenteilen
8. Gestalten von Pflanzen- und Blumenschmuck

9. Anwenden berufsbezogener rechtlicher Vorschriften; Abgabe von Pflanzenschutzmitteln im Fachhandel
10. Beschaffen und Lagern von Waren
11. Beratung und Verkauf
12. kaufmännische Steuerung und Kontrolle

1.2.3 Ausbildungsrahmenplan - Ausbildungsplan

Die sachliche und zeitliche Gliederung der Ausbildung ist im Ausbildungsrahmenplan festgelegt. Er legt in Richtwerten fest, wieviel Zeit pro Ausbildungsjahr zur Vermittlung von Kenntnissen und Fertigkeiten unter Einbeziehung selbständigen Planens, und Kontrollierens anzusetzen ist. So lautet z.B. eine Vorgabe, dass im ersten Ausbildungsjahr 5 Wochen zur Anfertigung von Sträußen und Gestecken nach den Grundregeln der Gestaltung vorzusehen sind. Eine von dem Ausbildungsrahmenplan abweichende sachliche und zeitliche Gliederung ist zulässig, soweit betriebspraktische Besonderheiten die Abweichung erfordern.

Der Ausbildungsplan wird vom Ausbilder auf Grundlage des Ausbildungsrahmenplanes erstellt. Hierbei werden die betrieblichen Gegebenheiten berücksichtigt. Der Ausbildungsplan ist dem Ausbildungsvertrag beizufügen.

1.2.4 Berichtsheft

Während seiner Ausbildung muss der Auszubildende regelmäßig ein Berichtsheft als Ausbildungsnachweis führen. Dies ist Voraussetzung für die Zulassung zur Abschlussprüfung. Das Berichtsheft muss vom Ausbildungsbetrieb kostenlos gestellt werden. Die Ausbildungsnachweise sind Tätigkeitsnachweise und wöchentlich zu führen sowie unaufgefordert vorzulegen. Der Ausbilder soll diese mindestens einmal monatlich kontrollieren und überprüfen. Dem Auszubildenden soll Gelegenheit gegeben werden, das Berichtsheft während der Arbeitszeit zu führen.

Das Berichtsheft dient als Lernhilfe sowie Kontrollmöglichkeit über den Verlauf der Ausbildung.

1.2.5 Zwischenprüfung

Vor Ende des zweiten Ausbildungsjahres wird eine Zwischenprüfung durchgeführt. Sie enthält einen praktischen und einen schriftlichen Teil. Hier wird der Ausbildungsstand ermittelt. Während der bisherigen Ausbildung aufgetretene Mängel und Abweichungen sollen aufgedeckt und korrigiert werden. Das heißt, es gibt kein „Durchfallen" und kein „Bestehen". Die Teilnahme an der Zwischenprüfung ist Voraussetzung für eine Zulassung zur Abschlussprüfung.

Prüfungsgegenstand sind folgende Kenntnisse und Fertigkeiten aus dem Ausbildungsrahmenplan:

– Werkzeuge, Geräte und Maschinen einsatzbereit zu halten

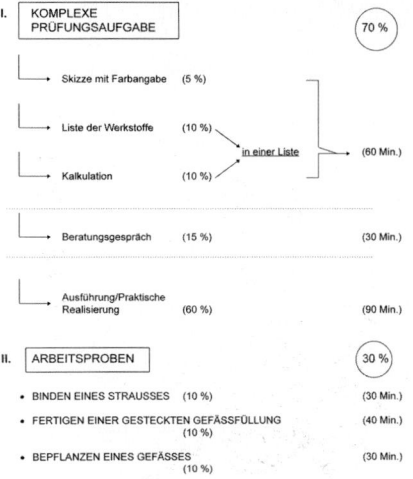

Abb. 796: Zur praktischen Prüfung gehören die komplexe Prüfungsaufgabe und Arbeitsproben.

Berichtsheft

des

Auszubildenden Florist

Hinweise zur Führung **des Berichtsheftes**

Abb. 797: Das Berichtsheft ist ein Teil der Ausbildung.

Prüfungsgebiet und Bewertungskriterien

4.1. Andrahten und Stützen von pflanzlichen Werkstoffen Zeit: 15 Min.		Höchstpunktzahl
1. Bindegrün andrahten und gabeln (für Trauerkranz)	⇒ Festigkeit ⇒ Sauberk. d. Ausführung ⇒ Drahtwahl	100
2. Blumen schienen und stützen (für Brautstrauß)	⇒ Festigkeit ⇒ Sauberk. d. Ausführung ⇒ Drahtwahl	100
4.2. Wattieren und Abwickeln von pflanzlichen Werkstoffen Zeit: 15 Min.		**Höchstpunktzahl**
1. Blumen von innen stützen und wattieren (für Brautstrauß)	⇒ Festigkeit ⇒ Sauberk. d. Ausführung ⇒ Drahtwahl	100
4.3. Fertigen eines Straußes nach den Grundregeln der Gestaltung		**Höchstpunktzahl**
1. Werkstoffgerechte Anordnung (Erscheinungsform u. Farbe), Form des Straußes (optimale Wirkung aufgrund des Werkstoffes)		100
2. Festigkeit des Straußes (spirale Anordnung der Stiele u.a.); Sauberkeit d. Bindestelle (Breite der Bindung, Blätter in u. unterhalb d. Bindg.), Anschnitt		100
3. Proportion zwischen Straußgröße und Lage der Bindestelle		100
4.4. Binden eines Kranzes Zeit: 60 Min.		**Höchstpunktzahl**
1. Werkstoffgerechte Verarbeitung (Lange Zweige = Deichform; kurze Zweige = Römerkranz)		100
2. Sauberkeit d. Verarbeitung (Anordnung d. Zweige, Ausarbeitung d. Kanten, Abdeckung, exakte runde Form des Kranzkörpers), Festigkeit der Unterlage		100
3. Proportion des Kranzkörpers		100

Abb. 798: In der praktischen Zwischenprüfung werden die Werkstücke nach einem festen Schema bewertet.

Abb. 799: Auszubildende in der Abschlussprüfung.

- handelsübliche Pflanzen und Pflanzenteile in das botanische System einordnen sowie deutsche und botanische Bezeichnungen anwenden
- Sträuße und Gestecke, insbesondere unter Berücksichtigung des Werkstoffes, des Anlasses, der Saison und der Form gestalten
- Kränze und Girlanden, insbesondere unter Berücksichtigung des Werkstoffes, des Anlasses, der Saison und der Form gestalten
- Waren annehmen sowie auf Beschaffenheit, Art, Menge und Preis überprüfen
- Mängel und Schäden feststellen und beurteilen sowie erforderliche Maßnahmen einleiten, Ware weiterleiten
- Wareneingänge erfassen
- Transportverpackungen unter Berücksichtigung der Rücknahme- und Verwertungspflichten nach der Verpackungsordnung umweltgerecht entsorgen
- Waren entsprechend ihren Ansprüchen lagern
- Erscheinungsbild des Betriebes als Werbeträger beurteilen
- Verkaufsfähigkeit der Ware prüfen, nichtverkaufsfähige Ware zur weiteren Verwendung aufbereiten oder umweltgerecht entsorgen
- Vollständigkeit des Warenangebots im Verkaufsbereich prüfen und fehlende Ware ergänzen
- Verkaufspreise nach dem betrieblichen Kalkulationsschema ermitteln
- Ware auszeichnen
- Rechnung mit Lieferschein vergleichen und bei Abweichungen betriebsübliche Maßnahmen ergreifen
- bei der Abwicklung des Zahlungsverkehrs mitwirken
- beim Schriftverkehr mitwirken

In dem praktische Teil sollen vier Aufgaben durchgeführt werden:

1. Andrahten und Stützen von pflanzlichen Werkstoffen
2. Wattieren, Abwickeln
3. Binden eines Kranzes und
4. Fertigen eines Straußes nach den Grundregeln der Gestaltung

Im schriftlichen Teil sind praxisbezogene Aufgaben aus folgenden Gebieten zu bearbeiten:

1. Berufsbildung, Ausbau und Organisation des Ausbildungsbetriebes, Arbeits- und Tarifrecht
2. Arbeitsschutz, Arbeitssicherheit, Umweltschutz, rationelle Energie- und Materialverwendung
3. Wachstumsfaktoren und Lebensvorgänge der Pflanze
4. Bedarfsermittlung
5. Warenannahme
6. Verkaufsvorbereitung
7. Kalkulation von Verkaufspreisen

1.2.6 Abschlussprüfung

In der Abschlussprüfung soll der Auszubildende den Nachweis erbringen, dass er die notwendigen Kenntnisse und Fertigkeiten entsprechend der Ausbildungsverordnung für den Beruf des Floristen erworben hat.

Die Prüfung erfolgt praktisch mit einem Beratungsgespräch und schriftlich. Eine mündliche Ergänzungsprüfung ist möglich, wenn dadurch die Abschlussprüfung insgesamt noch bestanden werden kann. Voraussetzung sind dafür mindestens ausreichende Leistungen in einem der drei schriftlichen Prüfungsfächer.

Die Prüfung ist bestanden, wenn jeweils in der praktischen und schriftlichen Prüfung mindestens ausreichende Leistungen erbracht worden sind. Innerhalb der schriftlichen Prüfung muss das Prüfungsfach Technologie mindestens mit ausreichend abgelegt werden.

In der **Praktischen Abschlussprüfung** wird die Befähigung zur Handlungskompetenz geprüft. Der Prüfling soll unter anderem zeigen, dass er Arbeitsabläufe planen, Arbeitstechniken und Regeln der Gestaltung praxisbezogen anwenden und Kunden beraten kann. Dies erfolgt in einer komplexen Prüfungsaufgabe sowie in drei Arbeitsproben.

Komplexe Prüfungsaufgabe – Der Prüfling wählt einen fachlichen Bereich aus den nachfolgenden vier Möglichkeiten aus und gibt ihn zusammen mit seiner Prüfungsanmeldung bekannt.

1. Hochzeitsschmuck   3. Raumschmuck
2. Trauerschmuck   4. Tischschmuck

Die konkrete Prüfungsaufgabe aus dem gewählten Bereich erhält der Prüfling dann im Rahmen der schriftlichen Abschlussprüfung. So könnte zum Beispiel für den Bereich Trauerschmuck ein Trauerkranz mit einer Akzentgarnierung oder aber ein Sargschmuck mit Schleife verlangt werden.

Abb. 800: Beispiel für eine komplexe Prüfungsaufgabe.

I. Komplexe Prüfungsaufgabe:

1. Hochzeitsschmuck	
Themenerfassung max. 1 x 10 Pkt.	
Handwerkliche Verarbeitung max. 4 x 9 Pkt.	
Bereitstellung der Werkstoffe und Gestaltungsm., pflanzengerechte Verarbeitung und Versorgung	
Richtige Technikwahl; Festigkeit der verarbeiteten Gestaltungsmittel	
Gute Lage in Hand oder Arm; Zweckmäßigkeit des Tragens (Befestigungsmöglichkeit)	
Sauberkeit/Sorgfalt (Griff: Bandabwicklung)	
Gestaltung und Farbe max. 6 x 9 Pkt.	
Eindeutige Aussage der gewählten Brautstrauß-form	
Optisches Gleichgewicht: Äußere Form, Größe (= Tragbarkeit)	
Proportion/Ausgewogenheit der Werkstoffe zueinander und zu den Requisiten	
Beachtung der Geltungs- und Bewegungsformen bzw. Charaktere	
Verteilung der Farben	
Abstimmung der Farben und Strukturen	
Gesamtpunktzahl: **(max. 1 x 10 Punkte und 10 x 9 Punkte)**	

Die/der Auszubildende _____

Name, Vorname

im Ausbildungsberuf „**Florist/Floristin**"

hat sich im Rahmen der komplexen Prüfungsaufgabe verbindlich für eine Prüfung im angekreuzten Bereich entschieden:

(Bitte aus diesen vier Bereichen nur EINEN auswählen und ankreuzen)

❏ Hochzeitsschmuck   ❏ Trauerschmuck

❏ Raumschmuck   ❏ Tischschmuck

Ort, Datum   Unterschrift der/des Auszubildenden

Unterschrift der/des Ausbildenden

Abb. 801: Rückmeldebogen für die Abschlussprüfung.

In der schriftlichen Prüfung soll der Prüfling anhand praxisbezogener Aufgaben oder Fälle zeigen, dass er die fachlichen, wirtschaftlichen und ökologischen Zusammenhänge im Floristbetrieb versteht sowie die Bedarfs- und Sortimentsstruktur überblickt. Es sind Fragen und Aufgaben insbesondere aus folgenden Gebieten zu bearbeiten:

1.   im Prüfungsfach Technologie:
1.1 Gestalten mit pflanzlichen und nichtpflanzlichen Werkstoffen,
1.2 Bestimmen, Einordnen, Versorgen und Pflegen handelsüblicher Pflanzen und Pflanzenteile,
1.3 Anwenden fachspezifischer Rechtsvorschriften, insbesondere erforderliche fachliche Kenntnisse gemäß Pflanzenschutz-Sachkundeverordnung, Natur- und Umweltschutz;
2.   im Prüfungsfach Warenwirtschaft:
2.1 Einkauf, Verkauf, Dienstleistung,
2.2 betriebliche Abläufe und kaufmännische Kontrolle,
2.3 Warensortimente;
3.   im Prüfungsfach Wirtschafts- und Sozialkunde:
     allgemeine wirtschaftliche und gesellschaftliche Zusammenhänge der Berufs- und Arbeitswelt.

Abb. 802: Die schriftliche Abschlussprüfung.

Für dieses Prüfungsstück sind eine Skizze mit Farbangaben, eine Liste der von ihm für das Werkstück benötigten pflanzlichen und nichtpflanzlichen Werkstoffe nach Art, Menge und Qualität sowie eine Kalkulation anzufertigen. Der Prüfling erhält anschließend eine Kopie seines schriftlich „durchdachten" Werkstücks.

Die praktische Ausführung des Prüfungsstückes erfolgt im Rahmen der allgemeinen praktischen Prüfung. Die schriftlichen und praktischen Leistungen sind dann Grundlage eines kundenorientierten Beratungsgespräches.

Für die komplexe Prüfungsaufgabe stehen maximal drei Stunden zur Verfügung. Davon entfallen als Richtwerte 60 Minuten für das Anfertigen der Skizze, Listen und Kalkulation. 90 Minuten sind für die praktische Ausführung und 30 Minuten für das Beratungsgespräch vorgesehen.

Arbeitsproben – Der Prüfling hat drei Arbeitsproben anzufertigen. Hierfür stehen maximal zwei Stunden zur Verfügung:
1. Binden eines Straußes
2. Fertigen einer gesteckten Gefäßfüllung
3. Bepflanzen eines Gefäßes

Das Hauptgewicht der Benotung liegt mit 70 % bei der komplexen Prüfungsaufgabe. In dieser Aufgabe spiegeln sich alle für die tägliche Praxis erforderlichen Arbeitsschritte wider und ermöglichen so dem Prüfungsausschuss eine umfassende Beurteilung des Prüfling. Auf die Arbeitsproben entfallen 30 %.

Schriftliche Abschlussprüfung – Die schriftliche Abschlussprüfung besteht aus drei Teilen:

1. Technologie (max. 90 Minuten)
   – Gestalten
   – Bestimmen, Einordnen, Versorgen und Pflegen handelsüblicher Pflanzen
   – Anwenden rechtsspezifischer Rechtsvorschriften, insbesondere fachliche Kenntnisse gemäß Sachkundenachweis, Natur- und Umweltschutz

2. Warenwirtschaft (max. 90 Minuten)
   – Einkauf, Verkauf, Dienstleistung
   – betriebliche Abläufe und kaufmännische Kontrolle
   – Warensortimente

3. Wirtschafts- und Sozialkunde (max. 60 Minuten)
   – Arbeitsrecht und soziale Sicherung
   – Berufsbildung und Personalwesen
   – Wirtschaftsordnung und Wirtschaftspolitik
   – unternehmerisches Handeln

Bei Nichtbestehen im Fach Technologie ist ein Ausgleich mit einem anderen Fach nicht möglich, weil die Technologie auch den Sachkundenachweis beinhaltet.

Die für die einzelne Prüfungsabschnitte zur Verfügung stehenden Arbeitszeiten sind bundeseinheitliche Richtzeiten und können vom jeweiligen Prüfungsausschuss geringfügig geändert werden.

1.2.7 Zeugnis

Der Ausbildungsbetrieb muss dem Auszubildenden bei Beendigung des Berufsausbildungsverhältnisses ein Zeugnis ausstellen. Hat der Betriebsinhaber die Ausbildung nicht selbst durchgeführt, so hat außer ihm auch der Ausbilder das Zeugnis zu unterschreiben.

Das einfache Zeugnis muss Angaben enthalten über Art, Dauer und Zeit der Berufsausbildung sowie über die erworbenen Fertigkeiten und Kenntnisse des Auszubildenden. Dies ist die Mindestform eines jeden Zeugnisses. Auf Verlangen des Auszubildenden sind in einem qualifizierten Zeugnis zusätzlich auch Angaben über Führung, Leistung und besondere fachliche Fähigkeiten aufzunehmen.

1.3 Berufliche Weiterbildung

Der Beruf des Floristen ist gestalterisch und kreativ. Der Wandel der Lebens- und Konsumgewohnheiten, der Mode und des Geschmacks, das Auftreten von neuen Blumen- und Pflanzenzüchtungen und neuen technischen Hilfsmitteln machen eine ständige Neuorientierung notwendig.

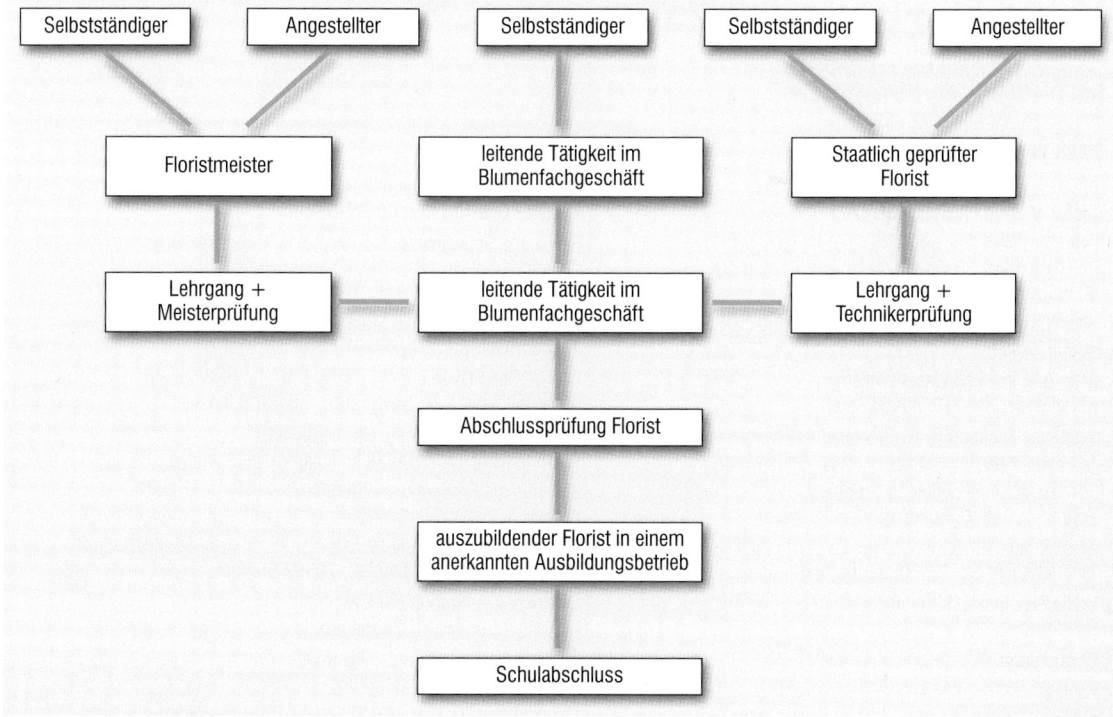

Abb. 803: Berufliche Möglichkeiten für Floristen.

Auch nach der Abschlussprüfung sollten Floristen die Möglichkeiten nutzen, sich in ihrem Beruf weiterzubilden.

1.3.1 Qualifikation mit beruflichem Abschluss

Die Ausbildung zum **Floristmeister** setzt 3 Jahre Berufserfahrung voraus. Sie kann an einer Fachschule in einem einjährigen oder in kürzeren Lehrgängen erfolgen. Der Fachverband Deutscher Floristen e.V. bietet ebenfalls Lehrgänge an.

Die Ausbildung zum **staatlich geprüften Floristen** erfolgt an der Staatlichen Schule für Blumenkunst in Freising-Weihenstephan. Eine zweijährige Berufserfahrung ist hierfür Voraussetzung. Eine Aufnahmeprüfung muss abgelegt werden. Ein Lehrgang dauert 2 Jahre (4 Semester). Die Ausbildung ist voll auf die Anforderungen einer Meisterprüfung angelegt.

Ausbildereignungsprüfung – § 20 des Berufsbildungsgesetzes schreibt vor, welche Personen ausbilden dürfen. Neben der persönlichen Eignung muss eine fachliche Eignung vorliegen. Der Ausbilder muss:

- das 24. Lebensjahr vollendet haben
- eine Abschlussprüfung in einer dem Ausbildungsberuf entsprechenden Fachrichtung oder eine Abschlussprüfung an einer deutschen Hochschule oder Fachhochschule in einer dem Ausbildungsberuf entsprechenden Fachrichtung bestanden haben
- eine angemessene Zeit in diesem Beruf praktisch tätig gewesen sein
- über berufliche und pädagogische Kenntnisse gemäß der Ausbildereignungsprüfung verfügen.

Die **Ausbildereignungsprüfung** kann im Rahmen der Meisterprüfung oder auch getrennt davon abgelegt werden.

Bildungseinrichtungen (Auswahl)

Name der Schule, Ort	Anmeldung bei
Bildungsstätte des Deutschen Gartenbaues, Gießener Str. 47, 35305 Grünberg	Fachverband Deutscher Floristen e. V., Bundesverband, Theodor-Olte-Str. 17a, 45897 Gelsenkirchen
Lehr- und Versuchsanstalt für Zierpflanzenbau, Blumenbinderei, Baumschule Auweiler-Friesdorf, 50765 Auweiler-Friesdorf	Fachverband Deutscher Floristen e. V., Bundesverband, Theodor-Olte-Str. 17a, 45897 Gelsenkirchen
Bildungszentrum des Fachverbandes Deutscher Floristen, 46509 Xanten	Fachverband Deutscher Floristen e. V., Bundesverband, Theodor-Olte-Str. 17a, 45897 Gelsenkirchen
Lehr- und Versuchsanstalt Ahlem, Harenberger Str. 130, 30453 Ahlem	Fachverband Deutscher Floristen e. V., Landesverband, Niedersachsen e. V., Sextrostr. 2, 30169 Hannover
Staatliche Fachschule für Blumenkunst Weihenstephan, Am Staudengarten, 85354 Freising-Weihenstephan	Staatliche Fachschule für Blumenkunst, Am Staudengarten, 85354 Freising-Weihenstephan
Kommunale Fachschule für Floristik, Kolbstr. 1, 94315 Straubing	Kommunale Fachschule für Floristik, Kolbstr. 1, 94315 Straubing
Staatsschule für Gartenbau an der Universität Hohenheim, Scharnhauser Str. 19, 70599 Stuttgart	Fachverband Deutscher Floristen e. V., Landesverband, Baden-Württemberg e. V., Albstr. 25, 70597 Stuttgart
Deutsches Institut für Floristik, Söbringer Str. 3a, 01326 Pillnitz	Deutsches Institut für Floristik, Söbringer Str. 3a, 01326 Pillnitz
Meisterschule Hamburg-Billwerder, Billdeich 614, 21033 Hamburg	Meisterschule Hamburg-Billwerder, Billdeich 614, 21033 Hamburg
Meisterschule Nürnberg, Schloss Schlachtegg, Schlachteggstr. 3, 89423 Gundelfingen	Fachverband Deutscher Floristen e. V., Landesverband Schloss Schlachtegg, Schlachteggstr. 3, 89423 Gundelfingen

1.3.2 Weitere Qualifikationen

Regelmäßig stattfindende Wettbewerbe – Der Fachverband Deutscher Floristen e.V. veranstaltet regelmäßig Leistungswettbewerbe.

Die Landesverbände des FDF organisieren den Wettkampf um die „Silberne Rose". Deren Sieger nehmen am Wettkampf um die „Goldene Rose" teil, der vom Bundesverband des FDF regelmäßig veranstaltet wird.

Floristen, die sich in diesen Wettbewerben ausgezeichnet haben, können vom FDF zur Teilnahme am „Europa-Cup" und am „World-Cup" vorgeschlagen werden. Auch diese beiden Wettkämpfe finden regelmäßig statt. Floristische Werkstücke können hierbei international verglichen werden.

Einige Bezirksstellen des FDF, Großmärkte und Großhandelsunternehmen veranstalten außerdem zahlreiche Wettbewerbe, z.B. Junioren-Cup oder unter einem bestimmten Motto stehende Veranstaltungen („Geschmückter Advent", „Floraler Herbst" u.a.). An ihnen können auch Auszubildende teilnehmen. Alle Veranstaltungen werden in der Fachpresse angekündigt. Die Teilnahmebedingungen können von den Veranstaltern erfragt werden.

Die Wettbewerbe finden vor Zuschauern statt. Floristen haben hierbei die Möglichkeit, sich ein Bild über die aktuelle Floristik zu machen.

Informationsveranstaltungen – Auf ein- oder mehrtägigen Fachkursen können Floristen ihre Kenntnisse in speziellen Bereichen der Floristik erweitern, z.B. über Brautschmuck, Tischdekoration, Trauerbinderei, Adventsbinderei. Kurse, in denen unter Anleitung erfahrener Floristen auch praktisch gearbeitet wird, sind besonders geeignet, neue Erfahrungen zu sammeln und die eigenen im Gespräch mit Kollegen auszutauschen.

Die jährlich stattfindenden Gartenbauausstellungen und Fachmessen zeigen Neuheiten. In Sonderschauen werden vom Fachverband Deutscher Floristen neue Trends der Floristik aufgezeigt. Auch die Industrie und der Fachhandel demonstrieren zeitgemäße Floristik in Sonderveranstaltungen, welche in den Fachzeitschriften angekündigt werden.

Erweitern der Pflanzenkenntnisse – Die einmal erworbenen Pflanzenkenntnisse müssen ständig aufgefrischt und erweitert werden.

Fachveranstaltungen sind für Floristen notwendig. Oft sind es jedoch „Dinge am Rande", die den Floristen Anregungen geben können. Eigene Beobachtungen in der Natur, Besuche in Gartenbaubetrieben, öffentlichen Grünanlagen, Botanischen Gärten u.ä. geben die Möglichkeit, Pflanzen und Blumen in ihrer Lebensgemeinschaft und ihr Erscheinungsbild im Wechsel der Jahreszeiten beobachten zu können.

Eine Tulpenblüte ist jedem bekannt, weniger jedoch seine gestalterisch sehr interessante Frucht. Getrocknete braune Fichtenzapfen werden in der Totengedenk- und in der Adventsfloristik verarbeitet. Aber nur wenige wissen, dass sie auch im grünen Zustand ein dekoratives Gestaltungsmittel sein können.

Fachwerkhof

Schule von Ursula und Paul Müller,
Schillerstraße 32,
71752 Calw.
Telefon (07951) 8552, Fax 44180

19. und 20. März 20..
Brautsträuße mit Ausstellung
21. bis 24. März 20..
Kontraste: naturhaftes Gestalten –
objekthaftes Gestalten
11. bis 14. April 20..
Sträuße, Brautsträuße, Steckschalen,
Gefäßfüllungen für Azubis und Praxis
18. bis 20 April 20..
Vorführung und Frühsommer

Abb. 804: In Fachzeitschriften werden Fachkurse angekündigt.

Abb. 805: Auszubildende können an zahlreichen Wettbewerben Erfahrungen sammeln.

Abb. 806: In einem Tropenhaus des Botanischen Gartens in Frankfurt am Main.

Abb. 807: Blick in den Staudensichtungsgarten Freising-Weihenstephan.

Anemóne L. – f. – Ranunculáceae
    Anemone
– *acutíloba:* Hepática 1
– *albána:* Pulsatílla 1
– *alpína:* Pulsatílla 2
– *angulósa:* Hepática 3
1. **apenína** L ♃ ↗ IV-V, S-Eur: Kors. bis Bulg., südl. bis Siz. u. Griech.
2. **baicalénsis** Turcz. ♃ ↝ IV-V, Baikalgebg.
3. **baldénsis** Jacq. ♃ ↗ IV-VIII, N-Span., Alp., Kroat., S-Karp.
4. **blánda** Schott et Kotschy ♃ ↗ III-IV, SO-Eur., Kauk., Vord. As.
5. **canadénsis** L. (*A. pensylvánica* L., *A. dichótoma* Michx. non L.) ♃ ↗ V, N.-Am.: Queb. bis Br. Kol., südl. bis Maryl., Kans. u. New Mex.

Abb. 808: Ein botanisches Handwörterbuch ist für das Erlernen von Pflanzennamen unentbehrlich.

Allgemeine Weiterbildungsmöglichkeiten – Fachübergreifende Kurse zur Weiterbildung werden von den örtlichen Volkshochschulen den Wirtschaftsakademien der Industrie- und Handelskammern und anderen Einrichtungen beispielsweise zu folgenden Themen angeboten:

- Sprachen
- Kunstgeschichte
- Design
- kaufmännisches Wissen
- Computerkurse

Fachliteratur – Schon der Auszubildende sollte sich während seine Ausbildung den Grundstock zu einer kleinen floristischen Bibliothek legen. Er sollte ein Lehrbuch sowie ein botanisches Handwörterbuch sein eigen nennen. Mindestens eine regelmäßig erscheinende Fachzeitschrift sollte gelesen werden, um über Neuheiten, neue technische Hilfsmittel, neue Trends, Weiterbildungsveranstaltungen, berufsständische, rechtliche, steuerliche Probleme sowie über den Stellenmarkt informiert zu sein.

Eine Pflanzenkartei kann von jedem Auszubildenden selbst angelegt werden. Das Beschäftigen mit einer solchen Kartei erleichtert zum einen das Lernen der Pflanzennamen und der Pflegeansprüche, zum anderen kann diese auch als Verkaufshilfe im Kundengespräch eingesetzt werden.

Ein breites Angebot an Fachliteratur gibt Floristen die Möglichkeit, ihr Wissen in einzelnen Teilgebieten zu erneuern und zu vertiefen. Eine Auswahl an Fachliteratur ist im Anhang auf S. 411 aufgeführt.

Abb. 809: Blühende Stauden im Botanischen Garten in München.

1.4 Berufsständische Organisationen

Um seine eigenen Interessen und Anliegen in der Öffentlichkeit und im politischen Alltag durchsetzen zu können, ist es oft wirkungsvoller, dies gemeinsam mit Gleichgesinnten zu tun. Floristen haben durch verschiedene Organisationen und Verbände die Möglichkeit, an der Gestaltung ihres Arbeitsumfeldes mitzuwirken und in der Ausübung ihres Berufes Unterstützung zu erhalten.

1.4.1 Zentralverband Gartenbau (ZVG)

Der Zentralverband Gartenbau ist die Dachorganisation aller gartenbaulichen Verbände. Auch der Fachverband Deutscher Floristen ist mit seinem Bundesverband Mitglied des Zentralverbands.
Der ZVG ist sowohl Berufsverband als auch Wirtschaftsverband. Er vertritt die Interessen des Berufsstandes gegenüber der Regierung, den Parteien, anderen Berufsgruppen und den Verbrauchern. Er vertritt auf Bundesebene international den Gartenbau in allen berufspolitischen, wirtschaftlichen und gesellschaftlichen Fragen. Außerdem fördert der ZVG die Ausbildung und Weiterbildung des gärtnerischen Berufsstandes. Er hat Einfluss auf inhaltliche Gestaltung der Ausbildung in Schule und Betrieb, unterstützt Lehre und Forschung. Er informiert die Mitglieder über alle für den Gartenbau wichtigen Entwicklungen und Aktivitäten. Die Gartenbau- und Berufsgenossenschaft sowie die Bildungsstätte des Deutschen Gartenbaus in Grünberg werden von ihm gefördert und unterstützt. Hier finden auch Fortbildungskurse für Floristen statt. Der Zentralverband Gartenbau führt die Bundesgartenschauen durch. In Sonderschauen haben Floristen dort die Möglichkeit, ihren Berufsstand darzustellen und sich einem Leistungswettbewerb zu stellen.

Abb. 810: Das stilisierte „G" der Bildungsstätte des Deutschen Gartenbaus.

1.4.2 CMA – Centrale Marketing-Gesellschaft der deutschen Agrarwirtschaft mbH

Die Gesellschafter der CMA sind u.a. die Verbände der land- und ernährungswirtschaftlichen Produktion und Verarbeitung. Auch gehören der CMA der Zentralverband Gartenbau sowie Verbände des Groß- und Einzelhandels als Gesellschafter an. Die Finanzierung erfolgt durch Beiträge der Erzeuger. Ein Absatzfondsgesetz verpflichtet jeden deutschen Gärtner zu einem Absatzförderungsbeitrag, der an der Produktionsfläche bemessen wird. Die Arbeitsziele der CMA sind, die Wettbewerbsfähigkeit der deutschen Agrarwirtschaft zu erhalten und dafür zu sorgen, da die Produkte deutscher Erzeugung sich am Markt behaupten. Dies geschieht durch Maßnahmen der Werbung, Verkaufsförderung und Öffentlichkeitsarbeit. Dem Blumenfachhandel stellt sie in diesem Rahmen Materialien, wie Plakate, Prospekte und Aktionswerbemittel, zur Verfügung. Damit soll der Blumenfachhandel als Abnehmer in Deutschland produzierter Blumen und Pflanzen unterstützt werden. Auch ein einzelner Betrieb kann sich bei den Absatz betreffenden Fragen jederzeit direkt an die CMA wenden.

Abb. 811: Floristen zeigen auf Gartenschauen ihr Können.

Abb. 812: Logo der CMA.

1.4.3 Fachverband Deutscher Floristen e.V.

Der **Fachverband Deutscher Floristen e.V.** hat sich aus dem 1873 gegründeten „Verein der selbständigen Blumengeschäftsinhaber Berlins" entwickelt.

Der Fachverband übernimmt für seine Mitglieder folgende Aufgaben:

- Lehrgänge für Auszubildende, Gehilfen und Meisteranwärter
- Meisterprüfung und Vergabe des Meisterzeichens
- Verhandlung und Abschluss des Rahmentarifvertrages sowie der Lohntarifverträge
- tarif- und arbeitsrechtliche Beratung
- Betriebs- und Wirtschaftsberatung
- Fernbuchhaltung
- Computerprogramme
- Öffentlichkeitsarbeit
- Organisation von Ausstellungen. Werbemaßnahmen
- Herausgabe von Fachzeitschriften
- aktuelle Informationen

Abb. 813: Emblem (Kennzeichen) des Fachverbandes Deutscher Floristen e.V.

Der Fachverband Deutscher Floristen e. V. (FDF) ist in einem Bundesverband organisiert, der aus Vertretern der Landesverbände gebildet wird. Die Landesverbände sind ihrerseits unterteilt in Bezirksstellen.

Das oberste Organ, die Mitgliederversammlung, kommt jährlich mindestens einmal zusammen. Den geschäftsführenden Vorstand des FDF bilden der Präsident des Bundesverbandes zusammen mit zwei Stellvertretern und dem Schatzmeister. Der Vorstand wird für drei Jahre gewählt. Das Präsidium des FDF bilden die Vorsitzenden der Landesverbände, ein Vertreter des Zentralverbandes Gartenbau e.V. (ZVG) und ein Vertreter der Fleurop GmbH. Der FDF wird durch die Beiträge seiner Mitglieder finanziert.

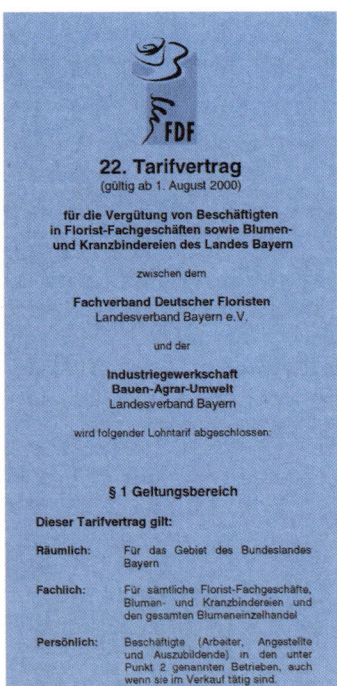

Abb. 814: Den Lohntarifvertrag schließt der Fachverband mit der Gewerkschaft ab.

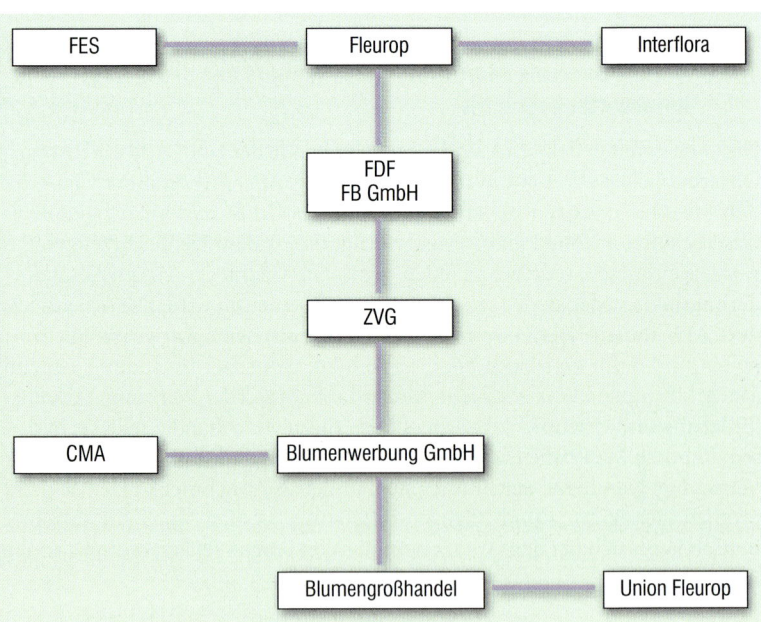

Abb. 815: Verbindungen des FDF zu anderen Organisationen.

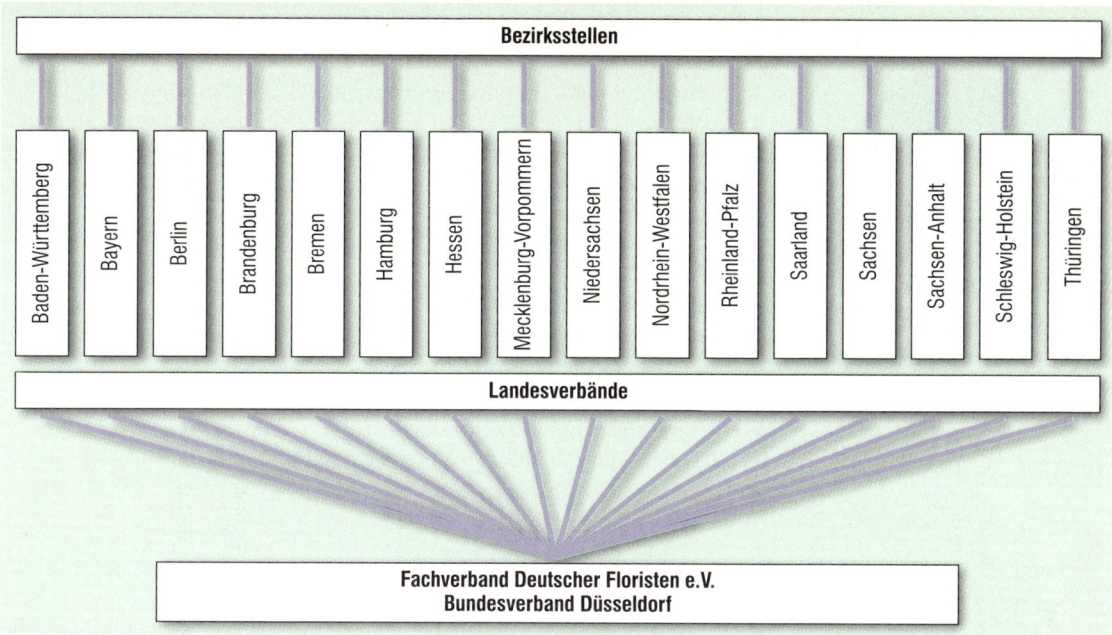

Abb. 816: Gliederung des Fachverbandes Deutscher Floristen e.V., Bundesverband.

1.4.4 Zusammenschlüsse zur Blumenspendenvermittlung

Der Wunsch, dem Kunden frische Blumenlieferungen über große Entfernungen zu bieten, führte zum Zusammenschluss einer schnell anwachsenden Zahl von Blumengeschäftsinhabern.

Abb. 817: Ein amerikanisches Blumengeschäft um 1920.

Fleurop-Interflora
- 1908 gründete Max Hübner in Berlin die „Blumenspendenvermittlungsvereinigung" mit ca. 100 Kollegen.
- 1913 Gründung der „Florists Telegraph Delivery Association" in den USA.
- 1927 Gründung der Fleurop-Interflora in Zürich. Namensgebung nach den lateinischen „flores europae".

Die heutige Dachorganisation der Interflora Inc. hat ihren Sitz in Southfield, USA. Sie setzt sich zusammen aus drei Organisationsgruppen:
- der Fleurop-Interflora (Sitz Zürich),
- der Interflora British Group (Sitz London),
- der FTD (Florists Transworld Delivery Association (Sitz Southfield).

Die deutsche Fleurop GmbH mit ihrem Sitz in Berlin ist als Landesabteilung der Fleurop-Interflora Zürich angegliedert.

Der Fleurin, eine eigene auf den Schweizer Franken bezogene internationale Verrechnungseinheit, ist 1946 zur Verrechnung von Aufträgen mit dem Ausland eingeführt worden.

Abb. 818: Emblem der Fleurop-Interflora Deutschland mit (Merkur) Hermes.

Teleflor-Welt-Blumendienst
- 1954 gründete Bruno Runte den Helios-Welt-Blumendienst.
- 1963 Umwandlung in eine GmbH
- 1970 wird der Firmenname geändert in Teleflor-Welt-Blumendienst.
- 1971 wird der Dachverband Teleflor-International gegründet.

Abb. 819: Emblem des TELEFLOR-Welt-Blumendienstes (Taube als Symbol).

Abb. 820: Logo der IHK.

1.4.5 Industrie- und Handelskammern

Die Industrie- und Handelskammern sind Selbstverwaltungsorganisationen. Alle Mitglieder eines Kammerbezirks wählen die Vollversammlung, das beschlussfähige Organ. Diese setzt die Arbeit der Industrie- und Handelskammern fest, z.B. die Erstellung von Richtlinien oder die Ernennung der Prüfungsausschüsse. Sie wählt den Präsidenten, den Vizepräsidenten und den Hauptgeschäftsführer.

Die Industrie- und Handelskammern sollen das Gesamtinteresse der Gewerbetreibenden ihres Bezirkes wahrnehmen. Sie sind nach dem Gesetz von 1956 „Körperschaften des öffentlichen Rechts".

Für alle im Kammerbezirk tätigen Gewerbetreibenden, also auch für selbständige Floristen, besteht eine Pflichtmitgliedschaft.

Die Industrie- und Handelskammern sollen u. a.

- Berufsausbildungsverzeichnisse führen
- Zwischen- und Abschlussprüfungen durchführen
- Prüfungsausschüsse ernennen

1.4.6 Gewerkschaften

Gewerkschaften sind wirtschaftliche Selbsthilfeorgane auf freiwilliger Grundlage. Im Sinne des politischen Rechts sind sie eine private Vereinigung ohne Rechtsfähigkeit.

Vorbilder der heutigen Gewerkschaften sind die Trade Unions, die sich Anfang des 19. Jahrhunderts in England bildeten.

Seit ca. 1900 werden die Gewerkschaften in Deutschland als Vertreter der Arbeitnehmerschaft anerkannt.

Ihre Hauptaufgabe sehen die Gewerkschaften darin, die Lebens- und Arbeitsbedingungen ihrer Mitglieder zu verbessern.

Bei Tarifverhandlungen ist die Industriegewerkschaft Bauen – Agrar – Umwelt Verhandlungspartner des FDF.

1.4.7 Berufsgenossenschaften

Die Berufsgenossenschaften sind Träger der gesetzlichen Unfallversicherung. Alle Unternehme der versicherungspflichtigen Betriebe sind in ihnen zusammengefasst.

Für Blumenfachgeschäfte ist die Berufsgenossenschaft für den Einzelhandel zuständig, für Endverkaufsbetriebe des Gartenbaus die Gartenbauberufsgenossenschaft

Industriegewerkschaft Bauen-Agrar-Umwelt

Abb. 821: Die Industriegewerkschaft Bauen – Agrar – Umwelt vertritt die Interessen der Floristen als Arbeitnehmer.

2 Der Florist als Unternehmer

2.1 Betriebsgründung

2.1.1 Persönliche Voraussetzungen

Der Gründer eines Betriebes muss unbeschränkt geschäftsfähig, also volljährig sein. Eine minderjährige Person kann durch ihren gesetzlichen Vertreter mit der erforderlichen Genehmigung durch das Vormundschaftsgericht zum selbstständigen Führen eines Betriebes ermächtigt werden. Der Minderjährige erhält dann die unbeschränkte Geschäftsfähigkeit, die jedoch auf die Rechtsgeschäfte seines Betriebes beschränkt ist.
Bei Einzelunternehmungen oder Personengesellschaften spricht man von natürlichen Personen der Geschäftsgründung. Im Gegensatz dazu können auch „künstliche“ sog. juristische Personen. einen Betrieb gründen. Dies können zum Beispiel Kapitalgesellschaften sein (siehe Seite 315). Diese juristischen Personen sind wie die natürlichen Personen rechtspflichtig, d. h. Träger von Rechten und Pflichten. Wer einen Betrieb gründet, soll eine solide Fachausbildung mit einer bestandenen Abschlussprüfung vorweisen können. Ein Florist sollte sich während einer mehrjährigen Gehilfenzeit in verschiedenen guten Blumenfachgeschäften einen Einblick in deren Betriebsabläufe verschafft haben. Nach Besuchen von Fortbildungskursen, einer Meisterschule bzw. eines Meisterkurses hat er sich weiter qualifiziert. Durch Ablegen der Ausbildereignungsprüfung hat er seine Kenntnisse zur Betreuung von Auszubildenden nachgewiesen.
Eine gute Allgemeinbildung, betriebswirtschaftliche Kenntnisse und Erfahrungen sind weitere Voraussetzungen. Der künftige Betriebsinhaber sollte sich durch folgende gute Kaufmannseigenschaften auszeichnen:

- Verantwortungsbewusstsein
- schnelle Auffassungsgabe
- Entscheidungsfähigkeit und Entscheidungsfreudigkeit
- Fleiß, Ausdauer, Ordnungsliebe
- Menschenkenntnis, dazu gehören die Fähigkeit zur Menschenführung und die gerechte Behandlung der Mitarbeiter
- soziales Gewissen, eine objektive Einschätzung der Mitarbeiter und deren gerechte Entlohnung

Kauf • Pacht • Beteiligung

Raum HEIDELBERG-MANNHEIM

TROCKENBLUMEN • SEIDENBLUMEN • FLORISTIK

Spezialgeschäft sucht Nachfolger

Die Chance für ein kreatives Floristenpaar.
Zuschriften werden erbeten unter Nr. 677320 an den Donau-Verlag, Günzburg.

Abb. 822: Blumenfachgeschäfte werden in Fachzeitschriften angeboten.

Abb. 823: Das eigene Blumengeschäft.

2.1.2 Sachliche Voraussetzungen

Persönliche Voraussetzungen allein sind keine Gewähr, um das Fortbestehen eines gegründeten Betriebes zu sichern. Die Konjunktur, d.h. die allgemeine wirtschaftliche Lage sowie die branchenspezifische Situation der Floristen sind zu berücksichtigen. Eine genaue Standortanalyse (siehe S. 321) vorzunehmen, geeignete Geschäftsräume müssen gefunden und zweckmäßig ausgestattet werden. Die zu erwartenden festen Kosten müssen ermittelt werden:

- Miete bzw. Kauf eines Ladenlokals
- Kosten für die Einrichtung
- eventuell Pacht für einen übernommenen Betrieb an den Vorbesitzer, Abstandszahlung für übernommenes Inventar und Ware

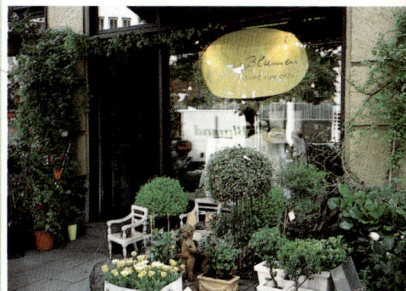

Erfolgversprechende Absatzkonzepte setzen eine detaillierte Kenntnis der Kundenstruktur voraus, um sich der Marktentwicklung anzupassen und so den Betriebserfolg zu verbessern.

Eine laufende Analyse der Kundenstruktur und Aktualisierung der Kundenkartei ist daher unerlässlich. Je mehr Sie über Ihre Kunden wissen, desto gezielter und wirkungsvoller können Sie die Kunden ansprechen. Unterscheiden Sie in Ihrer Kundenkartei:

✿ Privatkunden
✿ Institutionen bzw. Firmenkunden

Bei den **Privatkunden** sind nur Ihre Stammkunden erfasst. Unterteilen Sie diese weiter nach Umsatzklassen, d.h.

✿ Gruppe A: mindestens wöchentlich kaufende Kunden, Monatsumsatz über EUR 50,00
✿ Gruppe B: seltener kaufende Stammkunden

Die **Firmenkunden** und Institutionen gliedern Sie nach Monatsumsätzen.

Evtl. ist eine weitere Unterteilung der Kundenkartei nach Warengruppen bzw. Geschäftssparten wichtig, z.B. Dekorationen, Bepflanzungen, Kränze etc.

Die Karteikarte hat zwei Bestandteile:
1. Kundenadresse und andere wichtige Einzelheiten (z.B. Kundenkategorie, besondere Kundenwünsche, Zahlungsvereinbarungen etc.)
2. Einzelumsätze.

Die Mühe lohnt sich. Denn letztlich gibt es nur zwei Ansatzpunkte für die Umsatzsteigerung:
1. Anhebung des Durchschnitts-Kaufbetrages je Kunde
2. Erhöhung der Kundenzahl.

Es geht also auch darum, ständig neue Kunden zu gewinnen, aus gelegentlichen Käufern Stammkäufer zu machen, um das Marktpotenzial möglichst voll auszuschöpfen.

Abb. 824: Standortfaktoren und Kundenstruktur, eine Aufstellung der CMA.

- Strom-, Wasser-, Abfallbeseitigungs-, Heizungskosten
- Fahrzeugkosten
- Telefon-. Telefaxkosten
- Versicherungen, Steuern

Die CMA (siehe Seite 303) gibt Richtwerte für die Kundenfrequenz und den Einkaufsbetrag je Kunde. Der angehende Betriebsinhaber kann daraus einen fiktiven Jahresumsatz abschätzen.

Eine Mindestsumme an Eigenkapital ist unbedingt erforderlich. Vor einer Betriebsgründung muss abgeklärt werden, wie eventuell zusätzliches Fremdkapital durch Kredite finanziert werden kann. Ein Kreditnehmer muss je nach Höhe des Kredits Sicherheiten geben:

- die Vermögensverhältnisse sollten geordnet sein
- das zu erwartende Einkommen soll so hoch sein, dass Verzinsung und Abzahlung (Tilgung) des Kredits gesichert sind
- sonstige Sicherheiten, wie z.B. Grundbesitz oder Pfänder, müssen vorhanden sein, damit das Kreditinstitut eine Rücklage hat, falls der Kreditnehmer seinen Verpflichtungen nicht nachkommen kann. Die Höhe des Zinssatzes hängt von der Sicherheit eines Kredits ab. Eine hohe Kreditsicherheit ermöglicht einen niedrigen Zins. Ein Kreditnehmer wird sich bei verschiedenen Kreditinstituten erkundigen, um so den günstigsten Kredit zu erfahren.

2.1.3 Rechtliche Grundlagen

Der Gesetzgeber hat seit dem 1. Juli 1998 wesentliche Teile des Handelsgesetzbuches (HGB) neu geregelt und so den gewandelten Verhältnissen des Wirtschaftslebens angepasst.

Gleichzeitig fügt sich die neue Regelung in die Rechtslage der meisten EU-Mitgliedsstaaten ein.

Grundlegend geändert haben sich hierbei der Kaufmannsbegriff und das Firmenrecht.

* Kaufmann (Vollkaufmann) ist künftig grundsätzlich jeder Gewerbetreibende unabhängig von der Branche (z. B. auch sog. Dienstleistungsbranchen).

* Ausgenomen bleiben lediglich Kleingewerbetreibende (Minderkaufmann), deren Unternehmen nach Art und Umfang keinen in kaufmännischer Weise eingerichteten Geschäftsbetrieb erfordert. Dieser Personenkreis kann allerdings durch freiwillige Eintragung in das Handelsregister Kaufmannseigenschaften erwerben.

Mit der Eintragung in das Handelsregister übernimmt der Gewerbetreibende alle Rechte und Pflichten eines vollkaufmännischen Unternehmens (z. B. Recht, eine Firma zu führen, unverzügliche Rügepflicht, erhöhter Zinssatz (5 %) bei Verzug usw.).

Ein Kaufmann ist ein Unternehmer. Er übt eine berufliche Tätigkeit selbstständig und nachhaltig, d.h. dauerhaft aus, um Gewinn zu erzielen. Er bestimmt dabei seine Arbeitszeit selbst. Mitglieder der sog. „freien Berufe", wie z.B. Ärzte, Rechtsanwälte, Steuerberater, Schriftsteller zählen ebenfalls zu den Unternehmern, nicht jedoch zu den Kaufleuten laut HGB.

Ob ein Unternehmer Kaufmann ist, entscheidet das Registergericht nach Anhörung u.a. der IHK und des Finanzamtes. Kriterien für die Beurteilung sind die Umsatzhöhe, das Betriebsvermögen, die Anzahl der Mitarbeiter sowie die Vielfalt der Erzeugnisse und Leistungen. Sind diese Kriterien erfüllt, ist der Gewerbetreibende Kaufmann und zur Eintragung in das Handelsregister verpflichtet.

Das Handelsregister ist ein amtliches öffentliches Verzeichnis aller Kaufleute und Handelsgesellschaften eines Amtsgerichtsbezirks.

Es wird beim Amtsgericht geführt. Seine Aufgabe besteht darin. Auskunft über die handelsrechtlichen Tatsachen jeder Firma zu erteilen, wie z.B. Auskunft über:

- Firma
- Geschäftsinhaber
- Haftungsverhältnisse
- Ort der Hauptniederlassung
- Vertretungsbefugnisse der Vertragsorgane der Unternehmen.

Die Eintragungen des Handelsregisters werden im Bundesanzeiger sowie in einer örtlichen Zeitung veröffentlicht.

Die Genossenschaften werden in gesonderten Genossenschaftsregistern bei den Amtsgerichten geführt.

Das Firmenbildungsrecht wurde ebenfalls seit dem 1. Juli 1998 grundlegend geändert und für alle Rechtsformen vereinheitlicht. Um sich dem Verbraucher gegenüber aussagekräftiger und werbewirksamer darzustellen, können Einzelkaufleute, Personenhandelsgesellschaften und Kapitalgesellschaften künftig als Firma wählen zwischen Personen-, Sach-, Fantasienamen oder als gemischte Firma in einer Kombination daraus.

- Die Personenfirma enthält einen oder mehrere Personennamen, zum Beispiel: „Ruth Krause e. Kfr.", „Annkathrin Meier & Henrike Müller e. Kfr.", „Else Stempel & Söhne e. Kfm.".

- Die Sachfirma ist dem Gegenstand des Unternehmens entnommen: „Blumenhaus Immergrün e. Kfm.".

- Die Fantasiefirma ist nicht dem Gegenstand des Unternehmens entnommen. Die Namensgebung muss jedoch hinreichend unterscheidungskräftig sein, zum Beispiel „Flower Power e. Kfm.".

- Die gemischte Firma kann auf eine Kombination von Personen-, Sach- und/oder Fantasiefirma gewählt werden, zum Beispiel „Blumenhaus Immergrün Ruth Krause e. Kfr.", „Blumenhaus Immergrün Flower Power e. Kfm.", „Flower Power Annkathrin Meier & Henrike Müller e. Kfr.".

Abb. 825: Eintragungen in das Handelsregister werden in einer Tageszeitung veröffentlicht.

Blumen-Boutique
ELVIRA
Pfalzgrafenweg 187
47574 Goch

Abb. 826: Der Name der Firma wird in das Handelsregister eingetragen.

Folgende drei Firmengrundsätze sind daher bei der Namenswahl zu beachten.

1. **Firmenwahrheit und Firmenklarheit**
   Der Firmenkern muss bei Personenfirmen den zutreffenden Personennamen, bei Sachfirmen den zutreffenden Gegenstand enthalten. Firmenzusätze müssen den Tatsachen entsprechen. Sie dürfen nicht über Art und/oder Umfang des Geschäftes täuschen.

2. **Firmenausschließlichkeit**
   Neue Firmen müssen sich von bereits bestehenden älteren Firmen desselben Ortes, die im Handels- bzw. Genossenschaftsregister eingetragen sind, deutlich unterscheiden. Bei gleichen Familiennamen der Inhaber muss durch einen Firmenzusatz eine eindeutige Unterscheidung gewährleistet sein.

3. **Firmenbeständigkeit**
   Ändert sich der Name des Inhabers z.B. durch Heirat, wird ein Unternehmen von einem neuen Inhaber z.B. durch Erbschaft oder Verkauf weitergeführt oder wird ein zusätzlicher Mitinhaber bzw. Gesellschafter aufgenommen, so kann der alte Firmenname beibehalten werden, wenn der bisherige Eigentümer damit einverstanden ist. Dies widerspricht zwar dem Grundsatz der Firmenwahrheit, ist aber als Ausnahme gestattet, um den Geschäftswert z.B. eines alteingesessenen Unternehmens nicht zu verlieren.

Führt der neue Inhaber den alten Firmennamen fort, haftet er für alle Geschäftsschulden des früheren Inhabers noch 5 Jahre lang. Gleichzeitig gehen alle Rechte und Forderungen an ihn über. Abweichende Vereinbarungen sind nur wirksam, wenn sie in das Handelsregister eingetragen oder durch Rundschreiben bekanntgegeben wurden.

Die Firma ist verpflichtet, auf ihre Rechtsform und ihre Haftungsverhältnisse hinzuweisen. Bei Einzelunternehmen muss die Firma zum Beispiel den Zusatz „eingetragener Kaufmann" bzw. „eingetragene Kauffrau" oder eine entsprechende Abkürzung (e. K., e. Kfm., e. Kfr.) enthalten.

Alle Unternehmen müssen auf ihren Geschäftsbriefen Firma, Rechtsform, Ort und zuständiges Registergericht mit Eintragsnummer angeben.

Unternehmensform	Firmenname	Pflichtangabe zur Rechtsform
Einzelunternehmen	Personenfirma Sachfirma Phantasiefirma	ja, eingetragener Kaufmann, eingetragene Kauffrau oder „e. K.", „e, Kfm", „e. Kfr". (§ 19 Abs. 1 Nr. 1 HGB)
Personenhandelsgesellschaft (OHG, KG GmbH & Co. KG)	Personenfirma Sachfirma Phantasiefirma	Ja, OHG, KG bzw. GmbH & Co. KG (§ 19 Abs. 1 Nr. 2 u. 3 bzw. Abs. 2 HGB)
Kapitalgesellschaft	Personenfirma Sachfirma Phantasiefirma	ja, AG/KG a A – Aktiengesellschaft/Kommanditgesellschaft auf Aktien (§ 4 Abs. 1 Satz 2 u. Abs. 2 AktG/§ 4 Abs. 2 GmbHG)
Genossenschaft	Personenfirma Sachfirma Phantasiefirma	ja, e G – eingetragenen Genossenschaft (§ 3 Abs. 2 Satz 1 GenG)

Abb. 827: Firmenbildungsrecht und Rechtsformzusätze.

Der Grundsatz der Gewerbefreiheit ist im Grundgesetz der Bundesrepublik Deutschland verankert. Jedermann hat das Recht, jedes Gewerbe oder jeden Beruf auszuüben, soweit durch Gesetz keine Ausnahmen oder Beschränkungen vorgesehen sind. Diese werden durch die Gewerbeordnung geregelt. Sie schützt den Einzelnen und die Gesellschaft vor Missbrauch einer unbegrenzten Gewerbefreiheit. So benötigen z.B. Ärzte und Apotheker eine Approbation, ein vom Staat verliehenes Recht zur Berufsausübung. Handwerker brauchen eine Meisterprüfung, wenn sie sich selbstständig machen wollen. Industriebetriebe müssen Auflagen des Umweltschutzes und der Raumordnung erfüllen.

Die Gewerbeordnung regelt auch den technischen Arbeitsschutz. Arbeitsräume, Betriebsvorrichtungen, Maschinen und Gerätschaften müssen vom Arbeitgeber betriebssicher eingerichtet und erhalten werden. Die Arbeitnehmer müssen so weit gegen Gefahren für Leben und Gesundheit geschützt sein, wie es der Art des Betriebes entspricht. Das Gewerbeaufsichtsamt beaufsichtigt die gesetzlichen Bestimmungen. Für diesen technischen Arbeitsschutz sind neben der Gewerbeordnung außerdem maßgeblich:

- die Arbeitsstättenverordnung (Gesetz über die Einrichtung von Arbeitsplätzen)

- das Gerätesicherheitsgesetz (Gesetz über technische Arbeitsmittel)

- die Unfallverhütungsvorschriften (erlassen von den Berufsgenossenschaften).

Bei Neugründung eines Betriebes sind Anmeldungen notwendig bei:

- dem Gewerbeaufsichtsamt der Orts- oder Kreisbehörde

- dem Amtsgericht zur Eintragung in das Handelsregister mit Ausnahme von Minderkaufleuten

- dem Finanzamt

- der Steuerkasse der Stadt- oder Kreisverwaltung

- der zuständigen Industrie- und Handelskammer.

Abb. 828: Die Berufsgenossenschaften erlassen Unfallverhütungsvorschriften: Pflanzenteile auf dem Boden stellen eine Unfallgefahr dar.

Angestellte müssen bei den Pflichtversicherungen angemeldet werden:

- der Krankenkasse
- der Angestelltenversicherung
- der Invalidenversicherung
- der Arbeitslosenversicherung
- der Unfallversicherung.

Eine freiwillige Entscheidung ist es, bei einer berufsständischen Organisation, wie dem Fachverband Deutscher Floristen, Mitglied zu werden (siehe auch Seite 304).

2.2 Unternehmensformen

Der Florist als Unternehmer hat die Aufgabe, das Geschäft zu leiten, das Anlage- und Betriebskapital zu beschaffen und das Risiko des Gewinns und Verlustes zu tragen. Je nach Größe und Umfang seines Betriebes hat er die Möglichkeit, zwischen verschiedenen Unternehmensformen zu wählen.

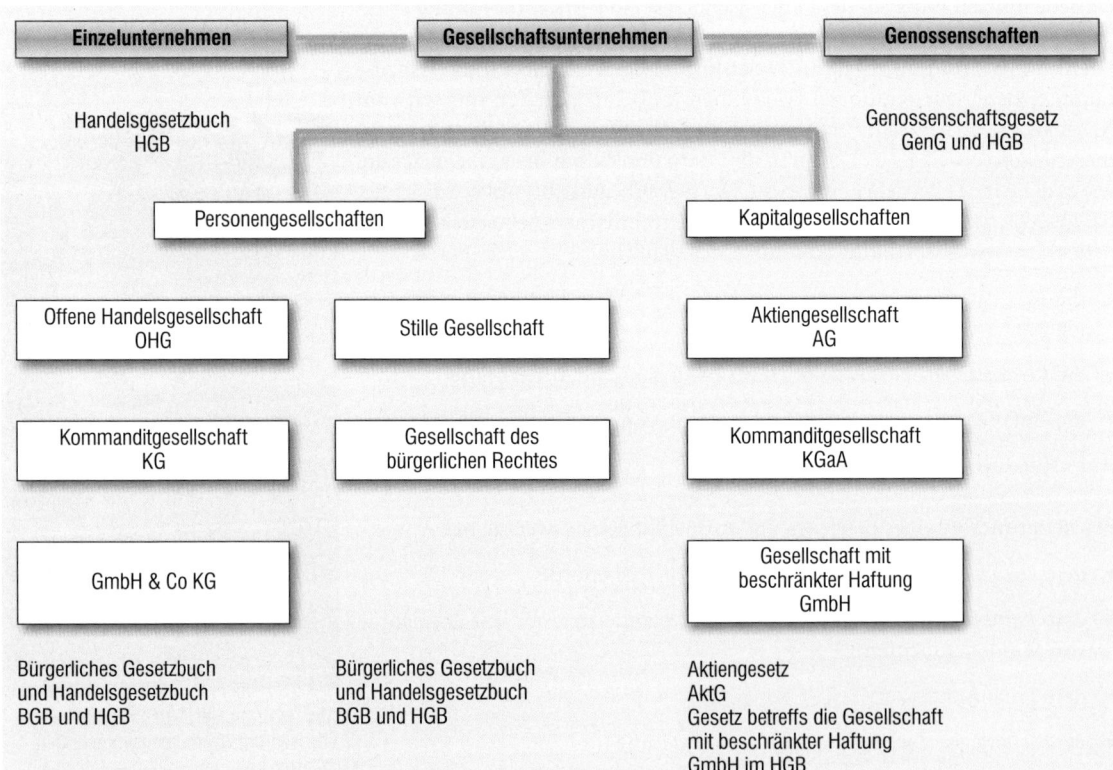

Abb. 829: Die Grundlagen für die Unternehmensformen sind gesetzlich geregelt.

2.2.1 Einzelunternehmen

In Deutschland sind ca. 90% aller Betriebe Einzelunternehmen. Auch Inhaber von Blumenfachgeschäften wählen überwiegend diese Unternehmensform.

Die Gründung und Weiterführung des Unternehmens erfolgt durch einen Einzelunternehmer, der alleiniger Eigentümer ist. Dieser stellt das Kapital und haftet unbeschränkt für die Verbindlichkeiten seines Unternehmens, und zwar sowohl mit seinem Geschäfts- als auch mit seinem Privatvermögen. Der Gewinn steht alleine dem Inhaber zu. Eine Absprache über eine Gewinnbeteiligung der Mitarbeiter ist jedoch möglich.

Der Inhaber schließt alle Rechtsgeschäfte ab, wie Abschluss und Kündigungen von Arbeitsverträgen, Kaufverträgen, Mietverträgen. Er hat jedoch die Möglichkeit, bestimmten Mitarbeitern Vollmacht zu erteilen. Das Auflösen eines Einzelunternehmens liegt allein im Entscheidungsbereich des Inhabers. Eine Ausnahme besteht, wenn das Unternehmen durch Zahlungsunfähigkeit zwangsweise durch das Amtsgericht wegen Konkurs aufgelöst wird.

Wird das Einzelunternehmen als Personenfirma geführt (vgl. Seite 309), so kann als Firmenbezeichnung ein Personen-, Sach- oder Fantasiename gewählt werden.

Wird die Firma von einem anderen Unternehmer weitergeführt, darf der alte Name beibehalten werden (siehe Seite 310) sofern die Rechtsform nicht verändert wird.

Ein Einzelunternehmen hat den Vorteil, sowohl schnell auf veränderte Situationen des Marktes als auch auf innerbetriebliche Veränderungen reagieren zu können. Da dem Inhaber der Gewinn alleine zusteht, hat er ein großes Eigeninteresse an der Arbeit. Nachteile können sich jedoch ergeben:

- wenn die Befähigung des Unternehmers nicht ausreichend ist
- wenn wegen seiner persönlichen Charaktereigenschaften u.U. ein schlechtes Betriebsklima herrscht
- wenn durch zu hohe Privatentnahmen die Existenz des Unternehmens aufs Spiel gesetzt wird
- durch ein großes Haftungsrisiko, das sich aus der unbeschränkten Haftung des Unternehmers ergibt
- wenn das Unternehmen z.B. erweitert werden soll, das Kapital jedoch zu gering ist und Kredit nicht gewährt wird.

2.2.2 Gesellschaftsunternehmen

Personengesellschaften sind dadurch gekennzeichnet, dass mindestens zwei Unternehmer gemeinsam ein Geschäft betreiben. Entweder stellen beide ihre Arbeitskraft und ihr Kapital in den Dienst des Unternehmen oder aber ein Unternehmer stellt seine Arbeitskraft, der andere sein Kapital zur Verfügung. Es werden die beiden Möglichkeiten OHG und KG unterschieden.

Arbeitsvertrag*

Zwischen

Firma ....
(Arbeitgeber)

und

Herr/Frau/Fräulein ....
(Arbeitnehmer)

wird mit Wirkung ab .... folgender Arbeitsvertrag geschlossen:

1. Herr/Frau/Fräulein .... wird eingestellt in Vergütungsgruppe ....

2. Dem Arbeitnehmer wird folgendes Arbeitsgebiet übertragen:

....

....

3. Ort der regelmäßigen Arbeitsleistung ist das Geschäft, Laden, Werkstatt in ....

Die Arbeit ist in Arbeitskleidung, soweit die Verwendung einer solchen betrieblich geregelt ist, am Arbeitsplatz zur festgelegten Zeit aufzunehmen.

4. Die Probezeit beträgt .... Monate mit einer Kündigung von 14 Tagen zum Wochenende.

5. Auf das Arbeitsverhältnis finden die Bestimmungen des Rahmentarifvertrages für die Arbeitnehmer der Blumen- und Kranzbinderei im Gebiet der Bundesrepublik Deutschland und West-Berlin Anwendung, ausgenommen die Bundesländer Mecklenburg-Vorpommern, Brandenburg, Sachsen-Anhalt, Thüringen, Sachsen und Ost-Berlin.

Danach gilt zum Zeitpunkt des Vertragsabschlusses folgendes:

6. Die regelmäßige wöchentliche Arbeitszeit beträgt 39 Stunden. Gemäß § 5 Ziffer 2 und 3 des Rahmen-Tarifvertrages beträgt die wöchentliche Arbeitszeit im Jahresdurchschnitt 39 Stunden. Die Verteilung erfolgt auf .... Werk-/Arbeitstage.

7. Sonntagsarbeit ist an jedem 2., 3., 4. Sonntag
   zu leisten – nicht zu leisten. Sie ist – außerdem – zu leisten an Sonntagen, für die dem Beruf Ausnahmegenehmigungen erteilt werden.

Der Freizeitausgleich erfolgt durch die Freistellung gemäß § 7, Rahmentarifvertrag jeweils am ....
Die Sonntagsarbeit wird gemäß § 7, Absatz 3, Rahmentarifvertrag, gesondert gezahlt.

Abb. 830: Arbeitsverträge werden bei Einzelunternehmen vom Firmeninhaber unterschrieben.

Offene Handelsgesellschaft

§ 105 (Der Begriff der OHG; die Anwendbarkeit des BGB)

(1) Eine Gesellschaft, deren Zweck auf den Betrieb eines Handelsgewerbes unter gemeinschaftlicher Firma gerichtet ist, ist eine offene Handelsgesellschaft, wenn bei keinem der Gesellschafter die Haftung gegenüber den Gesellschaftsgläubigern beschränkt ist.

(2) Auf die offenen Handelsgesellschaft finden, soweit nicht in diesem Abschnitt ein anderes vorgeschrieben ist, die Vorschriften des Bürgerlichen Gesetzbuchs über die Gesellschaft Anwendung.

§ 106 (Die Anmeldung zum Handelsregister)

(1) Die Gesellschaft ist bei dem Gericht, in dessen Bezirke sie ihren Sitz hat, zur Eintragung in das Handelsregister anzumelden.

Die **Offene Handelsgesellschaft** (OHG) gilt als geeignete Unternehmensform für größere Fachgeschäfte und Handelsunternehmen. Sie besteht aus mindestens zwei Gesellschaftern, die gemeinschaftlich eine Firma betreiben und Vollkaufleute sein müssen. Minderkaufleute können sich nur zu einer Gesellschaft bürgerlichen Rechts zusammenschließen. Die OHG entsteht durch einen formlosen Gesellschaftsvertrag und ist beim Amtsgericht zur Eintragung in das Handelsregister anzumelden. Pflichten der Gesellschafter der OHG sind:

- rechtzeitige Zahlung der Kapitaleinlage. Diese kann in bar, in Sachwerten, wie Gebäuden, Grundstücken, und in Rechtswerten, wie Patenten, erfolgen. Die persönlichen Einlagen der Gesellschafter werden gemeinschaftliches Eigentum aller Gesellschafter
- persönliche Arbeitsleistung
- Treuepflicht; es dürfen keine Geschäfte im selben Wirtschaftszweig der OHG auf eigene Rechnung gemacht werden
- Wettbewerbsenthaltung; kein Eintritt als persönlich haftender Gesellschafter in eine andere OHG
- Haftpflicht; hierbei wird unterschieden:
  - unbeschränkte Haftpflicht; alle Gesellschafter haften mit ihrem gesamten Geschäfts- und Privatvermögen
  - unmittelbare Haftpflicht; jeder einzelne Gesellschafter kann direkt für die Schulden der gesamten Gesellschaft in Anspruch genommen werden
  - solidarische Haftpflicht; jeder Gesellschafter haftet allein für die gesamten Schulden der Gesellschaft, nicht jedoch für die privaten Schulden der übrigen Gesellschafter.

Die Rechte der Gesellschafter sind im HGB vorgeschrieben. Davon abweichende Vereinbarungen können im Gesellschaftsvertrag getroffen werden:

- Geschäftsführung: Jeder Gesellschafter kann bei gewöhnlichen Geschäften allein handeln z.B. bei Einkauf, Werbung, Verkauf, Bankverkehr, Personalangelegenheiten. Bei außergewöhnlichen Geschäften muss ein Gesamtbeschluss aller Gesellschafter vorliegen. Dies ist z.B. der Fall bei Kauf bzw. Verkauf von Grundstücken, Aufnahme neuer Gesellschafter, Änderung des Unternehmenszweckes
- Kontrollrecht: Jeder Gesellschafter kann sich persönlich über den Lauf der Geschäfte unterrichten
- Gewinnbeteiligung: Das HGB schreibt jedem Gesellschafter einen Jahresreingewinn von 4% auf dessen Kapitalanteil vor. Ein darüber hinausgehender Gewinn wird unter den Gesellschaftern „nach Köpfen", d.h. zu gleichen Teilen verteilt
- Kündigungsrecht der Gesellschafter: Die gesetzliche Kündigungsfrist nach dem HGB beträgt mindestens 6 Monate zum Schluss des Geschäftsjahres. Davon abweichende Kündigungsfristen können vereinbart werden.

Die Vorteile einer OHG liegen darin, dass durch unterschiedliche Kenntnisse und Fähigkeiten der Gesellschafter die Unternehmensführung verbessert wird. Auch die Eigenkapitalbasis des Unternehmens wird durch den Zusammenschluss vergrößert. Bei guten privaten Vermögensverhältnissen ist die Kreditwürdigkeit einer OHG größer als die eines Einzelunternehmens. Das Interesse der Gesellschafter an der Geschäftsführung ist groß, da Eigenkapital und Unternehmensführung in einer Hand liegen. Das Risiko verteilt sich auf die Gesellschafter.

Nachteile können sich dadurch ergeben, dass

- persönliche Meinungsverschiedenheiten der Gesellschafter entstanden sind
- das Unternehmen nicht mehr wachsen kann, wenn das Eigenkapital der Gesellschafter zur Finanzierung großer Investitionen nicht ausreicht
- Fremdkapital nur in begrenztem Maß aufgenommen werden kann
- Kontrollorgane fehlen; aufwendige Lebenshaltung der Gesellschafter kann die Existenz des Unternehmens aufs Spiel setzen
- ein Risiko besteht durch die unbeschränkte, direkte und gesamtschuldnerische Haftung.

Zu einer **Kommanditgesellschaft** (KG) schließen sich mindestens zwei Gesellschafter durch einen Gesellschaftsvertrag zusammen, um ein Handelsgewerbe zu betreiben. Die Form des Gesellschaftsvertrages sowie die Anmeldung beim Handelsregister entsprechen der der OHG. Eine KG ist angebracht, wenn ein Unternehmen weitere Kapitalbeteiligung, jedoch keine weiteren Mitarbeiter benötigt. Daher unterscheidet man hier zwei Arten von Gesellschaftern:

1. Die Vollhafter oder Komplementäre haben die gleichen Rechte und Pflichten wie die Gesellschafter der OHG.
2. Die Teilhafter, Kommanditisten geben nur ihr Geld und haften lediglich bis zur Höhe ihrer Einlage. Für die Kommanditisten bestehen weder Arbeitspflicht noch Wettbewerbsverbot; sie haben kein Recht auf Geschäftsführung und Vertretung des Unternehmens. Ihre Gewinnbeteiligung beträgt gesetzlich 4% von ihrer Einlage, der darüber hinausgehende Gewinn wird in einem angemessenen Verhältnis verteilt. Die Kommanditisten haben kein Recht auf Widerspruch, es sei denn, eine Handlung der persönlich haftenden Gesellschafter geht über den gewöhnlichen Betrieb des Handelsgewerbes hinaus. Sie haben kein laufendes Kontrollrecht. Sie sind jedoch berechtigt, eine Abschrift der Jahresbilanz zu fordern und daran die Richtigkeit der Geschäftsbücher und Papiere zu überprüfen. Die Teilhafter können nach einer Frist von 6 Monaten zum Ende eines Geschäftsjahres kündigen.

Kapitalgesellschaften – Eine Aktiengesellschaft (AG) entsteht durch einen oder mehrere Gründer per Satzung. Diese können natürliche oder juristische Personen sein. Die AG ist eine juristische Person, d.h. eine Personenvereinigung, die per Gesetz die Eigenschaft einer Person hat.

Die Aktiengesellschaft ist Gläubiger und Schuldner. Die Aktionäre geben nur das Geld. Nur die Aktiengesellschaft haftet für ihre Verbindlichkeiten. Der einzelne Aktionär haftet nur mit seiner Einlage.

Eine AG kann zu jedem Zweck betrieben werden und ist nicht auf ein Handelsgewerbe beschränkt. Ihr Grundkapital muss mindestens EUR 50 000,00 betragen. Die Aktiengesellschaft besteht aus einer Vielzahl von Personen. Deshalb sind besondere Organe zur wirtschaftlichen Führung des Unternehmens notwendig:

- der Vorstand als leitendes und ausführendes Organ ist der Kopf des Unternehmens. Er besteht aus einer oder mehreren Personen, den Direktoren, und wird vom Aufsichtsrat auf höchstens 5 Jahre gewählt
- der Aufsichtsrat ist das überwachende Organ. Er besteht in der Regel aus mindestens drei Mitgliedern. Er wählt und überwacht den Vorstand. Er prüft den Jahresabschluss, den Geschäftsbericht und den Vorschlag über die Gewinnverteilung. Darüber berichtet er in der Hauptversammlung.

---

§ 161 (Der Begriff der KG; die Anwendbarkeit der OHG-Vorschriften)

(1) Eine Gesellschaft, deren Zweck auf den Betrieb eines Handelsgewerbes unter gemeinschaftlicher Firma gerichtet ist, ist eine Kommanditgesellschaft, wenn bei einem oder bei einigen von den Gesellschaftern die Haftung gegenüber den Gesellschaftsgläubigern auf den Betrag einer bestimmten Vermögenseinlage beschränkt ist (Kommanditisten), während bei dem anderen Teile der Gesellschafter eine Beschränkung der Haftung nicht stattfindet (persönlich haftende Gesellschafter).

(2) Soweit nicht in diesem Abschnitt ein anderes vorgeschrieben ist, finden auf die Kommanditgesellschaft die für die offene Handelsgesellschaft geltenden Vorschriften Anwendung.

§ 162 (Die Anmeldung zum Handelsregister)

(1) Die Anmeldung der Gesellschaft hat außer den in § 106 Absatz 2 vorgesehenen Angaben die Bezeichnung der Kommanditisten und den Betrag der Einlage eines jeden von ihnen zu enthalten.

(2) Bei der Bekanntmachung der Eintragung ist nur die Zahl der Kommanditisten anzugeben; der Name, der Stand und der Wohnort der Kommanditisten sowie der Betrag ihrer Einlagen werden nicht bekanntgemacht. (3)

§ 164 (Die Geschäftsführung)

Die Kommanditisten sind von der Führung der Geschäfte der Gesellschaft ausgeschlossen; sie können einer Handlung der persönlich haftenden Gesellschafter nicht widersprechen, es sei denn, dass die Handlung über den gewöhnlichen Betrieb des Handelsgewerbes der Gesellschaft hinausgeht. Die Vorschriften des § 116 Absatz 3 bleiben unberührt.

§ 166 (Das Kontrollrecht)

(1) Der Kommanditist ist berechtigt, die abschriftliche Mitteilung des Jahresabschlusses zu verlangen und dessen Richtigkeit unter Einsicht der Bücher und Papiere zu prüfen. (2), (3)

§ 238 (Die Buchführungspflicht)

(1) Jeder Kaufmann ist verpflichtet, Bücher zu führen und in diesen seine Handelsgeschäfte und die Lage seines Vermögens nach den Grundsätzen ordnungsmäßiger Buchführung ersichtlich zu machen. Die Buchführung muss so beschaffen sein, dass sie einem sachverständigen Dritten innerhalb angemessener Zeit einen Überblick über die Geschäftsvorfälle und über die Lage des Unternehmens vermitteln kann. Die Geschäftsvorfälle müssen sich in ihrer Entstehung und Abwicklung verfolgen lassen.

(2) Der Kaufmann ist verpflichtet, eine mit der Urschrift übereinstimmende Wiedergabe der abgesandten Handelsbriefe (Kopie, Abdruck, Abschrift oder sonstige Wiedergabe des Wortlauts auf einem Schrift-, Bild- oder anderen Datenträger) zurückzubehalten.

§ 239 (Die Führung der Handelsbücher)

(1) Bei der Führung der Handelsbücher und bei den sonst erforderlichen Aufzeichnungen hat sich der Kaufmann einer lebenden Sprache zu bedienen. Werden Abkürzungen, Ziffern, Buchstaben oder Symbole verwendet, muss im Einzelfall deren Bedeutung eindeutig festliegen.

(2) Die Eintragungen in Büchern und die sonst erforderlichen Aufzeichnungen müssen vollständig, richtig, zeitgerecht und geordnet vorgenommen werden.

(3) Eine Eintragung oder eine Aufzeichnung darf nicht in einer Weise verändert werden, dass der ursprüngliche Inhalt nicht mehr feststellbar ist. Auch solche Veränderungen dürfen nicht vorgenommen werden, deren Beschaffenheit es ungewiss lässt, ob sie ursprünglich oder erst später gemacht worden sind.

(4) Die Handelsbücher und die sonst erforderlichen Aufzeichnungen können auch in der geordneten Ablage von Belegen bestehen oder auf Datenträgern geführt werden, soweit diese Formen der Buchführung einschließlich des dabei angewandten Verfahrens den Grundsätzen ordnungsmäßiger Buchführung entsprechen. Bei der Führung der Handelsbücher und der sonst erforderlichen Aufzeichnungen auf Datenträgern muß insbesondere sichergestellt sein, dass die Daten während der Dauer der Aufbewahrungsfrist verfügbar sind und jederzeit innerhalb angemessener Frist lesbar gemacht werden können. Absätze 1 bis 3 gelten sinngemäß.

- die Hauptversammlung ist das beschlussfähige Organ. Sie wird durch die Versammlung der Gesellschafter, die Aktionäre, gebildet. Die ordentliche Hauptversammlung findet einmal jährlich statt. Eine außerordentliche Hauptversammlung kann aus wichtigem Grund bei Bedarf einberufen werden. Die Hauptversammlung beschließt u.a. Erhöhung und Herabsetzung des Grundkapitals. Sie stimmt ab über die Entlastung des Vorstandes und des Aufsichtsrates und wählt Wirtschaftsprüfer für den Jahresabschluss.

Eine Aktiengesellschaft ist für Großunternehmen geeignet. Ein Vorteil liegt in der Trennung von Kapitalgeber und Unternehmensführung. Qualifizierte Fachleute können mit der Leitung eines Unternehmens beauftragt werden. Beim Zusammenschluss mehrerer Großunternehmen zu großen Konzernen besteht jedoch die Gefahr, dass diese dann den Markt beherrschen und durch fehlende Konkurrenz dem Verbraucher Nachteile entstehen.

Eine **Gesellschaft mit beschränkter Haftung (GmbH)** kann durch eine oder mehrere Personen gegründet werden. Die GmbH ist eine juristische Person. Eine Satzung, der Gesellschaftsvertrag, wird von allen Gesellschaftern unterzeichnet und muss notariell beglaubigt werden. Die Firma muss mit dem Zusatz „mit beschränkter Haftung" geführt und ins Handelsregister eingetragen werden.

Das Stammkapital beträgt mindestens EUR 25 000,00. Die Stammeinlage der Gesellschafter ist mit mindestens EUR 250,00 festgesetzt. Sie erhalten als Urkunde hierüber einen GmbH-Anteilschein. Ganze Geschäftsanteile können ohne Genehmigung der GmbH veräußert oder vererbt werden. Dies muss jedoch notariell beurkundet werden, sodass Geschäftsanteile nicht wie Aktien börsenmäßig gehandelt werden können.

Die GmbH haftet als juristische Person für die Verbindlichkeiten der Firma. Für den einzelnen Gesellschafter besteht daher nur eine Risikohaftung in Höhe seines Geschäftsanteiles, wenn die GmbH wegen Überschuldung aufgelöst wird. Die Gesellschafterversammlung ist das oberste beschließende Organ und wählt den/die Geschäftsführer. Die Geschäftsführer als ausführendes Organ müssen im Gegensatz zum Vorstand einer AG den Weisungen der Gesellschafter unmittelbar folgen. Der einzelne Gesellschafter hat je EUR 50,00 Gesellschaftsanteil eine Stimme. Die Gewinnverteilung erfolgt, falls keine abweichende Vereinbarung getroffen wurde, nach dem Verhältnis der Geschäftsanteile. Die GmbH hat für den Gesellschafter den Vorteil, dass er nur beschränkt haftet. Sind mehrere Gesellschafter als Geschäftsführer tätig, besteht ähnlich wie bei der OHG eine unternehmerische Arbeits- und Verantwortungsgemeinschaft.

Ein Nachteil der GmbH liegt in ihrer geringen Kreditwürdigkeit und dem gesetzlich festgelegten Mindestkapital.

Mischgesellschaften – Die GmbH & Co KG ist eine Mischform zwischen Personen- und Kapitalgesellschaften. Diese Unternehmensform wird gewählt, um einerseits die steuerlichen Vorteile einer Personengesellschaft zu haben, andererseits aber deren unbeschränkte Haftung zu vermeiden.

Die Einkünfte einer GmbH unterliegen mit 56% der Körperschaftssteuer. Der Gewinn einer KG dagegen ist einkommensteuerpflichtig. Ein Steuervorteil besteht durch die Verlagegerung des Gewinns von GmbH auf die KG. Die hohe Belastung durch die Körperschaftssteuer wird gemindert, sofern der individuelle Einkommensteuersatz der Kommanditisten niedriger als 56 % ist.

1. Schritt Gründung der GmbH	2. Schritt Gründung der GmbH & Co KG
Gesellschafter: Erika Meier Andrea Boldt	**Gesellschafter:** Blumenhaus Immergrün GmbH (Vollhafter) Erika Meier Andrea Boldt (Teilhafter)
Gesellschaft: Blumenhaus Immergrün GmbH	**Gesellschaft:** Blumenhaus Immergrün GmbH & Co KG

Abb. 831: Entstehung einer GmbH & Co KG.

Die Gesellschafter schließen sich in einem ersten Gründungsschritt zu einer GmbH zusammen. In einem zweiten Gründungsschritt tritt diese GmbH dann in einer KG als Vollhafter, d.h. als Komplementär auf. Dieselben Gesellschafter beteiligen sich an dieser KG als Teilhafter, d.h. als Kommanditisten. Sie haften dann nur mit ihrer Einlage.

Der Firmenname muss zur Kennzeichnung der Gesellschaftsform den Zusatz „GmbH & Co KG" oder „GmbH & Co" enthalten.

Bei der GmbH & Co KG hat die GmbH Geschäftsführungsbefugnis.

Für die GmbH handeln die Geschäftsführer, die im Normalfall mit den Kommanditisten identisch sind.

Genossenschaften verfolgen als Selbsthilfeeinrichtung ihrer Mitglieder in erster Linie nicht das Ziel, möglichst hohe Gewinne zu erzielen. Sie fördern die Erwerbs- und Wirtschaftsführung ihrer Mitglieder nach dem Motto „Einigkeit macht stark". Ihre Mitglieder können gleichzeitig auch ihre Kunden bei Einkaufsgenossenschaften oder ihre Lieferer bei Großmarktgenossenschaften sein. Man unterscheidet:

a) Erwerbsgenossenschaften als Zusammenschlüsse gleicher Berufskreise:
- Einkaufsgenossenschaften der Einzelhändler, Handwerker und Landwirte
- Bezugs- und Absatzgenossenschaften, wie z.B. Molkereien und Winzergenossenschaften
- Betriebsgenossenschaften, z.B. für die Bereitstellung von Landmaschinen
- Kreditgenossenschaften

b) Wirtschaftsgenossenschaften
- Konsumgütervereine zum Einkauf von Lebensmitteln und Verbrauchsgütern
- Baugenossenschaften zur Finanzierung des Wohnungsbaus

Eine Genossenschaft entsteht, wenn mindestens 7 Gründer einen Genossenschaftsvertrag abschließen. Die Genossenschaft wird zur Eintragung in das Genossenschaftsregister beim Amtsgericht angemeldet und erhält dann die Beifügung „e.G." eingetragene Genossenschaft. Dort wird auch eine aktuelle Mitgliederliste geführt. Die Genossenschaft hat drei Organe:

§ 247 (Der Inhalt der Bilanz)
(1) In der Bilanz sind das Anlage- und das Umlaufvermögen, das Eigenkapital, die Schulden sowie die Rechnungsabgrenzungsposten gesondert auszuweisen und hinreichend aufzugliedern.
(2) Beim Anlagevermögen sind nur die Gegenstände auszuweisen, die bestimmt sind, dauernd dem Geschäftsbetrieb zu dienen.
(3) Passivposten, die für Zwecke der Steuern vom Einkommen und vom Ertrag zulässig sind, dürfen in der Bilanz gebildet werden. Sie sind als Sonderposten mit Rücklageanteil auszuweisen und nach Maßgabe des Steuerrechts aufzulösen. Einer Rückstellung bedarf es insoweit nicht.

§ 249 (Die Rückstellungen)
(1) Rückstellungen sind für ungewisse Verbindlichkeiten und für drohende Verluste aus schwebenden Geschäften zu bilden. Ferner sind Rückstellungen zu bilden für
1. im Geschäftsjahr unterlassene Aufwendungen für Instandhaltung, die im folgenden Geschäftsjahr innerhalb von drei Monaten, oder für Abraumbeseitigung, die im folgenden Geschäftsjahr nachgeholt werden,
2. Gewährleistungen, die ohne rechtliche Verpflichtung erbracht werden. Rückstellungen dürfen für unterlassene Aufwendungen für Instandhaltung auch gebildet werden, wenn die Instandhaltung nach Ablauf der Frist nach Satz 2 Nr. 1 innerhalb des Geschäfts-jahrs nachgeholt wird.
(2) Rückstellungen dürfen außerdem für ihrer Eigenart nach genau umschriebene, dem Geschäftsjahr oder einem früheren Geschäftsjahr zuzuordnende Aufwendungen gebildet werden, die am Abschlussstichtag wahrscheinlich oder sicher, aber hinsichtlich ihrer Höhe oder des Zeitpunkts ihres Eintritts unbestimmt sind.
Für andere als die in den Absätzen 1 und 2 bezeichneten Zwecke dürfen Rückstellungen nicht gebildet werden. Rückstellungen dürfen nur aufgelöst werden, soweit der Grund hierfür entfallen ist.

§ 251 (Die Haftungsverhältnisse)

Unter der Bilanz sind, sofern sie nicht auf der Passivseite auszuweisen sind, Verbindlichkeiten aus der Begebung und Übertragung von Wechseln, aus Bürgschaften, Wechsel- und Scheckbürgschaften und aus Gewährleistungsverträgen sowie Haftungsverhältnisse aus der Bestellung von Sicherheiten für fremde Verbindlichkeiten zu vermerken; sie dürfen in einem Betrag angegeben werden. Haftungsverhältnisse sind auch anzugeben, wenn ihnen gleichwertige Rückgriffsforderungen gegenüberstehen.

- der Vorstand ist das ausführende Organ und besteht aus zwei Genossenschaftmitgliedern mit grundsätzlich gemeinsamer Geschäftsführung und Vertretung
- der Aufsichtsrat besteht aus mindestens drei Genossenschaftsmitgliedern
- die Generalversammlung ist die Vollversammlung der Mitglieder.

Jeder Genosse hat nur eine Stimme, unabhängig von seinem Geschäftsanteil. Bei mehr als 3 000 Mitgliedern nehmen gewählte Vertreter der Genossenschaftsmitglieder deren Interessen in der Vertreterversammlung wahr. Sie bestimmt über die Gewinnverteilung. Die Verteilung des Gewinns ist abhängig vom Zweck der Genossenschaft. Sie kann z.B. in Rücklagen angelegt werden. In einer Genossenschaft haften die Mitglieder mit ihren Einlagen, im Konkursfall im Rahmen ihrer Haftsumme.

Rechtsformen der Unternehmen

Unternehmen	Firma	Haftung
Einzelunternehmen	ein ausgeschriebener Vorname und Zuname	unbeschränkt für die Geschäftsschulden
Personengesellschaften		
Offene Handelsgesellschaft (OHG)	Namen aller oder mehrerer Gesellschafter oder Namen eines Gesellschafters mit Zusatz „OHG",„.. & Co", „ & Sohn	alle Gesellschafter unbeschränkt, unmittelbar und solidarisch
Kommanditgesellschaft (KG)	Namen aller oder mehrerer Vollhafter oder Name eines Vollhafters mit Zusatz „...KG", „...& CO"	Komplementäre unbeschränkt, unmittelbar und solidarisch, Kommanditisten bis zur Höhe ihrer Einlage
GmbH & Co. KG	Name der Komplementär-GmbH mit Zusatz „ & Co".	GmbH als Komplementärin unbeschränkt mit ihrem Vermögen, Gesellschafter mit ihren Einlagen
Stille Gesellschaft	Einzelfirma ohne Name des Gesellschafters	Kaufmann voll, Gesellschafter nach vertraglicher Vereinbarung
Gesellschaft des bürgerlichen Rechts (GbR)	keine, wird nicht ins Handelsregister eingetragen	alle Gesellschafter persönlich, im Zweifelsfalle als Gesamtschuldner
Kapitalgesellschaften		
Aktiengesellschaft (AG)	Sachfirma mit dem Zusatz „Aktiengesellschaft" oder Personenfirma mit „AG"	alle Beteiligten in Höhe ihrer Einlagen
Kommanditgesellschaft auf Aktien (KgaA)	Sachfirma mit Zusatz „Kommanditgesellschaft auf Aktien"	mindestens 1 Vollhafter (Komplementär), Teilhafter in der Höhe ihrer Einlagen (Aktien)
Gesellschaft mit beschränkter Haftung (GmbH)	Personen-, Sach- oder gemischte Firma mit Zusatz „mit beschränkter Haftung"	Gesellschafter in Höhe der Stammeinlage
Genossenschaften		
Genossenschaft (eG)	Sachfirma mit dem Zusatz „eingetragene Genossenschaft"	In Höhe der vorgeschriebenen Haftsumme, mind. mit dem erworbenen Geschäftsanteil

2.3 Einrichten eines Blumenfachgeschäftes

2.3.1 Absatzformen

Um seine unternehmerischen Ziele zu verwirklichen, kann der Florist zwischen verschiedenen Absatzformen wählen. Er sollte sich für die Betriebsform entscheiden, welche seinen persönlichen Neigungen und Fähigkeiten am ehesten entspricht. Diese lassen sich grob in zwei Gruppen einteilen:

- Wer gestalterisch und kreativ arbeiten möchte, wird seine Begabungen und Kenntnisse am ehesten in dem Typ eines „Blumenstudios" verwirklichen können.
- Derjenige, der seine Neigungen mehr im kaufmännischen und organisatorischen Bereich sieht, wird diesen in dem Typ des „Blumencenters" oder „Blumenfachmarktes" gerecht. Ausgezeichnete Fachkenntnisse sind in jedem Fall Grundvoraussetzung. Doch nicht nur die persönlichen Neigungen dienen als Entscheidungshilfe bei der Wahl des Betriebstypes. Die Kundenstruktur und der Standort bestimmen objektiv den Aufbau des Warensortiments, das Angebot zusätzlicher Dienstleistungen, das Preisniveau und die Art der Warenpräsentation. So können zwischen den einzelnen Betriebstypen auch Übergangsformen entstehen.

Abb. 832: Eine fachkundige Beratung erfordert einen kostenintensiven Personaleinsatz.

Floristen, Endverkaufsbetriebe und Friedhofsgärtnereien haben unterschiedliche Betriebstypenprofile

* Floristen
○ Endverkaufsbetriebe
□ Friedhofsgärtnereien

Kriterien		wenig ausgeprägt			stark ausgeprägt		
		1	2	3	4	5	6
Ausgangs-situation	Wettbewerb		□	○	*		
	Kundenfrequenz		□	○	*		
	Einkaufsbetrag je Kunde		○	*	□		
Stamm-sortiment	Schnittblumen		○	□		*	
	Fertige Sträuße/Gestecke		○	□	*		
	Grünpflanzen		*	□	○		
	Blühende Pflanzen		*	○	□		
	Pflanzschalen	*		○		□	
Saison-sortiment	Beet- und Balkonpflanzen	*			○	□	
	Sommerblumen		○	□	*		
	Herbstliche Topfpflanzen		*		○	□	
	Trockensträuße		○	□	*		
	Trauerbindereien (Gedenktage)		*		○	□	
	Adventsbindereien		○	□	*		
Zusatz-sortiment	Glas, Keramik		○	□	*		
	Sonstiges		○	□	*		
Personal/Dienstleistung	Bedienung/Beratung		○		□	*	
	Floristik		○		□	*	
	Grab-/Gartenpflege	*		○		□	
Preis	Preisniveau	○		□		*	
Präsentations-niveau	Ausst. Verkaufsraum (Atmosphäre)	○		□		*	
	Schaufenstergestaltung	○		□		*	
	Warenträger			○ □	*		
	Platzierungsgruppen		* □	○			
Verkaufsförde-rung/Werbung	Aktivitätsniveau	○	*	□			
	Herausstellung des Preises	*	□	○			
	Herausstellung von Sortimenten	*	○ □				
	Herausstellen der Einkaufsstätte	○	□	*			

Abb. 833: Ein Blumenstudio vermittelt eine unverwechselbare Atmosphäre.

Abb. 834: Jeder Betriebstyp hat seine Schwerpunkte.

Abb. 835: Ein Endverkaufsbetrieb kann seine Pflanzen in einem Verkaufsgewächshaus anbieten.

Das Blumenfachgeschäft mit Schwerpunkt in der floristischen Gestaltung, das **Blumenstudio,** zeichnet sich in seinem Sortiment durch einen hohen Anteil an ausgesuchten Schnittblumen in Ia-Qualität aus. Fertige Sträuße, Gestecke und gepflanzte Werkstücke zeigen dem Kunden die binderischen Fertigkeiten. Es werden überwiegend große und kräftige Topfpflanzen angeboten. Ein ausgewähltes Zusatzsortiment an Glas, Keramik, Bändern, Karten usw. rundet das Angebot ab. Für die persönliche fachkundige Beratung und Bedienung der Kunden ist ein kostenintensiver Personaleinsatz notwendig. Eine wünschenswerte zentrale Lage mit hoher Kundenfrequenz erfordert hohe Miet- oder Kaufpreise für das Ladenlokal. Besonderer Wert muss auf die Gestaltung der Schaufenster und Verkaufsräume gelegt werden.

Als **Endverkaufsbetrieb** wird eine Gärtnerei bezeichnet, der ein fachhandelstypisches Ladengeschäft angeschlossen ist. Seine Verkaufsschwerpunkte liegen im Bereich der Blüh- und Grünpflanzen sowie im Saisonsortiment der Beet- und Balkonpflanzen. Der Verkauf von Schnittblumen und fertigen Werkstücken ist weniger ausgeprägt. Der Bedarf an Personal für Bedienung und Beratung der Kunden ist geringer. Ein größerer Flächenbedarf erfordert meist einen Standort außerhalb der Stadtzentren. Der Verkauf findet oft in einem dafür hergerichteten Gewächshaus statt. Der Kunde sucht hier besonders ein breites Angebot an Pflanzen.

Das Sortiment und das Dienstleistungsangebot der **Friedhofsgärtnerei** werden durch die Friedhofsnähe bestimmt. Ihre Kunden bezieht sie aus dem Einzugsbereich des Friedhofes sowie aus den umliegenden Wohngebieten. Trauerbinderei sowie Grabpflege sind die Schwerpunkte von Friedhofsgärtnereien. Saisonal werden diese ergänzt durch das Angebot von Beet- und Balkonpflanzen sowie herbstlichen Topfpflanzen. An fertigen Werkstücken stehen besonders gepflanzte Schalen für den Außenbereich im Vordergrund. Termingerechte Lieferung zu den Trauerfeiern erfordert sichere Einkaufsquellen und oft kurzfristig hohen Arbeitseinsatz, der Personalkosten mit sich bringt.

Absatzformen wie Blumensupermärkte, Blumenabteilungen in Einkaufsmärkten, Markt- oder Straßenstände sind darauf bedacht, große Mengen an Schnittblumen und Pflanzen auf einem niedrigen Preisniveau zu verkaufen. Die Personal- und Dienstleistungskosten sind stark reduziert, weil die Ware nicht gestalterisch bearbeitet wird. Schnittblumen werden z.B. nur als Bundware verkauft. Auf eine fachkundige Beratung und exklusive Ausstattung der Verkaufsflächen wird verzichtet.

Für den produzierenden Gartenbau sind die Blumensupermärkte die umsatzstärksten Handelspartner geworden, da die immer größer werdenden Produktionsmengen an Schnittblumen und Pflanzen durch den Blumeneinzelhandel nicht mehr abgesetzt werden können

Ein Florist, der sich als Unternehmer selbständig machen will, muss sich dieser Marktsituation bewusst sein. Mit seinem Geschäft muss er versuchen, einen fachlichen Schwerpunkt zu setzen.

Abb. 836: An Markt- und Straßenständen werden Blumen als Bundware verkauft.

2.3.2 Standortwahl

Der Unternehmer muss gute Umsätze erzielen. Wo keine Kunden sind, ist kein Geld zu verdienen. Deshalb ist es bei der Standortwahl des Geschäftes notwendig, über das künftige Einzugsgebiet Bescheid zu wissen:

- Welches Käuferpotenzial wird zu erwarten sein, in welchem Radius liegt das Einzugsgebiet? Untersuchungen geben z.B. Aufschluss über die Kaufhäufigkeit und -menge je Haushalt in Gebieten mit Reihenhäusern, Drei- bis Sechsfamilienhäusern, geschlossener Wohnblockbebauung.

- Wie wird die Kundenstruktur sein, welche sozialen Schichten wohnen im unmittelbaren Einzugsgebiet, befinden sich z.B. Firmen, Büros, Arztpraxen in der Umgebung, wie ist deren Branchenzusammensetzung?

- Wie ist die Konkurrenzsituation, wie viele Mitbewerber sind vorhanden. was bieten diese an, wie ist deren fachliche Leistungsfähigkeit, wo liegen Unterschiede bzw. Lücken zum eigenen Angebot?

Abb. 837: Sortiment in einer Friedhofsgärtnerei.

Das Blumenfachgeschäft kann nach seiner Lage eingeteilt werden in:

- City-Fachgeschäft; kein abgegrenztes Einzugsgebiet, nicht auf ein bestimmtes Kundenpotenzial beschränkt, gekennzeichnet durch Spezialisierung und Sortimentstiefe.

- Florist am Großstadtrand oder in Vororten; begrenztes Einzugsgebiet, genau bestimmtes Kundenpotential, Nahversorgungsfunktionen. Eine Ausnahme ist die Lage an einer Hauptverkehrsstraße. Sie ist gekennzeichnet durch ein breites Sortiment.

- Florist in der Mittelstadt (40 000 - 60 000 Einwohner); Einzugsbereich in unmittelbarer Nähe und darüber hinaus möglich, wenn sich das Sortiment hervorhebt. Das Sortiment ist breit angelegt.

Abb. 838: Bei der Standortwahl sind Parkplätze zu berücksichtigen.

- Florist in der Kleinstadt oder in ländlichen Gebieten; das Kundenpotential ist vorgegeben, das Geschäft muss sich in Kalkulation, Kostenstruktur und Sortiment entsprechend anpassen.

Die CMA ist dem Floristen bei einer objektiven Standortanalyse behilflich. Der angestrebte Geschäftstyp entscheidet über die Wahl des Ladenlokals. Ein Blumenstudio mit Schwerpunkt auf floristischer Gestaltung erfordert z.B. weniger Fläche als ein Verkaufsgewächshaus. Weiterhin sind zu berücksichtigen:

- die Verkehrsanbindung, Nähe zu Bus und Bahn

- Parkmöglichkeiten für Autos und Fahrräder

- Exposition des Ladenlokals. Ein Geschäft in freier Südlage erhitzt sich im Sommer z.B. schnell. Zusätzliche Sonnenschutzvorrichtungen sind dann notwendig und müssen eventuell durch kostenintensive Kühleinrichtungen ergänzt werden.

Abb. 839: Die Gestaltung der Außenfront wirbt um Kunden.

2.3.3 Gestaltung der Außenfront

Schon durch die Gestaltung der Außenfront wird ein Kunde auf das Blumenfachgeschäft aufmerksam. Der Firmenname sollte gut sichtbar, bei Dunkelheit beleuchtet, über dem Schaufenster angebracht sein. Saisonal bepflanzte Kästen an der Hausfront, Pflanzkübel am und vor dem Laden weisen darauf hin, dass hier mit Blumen und Pflanzen gearbeitet wird. Eine gute Ausleuchtung der Außenfront lockt besonders in den dunklen Jahreszeiten Passanten an, die sich die Schaufensterauslagen und das Angebot im Geschäft anschauen.

Ein Vordach oder eine Markise schützen Passanten vor dem Schaufenster. Auch Ware, die das Geschäft im Außenbereich des Eingangs zum Verkauf anbietet, sowie der Laden selbst werden so vor Witterungseinflüssen geschützt.

Eine Markise hat gegenüber einem festen Vordach den Vorteil, dass sie jederzeit eingerollt werden kann. Somit nimmt sie im Winter nicht noch zusätzlich Licht weg. Sie erfordert jedoch eine regelmäßige Wartung. Ein transparentes Vordach aus Glas, das mit einer Schattierung versehen werden kann, wäre eine Alternative. Wenn Lage und Größe des Grundstücks es erlauben, sollten vor dem Geschäft Parkmöglichkeiten geschaffen sowie Fahrradständer aufgestellt werden.

Ein saisonales Angebot an Blumen und Pflanzen vor dem Geschäft erzeugt Aufmerksamkeit und lockt Kunden an. Der Passant wird dadurch gebremst, sein Blick wird über das Außenangebot auf die Ware innerhalb des Geschäftes gelenkt. Die Platzierung der Außenartikel erfolgt gut sichtbar, jedoch ohne die Sicht auf das Schaufenster zu versperren. Grenzt die Außenfront unmittelbar an öffentliche Verkehrswege, wie Fußwege, Fußgängerzonen, muss beim örtlichen Ordnungsamt eine Gebühr für die Benutzung dieser Flächen entrichtet werden.

Abb. 840: Werbewirksame Ausstellung vor einem Blumenfachgeschäft.

Abb. 841: Überdachungen schützen vor Witterungseinflüssen.

Der Florist sollte das tägliche Angebot seiner Konkurrenten kennen. Das ist besonders wichtig für Blumen und Pflanzen, die im Außenbereich angeboten werden. Der Kunde zieht oft durch Preisvergleiche der Sonderangebote falsche Rückschlüsse auf das Preisniveau eines Geschäftes. Der Kunde urteilt hier besonders schnell im Vorbeigehen. Der Florist hat durch ein fehlendes Verkaufsgespräch keine Möglichkeit. z.B. auf Qualitätsunterschiede aufmerksam zu machen. Ist es aus kaufmännischen Gesichtspunkten z.B. nicht möglich, Kissenprimeln billiger anzubieten als die Konkurrenten, so empfiehlt sich gerade im Außenbereich ein alternatives Frühlingsangebot. Dies können z.B. vorgetriebene Krokusse, Schneeglöckchen, Narzissen sein. Jeweils ein Mitarbeiter sollte für die Außenpräsentation der Ware zuständig sein. Er achtet auf Preisschilder mit genauer Warenbezeichnung. Außerdem sorgt er dafür, dass Ware nachgefüllt und schlechte Qualitäten aussortiert werden. Auf Sauberkeit im Eingangsbereich ist wegen der Gefahr des Ausrutschens zu achten.

Günstige Einkaufsquellen sind allerdings Voraussetzung, denn natürlich muss der Geschäftsinhaber auch am Verkauf seiner Außenartikel verdienen. Diese können, da sie nicht bearbeitet werden, dem Verbraucher günstig angeboten werden. Wünscht der Kunde z.B. das Aufbinden der Bundware zu einem gestalteten Strauß, so sollte dies in einem Fachgeschäft natürlich möglich sein. Selbstverständlich wird der Florist seine Arbeitszeit und das Beiwerk berechnen.

Abb. 842: Ein Mitarbeiter ist für den Außenbereich zuständig.

2.3.4 Gestaltung des Schaufensters

Gut dekoriert, ist das Schaufenster die preiswerteste und wirksamste Werbung. Es zeigt, welches Warenangebot vorhanden ist, in welchem Stil in diesem Geschäft gearbeitet wird und welches Preisniveau vorhanden ist. Das Schaufenster soll Aufmerksamkeit auf sich ziehen und Interesse für das Angebot wecken. Durch die Wahl eines ausgestellten Artikels aus dem Schaufenster kann der Kaufentschluss des Kunden gefördert werden. Die Zeit für ein Verkaufsgespräch wird dadurch verkürzt.

Die Dekoration sollte den Wechsel der Jahreszeiten widerspiegeln. Ein Wechsel alle zwei bis drei Wochen wird empfohlen, um dem Kunden immer wieder ein neues Bild und einen neuen Kaufanreiz zu geben. Ein Blickfang ist auch von größerer Entfernung sichtbar. Er lockt die Passanten an und gibt der Gestaltung einen ruhenden Pol. Dies kann z.B. ein besonders dekoratives Werkstück, eine Solitärpflanze oder eine große gefüllte Verkaufsvase sein. Seine Platzierung muss derart erfolgen, dass Passanten bzw. vorbeifahrender Verkehr darauf aufmerksam werden. Die Sehgewohnheiten des menschlichen Auges führen den Blick von links unten nach rechts oben. Daraus ergibt sich als wirkungsvollster Platz des Hauptmotives das rechte Drittel in Augenhöhe im mittleren Bereich des Schaufensters. Eine Gruppierung der ausgestellten Waren und Werkstücke schafft Ruhepunkte für das Auge. Besonders bei kleinen Schaufenstern empfiehlt sich eine vertikale Gliederung, ein sogenanntes „Türmchenbauen". Hierbei wird besonders durch farbliche Einheit ein klarer Überblick über das Warenangebot geschaffen.

Ein Schaufenster ist kein Warenlager. Es empfiehlt sich nicht, alle fertigen Werkstücke in der Auslage zu stapeln. Das Schaufenster wird dadurch für den Kunden unübersichtlich. Jedoch sollte nach dem Verkauf ein freier Platz in der Dekoration sofort mit einem neuen Werkstück aufgefüllt werden.

Abb. 843: Ein Warenangebot außen lenkt den Blick des Passanten in das Geschäft.

Abb. 844: Ein gut dekoriertes Schaufenster wirbt preiswert und werbewirksam.

Abb. 846: Zusatzartikel vervollständigen die Auslage.

Abb. 847: Lichtquellen in einem Blumenfachgeschäft dürfen nur wenig Wärme entwickeln.

Abb. 848: Eine Heizung mit Gebläse verhindert das Beschlagen der Scheiben.

Auch in einer festen Dekoration sollten täglich Teile umgestellt werden, um die Aufmerksamkeit des Kunden für das Schaufenster aufrechtzuerhalten. Ergänzende Zusatzartikel, wie Vasen, Übertöpfe, Körbe usw., vervollständigen die Auslage.

Die jahreszeitlichen Themen der Schaufenstergestaltung können ergänzt werden z.B. durch Anknüpfen an aktuelle Ereignisse in der Stadt, durch Themen, die den Werbeplan eines Geschäftes ergänzen (siehe S. 367).

Die Dekoration eines Schaufensters sollte in einer vorher festgelegten farblichen Ordnung erfolgen.

Sauberkeit ist oberstes Gebot. Die Verkaufsvasen sollten stets mit Ware gefüllt sein. Beim Verkauf herausgefallene Schnittblumen stellt der Florist sofort wieder ins Wasser. Jeder Kunde wird dafür Verständnis haben. Zeigt es doch, dass man um die fachgerechte Versorgung der Ware bemüht ist. Alle zum Verkauf angebotenen Waren müssen mit gut lesbaren Preisschildern versehen sein. Zusätzliche Hinweise informieren den Kunden.

Das Schaufenster sollte gut ausgeleuchtet sein. Ein variables System von Punktstrahlern ermöglicht es, Schwerpunkte der Dekoration hervorzuheben. Bei der Wahl der Beleuchtungsart sind der Energieverbrauch, die Wärmeentwicklung und Farbtönung der Lichtquelle zu beachten. Stärke und Dauer der Beleuchtung richten sich tagsüber nach der Helligkeit des Ladens. Abends können sie von örtlichen Gegebenheiten abhängig sein, wie z.B. der letzten Vorstellung eines benachbarten Kinos. Eine Zeitschaltuhr regelt automatisch das Ein- und Ausschalten. Geschäfte im Innenstadtbereich oder an stark befahrenen Verkehrsstraßen sollten bis spät nachts durch ein beleuchtetes Schaufenster auf sich aufmerksam machen. Bewährt haben sich Energiesparlampen, die außen, unmittelbar vor dem Schaufenster angebracht werden und somit den Außenbereich und die vorderen Auslagen des Schaufensters ausleuchten. Eine derartige Anbringung der Lichtquelle hat weiterhin den Vorteil, dass die entstehende Wärme außen abgegeben wird und nicht das Schaufenster erhitzt.

Um zu vermeiden, dass die Schaufensterscheibe beschlägt, werden doppelwandige Fensterscheiben, sogenannte Thermopanescheiben angeboten. Diese haben jedoch den Nachteil, dass durch häufige Lichtbrechung die Leuchtkraft und Brillanz der Ware beeinträchtigt wird. Um klare Sicht zu haben, ist z.B. der Einbau einer Heizung mit Gebläse unmittelbar an der Schaufensterscheibe möglich.

Abb. 845: Die Ware ist mit Preisschildern auszuzeichnen.

2.3.5 Der Verkaufsraum

Ein Blumenfachgeschäft sollte sich durch seine Einrichtung von seinen Mitbewerbern abheben. Die Gestaltung der Außenfront, eine ansprechende Schaufensterdekoration haben den Kunden aufmerksam gemacht. Es gilt, im Verkaufsraum eine Atmosphäre zu schaffen, welche dem Kunden die Stimmungen der jeweiligen Jahreszeit vermittelt:

– das erste frische Grün des Frühjahrs mit seinen keimenden Knospen und ersten zarten Blüten
– die Fülle der Sommerblumen mit Gräsern und der reichhaltigen Auswahl heimischen Beiwerks
– die kräftigen leuchtenden Farben des Herbstes, Beeren und Fruchtstände.

Abb. 849: Blick in einen Verkaufsraum.

Diese optischen Eindrücke sollen beim Kunden Kaufwünsche wecken. Sie werden verstärkt durch die sinnlichen Eindrücke der natürlichen Düfte der Blumen und Pflanzen welche in der hohen Luftfeuchtigkeit der Blumengeschäfte an Intensität zunehmen.

Der Eintritt des Kunden in den Laden sollte möglichst nicht durch unnötige Ecken und Winkel der Hausfront behindert werden. Auch Treppen oder Schwellen verzögern nicht nur den Entschluss, einen Laden zu betreten, sie stellen auch eine Unfallgefahr dar. Türen mit automatischer Öffnung bauen Hemmschwellen vor dem Betreten eines Ladens ab. Zu bedenken ist jedoch, dass auch unbeabsichtigt durch Auslösen der Lichtschranke ein unnötiges Öffnen der Tür verursacht werden kann. Für die Ware im Laden bedeutet dies schädliche Zugluft. Nicht automatische Türen sollten nach innen zu öffnen sein.

Eine allzu leuchtende Farbgebung im Verkaufsraum sollte vermieden werden, um die Blumen vorrangig zur Geltung kommen zu lassen.

Die Einrichtung des Verkaufsraumes muss ein einheitliches Bild ergeben und dem Stil des Geschäftes entsprechen. Sie wird sich immer auch an den Verbrauchergewohnheiten und den Strömungen des Zeitgeschmacks orientieren. Deshalb ist bei der Wahl der Einrichtungsgegenstände neben Gesichtspunkten der Pflege und Beanspruchbarkeit besonders auf eine hohe Beweglichkeit zu achten. Teile der Einrichtung sollten leicht auszutauschen und zu kombinieren sein. Ein Laden mit rustikalem Charakter kann z.B. mit Holzregalen, Holzhockern für Vasen und Werkstücke ausgestattet sein. Zu streichende Wände und Decken sollten einen Farbton erhalten, der mit warmen Farben abgetönt wurde.

Abb. 850: Strömungen des Zeitgeschmacks kommen in Dekorationen zum Ausdruck.

Geschäfte mit einer eher kühlen und sachlichen Ausstrahlung können z.B. ihre Einrichtungsgegenstände unter Verwendung von Metall gestalten. Die Farbgebung sollte in einer Abtönung aus dem Bereich der kalten Farben erfolgen.

Glas als Gestaltungsmittel zeichnet sich durch seine hohe Transparenz und Leichtigkeit aus. Es kann gut bei allen Stilrichtungen als verbindendes Element eingesetzt werden. Durch Spiegel ist die Möglichkeit gegeben, einen Raum optisch zu vergrößern.

Verschiedene Bereiche geben den Kunden immer wieder neue Überraschungsmomente. Trotz einer einheitlichen und großzügigen Gestaltung der Inneneinrichtung sollte das komplette Angebot nicht sofort zu überschauen sein. Vielmehr muss es gelingen, z.B. mit großen Schnittblumenvasen, ausgefallenen Solitärpflanzen Anziehungspunkte zu bilden, die den Blick anziehen und gleichzeitig abbremsen.

Abb. 851: Durch mobile Regale kann der Verkaufsraum schnell umgestaltet werden.

Abb. 853: Hier kann der Kunde ungestört eine Karte schreiben.

Abb. 854: Beispiel für einen Packtisch in einem Verkaufsgewächshaus.

Abb. 855: Auch an der Kasse kann das Zusatzsortiment angeboten werden.

Der Kunde soll auf das weitere Warenangebot neugierig gemacht werden.

Die Wege der Kunden können in den Grundriss eingezeichnet werden. Aus den räumlichen Gegebenheiten ergeben sich dann Gestaltungsmöglichkeiten für einzelne Bereiche. Diese können nach verschiedenen Gesichtspunkten aufgeteilt werden:

- Einteilung nach Warengruppen: wie Schnittblumenabteilung, Pflanzenabteilung, Keramikabteilung usw.
- Einteilung nach Farben: verschiedene Warengruppen werden, farblich aufeinander abgestimmt, zusammen dekoriert
- Einteilung nach Preisklassen: preiswerte Blumen für den Eigenbedarf, kleine Mitbringsel niedriger Preisklasse oder hochwertige Werkstücke für den besonderen Anlass, ausgefallene Topfpflanzen
- Einteilung nach Themen: gebundene Sträuße, Werkstücke mit gesteckten Frischblumen, gepflanzte Schalen, Topfpflanzen, Blume und Geschenk, florale Objekte, Hydrokultur

Eine Schreib- und Beratungsecke sollte in einer ruhigen Zone eingerichtet werden. Der Kunde hat hier die Möglichkeit, ungestört eine Karte für seinen Blumengruß zu schreiben. Außerdem ist dieser Platz geeignet, in einem ausführlichen Verkaufsgespräch den Kunden unter Zuhilfenahme von Bildmaterial zu beraten. Auch Reklamationsgespräche können hier geführt werden.

Das Binden eines Straußes, das Anfertigen eines Werkstückes erfordert Zeit. Hat der Kunde die Möglichkeit, zu beobachten, wie sein Werkstück entsteht, wird ihm die Zeit des Wartens nicht lang. Entweder ist eine Arbeitsfläche in den Verkaufsraum integriert oder es besteht Einsicht in den Arbeitsraum. Letzteres hat den Vorteil, dass der anfallende Abfall nicht in den Verkaufsraum gelangt. Das Sauberhalten des Fußbodens wird dadurch erleichtert.

Auf dem Weg zur Kasse sollte der Kunde das ganze Geschäft durchlaufen und das komplette Angebot gesehen haben. Im Kassenbereich können weitere Zusatzartikel angeboten werden können. Ein zusätzliches Sortiment an Karten, Dünger, kleinen Arrangements als „Geschenk so nebenbei" bieten sich hier zum Beispiel an. In unmittelbarer Nähe befindet sich auch der Packtisch. Da hier dem Kunden das fertige Werkstück vor dem Einpacken noch einmal präsentiert wird, sollten an dieser Stelle gute Lichtverhältnisse herrschen.

Abb. 852: Der Kunde hat Einblick in den Binderaum.

Der Kunde hält sich hier längere Zeit auf. Deshalb können Informationen über zusätzliche Dienstleistungen hier gut sichtbar angebracht werden. Dies können z.B. sein: Kosten für das Aufbinden von Bundware, besondere Geschenkverpackungen, Liefergebühren. Auch für Ankündigungen von Ausstellungen sowie für Hinweise auf besondere Anlässe zum Blumenkauf ist dieser Platz geeignet.

Der Kassentisch muss so groß sein, dass für die schriftliche Auftragsannahme zur Blumenspendenvermittlung sowie für Aufträge, die zu einem späteren Termin ausgeführt werden sollen, genügend Platz ist.

Eine elektronische Kasse, in der die verkauften Artikel nach Warengruppen registriert werden, gibt dem Floristen zusätzlich Informationen. Er kann so feststellen, wo seine Verkaufsschwerpunkte liegen.

Abb. 856: Übersicht und Platz kennzeichnen den Binderaum.

2.3.6 Der Arbeitsraum

Während der Kunde auf seinem Weg durch den Verkaufsraum in alle Bereiche geführt werden sollte, ist für den Floristen das Prinzip der kurzen Wege zu berücksichtigen. Auch hier empfiehlt es sich, bei der Planung des Arbeitsraumes diese in den Grundriss einzuzeichnen. Werkzeuge und Hilfsmittel sollten dort platziert werden, wo sie gebraucht werden. Damit sich die Floristen bei unterschiedlichen Tätigkeiten nicht gegenseitig stören, ist eine Unterteilung des Arbeitsraumes in verschiedene Bereiche empfehlenswert. Der Verkaufsraum sollte von allen Bereichen aus zu überschauen sein.

Der Arbeitsraum muss überall gleichmäßig und blendfrei ausgeleuchtet sein. Der Farbton der Lichtquellen darf die Farben nicht verfälschen. Liegt der Arbeitsraum nach Süden oder Westen, darf ein Schutz vor der Sonneneinstrahlung nicht vergessen werden.

Er sollte außerdem gut zu belüften und zu beheizen sein. Zur Ausstattung eines Arbeitsraumes gehören: Arbeitstische, getrennt nach Funktionen, ein pflegeleichter rutschfester Bodenbelag mit Abfluss, Stehhilfen, leicht zu erreichende Werkzeuge, Lagermöglichkeiten für technische, gestalterische Hilfsmittel und Gebrauchskeramik, Abfallbehälter, Wasseranschluss und Wasserbecken, ein Besenschrank und eine Ablage für Bestellungen mit Telefon. Die Ausstattung sollte in jedem Fall zweckmäßig und funktionsgerecht sein.

Die Arbeitstische müssen eine ausreichende Höhe von ca. 90 cm haben. Durch Arbeiten an zu niedrigen Tischen können z.B. krankhafte Veränderungen der Wirbelsäule entstehen. Optimal wäre ein verstellbarer Arbeitstisch. In der Praxis bewährt haben sich kleine Podeste, die unzureichende Tischhöhen ausgleichen. Die Tischplatte sollte aus stoßfestem Material bestehen, das außerdem unter der hohen Feuchtigkeit nicht leidet. Die Oberfläche sollte glatt sein, damit sie schnell und gut gesäubert werden kann. Ihre Kanten müssen abgerundet sein, um Verletzungsgefahr zu verringern. Unterhalb der Tischplatte können Schubladen bzw. Ablageflächen für das Werkzeug angebracht werden. Mobile Abfallbehälter stehen unter den Tischen. Der anfallende Abfall wird zur besseren Entsorgung sortiert.

Die Hilfsmittel müssen gut zu erreichen sein.

Abb. 857: Im Kassenbereich wird der Kunde auf die Dienstleistungsfähigkeit hingewiesen.

Abb. 858: Beispiel für einen praktischen Abfallbehälter auf Rollen.

Abb. 860: Das Beiwerk steht in der Nähe des Bindetisches griffbereit.

Der Bindetisch steht in der Nähe der Kasse und des Packtisches, um einerseits den Kontakt zum Kunden aufrechtzuerhalten und um andererseits den Floristen lange Wege zu ersparen. In Reichweite befindet sich das Beiwerk. Es sollte eine den Jahreszeiten entsprechende Auswahl enthalten und übersichtlich, nach Sorten getrennt, eingestellt sein. Ein kurzer Blick muss genügen, um festzustellen, ob etwas fehlt. Die notwendigen Hilfsmittel wie Bast, Stützdraht usw. stehen griffbereit. Ein zusätzlicher Wasseranschluss hier hat sich in der Praxis bewährt.

Der Pflanztisch sollte etwas abseits stehen, weil hier der meiste Schmutz anfällt. Um zeitsparend arbeiten zu können, empfiehlt sich ein nicht rostendes Gitter als Arbeitsfläche. Dieses liegt über einer Wanne, in der überflüssige Pflanzerde aufgefangen wird. Die Pflanzenerde kann in einem rollbaren Behälter unterhalb des Pflanztisches erdfeucht aufbewahrt werden. Hier können z.B. auch Steine. Moos u.a. gelagert werden. Die Nähe eines Wasseranschlusses ist erforderlich, um die Pflanzen anzugießen und die Gefäße zu säubern. In Reichweite des Pflanztisches werden die Pflanzschalen aufbewahrt. Bei ausreichenden Lichtverhältnissen sollten hier auch die Beipflanzen stehen. Ein Lattenrost auf dem Boden schützt zusätzlich vor Rutschgefahr.

Bei gleichförmigen Arbeiten, die lange Zeit in Anspruch nehmen, können verstellbare Stehhilfen eine Erleichterung darstellen.

Abb. 859: Gute Lichtverhältnisse sind im Arbeitsraum erforderlich.

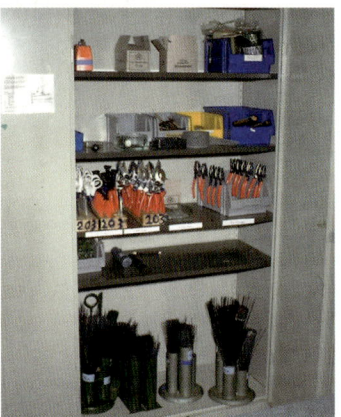

Abb. 861: Im Werkzeugschrank herrscht Ordnung!

Abb. 862: In der Nähe des Bindetisches und der Kasse befindet sich auch der Packtisch.

2.3.7 Die Lagerräume

Große Lagerbestände, z.B. an Kerzen, Keramik, Schleifen, binden das Kapital und verringern die Liquidität eines Unternehmens. Es ist daher genau zu überlegen, welche Artikel in großen Mengen bevorratet werden, weil sie nicht kurzfristig zu beschaffen sind. Welche Artikel in großen Mengen vorrätig sein müssen, hängt vom jeweiligen Betriebstyp und den Einkaufsmöglichkeiten ab. In einem Friedhofsgeschäft muss z.B. immer damit gerechnet werden, dass viele Kranzunterlagen benötigt werden. Ein Geschäft, das häufig Hotels und Restaurants beliefert, führt in seinem Lagerbestand Hilfsmittel für Raum- und Tischdekorationen.

Lagerräume müssen schnell zu erreichen sein. Für Hilfsmittel, wie Draht, Steckmasse, Kerzen, Bänder, Kranzunterlagen, Keramik, Verpackungsmaterial usw., müssen sie trocken, staubfrei. dunkel, kühl beschaffen sein. Es ist Sorge zu tragen, dass hier Sauberkeit, Ordnung und Übersichtlichkeit herrschen. Der Warenbestand muss auf einen Blick erfasst werden können.

Abb. 863: Gefäße lagern bruchsicher in Regalen.

Lagerung von Schnittblumen und Beiwerk:

Lohnt es sich nicht, aufgrund der Entfernung täglich zu einem der Blumengroßmärkte zu fahren oder kann die Anlieferung durch einen Blumengroßhändler nicht täglich erfolgen, müssen Schnittblumen und Beiwerk bevorratet werden. Beim Einkauf achtet der Florist darauf, dass er nur Ia-Qualitäten erhält. Eine ausreichende Schnittreife muss gewährleistet sein (siehe S. 76). Schnittblumen und Beiwerk werden nach dem Empfang sofort angeschnitten und gewässert.

Die Lagerung erfolgt in einem kühlen Raum, z.B. einer Kühlzelle oder in einem Keller. Durch niedrige Temperaturen werden die Abbauprozesse in einer Pflanze verzögert. Dadurch verlängert sich ihre Haltbarkeit. Der günstigste Temperaturbereich liegt um +3 bis +5 Grad Celsius bei einer relativen Luftfeuchtigkeit von 95%. Eine „stille" Kühlung, deren Kühlaggregat ohne Gebläse arbeitet, verhindert ein Absinken der Luftfeuchtigkeit. Gekühlte Ware muss sich an die warme Umgebung außerhalb der Kühlung erst gewöhnen. Sie wird eingewickelt 2-3 Stunden zum Akklimatisieren an einen mittelmäßig temperierten Ort gestellt.

Abb. 864: Schnittblumen müssen vor dem Einstellen ihrer Art entsprechend vorbereitet werden.

Der Kunde soll einwandfreie Ware erhalten. Deshalb werden Schnittblumen in der Kühlung mit dem Lieferdatum versehen. Damit sich das von den Blumen ausgeschiedene Ethylen nicht im Kühlraum anreichert, muss für Lüftung gesorgt werden.

Lagerung von Topfpflanzen:

Am besten lassen sich Topfpflanzen in einem Gewächshaus lagern. Die Wachstumsfaktoren, wie Licht, Wasser, Temperatur und Luftfeuchtigkeit, lassen sich hier am besten steuern. Die meisten Blumengeschäfte haben diese Möglichkeit jedoch nicht, sie müssen aber dennoch versuchen, für die Pflanzen einen optimalen Standort zu finden. Fehlendes Licht kann durch Pflanzenleuchten ersetzt werden. Bei einer Lichtstärke von 700-1 000 Lux und einer Belichtungsdauer von 10-16 Stunden ist die Photosynthese der Pflanzen gewährleistet und ihre Blätter vergilben nicht. Jedoch findet ein Wachstum unter diesen Voraussetzungen nicht statt. Hierfür wäre eine Lichtstärke von 1 500 Lux bei einer Belichtungsdauer von 16 Stunden notwendig.

Abb. 865: In einem Verkaufsgewächshaus können Topfpflanzen „gelagert" werden.

Ein Wasseranschluss zur Versorgung der Pflanzen muss in der Nähe sein. Eine Regelung der Temperatur ist notwendig, um den Ansprüchen der Kalthaus- und Warmhauspflanzen gerecht zu werden. Die Pflanzen dürfen nicht zu eng stehen, auf Sauberkeit ist zu achten. Sie müssen regelmäßig versorgt und kontrolliert werden, damit ein Befall mit Schädlingen und Krankheitserregern sofort erkannt und die befallenen Pflanzen ausgelesen werden können.

2.3.8 Das Büro

Zur Erledigung der schriftlichen Arbeiten, wie Buchführung, Rechnungen schreiben, Auftragsverwaltung, ist ein abgetrennter Raum notwendig. In kleineren Betrieben empfiehlt es sich, diesen zentral in der Nähe des Kassen- und Arbeitsbereiches unterzubringen. Technische Geräte, wie Telefon, Faxgerät, Schreibmaschine, Kopierer, vereinfachen die Arbeitsabläufe. Der Einsatz eines Computers ist unentbehrlich. Gerade für den Geschäftsführer bietet der Einsatz von Computerprogrammen, z.B. für die Buchhaltung, das Rechnungswesen, die Verwaltung einer

Abb. 867: Computer sind in einem modernen Büro unentbehrlich.

Kundenkartei. die Verwaltung der Grabpflege, das Versenden von Werbebriefen, eine große Arbeitserleichterung. Der Fachverband Deutscher Floristen hat für einzelne Bereiche spezielle Programme ausgearbeitet.

2.3.9 Die Sozialräume

Für die notwendigen Arbeitspausen muss den Arbeitnehmern ein Aufenthaltsraum zur Verfügung stehen. Die Anzahl der sanitären Einrichtungen richtet sich nach der Zahl der Beschäftigten.

2.4 Warenbeschaffung

2.4.1 Das Sortiment

Abb. 866: Lagerräume für Topfpflanzen müssen hell sein.

Der wirtschaftliche Erfolg eines Blumenfachgeschäftes hängt im Wesentlichen von der Zusammensetzung seines Sortiments ab. Soll die Kaufkraft am Ort voll ausgeschöpft werden, so darf das Sortiment entsprechend der Kundenstruktur und dem örtlichen Wettbewerb keine Lücken aufweisen. Sowohl die Sortimentsbreite, d.h. die Zahl der Warengruppen, als auch die Sortimentstiefe, d.h. die Zahl der Pflanzen und Blumen in verschiedenen Sorten, Qualitäten, Farben, usw., sind ständig zu überprüfen.

Das Sortiment verändert sich in den verschiedenen Jahreszeiten. Schwerpunkte werden gebildet z.B. mit sommerlichen Sträußen aus Schnittstauden und Freilandrosen.

Das Angebot der Lieferanten, aber auch die Wünsche der Kunden geben dazu Anregung.

In einer Sortimentsanalyse werden sowohl umsatzstarke als auch umsatzschwache Warengruppen und Pflanzen erfasst. Sie zeigt ferner auf, welchen Umsatzanteil die einzelnen Warengruppen am Gesamtumsatz haben. Sortimentsschwerpunkte werden ebenso sichtbar wie Sortimentslücken. Der Florist erhält Informationen darüber, wo Umsatzwachstum erreicht werden soll und wo das Sortiment gestrafft werden kann.

2.4.2 Der Bedarf

Schnittblumen müssen schnell verkauft werden, da ihre Haltbarkeit begrenzt ist. Auch Topfpflanzen finden in den Blumengeschäften meist keine optimalen Lebensbedingungen für längere Zeit. Ein hoher Bestand an Keramik und Bedarfsartikeln bindet das Kapital des Floristen. Andererseits soll täglich eine gutes Sortiment gewährleistet sein. Der Florist muss versuchen, allen diesen Punkten in seiner Bedarfsermittlung gerecht zu werden. In welcher Menge er seine Waren einkaufen wird, hängt u.a. ab von:

- der Jahreszeit
- der allgemeinen Konjunktur
- bevorstehenden Feiertagen, wie z.B. Weihnachten, Ostern, Muttertag
- den Einkaufsmöglichkeiten
- den Lagermöglichkeiten

2.4.3 Einkaufsmöglichkeiten, Bezugsquellen

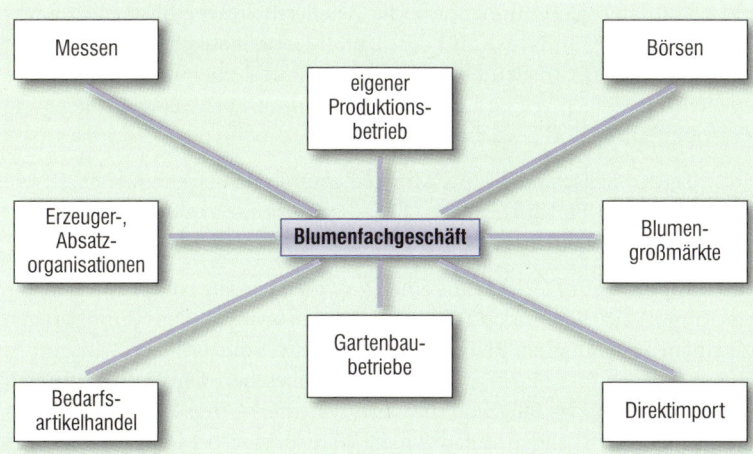

Abb. 870: Einkaufsquellen der Blumenfachgeschäfte.

Eigenproduktion – Die Produktion von Schnittblumen und Topfpflanzen in einer eigenen Gärtnerei hat den Vorteil, dass jederzeit frische Ware zur Verfügung steht. Allerdings kann das Sortiment zwar dem vorausgesehenen Bedarf entsprechend gepflanzt oder ausgesät werden, jedoch kann es dann nicht schnell genug der aktuellen Marktsituation angepasst werden. Eine Produktion von kleinen Mengen ist zudem im Gartenbau nicht wirtschaftlich.

Abb. 868: Die Jahreszeiten spiegeln sich im Sortiment wider.

Abb. 869: Der einzelne Erzeuger kann dem Floristen meist nur ein begrenztes Angebot liefern.

Abb. 871: Am Wagen des Großhändlers kann die Ware ausgesucht werden.

Abb. 872: Schnittblumenversteigerung an der Uhr.

Abb. 873: Angebot auf einem Blumengroßmarkt.

Einkauf beim Erzeuger und Direktlieferung durch den Erzeuger – Der direkte Einkauf beim Erzeuger gibt dem Floristen die Möglichkeit, sich persönlich einen Überblick über die vorhandenen Kulturen und deren Qualität zu verschaffen. Eine Lieferung kann auf Bestellung auch direkt durch den Erzeuger erfolgen. Die Produktpalette der einzelnen Gartenbaubetriebe wird zunehmend kleiner, sodass die Auswahl an verschiedenen Sorten für den Floristen nicht so groß ist.

Durch den direkten Einkauf hat der Florist aber die Möglichkeit. z.B. in einer Orchideengärtnerei Raritäten für einen Kunden kaufen zu können. Bei dieser Einkaufsmöglichkeit fällt es dem Floristen schwer, Qualität und Preis mit anderen Erzeugern zu vergleichen.

Direktlieferung durch den Großhändler – Großhändler aus dem In- und Ausland fahren die Blumengeschäfte auf Wunsch direkt an. Der Florist kann am Fahrzeug seine Ware aussuchen oder sie schon vorher bestellen. Er spart dadurch viel Zeit und hat keine eigenen Fahrtkosten. Preis- und Qualitätsvergleiche sind hier nicht möglich, termingebundene Lieferungen des Floristen können problematisch werden.

Großmarkt – Auf einem Blumengroßmarkt ist durch die große Anzahl von Erzeugern, Importeuren und Ständen mit Bedarfsartikeln für Floristen eine große Auswahl gegeben. Nur Fachpublikum, das sich ausweisen kann, hat Zutritt zu den Großmärkten. Der Bedarf kann entsprechend den täglichen Wünschen gedeckt werden. Nachteile ergeben sich durch oft zu lange Anfahrtswege und zusätzliche zeitliche Belastung, da die Großmärkte nur in den frühen Morgenstunden geöffnet sind.

Erzeugerabsatzorganisationen, wie die „Niederrheinische Blumenvermarktung e.G." (NBV) in Neuss und die „Union Gartenbaulicher Absatzmärkte GmbH" (UGA) in Straelen verkaufen ihre Schnittblumen nach dem Muster der niederländischen Veiling auf einer Versteigerung. Ebenfalls angeboten werden Topfpflanzen und Bedarfsartikel.

Einkaufsgenossenschaften – Als Mitglied einer Einkaufsgenossenschaft, wie z.B. dem Fleurop-Einkaufs-Service (FES), haben Floristen die Möglichkeit, am Preisvorteil durch gemeinsamen Einkauf teilzuhaben.

Direktimport – Für Floristen, die einen größeren Umsatz haben, kann der direkte Import aus dem Ausland einen Preisvorteil bringen. Gute Verbindungen mit einem ausländischen Erzeuger sind Voraussetzung. Geliefert wird nur in großen Mengen. Der Florist erhält die Ware unbesehen. Die Transportkosten per LKW, Bahn oder Flugzeug mindern den Preisvorteil. Geeignete Lagerräume müssen vorhanden sein, wenn die Ware nicht sofort verarbeitet werden kann.

Der Import von pflanzlichen Gütern wird durch die Pflanzenbeschauordnung geregelt. Nur an bestimmten Einlassstellen können Blumen und Pflanzen an den Grenzen abgefertigt werden. Das internationale Artenschutzabkommen muss schon bei der Bestellung beachtet werden. Gegebenenfalls sind Zertifikate beizufügen, welche die Herkunft der Importe aus gartenbaulichen Kulturen bestätigen.

Börsen, Messen, Ausstellungen – Die Blumengroßmärkte veranstalten zweimal im Jahr Börsen, auf denen gärtnerischem und floristischem Fachpublikum Neuheiten an Pflanzen sowie ein breites Angebot an Zusatzartikeln und Fachliteratur gezeigt werden. Auf Fachmessen wie der „Internationalen Pflanzenmesse" (IPM), die jährlich im Februar in Essen stattfindet, sowie auf den Verbrauchsgütermessen, wie z.B. der „Frankfurter Messe", gibt es für Floristen zusätzliche Einkaufsmöglichkeiten. Messen und Ausstellungen bieten zudem die Möglichkeit, sich ein Bild des allgemeinen Warenangebots und der Strömungen im Konsumverhalten zu machen.

Abb. 874: Standorte von Blumenabsatzorganisationen (Zierpflanzenumsätze in Mio. EUR, ohne Bedarfsartikel, Verpackung usw.).

Abb. 875: Auf Fachmessen werden neue Trends in der Floristik vorgestellt.

Abb. 876: Diese Chrysanthemenblüte weist leichte Wuchsfehler auf, entspricht jedoch noch der Klasse II.

Abb. 877: Rosenknospe schnittreif.

2.5 Warenkennzeichen

2.5.1 Qualitätsmerkmale Schnittblumen

Qualitätsnormen – In der Europäischen Union (EU) bemüht man sich um gemeinsame Qualitätsnormen für die Haupthandelsprodukte. Die Verordnung „Qualitätsnormen für Schnittblumen und frisches Blattwerk" besagt, dass Schnittblumen und Schnittgrün innerhalb der Union nur dann von den Händlern oder unmittelbar von den Erzeugern gehandelt werden dürfen, wenn sie den Qualitätsnormen entsprechen. Das gilt auch für Exporte nach und Importe von sog. „Drittländern".

Die „Sortierungsrichtlinien für Schnittblumen der Vereinigung Deutscher Blumengroßmärkte" ergänzen die EU-Richtlinien.

Güte-Eigenschaften – „Diese Erzeugnisse müssen sorgfältig der Art entsprechend geschnitten oder gepflückt sein ...". Das bedeutet zum Beispiel: *Rosa*-Arten (Rose), *Dianthus caryophyllus* (Edelnelke), großblumige und dekorative *Dendranthema-Grandiflorum* Hybriden (Chrysantheme) – kurz alle Eintrieber – dürfen keine Verzweigungen und Seitentriebe haben.

Hingegen sind Verzweigungen bzw. Seitentriebe handelsüblich bei Spraynelken, kleinblumigen Chrysanthemen usw. Schnitt- und Bruchflächen sollen glatt, nicht zerfranst sein. Werden Schnittblumen mit Wurzeln gehandelt, müssen letztere ausgewaschen oder eingetütet sein.

Schnittblumen müssen „eine angemessene Entwicklung erreicht haben", d.h. der Art entsprechend erntereif sein (siehe Seite 76). Die Entwicklung der Blüte, die Stärke des Stieles, die Färbung der Blätter müssen art- und sortenspezifisch optimal sein.

Auf den deutschen Blumenmärkten unterscheidet man 3 Güteklassen:

Klasse 1: „Erzeugnisse dieser Klasse müssen von guter Qualität sein. Sie müssen die Eigenschaften ihrer Art und gegebenenfalls ihrer Sorte (cultivar) aufweisen". Sie müssen sein:

- ganz, frisch, frei von tierischen und pflanzlichen Schädlingen und den durch sie verursachten Schäden;
- frei von Resten der Schädlingsbekämpfungsmittel oder anderen (fremden) Stoffen, die das Aussehen der Waren beeinträchtigen;
- frei von Quetschungen;
- frei von Wuchsfehlern.

In der Klasse 1 soll das Angebot sortentypisch in Form und Farbe sein. Schnittblumen in „überblühtem" Zustand sind nicht zugelassen.

Klasse II: Diese Klasse umfasst alle Erzeugnisse, die nicht allen Anforderungen der Klasse 1 genügen. Jedoch müssen alle Teile der Schnittblumen sein:

- ganz, frisch, frei von tierischen Schädlingen.

Die Blumen dürfen jedoch folgende Mängel aufweisen:

- leichte Abweichungen in Form und Farbe,
- leichte Missbildungen,
- leichte Quetschungen,
- Farbabweichungen der Blüten dürfen jedoch nicht durch Überlagerung verursacht sein.
- leichte Schäden namentlich infolge von Krankheiten oder Befall von tierischen Schädlingen.
- Stiele, die weniger kräftig und gerade sind,
- Spuren von Schädlingsbekämpfungsmitteln.

Abb. 878: Rosenknospe noch nicht schnittreif.

Überblühte Schnittblumen sind nicht zulässig. Die zugelassenen kleinen Mängel dürfen die Festigkeit, das Aussehen und die Verwendbarkeit der Erzeugnisse nicht in Frage stellen.

Klasse III: Erzeugnisse, die nicht den Anforderungen der Klassen I und II genügen, werden als Kranzware gehandelt. Hier muss nur ihre Verwendbarkeit für Bindezwecke gegeben sein.

In den „Sortierungsrichtlinien für Schnittblumen" der Vereinigung Deutscher Blumenmärkte werden noch Größensortierung, Gütetoleranzen, Güteeigenschaften, Klasseneinteilung und Längensortierung für Schnittgrün und Blattwerk aufgeführt. Die AID-Broschüre „Qualitätsnormen für Schnittblumen" enthält Abbildungen und Erläuterungen.

Von der Verpackung erwartet man, „dass sie der Ware einen angemessenen Schutz gewährt. Papier oder anderes Material, das mit den Schnittblumen in unmittelbare Berührung kommt, muss sauber sein". Die Ware soll gekennzeichnet sein mit:

- Absender oder Verpacker,
- Art und Ursprung des Erzeugnisses,
- Handelsmerkmalen.

Die Klasse EXTRA der EU-Qualitätsnormen für Schnittblumen findet bei deutschen Blumenmärkten keine Anwendung: „Erzeugnisse, welche die Eigenschaften der Klasse I aufweisen und für die keine Gütetoleranzen vorgesehen sind, können die Bezeichnung 'Klasse EXTRA' erhalten".

Abb. 879: Diese Gerberablüte mit leichtem Wuchsfehler entspricht noch der Klasse II.

Abb. 882: Links: Nelkenblüte „geplatzt" – unzulässig, Mitte: Nelkenblüte „geheftet" – zulässig. Rechts: Nelkenblüte „beringt" – zulässig.

Abb. 880: Zu starke Missbildungen an einer Gerberablüte, die daher für Klasse II nicht zulässig ist.

Abb. 881: Gerberablüten, die den Mindestanforderungen nicht entsprechen.

Abb. 883: Diese Euphorbia pulcherrima entspricht in vielerlei Hinsicht nicht den Mindestanforderungen an Qualitätstopfpflanzen.

Abb. 884: Die Mindestanforderungen an die Qualität von Topfpflanzen werden nicht erfüllt.

2.5.2 Qualitätsmerkmale Topfpflanzen

EU-Normen wie für Schnittblumen kennt man für Topfpflanzen noch nicht. Die Vereinigung Deutscher Blumenmärkte hat jedoch folgende Mindestanforderungen an deutsche Qualitätstopfpflanzen als Qualitätsmerkmale erarbeiten lassen:

- Blätter und Blüten müssen hinsichtlich Farbe und Größe der Art und Sorte entsprechend gut ausgeprägt sein.
- Blühende Topfpflanzen müssen frei von ausgeblühten Blüten sein.
- Pflanze und Topf müssen in einem ausgewogenen Verhältnis zueinander stehen.
- Topfpflanzen müssen genügend Festigkeit haben, abgehärtet und gut durchwurzelt sein.

2.6 Preisgestaltung

2.6.1 Allgemeine Grundlagen

Mittels der Kostenrechnung stellt man im innerbetrieblichen Rechnungswesen die Kosten fest, die für die Erstellung einer Leistung entstanden oder anzusetzen sind. In der Buchführung werden alle Daten erfasst, die für eine optimale Preisgestaltung benötigt werden. Man will damit

- die Wirtschaftlichkeit des Betriebes kontrollieren,
- die Herstellungs- und die Selbstkosten für innerbetriebliche Leistungen und im Verkauf ermitteln,
- das Betriebsergebnis feststellen,
- dem Unternehmer Informationen und Hilfen für seine Entscheidungen geben.

Zu unterscheiden sind

- Ausgaben und Einnahmen in der Geldrechnung,
- Aufwand und Ertrag in der Erfolgsrechnung,
- Kosten und Erlös in der Kostenrechnung.

Ausgaben bezeichnen reine Geldausgaben für Betriebsmittel, z.B. Blumen, Topfpflanzen, Hilfsmittel, Löhne, Gehälter. Sie umfassen alle Geldausgänge im Zahlungsverkehr. Man teilt sie ein in

- neutrale Ausgaben, die kein Aufwand sind, z.B. Rückzahlung eines Darlehens, Privatentnahmen;
- betriebliche Ausgaben, die gleichzeitig Aufwand sind: Zahlung von Löhnen, Gehältern, Provisionen, Steuern usw.

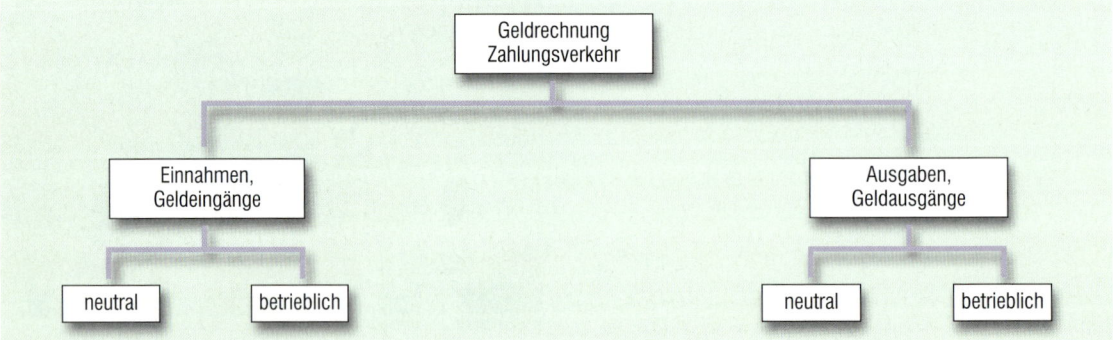

Abb. 885: Begriffe des Zahlungsverkehrs.

Einnahmen sind die tatsächlich anfallenden Geldeingänge des Unternehmens, der Zufluss von Zahlungsmitteln.
- Neutrale Einnahmen entstehen durch Zinsen aus vergebenen Darlehen, Privateinlagen usw.
- betriebliche Einnahmen z.B. durch Warenverkauf, Lizenzgebühren.

Aufwand wird in der Erfolgsrechnung in der Buchführung erfasst und dem betrieblichen Ertrag zum Feststellen von Gewinn und Verlust gegenübergestellt.
- Neutrale Aufwendungen sind betriebsfremd (z.B. Spenden), aus dem Ertrag zu decken (z.B. Körperschaftsteuer), Abschreibungen, Zinsen;
- betriebliche Aufwendungen sind zum Erreichen des Betriebszweckes notwendig: Zweckaufwand, z.B. Werkstoffe, Hilfsmittel, Löhne.

Unter **Ertrag** versteht man alle dem Unternehmen während einer Rechnungsperiode zukommenden Werte.
- Neutraler Ertrag steht z.B. aus Mietverträgen, Kursgewinnen zur Verfügung;
- Betriebsertrag ist das Ergebnis betrieblicher Leistung.

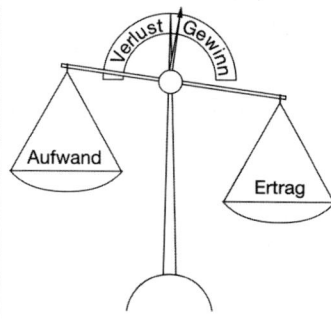

Abb. 886: Positiv ist der Betriebsertrag, wenn der Aufwand geringer als der Ertrag ist. Die Unternehmung arbeitet mit Ertrag.

größerer Aufwand	größerer Ertrag
– kleinerer Ertrag	– kleinerer Aufwand
= Verlust	= Gewinn

In einer Kostenrechnung stellt man entstandene Kosten den erbrachten Leistungen (Erlös) gegenüber.
Kosten bezeichnen den bewerteten Verbrauch von Sach-, Arbeits- und Dienstleistungen. Man unterscheidet
- Grundkosten: Werkstoff-, Hilfsmittel-, Lohn-, Werbekosten
- Zusatzkosten: Kalkulatorische Abschreibungen, kalkulatorische Zinsen usw.

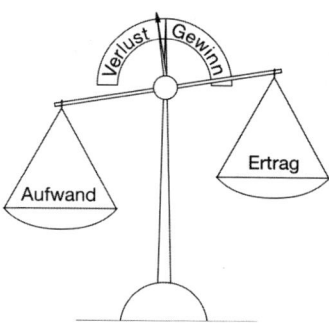

Abb. 887: Negativ ist der Betriebsertrag, wenn der Aufwand höher als der Ertrag ist. Die Unternehmung arbeitet mit Verlust.

Nach der Art der verbrauchten Güter unterscheidet man:
- Stoffkosten (Werkstoff, Hilfsmittel),
- Arbeitskosten (Löhne und Gehälter),
- Kapitalkosten (Zinsen und Abschreibungen),
- Fremdleistungen (Gebühren für Post, Bahn, Banken),
- Kosten der Gesellschaft (Steuern, Spenden, Beiträge).

Nach der Art der Verrechnung auf den Kostenträger kennt man:
- *Einzelkosten* (direkte Kosten) für Werkstoff, Lohn usw., die man für ein bestimmtes Werkstück aufgewendet hat: Fertigungsmaterial und Fertigungslöhne. Sie werden dem Werkstück direkt hinzugerechnet, z.B. Kranzbinderei.
- *Sondereinzelkosten* für ein bestimmtes Werkstück: Skizze oder Modell, Sondereinkauf, Direktimport, Lieferung, z.B. Dekorationen.
- *Gemeinkosten*, die für den gesamten Betrieb entstehen: Materialkosten für Beschaffung, Lagerung, Verwaltung der Werkstoffe und der Hilfsmittel.

Abb. 888: In der Kostenrechnung unterscheidet man Kostenarten nach verschiedenen Kriterien.

Außerdem unterscheidet man feste und veränderliche Kosten.
Feste (fixe) Kosten entstehen schon durch das Vorhandensein eines Geschäftes, z.B. Raumkosten, Zinsen für das investierte Kapital. Diese Kosten sind vorhanden, selbst wenn der Betrieb z. B. in der Urlaubszeit geschlossen ist. Da dann der Beschäftigungsgrad gleich Null ist, sind sie besonders hoch. Obwohl nicht gearbeitet, produziert, verkauft wird, entstehen fixe Kosten.

Abb. 889: Fixe Kosten bleiben bei unterschiedlichem Produktionsumfang gleich, variable Kosten können steigen oder fallen.

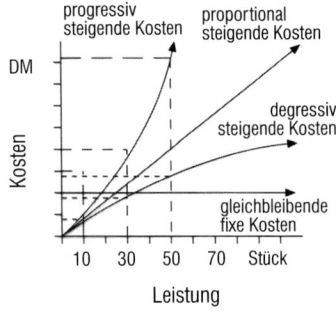

Abb. 890: Schematisierte Darstellung von progressiv und degressiv steigenden Kosten.

Veränderliche (variable) Kosten entstehen durch die Tätigkeit im Betrieb, z.B. Werkstoff-, Hilfsmittel-, Fertigungskosten. Je mehr gearbeitet, produziert, verkauft wird, desto höher werden sie. Sie steigen oder sinken mit dem Beschäftigungsgrad.

Sie können sein:

- *proportionale Kosten*, die mit der Zunahme der Beschäftigung steigen und mit der Abnahme der Beschäftigung fallen, z.B. durch Wasser- und Energieverbrauch, Telefonieren, Versand;
- *degressive Kosten*, die bei Zunahme der Beschäftigung weniger stark steigen als die Produktion bzw. der Verkauf: sie entstehen z.B. bei Ausnutzung von Sonderpreisen, Rabatten und Skonti im Einkauf;
- *progressive Kosten*, die im Verhältnis zur Beschäftigung überproportional ansteigen. Zu ihnen gehören z.B. Überstundenzuschläge, Einstellen eines Spezialisten für eine bestimmte Arbeit (z.B. Dekoration), Verarbeiten ausgefallener Blumen und Pflanzen bei Sonderwünschen der Kunden.

Es ist Aufgabe des Betriebsinhabers, den Anteil von festen und veränderlichen Kosten so zu steuern, dass das Betriebsergebnis positiv ist. Erlöse sind in Geld ausgedrückte Sachgüter und Dienstleistungen, die in einer Abrechnungsperiode verkauft bzw. erbracht wurden. Der Florist kann durch ihre Erfassung das Betriebsergebnis berechnen, das in dieser Periode erzielt wurde:

Betriebsergebnis = Erlöse – Kosten

Die Buchführung liefert die Unterlagen für die Erfolgsrechnung. Das Gegenüberstellen von Aufwand und Ertrag gibt Auskunft über Gewinn oder Verlust in einer bestimmten Zeitspanne. Aus Erlösen und Kosten berechnet man das Betriebsergebnis. Also ist die Buchführung auch in kleineren Betrieben unverzichtbar.

2.6.2 Kalkulation

Die Existenz eines Blumenfachgeschäftes hängt weitgehend von einer kostengerechten Kalkulation ab. Dafür müssen die im Betrieb anfallenden Kosten regelmäßig erfasst und laufend auf ihre Aktualität hin überprüft werden. Möglicherweise ist der Kunde nicht bereit, diesen Preis zu bezahlen, weil die Konkurrenz billiger ist. Dann muss der Preis gesenkt werden. Die Waren können bei hohen Kosten (z.B. teure Kredite, hohe Ladenmieten u.a.) nicht mehr kostendeckend verkauft werden.

Die Wirtschaftlichkeit lässt sich nur durch eine sorgfältig durchgeführte Kalkulation ermitteln.

Kalkuliert werden im Blumenfachgeschäft Waren durch die **Warenkalkulation** und Werkstücke mit einem höheren Arbeitsaufwand durch die **Dienstleistungskalkulation**.

Warenkalkulation

Kalkuliert wird
- **der Bezugspreis**, d.h. der Preis den eine Ware kostet, bis sie auf Lager liegt;
- **der Selbstkostenpreis**, d.h. der Preis, der anfällt bis die Ware verkaufsfertig ist und
- **der Verkaufspreis**, d.h. der Preis zu dem die Ware im Laden angeboten wird.

Der Lieferer kann Preisvergünstigungen gewähren, in Form von
- **Rabatten** für die Abnahme größerer Mengen , den regelmäßigen Kauf beim gleichen Lieferanten, für Angestellte und Personal oder für Wiederverkäufer;
- **Skonto**, das bei einer Zahlung innerhalb einer vereinbarten Frist eingeräumt wird.

Kosten, die z.B. für Fracht, Verpackung und Transportversicherung anfallen sind zusammengefasst in den **Bezugskosten**.
Der größte Posten in der **Selbstkostenkalkulation** sind die Handlungskosten. Sie umfassen Personalkosten, Lohnnebenkosten, Raumkosten, Versicherungen, Werbekosten, Kfz-Kosten, Abschreibungen, Steuern u.ä.. Sie werden durch einen Prozentaufschlag dem Bezugspreis zugeschlagen und ergeben den **Selbstkostenpreis**. Der Handlungskostenaufschlag wird errechnet aus der Gegenüberstellung von Wareneinsatz und Handlungskosten.

Wareneinsatz zum Einkaufswert	€ 61.355,00	= 100 %
Handlungskosten	€ 54.605,95	= X %

$$\text{Prozentaufschlag für Handlungsk.} = \frac{54.605,95 \times 100}{61.355,00} = 89\%$$

Um zum Nettoverkaufspreis zu kommen, wird dem Selbstkostenpreis der Gewinn als Prozentaufschlag aufgerechnet. Dieser errechnet sich aus der Gegenüberstellung von Selbstkosten und Gewinn. Die gesetzlich festgelegte MwSt. ist nicht Bestandteil der Kalkulation. Sie wird auf den Nettoverkaufspreis aufgeschlagen und monatlich an das Finanzamt abgeführt.

Warenkalkulation mit dem Kalkulationsfaktor

Bei der Warenkalkulation kann der Verkaufspreis durch den sogenannten Kalkulationfaktor ermittelt werden. Darunter versteht man den Multiplikator auf den Bezugspreis. Er hängt von der Betriebs- und Umsatzgröße des Blumenfachgeschäftes ab und muss mindestens einmal im Jahr ermittelt werden.

Bezugspreis	€ 100,00
+ Handlungskosten 89 %	€ 89,00
Selbstkostenpreis	€ 189,00
+ Gewinn 13 %	€ 24,57
Nettoverkaufspreis	€ 213,57

$$\text{Kalkulationsfaktor} = \frac{\text{Nettoverkaufspreis}}{\text{Bezugspreis}} = \frac{213,57}{100} = 2,1357$$

Listenpreis
– Rabatt
Zieleinkaufspreis
– Skonto
Bareinkaufspreis
+ Bezugskosten
Bezugspreis
+ Handlungskosten
Selbstkostenpreis
+ Gewinn
Nettoverkaufspreis
+ Mehrwertsteuer
Bruttoverkaufspreis

Abb. 891: Schema für die Warenkalkulation.

Abb. 892: Beispiel für das Berechnen des Handlungskostenaufschlags.

Abb. 893: Beispiel für das Berechnen des Kalkulationsfaktors.

vorl. Betriebsstundenl. = Bruttolohnkosten des Betriebes einschließlich Lohnnebenkosten und Lohnansatz für nicht entlohnte Familienarbeitskräfte : geleistete Arbeitsstunden

Abb. 894: Schema für das Berechnen des vorläufigen Betriebsstundenlohns.

In die Praxis umgesetzt heißt das, für € 1,00 Bezugspreis werden € 2,1357 angesetzt. Der vierstellige Kalkulationsfaktor erst gewährleistet eine kostengerechte Preisermittlung.
Auf den so errechneten Nettoverkaufspreis wird dann noch die Mehrwertsteuer aufgeschlagen, um den Verkaufspreis auszeichnen zu können.

Dienstleistungskalkulation
Zusätzlicher Aufwand für Dienstleistungen fallen bei der Beratung, z.B. beim Brautstrauß, der Verarbeitung von Schnittblumen und Pflanzen, z.B. bei aufwendigen Sträußen, Steck- und Pflanzschalen und der Zustellung, z.B. bei Trauerkränzen an. Die Materialkosten errechnen sich über die Einkaufskosten zuzüglich der Handlungskosten (ohne Lohnkosten), des Gewinns und der Umsatzsteuer. Der problematischste Kostenfaktor sind die Arbeitskosten, die betriebsindividuell ermittelt werden müssen. Im Blumenfachgeschäft werden diese Kosten für erbrachte Dienstleistungen meist nicht so verrechnet, wie es notwendig wäre. Oft sieht der Kunde die Dienstleistung als selbstverständliche Gratiszugabe an oder der Geschäftsinhaber hat Angst vor der Konkurrenz, die diesen Posten in ihrer Kalkulation unter den Tisch fallen lässt.
Es ist betriebswirtschaftlich erforderlich, bei der Kalkulation von Werkstücken die anfallenden Arbeitskosten einzubeziehen. Sollte man diese in die Kalkulation von Waren mithineinnehmen, stimmt das Preis-Leistungsverhältnis nicht mehr. In der Praxis hieße das, dass lose Nelken das gleiche kosten wie die im Brautstrauß verarbeiteten.

  Wareneinsatz zu Einkaufspreisen
+ Handlungskosten (ohne Lohnkosten)
+ Gewinn
+ Umsatzsteuer
+ Kosten für aufgewendete Arbeitszeit

= Verkaufspreis

Abb. 895: Schema für Mischkalkulation.

Aufgerechnet werden müssen diesem vorläufigen Betriebsstundenlohn Gewinnaufschlag und Umsatzsteuer. Der so ermittelte **Betriebsdurchschnittstundenlohn** liegt derzeit bei etwa € 34,00 bis € 37,00. Er muss mindestens einmal jährlich überprüft werden. Bei der Kalkulation der Dienstleistungen werden also pro Minute € 0,57 bis € 0,61 angesetzt. Bei dieser Kalkulationsart handelt es sich um eine Mischkalkulation.

20 Nelken	€ 27,00
Schnittgrün	€ 4,80
7 Minuten Binden	€ 3,70
Verkaufspreis	€ 35,50

Abb. 896: Beispiel für das Berechnen eines Straußes.

Um das Abwandern der Kunden zu Supermärkten zu verhindern und gleichzeitig mit zufriedenstellendem Gewinn zu arbeiten, muss das Blumenfachgeschäft kostengerechter kalkulieren. Dazu ist es notwendig, sich an den tatsächlichen Kosten zu orientieren, die bei Keramik oder Bundware anders sind als bei aufwendigen Werkstücken.

2.7 Organisation des Geschäftsablaufes

Die Rentabilität eines Dienstleistungsunternehmens ist abhängig davon, wie straff Arbeitsabläufe organisiert sind. Die Zeit und, damit verbunden, hohe Lohnkosten stellen für jeden Betrieb den größten Kostenfaktor dar. Der Florist muss sich einerseits darüber im Klaren sein, welchen Geschäftstyp er für sich auswählt. Andererseits ist es genauso wichtig, dass er die Möglichkeiten und Grenzen seiner Dienstleistungsfähigkeit erkennt.
Ein Florist beherrscht selbstverständlich alle Bereiche seines Berufes. Aber jeder Mitarbeiter bringt verschiedene Voraussetzungen mit und hat seine fachlichen Schwerpunkte.
Ein Betrieb mit vielen Angestellten wird daher immer bemüht sein, diese nach ihrem Können an verschiedenen Arbeitsplätzen, wie Verkauf und Beratung,

Kranzbinderei, Gestaltung von Werkstücken, Versorgen der Ware einzusetzen. Sie sind für ihre Aufgabenbereiche verantwortlich und der jeweilige Ansprechpartner.

Planen heißt langfristig vorausschauen. In einer Jahresübersicht werden Spitzenzeiten der Arbeitsbelastung eingetragen. Ein Betrieb muss in dieser Zeit alle Arbeitskapazitäten ausschöpfen. Im Jahresurlaubsplan wird dies berücksichtigt.

Je nach Ausrichtung des Geschäftes ergeben sich auch außerhalb der Stoßzeiten Tage bzw. Tageszeiten mit unterschiedlicher Kundenfrequenz.

Um seinen Kunden dann lange Wartezeiten zu ersparen, um aber auch unnötige Überstunden zu vermeiden, ist der Personaleinsatz entsprechend vorauszuplanen. Unabhängig von dieser Rahmenplanung ist eine tägliche Planung des Geschäftsablaufes notwendig, die sich z.B. an der aktuellen Auftragslage und an termingebundenen Lieferungen orientiert. Jeder Mitarbeiter wird vor Arbeitsantritt, am besten am Abend vorher darüber informiert. Die Aufgaben werden zugeteilt, genaue Zeitvorgaben werden gegeben.

In einem Blumenfachgeschäft wird dem Kunden eine Vielzahl handgefertigter Werkstücke angeboten. Um diese wirtschaftlich herstellen zu können, ist es empfehlenswert, jeweils eine Art von Werkstück in größerer Anzahl zu fertigen. Der Arbeitsplatz braucht dann nur einmal eingerichtet werden. Dies ist besonders wichtig, wenn nur wenig Platz vorhanden ist.

Es muss versucht werden, die Termine für spezielle Kundenwünsche, wie z.B. das Anfertigen eines Trockenblumenarrangements, in diese wirtschaftliche Arbeitsplanung zu integrieren.

Für einen geregelten Geschäftsablauf ist es unerlässlich, dass es einen kompetenten Ansprechpartner sowohl für die Kunden als auch für die Mitarbeiter gibt. Dies wird in der Regel der Geschäftsinhaber oder ein Geschäftsführer sein. Vor deren Abwesenheit sind die Befugnisse genau zu delegieren. Kunden und Mitarbeiter sollten darüber informiert sein.

Abb. 897: Betriebsferien werden dem Kunden rechtzeitig mitgeteilt.

Abb. 898: Urlaubsplan.

		21/22 Arbeitstage																																	20 Arbeitstage												
		1 Woche							2 Woche							3 Woche							4 Woche							5 Woche							6 Woche			
		M	D	M	D	F	S		M	D	M	D	F	S		M	D	M	D	F	S		M	D	M	D	F	S		M	D	M	D	F	S		M	D	M	D
		4	5	6	7	8	9		11	12	13	14	15	16		18	19	20	21	22	23		25	26	27	28	29	30		1	2	3	4	5	6		8	9	10	11
1	Andrea Meier	32																																						
2	Tanja Boldt	27																																						
3	Erika Boelter	29																																						
4	Sven Müller	30																																						
5																																								
6																																								
7																																								
8																																								
9																																								
10																																								
11																																								
12																																								
13																																								
14																																								
15																																								
16																																								
17																																								
18																																								
19																																								

2.8 Rechtsgeschäfte

2.8.1 Verträge

Nur bei voller Geschäftsfähigkeit kann ein Florist ein Blumengeschäft führen. Er muss in der Lage sein, Willenserklärungen abzugeben, die einen gewollten Rechtserfolg nach sich ziehen.

Einseitige Rechtsgeschäfte – Bei einseitigen Rechtsgeschäften genügt bereits die Willenserklärung einer Person, um einen Rechtserfolg herbeizuführen, z.B. Kündigung, Mahnung, Steuerbescheid, Testament.

Man unterscheidet empfangsbedürftige Willenserklärungen, die erst dann wirksam werden, wenn der Empfänger sie erhalten hat, wenn sie ihm „zugegangen" sind, z.B. Mahnung. Nicht empfangsbedürftige Willenserklärungen werden sofort wirksam, noch bevor sie den Empfänger erreicht haben, z.B. die Errichtung eines Testaments.

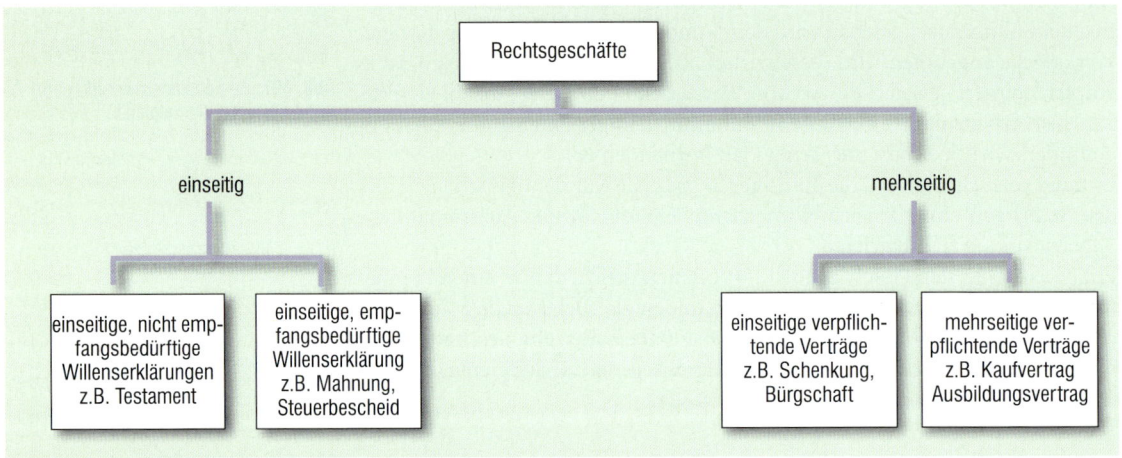

Abb. 899: Im BGB werden einseitige und mehrseitige Rechtsgeschäfte unterschieden.

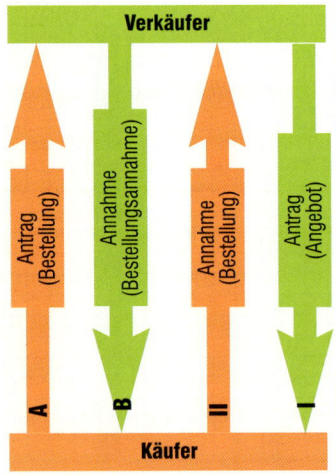

Abb. 900: Vertragliche Beziehung zwischen Verkäufer und Käufer bei der Bestellung.

Zweiseitige Rechtsgeschäfte – Dies sind Verträge, die nur durch mindestens zwei übereinstimmende Willenserklärungen zustande kommen, durch Antrag und Annahme.

Nähere Bestimmungen zu den Verträgen enthält das Bürgerliche Gesetzbuch (BGB), auch zu denen, die im Blumenfachgeschäft eine Rolle spielen, z.B. Kaufvertrag, Werkvertrag, Werklieferungsvertrag, Mietvertrag, Pachtvertrag, Dienstvertrag.

Die Bestimmungen zum Berufsausbildungsvertrag findet man im Berufsbildungsgesetz (BBiG).

Für das Blumengeschäft besonders wichtig sind Werklieferungsvertrag und Werkvertrag.

Bereits Auszubildende sollten die von ihnen hergestellten Werkstücke kritisch betrachten unter dem Gesichtspunkt, ob sie den Anforderungen entsprechen. Nimmt der Florist einen Auftrag zur Lieferung eines floristischen Werkstückes entgegen, dann schließt er mit dem Kunden einen „Werklieferungsvertrag" nach § 651 BGB. Da es sich um eine „nicht vertretbare Sache", eine Sonderanfertigung, handelt, gelten auch die Vorschriften des Werkvertrages (§ 633 BGB).

„Der Unternehmer ist verpflichtet, das Werk so herzustellen, dass es die zugesicherten Eigenschaften hat und nicht mit Fehlern behaftet ist, die den Wert oder die Tauglichkeit zu dem gewöhnlichen oder dem nach dem Vertrag vorausgesetzten Gebrauch aufheben oder mindern"

Abschluss von Verträgen – Dafür gibt es folgende Möglichkeiten:
- formlos (Handschlag, Geste, schlüssige Handlung),
- schriftlich (Angebot, Bestellung),
- notariell beurkundet (z.B. Grundstückskauf),
- öffentlich beglaubigt (beglaubigte Unterschrift).

Nichtigkeit – Von Anfang an nichtig sind solche Rechtsgeschäfte, die
- von geschäftsunfähigen Personen getätigt werden,
- von Personen getätigt werden, die sich beim Vertragsabschluss nicht im Vollbesitz ihrer geistigen Kräfte befinden,
- zum Schein getätigt werden,
- von beschränkt geschäftsfähigen Personen getätigt werden, ohne dass der gesetzliche Vertreter zustimmt,
- gegen die guten Sitten verstoßen,
- gegen ein gesetzliches Verbot verstoßen,
- gegen die Formvorschriften des Gesetzes verstoßen.

Anfechtung – Rechtsgeschäfte können angefochten werden, wenn sie
- auf einem Irrtum beruhen,
- durch arglistige Täuschung herbeigeführt wurden,
- unter widerrechtlicher Drohung zustande kamen.

Fristen, Wirkungen und eventuelle Ansprüche auf Schadensersatz regelt das Bürgerliche Gesetzbuch (BGB). Vor dem Abschluss eines schriftlichen Vertrages auf vorgedrucktem Formular beachtet man sorgfältig die Allgemeinen Geschäftsbedingungen (AGB).

Abb. 901: Beispiel für einen formlosen Vertragsabschluss (Ware gegen Bezahlung).

Zweiseitige Verträge (Auswahl)

Art des Vertrages	Inhalt des Vertrages	Vertragspartner	gesetzlich geregelt in
Berufsausbildungsvertrag	Ausbildung in einem Lehrberuf	Auszubildender, Ausbilder	Berufsbildungsgesetz (BBiG)
Dienstvertrag	Leistung von Diensten gegen Entgelt	Arbeitnehmer, Arbeitgeber	BGB und HGB
Kaufvertrag	Veräußerungen von Sachen und Rechten gegen Entgelt	Käufer, Verkäufer	BGB und HGB
Werkvertrag	Anfertigen eines Werkes, zu dem der Besteller den Werkstoff liefert, Veränderung einer Sache Herbeiführen eines bestätigten Erfolges gegen Vergütung, z.B. Reparatur	Unternehmer, Besteller	BGB
Werklieferungsvertrag	Anfertigen eines Werkes, zu dem der Hersteller den Werkstoff liefert, z.B. ein floristisches Werkstück	Unternehmer, Besteller	BGB
Mietvertrag	Überlassen von Sachen zum Gebrauch gegen Entgelt	Mieter, Vermieter	BGB
Pachtvertrag	Überlassen von Sachen und Rechten zum Gebrauch und Fruchtgenuss gegen Entgelt	Pächter, Verpächter	BGB

Floristik Bender
Bonsai-Spezialkulturen
Mannheimer Str. 7-9
69720 Heidelberg

Neuss
08.02.2003 FB/bm

Anfrage Zimmerbonsai

Sehr geehrte Damen und Herren,

ich beziehe mich auf Ihre Anzeige in der Zeitschrift „Der Handelsgärtner" vom 03.02.2003 und bitte um Ihr Angebot über Zimmerbonsai.
Die Pflanzen sollen für den Einführungsverkauf von kleinerer und mittlerer Sortierung sein. Zunächst ist an einen Auftrag über 100 Stück gedacht. Bitte teilen Sie mir mit, wann Sie liefern können und nach welcher Zeitspanne eine Nachlieferung möglich ist. Können Sie frei Haus liefern?
Zur Einführung der Zimmerbonsai denke ich zunächst an niedrige und mittlere Preislagen. Teilen Sie mir bitte Ihre Zahlungsbedingungen mit!

Mit freundlichen Grüßen

Abb. 902: Beispiel für eine Anfrage.

Floristik Bender
Schwimmerstr. 28
40404 Neuss

Ihre Nachricht vom 04.02.2003	Unsere Zeichen BS/lo	Heidelberg 10.02.2003

Angebot Zimmerbonsai

Sehr geehrte Damen und Herren,

wir danken Ihnen für Ihre Anfrage und bieten Ihnen freibleibend an:

Zimmerbonsai 1. Qualität mittlerer Sortierung

Chinesische Ulme	(Ulmus)	23,00 €/Stück
Fokien-Tee	(Camellia)	14,00 €/Stück
Pistazie	(Pistacia)	11,00 €/Stück
Kirsch-Myrte	(Eugenia)	10,00 €/Stück
Sagopalme mini	(Metroxylon)	9,00 €/Stück

Bei der kleineren Sortierung ermäßigt sich der Preis um 25 %.

Die Lieferung kann innerhalb von zwei Tagen nach Bestellungseingang erfolgen frei Haus mit klimatisiertem Spezial-LKW. Nachlieferungen sind im gleichen Zeitraum möglich.

Zahlung erbitten wir innerhalb von 8 Tagen mit 2 % Skonto, binnen 30 Tagen ohne Abzug.

Erfüllungsort und Gerichtsstand für beide Teile ist Heidelberg.

Wir freuen uns auf Ihren Auftrag und sichern Ihnen sorgfältige Lieferung zu.

Mit freundlichen Grüßen

Abb. 903: Beispiel für ein Angebot.

Vor dem Abschluss mehrseitiger Rechtsgeschäfte treten Kaufleute miteinander in Kontakt z.B. mündlich, telefonisch, schriftlich. Da diese Rechtsgeschäfte nur auf Grund übereinstimmender Willenserklärungen zustande kommen und für die Vertragspartner Rechte und Pflichten begründen, werden sie sorgfältig vorbereitet. Die Form sollte der Norm (DIN 676, 677 usw.) folgen, die Inhalte kaufmännischen Gepflogenheiten.

Anfrage – Die Anfrage beinhaltet eine Erkundigung beim Lieferer nach Waren, Preisen, Lieferungs- und Zahlungsbedingungen. Sie kann z.B. mündlich, telefonisch oder schriftlich erfolgen, ist immer formfrei und unverbindlich.
Die allgemeine Anfrage besteht aus einer Bitte um Zusendung von Preislisten, Katalogen, Prospekten, Mustern, Proben oder um einen Besuch durch Repräsentanten des Lieferers.
Die bestimmte Anfrage sollte enthalten:
- die genaue Beschreibung der gesuchten Ware,
- die Angabe der voraussichtlichen Bezugsmenge,
- den vorgesehenen Liefertermin,
- die Preisvorstellung,
- die gewünschten Lieferungsbedingungen,
- die gewünschten Zahlungsbedingungen.

Angebot – Der Lieferer gibt an den Anfragenden eine Willenserklärung ab, Waren zu den von ihm genannten Bedingungen zu liefern. Ein Angebot enthält:
- Art, Beschaffenheit, Güte der Ware,
- Menge der Ware,
- Preis der Ware,
- Lieferungsbedingungen,
- Zahlungsbedingungen,
- Erfüllungsort,
- Gerichtsstand.

Nach den kaufmännischen Wirkungen unterscheidet man das verlangte Angebot, das unverlangte Angebot, das wiederholte Angebot. Hinsichtlich der rechtlichen Wirkung kennt man das bindende Angebot, das unverbindliche Angebot, das befristete Angebot.
Wird ein Angebot widerrufen, dann besteht eine rechtliche Wirkung nur, wenn der Widerruf gleichzeitig mit dem Angebot beim Kunden eingeht. Daraus folgt, dass ein Brief durch einen Eilbrief, ein Eilbrief durch ein Telegramm widerrufen werden kann.
Ein Besteller wird mehrere Angebote einholen, sie sorgfältig prüfen und dann die Wahl treffen.

Bestellung – Der Käufer gibt mit der Bestellung die Willenserklärung ab, eine bestimmte Ware zu den angegebenen Bedingungen zu kaufen. Diese Bedingungen betreffen die Warenart, Güte und Beschaffenheit, Menge in Einheiten und den Preis der Einheit. Werden Lieferungs- und Zahlungsbedingungen, Erfüllungsort und Gerichtsstand akzeptiert, dann wiederholt sie der Besteller nicht.
Die Bestellung ist nicht an eine Form gebunden, sie kann mündlich oder schriftlich erfolgen. Mündliche Bestellungen werden schriftlich bestätigt.

 Die Bestellung bindet den Besteller.

Bestellungsannahme – Hier handelt es sich um die Bereitschaftserklärung des Lieferers, die Bestellung anzunehmen. Sie wird nur dann verschickt, wenn

- bedeutende Aufträge telefonisch vergeben wurden, um Hörfehler zu vermeiden,
- Aufträge ohne vorheriges Angebot erteilt wurden,
- der Auftrag erst längere Zeit später ausgeführt werden soll oder kann.

Eine Bestellungsannahme kann auch dann abgegeben werden, wenn
– sich der Preis geändert hat,
– eine andere als die gewünschte Menge geliefert wird,
– die Ware nur in anderer Güte oder Beschaffenheit vorrätig ist,
– der Besteller das Angebot verändert hat.
Der Kaufmann geht jedoch hierbei davon aus, dass ein neuer Vertrag zustande kommt durch Anfrage (hier Bestellung) und Annahme (Bestätigung).

Die Bestellungsannahme enthält:

- den Dank für den Auftrag,
- Art, Beschaffenheit, Güte der Ware,
- Menge und Preis der Ware,
- Lieferzeit,
- Art des Versandes.
- Zahlungsbedingungen,
- Versicherung, dass die Bestellung gewissenhaft ausgeführt wird,
- Empfehlung für künftige Aufträge.

Die Bestellungsannahme bindet den Lieferer.

2.8.3 Zahlungsverkehr

Barzahlung – Floristen zahlen bei ihren Lieferern ebenso wie die Käufer im Blumenfachgeschäft im Allgemeinen bar, d.h. mit Geld (Münzen, Scheine), persönlich oder durch Boten. Der Verkäufer erhält bares Geld Zug um Zug, gegen Aushändigung der Ware unmittelbar „auf die Hand". Bargeld kann im Inland bei der Postbank durch den Western Money Union Transfer übermittelt werden.
Bei Barzahlung erhält der Schuldner eine Quittung, einen Bon oder einen Einlieferungsschein. Wird die Ware zugestellt, dann gilt, dass der Überbringer der Ware durch eine quittierte Rechnung oder eine Quittung als ermächtigt ausgewiesen ist, das Geld in Empfang zu nehmen.
Bei **halbbarer Zahlung** zahlt nur einer der Beteiligten mit barem Geld:

- Mit einem Zahlschein zahlt der Schuldner bei einem Postamt oder einer Bank bares Geld auf das Konto des Gläubigers ein.
- Für einen Barscheck erhält der Gläubiger beim Einlösen bares Geld vom Konto des Schuldners (Aussteller).

Unbare Zahlung erfolgt von Konto zu Konto. Das Geld erscheint nur in Büchern, man spricht von Buchgeld. Es gibt zwei Möglichkeiten, unbar zu zahlen:

Floristik Bender
Bonsai-Spezialkulturen
Mannheomer Str. 7-9
69720 Mannheim

Ihre Nachricht vom	Unsere Zeichen	Neuss
10.02.1999	FS/bm	15.02.1999

Bestellung

Sehr geehrte Damen und Herren,

für Ihr Angebot danke ich Ihnen. Es sagt mir zu, und ich bestelle:

ZIMMERBONSAI 1. Qualität, mittlerer Sortierung

15 Stück Chines. Ulme	(Ulmus)	23,00 €/Stück
20 Stück Fokien-Tee	(Camellia)	14,00 €/Stück
10 Stück Pistazie	(Pistacia)	11,00 €/Stück
20 Stück Kirsch-Myrte	(Eugenia)	10,00 €/Stück
35 Stück Sagopalme mini	(Metroxylon)	9,00 €/Stück

Mit freundlichen Grüßen

Abb. 904: Beispiel für eine Bestellung.

Abb. 905: Die Zahlscheine der Geldinstitute sind einheitlich gestaltet.

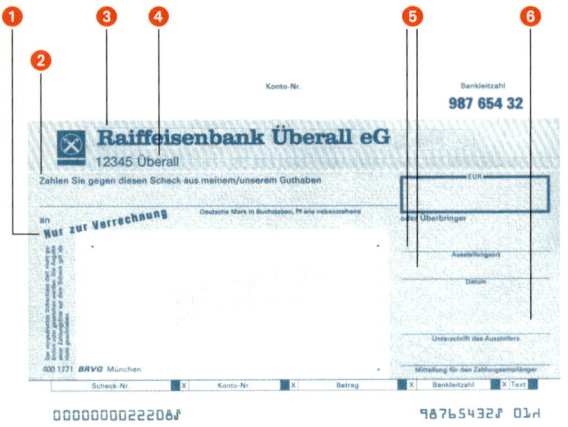

Abb. 906: Beispiel für einen Verrechnungsscheck. Beträge auf solchen Schecks werden von Konto zu Konto verrechnet, nicht an den Überbringer bar ausgezahlt. Zur Erklärung der Ziffer siehe den Text.

Abb. 907: Beispiel für eine Bankkarte.

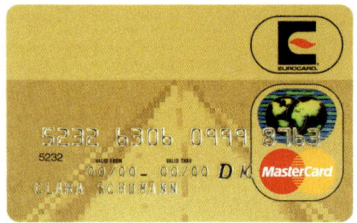

Abb. 908: Beispiel für Kreditkarten, die bargeldlose Zahlung bei der Kartenorganisation ermöglichen.

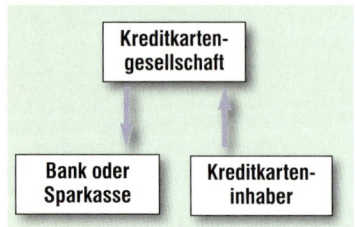

Abb. 909: Zwischen dem Kreditkarteninhaber und seiner Bank steht die Kreditkarten-Gesellschaft.

- Überweisung vom Konto des Zahlers (Schuldners) zum Konto des Empfängers (Gläubigers). Dem Giroverkehr sind Post und Kreditinstitute angeschlossen.
- Verrechnungsschecks ermöglichen die Verrechnung des ausgewiesenen Betrages von Konto zu Konto.

Zahlung mit Scheck – Ein Scheck ist die schriftliche Anweisung des Kontoinhabers an sein Geldinstitut, bei Sicht (Vorlage des Schecks) eine bestimmte Summe zu zahlen. Dieser Zahlungsverkehr ist einfach, bequem, billig und sicher.

Im Scheckgesetz sind die gesetzlichen Bestandteile der Urkunde (des Schecks) festgelegt (zu den Zahlen siehe Abb. 906):

- die Bezeichnung als Scheck im Text der Urkunde, **1**
- die Anweisung, eine bestimmte Summe zu zahlen, **2**
- der Name des bezogenen Kreditinstitutes, **3**
- der Zahlungsort, **4**
- Ort und Tag der Ausstellung, **5**
- die Unterschrift des Ausstellers, **6**

Kaufmännische Bestandteile sind banktechnische Hilfsmittel, die den Scheckverkehr erleichtern, z.B. Kontonummer, Schecknummer, Bankleitzahl, Codierzeile.

„Bei Sicht" bedeutet, dass der Scheck zahlbar ist, wenn er dem zahlenden Geldinstitut vorgelegt wird. Jeder Kaufmann wird dies sofort (bzw. möglichst bald) nach Erhalt der Urkunde tun, um Zinsverlust zu vermeiden. Laut Scheckgesetz sollen zahlbare Schecks in der Bundesrepublik Deutschland vorgelegt werden innerhalb von:

- 8 Tagen bei Ausstellung des Schecks in der Bundesrepublik Deutschland,
- 20 Tagen bei Ausstellung in Europa oder den Anrainerstaaten des Mittelmeeres,
- 70 Tagen bei Ausstellung in einem anderen Erdteil.

Mit der Bankkarte (früher EC-Karte) kann in vielen Geschäften unbar bezahlt werden. Dabei muss die Zahlung mit Karte und Unterschrift (Lastschriftverfahren) von der Zahlung mit Karte und PIN (Personal Identification Number = Geheimzahl) unterschieden werden. Bei der Zahlung mit Karte und PIN wird der Betrag sofort vom Konto abgebucht. Bei der Zahlung mit Karte und Unterschrift wird eine Lastschrift erst nachträglich verbucht.

Kreditkarten – Sie erhalten weltweit ständig mehr Bedeutung. Banken und Sparkassen bieten als Ergänzung zur Bankkarte die Eurocard an. Die Kartenorganisation gibt die Kreditkarte nur aus, wenn die Hausbank des Antragstellers dessen Bonität garantiert. Der Gläubiger weiß also, dass er sein Geld bekommen wird. Dafür erhebt die Kartenorganisation von jedem Rechnungsbetrag Gebühren. Der Karteninhaber erhält monatlich einen Kontoauszug, bevor sein Konto mittels Lastschriftverfahren belastet wird.

2.8.4 Rechnungsausstellung und Mehrwertsteuer

Auf Wunsch und bei Beträgen über 100,00 EUR erhalten Kunden eine Rechnung. Die Rechnungsvordrucke können je nach Geschäft verschieden gestaltet sein, müssen jedoch alle der Normung DIN 4991 genügen. Das erleichtert die Bearbeitung.

Gesetzliche Bestimmungen gilt es hinsichtlich der Umsatzsteuer zu beachten. Sie wird als Mehrwertsteuer erhoben (siehe Seite 350). Wird der Umsatzsteuerbetrag (**Mehrwertsteuer**, MwSt) gesondert ausgewiesen, dann geht er nicht in die Pauschalierung ein und muss gesondert an das Finanzamt abgeführt werden.

Rechnungen bis zum Gesamtbetrag von 100,00 EUR müssen enthalten:

- Namen und Anschrift des leistenden Unternehmers,
- Menge und handelsübliche Bezeichnung des Gegenstandes, der Lieferung oder Art und Umfang der sonstigen Leistung,
- Entgelt und den Steuerbetrag in einer Summe sowie den Steuersatz,
- Zeitpunkt (Datum) des Umsatzes.

Rechnungen ab 100,00 EUR müssen zusätzlich enthalten:

- Namen und Anschrift des Leistungsempfängers,
- Entgelt einschließlich etwaiger Nebenkosten (Fracht, Versicherung, Verpackung),
- den Umsatzsteuerbetrag.

Es ist wichtig, dass alle Mitarbeiter wissen, welche Waren zum vollen Steuersatz und welche Waren zum ermäßigten Steuersatz versteuert werden.

Dem vollen Steuersatz unterliegen Waren des Zusatzsortimentes, z.B. Keramik, Glas, Karten.

Zum ermäßigten Steuersatz werden Waren nach Zolltarifnummer 6 versteuert. Das sind z.B. frische Blumen, Pflanzenteile sowie daraus hergestellte binderische Werkstücke. Hilfsmittel (Draht, Bast, Steckmasse) gehen in das fertige Werkstück ein.

 Warenzusammenstellungen werden einheitlich nach dem charakterbestimmenden Bestandteil tarifiert, wenn dieser ermittelt werden kann und wenn sie für den Einzelverkauf aufgemacht sind.

Abb. 910: Beispiel für eine Rechnung.

Abb. 911: Beispiel für eine Quittung.

2.9 Steuern

Um seine Aufgaben erfüllen zu können, erhebt der Staat von seinen Bürgern Geldbeträge. Dies können Beiträge, Gebühren oder Steuern sein.

Bei den Steuern unterscheidet man indirekte und direkte Steuern je nachdem, ob man sie an andere weitergeben kann oder sie selbst aufbringen und bezahlen muss.

indirekte Steuern	direkte Steuern
werden	
von allen Bürgern durch Warenverbrauch (oder Dienstleistung) aufgebracht, jedoch von Unternehmen abgeführt z.B. Beförderungssteuer, Branntweinsteuer, Salzsteuer, Zuckersteuer, Kaffeesteuer, Umsatzsteuer	nur von dem Bürger aufgebracht, der sie auch bezahlen (abführen) muss z.B. Lohnsteuer, Einkommensteuer, Kirchensteuer, Gewerbesteuer, Kfz-Steuer, Wechselsteuer

Abb. 912: Indirekte und direkte Steuern (Beispiele).

Einnahmen des Staates sind

Beiträge	mit einer Gegenleistung für eine bestimmte Gruppe verbunden, z.B. Anliegerbeiträge beim Straßenbau
Gebühren	mit einer direkten Gegenleistung an den Zahlenden verbunden, z.B. Müllabfuhr, Kehrgebühr, Reisepass
Steuern	ohne jegliche direkte Gegenleistung an den Zahlenden

Abb. 913: Die Einnahmen des Staates sind nicht alle mit einer direkten Gegenleistung an den Zahlenden verbunden!

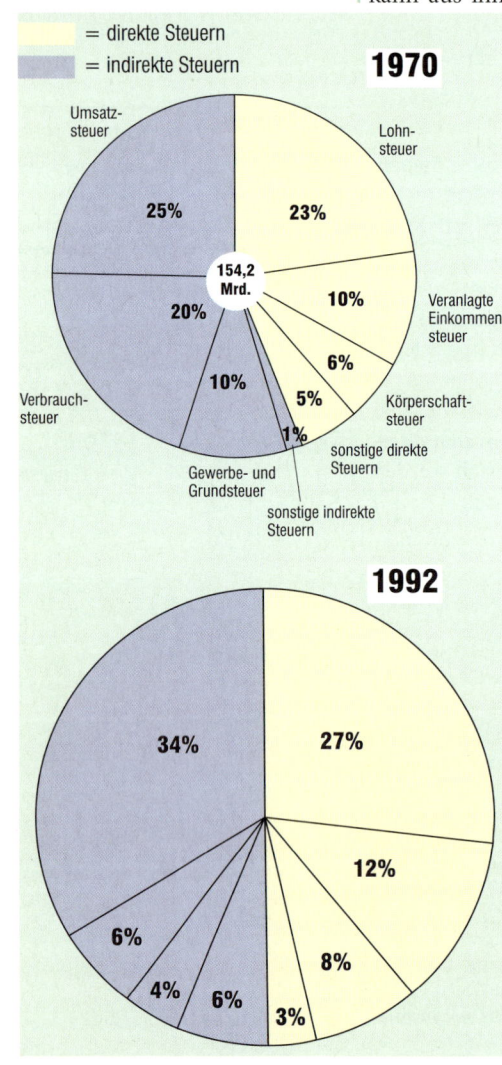

= direkte Steuern
= indirekte Steuern

1970

154,2 Mrd.

Umsatzsteuer 25%
Lohnsteuer 23%
20%
10%
Verbrauchsteuer
10%
5%
1%
Veranlagte Einkommensteuer 10%
Körperschaftsteuer 6%
sonstige direkte Steuern
Gewerbe- und Grundsteuer
sonstige indirekte Steuern

1992

34% 27%
12%
6%
8%
4% 6% 3%

Abb. 914: Der Anteil der indirekten Steuern ging von 1970 – 1992 am gesamten Steueraufkommen leicht zurück.

2.9.1 Lohnsteuer

Personenkreis – Seit Jahren ist die Lohnsteuer die ertragreichste Steuer in der Bundesrepublik Deutschland. Sie ist die „Einkommensteuer" der Arbeitnehmer und wird gleich vom Lohn (Gehalt, Bezüge) einbehalten, also im Abzugsverfahren erhoben. Sie ist damit eine Quellensteuer.

Nach § 38 EStG (Einkommensteuergesetz) sind alle die Personen lohnsteuerpflichtig, die Einkünfte aus nicht selbstständiger Arbeit beziehen: Arbeiter, Angestellte, Beamte.

Dieser Personenkreis kann außerdem zur Einkommensteuer am Ende des Kalenderjahres veranlagt werden, wenn u.a.

- das Einkommen bei Ledigen und bei zusammen veranlagten Ehegatten eine gewisse Summe übersteigt;
- neben den Einkünften aus nichtselbstständiger Arbeit noch andere Einkünfte von einem bestimmten Betrag an aufwärts erzielt wurden;
- mehrere Dienstverhältnisse im abgelaufenen Jahr bestanden.

Lohnsteuerkarten – Diese stellen die Gemeindebehörden aus. Der Arbeitgeber kann aus ihnen die Steuerklasse (I-VI) und den Lohnsteuerfreibetrag des Arbeitnehmers ersehen. Legt der Arbeitnehmer keine Steuerkarte vor, dann wird er nach Klasse VI veranlagt.

Die Eintragungen auf der Lohnsteuerkarte können durch die Gemeindebehörde ergänzt werden, wenn sich die Steuerklasse zugunsten des Arbeitnehmers ändert, z.B. durch Heirat. Das zuständige Finanzamt ergänzt, wenn steuerfreie Beträge zusätzlich (siehe S. 351) bewilligt werden.

Lohnsteuerkarten können berichtigt werden, wenn sich die Steuerklasse zu ungunsten des Arbeitnehmers geändert hat. Die Berichtigung erfolgt durch die Behörde, die die Eintragung vornahm.

Lohnsteuerfreibetrag – Jeder Arbeitnehmer sollte prüfen, ob es für ihn in Frage kommt, einen Antrag auf Erhöhung des Lohnsteuerfreibetrages zu stellen. Dies könnte der Fall sein, wenn seine Werbungskosten eine feste Höhe übersteigen. Die zuständigen Finanzämter sind zur Beratung verpflichtet.

Lohnsteuerbescheinigungen – Sie stellt der Arbeitgeber am Jahresende aus. Er bescheinigt auf der Lohnsteuerkarte:
- die Dauer des Dienstverhältnisses,
- den Bruttolohn,
- die einbehaltene Lohnsteuer,
- die einbehaltene Kirchensteuer,
- besondere Angaben, z. B.
- vermögenswirksame Leistungen,
- Arbeitgeberanteil zur gesetzlichen Rentenversicherung,
- Arbeitnehmerbeiträge zur gesetzlichen Sozialversicherung.

Er kann auch einen Lohnzettel ausstellen, den der Arbeitnehmer gegebenenfalls seiner Einkommensteuererklärung beifügen kann.

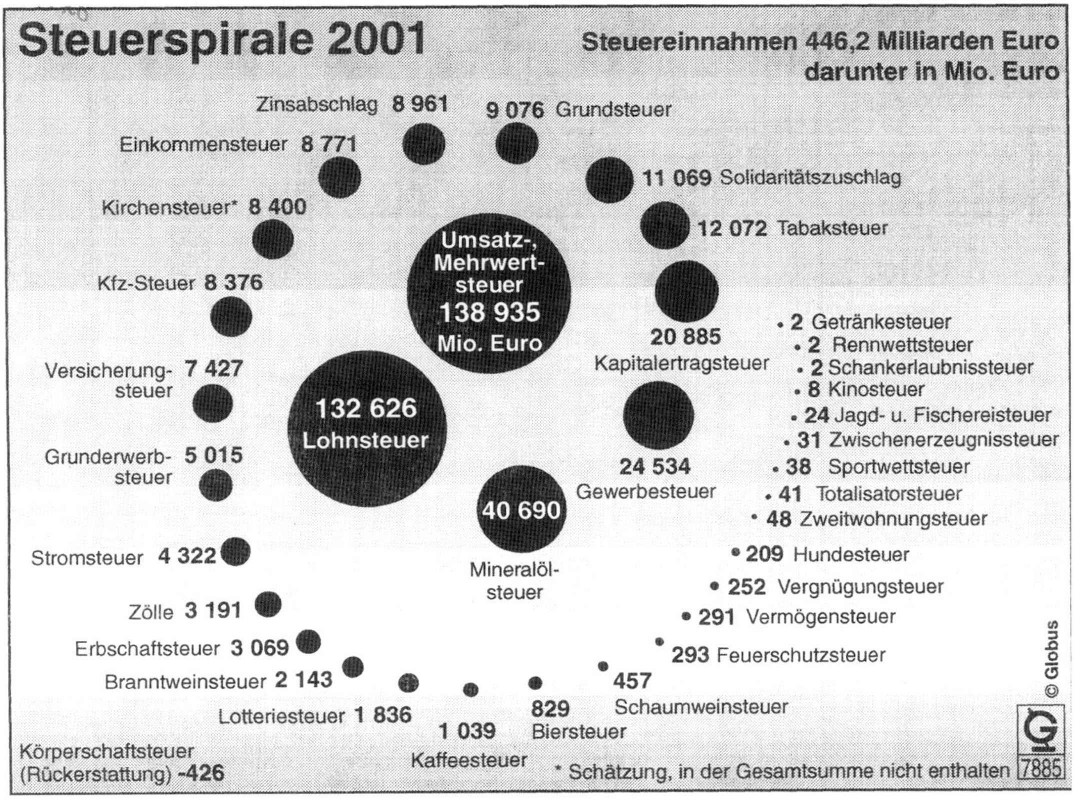

Steuerspirale 2001

Steuereinnahmen 446,2 Milliarden Euro
darunter in Mio. Euro

Zinsabschlag **8 961**   **9 076** Grundsteuer

Einkommensteuer **8 771**

Kirchensteuer* **8 400**

11 069 Solidaritätszuschlag

12 072 Tabaksteuer

Kfz-Steuer **8 376**

Umsatz-, Mehrwertsteuer 138 935 Mio. Euro

20 885 Kapitalertragsteuer

Versicherungsteuer **7 427**

132 626 Lohnsteuer

Grunderwerbsteuer **5 015**

24 534 Gewerbesteuer

40 690 Mineralölsteuer

Stromsteuer **4 322**

Zölle **3 191**

Erbschaftsteuer **3 069**

Branntweinsteuer **2 143**

Lotteriesteuer **1 836**

1 039 Kaffeesteuer

829 Biersteuer

457 Schaumweinsteuer

Körperschaftsteuer (Rückerstattung) **-426**

- **2** Getränkesteuer
- **2** Rennwettsteuer
- **2** Schankerlaubnissteuer
- **8** Kinosteuer
- **24** Jagd- u. Fischereisteuer
- **31** Zwischenerzeugnissteuer
- **38** Sportwettsteuer
- **41** Totalisatorsteuer
- **48** Zweitwohnungsteuer
- **209** Hundesteuer
- **252** Vergnügungsteuer
- **291** Vermögensteuer
- **293** Feuerschutzsteuer

© Globus

7885

* Schätzung, in der Gesamtsumme nicht enthalten

Abb. 915: Die Steuerspirale zeigt in jedem Jahr, welche Steuer den höchsten Ertrag bringt.

2.9.2 Einkommensteuer

Das Einkommensteuergesetz besagt u.a., dass natürliche Personen zur Einkommensteuer veranlagt werden. Gegenstand der Besteuerung und Bemessungsgrundlage ist das Einkommen innerhalb eines Kalenderjahres.
Einkünfte können entstehen z.B. aus einem Gewerbebetrieb, aus selbstständiger Arbeit, aus nicht selbstständiger Arbeit (Löhne und Gehälter), aus Kapitalvermögen, aus Vermietung und Verpachtung.
Der Steuerpflichtige gibt dem zuständigen Finanzamt eine Einkommensteuererklärung ab, die alle Angaben enthalten muss, die zum Errechnen der Steuer erforderlich sind. Von dem Einkommen absetzen kann man z.B. Werbungskosten, Sonderausgaben, außergewöhnliche Belastungen.
Bei der Einkommensteuerveranlagung werden das Alter des Steuerpflichtigen, sein Familienstand und seine Leistungsfähigkeit berücksichtigt.

2.9.3 Lohnsteuerjahresausgleich

Nach Ablauf eines Kalenderjahres kann die Lohnsteuer, die im Laufe des Jahres abgeführt wurde, auf den gesamten, tatsächlich erzielten Jahreslohn verteilt werden. Die Verrechnung kann der Arbeitgeber vornehmen oder auf Antrag das zuständige Finanzamt. Antragsformulare und Anleitungen dazu hält man dort bereit.

gezahlte Lohnsteuer im vergangenen Kalenderjahr

wird vermindert bei Anfall von

Kinderfreibetrag, Haushaltsfreibetrag

Werbungskosten

Sonderausgaben

außergewöhnliche Belastungen

| allgemeiner Art Freibetrag | in besonderen Fällen Freibetrag |

Abb. 916: Beim Lohnsteuerjahresausgleich wird die zu zahlende Steuer durch Freibeträge gemindert. Die Ansprüche sind nachzuweisen.

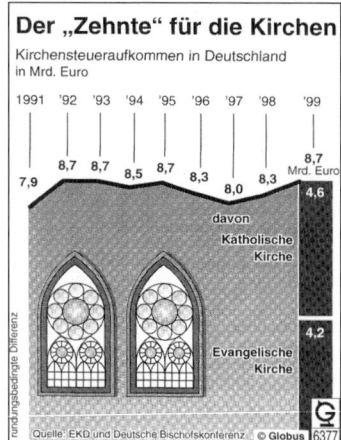

Der „Zehnte" für die Kirchen

Kirchensteueraufkommen in Deutschland
in Mrd. Euro

1991	'92	'93	'94	'95	'96	'97	'98	'99

7,9   8,7   8,7   8,5   8,7   8,3   8,0   8,3   8,7 Mrd. Euro

4,6

davon
Katholische
Kirche

4,2

Evangelische
Kirche

rundungsbedingte Differenz

Quelle: EKD und Deutsche Bischofskonferenz   © Globus 6377

Abb. 917: Das Aufkommen aus der Kirchensteuer steigt oder fällt mit dem Aufkommen aus der Lohn- und Einkommenssteuer.

Lohnend ist ein Lohnsteuerjahresausgleich immer dann, wenn man im Laufe des vergangenen Jahres z.B. eine Lohnerhöhung erhalten hat. Auch bei unvorhergesehenen außergewöhnlichen Belastungen sollte ein Antrag gestellt werden.

2.9.4 Kirchensteuer

Steuerpflichtig für Kirchensteuer sind alle natürlichen Personen, die einer öffentlich-rechtlichen Religionsgemeinschaft angehören, für die eine Kirchensteuer erhoben wird.

Rechtsgrundlagen für das Einbehalten der Kirchensteuer sind landesrechtliche Kirchengesetze. Die Religionsgemeinschaften erhalten dadurch die Mittel für die Durchführung ihrer Aufgaben.

Die Kirchensteuer wird als Zuschlagsteuer in einem bestimmten Prozentsatz zur Lohnsteuer (Einkommensteuer) erhoben. Im Allgemeinen behält der Arbeitgeber sie mit der Lohnsteuer ein und führt sie mit ihr ab.

2.9.5 Vermögenswirksame Leistungen

Vermögensbildung – Arbeitgeber erbringen für ihre Arbeitnehmer auf deren Antrag Leistungen, die zur Vermögensbildung geeignet sind. Damit bezeichnet man Spargelder, die langfristig angelegt der Vermögensbildung (Geldvermögen) bei Arbeitnehmern dienen sollen Dies sind z.B. zurzeit

- Sparbeträge nach dem Spar-Prämiengesetz,
- Aufwendungen nach dem Wohnungsbau-Prämiengesetz,
- Aufwendungen für den Bau oder den Erwerb eines Eigenheimes oder einer Eigentumswohnung,
- bestimmte Lebensversicherungsbeiträge,
- Kapitalbeteiligungen.

Das Vermögensbeteiligungsgesetz fördert für Arbeitnehmer die Möglichkeit, sich am Produktivkapital der Wirtschaft, z.B. durch den Erwerb von Aktien, zu beteiligen.

Arbeitnehmersparzulage – Alle Arbeitnehmer, deren zu versteuerndes Einkommen im Kalenderjahr der vermögenswirksamen Leistung eine bestimmte vom Gesetzgeber festgesetzte Höhe nicht übersteigt (2003 z.B. für Ledige 17 900,00 EUR), können eine Sparzulage beanspruchen. Der Betrag kann sich durch die Familienverhältnisse (Zusammenveranlagung der Ehegatten, Kinder) erhöhen.

Arbeitgeber, die ihren Arbeitnehmern vermögenswirksame Leistungen gewähren, erhalten bei der Einkommensteuer nach bestimmten Sätzen Ermäßigung. Die näheren Bestimmungen zu den Vermögensbildungs-Gesetzen kann jeder den Verordnungen, die dazu ergangen sind, entnehmen.

2.9.6 Umsatzsteuer

Allgemeines – Die Umsatzsteuer wird als Mehrwertsteuer erhoben. Durch die Regelung des Vorsteuerabzuges geht der Steuerbetrag nicht in die Warenkalkulation ein.

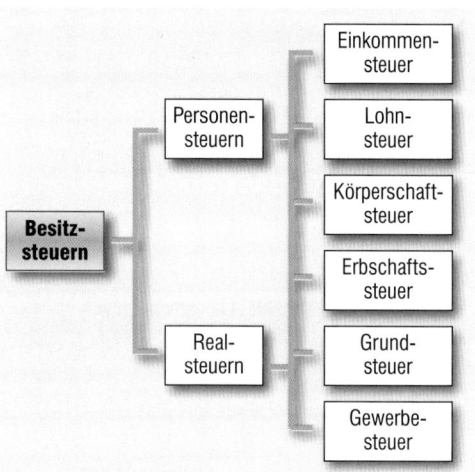

Abb. 918: Besitzsteuern (Beispiele).

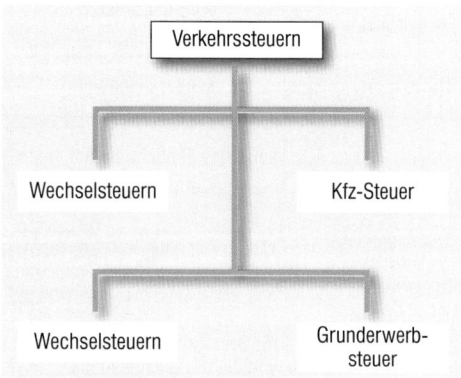

Abb. 919: Verkehrssteuern (Beispiele).

Laut Umsatzsteuergesetz sind zu versteuern:

- Lieferungen und sonstige Leistungen in allen Wirtschaftsstufen, die ein Unternehmer im Inland gegen Entgelt im Rahmen seines Unternehmens ausführt.
- Eigenverbrauch im Inland, z.B. Entnahme von Gegenständen aus dem eigenen Unternehmen, Verwendung von Kraftfahrzeugen für private Zwecke.
- Einfuhr von Gegenständen.

Die Umsatzsteuer gehört zu den indirekten Steuern. Sie ist die ergiebigste Bundessteuer.

Steuerschuldner sind die Unternehmer, d.h. natürliche oder juristische Personen sowie Personenzusammenschlüsse. Unter „Unternehmer" versteht das Gesetz jedes selbständig tätige Wirtschaftsgebilde, das gegen Entgelt Leistungen ausführt, auch wenn die Absicht fehlt, Gewinn zu erzielen.

Steuersatz – Die Umsatzsteuer beträgt zurzeit für jeden steuerpflichtigen Umsatz 16% der Bemessungsgrundlage. Sie ermäßigt sich auf 7% für eine Reihe von Gegenständen, die in der Anlage zum Umsatzsteuergesetz aufgeführt sind. Für Floristen wichtig sind die Artikel nach Zoll-Tarif Nr. 06.01; 06.02 und 06.03 A.

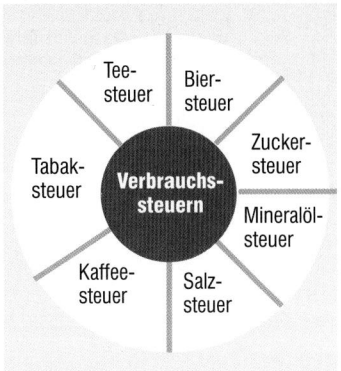

Abb. 920: Verbrauchssteuern (Beispiele).

Artikel nach Zoll-Tarif 06.01 (Anlage 6):
Bulben, Zwiebeln, Knollen, Wurzelknollen, Wurzelstöcke ruhend, im Wachstum oder in Blüte, die gewöhnlich von Gärtnereien, vom Samenfachhandel oder vom Blumenhandel für Anpflanzungen oder zu Zierzwecken geliefert werden.

Artikel nach Zoll-Tarif 06.02 (Anlage 7):
Andere lebende Pflanzen und Wurzeln wie Bäume und Sträucher aller Art, mit und ohne Erdballen; Stecklinge, Edelreiser und Ableger einschließlich Unterlagen zum Veredeln; lebende Pflanzen aller Art zum Pikieren oder Umpflanzen, lebende Wurzeln (ausgenommen Wurzelknollen).

Artikel nach Zoll-Traif-Nummer 06.03 A (Anlage 8):
Frische Blüten und Blütenknospen, geschnitten, zu Binde- oder Zierzwecken, auch als Sträuße, Ziergebinde, Kränze, Blumenkörbe o.ä. aufgemacht; frische Blüten und Blütenknospen, deren natürliche Farbe geändert oder aufgefrischt wurde.
Nicht begünstigt sind die bezeichneten Gegenstände getrocknet, gebleicht, gefärbt, imprägniert oder anders bearbeitet.

Artikel nach Zoll-Tarif-Nr. 06.04 (Anlage Nr. 9):
Blattwerk, Blätter, Zweige und andere Pflanzenteile, Gräser, Moose und Flechten zu Binde- oder Zierzwecken frisch, auch in Sträußen, Kränzen, Körben u. ä. zusammengefasst. Die Ausstattung mit Zutaten (z.B. getrocknete Pflanzenteile) ist unschädlich, sofern die Sträuße usw. sich nach ihrem wesentlichen Charakter als Waren des Blumenhandels kennzeichnen, z.B. geschlagene Weihnachtsbäume, Tannengrün, frische Rentierflechte.
Nicht begünstigt sind die bezeichneten Gegenstände getrocknet, gebleicht, gefärbt, imprägniert oder anders bearbeitet, z.B. Adventskränze überwiegend aus Zapfen, getrockneten und grüngefärbten Zweigen von Mäusedorn, versehen mit künstlichen Früchten, Kerzenhaltern und Kerzen.

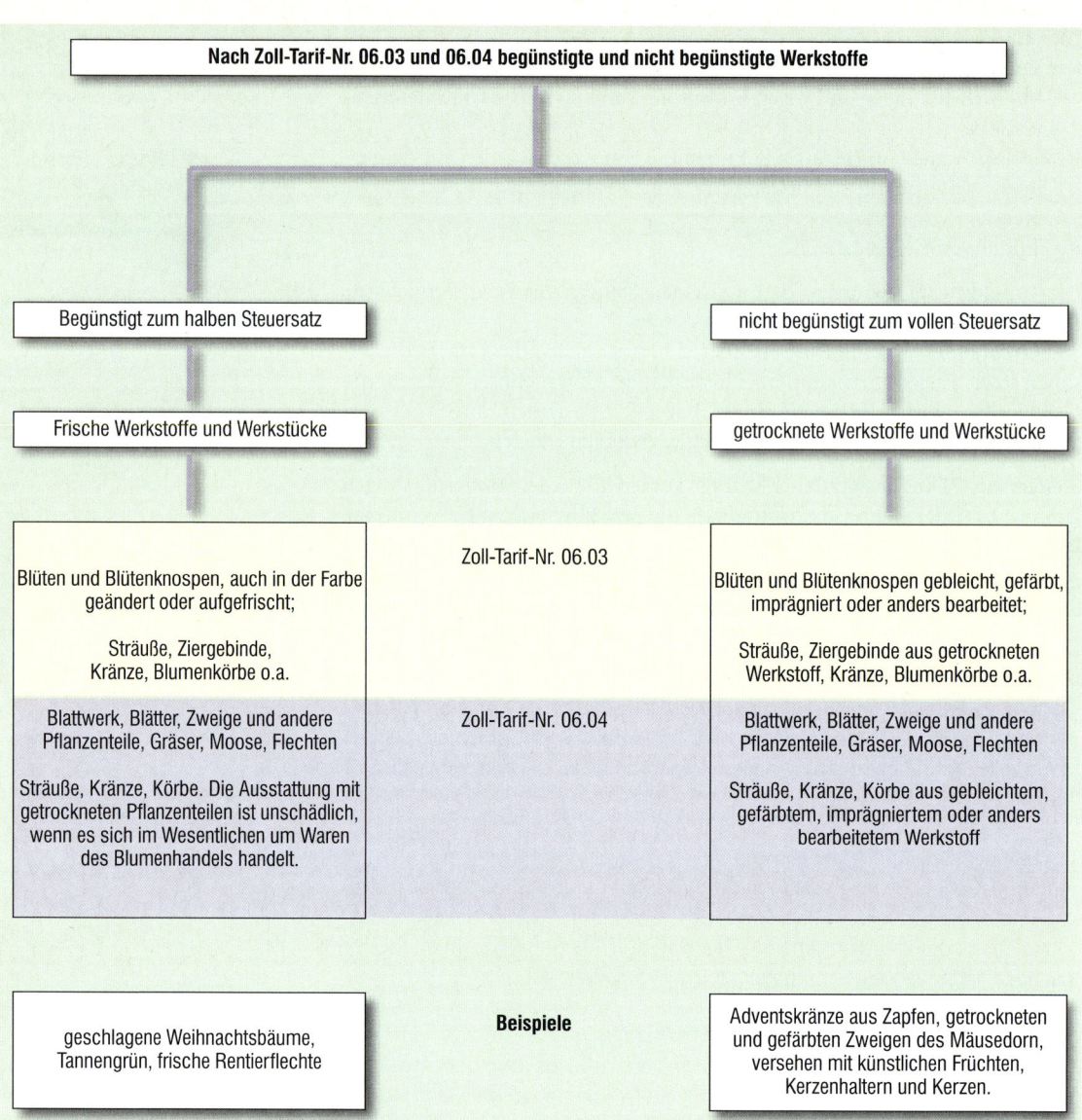

Nach Zoll-Tarif-Nr. 06.03 und 06.04 begünstigte und nicht begünstigte Werkstoffe

Begünstigt zum halben Steuersatz		nicht begünstigt zum vollen Steuersatz
Frische Werkstoffe und Werkstücke		getrocknete Werkstoffe und Werkstücke
Blüten und Blütenknospen, auch in der Farbe geändert oder aufgefrischt; Sträuße, Ziergebinde, Kränze, Blumenkörbe o.a.	Zoll-Tarif-Nr. 06.03	Blüten und Blütenknospen gebleicht, gefärbt, imprägniert oder anders bearbeitet; Sträuße, Ziergebinde aus getrocknetem Werkstoff, Kränze, Blumenkörbe o.a.
Blattwerk, Blätter, Zweige und andere Pflanzenteile, Gräser, Moose, Flechten Sträuße, Kränze, Körbe. Die Ausstattung mit getrockneten Pflanzenteilen ist unschädlich, wenn es sich im Wesentlichen um Waren des Blumenhandels handelt.	Zoll-Tarif-Nr. 06.04	Blattwerk, Blätter, Zweige und andere Pflanzenteile, Gräser, Moose, Flechten Sträuße, Kränze, Körbe aus gebleichtem, gefärbtem, imprägniertem oder anders bearbeitetem Werkstoff
geschlagene Weihnachtsbäume, Tannengrün, frische Rentierflechte	**Beispiele**	Adventskränze aus Zapfen, getrockneten und gefärbten Zweigen des Mäusedorn, versehen mit künstlichen Früchten, Kerzenhaltern und Kerzen.

Abb. 921: Begünstigte und nicht begünstigte Werkstoffe für Floristen nach Zoll-Tarif-Nr. 06.

Voranmeldung, Vorauszahlung – Der Unternehmer ist nach § 18 UStG verpflichtet, binnen 10 Tagen nach Ablauf des Veranlagungszeitraumes (Kalendermonat bei Umsatzsteuer mehr als EUR 6 136,00; Kalendervierteljahr bei Umsatzsteuer unter EUR 6 136,00 im Vorjahr) eine Voranmeldung abzugeben. Beträgt die Umsatzsteuer für das vorangegangene Kalenderjahr nicht mehr als EUR 512,00 , dann kann das Finanzamt den Unternehmer von der Verpflichtung befreien, eine Voranmeldung abzugeben und Vorauszahlung zu leisten.

Vorsteuerabzug – Auf Rechnungen (siehe Seite 347) muss der Steuerbetrag dann ausgewiesen werden, wenn der Betrag EUR 100,00 übersteigt. Dieser ausgewiesene Betrag auf der Eingangsrechnung kann als Vorsteuer von der geschuldeten Umsatzsteuer abgezogen werden.

Durch die Regelung des Vorsteuerabzuges geht der Steuerbetrag nicht in die Warenkalkulation ein.

Wichtig ist folgende Regelung:

Umsätze von Kleinunternehmen werden nicht versteuert, wenn der Umsatz zuzüglich der darauf entfallenden Umsatzsteuer im vorangegangenen Kalenderjahr EUR 16 620,00 nicht überstiegen hat und im laufenden Kalenderjahr EUR 50 000,00 voraussichtlich nicht übersteigen wird. Dann dürfen auf Rechnungen und Quittungen auch keine Steuerbeträge gesondert ausgewiesen sein. Ist dies geschehen, dann müssen die Steuerbeträge an das Finanzamt abgeführt werden!

Blumenspendenvermittlung – Hier hat der Florist zu beachten, dass der gesamte Auftragswert zu versteuern ist. Die Blumen bzw. Pflanzen werden also zum Nettoverkaufspreis eingesetzt.

Rechenbeispiel für den Warenwert bei Fleurop-Aufträgen: Ein Kunde wünscht ein Arrangement für € 25,00 Warenwert. Die Preisangaben im Laden enthalten bereits den Mehrwertsteuersatz von 7%. Der Nettowert ist zu errechnen:

107% $\hat{=}$ € 25,00
100% $\hat{=}$ € x

$$x = \frac{25 \cdot 100}{107} = € 23,36$$

Der Kunde muss also für € 2,64 mehr Ware erhalten, insgesamt für € 27,64.

Die Mehrwertsteuer wird am Schluss der Rechnung auf den gesamten Auftrag berechnet. Ausnahme: Auslandsaufträge.

2.9.7 Gewerbesteuer

Realsteuer – Gegenstand der Besteuerung ist eine „reale" Sache, ein Gegenstand, hier der Gewerbebetrieb. Die Realsteuer erheben die Gemeinden. Sie entscheiden über den „Hebesatz" und das Erheben der Gewerbesteuer einschließlich deren Stundung und Erlass. Gewerbesteuern sind wichtige Einnahmen der Gemeinden.

Kennzeichen eines Gewerbebetriebes – Alle im Inland bestehenden Gewerbebetriebe haben folgende Merkmale:

- Selbstständigkeit der Tätigkeit,
- Nachhaltigkeit der Tätigkeit,
- Absicht, Gewinn zu erzielen als Haupt- und Nebenzweck,
- Beteiligung am allgemeinen wirtschaftlichen Verkehr.

natürlicher Gewerbebetrieb	Gewerbebetrieb in eingeschränkter Form	Gewerbebetrieb in uneingeschränkter Form	fiktiver Gewerbebetrieb
kraft gewerblicher Betätigung § 2(1) GewStG	kraft Rechtsform § 2(2) Nr. 1 GewStG	kraft Rechtsform § 2(2) Nr. 2 GewStG	kraft wirtschaftlichen Geschäftsbetriebes § 2(3) GewStzG

Abb. 924: Formen der Gewerbebetriebe.

Betrieb der Land- und Forstwirtschaft, kein Gewerbebetrieb

Entgelte stammen zu 100% aus Lieferung der Urproduktion

Betrieb der Land- und Forstwirtschaft, kein Gewerbebetrieb

Entgelte stammen zu 75% aus Lieferung der Urproduktion 25% aus Dienstleistung und/oder Zukauf

Gewerbebetrieb

Entgelte stammen zu 25% aus Lieferung der Urproduktion, 75% aus Dienstleistung und/oder Zukauf

Abb. 922: Die Abgrenzung zwischen einem Betrieb der Land- und Forstwirtschaft und einem Gewerbebetrieb ist eine wichtige steuerliche Frage.

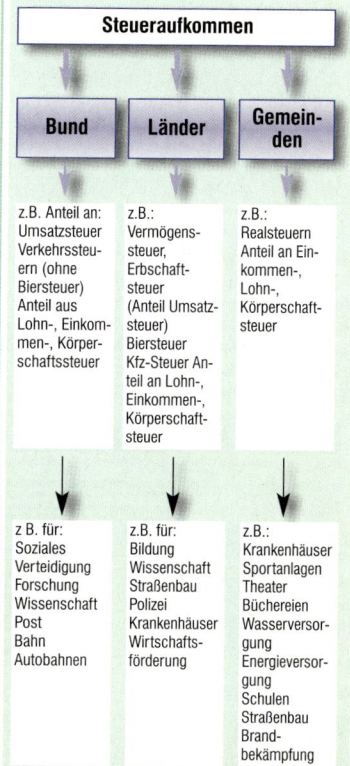

Abb. 923: Wo bleiben die Steuern?

Kein Gewerbebetrieb liegt vor bei
- einem Betrieb einer Land- und Forstwirtschaft,
- einer selbstständigen Tätigkeit, z.B. freie Berufe,
- einer Tätigkeit als Vermögensverwaltung.

Die Abgrenzung zu Land- und Forstwirtschaft ist für Floristen, die einen Endverkaufsbetrieb führen, sehr wichtig und immer wieder zu beweisen.

Bemessungsgrundlage – Gewerbeertrag und Gewerbekapital dienen als Bemessungsgrundlage für die Steuererhebung. Dabei sind Gewinn und Einheitswert des Betriebes die maßgeblichen Größen.

Verfügt ein Florist über Kenntnisse in Steuersachen – oder lässt er sich von einem Fachmann darin beraten –, dann genügt er seiner staatsbürgerlichen Pflicht im vorgeschriebenen Rahmen. Steuerüberzahlungen kann er so vermeiden.

2.10 Versicherungen

2.10.1 Sozialversicherungen

Die Entwicklung der Sozialversicherungen vollzog sich in Deutschland seit der Verkündung der „Kaiserlichen Botschaft" 1881. Abb. 925 zeigt, wie immer mehr Berufsgruppen gegen Krankheit, Invalidität und Arbeitslosigkeit abgesichert wurden.

Abb. 925: Entwicklung der Sozialversicherung.

Jahr	Versicherungsart
1883	Krankenversicherung
1884	Unfallversicherung
1889	Alters- und Invaliditätsversicherung
1911	Reichsversicherungsordnung (Zusammenfassung der bisher gültigen Sozialversicherungsgesetze)
1913	Angestelltenversicherung
1923	Reichsknappschaftsgesetz
1927	Arbeitslosenversicherung
1938	Altersversorgungspflicht für selbstständige Handwerker
1960	Rentenversicherung für Handwerker
1957	Altersversicherung für Landwirte
1995	Pflegeversicherung

Abb. 926 (unten links)**:** Gewebesteueraufkommen.

Abb. 927 (unten rechts)**:** Beitragssätze zur Sozialversicherung. Arbeitnehmer- und Arbeitgeberanteil.

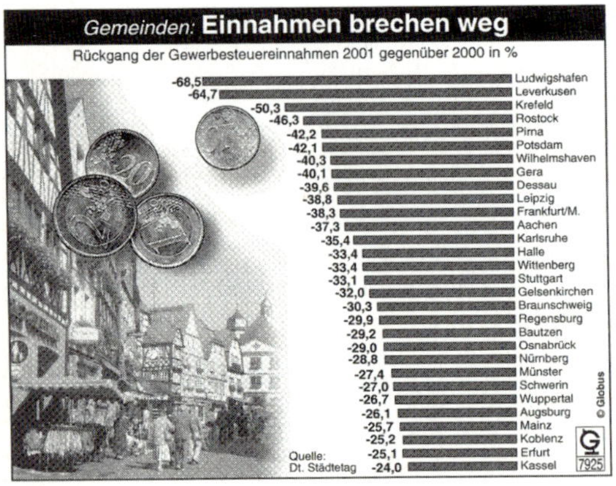

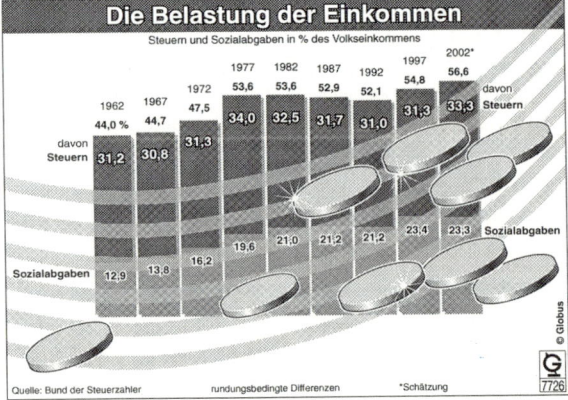

Für Arbeitnehmer und Arbeitgeber bei den Floristen sind in der unten stehenden Tabelle wichtige Sozialversicherungen genannt.

Die Höhe der Beiträge wird gesetzlich geregelt (Bundesgesetzgebung). Sie ist abhängig vom Einkommen, den Lohnsteigerungen, der allgemeinen Wirtschaftslage. Kranken-, Renten- und Arbeitslosenversicherungsbeiträge bringen Arbeitgeber und Arbeitnehmer je zur Hälfte auf. Den Beitrag zur Unfallversicherung trägt der Arbeitgeber allein. Je nach Gefahrenklasse des Unternehmens sind die Beiträge gestaffelt.

Die Gesetze zur Sozialversicherung sind im Sozialgesetzbuch (SGB) zusammengefasst. Arbeitsförderungsgesetz (AFG) und Reichsversicherungsordnung (RVO) sind darin die wichtigsten Gesetze.

Sozialversicherungen für Floristen

Versicherungszweig	Versicherungsträger	Leistungsarten
Krankenversicherung	Pflicht- oder Ersatzkrankenkassen	Krankenhilfe, Mutterschaftshilfe, Vorsorge, Kuren, Sterbegeld
Pflegeversicherung	Krankenkasse	Pflegehilfe
Unfallversicherung	Berufsgenossenschaften	Unfallverhütung, Heilbehandlung, Kuren, Übergangsgeld, Berufshilfe, Renten, Rehabilitation, Sterbegeld
Rentenversicherung der Arbeiter Rentenversicherung der Angestellten	Landesversicherungsanstalten (LVA) Bundesversicherungsanstalt für Angestellte (BfA)	Gesundheitsmaßnahmen zur Erhaltung, Besserung und Wiederherstellung der Erwerbsfähigkeit Renten an Versicherte und Hinterbliebene
Arbeitslosenversicherung	Bundesanstalt für Arbeit	Maßnahmen zur Verhütung und Beseitigung von Arbeitslosigkeit Arbeitslosengeld, -hilfe, Kurzarbeitergeld, Stilllegungsvergütung

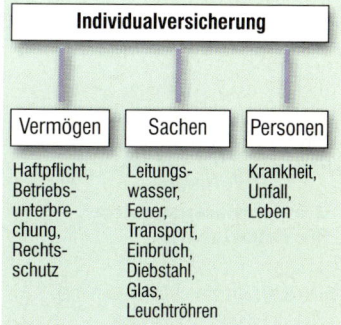

31% Bauten, Gebäudeteile, Hindernisse
28% Splitter, Späne, Fichtennadeln
12% Lasten, Fahrzeug, Verkehr
10% Tiere, Menschen
10% Geräte, Maschinen
8% Infektionen u.a.

Abb. 928: Anteil der Unfälle nach Unfallursache.

2.10.2 Individualversicherungen

Um den Betrieb vor finanziellen Schäden schützen zu können, schließen Betriebsinhaber Individualversicherungen ab.

Versicherungen werden von Versicherungsnehmer und Versicherungsträger als Vertrag abgeschlossen. Versicherungsträger können sein:

- eine Versicherungsgesellschaft (Kapitalgesellschaft),
- ein Versicherungsverein auf Gegenseitigkeit (a.G.),
- eine öffentlich-rechtliche Anstalt (z.B. Gebäudebrandversicherung). Die Höhe der Versicherungssumme, die Prämie (in Promille von der Versicherungssumme) und die Laufzeit des Vertrages werden zwischen den Vertragspartnern geregelt. Über-, Doppel- und Unterversicherung sind zu vermeiden.

Allgemeine Versicherungsbedingungen (ABV) – Allgemein und selbstverständlich ergänzen sie jeden Versicherungsvertrag, wenn nichts anderes vereinbart ist. Sie sollten daher jedem bekannt sein, der einen Versicherungsvertrag abschließt.

Individualversicherung		
Vermögen	Sachen	Personen
Haftpflicht, Betriebsunterbrechung, Rechtsschutz	Leitungswasser, Feuer, Transport, Einbruch, Diebstahl, Glas, Leuchtröhren	Krankheit, Unfall, Leben

Abb. 929: Beispiele für die Individualversicherungen.

Personenversicherungen – Genügt die Sozialversicherung nicht oder ist jemand nicht sozialversicherungspflichtig, dann kann man sich privat versichern.

Private Krankenversicherungen verlangen u.U. vor Vertragsabschluss eine ärztliche Untersuchung des Antragstellers. Danach beginnt die Leistungspflicht erst nach einer vereinbarten Wartezeit. Die Höhe von Beitrag und Leistungen richtet sich nach dem gewählten Tarif.

Private Unfallversicherungen werden mit zunehmenden Freizeitaktivitäten wichtiger. Sie können z.B. für Sport, Reisen, Insassen eines Pkw als Einzel-, Gruppen- und Familienversicherung abgeschlossen werden. Beitrag und Leistungen sind tariflich geregelt.

Private Lebensversicherungen können sein

- Versicherungen auf den Todesfall: Die Leistung wird bei Tod des Versicherten fällig;
- Versicherungen auf den Erlebensfall: Die Leistung wird zu einem vereinbarten Termin fällig, z.B. bei Erreichen eines bestimmten Alters;
- gemischte Versicherungen auf Tod- oder Erlebensfall.

Die Prämien (Beiträge) richten sich nach der Versicherungssumme und den Versicherungsbedingungen.

Sachversicherungen – Sie sichern erwiesene Schäden an Sachen ab. Für den Floristen sind wichtig:

- Feuerversicherung: Schäden durch Brand, Explosion, Blitzschlag.
- Leitungswasserschadenversicherung: Rohrbruch und Frostschäden an Kalt- und Warmwasserversorgung und Zentralheizung sowie an den Wasserzuleitungsrohren (auch Auftau- und Aufräumungskosten) innerhalb des versicherten Grundstücks.
- Einbruch-Diebstahlversicherung: Durch gewaltsames Eindringen des Täters entstandener Schaden bei vorschriftsmäßiger Sicherung.
- Glasversicherung: Schäden an Außen- und Innenverglasung von Betriebs- und Geschäftsräumen, die durch Zerbrechen entstehen, einschließlich der Kosten für eine Notverglasung. Art und Größe der Verglasung beeinflussen die Beitragshöhe entscheidend.
- Leuchtröhrenversicherung: Schäden durch Bruch, Blitz, Lösch- und Rettungsmaßnahmen; kann auf die gesamte Anlage (nicht nur eine Röhre) ausgedehnt werden.
- Transportversicherung: Schäden, die während des Transportes an Waren entstehen.

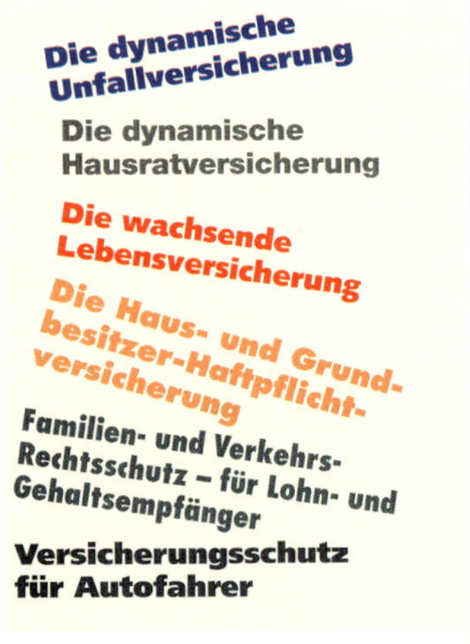

Vermögensversicherungen – Sie haben einen Vermögenswert zum Gegenstand, der keinen Schaden erleiden soll.

- Betriebs-Haftpflicht-Versicherung: Sie deckt Ansprüche Dritter gegenüber dem Geschäftsinhaber, dessen gesetzlichem Vertreter und sämtlichen Betriebsangehörigen von Kunden, Lieferanten, Boten, soweit die Schäden an Personen durch die Geschäftstätigkeit entstanden sind. Das können sein z.B. durch nasse Fußböden, überfrorene Treppenstufen verursachte Stürze.
- Betriebsschließungs- und -unterbrechungs-Versicherung: Schäden, die durch Schließung eines Betriebes oder Unterbrechung entstehen, z.B. wegen eines Feuers, Maschinenschadens oder einer Seuche.
- Rechtsschutzversicherung für Gewerbetreibende: Sie bietet Rechtsschutz z.B. bei Schadensersatzklagen, Strafsachen, Arbeits- und Sozialgerichtsangelegenheiten. Da heute viele Vorfälle juristisch geklärt werden, gewinnt sie an Bedeutung.

Die dynamische Unfallversicherung

Die dynamische Hausratversicherung

Die wachsende Lebensversicherung

Die Haus- und Grundbesitzer-Haftpflichtversicherung

Familien- und Verkehrs-Rechtsschutz – für Lohn- und Gehaltsempfänger

Versicherungsschutz für Autofahrer

Abb. 930: Für viele Dinge kann man Versicherungen abschließen.

Vor Abschluss einer Versicherung muss der Florist überprüfen, wie hoch die für notwendig gehaltene Versicherung abgeschlossen wird. Überversicherung, Unterversicherung und Doppelversicherung können viel Geld kosten. Richtige Beratung hilft, Fehler zu vermeiden. Richtige Beratung hilft, hohe Kosten zu vermeiden.

Der Markt für Versicherungen

Jährliche Beitragseinnahmen der privaten Versicherungs-Unternehmen in Deutschland in Milliarden Euro

1992 '93 '94 '95 '96 '97 '98 '99 '00 '01 2002*

140,8
135,4
131,8
127,8
121,2
119,1
114,8
111,4
105,0
95,9
86,9

*Schätzung

Aufteilung nach Sparten im Jahr 2002 in Milliarden Euro

Sparte	Mrd. Euro
Lebensversicherung	65,2
Private Krankenvers. (einschl. priv. Pflegevers.)	22,9
Kfz-Versicherung	21,9
Private Sachvers. (z.B. Hausrat, Wohngebäude)	6,5
Gewerbl. Sachvers. (einschl. Industrie u. Landwirtschaft)	6,3
Allgemeine Haftpflicht	6,0
Unfall	5,5
Rechtsschutz	2,7
Transport	1,8
Kredit-, Luftfahrt-, Nuklearversicherung	1,7

Summe rundungsbedingt nicht = 140,8

Quelle: GDV   © Globus   8229

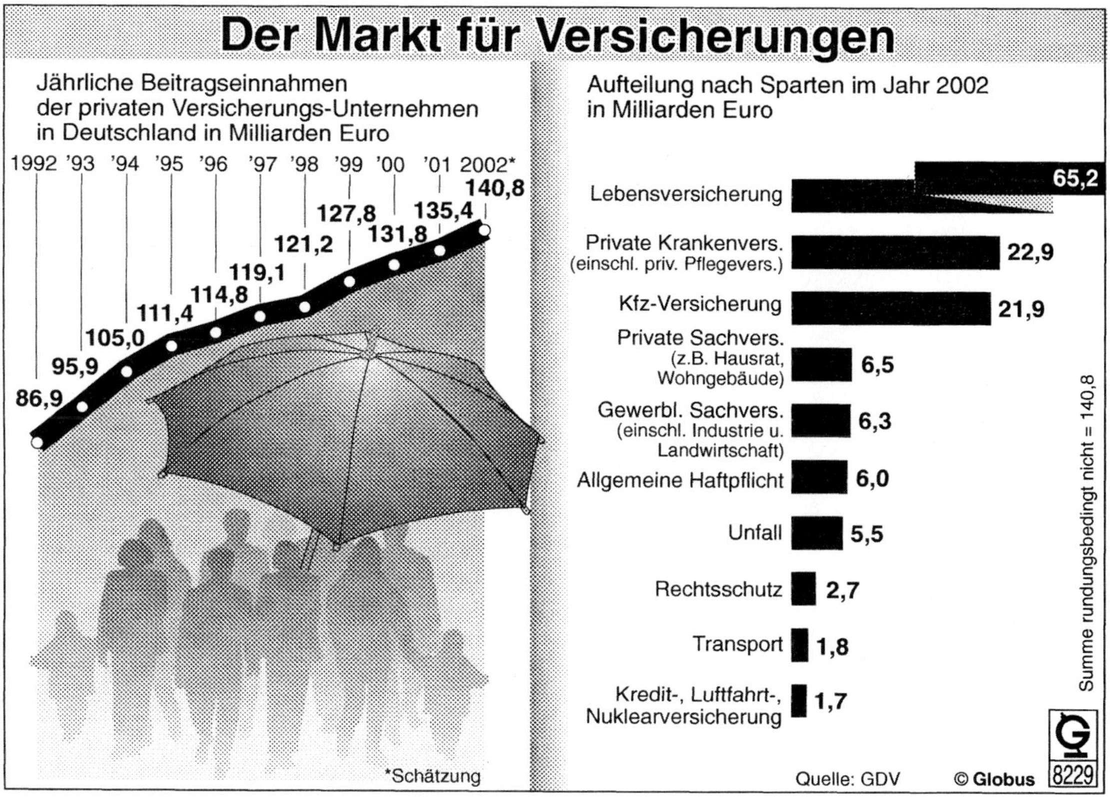

Abb. 931: Richtige Beratung hilft, hohe Kosten zu vermeiden.

3 Warenabsatz

3.1 Möglichkeiten des Absatzes

Die größere Produktivität in den Erzeugerbetrieben und die preisgünstigen Importe von Schnittblumen und Topfpflanzen haben neue Absatzmärkte entstehen lassen. Das muss der Florist berücksichtigen, wenn er sich selbstständig machen will.

Welche Absatzmöglichkeiten der Florist für sich auswählt, hängt von verschiedenen Faktoren ab:

- eigenen Neigungen und Fähigkeiten
- Konkurrenzsituation vor Ort
- Marktlücken
- Lage des Geschäftslokals

1. Floristbetrieb mit kreativer Gestaltung (citynah – cityfern)
2. Endverkaufsbetrieb (Spezialität des gärtnerischen Produktionsbetriebes)
3. Friedhofsgärtnerei
4. Blumensupermarkt bzw. Blumenabteilung in einem Verbrauchermarkt
5. Wochenmarkt, Straßenstand

Abb. 932: Absatzmöglichkeiten.

3.2 Werbung

3.2.1 Was ist Werbung?

Werbung oder Reklame ist die „planmäßige Beeinflussung einer Personengruppe mit dem Ziel, sie zu einem bestimmten Verhalten anzuregen".

Durch Werbung kann also ein bestimmter Bedarf geweckt, der Absatz gefördert und der Umsatz erhöht werden.

Die wirksamste und kostengünstigste Werbung für das Blumenfachgeschäft, das ja meist nur einen engen regionalen Einzugsbereich hat, ist die „Mund-zu-Mund"-Propaganda. Fachkundige Beratung, einwandfreie Ware, ein ausgewogenes Preis-Leistungsverhältnis und zuverlässiger Service sprechen sich herum.

Jedem sind Beispiele erfolgreicher Werbung für den Blumeneinzelhandel bekannt, wie z.B. der Valentinstag (14. Februar) und der Muttertag (2. Sonntag im Mai).

Die Wirkung von Werbung ist oft nicht unmittelbar festzustellen, ihr Erfolg stellt sich oft erst nach einiger Zeit ein. Die ständig steigenden Nebenkosten zwingen zu einem gezielten Einsatz der Werbung, der vorher gut überlegt sein sollte.

Jeder Florist sollte wissen, für welchen Geschäftstyp er wirbt. Er kann nur dann besonders erfolgreich sein, wenn er das Geschäftskonzept entwickelt hat, das seinen persönlichen Neigungen und Fähigkeiten am ehesten entspricht.

Faktoren, die bestimmen, was durch die Werbung betont werden soll, können sein:

- das **Käuferpotenzial**: das Einkommen der Käufer bestimmt deren Kaufverhalten
- die **örtlichen Verbrauchergewohnheiten**: in den Großstädten besteht, bedingt durch die Naturferne, ein größerer Eigenbedarf an Blumen und Pflanzen. In ländlichen Gebieten werden Blumen überwiegend zu bestimmten Anlässen gekauft.
- der **Standort** des Geschäftes: ein Standort mit geringer Laufkundschaft muss auf sich aufmerksam machen
- die **Konkurrenzsituation**: das Blumenfachgeschäft muss seinen Unterschied gegenüber einem benachbarten Blumensupermarkt herausstellen

Abb. 933: Ein einprägsames Firmenzeichen hat einen hohen Wiedererkennungswert.

Welch ein herrlicher Gedanke, die Mutter, dein Liebstes auf Erden, an einem lenzjungen Maientage mit Blumen zu überschütten. Den Dank den du ihr schuldest für all die Güte und Liebe, die sie dir brachte, durch die stumme Sprache der Blumen abzutragen. Sie, die glückselig und lachend das Blümchen, das du mit patschigen Kinderhändchen pflücktest, entgegennahm, sieht nun das erwachsene Kind, um das sie sich ein ganzes Leben sorgte, mit einem Arm voll Blumen nahen. Und wieder lächelt sie unter Tränen ob dem dankbaren und edlen Sinn ihres Kindes und drückt die Blumen, als treue Vermittler solch tiefer Gefühle, an ihre tiefatmende Brust.

Abb. 934: Gedanken zum Muttertag, 1926.

Die Wirksamkeit der Werbung, ihr Wiedererkennungswert durch den Kunden beginnt mit einem einheitlichen Firmenbild. Es wird dargestellt durch ein klares und einprägsames Firmenzeichen (Logo). Das Firmenzeichen kann verwendet werden bei:

- Verpackungsmaterial
- Fahrzeugbeschriftung
- Rechnungsformularen
- Geschäftspapier
- Visitenkarten
- Firmenprospekt
- Namensschildern der Mitarbeiter
- Arbeitskleidung
- Anzeigen
- Preisschildern

Abb. 935: Ein Blumenfachgeschäft wirbt individuell für den Valentinstag.

3.2.2 Gesetzliche Grundlagen

Die staatliche Verbraucherpolitik hat durch ihre Gesetzgebung den Wettbewerb unter den Anbietern gesichert. Der Verbraucher soll hierdurch geschützt werden.

Das **Gesetz gegen Wettbewerbsbeschränkungen** (Kartellgesetz) verbietet eine Preisabsprache verschiedener Hersteller der gleichen Ware, die zu überhöhten Preisen führen könnte. Ausnahmen, wie beispielsweise die Absprache der Mindestpreise bei der Blumenspendenvermittlung durch die Fleurop GmbH, müssen vom Bundeskartellamt in Bonn genehmigt werden.

Das **Gesetz gegen den unlauteren Wettbewerb** soll den Wettbewerb zwischen mehreren Anbietern fördern und den Verbraucher schützen. Es verbietet Handlungen, die gegen die guten Sitten verstoßen, sowie unwahre und unlautere Werbung. Wird ein Verbraucher durch unwahre Werbeangaben zum Abschließen eines Kaufvertrages veranlasst kann er davon zurücktreten.

Abb. 936: Möglichkeit der Preisauszeichnung.

Auch Lockangebote sind nicht zulässig. Bietet z.B. ein Florist durch Werbeanzeigen im Frühjahr ein Sonderangebot an Kissenprimeln für EUR 0,50 das Stück an und hat tatsächlich nur zwei Pflanzen davon zum Verkauf vorrätig, so verstößt dieses Angebot gegen das Gesetz gegen den unlauteren Wettbewerb. Das Gesetz enthält mehrere **Sondervorschriften**. Sie regeln:

- den **Räumungsverkauf:** Der Zeitraum eines Räumungsverkaufes muss genau festgelegt sein, ebenso der Grund, z.B. „Räumungsverkauf vom 15.-30. März wegen Geschäftsaufgabe, Preise stark reduziert"). Im vorliegenden Beispiel darf nur Ware zum Verkauf angeboten werden, die bis zum 15. März angeliefert wurde.
- die **Auszeichnung der Ware:** Die Preisangabenverordnung schreibt vor, dass die Preise einschließlich der Mehrwertsteuer angegeben werden müssen. Dies gilt für alle Handels-, Handwerks-, Dienstleistungs- und Gaststättenbetriebe sowie für Banken. Ausgestellte Waren sind mit Preisschildern auszuzeichnen.

Abb. 937: Auch auf Zugaben wie Schnittblumenfrischhalter kann geworben werden.

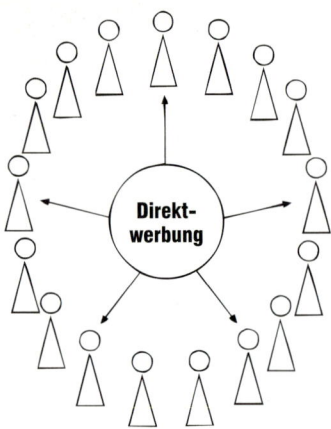

Abb. 938: Direktwerbung spricht einen vorher ausgesuchten Kundenkreis an.

Abb. 939: Ein Florist verschickt Einladungen zu einer Ausstellung; Beispiel für eine Direktwerbung.

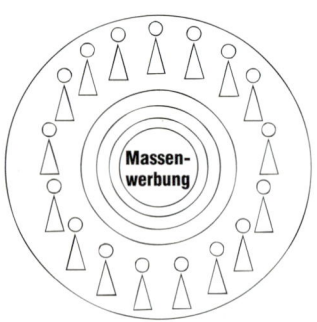

Abb. 940: Massenwerbung spricht einen Kundenkreis an, der vorher nicht ausgewählt wurde.

3.2.3 Werbearten

Die Werbung kann eingeteilt werden nach:
- der Zahl der angesprochenen Personen
- der Anzahl der werbenden Unternehmen
- dem Werbeinhalt

Direktwerbung – Der Florist erklärt seinen Kunden in einem Verkaufsgespräch die Vorteile seines Hydrokulturdienstes. Dies ist ein einfaches Beispiel für Direktwerbung. Andere Möglichkeiten bieten sich an durch:
- Verteilung von Kundenbriefen
- Austeilen von Handzetteln
- Verschicken von Postwurfsendungen

Eine Kundenkartei liefert die gewünschte Information über den anzusprechenden Personenkreis. Beispiele können sein:
- Firmen und Büros bekommen Angebote von Raumbegrünungen, wöchentlichen Schnittblumenlieferungen
- Restaurants und Hotels wird die Vielfalt der Dekorationsmöglichkeiten, wie Tischschmuck, Saaldekorationen, Blumenschmuck in Empfangshallen usw., angeboten

Auch Einladungen, die der Florist an seine Kunden verschickt, um auf besondere Ausstellungen in seinem Geschäft hinzuweisen, sind eine Direktwerbung. Mögliche Themen können sein:
- Blumenschmuck zur Advents- und Weihnachtszeit
- Brauchtumsbinderei zu Ostern
- Hochzeitsfloristik
- Grabschmuck zu den Totengedenktagen

Durch eine Direktwerbung wird nur der jeweils vorher ausgesuchte Personenkreis angesprochen.

Massenwerbung liegt dann vor, wenn ein vorher nicht ausgewählter Personenkreis angesprochen wird. Anzeigen in Zeitungen, Zeitschriften, auch die Hörfunk- und Fernsehwerbung, die so genannten Massenmedien zählen hierzu. Durch die Massenwerbung besteht die Möglichkeit, sich einen neuen potenziellen Käuferkreis zu erschließen.

Man spricht von **Einzelwerbung**, wenn ein einzelnes Unternehmen für seine Ware oder sein Ansehen wirbt. Die Einladung zu einer Ausstellung wäre ein Beispiel für eine Einzelwerbung.

Bei einer **Sammelwerbung** schließen sich mehrere Unternehmen unterschiedlicher Branchen zusammen, um gemeinsam zu werben. Dies können z.B. Werbegemeinschaften von Einkaufspassagen oder Einkaufsstraßen sein.

Die **Gemeinschaftswerbung** ist ein Zusammenschluss von mehreren Unternehmen derselben Branche, z.B. werben alle Blumenfachgeschäfte eines Ortes gemeinsam zum Valentinstag.

Abb. 941: Mehrere Unternehmen unterschiedlicher Branchen schließen sich in einer Sammelwerbung zusammen.

Durch ihre Mitgliedschaft beim Fachverband Deutscher Floristen sowie bei einer Organisation zur Blumenspendenvermittlung können Floristen bereits mit einem relativ geringen Werbebeitrag in eine auf Massenwerbung ausgerichtete Werbegemeinschaft eingebunden sein.

Die CMA erarbeitet eine breite Palette an Werbemitteln für den Blumenfachhandel. Wie bei allen Gemeinschaftswerbungen lassen sich auf dieser kostengünstigen Werbegrundlage eigene Aktivitäten aufbauen.

Abb. 942: Die CMA wirbt für Blumenfachgeschäfte.

Tradition und Exotik
Adventsausstellungen in vielen Blumenhäusern

ELMSHORN. „Advent. Advent, ein Lichtlein brennt ..." Wer am kommenden Sonntag die erste Kerze anzünden möchte und noch keinen schönen Adventskranz hat, sollte sich beeilen, wenn es etwas Besonderes sein soll. Natürlich ist der traditionelle Kranz - normaler Tannenkranz mit vier roten Kerzen - noch nicht ausgestorben, doch was die Elmshorner Blumenhäuser zur Adventszeit anbieten, sieht sicherlich etwas anders aus.

Abb. 943: Zeitungsberichte über Ausstellungen sind eine kostenlose Werbung für Floristen.

Produktwerbung – Wird für eine bestimmte Ware geworben, wie z.B. für fertig gepflanzte Balkonkästen, Brautsträuße, Tischdekorationen, spricht man von einer Produktwerbung.

Die **Imagewerbung** wirbt nicht für eine bestimmte Ware, sondern für das allgemeine Ansehen eines Fachgeschäftes, z.B. „Anspruchsvolle Floristik nur bei Blumen Vergissmeinnicht".

3.2.4 Werbemittel

Auf die Notwendigkeit eines einprägsamen Firmenzeichens ist bereits hingewiesen worden. Der Kunde soll durch den **Wiedererkennungseffekt** immer wieder darauf hingewiesen werden: Hier handelt es sich um die Firma „Blumen Vergissmeinnicht".

Werbung eines Blumenfachgeschäftes ist möglich durch:

* wechselnde Schaufensterdekorationen mit ansprechender Warenpräsentation
* Hinweise auf spezielle Dienstleistungen im Geschäft sowie im Schaufenster
* Fahrzeugwerbung
* Anzeigen in der Tagespresse
* Anzeigen in Anzeigeblättern, Vereinsnachrichten als Einzelanzeigen oder in Gemeinschaftsanzeigen
* PR-Berichte, z.B. ein Zeitungsbericht über Ausstellungen oder botanische Besonderheiten in einem Geschäft
* Handzettel, Postwurfsendungen
* Kundenbriefe
* Kinowerbung
* Verkehrsmittelwerbung
* Plakate
* Auslegen von Prospekten, Drucksachen

Abb. 944: Das Schaufenster mit wechselnden Dekorationen als Werbemittel.

Werbung durch Anzeigen – Mit der Imagewerbung hat das neu gegründete Blumenfachgeschäft die Möglichkeit, sich bekannt zu machen. Der schon bestehende Fachbetrieb zeigt damit die Vielfalt seiner Dienstleistungen an. Im Bewusstsein des Verbrauchers verläuft die Verankerung eines Firmennamens über einen längeren Zeitraum. Mindestens sechs regelmäßig aufeinander folgende Anzeigen sind notwendig. damit eine Wirkung erzielt wird. Die Abstände zwischen dem Erscheinen der einzelnen Anzeigen dürfen nicht länger sein als 14 Tage. Ansonsten stellt sich ein Wiedererkennungseffekt einer Anzeige nicht ein. Eine „Werbekette" führt zum Erfolg. Die Anzeigen sollten beispielsweise vor verkaufsstarken Tagen, am Wochenende, möglichst im Lokaltextteil oder in den Stadtteilbeilagen großer Tageszeitungen erscheinen. Da der Preis einer Anzeige durch ihre Größe bestimmt wird, ist bei einer Imagewerbung zu beachten, dass die Signalwirkung weniger durch die Größe als durch die Gestaltung zustande kommt. Ein klares Firmenzeichen und ein einprägsamer kurzer Text sollten sich in allen Anzeigen wiederholen. Als ausreichendes Grundmaß gilt:

einspaltig = Breite / 40 mm = Höhe.

Anzeigen für ein bestimmtes Warenangebot – Wird für Balkonpflanzen, Grabschmuck zu den Totengedenktagen oder Adventsschmuck geworben, so ist bei diesen gezielten, oft einmaligen Anzeigen neben dem klaren Firmenzeichen auf einen kurzen prägnanten Text zu achten. Diese Anzeigenart soll sofort ihre Wirkung zeigen. Sie muss daher größer sein als die Imageanzeige. Als Mindestgröße gilt: einspaltig/50 mm. Sie wird im Anzeigenteil der Zeitung platziert.

Anzeigenpreis – Der Preis einer Anzeige ist abhängig von der Auflage der erscheinenden Zeitung. Anzeigen im Textteil von Zeitungen und Zeitschriften sind teurer als Anzeigen in einem reinen Anzeigenteil. Eine wichtige Rolle spielt das Verbreitungsgebiet. Werden potentielle Kunden durch Anzeigen angesprochen?

Der Preis errechnet sich aus der Höhe (in mm) und der Breite (Zahl der Spalten). Eine zweispaltige Anzeige von 40 mm kostet bei einem angenommenen Preis von € 1,50 pro Millimeter:

40 mm x 2 = 80 mm

80 mm x € 1,50 = € 120,00

Die Anzeige kostet € 120,00.

Die aktuellen Preise sind bei den Verlagen zu erfragen. Anzeigenvertreter helfen bei Formulierungs- und Gestaltungsfragen.

3.2.5 Verkaufsfördernde Maßnahmen

Verkaufsfördernde Maßnahmen stützen sich in ihrer Werbewirksamkeit auf die Mund-zu-Mund Propaganda.

- Ein gut gestaltetes Schaufenster ist die beste Visitenkarte eines Fachgeschäftes. Die Dekoration sollte alle 14 Tage gewechselt werden. Es muss für den Kunden immer wieder interessant sein, wie sich die wechselnden Jahreszeiten im Angebot des Schaufensters darstellen (siehe Seite 323).
- Das Führen der Kundenkartei hält nicht nur die Kundenumsätze fest. Der Florist kann durch die bekannten Daten zu Geburtstagen, Jubiläen, Hochzeitstagen usw. ein kleines Blumenpräsent zusammen mit einem persönlichen Schreiben überreichen. Zudem können in der Kartei besondere Kundenwünsche wie Lieblingsblumen und -farbe sowie besondere Gestal-

Abb. 945: Ein klares Firmenzeichen und ein kurzer einprägsamer Text kennzeichnen die Anzeigen.

Abb. 946: Werkstücke einer Weihnachts- und Adventsausstellung.

Abb. 947: Einladung zu einer Adventsausstellung.

tungsarten festgehalten werden. Auch der gelegentliche Kunde sollte in einer Kartei aufgeführt werden. Durch Kennen seines Käuferverhaltens kann auch aus ihm ein Stammkunde werden.

Ausstellungen als Werbeveranstaltungen – Durch Ausstellungen im eigenen Geschäft kann der Florist die floristische Leistungsfähigkeit seines Betriebes darstellen.

Ausstellungen bieten zudem die Möglichkeit, ein persönliches Gespräch außerhalb des Geschäftsbetriebes mit dem Kunden zu führen. Zu beachten sind jedoch die Sonderregelungen des Ladenschlussgesetzes der einzelnen Bundesländer. Sie sind bei den einzelnen Ordnungsämtern zu erfragen.

Für Ausstellungen außerhalb der Ladenschlusszeiten gilt:
- Die Ausstellung muss beim Ordnungsamt angemeldet werden
- Sie muss vom Ordnungsamt genehmigt sein
- Es darf kein Verkauf stattfinden
- Es darf keine Beratung stattfinden
- Geschäftsinhaber und Mitarbeiter dürfen nicht anwesend sein
- Zur Kontrolle muss fremdes Wachpersonal eingesetzt werden
- Im Geschäft darf keine Eigenwerbung (Prospekte u.ä.) liegen
- In der Werbung muss deutlich angegeben werden „Ausstellung – keine Beratung – kein Verkauf".

Auch ein „Tag der offenen Tür", der den Kunden einen Blick hinter die Kulissen erlaubt, ist eine verkaufsfördernde Aktion, die einen Betrieb ins Gespräch bringt.

Durch Teilnahme an Gemeinschaftsausstellungen wie Gartenschauen oder regionalen Messen, können sowohl das Fachpublikum als auch potenzielle neue Kunden aufmerksam gemacht werden.

Oftmals ergibt sich für ein Blumenfachgeschäft die Möglichkeit, besonders attraktive Werkstücke als Ausstellungsobjekte für branchenfremde Geschäfte auszuleihen. Sie werden mit dem Firmenzeichen versehen und sind eine gute Werbung.

Aktionen, die vor allem dazu dienen, neue Kunden anzusprechen, können Gewinnspiele und Preisausschreiben sein.

3.2.6 Aufstellen eines Werbeplans, eines Werbeetats und die Werbeerfolgskontrolle

Werbeplanung im Rahmen der CMA-Kampagnen

Jahres-Aktionsplan (Beispiel)

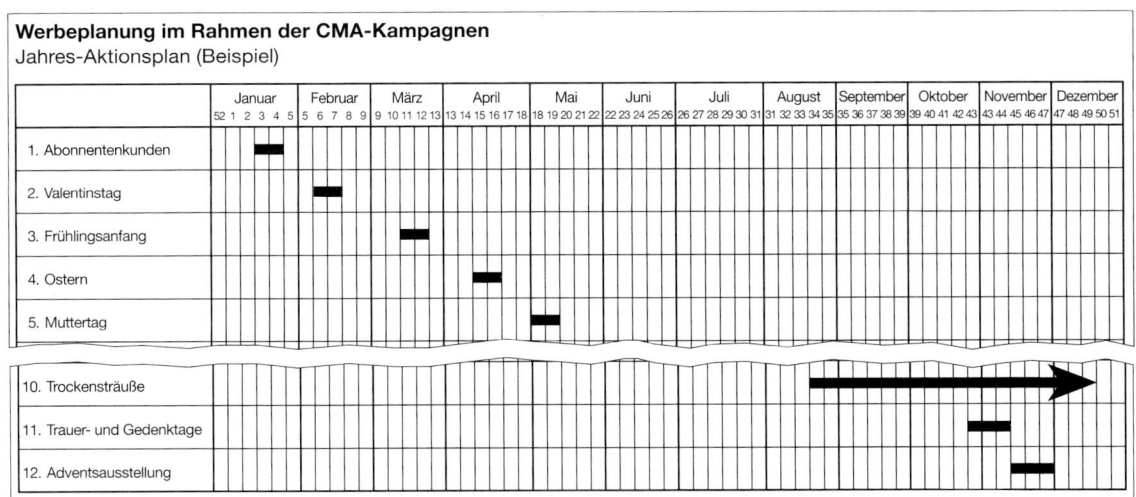

Werbeplanung im Rahmen der CMA-Kampagnen
Jahres-Aktionsplan (Beispiel)

	Januar 52 1 2 3 4 5	Februar 5 6 7 8 9	März 9 10 11 12 13	April 13 14 15 16 17 18	Mai 18 19 20 21 22	Juni 22 23 24 25 26	Juli 26 27 28 29 30 31	August 31 32 33 34 35	September 35 36 37 38 39	Oktober 39 40 41 42 43	November 43 44 45 46 47	Dezember 47 48 49 50 51
1. Abonnentenkunden												
2. Valentinstag												
3. Frühlingsanfang												
4. Ostern												
5. Muttertag												
10. Trockensträuße												
11. Trauer- und Gedenktage												
12. Adventsausstellung												

Abb. 948: In einem Werbeplan wird das Konzept eines ganzen Jahres festgelegt.

Werbung darf nicht ziellos und nicht ohne ein Konzept gemacht werden. Sie kann nur dann erfolgreich sein, wenn ihr ein Konzept zugrunde liegt.

Die Werbeziele müssen ausgearbeitet, die zur Verfügung stehenden Mittel festgelegt, die geplanten Maßnahmen zeitlich und inhaltlich formuliert werden.

In einem **Jahreswerbeplan** wird zeitlich genau festgelegt, für welchen Zeitraum werbe- und verkaufsfördernde Aktivitäten geplant werden. Das Gerüst bilden die umsatzstarken Tage, Valentinstag, Muttertag, Ostern, die Balkon- und Beetpflanzensaison, Advent und Weihnachten. Die CMA oder fachbezogene Organisationen, wie der Fachverband Deutscher Floristen, Fleurop, Teleflor, bieten hierfür einen Werberahmen und Hilfsmittel für einzelbetriebliche Aktivitäten an.

Zusätzliche Verkaufsschwerpunkte können maßgeschneidert für jedes Blumenfachgeschäft geschaffen werden, z.B. Aktionsthemen wie Frühlingsanfang, Sommeranfang, Sommersträuße, Pflanzen für die Fensterbank, Trockensträuße, floraler Raumschmuck. Sie fallen selbstverständlich in bisher umsatzschwache Tage, welche aus Aufzeichnungen vergangener Jahre leicht ermittelt werden können. Aktionsthemen hierfür können z. B. sein:

- Frühlingsanfang
- Sommeranfang
- Sommersträuße
- duftende Freilandrosen
- Ferien in „Balkonia"
- Pflanzen für die Fensterbank
- Trockensträuße
- floraler Raumschmuck.

Werbung ist eine „Investition" in die Zukunft und die dafür im Voraus zu veranschlagenden Mittel sind schwer abzuschätzen. Damit aber der Florist weiß, ob sich der Einsatz seiner Werbemittel auszahlt und damit er für die kommenden Jahre gewisse Erfahrungswerte sammeln kann, ist eine schriftliche **Werbeerfolgskontrolle** notwendig. Kundenzahl, Gesamtumsatz, Umsatz der einzelnen Warengruppen werden vor und während einer Werbeaktion festgehalten. Vergleiche mit Kunden- und Umsatzzahlen des Vorjahres zeigen, ob die einzelne Aktion erfolgreich war.

Am Jahresende wird der Aufwand für Werbung ins Verhältnis zum Umsatz gesetzt und das Ziel für das kommende Jahr daraufhin festgelegt. Eine allgemein gültige Regel für die Höhe der Werbeausgaben in einem Blumenfachgeschäft gibt es natürlich nicht. Der vertretbare Richtwert liegt derzeit bei 3 bis 5% des Umsatzes.

Werbeerfolgskontrolle (Schema für Kontrollbogen)

Aktion: _____ Kosten: € _____

Woche vor Aktion Datum	Umsatz	Kundenzahl	Woche des Werbeeinsatzes Datum	Umsatz	Kundenzahl
Mo	€		Mo	€	
Di	€		Di	€	
Mi	€		Mi	€	
Do	€		Do	€	
Fr	€		Fr	€	
Sa	€		Sa*	€	
So	€		So	€	

* Wenn Werbeeinsatz an einem Samstag erfolgt, auch noch die nachfolgende Woche kontrollieren.

		Datum	Umsatz	Kundenzahl
Vergleich:	Vorwoche		€	
	Werbewoche		€	
	Unterschied ±		€	

Abb. 949: Durch Erfolgskontrollen wird der Einsatz der Werbemittel kontrolliert.

3.3 Verkaufskunde

3.3.1 Rechtliche Grundlagen

Die rechtlichen Grundlagen sind gesetzlich festgelegt im BGB (Bürgerliches Gesetzbuch) und HGB (Handelsgesetzbuch). Rechtsfähigkeit ist die Fähigkeit, Träger von Rechten und Pflichten zu sein. Die **Rechtsfähigkeit** beginnt mit der Vollendung der Geburt, sie endet mit dem Eintritt des Todes.

Geschäftsfähigkeit ist die Fähigkeit, Rechte und Pflichten durch Rechtsgeschäfte, z.B. Kauf, erwerben zu können. Ein Geschäftsfähiger kann rechtswirksam Willenserklärungen abgeben und rechtswirksam Verträge abschließen. Die Geschäftsfähigkeit richtet sich nach dem Alter.

Die **beschränkte Geschäftsfähigkeit** beginnt mit Vollendung des 7. Lebensjahres und endet mit dem 18. Lebensjahr. Willenserklärungen von Personen, die beschränkt geschäftsfähig sind, müssen die Einwilligung des gesetzlichen Vertreters haben. Nach Vollendung des 18. Lebensjahres sind beschränkt geschäftsfähig: Personen, die wegen Geistesschwäche, Verschwendung, Trunksucht oder Rauschgiftsucht entmündigt sind, sowie Personen, die unter vorläufiger Vormundschaft stehen.

Personen unter 7 Jahren sind geschäftsunfähig. Ihre Willenserklärung ist nichtig. Für sie handeln die gesetzlichen Vertreter (Eltern, Vormund, Pfleger).

Auch nach Vollendung des 18. Lebensjahres sind folgende Personen geschäftsunfähig: Dauernd Geisteskranke oder wegen Geisteskrankheit entmündigte Personen.

Personen, die das 18. Lebensjahr vollendet haben, sind **voll geschäftsfähig**.

Abb. 950: Rechtliche Grundlagen sind in HGB und BGB festgelegt.

3.3.2 Blumenverkauf als formloser Kaufvertrag

Der alltägliche Verkauf im Blumenfachgeschäft an einen Kunden direkt ist ein formloser Kaufvertrag. Er wird mündlich abgeschlossen. Vertragsabschluss und Vertragserfüllung fallen zusammen. Deshalb sind sie nicht als einzelne Rechtsgeschäfte zu erkennen.

Die einzelnen Rechtsgeschäfte beim Kauf eines Straußes sind:

- der Kaufvertrag
  1. Antrag vom Käufer
     „Ich möchte einen Strauß zum Geburtstag meiner Frau".
  2. Antrag vom Verkäufer
     „Ich habe hier einen farbenprächtigen Sommerstrauß für EUR 20,00."
  3. Annahme durch den Käufer
     „Der gefällt mir, den nehme ich".

- das **Verfügungsgeschäft** über die **Ware:** Der Strauß wird dem Kunden übergeben und das Eigentum an dem Strauß ihm übertragen.

- das **Verfügungsgeschäft** über das **Geld:** Das Geld wird dem Floristen übergeben und das Eigentum daran ihm übertragen.

Abb. 951: Einteilung der Geschäftsfähigkeit nach dem Lebensalter.

Abb. 952: Beispiel für einen formlosen Vertragsabschluss.

Gibt der Kunde in seinem Kaufvertrag eine **Bestellung** auf, die später geliefert werden soll, so handelt es sich um ein **Verpflichtungsgeschäft**. Der Florist verpflichtet sich, zu einem späteren Zeitpunkt eine Blumenlieferung auszuführen. **Allgemeine Geschäftsbedingungen** (AGB) werden in vereinheitlichter Form den Mitgliedern von Wirtschaftsverbänden empfohlen. Sie werden Bestandteil eines Vertrages, wenn der Kunde bei Vertragsabschluss entweder durch deutlich sichtbaren Aushang oder aber ausdrücklich auf sie hingewiesen wird und mit ihnen einverstanden ist. Einzelvertragliche Abmachungen haben Vorrang vor dem AGB. Das Gesetz zur Regelung des Rechts der allgemeinen Geschäftsbedingungen („AGB-Gesetz") soll den Kunden davor schützen, dass seine Rechte durch das „Kleingedruckte" eingeschränkt werden.

3.3.3 Störung bei Vertragserfüllung

Bei einem Kaufvertrag haben Käufer und Verkäufer Rechte und Pflichten. Werden diese nicht erfüllt, so ist der Vertrag gestört.

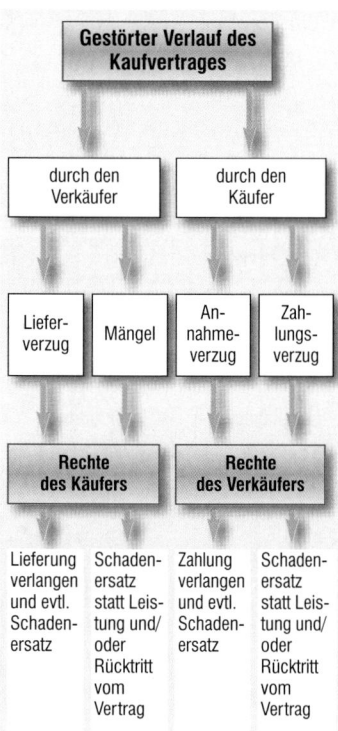

Abb. 953: Mögliche Störungen beim Erfüllen eines Vertrages und die Rechte der Vertragspartner.

ALLGEMEINE GESCHÄFTSBEDINGUNGEN DER BLUMENFACHGESCHÄFTE
(Stand Okt. 89)

§1 Geltung der Bedingungen
Lieferungen, Leistungen und Angebote des Blumenfachgeschäfts erfolgen ausschließlich aufgrund der einheitlich geltenden „Allgemeinen Geschäftsbedingungen der Blumenfachgeschäfte".

§2 Vertragsabschluss
Schriftliche Angebote des Blumenfachgeschäfts können nur unverzüglich angenommen werden, es sei denn, dass eine längere Bindung vereinbart ist. Nebenabreden sollen schriftlich gefasst werden.

§ 3 Preise
Die Preise des Blumenfachgeschäfts verstehen sich einschließlich der gültigen Umsatzsteuer. Zusatzleistungen, die über den eigentlichen Pflanzen- und Blumenverkauf hinausgehen, sind gesondert zu vergüten, also etwa Anlieferungen, Versand, Extrabeiwerk, Sonderverpackungen, Karten, Änderungen von Gebinden, Materialien, Arrangieren an drittem Ort usw.

§ 4 Fälligkeit
Die Lieferungen des Blumenfachgeschäfts sind sofort in bar zu vergüten, sofern nicht ausnahmsweise ein Zahlungsziel vereinbart wird. Schecks oder Wechsel werden nur zahlungshalber angenommen.

§ 5 Lieferzeit und Gefahrtragung
Vorausbestellte Ware ist am vereinbarten Tag anzuliefern und abzunehmen. Bei Bestellungen für Sonn- und Feiertage ist das Blumenfachgeschäft berechtigt, die Ware am Vortag anzuliefern. Wird der Kunde am Vortag nicht angetroffen, wird das Blumenfachgeschäft die vorausbestellte Ware am vereinbarten Tag anliefern. Jede Versendung oder Anlieferung erfolgt auf Rechnung und Gefahr des Kunden. Das Blumenfachgeschäft haftet nicht bei unleserlicher, unvollständiger oder falscher Lieferanschrift. Für vom Kunden beigegebene Begleitwaren haftet das Blumenfachgeschäft nur bei grob fahrlässiger oder vorsätzlicher Beschädigung oder Zerstörung.

§ 9 Gewährleistung und Haftung
1) Hat der Kunde Waren vorausbestellt, so können die gelieferten Blumen bzw. Pflanzen in Struktur und Farbe gegenüber den besichtigten Pflanzen abweichen, soweit dies handelsüblich ist, es sei denn, dass eine spezielle Vereinbarung über Sorte und/oder Farbe getroffen wurde.
2) Ist die gelieferte Ware mangelhaft oder fehlen ihr zugesicherte Eigenschaften, ist das Blumenfachgeschäft zunächst berechtigt, nach seiner Wahl dem Kunden Ersatz zu liefern oder nachzubessern. Schlägt die Nachbesserung oder die Ersatzlieferung fehl, kann der Kunde nach seiner Wahl Herabsetzung des Kaufpreises oder Rückgängigmachung des Vertrages verlangen.
3) Offensichtliche Mängel müssen dem Blumenfachgeschäft unverzüglich, spätestens jedoch innerhalb von 46 Stunden nach der Lieferung, möglichst schriftlich mitgeteilt werden. Die mangelhaften Waren sind in dem Zustand, in dem sie sich zu dem Zeitpunkt des Mangels befinden, zur Besichtigung durch das Blumengeschäft bereitzuhalten. Ein Verstoß gegen die vorstehenden Verpflichtungen schließt jede Gewährleistung aus.
4) Das Blumenfachgeschäft leistet keinen Ersatz bei Nichteinhaltung von Pflegehinweisen.
5) Schadensersatzansprüche aus Unmöglichkeit der Leistung, wegen Nichterfüllung, aus positiver Forderungsverletzung, aus Verschulden bei Vertragsabschluss und aus unerlaubter Handlung sind ausgeschlossen, soweit der Schaden nicht vorsätzlich oder grob fahrlässig verursacht wurde.
6) Von den Blumenfachgeschäften gelieferte Keramiken können aufgrund ihrer natürlichen Porösität eine gewisse Wasseraufnahme besitzen; sie sind nicht als wasserdicht, sondern als mehr oder weniger wasserundurchlässig zu bezeichnen. Der Kunde kann deshalb keinen Ersatz für Schäden leisten, die dadurch entstehen, dass der Kunde es unterlässt, zusätzlich Überlaufgefäße, Wasserauffangschalen oder ähnliche wasserdichte Behälter aufzustellen.

§ 7 Eigentumsvorbehalt
Sämtliche Waren bleiben bis zur vollständigen Bezahlung Eigentum des Inhabers des Blumenfachgeschäfts.

§ 8 Erfüllungsort
Erfüllungsort ist der Sitz des Blumenfachgeschäfts.

Abb. 954: Allgemeine Geschäftsbedingungen der Blumenfachgeschäfte.

In einem Blumenfachgeschäft sollte eine Einigung mit dem Kunden außergerichtlich erreicht werden. Einerseits um Kundenverbindungen zu erhalten und andererseits, um hohe Kosten bei Klagen vor Gericht zu sparen. Der Florist sollte jedoch die Rechtslage bei Streitfällen genau beurteilen können.

Nicht-Rechtzeitig-Lieferung – Liefert ein Florist die bestellte Ware nicht oder aber verspätet, gerät er in Lieferungsverzug. Der Kunde hat in diesem Fall:

- Recht auf Lieferung und Schadensersatz wegen verspäteter Lieferung
- das Recht, die Lieferung abzulehnen und von seinem Kaufvertrag zurückzutreten
- das Recht, die Lieferung abzulehnen und Schadensersatz wegen Nichterfüllung zu erhalten.

Schlechtleistung (mangelhafte Lieferung) – Der Florist hat gegenüber seinem Kunden als Käufer eine **Gewährleistungspflicht.**
Er muss gewährleisten, dass die gelieferte Ware frei von Mängeln ist. Schnittblumen müssen z.B. frisch sein, Keramikartikel dürfen nicht angestoßen sein. Wird mangelhaft geliefert, kann der Käufer in einer **Mängelrüge** beanstanden. Dies kann formlos geschehen. Reklamiert jedoch zum Beispiel ein Florist eine mangelhafte Lieferung bei einem Großhändler, so ist eine schriftliche Anzeige per Einschreiben aus Gründen der Beweissicherung vorzuziehen.

Mängel können sein:

- **Mängel in der Art:** Statt der bestellten roten Rosen wurden gelbe geliefert
- **Mängel in der Beschaffenheit:** Die Ware ist beschädigt. Die Blüten der gelieferten Rosen sind abgebrochen
- **Mängel in der Qualität:** Statt der bestellten langstieligen roten Rosen der Ia-Qualität wurde kurze Bundware geliefert
- **Mängel in der Menge:** Statt der bestellten 25 sind nur 15 Rosen geliefert worden.

Der Käufer muss hierbei Fristen einhalten. Diese **Rügefrist** ist gesetzlich festgelegt. Sie endet 2 Jahre nach Lieferung, kann aber abhängig vom verkauften Produkt (z.B.: Blumen, Lebensmittel) verkürzt sein.
Ist die Beanstandung berechtigt, hat der Käufer das Recht auf Nachbesserung oder Neulieferung.

Nicht-Rechtzeitig-Zahlung – Zahlt ein Käufer die erhaltene Ware schuldhaft nicht termingerecht, so gerät er durch Mahnung in Verzug.
Bedeutung kommt hierbei dem **Zahlungstermin** zu.
Wenn der Zahlungstermin nicht kalendarisch genau vereinbart wurde, gerät der Käufer 30 Tage nach Rechnungszugang ohne Mahnung in Verzug. Diese Rechtsprechung gilt jedoch nur, wenn die Rechnung einen entsprechenden Hinweis enthält.
Ohne Mahnung in Verzug gerät der Käufer, wenn der Zahlungstermin kalendarisch genau festgesetzt wurde: „Zahlungstermin der am 01.08.03 an Sie gelieferten Hydrokultur ist der 10. 08.03"
Der Verkäufer kann bei Nicht-Rechtzeitig-Zahlung Verzugzinsen in Rechnung stellen. Der Zinssatz hierfür beträgt 5 Prozentpunkte über dem Basiszinssatz.

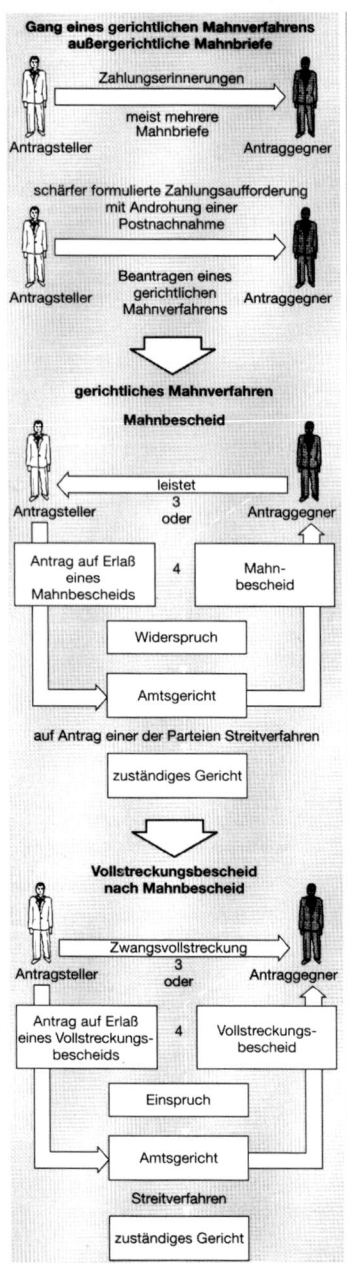

Abb. 955: Der Ablauf eines Mahnverfahrens ist im BGB geregelt.

Abb. 956: Die regelmäßigen Verjährungsfristen beginnen unabhängig von der Fälligkeit der Rechnung mit Ende des Kalenderjahres.

Verjährung

Um Beweisschwierigkeiten zu vermeiden, die oft nach längerer Zeit auftreten können, sind gesetzliche Verjährungsfristen festgesetzt. Innerhalb dieser Frist kann ein Anspruch gesetzlich geltend gemacht werden. Nach Eintritt der Verjährung ist der Schuldner berechtigt, die Leistung zu verweigern.

Die **regelmäßige Verjährungsfrist** beträgt drei Jahre und betrifft die meisten Ansprüche. Sie beginnt mit dem Schluss des Jahres, in dem der Anspruch entstanden ist. Für eine Fälligkeit am 8.8.2003 beginnt demnach die Verjährungsfrist am 31.12.2003 und endet am 31.12.2006.

Bei Rechten an einem Grundstück ist die Verjährungsfrist auf zehn Jahre festgelegt und beginnt mit der Entstehung des Anspruchs.

In 30 Jahren verjähren unter anderem Familien- und erbrechtliche Ansprüche sowie rechtskräftig festgestellte Ansprüche aus vollstreckbaren Urteilen.

Die Verjährung kann durch eine **Hemmung** für eine bestimmte Zeit aufgehalten werden, z.B. durch

- Erhebung der Klage auf Leistung
- Zustellung des Mahnbescheids im Mahnverfahren
- bei höherer Gewalt wie z.B. durch Umweltkatastrophen

Die Vollendung der Verjährung wird hier um den Zeitraum der Hemmung hinausgeschoben. Eine Unterbrechung der Verjährung bewirkt zum anderen, dass diese nach Beendigung der Unterbrechung von neuem zu laufen beginnt. Die Zeit der Unterbrechung wird nicht auf die Verjährung angerechnet. Eine Verjährung kann vom Schuldner unterbrochen werden, wenn vom Schuldner der Anspruch anerkannt wird z.B. durch Abschlagszahlungen. Schuldanerkenntnis durch Schuldschein, Stundungsgesuch oder Angebot einer anderweitigen Verrechnung. Vom Gläubiger wird sie anerkannt, wenn, z.B. rechtzeitig ein Mahnbescheid in einem gerichtlichen Mahnverfahren zugestellt wird, wenn er Klage erhoben hat oder Antrag auf Erlass eines Vollstreckungsbescheides gestellt hat, wenn er im Konkursfall seine Ansprüche angemeldet hat.

3.3.4 Ladenöffnungszeiten

Die Ladenöffnungszeiten werden durch das Ladenschlussgesetz gesetzlich vorgeschrieben. Dieses Gesetz legt fest, zu welchen Zeiten Verkaufsstellen geschlossen sein müssen:

– an Sonn- und Feiertagen
– montags bis freitags bis 06.00 Uhr und ab 20.00 Uhr
– samstags bis 06.00 Uhr und ab 20.00 Uhr
– an den vier aufeinanderfolgenden Samstagen vor dem 24. Dezember bis 06.00 Uhr und ab 18.00 Uhr, am 24. Dezember, wenn dieser Tag auf einen Werktag fällt, bis 06.00 Uhr und ab 14.00 Uhr.

Ausnahmeregelungen bestehen z.B. in Kur- und Erholungsorten, auf Bahnhöfen, Flugplätzen, oder Fährhäfen, sowie für einzelne Branchen. Neben Apotheken, Tankstellen, Zeitungskiosken und Bäckereien z.B. gehören hierzu auch die Blumenfachgeschäfte.
Diese dürfen auch an Sonn- und Feiertagen für die Dauer von zwei Stunden geöffnet sein. Am 1. November (Allerheiligen), am Volkstrauertag, am Totensonntag und am 1. Adventssonntag ist eine Ladenöffnung von sechs Stunden möglich.
Blumengeschäfte in einem Umkreis bis zu 300 m von Friedhöfen dürfen außerdem sonnabends auch bis 17 Uhr geöffnet sein.

In einer Sonderregelung kann jährlich maximal viermal sonntags eine zusätzliche Öffnung aller oder einzelner Branchen für höchstens fünf zusammenhängende Stunden erlaubt werden.

3.3.5 Verkaufsgespräch

Durch das Verkaufsgespräch soll der Florist eine Atmosphäre schaffen, in welcher sich der Kunde wohl fühlen soll. Indem er auf sein Angebot hinweist, regt der Florist zum Kauf an. Er hat ferner die Möglichkeit, durch ein geschickt geführtes Kundengespräch den Verkauf zu steuern.
Der Kunde eines Blumenfachgeschäftes erwartet ein abwechslungsreiches Sortiment, eine fachmännische floristische Beratung, Geschmack und handwerkliches Können bei der Zusammenstellung von Werkstücken.
Er möchte die Atmosphäre eines Ladens spüren.
Dem Floristen kommt neben der Aufgabe des Blumenfachmanns eine Rolle zu, die zunehmend an Bedeutung gewinnt: die des Verkäufers.

 Neben verkaufsfördernden Maßnahmen der Ladengestaltung und Warenpräsentation hängt es vor allem vom Floristen selbst ab, welche Umsätze in seinem Geschäft getätigt werden.

Abb. 958: Der Florist sollte das aktuelle Tagessortiment seines Geschäftes kennen.

Der angehende Florist ist verständlicherweise unsicher und nicht jeder ist ein geborener Verkäufer. Doch gibt es Grundregeln, die der Florist beherrschen und auch in seinem späteren Berufsleben immer wieder überprüfen sollte.

Die **äußere Erscheinung** entscheidet oft viel, ohne dass ein Wort gesprochen wurde. Der Florist sollte sauber und gepflegt, gut frisiert und korrekt gekleidet sein. Auch die Arbeitskleidung muss sauber sein. Ein Namensschild gibt dem Kunden die Möglichkeit, den Floristen auch persönlich anzureden und sich namentlich auf ihn zu berufen.

Vorbedingungen – Der Florist muss das aktuelle Tagessortiment seines Geschäftes kennen. Vor Öffnung des Ladens verschafft er sich einen Überblick über das vorhandene Angebot an Schnittblumen und Pflanzen. Dabei erfragt er, welche Blumen der Jahreszeit, welche Besonderheiten, z.B. Orchideen, Exoten, ausgefallene Werkstücke, er seinen Kunden anbieten kann. Auch muss er wissen, welche Blumen schnell verkauft werden müssen, weil sie eine geringe Haltbarkeit haben.

Der Florist sollte genau den **Tagesgeschäftsablauf** und die Möglichkeiten kennen, die sein Geschäft als **Dienstleistung** den Kunden anbieten kann:
- Wann und woher wird Ware angeliefert?
- Welches sind die Tagesstunden bzw. Wochentage der höchsten Kundenfrequenz?
- Zu welcher Tageszeit können Blumenlieferungen zugestellt werden?
- Wie hoch sind die Liefergebühren?
- Wie schnell kann ein Werkstück nach Wünschen des Kunden angefertigt werden?
- Wie hoch sind die Mindestpreise für die einzelnen Werkstücke?
- Welche Zusatzkosten entstehen für Geschenkverpackung, Topfmanschette?

Abb. 959: Betritt ein Kunde den Laden, wird er persönlich begrüßt.

Kontaktaufnahme – Betritt ein Kunde den Laden, wird er persönlich begrüßt. Ist sein Name bekannt, wird er mit diesem angeredet. Der Florist geht einige Schritte auf den Kunden zu, um zu signalisieren: „Ich bin für Sie da! Ich habe Zeit für Sie!" Beim Sprechen sieht er den Kunden an (Blickkontakt).

Unhöflich ist es, wenn der Florist den hereintretenden Kunden nur flüchtig begrüßt, ohne dabei seine Arbeit zu unterbrechen. Er gibt damit zu verstehen: „Sie stören mich bei der Arbeit, ich möchte Sie eigentlich nicht so gerne bedienen."

Auch persönliche Gespräche der Floristen untereinander erwecken bei Kunden den Eindruck, dass er nicht erwünscht sei.

Bedient der Florist gerade einen Kunden und ein weiterer Kunde betritt das Geschäft, so wird auch der neu hinzukommende Kunde freundlich begrüßt. Der Florist kann natürlich jetzt nicht seinen ersten Kunden stehenlassen und auf den neuen zugehen. Der zweite Kunde sieht ja, dass der Florist gerade bedient und er weiß, dass ihm später genauso viel Aufmerksamkeit zukommen wird. Durch einen freundlichen Gruß wird auch dem wartenden Kunden die Dienstbereitschaft in Aussicht gestellt. Der Florist merkt sich die Reihenfolge der eintretenden Kunden und bedient sie entsprechend. Er sagt seinen Kollegen, in welcher Reihenfolge die Kunden bedient werden. Dem Kunden wird dadurch ein Gefühl der Sicherheit gegeben. Er spürt: „Hier bin ich gut aufgehoben. Man bemüht sich um mich."

Abb. 960: Persönliche Gespräche der Floristen untereinander erwecken beim Kunden den Eindruck, dass er nicht erwünscht sei.

Verliert der Florist doch einmal die Übersicht, so kann er diese schnell wieder erhalten, indem er fragt:

„Werden Sie schon bedient?"

Die Kunden stellen dann meist von sich aus die richtige Reihenfolge her.

Unhöflich sind unpersönliche, in den Raum geworfene Fragen „Wer ist der Nächste?" „Wer kommt denn jetzt dran?"

Ein abwechslungsreich gestalteter Verkaufsraum (siehe S. 325), vorgefertigte Werkstücke, Bildmaterial mit Werkstücken zu verschiedenen Anlässen, Pflegetipps an den ausgestellten Pflanzen geben dem wartenden Kunden die Möglichkeit, sich zu beschäftigen.

Hat ein Kunde warten müssen, bis er bedient werden konnte, so ist es selbstverständlich, dass der Florist sich für dessen Geduld bedankt.

Bedarfsanalyse – In welcher Form der Florist einen Kunden nach der Begrüßung weiter anspricht, hängt überwiegend vom Auftreten des Kunden ab. Der Florist geht auf die Wünsche des Kunden ein, doch führt er das Verkaufsgespräch so, dass die Zeit optimal genutzt wird.

Abb. 961: Der Florist merkt sich die Reihenfolge der eintretenden Kunden.

Der entschlossene Kunde betritt das Geschäft mit festen Vorstellungen:

„Ich möchte bitte 10 von den roten Rosen"- oder etwa: „Bitte geben Sie mir den Strauß für 14 Euro!" Durch seine bestimmte Aussage gibt er zu erkennen: „Ich habe meine Wahl getroffen".

Eine freundliche Bestätigung durch den Floristen ist hier angebracht: „Ja gerne, ich binde Ihnen 10 von den kräftigen roten Rosen", bzw. „Ja gerne, ich hole Ihnen den Frühlingsstrauß für 14 Euro aus dem Schaufenster." Der Florist weist freundlich auf weitere Angebote hin:

„Darf ich Ihnen noch etwas Schleierkraut, Adiantum und Gräser zu den Rosen binden?"...

„Möchten Sie den Strauß als Geschenk verpackt haben?"

Eine unnötige Verlängerung dieses Verkaufsgespräches ist nicht angebracht. Eine Bedarfsanalyse ist bei diesem Kundentyp nicht notwendig.

Der **weniger entschlossene Kunde**, der es offensichtlich eilig hat, wird vom Floristen angesprochen mit den Worten:

„Kann ich Ihnen behilflich sein?" – „Kann ich Ihnen helfen?"

Bemerkt der Florist, dass sein Kunde sich in Ruhe das Angebot im Laden anschaut, dass er sich offensichtlich mehr Zeit für die Wahl seines Kaufes nehmen möchte, kann er durch einen **Bezug zu seinem Angebot** den Kunden ansprechen:

„Bei diesen wunderschönen roten Rosen handelt es sich um die Neuzüchtung Sonnenuntergang".

„Dieses Werkstück zeigt doch wirklich das leuchtende Farbspiel des Herbstes".

Abb. 962: Das Auftreten des Kunden bestimmt, wie der Florist auf dessen Wünsche eingeht.

Abb. 963: Bemerkt ein Florist, dass sich ein Kunde in Ruhe das Angebot im Laden anschaut, kann er durch einen Bezug zum Angebot die Bedarfsanalyse einleiten.

Abb. 964: Sind die gewünschte Blumenart oder das gewünschte Werkstück nicht vorhanden, muss der Florist die Wünsche seines Kunden erfragen.

Abb. 965: Der Kunde erwartet im Fachgeschäft eine fachkundige Beratung.

Hat der Florist die vom Kunden gewünschten Blumen vorrätig, so ist bei der Bedarfsanalyse nur die gewünschte Menge zu erfragen. Sind die gewünschte Blumenart oder aber ein gewünschtes Werkstück nicht vorhanden, muss der Florist die **Wünsche** seines Kunden **erfragen**. Nur wenn der Florist diese kennt, kann er aus seinem Sortiment das Passende für ihn auswählen. Der Florist muss in diesem Fall Fragen stellen, damit er von seinem Kunden hierzu Informationen erhält. Er darf dabei jedoch nicht indiskret sein. Er muss dem Kunden zuhören und anschließend dessen Wünsche **kurz zusammenfassen**. Damit vergewissert er sich, dass er seinen Kunden richtig verstanden hat.

Eine geeignete Frage hierfür ist: „Möchten Sie die Blumen verschenken?"
Wünscht der Kunde einen Blumenschmuck für den Eigenbedarf, so wird er meist auf diese Frage hin von sich aus ergänzende Angaben machen:
„Nein, ich möchte einen Strauß für meinen Kaffeetisch,
....eine Pflanze für mein sonniges Wohnzimmerfenster,
....etwas, das wenig Pflege braucht, für mein Büro".

Möchte der Kunde die Blumen verschenken, so wird er dem Floristen mitteilen, wofür er die Blumen braucht:
„Ja, ich möchte Blumen zum Geburtstag meiner Urgroßmutter,
...Blumen für eine Geschäftseröffnung.
...einen Strauß zur Geburt."

Durch Angaben zur Person (männlich/weiblich), des Alters und des Anlasses sind dem Floristen nun Anknüpfungspunkte für das weitere Gespräch gegeben.

Hat der Florist durch die Antwort des Kunden auf seine erste Frage keine ausreichende Information erhalten, so kann er ergänzend fragen: „Sind die Blumen für einen bestimmten Anlass gedacht?'

 Sind dem Floristen die Wünsche seines Kunden nicht genau bekannt, kann er ihm kein treffendes Angebot unterbreiten. Er wird ziellos etwas vorschlagen. Dadurch verwirrt er den Kunden unnötig. Und dieser ärgert sich, weil er sich falsch verstanden fühlt. Außerdem geht kostbare Zeit verloren.

Präsentation des Angebotes – Hat der Florist die Wünsche ermittelt, unterbreitet er seinem Kunden Vorschläge. Dabei ist es wichtig, dass er **Bezug zu seinem Angebot** nimmt. Er nennt die Blumen und Pflanzen mit ihrem Namen, zeigt und beschreibt sie und nennt ihren Preis. Als Fachmann kann er seinem Kunden Unterschiede erklären und auf Besonderheiten aufmerksam machen:
„Dieses Adiantum eignet sich gut für die Fensterbank Ihres Badezimmers,
...dieser Ficus 'Starlight' wird die Heizungsluft in Ihrem Wohnzimmer gut vertragen".

Er kann zeigen, durch welches Beiwerk ein Strauß „mehr Fülle" bekommt, welche Blütenformen einen Strauß „leicht und zart" erscheinen lassen.

Durch richtige Argumente hat der Florist die Möglichkeit, den Verkauf zu steuern, indem er **Vorteile hervorhebt**:
„Dieser kurze rundgebundene Frühlingsstrauß aus Vergissmeinnicht, Anemonen und Freesien ist besser als Tischschmuck für die Taufe Ihrer Tochter geeignet als jene Strelitzien".

Merkt der Florist, dass der Kunde mit seinem Vorschlag absolut nicht einverstanden ist, sollte er zwanglos einen neuen Vorschlag unterbreiten. Der Kunde sollte niemals gegen seine Überzeugung zum Kauf überredet werden. Führen auch mehrere Vorschläge nicht zum Erfolg, so ist eine höfliche vorsichtige Nachfrage angebracht:

„Glauben Sie nicht, dass eines der vorgeschlagenen Werkstücke für diesen Anlass geeignet wäre?"

Der Kunde wird sich hierauf meist für eine Sache entscheiden oder zumindest seine Bedenken verdeutlichen.

Ist ein Kunde angesichts der Fülle des Angebotes oder auch von sich aus vollkommen entschlussunfähig, weiß der Florist ihm die Entscheidung abzunehmen: „Als Jubiläumspräsent würde ich mich an Ihrer Stelle für dieses gepflanzte Werkstück mit den dekorativen Bromelien entscheiden."

Doch nur einem wirklich unentschlossenen Kunden darf eine Entscheidung auf diese Art abgenommen werden. Der Florist soll in jedem Fall die **volle Zustimmung** zu seinem ausgewählten Angebot erreichen.

Sinnvolle **Zusatzverkäufe** können den Vorschlag des Floristen abrunden und gleichzeitig den Umsatz erhöhen:

„Ihr Strauß würde gut in diese preiswerte Vase passen, der Strauß für Ihre kranke Mitarbeiterin wäre dann im Krankenhaus gut versorgt,

...mit dieser dekorativen blauen Schleife könnten wir Ihre schöne Karte zur Geburt des kleinen Hannes an Ihrem Strauß befestigen,

...düngen Sie Ihre Begonie einmal wöchentlich mit diesem Flüssigdünger, der durch seine Zusammensetzung besonders die Blütenbildung fördert und Sie werden viel Freude daran haben."

Preisargumentation

„Über Geld spricht man nicht ...", jedenfalls nicht am Anfang eines Verkaufsgespräches. Die typische, oft gestellte Frage: „Wie teuer soll der Strauß denn sein?", nimmt dem Floristen nicht nur jeglichen Spielraum der Preisgestaltung nach oben. Sie beinhaltet ja eigentlich auch, dass der Preis der Ware nicht angemessen, sondern zu hoch, eben „zu teuer" ist.

 Alle Schnittblumen, Pflanzen, Werkstücke und Zusatzartikel müssen für den Kunden gut sichtbar und leserlich ausgezeichnet sein.

Äußert ein Kunde von sich aus den Wunsch, „einen Strauß für € 10,00" zu kaufen, so ist dies oft nur eine ungefähre Größenordnung. Wird der Florist gezielt nach Preisen gefragt, so sollte er die **Preise in Vorteile verpacken:**
„Dieses Alpenveilchen zu € 7,60 hat viele kräftige Knospen, ... diese herrlich blühende Azalee zu € 15,30 entspricht Ihren Preisvorstellungen und ist als Präsent für die Praxiseinweihung besonders attraktiv."
„...Dies ist ein besonders arbeitsaufwendiger, sehr individueller Wandkranz, ein besonderes Einzelstück, er kostet € 92,00." „Jener dekorative Wandkranz aus Textilblumen wurde maschinell in großer Stückzahl gefertigt, er kostet € 17,90."
Der Florist sollte den **Wert** seiner Waren und Werkstücke **verkaufen** und nicht den Preis.

Abb. 966: Artikel des Zusatzsortiments eignen sich als Dekoration.

Abb. 967: Unentschlossenen Kunden kann der Florist das Passende anbieten.

Abb. 968: Der Florist soll den Preis seiner Ware in Vorteile verpacken.

Abb. 969: Zeigen Sie dem Kunden seine Blumen oder Pflanzen vor dem Verpacken nochmals von der besten Seite.

Abschluss des Verkaufsgespräches

Hat ein Kunde sich entschieden, zeigt der Florist durch sein weiteres Interesse an ihm, dass er auch beim nächsten Kauf gerne wieder zur Verfügung steht. Er bestätigt den Kunden in der Wahl seiner Blumen. Wenn ein Strauß oder ein Werkstück angefertigt werden müssen, wird der Kunde um etwas Geduld gebeten. Der fertige Strauß, das fertige Werkstück werden ihm vor dem Einpacken noch einmal gezeigt. Der Florist lobt hierbei den Kaufentscheid seines Kunden und bestärkt hiermit seine Sicherheit, dass er bei ihm genau das Richtige gefunden hat.

Der Kunde soll anschließend bezahlen und wird zur Kasse gebeten. Auch hier gilt es, dem Kunden gegenüber eine höfliche Formulierung zu verwenden: „Wollen Sie bitte so freundlich sein, dort an der Kasse zu zahlen?"

„Darf ich Sie bitten, mir zur Kasse zu folgen?"

Die Kasse muss selbstverständlich genügend Wechselgeld enthalten, um dem Kunden unnötige Wartezeit zu ersparen. Hat der Kunde bezahlt und seine Ware erhalten, bedankt sich der Florist bei ihm und verabschiedet sich. Wenn es die Situation im Geschäft erlaubt, werden Kunden selbstverständlich zur Tür begleitet.

Hilfen zur Gesprächsführung

Im Folgenden sollen einige Beispiele zur Führung eines Verkaufsgespräches gegeben werden. Der Kunde muss in jedem Fall das Gefühl haben, dass der Florist auf ihn eingeht. Durch **offene Fragen** erhält der Florist Informationen von seinem Kunden. Auf die offene Frage: „Welches sind die Lieblingsblumen der Braut?", wird der Bräutigam. der einen Brautstrauß in Auftrag gibt, dem Floristen Anhaltspunkte geben, an denen er sich orientieren kann.

Geschlossene Fragen ermöglichen nur ein „Ja" oder „Nein" als Antwort und könnten zum Ende des Gespräches führen. „Möchten Sie Ihren Brautstrauß aus roten Rosen gebunden haben?"

Auch wenn der Kunde Einwände vorbringt, zeigt er dadurch sein Interesse z.B. an einer Pflanze, an der farblichen Zusammenstellung eines Straußes, der Gestaltungsart eines Werkstückes. Hier ist es wichtig, in welcher Weise der Florist darauf eingeht.

Harte Formulierungen verärgern den Kunden: „Das ist falsch, ... das stimmt nicht, ... das können Sie nicht beurteilen."

Weiche Formulierungen geben dem Kunden die Gewissheit, dass er ernst genommen wird: „Ich kann verstehen, dass Sie jetzt im warmen Sommer gerne die haltbaren Chrysanthemen verschenken möchten. Darf ich Sie vielleicht vor Ihrer Wahl auf unser heutiges Sortiment an frischen, duftender Freilandrosen hinweisen. Diese Rosen entsprechen der Jahreszeit, sie sind von kräftigem Wuchs und haben eine große Blüte. Zusammengebunden mit diesem herrlichen blauen Salbei und zarten Gräsern als Beiwerk würden Sie bestimmt bei Ihrer Abendeinladung mit diesem Strauß großen Anklang finden."

Durch bedingte Zustimmung kann der Florist die Einwände seines Kunden aufheben, um ihm die Vorteile seiner Ware gegenüberzustellen:

„Es ist richtig, dass die Phalaenopsis eine empfindliche Orchidee ist. Temperaturen unter 15 Grad Celsius verträgt sie nicht. Sie will besonders warm ste-

hen und liebt eine hohe Luftfeuchtigkeit. Wenn Sie ihr einen hellen Standort in Ihrem Wohnzimmer geben können und beachten, dass sie sparsam gegossen wird, werden Sie lange Freude daran haben. Für ein ausreichendes Mikroklima können Sie sorgen, indem Sie in den Übertopf eine Drainage aus kleinen Steinen einbauen. Hierein gießen Sie etwas Wasser zum Verdunsten und achten darauf, dass die Pflanze nicht im Wasser steht. Wir haben viele Kunden, die mit dieser Methode ihre Orchidee lange am Blühen erhalten."
Der Florist hat den negativen Einwand des Kunden zum Anlass genommen, um Vorteile seiner Ware klar herauszustellen.

Abb. 970: Der Florist muss auf Einwände des Kunden eingehen.

 Redewendungen wie „aber, ... nur, ... da muss ich aber" zeigen, dass der Florist seine Dienstbereitschaft nicht gerne anbietet.

Verlangt ein Kunde z.B. rote Edelnelken, der Florist hat diese aber nicht vorrätig, so ist es unklug zu antworten: „Nein, ich habe aber nur rosa Nelken." Der Käufer erhält den Eindruck, dass dieses Geschäft nicht gut sortiert ist und der Florist ihm nichts verkaufen kann. Antwortet der Florist höflicher und weniger abweisend, führt er das Verkaufsgespräch und erhält somit gewünschte Informationen. Sein Kunde hat ja das Blumenfachgeschäft in der Absicht betreten, etwas bei ihm zu kaufen: „Es tut mir leid, ich kann Ihnen heute keine roten Edelnelken anbieten. Ich habe hier jedoch kräftige Edelnelken in Rosa." Der Florist erhält entweder Zustimmung auf seinen Vorschlag oder kann ergänzend fragen: „Liegt Ihnen daran, Nelken zu verschenken oder möchten Sie einen Strauß mit roten haltbaren Blumen?"

Die Hilfsbereitschaft des Floristen kann auch ausgedrückt werden, wenn eine bestimmte Ware beschafft werden muss: „Ich habe eine Medinilla, die sich Ihre Tochter zum Geburtstag wünscht, leider heute nicht vorrätig. Ich erkundige mich gerne bei meiner Gärtnerei, ob dort eine Pflanze für Sie vorhanden ist". Ungeschickt wäre zu antworten: „Ich müsste mal in der Gärtnerei anrufen, ob die so eine Medinilla haben." Das zeigt dem Kunden, dass der Florist eigentlich nicht telefonieren möchte, nur wenn er gezwungen wäre.

Sein Entgegenkommen zeigt der Florist auch wenn er sich über eine gewünschte Auskunft selbst informieren muss: „Ich schaue gerne nach, ob es möglich ist, einen Strauß nach Kleinkleckersdorf durch die Blumenspendenvermittlung zu vermitteln".

Verunsichert wird der Kunde, wenn der Florist in dieser Weise antwortet: „Ich weiß auch nicht, ob Kleinkleckersdorf angeschlossen ist. Da müsste ich erst einmal nachschauen."
Der Kunde hat in diesem Fall den Eindruck, dass der Florist, den er als Fachmann um Rat fragt, genauso wenig weiß wie er selbst.

Dienstleistungen, die vom Floristen erbracht werden, haben ihren Preis:
„Für die Auslieferung Ihres Straußes erheben wir eine Gebühr von € 7,60, wenn wir ihn durch unseren Fahrer ausliefern lassen. Außerhalb dieser Zeit kann ich Ihnen die Auslieferung durch einen Kurierdienst zu € 15,20 anbieten."

Der Preis für die gewünschte Dienstleistung darf dem Kunden nicht als „Strafe" genannt werden:

„Wir sollen den Strauß ausliefern? Wir liefern aber nur vormittags und das kostet dann aber € 7,60."

Im täglichen Geschäftsablauf sollte jeder Florist seine Gesprächsführung überprüfen. Die Fachorganisationen bieten hierfür zahlreiche, auf den Floristen zugeschnittene Verkaufsschulungen an.

12 Kontaktregeln
1. Kommt ein Kunde, hören private Gespräche auf.
2. Kunden gehen allen anderen Dingen vor.
3. Ein freundlicher Gruß ist selbstverständlich.
4. Ebenso ein freundlicher Gesichtsausdruck und möglichst die namentliche Kundenansprache.
5. Sie sehen dem Kunden in die Augen und widmen ihm alle Aufmerksamkeit.
6. Auch bei Weitschweifigkeiten des Kunden unterbrechen Sie nicht grob.
7. Sie machen unentschlossene Kunden nicht mit eigener Ungeduld nervös.
8. Sie reden nicht herablassend.
9. Sie zeigen Verständnis für die Wünsche und gehen auf die Einwände ein, einfach weil Sie ihm aufmerksam zuhören.
10. Sie widersprechen nicht und werden sich hüten, ihm die eigene Meinung aufzudrängen.
11. Stimmungen und Ärger lassen Sie aus dem Geschäft.
12. Sie bleiben auch dann freundlich, wenn der Kunde einmal nichts kauft, denn Sie wissen, jeder Kontaktfehler kann Sie mehr als allein diesen Kunden kosten, sondern auch seine Freunde und Bekannten.

Abb. 971: Kontaktregeln.

Reklamationen

Beanstandungen kommen in jedem Geschäft trotz größter Sorgfalt einmal vor. Für den Kunden sowie für den Floristen sind dies unangenehme Situationen.

An erster Stelle steht, den Ärger des Kunden abzubauen, den Sachverhalt zu klären und Konsequenzen daraus zu ziehen.

Als wichtigste Regel gilt, den Kunden ausreden zu lassen, ihn nicht zu unterbrechen.

Der Kunde kann gegebenenfalls in die Beratungsecke geführt werden, wenn mehrere Personen im Geschäft anwesend sind. Der Florist sollte stets höflich und sachlich bleiben und versuchen, sich in die Situation des Kunden hineinzuversetzen: „Ich kann Sie verstehen. Auch ich wäre ärgerlich, wenn mein Rosenstrauß schon nach einem Tag welken würde."

Durch **Strukturfragen** versucht der Florist sich ein klares Bild über den tatsächlichen Sachverhalt zu verschaffen: „Wann haben Sie die Rosen gekauft, wie lange sind die Blumen ohne Wasser gewesen, haben die Rosen einen neuen Anschnitt erhalten?"

Abb. 972: Als wichtigste Regel bei Reklamationen gilt, den Kunden ausreden zu lassen.

Ist eine Reklamation eindeutig berechtigt, sollte selbstverständlich die mangelhafte Ware schnell und unkompliziert ersetzt werden. Für fehlerhaftes Verhalten in der Dienstleistung, wie z.B. dem Ausliefern eines Straußes zum falschen Termin, wird sich der Florist entschuldigen und eine Ersatzlieferung anbieten.

Auch in Fällen, in denen eine Reklamation nicht eindeutig berechtigt ist, sollte der Florist großzügig sein und sofort Ersatz liefern.

Kann ein Florist des Geschäftes eine Beanstandung nicht selbst bearbeiten, leitet er sie sofort weiter, z.B. an den Geschäftsinhaber, den Floristmeister, den leitenden Floristen.

Um künftigen Reklamationen vorzubeugen, ist eine innerbetriebliche Aufarbeitung der Reklamationsursache notwendig. Aus Fehlern muss man lernen:

- War die Reklamation einmalig oder ist sie bereits häufiger vorgekommen?
- Wer war verantwortlich?
- Wurde nicht einwandfreie Ware geliefert?
- War ein Verhalten des Floristen schuld?
- Was kann zur Behebung der Reklamationsursache getan werden?

Abb. 973: Nicht jede Reklamation ist berechtigt!

Als **Leitfaden** für das Reklamationsgespräch hat sich die **LIMO**-Regel bewährt:

L – Den Kunden **loben,** dass er sich an Sie gewandt hat

I – Dem Kunden gegenüber **Interesse** zeigen

M – Bestehende **Mängel** ehrlich zugeben, nicht anzweifeln

O – Dem Kunden gegenüber **offen** sein; „Verdunkelungstaktik" kann ihn noch mehr verärgern.

Häufige Reklamationen sind für ein Blumenfachgeschäft keine gute Werbung. Ihre möglichen Ursachen sind durch ständiges Überprüfen des Verkaufsverhaltens und durch einwandfreie Ware so gering wie möglich zu halten.

Verkaufsgespräch am Telefon

Voraussetzung für den reibungslosen und schnellen Ablauf eines Telefongespräches ist ein gut eingerichteter Telefonplatz. Hier befinden sich:

- Auftragsformulare, Notizblock, Kugelschreiber
- Liste der Kontokunden, die unbar auf Rechnung kaufen
- Liste der Zustellgebühren
- Verzeichnis der Orte und Nebenorte für die Blumenspendenvermittlung
- Fernsprechbuch
- Buchstabiertabelle
- Taschenrechner

Inland		Ausland	
A	Anton	A	Amsterdam
Ä	Ärger	B	Baltimore
B	Berta	C	Casablanca
C	Cäsar	D	Danmark
ch	Charlotte	E	Edison
D	Dora	F	Florida
E	Emil	G	Galipoli
F	Friedrich	H	Havanna
G	Gustav	I	Italia
H	Heinrich	J	Jerusalem
I	Ida	K	Kilogramme
J	Julius	L	Liverpool
K	Kaufmann	M	Madagaskar
L	Ludwig	N	New York
M	Martha	O	Oslo
N	Nordpol	P	Paris
O	Otto	Q	Quebec
Ö	Ökonom	R	Roma
P	Paula	S	Santiago
Q	Quelle	T	Tripoli
R	Richard	U	Upsala
S	Samuel	V	Valencia
Sch	Schule	W	Washington
T	Theodor	X	Xanthippe
U	Ulrich	Y	Yokohama
Ü	Übermut	Z	Zürich
V	Viktor		
W	Wilhelm		
X	Xanthippe		
Y	Ypsilon		
Z	Zacharias		

Abb. 974: Buchstabiertabellen erleichtern die Verständigung bei Namen und Anschriften.

Für das Verkaufsgespräch am Telefon steht weniger Zeit zur Verfügung als für die Beratung im Laden. Jede Gebühreneinheit kostet Geld. Nur erfahrene und eingearbeitete Mitarbeiter sollten das Telefon bedienen. Hier muss sich der Florist besonders deutlich und klar ausdrücken.

Der Florist nennt den Namen des Geschäftes sowie seinen eigenen. Er merkt sich den Namen seines Gesprächspartners und redet ihn jedes Mal mit diesem Namen an. Das gibt dem Anrufer das Gefühl, dass er auch am Telefon individuell und persönlich beraten wird. Der Florist notiert während des Gespräches die Wünsche des Kunden, formuliert kurz sein Angebot, eventuell mit Alternativen und lässt sich dies vom Kunden bestätigen.

Auch hier bedankt sich der Florist für den erteilten Auftrag und verabschiedet den anrufenden Kunden namentlich.

3.3.6 Blumenspendenvermittlung als Service

Als Mitglied in einer der beiden Organisationen (siehe Seite 305) für Blumenspendenvermittlung (Fleurop, Teleflor) hat der Florist die Möglichkeit, im Auftrag seines Kunden Blumen auch außerhalb des eigenen Lieferbereiches zustellen zu lassen.

Fleurop GmbH - Die Fleurop ist die älteste der Organisationen für die Blumengrußvermittlung. Ihr gehören weltweit etwa 54000 Floristen als Mitglieder an, davon 7400 in Deutschland.

Der Unterorganisation **Allflora** gehören in Deutschland 2700 Mitglieder an. Diese nehmen nur Aufträge zur Weitervermittlung an, führen aber selbst keine Auslieferung durch.

Grundlage für die ordnungsgemäße Vermittlung ist ein Verzeichnis aller Fleurop-Mitglieder und aller Orte, die diese beliefern. Dieses Verzeichnis wird von der Fleurop-Zentrale in verschiedenen Formen herausgegeben:

– als Buch jedes Jahr mit den Mitgliedern und Haupt- und Nebenorten,
– als Computerdatei für das Merkursystem von Fleurop aktualisiert jede Woche.

Eine Liste der Preise gibt Auskunft über den Mindestpreis einer Blumenlieferung inklusive der Stadtzustellung. Bei Lieferung in Nebenorte ist der Mindestpreis erhöht.

Auftragsannahme: Für die Vermittlung eines Fleurop-Auftrages gibt es verschiedene Möglichkeiten: per Telefon, Telefax, Brief oder durch das Merkur-Computersystem. Wird der Fleurop-Auftrag nicht über das Merkur-Computersystem abgewickelt, steht dem Floristen für die Annahme und Weiterleitung ein Auftragsblock mit gelbem Schreibfeld zur Verfügung.

Die Angaben des Fleurop-Auftrages umfassen:
– das Lieferdatum
– den Empfängernamen und die Empfängeranschrift, möglichst mit Telefonnummer
– den Blumenwunsch mit Alternative
– die Art einer Grußkarte
– den Kartentext
– den Auftragswert

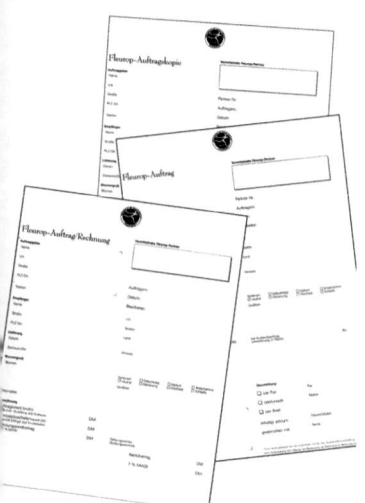

Abb. 975: Der „Auftragsblock" für Annahme, Weitergabe und Abrechnung von Fleurop-Aufträgen.

Der Florist notiert den Namen und die Anschrift des Auftraggebers sowie das Annahmedatum für eventuelle Rückfragen, ferner das Auslieferungsdatum.
Hierbei muss darauf geachtet werden, dass Blumenlieferungen generell nur während der Ladenöffnungszeiten möglich sind. An Sonn- und Feiertagen wird normalerweise nicht geliefert. Hiervon abweichende Lieferwünsche des Kunden sowie Lieferungen zu einer bestimmten Uhrzeit sind vor Vergeben des Auftrages mit dem ausführenden Kollegen telefonisch abzuklären.
Wichtig für eine richtige Auslieferung ist die genaue Anschrift des Empfängers (Postleitzahl, Ort, Straße, Hausnummer, eventuell zu Gast bei ..., Telefonnummer).
Bei schriftlich weitergeleiteten Aufträgen wird der Kunde gebeten, diese genau auf dem beigefügten Brief aufzuschreiben. Dem ausführenden Fleuropkollegen wird durch eine korrekte Anschrift u.U. viel Zeit und Mühe erspart.

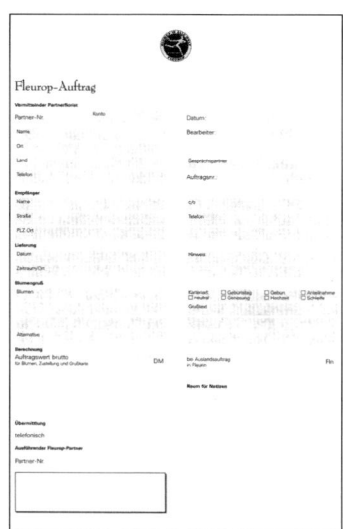

Abb. 976: Bei telefonischer Weiterleitung eines Auftrags erleichtert die genaue Reihenfolge der Daten die Bearbeitung.

Die Kundenwünsche hinsichtlich der Blumenspende werden kurz und genau aufgeschrieben. Eine fachkundige Beratung durch den Floristen ist hier besonders wichtig. Er muss wissen, welche Schnittblumen und Pflanzen saisonal bedingt zur Verfügung stehen, welche Preise die Blumen haben, welches

Preisgefälle z.B. zwischen Großstädten und ländlichen Gebieten und auch regional bestehen kann.

Er muss vermerken, ob der gewünschte Strauß kurz und rundgebunden sein soll oder etwa lang und dekorativ. Der Florist weiß durch sein Kundengespräch, wie die Vorstellungen des Auftraggebers sind. Dem ausführenden Kollegen muss er diese Wünsche verständlich übermitteln.

Er gibt zusätzlich eine Alternative an, falls die gewünschten Blumen nicht vorrätig sind. Als Beratungshilfen, auch für Auslandsaufträge, stehen Abbildungen mit vorgefertigten Werkstücken im Mitgliederverzeichnis zur Verfügung.

Der Preis eines Fleurop-Auftrages setzt sich folgendermaßen zusammen:
– Auftragswert inklusive Liefergebühren und Mehrwertsteuer
– plus Servicepauschale von EUR 4,00 bei Inlands- und EUR 8,00 bei Auslandsaufträgen.

Wird ein Fleurop-Auftrag telefonisch vermittelt, so benutzt der ausführende Florist für seine Auftragsannahme den Telefonblock mit grauem Schreibfeld. Um bei eventuellen Rückfragen Zeit zu sparen, werden die Namen der Gesprächspartner notiert.

Die Abrechnung der Aufträge erfolgt einmal monatlich über die Fleurop-Konten der Mitglieder durch die Zentrale in Berlin. Ein besonderer Abrechnungsmodus lässt dem vermittelnden Fleurop-Kollegen einen Bonus zukommen. Dieser wird dem ausführenden Kollegen vom Auftragswert abgezogen. Der Florist zahlt monatlich Werbebeiträge. Seine anteiligen Verwaltungskosten werden nach der Anzahl seiner Aufträge berechnet.

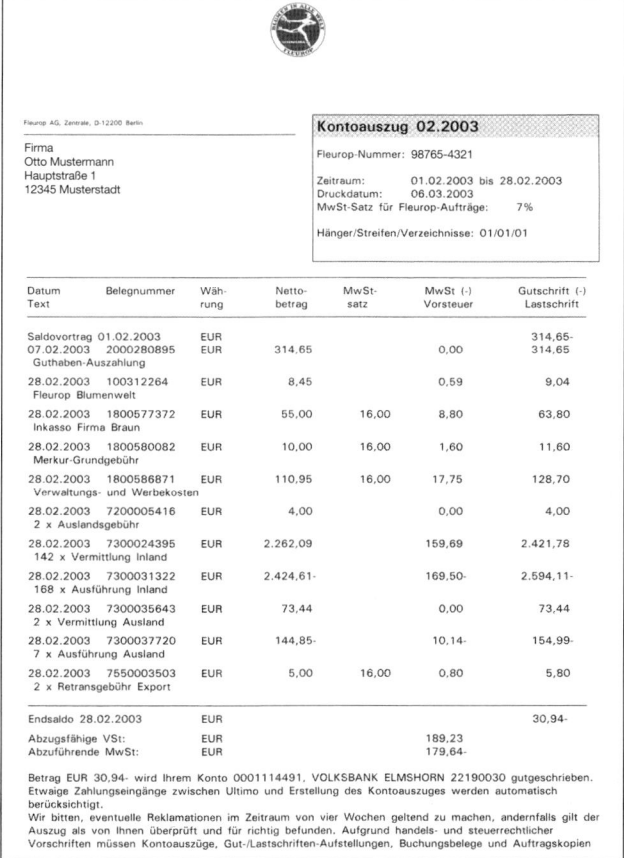

Abb. 977: Jedes Fleurop-Mitglied erhält einmal monatlich eine Abrechnung.

Abb. 978: Fleurop-Cheques als Alternative zu einem Fleurop-Auftrag.

Um die Aufwendungen der Dienstleistungen (Servicepauschale, Liefergebühren) zu sparen, können alternativ Fleurop-Cheques angeboten werden. Diese können in jedem Fleurop-Fachgeschäft eingelöst werden. Schecks für das Ausland sind in der Fleurop-Währung Fleurin erhältlich. Ihre Gültigkeit ist auf ein Jahr begrenzt. Zum gedruckten Nennwert muss der Kunde eine Bearbeitungsgebühr von EUR 0,50 pro Cheque entrichten.

Seit 1993 hat die Fleurop zusätzlich ein eigenes Computernetz, das Merkursystem eingeführt. Die daran angeschlossenen Fleurop-Partner sind untereinander mit der Fleurop-Zentrale als Zwischenstation verbunden. Die Verwaltung der Aufträge, ihre Weiterleitung soll hierdurch erleichtert und frei von Übermittlungsfehlern gehalten werden. Die Aufträge werden automatisch bei Durchgabe auf dem jeweiligen Fleurop-Konto des Floristen in der Zentrale registriert.

Die **Ausführung** eines Fleurop-Auftrages erfordert vom Floristen besondere Sorgfalt. Eine beigefügte Garantiekarte gibt dem Empfänger die Sicherheit, dass preisgerecht und in einwandfreier Qualität geliefert wurde.

Durch gute Fleurop-Lieferungen kann der Florist neue Stammkunden gewinnen und auf das floristische Angebot seines Geschäftes aufmerksam machen. Die Fleurop-Zentrale versorgt jedes Mitglied mit den notwendigen Formularen zur Abrechnung. Auch Geschäftspapiere können von ihr bezogen werden. Eine monatlich erscheinende Zeitschrift informiert über Veränderungen bei der Fleurop, Entwicklungen in der Floristik sowie über Weiterbildungsveranstaltungen.

Fleurop-Garantie

DIE FLEUROP GMBH GEWÄHRLEISTET IM RAHMEN DER LIEFER-BEDINGUNGEN DIE GEWISSENHAFTE ABWICKLUNG JEDES FLEUROP-AUFTRAGES. UNSERE GARANTIE UMFASST:

- LIEFERUNG DER BESTELLTEN WARE
- IN FRISCHER, EINWANDFREIER QUALITÄT
- ZUM VEREINBARTEN TERMIN
- ZU DEM PREIS, DER AM TAG DER LIEFERUNG IN DEM AUSLIEFERNDEN FLEUROP-FACHGESCHÄFT GILT

SOLLTEN SIE TROTZDEM EINMAL GRUND ZUR BEANSTANDUNG HABEN, KÖNNEN SIE SICH SELBSTVERSTÄNDLICH AN IHR AUSLIE-FERNDES FLEUROP-FACHGESCHÄFT WENDEN. WENN SIE DIE BEAN-STANDETE WARE SPÄTESTENS AM ERSTEN WERKTAG NACH DER LIEFERUNG VORLEGEN, ERHALTEN SIE SOFORT NATURALERSATZ. GESTALTET IM FLEUROP FACHGESCHÄFT:

FLEUROP GMBH · LINDENSTRASSE 3 - 4 · 12207 BERLIN
TELEFON 030/7 13 71 - 0 · FAX 030/7 13 71 - 198

Abb. 979: Eine Garantiekarte wird jedem Fleurop-Auftrag beigefügt.

Die **Teleflor-Welt-Blumendienst GmbH** besteht seit 1954. Ihr gehören in Deutschland ca. 3 500 Floristen an. Ein Teilnehmerverzeichnis erscheint als Broschüre einmal jährlich. Dieses enthält ein Verzeichnis der Mitbelieferungsorte für Deutschland und Österreich sowie eine Liste der absoluten Mindestpreise der übrigen Teilnehmerländer.

Die Teleflor-Welt-Blumendienst GmbH schreibt ihren Teilnehmern für die Vermittlung von Aufträgen innerhalb Deutschlands keine Mindestpreise vor. Bei der Vermittlung von Aufträgen ins Ausland sind jedoch Mindestpreise festgesetzt (siehe die blauen Seiten im Teilnehmerverzeichnis).

Auftragsannahme: Für die Vermittlung von Aufträgen im Geschäft steht ein Auftragssatz zur Verfügung. Er besteht aus fünf Scheinen. Jeder dieser Auftragssätze ist mit einer achtstelligen Auftragsnummer versehen. Dies dient der Kontrolle bei der Abrechnung. Der Zentrale muss sowohl ein Schein des annehmenden als auch des ausführenden Floristen mit übereinstimmender Auftragsnummer vorliegen.

Der Kunde erhält den Originalschein mit den umseitigen Liefergebühren als Quittung.

Die weiße und die gelbe Durchschrift erhält das ausführende Geschäft. Bei telefonischer Auftragsdurchgabe werden diese vernichtet.

Der rote Schein wird zur Abrechnung an die Zentrale in Preetz geschickt. Der blaue Schein verbleibt als Beleg beim annehmenden Floristen.

Mit Ausnahme von Österreich werden alle Auslandsaufträge an die Zentrale weitergeleitet, welche dann die Vermittlung übernimmt. Die Zentrale übernimmt innerhalb Deutschlands und Österreichs auch die Vermittlung von Blumenspenden in solche Orte, die nicht im Mitbelieferungsverzeichnis aufgeführt sind. Hier wird eine pauschale Liefergebühr erhoben.

Zur Annahme von telefonischen Aufträgen dient ein weißes Formular mit blauer Durchschrift. Es enthält ein freies Feld für die achtstellige Auftragsnummer. Der anrufende Florist nennt die Auftragsnummer seines Auftragssatzes sowie seine Teilnehmernummer.

Der Preis eines Teleflor-Auftrages setzt sich zusammen aus:
- dem Warenwert
- dem Preis für eine Karte, wenn die ausführende Firma liefert
- der Zustellgebühr (jeder Teilnehmer legt seine Zustellgebühr fest und nennt sie der Teleflor zur Bekanntgabe im Verzeichnis)
- bei Auslandsaufträgen: einen Auslandszuschlag von EUR 6,00
- einer Vermittlungsgebühr von 10 %
- dem Porto
- der Telefongebühr

Die Mehrwertsteuer ist in den Preisen enthalten.

Die Abrechnung erfolgt über die Zentrale in Preetz einmal monatlich. Von allen ausgeführten Aufträgen erhält die Zentrale eine Gebühr von 10 % des Warenwertes. Diese wird zur Deckung der Verwaltungskosten verwendet.

Bei der Verrechnung von Auslandsaufträgen werden jeweils dem ausführenden Floristen zusätzlich 20% des Warenwertes abgezogen. Diese werden dem vermittelnden Floristen als Bonus gutgeschrieben. Der Teleflor-Welt-Blumendienst bietet seinen Kunden zusätzlich Gutscheine an. Sie gelten in Deutschland.

Abb. 980: Der Auftragssatz für die Vermittlung von Teleflor-Aufträgen ist mit einer achtstelligen Auftragsnummer versehen.

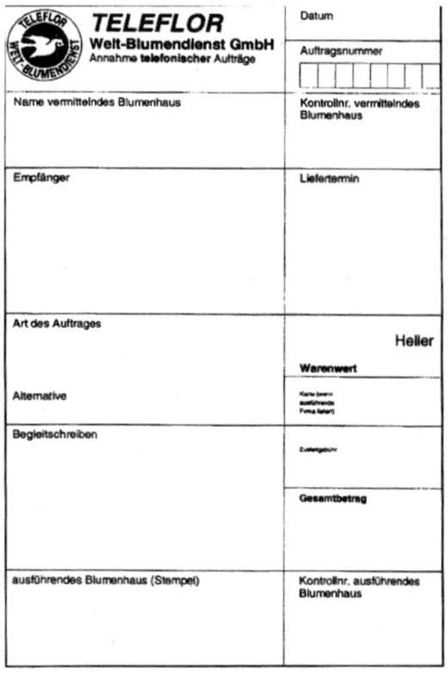

Abb. 981: Bei der Annahme von telefonischen Teleflor-Aufträgen wird zur Kontrolle eine achtstellige Auftragsnummer eingetragen.

Abb. 982: Teleflor-Gutscheine als zusätzliches Service-Angebot des Teleflor Welt-Blumendienstes.

3.3.7 Warenzustellung als Dienstleistung

Die Zustellung von Blumen im Auftrag des Kunden ist neben dem fachlichen Können, dem ausgesuchten Sortiment und der guten Beratung eine Dienstleistung, die das Blumenfachgeschäft vom BIumensupermarkt unterscheidet. Die dadurch entstehenden Kosten können nicht durch eine entsprechend höhere Kalkulation bei den Blumen aufgefangen werden. Der Verbraucher weiß, dass er z.B. bei Inanspruchnahme eines Reparaturdienstes seiner Waschmaschine, eines Klempners, einer Autopannenhilfe zusätzlich zur geleisteten Arbeitszeit auch die An- und Abfahrt bezahlen muss. Dies wird in den entsprechenden Rechnungen klar aufgeführt. Das sind Kosten, die auch ein Florist in Rechnung stellen muss. Eine für den Kunden sichtbare Liste gibt eine Übersicht über die **Liefergebühren,** die nach Entfernung und Zeitaufwand berechnet werden.

Blumenlieferungen in Nähe des Geschäftes können zu Fuß oder mit dem Fahrrad zugestellt werden. Auch wenn hier keine „Kosten" entstehen, ist zu berücksichtigen, welche Zeit dafür in Anspruch genommen wird.

Für Blumenlieferung in weitere Entfernung steht ein **Firmenfahrzeug** zur Verfügung. Es sollte stets gut gewartet sein, eine „Panne" unterwegs würde die Lieferung verzögern. Das Fahrzeug sollte gut sichtbar den Firmennamen und das Firmenzeichen tragen (siehe Seite 364).

Die Einstellung eines Fahrers hängt von der Betriebsgröße ab. Durch Festlegen bestimmter täglicher Lieferzeiten kann der Florist die hohen Kosten dieser Dienstleistung verringern. Kunden werden Verständnis haben, dass zusätzliche Kurierdienste ihren Preis haben.

Abb. 983: Blumenfachgeschäfte benötigen für Einkauf und Lieferungen zuverlässige Fahrzeuge.

4 Fachliche Rechenaufgaben

1. Eine Immobilienfirma bietet zur Gründung eines Blumenfachgeschäftes folgende Räume an:

Verkaufsraum	6,20 m * 7,10 m
Binderaum	5,30 m * 2,90 m
Kühlung	3,00 m * 2,90 m
Lagerraum	4,15 m * 3,25 m
Personalraum	4,20 m * 3,85 m.

1.1 Wie viel m² messen die einzelnen Flächen?
1.2 Wie viel m² stehen insgesamt zur Verfügung?
1.3 Wie viel Prozent entfallen davon auf die einzelnen Flächen?
1.4 Stellen Sie das prozentuale Verhältnis als Säulen- oder Kreisdiagramm dar!

Anwendung und Vertiefung:
Flächen im Ausbildungsbetrieb ausmessen, Größen errechnen und prozentuales Verhältnis darstellen lassen. Maßstabgerechte Skizze erstellen.

2. Sie holen sich bei zwei Großhändlern Angebote für Pflanzschalen ein:

	Händler A	Händler B
Stückpreis	€ 6,30	€ 6,30
Rabatt	6 %	8 %
Skonto	2,5 %	3 %
Lieferung	frei Haus	€ 0,03

2.1 Vergleichen Sie die beiden Angebote.
2.2 Wie viel Prozent beträgt der Preisunterschied?

3. Der Bezugspreis für ein Kerzensortiment beträgt € 113,38. Laut Liste hatte der Lieferer 3 % Skonto und 8 % Rabatt gewährt.
   Mit wie viel € war der Listenpreis ausgezeichnet?

Anwendung und Vertiefung:
Unter Zuhilfenahme von Katalogen Preisangebote vergleichen.

4. Zum Binden eines Trauerkranzes mit 60 cm Durchmeser werden 3 kg schnittfertige Nordmanntanne gebraucht. Ein Bündel Zweige wiegt 5,5 kg und kostet netto € 16,36. 20% können nicht verarbeitet werden.

4.1 Wie viel kg schnittfertige Zweige können von einem Bündel verarbeitet werden?
4.2 Wie viel € kostet die Tanne für den Trauerkranz?

5. Der Materialwert eines Adventskranzes beträgt € 19,94. Es werden 35 Minuten Arbeitszeit berechnet (Betriebsstundenlohn € 36,00, die MwSt beträgt 7%.)
   Mit wie viel € wird der Kranz ausgezeichnet (Auf ganzen €-Betrag aufrunden)?

6. Für eine Tischdekoration werden mehrere Steckschalen zum Nettopreis von € 163,60 gefertigt. Zum Arrangieren der Dekoration braucht die Floristin 45 Minuten (Betriebsstundenlohn € 37,00). Dem Kunden werden zudem 16 % MwSt berechnet.
   Wie viel € hat der Kunde zu begleichen?

7. Ein Kunde bestellt eine Gefäßfüllung für € 62,00.
   Wie viel € MwSt wurden berechnet, wenn der MwSt-Satz 7% beträgt?

Vertiefung:
Einblick in die Preisgestaltung des Ausbildungsbetriebs.

8. Um dem Eisenmangel bei Hortensien vorzubeugen, werden 20 g Spezialdünger in 10 Liter Gießwasser aufgelöst. 100 g kosten € 10,70.

8.1 Wie viel %ig ist die Düngerlösung?
8.2. Wie viel € kostet die Düngerbeimischung?

9. Zur Bekämpfung der Schildlaus an Oleander wird ein Schädlingsbekämpfungsmittel eingesetzt. Die Packung enthält 100 ml, kostet € 7,15 und reicht für 40 Liter Wasser.

9.1 Wie viel ml müssen 15 Liter Wasser beigemischt werden?
9.2 Wie viel € kostet diese Maßnahme?
9.3 Wie viel %ig ist die Lösung?

10. Zur Vorbeugung gegen Mehltau bei Geranien wird mit 12 Liter Wasser eine 0,15 %ige Lösung hergestellt. 100 ml kosten € 6,62.

10.1 Wie viel ml dieses Mittels sind erforderlich?
10.2 Wie viel € kostet die Vorbeugung?

11. Ein flüssiger Blumendünger für Topfpflanzen enthält 6 % Stickstoff, 4 % Phosphor, 5 % Kali und eine Vielzahl von Spurenelementen.
Wie viel ml Stickstoff, Phosphor und Kali sind in 1,5 Liter Blumendünger enthalten?

12. Der Preis für 1 Liter Blumendünger beträgt € 5,09. In der Gebrauchsanweisung heißt es, dass in 1 Liter Wasser 2 ml Blumendünger aufgelöst werden müssen.
Wie viel € kostet die wöchentliche Düngung, wenn 12 Liter Nährlösung gebraucht werden?

13. Nach einer Schnittblumenlieferung soll die Ware angeschnitten und in Wasser eingestellt werden. Zur besseren Haltbarkeit wird dem Wasser Frischhaltemittel beigefügt. Bereitgestellt werden 5 Eimer mit je 8 Liter Wasser. Die Frischhaltekonzentration soll 1,2 % betragen.

13.1 Wie viel ml Frischhaltemittel werden dem Wasser insgesamt beigefügt?
13.2 In einen Eimer werden 30 Rosen eingestellt. Mit wie viel ct. ist ein Stiel belastet, wenn 500 ml € 4,09 kosten?

Anwendung und Vertiefung:
Die Kunden auf Gebrauchsanweisungen hinweisen und die Wirksamkeit der Mittel erklären.

14. In einem Blumenfachgeschäft sind 3 Fachkräfte beschäftigt.

	Fachkraft A:	Fachkraft B:	Fachkraft C:
Monatl. Bruttolohn	€ 1120,00	€ 1207,00	€ 1662,00
Lohnsteuerabzug	€ 112,67	€ 139,77	€ 271,40

Die Beitragssätze der Sozialversicherungen betragen:

Krankenkasse	13,7 %,	Arbeitslosenvers.	6,5 %,
Rentenvers.	19,1 %,	Pflegevers.	1,7 %.

Für die Kirchensteuer werden 10 % der Lohnsteuer berechnet.

14.1 Wie viel € werden monatlich insgesamt (Arbeitgeber- und Arbeitnehmeranteil) an die Sozialversicherung abgeführt?
14.2 Wie viel € werden jeder Fachkraft am Monatsende auf das Konto überwiesen?

15. In der Woche vor Allerheiligen leistet eine Floristin, die monatlich € 1273,00 brutto verdient, folgende Mehrarbeit:

Montag   1,5 Stunden
Mittwoch   3 Stunden
Freitag   2 Stunden
Sonntag   2,5 Stunden.

Für die Werktage erfolgt die Berechnung nach der Formel:

$$\text{Mehrarbeit} = \frac{\text{Monatslohn}}{169 \text{ Arbeitsstunden} * \text{Mehrarbeitsstunden}} + 33\,{}^{1}/_{3}\,\%$$

für den Sonntag:

$$\text{Mehrarbeit} = \frac{\text{Monatslohn}}{169 \text{ Arbeitsstunden} * \text{Mehrarbeisstunden}} + 100\,\%$$

Um wie viel € erhöht sich der Bruttolohn der Floristin?

16. Die Lohnabrechnung eines Floristen sieht wie folgt aus:

Bruttolohn   €   1273,00
Lohnsteuer   €   155,56
Krankenvers.   €   87,20
Rentenvers.   €   129,21
Arbeitslosenvers.   €   41,37
Pflegevers.   €   10,82
Kirchensteuer   €   15,56

16.1 Wie viel € beträgt der Nettolohn?
16.2 Wie viel Prozent werden insgesamt vom Bruttolohn abgezogen?

Anwendung und Vertiefung:
Lohnabrechnungen nachvollziehen können.

17. Zur Erweiterung eines Blumenfachgeschäfts soll bei einer Bank ein Kredit von € 43 400,00 aufgenommen werden.
Die Bank macht folgendes Angebot:

Auszahlung   98 %,
Zinsen   6,5 % p.a.,
Bearbeitung   2 %,
Laufzeit   36 Monate.

17.1 Wie viel € stehen für die Erweiterung zur Verfügung?
17.2 Wie viel € müssen insgesamt (Kredit, Zinsen, Bearbeitung) an die Bank zurückgezahlt werden?
17.3 Wie viel Prozent beträgt der effektive jährliche Zinssatz?

18. Um bei der Zahlung einer Kerzenlieferung über € 1234,77 3 % Skonto in Anspruch nehmen zu können, wird das Geschäftskonto vom 29.08. bis 15.09. um € 665,00 überzogen. Die Bank berechnet 11,75 % p.a. Verzugszinsen.
Überprüfen Sie ob sich die Inanspruchnahme des Skontos auszahlt.

Anwendung und Vertiefung:
Vor Kreditaufnahmen von Banken Angebote einholen.

19. Ein Kunde erhält für eine Dekoration eine Rechnung über € 1166,00. Da er das Zahlungsziel um 21 Tage überschreitet, werden ihm zusätzlich € 7,99 Verzugszinsen und € 2,50 Mahngebühren in Rechnung gestellt.

19.1 Wie viel Prozent wurden für die Überziehung berechnet?

19.2 Um wie viel Prozent verteuert sich die Dekoration?

20. Ein amerikanischer Kunde bezahlt eine Pflanzschale, die mit € 59,00 ausgezeichnet ist, mit 50 Dollar und den Rest mit €.
Wie viel € muss der Kunde zuzahlen?
(Wechselkurs $ 1,07610 = € 1, Stand 17.02.03)

21. Eine Kundin aus der Schweiz bestellt ein Grabgesteck und will dafür einen Scheck über 108 sfr (Schweizer Franken) schicken.
Wie viel € beträgt der Verkaufspreis des Grabgestecks?
(Wechselkurs sfr 1 = € 0,68138, Stand 17.02.03)

Anwendung und Vertiefung:
Devisen umrechnen können.

22. Eine Kundin will über die Blumenvermittlung einen Strauß nach Hamburg schicken lassen. Der Blumenwert soll € 25,00 betragen. Die Zustellkosten belaufen sich auf € 4,60, die Begleitkarte € 1,40, die Telefaxgebühren € 1,60 und die MwSt 7 %.
Wie viel € muss die Kundin bezahlen?

23. Über die Blumenvermittlung wird ein Trauerkranz nach Bern/Schweiz bestellt. Der Rechnungsendbetrag soll € 160,00 betragen. Die Zustellgebühr beträgt € 6,20, die Auslandspauschale € 8,00.

23.1 Wie viel € werden für den Blumenwert eingesetzt?

23.2 Wie viel Schweizer Franken beträgt dieser Auslandsauftrag (auf vollen Franken-Betrag abrunden)?
(Wechselkurs € 1 = sfr 1,46880, Stand 17.02.03)

24. Ein Kunde will innerhalb seines Wohnorts einen Strauß zustellen lassen. Der Auftragswert soll € 40,00 nicht überschreiten. In diesem Betrag sind € 4,60 Zustellkosten und 7 % MwSt enthalten.
Wie viel € werden für den Blumenwert angesetzt?

Anwendung und Vertiefung:
Blumenvermittlung im Ausbildungsbetrieb durchführen.

25. Um einen höheren Mengenrabatt zu bekommen, kaufen drei Blumengeschäftsinhaber einen größeren Posten Chrysanthemen für € 2150,00. A übernimmt 2/5, B 1/4 und C den Rest.
Wie viel € des Betrages entfallen auf C?

26. Zur Bepflanzung von Balkonkästen sollen 700 Liter Einheitserde (Ton mit Torf) im Verhältnis 4 : 6 gemischt werden.
Wie viel Liter Ton und Torf sind in der Mischung enthalten?

Ergebnisse

1.1

m²	Prozent
44,02	45,03
15,37	15,72
8,70	8,90
13,49	13,80
16,17	16,54

2.1   Händler A   € 5,77
       Händler B   € 5,65

2.2   2,72 %

3.   € 127,05

4.1   4,4 kg
4.2   € 11,15

5.   € 44,00

6.   € 221,97

7.   € 4,06

8.1   0,2 %
8.2   € 2,14

9.1   37,5 ml
9.2   € 2,68
9.3   0,25 %

10.1   18 ml
10.2   € 1,19

11.   N 90 ml, P 60 ml, K 75 ml

12.   € 0,12

13.1   480 ml
13.2   ct. 2,6

14.1   € 1635,49
14.2   A   €   766,46
       B   €   805,82
       C   €   1022,75

15.   € 102,94

16.1   € 833,28
16.2   34,54 %

17.1   € 42532,00
17.2   € 52731,00
17.3   7,17 %

18.   Es lohnt sich, Ersparnis € 33,57

19.1   11,75 %
19.2   0,9 %

20.   € 13,54

21.   € 73,59

22.   € 34,88

23.1   € 145,80
23.2   Schweizer Franken 214,00

24.   € 33,08

25.   € 752,50

26.   Ton 280 Liter, Torf 420 Liter

Fachbegriffe

Absolutismus ist die unbeschränkte Herrschaft eines Monarchen

absorbieren, Absorption (lat. absorbere – aufsaugen, verschlingen, schlucken) Absorption von Strahlung

Adhäsion (lat. adhaerere – haften) ist das Anhaften von Flüssigkeitsmolekülen an der Gefäßwand

Adsorption (lat. adsorbere – Flüssiges anziehen) nennt man das Anlagern an der Oberfläche fester Körner

adventiv (lat. advenire – hinzukommen) Adventivwurzeln sind später hinzukommende Wurzeln

aerob (lat. aer-Luft) bezieht sich auf Organismen, die Sauerstoff zum Leben brauchen

Akarizid (gr. acari – Spinne, Milbe, lat. caedere – töten) Mittel gegen Spinnen und Milben

Alabaster (nach der gr. Stadt Alabastron) ist eine Abart des Gipses; marmorähnlich, reinweiß; weißer Kalksinter (Onyxmarmor)

Alkaloide (arab. alkali – Pottasche) meint Heil-, Rausch-, Betäubungsmittel, Gifte

Allegorie (gr. allegoria – etwas anders ausdrücken) ist ein Sinnbild, Gleichnis, sinnbildähnliches Gemälde

allorrhiz (gr. allos – anders, gr. rhiza – Wurzel) beim allorrhizen Wurzelsystem verzweigt sich die Hauptwurzel in Seitenwurzeln

Amphora ist ein zweihenkeliges Gefäß der Antike

anaerob ist die Verneinung von aerob und bezieht sich auf Organismen, die ohne Sauerstoff leben

Anatomie (gr. anatemno – aufschneiden) Pflanzenanatomie, der innere Bau der Pflanze

Androeceum (gr. andreios – männlich) ist der männliche Teil der Blüte, Staubblätter

Angiospermae (gr. angeion – Gefäß, gr. sperma – Samen) sind die Bedecktsamer

Annuelle (lat. annuus – einjährig) sind einjährige Pflanzen

Antheridien (gr. anthos – Blüte) sind die Geschlechtsorgane der Moose und Farne, die männliche Keimzellen ausbilden

Antipoden (gr. antipous – mit entgegengekehrten Füßen) sind drei Zellen in der Samenanlage, die sich der Eizelle gegenüber befinden

Anthocyan (gr. anthos – Blüte, gr. kyaneos – dunkelblau) ist ein wasserlöslicher Farbstoff in der Vacuole, der rosa, rot, blau oder violett sein kann

Anthropologie (gr. anthropos – Mensch, gr. logos – Lehre) ist die Lehre vom Menschen

Apokalypse, apokalyptisch (gr. apokalyptein – enthüllen) bedeutet geheimnisvoll, dunkel, rätselhaft

Appretur (lat. apparare – ausrüsten) ist die Schlussbehandlung von Geweben

Aquädukt (lat. aquaeductus – Wasserleitung) ist eine Wasserleitung, die über eine Brücke geführt wird

Archäologe (gr. archaios – alt, gr. logos – Lehre) bezeichnet einen Altertumsforscher

Archegonien (gr. arche – Anfang, gr. gonos Same, Frucht) sind die Geschlechtsorgane der Moose und Farne, die weibliche Keimzellen ausbilden

Assimilation (lat. assimilare – angleichen) ist die Bildung von Kohlenhydraten aus CO_2 und H_2O

Assur Epoche im Vorderen Orient zwischen 2000 und 690 v. Chr.

Asymmetrie (gr. asymmetria – Mangel an Ebenmaß, Missverhältnis) bedeutet nicht spiegelgleiche Anordnung

aureus (lat. aurum – Gold) heißt golden; Au: chemisches Zeichen für Gold

autotroph (gr. autos – selbst, gr. trophe – Nahrung) sind grüne Pflanzen, die assimilieren

Bakteriose (gr. bakterion – Stäbchen) ist eine Bakterienkrankheit

Barock (frz. baroque – schiefrund, port. barroco – eine rohe, ungleiche Perle) bezeichnet eine Stilepoche ca. 1600–1730 n. Chr.

basal, Basis (gr. basis – Grundlage, Ausgangspunkt)

Basilika nennt man eine Hallenkirche mit überhöhtem Mittelschiff

Bastard (frz. bâtard – Mischling) ist eine Kreuzung

Bienne (lat. biennium – Zeit von zwei Jahren) sind zweijährige Pflanzen

binär (lat. bini – zwei) bedeutet zweinamig

Biotop (gr. bios – Leben, gr. topos – Lage, Ort) bezeichnet den Lebensraum von Organismen oder Lebewesen

Biozönose (gr. bios – Leben, gr. koinos – gemeinsam) ist eine Lebensgemeinschaft von Organismen oder Lebewesen

Bonsai (jap. auf den Teller gepflanzt) heißt eine Kulturform von Bäumen in Zwergform

Botanik (gr. botane – Pflanze) ist die Lehre von den Pflanzen

Bryophyta (gr. bryon – Moos, gr. phyton – Pflanze) sind Moose

Bulbe (lat. bulbus – Zwiebel) ist das Brutorgan, die Brutzwiebel

Callus (lat. callum – dicke Haut, Schwiele) ist ein Wundgewebe, das der Wurzelbildung vorausgeht

Calyptra (gr. kalyptra – Hülle) bezeichnet die Wurzelhaube

Cambium (ital. cambio – Wechsel) bezeichnet ein teilungsfähiges Gewebe

Carnivoren (lat. carnis – Fleisch, lat. vorare – fressen) sind fleischfressende Pflanzen

Chloroplasten (gr. chloros – grün, gr. plastos – geformt) sind die Träger des Blattgrün

Chlorophyll (gr. phyllon – Blatt) ist das Blattgrün

Chromoplasten (gr. chroma – Farbe, gr. plastos – geformt) sind die Farbstoffträger

Chlorose (gr. chloros – grün) Vergilbungserscheinungen der Blätter werden Chlorosen genannt

Chromosomen (gr. soma – Körper, gr. chroma – Farbe) ist ein färbbares, fadenförmiges Gebilde im Zellkern als Träger der Erbanlagen

Collenchym (gr. kolla – Leim, gr. chymos – Feuchtigkeit) sind elastische Zellen des Festigungsgewebes

Conidien (gr. konis – Staub) sind die Sporenträger

Coniferen (gr. konos – Zapfen, lat. ferre – tragen) sind die Zapfenträger

Cormophyten (gr. kormos – abgeschnittener Baumstamm, gr. phyton – Pflanze) sind Sprosspflanzen

Cotyledonen (gr. kotyledon – Keimblatt) bezeichnet das Keimblatt

Corsage ist ein Anstecker

Curativ (lat. curare – heilen) heißt heilend

Cuticula (gr. kytos – Haut, Zelle) ist ein Teil des Hautgewebes

Cytoplasma (gr. kytos – Haut, Zelle, gr. plasma – Gebilde)

dekorativ (lat. decorare – schmücken) heißt schmücken; in der Floristik üppig gearbeitete Werkstücke

Design heißt Plan, Entwurf, Muster

Destruenten (lat. destruere – zugrunde richten) bezeichnet Organismen, die sich von toter organischer Substanz ernähren

Dicotyledoneae (gr. dis – zwei, gr. kotyledon – Keimblatt) sind zweikeimblättrige Pflanzen

Diffusion (lat. diffundere – ausbreiten) ist der Konzentrationsausgleich zwischen zwei Gasen oder Flüssigkeiten

diöcisch (gr. dis – zwei, gr. oikos – Haus) heißt zweihäusig

dissoziieren (lat. dissiciare – trennen) heißt spalten, trennen

diploid (gr. diploos – doppelt) z.B. diploider Chromosomensatz

Dissimilation (lat. dissimilare – ungleich machen) bezeichnet den Abbau von Kohlenhydraten

dominant (lat. dominare – vorherrschen)

dorsiventral (lat. dorsum – Rücken, lat. venter – Bauch) bezeichnet Pflanzenteile mit unterschiedlicher Rücken- und Bauchseite

Drainage (frz. le drainage – Entwässerung) ist die Entwässerung des Bodens

Element (lat. elementum – Grundstoff)

Embryo (gr. embryon – Leibesfrucht) ist in der Botanik die Bezeichnung für Keimling

Emergenzen (lat. emergere – zum Vorschein kommen) sind Ausstülpungen, z.B. Stacheln

Endodermis (gr. endon – innerhalb, gr. derma – Haut) ist die innerste Zellschicht der Rindenzellen in der Wurzel

Endoplasmatisches Reticulum (ER) (gr. endon – innerhalb, gr. reticulum – Netzwerk) ist die Netzstruktur im Plasma zum Stofftransport

Epidermis (gr. epi – auf, gr. derma – Haut) ist die äußere Schicht der Haut

Epiphyten (gr. epi – auf, gr. phyton – Pflanze) bezeichnet Aufsitzerpflanzen

Ethylen (gr. aither – die obere Luft, flüchtig, entzündlich) $CH_2 = CH_2$ ist der einfachste ungesättigte Kohlenwasserstoff (im Leuchtgas enthalten)

Exkrete (lat. excernere – aussondern, ausscheiden) sind die Ausscheidungen der Pflanze

Farblithographie heißt ein farbiges Kunstblatt in Steindruck

Fayence (ital. nach der italienischen Stadt Faenza benannt) ist eine Weichkeramik mit weißer, deckender Zinnglasur

Feston (lat. festum – Fest) ist ein Frucht- oder Blumengehänge

Filialgeneration (lat. filia – Tochter, lat. generare) bezeichnet die Tochtergeneration

Florist (lat. flos – Blume, Blüte) bezeichnet einen Blumenfreund, Blumengärtner, Blumenbinder

Floristik ist die Lehre von den Florengebieten der Erde, die Lehre von der Blumenbindekunst

Fungizide (lat. fungus – Pilz, lat. caedere – töten) sind pilztötende Mittel

generativ (lat. generare – zeugen) bedeutet „durch Zeugung entstanden"

Genetik (lat. genitum – gezeugt, gr. gignesthai – zeugen) ist die Vererbungslehre

Genus (lat. genus – Stamm, Abstammung) ist der Gattungsname, die Gattung

Geographie (gr. geographia – Erdbeschreibung) heißt Erdkunde

Geophyt (gr. gaia – Erde, gr. phyton – Pflanze) ist eine Pflanze, deren Überdauerungsorgan (Zwiebel, Knolle, Rhizom) im Boden lebt

Geotropismus (gr. gaia - Erde, gr. tropos - Wendung) meint die Fähigkeit der Pflanzenwurzeln, in Richtung der Schwerkraft zu wachsen

Glasur (althochdeutsch glas – Glas) ist ein glasartiger Überzug auf keramischen Gegenständen

Glycoside (gr. glycys – süß) sind Zuckerverbindungen oder sekundäre Pflanzenstoffe, z. B. das Cumarin des Waldmeisters

Guttation (lat. gutta – Tropfen) ist eine tröpfchenförmige Wasserausscheidung

Gymnospermae (gr. gymnos – nackt, gr. sperma – Samen) sind Nacktsamer

Gynoeceum (gr. gyne – Frau) bezeichnet den weiblichen Teil der Blüte, die Fruchtblätter

haploid (gr. haploos - einfach) z.B. haploider Chromosomensatz

Haptotropismus (gr. haptein – anhaften, gr. tropos – Wendung) ist eine durch Berührungsreiz ausgelöste Bewegung bei vielen Kletterpflanzen

Haustorien (lat. haurire – entnehmen) bezeichnet die Saugwurzel von pflanzlichen Schmarotzern

Hemikryptophyten (gr. hemi – halb, gr. kryptos – verborgen, gr. phyton – Pflanze) sind Pflanzen, deren Überdauerungsknospen sich am Erdboden befinden

Herbizid (lat. herba – Kraut, lat. caedere – töten) ist ein unkrautvernichtendes Mittel

heroisch (gr. heros – Halbgott) meint heldenhaft, hochherzig

heterotroph (gr. heteros – der andere, gr. trophe – Nahrung) sind auf organische Nahrung angewiesene (nicht grüne) Lebewesen

heterozygot (gr. heteros – verschieden – ungleich, gr. zygos – Paar) meint mischerbig, ungleicherbig

Hieroglyphen (gr. hieros – heilig, gr. glyphe – Einkerbung) ist eine Bilderschrift der alten Ägypter, meist eine Zeichnung auf Stein

homolog (gr. homologos – übereinstimmend) meint z.B. gleich gebaute weibliche und männliche Chromosomen

homozygot (gr. homoios – gleich. gr. zygon – Paar) bedeutet reinerbig

Humanität (lat. humanus von homo – Mensch) meint menschlich, gütig, das Menschentum

Humus (lat. humus – Boden, Erde) ist der Teil des Bodens, der durch Verwesung entstanden ist

Hybriden (gr. hybris – Schändung) sind Lebewesen, die durch Kreuzung entstanden sind

Hydathoden (gr. hydor – Wasser, gr. hodos – Weg) sind Wasserdrüsen zur Guttation

Hydrokultur (gr. hydor – Wasser, lat. cultura – Kultur) bedeutet Pflanzenkultur in Wasser

Hyphe (gr. hyphasma – Gewebe) ist ein Pilzfaden

Hypocotyl (gr. hyper – unter, gr. kotyledon – Keimblatt) ist der Bereich der Sprossachse zwischen Keimblättern und Wurzeln.

Ikonen (gr. eikon – Abbild, Gleichnis) sind Bilder, Abbilder in der gr.-orthodoxen Kirche

Illusion (lat. illudere – von ludere – spielen; verhöhnen) meint Täuschung, Irrtum

Indikator (lat. indicare – anzeigen) ist ein Nachweismittel für chemische Reaktionen

Infektion (lat. infectus – angesteckt) ist die Ansteckung durch Krankheitserreger

Inflorescenz (lat. florens – blühend) bezeichnet den Blütenstand

Initiale ist ein großer Anfangsbuchstabe, der häufig verziert ist

Inkubation (lat. incubare – ausbrüten) ist die Zeit von der Ansteckung bis zum Ausbruch der Krankheit

Insectivoren (lat. insectum – eingeschnitten (Insekt), lat. vorare – verschlingen) bezeichnet insektenfressende Pflanzen

Insektizid (lat. insectum – Insekt, lat. caedere – töten) ist ein insektentötendes Mittel

Intarsien (ital. intarsiare – mit buntem Holz auslegen) ist eine eingelegte Arbeit mit Perlmutter oder buntem Holz

Intercellulare (lat. inter – zwischen, lat. cella – Kammer) ist der Zwischenraum zwischen Zellen

Integument (lat. integere – bedecken) ist die Hülle um den Nucellus der Samenanlage

interkostal (lat. inter – zwischen, lat. costa – Rippe) meint Verfärbung zwischen den Blattadern

Internodien (lat. inter – zwischen, lat. nodus – Knoten) bezeichnet man Teile der Sprossachse zwischen den Stängelknoten

Ion (gr. ion – wandernd) ist ein elektrisch geladenes Teilchen

lonenaustauscher sind Verbindungen, die H_3O^+- und OH-Ionen gegen Ionen einer Salzlösung austauschen; u.a. dienen sie der Wasserenthärtung

Kallus (lat. callum – Schwiele) ist eine Gewebewucherung

Kapillare (lat. capillus – Haar) ist ein Haarröhrchen

Kapitell ist der obere Säulenabschluss

kontinental (lat. continens – Festland) meint festländisch, z.B. ein Klima, das durch die Landmasse geprägt ist

Keramik (gr. kerameikos – Töpferscheibe) ist ein Sammelbegriff für Erzeugnisse aus gebranntem Ton

Klassizismus (lat. classici – altrömische Schriftsteller und Künstler) bezeichnet eine Stilepoche des 19. Jahrhunderts

Kohäsion (lat. cohaerescere – zusammenhängen, sich verbinden) meint den Zusammenhalt der Wassermoleküle untereinander

Konsumenten (lat. consumere – verbrauchen, verzehren) sind Organismen, die sich von anderen Lebewesen ernähren

Krypta (gr. kryptos – verborgen) ist eine Gruft, unterirdische Kirche

latent (lat. latere – verborgen sein) meint z.B. eine Krankheit, die keine typischen Schadsymptome zeigt

Lentizellen (lat. lens – Linse, lat. cella – Kammer) ist ein warzenförmiges Gebilde in der Borke zum Luftaustausch

Leucoplasten (gr. leucos – weiß, gr. plastos – gebildet) sind die farblosen Teile der Zelle (Plastiden)

Lichenes (gr. lichen – Flechte) meint Flechten

Lignin (lat. lignum – Holz) sind Bestandteile des Holzes

Lux (lat. lux – Licht) ist die Einheit der Beleuchtungsstärke

Majolica (span. Mallorca) ist eine Weichkeramik aus Mallorca

maritim (lat. maritimus – am Meere befindlich) maritimes Klima, Seeklima

mediterran (lat. mediterraneus – binnenländisch) meint zum Mittelmeerraum gehörend

Meiose (gr. meiosis – Verminderung) ist der Zellteilungsvorgang der Geschlechtszellen

Membran (lat. membrana – Haut) ist eine Haut

Meristem (gr. meristos – geteilt) ist das teilungsfähige Gewebe

Mesophyll (gr. meson – Mitte, gr. phyllon – Blatt) bezeichnet das zwischen der oberen und unteren Epidermis liegende Gewebe des Blattes

Metamorphose (gr. metamorphosis) ist die Umwandlung pflanzlicher Organe in Anpassung an die Funktion

Mikroorganismen (gr. mikros – klein, gr. organum – Organ) bezeichnet Kleinstlebewesen

Mikropyle (gr. mikros – klein, gr. pyle – Öffnung) ist eine kleine Öffnung in der Samenanlage, durch die der Pollenschlauch eindringt

Millefioritechnik (lat. mille – tausend, ital. fiori – Blumen) ist eine besondere Technik bei der Herstellung von Muranoglas

Mitochondrien (gr. mitos – Faden, gr. chondros – Korn) bezeichnet Organellen der Zelle, die der Atmung dienen

Mitose (gr. mitos – Faden) ist die Zellkernteilung mit Längsspaltung der Chromosomen

Mittellamelle (lat. lamella – kleine Schale) ist der in der Mitte liegende Teil der Zellwand

Modifikation (lat. modificare – abmessen) ist eine Veränderung der Pflanze, die auf Standorteinflüsse zurückzuführen ist

Modulation (lat. modus – Größe, Menge) meint eine naturhafte Gestaltung des Bodens

Moiré (frz. moirer – wässern, flammen) bezeichnet einen Stoff mit Wasserlinienmusterung

Molluskizid (lat. mollusca – Weichtier, lat. caedere – töten) ist ein schneckentötendes Mittel

monöcisch (gr. monos – allein, einzig, gr. oikos Haus) meint einhäusig

Monocotyledoneae (gr. monos – allein, einzig, gr. kotyledon – Keimblatt) bezeichnet einkeimblättrige Pflanzen

Mumie ist ein durch Einbalsamieren vor Verwesung geschützter Leichnam

Muranoglas (Murano: Insel bei Venedig) ist eine Art des Venezianischen Glases

Mutation (lat. mutatio – Veränderung) meint eine Veränderung im Erbbild

Mycel (gr. mykes – Pilz) bezeichnet das Pilzgeflecht

Mycophyta (gr. mykes – Pilz, gr. phyton – Pflanze) sind Pilze

Mykose (gr. mykes – Pilz) ist eine durch Pilze verursachte Krankheit

Mycorrhiza (gr. mykes – Pilz, gr. rhiza – Wurzel) ist eine Lebensgemeinschaft zwischen den Wurzeln von Sprosspflanzen und Pilzen

Nastien (gr. nastos – prall) bezeichnet Bewegungen in Beziehung zur Reizrichtung

Nectarien (lat. nectar – Honig) sind Honigdrüsen in der Blüte

Nekrose (gr. nekros – tot) meint das Absterben einzelner Pflanzenpartien

Nematizid (gr. nema – Faden, lat. caedere – töten) ist ein nematodentötendes Mittel

Nematoden (gr. nema – Faden) sind Fadenwürmer, Älchen

Nodien (lat. nodus – Knoten) bezeichnet Stängelknoten

Nomenklatur (lat. nomenclatio – Namennennung) meint z.B. Benennung der Pflanzen

Nucellus (lat. nucula – Nüsschen) ist ein Teil der Samenanlage

Nucleoli (lat. nucleolus – Kern) sind die Kernkörperchen

Nucleus (lat. nucleus – Kern) ist der Zellkern

Ökologie (gr. oikos – haus, Haushalt, gr. logos – Lehre) ist die Lehre vom Naturhaushalt

Okulation (lat. oculus – Auge meint die Augenveredelung

Organelle (gr. organon – Werkzeug) ist ein kleiner Bestandteil der Zelle

Osmose (gr. maomai – anstürmen) ist der Konzentrationsausgleich von Flüssigkeiten durch eine halbdurchlässige Trennwand

Papillen (lat. papilla – Brustwarze) bezeichnet kegelförmige Ausstülpungen der Epidermis

Parasit (gr. parasitos – der Mitspeisende) bezeichnet Schmarotzer

Parentalgeneration (lat. parentes – Eltern) ist die Elterngeneration

Parenchym (gr. chymos – Substanz der Eingeweide) bezeichnet pflanzliches (und tierisches) Grundgewebe

Parterre (frz. par terre – zu ebener Erde) bezeichnet ein Blumenbeet

Parthenocarpie (gr. parthenos – Jungfrau, gr. karpos – Frucht) heißt Jungfernfrüchtigkeit; Fruchtbildung ohne Befruchtung

Pathologie (gr. pathos – Leiden, gr. logos – Lehre) ist die Wissenschaft von den Krankheiten

Perenne (lat. perenne – beständig, das ganze Jahr dauernd) bezeichnet ausdauernde Pflanzen; Stauden

Perianthblüte (gr. peri – um herum, gr. anthos – Blüte) bezeichnet eine Blüte, die in Kelchblätter und Blütenkronblätter gegliedert ist

Pericycel (gr. peri – um herum, gr. kyklos – Kreis) ist ein Teil der Wurzel

Pfahlbauten sind eine spezielle Art der menschlichen Siedlungen aus der Jungsteinzeit

Phloëm (gr. phloios – Baumrinde, Bast) bezeichnet den Siebteil des Leitbündels

Photosynthese (gr. phos – Licht, gr. synthesis – Zusammenfügung) heißt der Aufbau von Traubenzucker unter Lichteinwirkung

Phototropismus (gr. phos – Licht, gr. tropos – Wendung) meint eine nach dem Licht gerichtete Bewegung

Phyllocladien (gr. phyllon – Blatt, gr. klados – Zweig) sind blattähnliche Pflanzensprosse

Physiologie (gr. physis – Leben, gr. logos – Lehre) ist die Lehre von den Lebensvorgängen und Funktionen

Pilaster (frz. le pilastre – Wandpfeiler) ist ein viereckiger Pfeiler

pikieren (frz. piquer – stechen) heißt das Vereinzeln von Sämlingen

Plasma (gr. plasma – Gebilde) ist ein Teil der Zelle

Plasmalemma (gr. plasma – Gebilde) ist die äußere Plasmahaut, die Zellwand und Plasma trennt

Plasmodesmen (gr. plasma – Gebilde, gr. desmos – Band) sind Plasmafäden, die benachbarte Zellen verbinden

Plastiden (gr. plastos – geformt) ist ein Sammelname für Farbstoffträger und Leucoplasten

Platycladien (gr. platys – breit, flach, gr. klados – Zweig) sind Flachsprosse

Plumula (lat. pluma – Federchen) meint die Keimknospe

Polycotyledoneae (gr. polys – viel, gr. kotyledon – Keimblatt) sind vielkeimblättrige Pflanzen

Polyploidie (gr. polys – viel, gr. polyploos – vielfach) ist ein mehrfacher Chromosomensatz

primär (lat. primus – der Erste) ist das zuerst Vorhandene

Produzenten (lat. producere – erzeugen) meint grüne Pflanzen, die ihre „Nahrung" selber erzeugen

Profanbauten (lat. profanus – vor dem heiligen Bezirk liegend, ungeweiht) meint Bauten, die weltlichen Zwecken dienen

Proplastiden (gr. pro – vorher, gr. plastos – geformt) ist die Vorstufe der Plastiden

prophylaktisch (gr. prophylatto – vor etwas Wache halten) meint vorbeugend

Prothallium (gr. pro – vor, gr. thallos – Trieb, Spross) ist der Vorkeim der Farnpflanzen

Pseudobulben (gr. pseudes – falsch, lat. bulbus – Zwiebel) sind oberirdische, zwiebelähnliche Speicherorgane bei Orchideen

Pteridophyta (gr. pteryx – Flügel, Feder, gr. phyton – Pflanze) sind die Farnpflanzen

radiär (lat. radius – Speiche, Strahl) heißt strahlig

Radicula (lat. radix – Wurzel) ist die Keimwurzel

Reduktionsteilung (lat. reducere – zurückführen) ist die Zellteilung bei der der doppelte Chromosomensatz halbiert wird

Reduzenten (lat. reducere – zurückführen) bezeichnet Organismen die tote organische Substanz zu anorganischen Verbindungen reduzieren

reflektieren (lat. reflectere – zurückwerfen) meint zurückstrahlen, spiegeln

Relief (lat. relevare – erheben) ist eine erhabene Arbeit in Marmor, Metall, Holz

Renaissance (frz. renaître – wieder entstehen) bezeichnet das Wiederaufleben der klassischen Kunst (Antike)

Reticella-Technik (lat. reticulum – kleines Netz) wird bei der Herstellung von Netzgläsern aus Murano angewendet

rezessiv (lat. recessus – Rückschritt) sind z.B. Erbfaktoren, die nicht in Erscheinung treten

Rhizodermis (gr. rhiza – Wurzel, lat. derma – Haut) ist das Hautgewebe der Wurzel

Rhizoide (gr. rhiza – Wurzel, gr. eidomai – sich den Anschein geben) sind wurzelartige Gebilde bei Moosen

Ribosomen (gr. soma – Körper) ist ein Bestandteil der Zelle

Rokoko (frz. rocaille – Muschelwerk) bezeichnet eine Stilepoche

Saprophyten (gr. sapros – verfault, gr. phyton – Pflanze) bezeichnet Pflanzen, die sich von abgestorbenen Pflanzenteilen ernähren

Schamotte ist ein gebrannter, feuerfester Ton

Schizophyta (gr. schizein – spalten, gr. phyton – Pflanze) sind Spaltpflanzen

Schlangenfadenglas ist eine besondere Technik der Römer, Glas bunt zu verzieren

Sclerenchym (gr. skleros – hart) ist ein Festigungsgewebe aus stark verdickten Zellen

Seismonastie (gr. seismos – Erschütterung, gr. nastos – prall) bezeichnet eine Reizbewegung, die durch Erschütterung ausgelöst wird

Secret (lat. secretio – Absonderung) ist eine Ausscheidung

sekundär (lat. secundus – der Zweite) meint in zweiter Linie in Betracht kommend, nachträglich hinzukommend

Sezession (lat. secedare – sich trennen) bezeichnet eine Malergruppe mit besonderem Stil

semipermeabel (lat. semi – halb, lat. permeare – durchwandern) meint halbdurchlässig

Slogan (engl. to slog – treffen) ist ein Wahlspruch, Werbespruch

Soziologie (lat. societas – Gesellschaft, gr. logos – Lehre) ist die Wissenschaft, die sich mit der Gesellschaft befasst

Spezies (lat. species – Einzelart) ist die Art

Spermatophyta (gr. sperma – Samen, gr. phyton – Pflanze) sind Samenpflanzen

Spermatozoiden (gr. sperma – Samen, gr. eidomai – sich den Anschein geben) bezeichnet bewegliche Keimzellen der Algen, Moose, Farne

Spore (gr. sporos – Same, Frucht) ist die ungeschlechtliche Fortpflanzungszelle, z.B. bei Moosen und Farnen

Sporophyt (gr. sporos – Same, Frucht, gr. phyton – Pflanze) bezeichnet die sporenbildende Generation bei Sporenpflanzen

steril (lat. sterilis – unfruchtbar) heißt nicht fortpflanzungsfähig

Stolone (gr. stola – langes Kleid) sind Ausläufer

Stomata (gr. stoma – Öffnung) bezeichnet Spaltöffnungen des Blattes

Succulente (lat. succus – Saft) sind Pflanzen mit wasserspeichernden Organen

Sumerer ist ein Volk (und eine Epoche) im Vorderen Orient zwischen 6000 und 1500 v. Chr.

Symbiose (gr. syn – zusammen, gr. bios – Leben) meint das Zusammenleben verschiedener Pflanzen zum gegenseitigen Nutzen

Symbol (lat. symbolus – Kennzeichen, Sinnbild) meint Kennzeichen, Sinnbild

Symmetrie (gr. symmetria – Ebenmaß, richtiges Verhältnis) ist die harmonische, spielgleiche Anordnung mehrerer Teile zueinander

Synergiden (gr. synergos – Gehilfe) heißen zwei Zellen in der Samenanlage

synthetisch (gr. synthesis – Zusammenfügung) meint künstlich hergestellt

Systematik (gr. systema – Ordnung, Zusammenstellung) ist z.B. das Einordnen der Pflanzen in ein System

Taxis, Taxien (gr. taxis – Stellung, Anordnung) meint eine freie Ortsbewegung, die durch einen Reiz ausgelöst wird

Tentakel (lat. tentare – berühren) sind Fangarme fleischfressender Pflanzen

Terminalknospe (lat. terminus – Ende) bezeichnet die Endknospe

Thallophyten (gr. thallos – Trieb, gr. phyton – Pflanze) sind Lagerpflanzen

Thermonastie (gr. thermos – warm, gr. nastos – prall) ist eine Reizbewegung, die durch Wärme ausgelöst wird

Thigmonastie (gr. thigma – Berührung, gr. nastos – prall) ist eine Reizbewegung, die durch Berührung ausgelöst wird

Thyrsos-Stab (gr. thyrsos – Stab mit Weinlaub und Efeu umwunden) ein mit Efeu und Weinlaub umwundener Stab

Tonoplast (gr. tonos – Spannung, gr. plastos – geformt) ist die innere Plasmahaut, die Plasma und Vacuole trennt

Tracheen (gr. trachelos – Hals, Nacken) ist ein Bestandteil des Xylems

Transpiration (lat. trans – durch, hindurch, lat. spirare – duften) meint Verdunstung

Travertin (ital. travertino – Tibur, heute Tivoli) ist ein durch Niederschläge aus kalkhaltigen Quellen entstandener Tuffstein

Triptychon (gr. triptychos – dreifaltig) bezeichnet ein dreiflügeliges Altarbild

Tropismus (gr. tropos – Wendung) ist eine Reizbewegung, die in Richtung zur Reizquelle erfolgt

Turgordruck (lat. turgere – geschwollen sein) ist der Druck des Zellsaftes an die Zellwand

Urne (lat. urna – Krug, Topf, Urne) ist ein Gefäß zur Aufnahme der Asche nach der Feuerbestattung

Vacuole (lat. vacuum – Hohlraum) ist der Zellsaftraum der Zelle

Vegetation (lat. vegetare – beleben) ist der Pflanzenbestand eines Gebietes

vegetativ ist eine naturhafte Gestaltung; bei der Vermehrung die ungeschlechtliche Vermehrung, bei der lebende Pflanzenteile verwendet werden

Virus (lat. virus – Gift) ist ein Krankheitserreger

Xanthophyll (gr. xanthos – gelb, gr. phyllon – Blatt) ist ein gelber Farbstoff der Plastiden

Xerophyten (gr. xeros – trocken, gr. phyton – Pflanze) sind an Trockenheit angepasste Pflanzen

Xylem (gr. xylon – Holz) bezeichnet den Holz- oder Gefäßteil im Leitbündel

Zygote (gr. zygon – Paar) ist eine befruchtete Eizelle

Register

Verzeichnis botanischer Pflanzennamen

Literaturhinweise

Fachbücher

Aichele, D., 1997: Was blüht denn da? Kosmos, Stuttgart

Bärtels, A., 1996: Farbatlas Tropenpflanzen. Ulmer Verlag, Stuttgart

Beck, H., 1986: Kleine Stilkunde. Lambert Müller Verlag, München

BdB-Handbücher I Laubgehölze, II Nadelgehölze, Rhododendron, Heidepflanzen, III Stauden, VIIb Wildstauden. BdB Bismarckstr. 49, 25421 Pinneberg

Beuchert, M., 1991: Sträuße aus meinem Garten. Ulmer Verlag, Stuttgart

Blaschke, K., 1993: : Fit für die Prüfung. Kieser Verlag, Neusäß

Braun, H., 1974: Formen der Kunst, Eine Einführung in die Kunstgeschichte. Martin Lurz, München

Bürki, M., Fleischli, P., 1997: Schnittblumen, Schnittgrün und Fruchtzweige. Verlag Bernhard Thalacker, Braunschweig

Bürki, M., Frutschi, B., 1994: Pflanzenschutz an Zier-und Nutzpflanzen. Verlag Bernhard Thalacker, Braunschweig

Bürki, M., 1995: Sommerblumen. Verlag Bernhard Thalacker, Braunschweig

Bürki, M., 1997: Topfpflanzen für Gärtnerei und Floristik. Verlag Bernhard Thalacker, Braunschweig

Bürki, M., 1997: Blütenstauden für Zier-und Steingärten. Verlag Bernhard Thalacker, Braunschweig

Effelsberg, A., 1992: Duftsträuße und Potpouris. Falkenverlag

Encke, F., 1996: Kübelpflanzen. Ulmer Verlag, Stuttgart

Encke, F., und Buchheim, G., 1993: Zander, Handwörterbuch der Pflanzennamen. Ulmer Verlag, Stuttgart

Evers, M., 1987: Werkformen der Blumenbinderei. P. Parey, Berlin

Fehnker, H., 1997: Trockenblumenschmuck selbst gemacht. BLV Verlagsgesellschaft, München

Fischer-Ludolph, K., 1997: Verkaufen macht Spaß. Thalacker Verlag, Braunschweig

Friedl, H., 1985: Warum, Weshalb, Wieso? 100 Fragen aus dem Gebiet der Keramik. Hans Friedl, 95615 Marktredwitz

Friedl, H., 1986: Warum, Weshalb, Wieso? 100 Fragen über Glas. Hans Friedl, 95615 Marktredwitz

Friedl, H., 1986: Warum, Weshalb, Wieso? 100 Fragen über Porzellan. Hans Friedl, 95615 Marktredwitz

Ganselmeier, H., 1987: Beet-und Balkonpflanzen. Ulmer Verlag, Stuttgart

Gibbons, B., 1998: Blütenpflanzen. Kosmos, Stuttgart

Gössmann, H., 1997: Mit Blumen Geld verdienen. Ueberreuter Verlag, Wien

Godet, J.D., 1994: Bäume und Sträucher. Mosaik Verlag, München

Granow, G., 1991: Advents-und Weihnachtsbinderei. Ulmer Verlag, Stuttgart

Hecht, H., 1991: BLV-Handbuch der Kakteen. BLV Verlagsgesellschaft, München

Hecht, H., 1995: Kakteen und andere Sukkulenten. BLV Verlagsgesellschaft, München

Hecker, U., 1995: BLV Handbuch Bäume und Sträucher. BLV Verlagsgesellschaft, München

Herbel, D., 1992: Sommerblumen. Ulmer Verlag, Stuttgart

Hess, D., 1990: Die Blüte. Ulmer Verlag, Stuttgart

Hillier, M., 1995: Blütenkränze und Girlanden. BLV Verlagsgesellschaft, München

Itten, J., 1995: Kunst der Farbe. Otto Maier Verlag, Ravensburg

Jacobi, K., 1992: Palmen für Haus und Garten. BLV Verlagsgesellschaft, München

Kawollek, W., 1995: Kübelpflanzen. Ulmer Verlag, Stuttgart

Köchel, C. und M., 1997: Die schönsten Kübelpflanzen. BLV Verlagsgesellschaft, München

Köchel, C. und M., 1997: Kübelpflanzen - der Traum vom Süden. BLV Verlagsgesellschaft, München

Köchel, C., 1995: Wintergärten- Vom Traum zur Wirklichkeit. BLV Verlagsgesellschaft, München

Köhlein, F., 1994: Das große Buch der Stauden und Sommerblumen. Ulmer Verlag, Stuttgart

Kolbrand, F., 1984: Europa windet den Kranz. Frisinga, Freising

Kreuzer, J., Gartenpflanzenlexikon, Band 1 Laubgehölze und Nadelgehölze, 1995, Band 2 Stauden, 1993. Verlag Bernhard Thalacker, Braunschweig

Lesniewicz, P., 1991: Bonsai im Haus. BLV Verlagsgesellschaft, München

Lötschert, W., 1995: Palmen. Ulmer Verlag, Stuttgart

Lötschert, W., 1992: Pflanzen der Tropen. BLV Verlagsgesellschaft, München

Neidiger, H., 1989: Pflanzschalen. Ulmer Verlag, Stuttgart

Olbertz, J., 1992: Bindekunst und Blumenschmuck, M. Wehle, Witterschlick

Phillips, R., 1998: Bäume. Kosmos Stuttgart

Rücker, K., 1996: Die Pflanzen im Haus. Ulmer Verlag, Stuttgart

Sacalis, J.N.,1997: Schnittblumen länger frisch. Thalacker Verlag, Braunschweig

Schorn, J., 1993: Prüfungsfragen für Floristen. Gehlen, Bad Homburg

Schubert, M., 1994: 1x1 der Hydrokultur. BLV Verlagsgesellschaft, München

Seipel, H., 1995: Fachkunde für Gärtner. Verlag Handwerk und Technik, Hamburg

Taylor, P., 1996: Die schönsten Zwiebel und Knollenpflanzen. Ulmer Verlag, Stuttgart

Waechter, D., 1997: Gestalten mit Zimmerpflanzen. Gräfe und Unzer, München

Weimar, M., 1995: Blumensträuße selbst gemacht. Verlag Gräfe und Unzer, München

Weimar, M., 1996: Balkonblumen in Töpfen, Kästen und Ampeln. Verlag Gräfe und Unzer, München

Wegener, U., 1992: Sträuße. Ulmer Verlag, Stuttgart

Wegener, U., 1997: Brautsträuße. Ulmer Verlag, Stuttgart

Wegener, U.u.P., 1981: Blumenkunst. BLV Verlag, München

Fachzeitschriften

Blumeneinzelhandel. Ulmer Verlag, Stuttgart

Deutscher Gartenbau. Ulmer Verlag, Stuttgart

Florist (Zeitschrift des Fachverbandes). Donau Verlag, Günzburg

Gartenpraxis. Ulmer Verlag, Stuttgart

Gestalten und Verkaufen. Verlag Bernhard Thalacker, Braunschweig

Bildnachweis

Fa. Abstatt: 632, 633
AID: 876, 877, 878, 879, 880, 882
AKG: 372, 427, 429, 432, 435
Dr. Alsing: 120, 155, 420, 421
J. Apel: 324
Fa BASF: 256, 257, 258, 260, 264, 266, 270, 271
W. Barth: 450, 453
H. M. Barth: 787
Fa. Bayer: 265, 267, 268
Berliner Volksbank
Blumen-Reuß, Neusäß
Bildarchiv Preuß. Kulturbesitz: 379
Blackwell Verlag: 789
BLV Verlag: 71, 82, 88, 89, 96, 103
F. Büchner: 356, 646, 679, 777, 799
CMA: 812, 824, 834, 946, 952, 953
Fa. Chrysal: 201, 202
Deutsche Bundesbahn: 433
Dr. Duhme: 162, 163
H. Eisenbeiss: 302, 303, 304, 305, 306, 307, 308,
309, 310, 311, 312, 313, 314, 315, 316, 317, 330, 331,
334, 341, 344
W. Eisenreich: 122, 123, 293, 351, 650, 652, 723,
725
FDF: 813, 875
A. Felblinger: 57
Fa. Fleurop: 503, 674, 708, 818, 867
M. Gemke: Zeichnungen
A. Hermann: 796, 800, 801
R. Hochrein: 714, 709
Ravensburger Verlag: 515
IHK München: 820
Industriegewerkschaft: 821
M. Jahns: 125
Kali und Salz: 283, 284
L. Keil: 811
Kieser Archiv
Kieser Fotograf

M. Köchel: 706, 721
Dr. Kögel: 401
Kraut und Rüben, Fries: 720
Kunstverlag Bernhard: 394
Landesmuseum Trier: 388, 390, 391
F. Lewald: 52, 339
LPB: 247, 250, 251
J. Märkl-Etzel: 951
Fa. Nunhems Zaden: 55, 56
Österr. Fremdenverkehrsverband: 439
Fa. Osram: 544, 545, 546, 547
F. Pott: 187, 189
M. Prugger: 422
G. Quedens: 121
Regio Augsburg Tourismus GmbH: 406
A. Reinhard: 321
K. Reithmeier: 245, 249
Fa. Reinbraun: 374
W. Roeloff: 871
Fa. Rosenthal: 599, 600
U. Rossow: 451
M. Scherfer: 493, 498, 499, 584, 586, 647, 648, 649,
650, 651, 659, 664, 665, 668, 669, 670, 671, 672, 675,
687, 688, 690, 691, 692, 736, 737, 738, 739, 741
R. Schmutzer
H. Schrempp: 188, 190
Staatl. Porzellanmanufaktur Nymphenburg: 430,
595
Stadt Fulda: 403
W. Stehling: 542
U. Strohm: 703
Fa. Torfhumusdienst: 93
H. Suttner: 171
Teleflor: 819, 984, 985, 986
Ulmer Verlag: 809
D. Zernecke: 156, 168, 170
Dr. Zinkernagel: 248